MANUEL

DU

MINISTÈRE PUBLIC

PRÈS LES COURS D'APPEL

LES COURS D'ASSISES

ET LES

TRIBUNAUX CIVILS, CORRECTIONNELS ET DE POLICE

Par M. MASSABIAU

PRÉSIDENT HONORAIRE A LA COUR DE RENNES

Ancien premier avocat général à la même Cour

Prodesse juvabit.

QUATRIÈME ÉDITION

REFONDUE ET CONSIDÉRABLEMENT AUGMENTÉE

TOME DEUXIÈME

PARIS

IMPRIMERIE ET LIBRAIRIE GÉNÉRALE DE JURISPRUDENCE

MARCHAL, BILLARD et Cie, Imprimeurs-Éditeurs,

LIBRAIRES DE LA COUR DE CASSATION

Place Dauphine, 27.

1876

MANUEL

DU

MINISTÈRE PUBLIC

II

MANUEL

DU

MINISTÈRE PUBLIC

PRÈS LES COURS D'APPEL

LES COURS D'ASSISES

ET LES

TRIBUNAUX CIVILS, CORRECTIONNELS ET DE POLICE

PAR M. **MASSABIAU**

PRÉSIDENT HONORAIRE A LA COUR DE RENNES

Ancien premier avocat général à la même Cour

Prodesse juvabit.

QUATRIÈME ÉDITION

REFONDUE ET CONSIDÉRABLEMENT AUGMENTÉE

TOME SECOND

PARIS

IMPRIMERIE ET LIBRAIRIE GÉNÉRALE DE JURISPRUDENCE

MARCHAL, BILLARD et Cᵒ, IMPRIMEURS-ÉDITEURS,

LIBRAIRES DE LA COUR DE CASSATION

Place Dauphine, 27

1876

MANUEL

DU

MINISTÈRE PUBLIC

SUITE DU LIVRE CINQUIÈME

AFFAIRES CRIMINELLES

TITRE DEUXIÈME

Police judiciaire.

CHAPITRE Ier. — OFFICIERS DE POLICE.

SECTION PREMIÈRE. — INSTITUTION.

SOMMAIRE.

2231. Il faut soigneusement distinguer la police administrative et la police judiciaire.

La police administrative surveille plutôt qu'elle ne poursuit : ceux qu'elle observe ne sont pas encore coupables; elle leur ôte avec sagesse, et souvent à leur insu, les occasions ou les moyens de le devenir; quelquefois même elle semble disparaître, quand elle s'est bien assurée que le mal ne peut pas franchir certaines limites.

La police judiciaire, au contraire, s'attache au crime déjà commis; elle dévoile toutes les circonstances qui le caractérisent; elle en recherche, sans acception de personnes, les auteurs et les complices ; elle les poursuit sans relâche jusqu'au dernier asile où la justice les saisit, et le ministère public ne les quitte plus que la vengeance des lois ne soit pleinement satisfaite (Circ. min. 11 mai 1815).

En un mot, pour parler le langage de la loi, la police judiciaire recherche les crimes, les délits et les contraventions, et en livre les auteurs aux tribunaux chargés de les punir (C. inst. 8).

2232. Ainsi, les officiers de police judiciaire doivent faire tous les actes dont l'objet est de constater les crimes et les délits, mais ils ne peuvent procéder aux informations qu'en vertu d'une délégation spéciale ; jusque-là, leurs investigations ne servent que de simples renseignements (Circ. min. 4 mai 1816).

Ils doivent surtout donner avis sur-le-champ au ministère public de tous les crimes et délits qui parviennent à leur connaissance, même quand les auteurs en seraient inconnus (Décis. min. 26 janv. 1825 et 26 sept. 1826).

Le devoir du ministère public, en cette matière, est donc de prendre toutes les mesures judiciaires et extrajudiciaires, qui peuvent être utiles pour la répression des délits, et pour assurer la punition des coupables (Circ. min. 11 mess. an vII).

2233. Autrefois, les actes de la police judiciaire étaient soumis à des formalités substantielles dont l'inexécution emportait nullité ; et, quand ils étaient annulés, le ministère public devait faire parvenir une notice sommaire du jugement d'annulation à l'officier de police judiciaire duquel était émané l'acte illégal ou irrégulier (Circ. min. 28 niv. an v et 30 brum. an vi).

Aujourd'hui, ils ne sont plus assujettis à aucune forme sacramentelle ; mais lorsqu'une ordonnance ou un jugement vient à être réformé par le tribunal supérieur, il convient toujours que le ministère public en donne avis aux magistrats qui l'ont rendu ou prononcé.

2234. Remarquons ici que les actes et jugements en matière criminelle, correctionnelle et de police, sont exempts de timbre et d'enregistrement, à l'exception des procès-verbaux des huissiers et gendarmes, qui doivent être enregistrés *gratis* (Circ. min. 8 avril 1808).

2235. Tous les officiers de police judiciaire ont le droit de requérir directement la force publique pour les assister dans leurs fonctions (C. inst. 25. — C. for. 164).

Cette force se compose de la gendarmerie, de la troupe de ligne, des gardes champêtres et forestiers, des préposés des douanes et autres administrations publiques, et de la garde nationale.

C'est surtout quand la gendarmerie est absente, ou occupée à d'autres services plus importants, que la garde nationale peut être requise pour la remplacer (Circ. min. 2 prair. an VII).

2236. Lorsque les officiers de police judiciaire requièrent la réunion d'un détachement de la garde nationale, ils doivent adresser leur réquisition au maire. Il en serait autrement s'ils demandaient seulement main-forte à des gardes nationaux isolés, ou déjà réunis par ordre de leurs chefs (Décis. min. 12 août 1817).

La formule des réquisitions est indiquée à l'art. 96 du décret du 1ᵉʳ mars 1854.

Au surplus, l'officier qui fait la réquisition doit en laisser l'exécution au commandant de la force requise. Il n'a aucun ordre à donner à cet égard (Loi 28 germ. an VI, art. 138 et 147. — Ord. 29 oct. 1820, art. 57).

SECTION II. — DÉLITS COMMUNS.

SOMMAIRE.

2237. Sont officiers de police judiciaire, pour tous les délits communs :

1º Les juges d'instruction,

2º Les procureurs ordinaires et leurs substituts,

3º Les juges de paix,

4º Les commissaires généraux et ordinaires de police,

5º Les maires et adjoints,

6º Les officiers de gendarmerie,

} auxiliaires du procureur de l'arrondissement;

7º Les gardes champêtres et forestiers (C. inst. 9).

Les agents de police, sergents de ville, appariteurs, officiers de paix, et autres agents inférieurs de police générale ou municipale, ne sont pas officiers de police judiciaire, non plus que les sous-officiers de gendarmerie et les gendarmes (Cass. 30 mars 1839).

2238. Les préfets des départements et le préfet de police à Paris, sans être officiers de police judiciaire, peuvent néanmoins

en remplir les fonctions; mais ils doivent se borner aux actes nécessaires à la constatation des délits que la police administrative a
portés à leur connaissance, et renvoyer ensuite ces actes à qui de
droit (C. inst. 10).

Quand les préfets ont cru devoir faire des actes de police judiciaire, ils les transmettent au ministère public, et se retirent
quand les magistrats judiciaires se présentent. Lorsque ceux-ci
ont besoin de nouveaux renseignements, ils les demandent par
écrit aux préfets, qui sont tenus de les leur donner dans la même
forme (Décr. 4 mai 1812, art. 3).

2239. Ils ne peuvent décerner aucun mandat contre les inculpés, si ce n'est en cas de flagrant délit, ou de réquisition de la
part d'un chef de maison (C. inst. 40 et 46).

Alors ils peuvent, si l'inculpé est présent, le faire saisir et le
livrer à la justice, mais sans pouvoir le faire emprisonner, sous
peine d'attentat à la liberté individuelle (Ortolan, ii, 39).

Cependant un criminaliste enseigne que ces magistrats sont
autorisés à faire arrêter, dans tous les cas, les inculpés, à dresser
des procès-verbaux et à procéder aux interrogatoires (Carnot,
Instr. crim., i, 133).

2240. Quoi qu'il en soit, il est bien certain aujourd'hui que
les préfets ont le droit, comme officiers de police judiciaire, de
faire, tant au domicile du prévenu que dans les bureaux de la
poste et partout ailleurs, la perquisition et la saisie de toutes lettres
et paquets qu'ils croiraient devoir être mis sous la main de la justice (Cass. 21 nov. 1853).

Car les préfets peuvent, pour les perquisitions à faire à la poste,
délivrer des réquisitions accidentelles quant aux lettres, ou permanentes quant aux imprimés, aux officiers de police judiciaire
à qui ils croiraient devoir déléguer leurs pouvoirs (Circ. min.
21 fév. 1854).

2241. Au surplus, ce n'est toujours qu'exceptionnellement, et
dans des cas d'urgence, que les préfets sont appelés à exercer les
fonctions d'officier de police judiciaire. Les saisies auxquelles ils
procèdent en pareille circonstance sont des actes du pouvoir judiciaire, et tous les documents par eux recueillis doivent être
transmis au parquet, pour continuer l'instruction dans la forme
accoutumée. Si l'information a été commencée par les fonctionnaires de l'ordre judiciaire, il ne peut plus y avoir lieu à l'application de l'article 10 du Code d'instruction criminelle, et toutes les
perquisitions et saisies doivent être faites, dans ce cas, en vertu
de mandats délivrés par les magistrats, et auxquels les direc-

teurs des postes sont tenus d'obtempérer, en ce qui les concerne, comme les autres agents de l'autorité (Rennes, 1er avril 1854).

2242. Nous n'entrerons pas dans de plus grands détails à ce sujet, parce que, dans la pratique, les préfets s'abstiennent presque toujours de remplir les fonctions que la loi leur a confiées en matière de police judiciaire, et que d'ailleurs les magistrats du parquet n'ont aucune surveillance à exercer à cet égard (Treilhard, au Cons. d'État, 4 oct. 1808).

Nous dirons seulement qu'un avis du Conseil d'État, du 5 février 1824, constate que le règlement du 18 septembre 1807, relatif au droit conféré, en certains cas, à l'autorité administrative, de faire arrêter les individus qui voyagent sans passe-port, n'a été ni explicitement, ni implicitement abrogé (Décis. min. 24 mai 1851).

Il est inutile d'ajouter que le ministère public, ni les juges d'instruction, n'ont jamais le droit d'adresser aux préfets ni réquisitions, ni commissions rogatoires.

2243. Les membres des autorités sanitaires remplissent aussi les fonctions d'officiers de police judiciaire, exclusivement et pour tous les crimes, délits et contraventions, dans l'enceinte et les parloirs des lazarets et autres lieux réservés. Dans les autres parties du ressort de ces autorités, ils les exercent concurremment avec les officiers ordinaires, pour les crimes, délits et contraventions en matière sanitaire (Loi 3 mars 1822, art. 17. — Ord. 7 août 1822, art. 72).

2244. Les divers fonctionnaires que nous venons de nommer exercent les fonctions d'officiers de police judiciaire, avec les distinctions suivantes :

1° Les commissaires de police, et, à leur défaut, les maires et adjoints, sont chargés de rechercher généralement toutes les contraventions de police, et particulièrement les infractions aux règlements de police municipale (C. inst. 11) ;

2° Les gardes champêtres et forestiers sont spécialement chargés de rechercher les délits et les contraventions de police, qui portent atteinte aux propriétés rurales et forestières appartenant à l'État, aux communes, aux établissements publics et aux particuliers (*Ibid.*, 16) ;

3° Enfin, les procureurs d'arrondissement et leurs substituts sont chargés de la recherche et de la poursuite de tous les crimes et délits (*Ibid.*, 22).

2245. Ces magistrats sont aidés dans ces fonctions par les officiers désignés ci-dessus, n° 2237, 3°, 4°, 5° et 6°, qui, pour cela, sont appelés leurs auxiliaires (*Ibid.*, 48 et 50).

Les procureurs peuvent déléguer à leurs substituts tout ou partie des fonctions de la police judiciaire, comme nous l'avons dit au tome Ier, n° 362.

2246. Les distinctions que nous venons d'établir n'empêchent pas que tous les officiers de police judiciaire, et chacun d'eux en particulier, ne puissent constater toutes les infractions punissables dont ils ont connaissance, de quelque nature qu'elles soient ; mais leurs procès-verbaux n'ont, en justice, la force que la loi leur accorde qu'autant qu'ils ont pour objet des matières qui rentrent dans les attributions spéciales du fonctionnaire rédacteur.

Remarquons que les officiers de police judiciaire n'ont compétence et attribution pour agir, en cette qualité, que dans l'étendue du territoire assigné à leurs fonctions. Néanmoins, plusieurs d'entre eux peuvent, par exception, continuer, hors de leur ressort, les visites nécessaires pour la constatation des crimes de fausse monnaie, ou de faux effets publics, ou de contrefaçon du sceau de l'État (C. inst. 464).

Cette faculté s'étend aux commissaires de police (Décr. 28 mars 1852, art. 4).

2247. Tous les officiers de police judiciaire, à l'exception des préfets, sont sous la surveillance du procureur général du ressort, qui peut seul les réprimander et prendre à leur égard d'autres mesures disciplinaires (C. inst. 279 et suiv. — Cass. 4 mai 1807).

En cas de négligence, ce magistrat les avertit, et consigne l'avertissement sur un registre tenu à cet effet (C. inst. 280).

S'il y a récidive, il les dénonce à la Cour d'appel, qui, après avoir autorisé les poursuites, et statuant en la chambre du conseil, leur enjoint d'être plus exacts à l'avenir (*Ibid.*, 281).

Cette injonction, qui peut être faite par la Cour, toutes chambres assemblées, rentre aussi dans la compétence particulière de la chambre d'accusation (Cass. 12 fév. 1813).

Il y a récidive lorsque le même fonctionnaire est repris, pour quelque cause que ce soit, avant l'expiration d'une année, à compter du jour de l'avertissement consigné sur le registre dont il vient d'être parlé (C. inst. 282).

2248. Quelques auteurs placent les officiers de police judiciaire sous la surveillance du procureur de l'arrondissement ; mais ils bornent cette surveillance à un pouvoir moral et de convenance (De Molènes, *Des fonct. du proc. du roi*, I, 332).

Il nous semble qu'il faut éviter d'employer ici ce mot *surveillance*, dont se sert l'art. 279 du Code d'instruction criminelle pour désigner une autorité disciplinaire qui n'appartient qu'au procureur général, et qu'il est mieux de dire seulement que les officiers de police judiciaire sont placés sous la *direction* du parquet de première instance ; c'est-à-dire qu'ils sont, par rapport à lui, dans un état de subordination purement hiérarchique, qui lui permet de leur adresser des instructions et des avis, mais qui ne lui donne pas le droit de les blâmer ou de les réprimander.

S'il est nécessaire de les mettre en jugement, il faut se conformer à ce qui a été dit au tome I, n°s 2082 et suivants.

SECTION III. — DÉLITS SPÉCIAUX.

SOMMAIRE.

2249. Enumération.	2251. Compétence adminis-	2252. Envoi des procès-ver-
2250. Attributions.	trative.	baux.

2249. Il y a encore d'autres fonctionnaires auxquels est confié l'exercice de la police judiciaire, pour surveiller et constater spécialement certaines contraventions. Ce sont :

1° Les agents et arpenteurs forestiers, qui doivent rechercher les délits et les contraventions commis dans les bois soumis au régime forestier (C. for. 160). ;

2° Les gardes-vente, qui doivent rechercher les délits et les contraventions commis dans les adjudications des coupes des bois de l'État (*Ibid.*, 31) ;

3° Les maîtres, contre-maîtres et aides contre-maîtres, qui constatent les délits et les contraventions relatifs aux bois réservés pour le service de la marine (Décr. 15 avril 1811, art. 13. — C. for. 134).

4° Les ingénieurs, conducteurs, piqueurs et cantonniers-chefs des ponts et chaussées, chargés de constater les contraventions en matière de grande voirie (Loi 29 flor. an x, art. 2. — Loi 23 mars 1842) ;

5° Les ingénieurs des ponts et chaussées et des mines, les conducteurs, gardes-mine, agents de surveillance et gardes des chemins de fer, nommés ou agréés par l'administration, et dûment assermentés pour la police de ces chemins (Loi 15 juill. 1845, art. 23) ;

6° Les agents-voyers, pour les contraventions commises sur les chemins vicinaux (Loi 21 mai 1836, art. 11. — Cass. 23 janv. 1841);

7° Les préposés des ponts à bascule ou de l'octroi, chargés de constater les contraventions résultant du chargement des voitures publiques (Décr. 23 juin 1806, art. 39. — Ord. 16 juill. 1828, art. 20. — Loi 30 mai 1851);

8° Les membres des commissions sanitaires, pour les délits et contraventions de police sanitaire commis dans les lieux dont ils ont la surveillance (Loi 3 mars 1822, art. 17. — Ord. 17 avril et 7 août 1822, art. 72);

9° Les commissaires du Gouvernement dans les hôtels des monnaies, chargés de constater les délits qui s'y commettent (Loi 22 vend. an iv, art. 28);

10° Les employés des bureaux de garantie, chargés de constater les contraventions aux lois, en ce qui concerne le poinçonnage des matières et ouvrages d'or et d'argent (Loi 19 brum. an vi, art. 102. — Décr. 28 flor. an xiii);

11° Les employés des contributions indirectes, qui doivent rechercher les fraudes et contraventions en matière d'impôts indirects (Loi 5 vent. an xii, art. 83. — Décr. 1er germ. an xiii, art. 21. — Loi 28 avril 1816, 2e part., tit. xii);

12° Les employés des octrois, qui doivent rechercher les introductions frauduleuses d'objets soumis à l'octroi (Loi 27 frim. an viii. — Cass. 23 frim. an xi);

13° Les vérificateurs des poids et mesures (Loi 4 juill. 1837, art. 7. — Ord. 17 avril 1839);

14° Les préposés des douanes, chargés de constater les contraventions aux lois concernant les importations, les exportations, et la circulation des marchandises (Loi 9 flor. an vii, tit. iv. — Loi 28 avril 1816, 3e part., tit. vi);

15° Les employés des postes, qui constatent les infractions aux lois et règlements sur le transport des lettres et des imprimés (Arrêté 27 prair. an ix);

16° Les gardes du génie, chargés de constater les dégradations, soustractions ou usurpations commises dans les établissements militaires (Loi 29 mars 1806, art. 2. — Ord. 1er août 1821, art. 31);

Pour remplir lesdites fonctions, ces gardes doivent être Français ou naturalisés Français (Ord. 10 nov. 1815).

17° Les portiers-concierges des places de guerre, qui doivent constater les vols, dégradations, et autres délits commis dans les bâtiments militaires appartenant aux communes ou à l'État (Décr. 16 sept. 1811, art. 15);

18° Les agents de la navigation, pour les contraventions sur les cours d'eau navigables (Loi 29 flor. an x, art. 2);

19° Les gardes des rivières, institués en vertu d'une décision du chef de l'État (Ord. 31 juill. 1833);

20° Les gardes des canaux navigables, chargés de l'exécution des lois et règlements sur les eaux, la navigation, et la pêche (Décr. 22 fév. 1813. — Loi 15 avril 1829, art. 36);

21° Les gardes-digue préposés à la conservation des digues maritimes ou fluviales (Décr. 16 déc. 1811);

22° Les gardes-pêche, qui doivent rechercher les contraventions en matière de pêche fluviale (Loi 15 avril 1829, art. 38);

23° Enfin, les porteurs de contraintes, qui peuvent constater les faits d'injure ou de rébellion commis envers eux-mêmes (Arrêté 16 therm. an viii, art. 24).

2250. Tous ces fonctionnaires n'ont d'autre pouvoir que de rapporter procès-verbal, dans le cercle de leurs attributions, et seulement sur les matières soumises à leur surveillance; dans tout autre cas, leurs actes seraient sans force, et ne serviraient que de renseignements. Notamment les gardes champêtres et forestiers sont sans qualité pour constater les contraventions à la loi sur l'observation des fêtes et dimanches (Cass. 13 fév. 1819).

Les appariteurs de police, les cantonniers, les préposés aux ponts à bascule ou de l'octroi, les piqueurs et surveillants des ponts et chaussées et des mines, les éclusiers des canaux et autres agents, n'ont pas le droit de verbaliser, mais seulement de faire des rapports aux officiers de police judiciaire (Règl. 11-29 juin 1816. — Cass. 5 nov. 1831).

2251. En matière de grande voirie ou de navigation, les conseils de préfecture statuent sans délai, tant sur les oppositions des délinquants que sur les amendes par eux encourues, nonobstant la réparation du dommage envers l'État, les communes, ou les établissements publics.

Mais les violences, vols de matériaux et voies de fait sont renvoyés à la connaissance des tribunaux, qui prononcent aussi sur les dommages réclamés par les particuliers (Décr. 16 déc. 1811, art. 114).

Lorsque, en matière de grande voirie, il y a lieu d'appliquer des peines pécuniaires et des peines corporelles, c'est au conseil de préfecture à prononcer les peines pécuniaires ; mais il doit renvoyer devant les tribunaux pour l'application des peines corporelles (Décr. Cons. d'État, 2 fév. 1808).

Les procès-verbaux qui constatent des contraventions relatives aux mines doivent être adressés au ministère public, qui traduit les contrevenants en police correctionnelle, et qui ne doit jamais négliger de former appel des jugements qui n'auraient pas fait une juste application de la loi (Circ. min. 24 juill. 1834).

2252. Rappelons ici que lorsqu'un officier de police judiciaire a rapporté un procès-verbal constatant un crime, un délit ou une contravention, il le transmet à l'officier du ministère public compétent (C. inst. 15, 20, 21, 53, 54 et 70).

Toutefois, en certaines matières pour lesquelles il est permis de transiger, comme les douanes, les contributions indirectes, et les octrois, cet envoi ne peut être fait que sur l'ordre et par les soins du fonctionnaire qui eût pu consentir à la transaction, et quand il y a renoncé.

CHAPITRE II. — PROCÈS-VERBAUX.

SECTION PREMIÈRE. — RÉDACTION.

SOMMAIRE.

2253. Un procès-verbal, dans l'acception la plus étendue, est un acte par lequel tout officier public ou agent de l'autorité rend compte de ce qu'il a fait dans l'exercice de ses fonctions, et de ce qui a été fait ou dit en sa présence.

En matière criminelle, c'est un rapport écrit, constatant un crime, un délit, ou une contravention (Morin, *Dict. du droit crim.*, 635, vº *Proc.-verb.*).

2254. Ces derniers procès-verbaux doivent énoncer :

1º La nature et les circonstances du délit ;

2º Le jour, l'heure et le lieu où il a été commis ;

3º Les indices et preuves à la charge des présumés coupables ;

4º L'évaluation du dommage, surtout quand c'est le dommage qui sert à fixer la quotité de la peine encourue ;

5º Les noms, profession, demeure des plaignants et des témoins, s'il en existe ; des inculpés, s'ils sont connus, et l'âge de ces derniers, si cet âge doit influer sur le caractère et la gravité du délit ;

6° Les personnes civilement responsables (C. inst. 11 et 16. — Ortolan, II, 44).

Plus particulièrement dans les matières du grand criminel, les procès-verbaux doivent constater l'existence ou le corps du délit; en indiquer la nature, le temps, le lieu, les circonstances; en recueillir les indices, les présomptions, les preuves; décrire l'état des lieux et des personnes; en un mot, contenir tous les documents qui peuvent servir à la manifestation de la vérité (Dalloz aîné, v° *Procès-verbal*, n° 3).

2255. Il n'y a pas de délai fixé pour le rapport des procès-verbaux, particulièrement en matière forestière et de simple police (Cass. 11 janv. 1850 et 23 nov. 1860. — Legraverend, I, 219).

Mais ceux des gendarmes doivent être transmis directement au procureur de l'arrondissement dans les vingt-quatre heures de leur rédaction (Loi 28 germ. an VI, art. 132. — Ord. 29 oct. 1820, art. 175 et 187. — Décr. 1er mars 1854, art. 268).

Le ministère public doit veiller à ce qu'il ne s'établisse pas de négligence sur ce point, et faire, au besoin, les réclamations nécessaires auprès des chefs de la gendarmerie, pour que cette prescription de la loi soit ponctuellement accomplie (Circ. min. 18 juin 1823).

En matière de poids et mesures, est nul le procès-verbal qui n'a pas été rapporté dans les vingt-quatre heures, à partir du moment où la contravention a été constatée (Cass. 28 sept. 1850).

2256. Il n'est pas nécessaire que les procès-verbaux des officiers de police judiciaire soient rédigés sur les lieux mêmes de la contravention; mais ils ne pourraient l'être, à peine de nullité, sur des ouï-dire ou sur de simples rapports (Ortolan, II, 44).

En matière de douanes, un procès-verbal, quoique contenant diverses parties, forme un tout indivisible; il suffit donc qu'il indique le lieu où il a été clos et signé, sans qu'il indique le lieu de la rédaction de chacune de ses parties (Cass. 3 août 1852).

Un procès-verbal n'est pas nul, parce qu'il ne fait pas mention de l'heure où il a été rapporté, ou de quelque autre circonstance matérielle (Cass. 9 janv. 1835).

Du reste, l'omission d'une formalité dans un procès-verbal ne peut en entraîner la nullité qu'autant qu'une disposition expresse de la loi y a attaché cet effet, ou que la formalité omise tient à la substance même de l'acte (Cass. 22 janv. 1829).

Et encore le procès-verbal ne doit-il pas être déclaré nul, lorsque l'inobservation des formalités prescrites provient de force majeure ou du fait de la partie (Cass. 12 juill. 1834).

Enfin, la répression des faits punissables n'est pas subordonnée à l'existence ou à la validité des procès-verbaux qui les ont constatés ; il suffit que ces faits puissent être prouvés d'une autre manière (Cass. 17 fév. 1837).

2257. Un officier de police judiciaire peut verbaliser contre ses parents (Dalloz aîné, v° *Procès-verbal*, n° 7).

C'est ce qui a été jugé pour un commissaire de police et pour un garde champêtre (Cass. 4 nov. 1808, 7 nov. 1817 et 18 oct. 1822).

Des auteurs combattent cette jurisprudence, par le motif que l'officier de police judiciaire qui a verbalisé serait reprochable comme témoin, et que son procès-verbal tient lieu de témoignage (Carnot, *Inst. crim.*, I, 250).

Mais on peut répondre, avec raison, que c'est là un témoignage d'une nature particulière, dont l'autorité ne peut être affaiblie par des récusations ou des reproches (Mangin, *des Procès-verbaux*, n° 16).

2258. Il n'est pas nécessaire, pour la validité des procès-verbaux, que les officiers qui les rapportent soient revêtus de leur costume officiel, ni que les délinquants ou leurs voisins soient présents à leur rédaction (Cass. 9 niv. an XI, 6 juin 1807, 10 mars 1815 et 11 nov. 1826).

En général, les fonctionnaires et officiers publics ne sont obligés d'être revêtus de leur costume que lorsqu'il s'agit de forcer la volonté d'un citoyen, de s'introduire dans son domicile, ou de faire tout autre acte qui rende sa rébellion inexcusable (Cass. 11 oct. 1821).

Néanmoins, il serait utile que les officiers de police judiciaire procédassent toujours en costume. Ce serait un moyen de plus pour imposer le respect, et faire sûrement reconnaître leur qualité : autrefois, il en était toujours ainsi (Legraverend, I, 221).

SECTION II. — AFFIRMATION.

SOMMAIRE.

2259. L'affirmation est un acte par lequel un magistrat compétent rapporte que les rédacteurs d'un procès-verbal se sont présentés devant lui, qu'il leur en a donné lecture, et qu'ils l'ont affirmé, sous serment, sincère et véritable dans tout son contenu.

De tous les procès-verbaux des officiers de police judiciaire proprement dits, il n'y a de soumis à l'affirmation que ceux des gardes champêtres et forestiers (Loi 28 sept.-6 oct. 1791, tit. I, sect. 7, art. 6. — C. forest. 165).

Parmi les procès-verbaux des agents spéciaux, y sont pareillement soumis ceux des gardes-vente (C. forest. 31);

Des gardes-pêche (Loi 15 avril 1829, art. 44);

Des employés des contributions indirectes (Déc. 1er germ. an XIII, art. 25);

Des préposés des douanes (Loi 9 flor. an VII, tit. IV, art. 10);

Des employés des octrois (Loi 27 frim. an VIII, art. 8);

Et ceux des portiers-concierges des places de guerre (Décr. 16 sept. 1811, art. 19).

2260. Ceux des agents-voyers en sont exempts (Loi 21 mai 1856, art. 11. — Cass. 5 janv. 1838 et 28 nov. 1851);

Ainsi que ceux des gendarmes en matière de chasse, et même aujourd'hui en quelque matière que ce soit (Cass. 30 juill. 1825.— Arg. Loi 3 mai 1844, art. 22 et 24. — Loi 17 juill. 1856);

Il en est de même de ceux des gardes des rivières (Cass. 23 mars 1838);

Et des préposés des ponts à bascule ou de l'octroi (Cass. 1er mars 1839).

Enfin, l'affirmation des procès-verbaux n'est nécessaire que lorsqu'elle est formellement exigée par la loi (Cass. 24 mai 1821).

2261. L'affirmation est reçue par les juges de paix, dans tout leur canton ; par leurs suppléants, dans les communes du canton où ils résident, quand le juge de paix n'y réside pas; et par les maires ou adjoints, dans les autres communes où ne résident, ni le juge de paix, ni ses suppléants, ou même dans celles où ils résident, mais alors seulement qu'ils sont absents ou empêchés (Loi 28 flor. an X, art. 11).

Toutefois, en cas de maladie, absence, ou autre empêchement du juge de paix, son suppléant a caractère légal pour recevoir l'affirmation d'un procès-verbal de garde forestier, même dans la commune habitée par le juge de paix (Cass. 25 oct. 1824).

Et un procès-verbal ne peut être déclaré nul, par le motif qu'il a été affirmé devant un suppléant contre lequel il était rédigé (Cass. 22 juin 1840).

2262. Les maires peuvent aussi recevoir les rapports et déclarations des gardes champêtres et forestiers, et en rédiger l'acte ; et, s'ils mettent l'affirmation à la suite sur la même feuille de papier, il suffit que ce dernier acte soit revêtu de leur signature (Cass. 5 fév. 1825).

Car un maire, rédacteur du procès-verbal d'un garde champêtre, peut ensuite en recevoir l'affirmation (Cass. 20 août 1825).

Même alors, le procès-verbal peut être valablement écrit par le secrétaire de la mairie, pourvu qu'il soit signé par le maire ou l'adjoint (Cass. 19 mars 1830).

2263. Du reste, l'affirmation reçue par un adjoint est valable, bien que l'absence ou l'empêchement du maire n'y soit pas énoncé (Cass. 1er sept. 1806 et 31 janv. 1823).

Mais l'affirmation ne peut être reçue par le maire d'une commune autre que celle dans le territoire de laquelle le délit a été commis (Cass. 5 brum. an XII, 2 oct. 1806 et 30 mars 1809).

Il n'y a d'exception que pour les procès-verbaux des gardes forestiers (C. forest. 167).

2264. Les membres du conseil municipal ne peuvent, en cas d'absence du maire ou de son adjoint, recevoir l'affirmation des procès-verbaux (Cass. 18 nov. 1808).

Cependant, la loi sur l'organisation municipale semble avoir donné compétence, dans ce cas, au conseiller qui est inscrit le premier sur le tableau (Loi 5 mai 1855, art. 4).

2265. Les procès-verbaux des gardes forestiers doivent être affirmés au plus tard le lendemain de leur rédaction (C. forest. 165).

En cas de refus ou de négligence des fonctionnaires compétents à recevoir cette affirmation dans le délai prescrit par la loi, les gardes sont tenus d'en rapporter procès-verbal, et de l'adresser à l'agent forestier de l'arrondissement, qui en rend compte au ministère public (Ord. 1er août 1827, art. 182, § 2).

Ce magistrat, ainsi averti, prend des mesures pour empêcher que ce refus ne se reproduise ; et il dirige, s'il y a lieu, des poursuites disciplinaires ou autres contre qui de droit.

Le délai de l'affirmation ne court que du jour de la clôture du procès-verbal, et non pas du jour de la connaissance du délit (C. forest. 165. — Loi 15 avril 1829, art. 44).

2266. Il varie selon les délits, ainsi,

1° En matière de chasse, le délai n'est que de vingt-quatre heures, qui courent du moment du délit (Loi 3 mai 1844, art. 24).

Ce délai se compte d'heure à heure, ou *de momento ad momentum* (Arg. Cass. 5 janv. 1809).

2° En matière de douanes, le délai pour l'affirmation est aussi de vingt-quatre heures, pour les délits de la compétence du juge de paix (Loi 9 flor. an XII, tit. IV, art. 6 et 10).

3° Il est de trois jours, pour les délits de la compétence correctionnelle ou criminelle (Arrêté 4ᵉ compl. an VI, art. 6. — Cass. 17 janv. 1818).

Du reste, il n'est pas nécessaire que la preuve que l'affirmation a été faite dans le délai prescrit résulte de l'acte même d'affirmation ; il suffit que cette preuve soit d'ailleurs établie d'une manière irréfragable (Cass. 22 mars 1839).

4° En matière de contributions indirectes, le délai de l'affirmation est également de trois jours, à partir de la date des procès-verbaux (Décr. 1ᵉʳ germ. an XIII, art. 25) ;

Et le jour de la clôture n'est pas compris dans le délai, il suffit que l'affirmation énonce qu'elle a eu lieu le troisième jour, quand même l'heure de l'affirmation ne serait pas constatée (Cass. 7 oct. 1809).

2267. La simple déclaration qu'un procès-verbal est sincère et véritable n'est pas suffisante ; il faut que cette déclaration soit faite sous la foi du serment, à peine de nullité (Cass. 20 mars 1812).

L'acte d'affirmation est donc nul, si les rédacteurs refusent, sur la réquisition formelle du magistrat, de déclarer que leur affirmation est faite sous la foi du serment (Cass. 19 janv. 1810).

Ils doivent, de plus, signer leur affirmation à peine de nullité (Cass. 1ᵉʳ avril 1830).

2268. Les juges de paix doivent même veiller à ce que les gardes ruraux, dans l'affirmation de leurs procès-verbaux, ne substituent pas le mot *approuvé* au mot *affirmé* (Circ. min. 2 oct. 1792).

Et la déclaration de l'officier public, portant que le procès-verbal lui a été *présenté*, ne peut tenir lieu de l'affirmation (Cass. 2 juin 1809).

2269. Car c'est une formalité substantielle, dont l'omission emporte nullité. Ainsi, quand il n'y a pas, contre l'inculpé d'un délit rural, d'autres preuves qu'un procès-verbal de garde champêtre non affirmé, l'inculpé doit être renvoyé de la plainte (Cass. 10 déc. 1824).

Et l'attestation d'un adjoint, mise à la suite d'un procès-verbal de garde-vente, et portant seulement qu'il est conforme à la vérité, ne peut équivaloir à l'affirmation (Cass. 4 fév. 1841).

2270. L'acte d'affirmation doit aussi énoncer qu'il en a été donné lecture aux affirmants, surtout en matière de douanes (Loi 9 flor. an VII, tit. IV, art. 10).

Mais, en matière de droits réunis, le procès-verbal n'est pas nul, si lecture de l'affirmation n'a pas été donnée aux préposés (Cass. 7 avril 1809).

Du reste, il n'y a pas de formule sacramentelle pour la constatation de cette lecture ; il suffit que la preuve en résulte de l'ensemble de l'acte d'affirmation (Cass. 11 oct. 1827).

Mais si elle n'a pas eu lieu, le procès-verbal est nul, sans que néanmoins cette nullité puisse empêcher de prononcer la confiscation des objets saisis, si la contravention est prouvée (Cass. 7 pluv. an IX).

2271. Il est bon que le fonctionnaire devant qui un procès-verbal est affirmé fasse mention, dans l'acte d'affirmation, de l'heure où elle est faite, et de l'absence ou de l'empêchement de ceux qui auraient dû la recevoir avant lui dans l'ordre ci-dessus indiqué, n° 2261.

Toutefois, la mention de l'heure n'est pas indispensable (Cass. 20 août 1841).

Et un procès-verbal est réputé affirmé après sa rédaction, quoiqu'il constate qu'il a été rapporté et affirmé à la même heure (Cass. 23 fév. 1833).

2272. L'omission du millésime dans la date de l'affirmation, en matière de chasse, ne peut entraîner la nullité du procès-verbal, dès que l'année se trouve relatée, tant dans l'acte affirmé que dans la mention de l'enregistrement (Cass. 30 nov. 1811).

2273. L'affirmation n'est pas soumise à l'enregistrement, attendu qu'elle est le complément du procès-verbal, et non pas un acte distinct.

Par la même raison, il n'est pas nécessaire que les actes d'affirmation rappellent, en détail, les faits ou les délits énoncés dans les procès-verbaux (Cass. 19 fév. 1808);

Ni qu'ils contiennent les noms et prénoms des préposés affirmants (Cass. 7 avril 1809).

Un maire, en recevant l'affirmation d'un procès-verbal forestier, n'est pas tenu d'énoncer le lieu dans lequel elle est reçue; il suffit qu'elle l'ait été dans le délai prescrit, et par le maire de la commune où le délit a été commis (Cass. 11 janv. 1817).

2274. L'affirmation est suffisamment constatée par un acte judiciaire portant que le procès-verbal a été déclaré véritable sous la foi du serment (Cass. 15 flor. an XII).

Enfin, un acte d'affirmation n'est pas nul parce qu'il présente un renvoi non signé, mais seulement parafé par le garde rapporteur et par l'officier public qui a reçu l'affirmation (Cass. 23 juill. 1824).

De plus, si le procès-verbal est divisé en plusieurs séances ou vacations, une seule affirmation suffit (Cass. 11 oct. 1827).

Dans le cas, au contraire, où divers procès-verbaux ont été portés ensemble sur la même feuille, à la suite les uns des autres, ils peuvent être compris dans la même affirmation, faite dans le délai légal de leurs dates respectives; une seule affirmation suffit (Cass. 19 févr. 1809).

Mais si leurs dates respectives sont séparées par un intervalle de plus de vingt-quatre heures, il faudra, pour que l'affirmation soit valable, qu'elle soit répétée, dans ce délai, pour chaque procès-verbal.

SECTION III. — ENREGISTREMENT.

SOMMAIRE.

2275. Comme tous les actes et jugements, en matière criminelle ou correctionnelle et de police, et tant qu'il n'y a pas de partie civile en cause, les procès-verbaux concernant la police générale et la vindicte publique, notamment ceux des juges d'instruction, du ministère public et de leurs auxiliaires, sont exempts de timbre et d'enregistrement (Loi 22 frim. an VII, art. 70, § 3, n° 9).

Il en est ainsi du procès-verbal d'un adjoint au maire, constatant un délit correctionnel (Cass. 4 janv. 1834).

2276. Il n'y a d'exception que pour les procès-verbaux des huissiers et des gendarmes (Loi 22 frim. an VII, art. 70, § 2, n° 3).

Ceux des commissaires de police, constatant des contraventions de simple police, y sont également soumis (Cass. 3 sep. 1808);

Mais le défaut d'enregistrement ne leur ôte pas leur force probante (Cass. 20 mai 1848).

2277. Dans tous les cas où les procès-verbaux dont il s'agit ici sont soumis à l'enregistrement, il peuvent être enregistrés *gratis* ou en *débet*, et être écrits sur du papier visé pour timbre, surtout quand le ministère public poursuit seul (Loi 25 mars 1817, art. 74. — Legraverend, I, 224).

2278. L'enregistrement des procès-verbaux doit avoir lieu dans les quatre jours de leur date (Loi 22 frim. an VII, art. 20, §1).

Dans ces quatre jours ne sont compris, ni le jour de la rédaction, ni le quatrième jour, si c'est un jour férié. (*Ibid.*, art. 25. — Cass. 18 fév. 1820).

2279. A défaut d'enregistrement dans le délai de la loi, il y a nullité pour les procès-verbaux qui font foi jusqu'à inscription de faux (Arg., Cass. 10 mai 1810).

Pour les autres, le défaut d'enregistrement, dans ce délai, leur laisse toute leur force (Cass. 5 mars 1819 et 31 mars 1848).

Les tribunaux devant lesquels ils sont produits doivent seulement tarder à statuer, jusqu'à ce qu'ils aient été enregistrés (Cass. 1er mai 1818).

Il y a exception cependant pour les procès-verbaux des gardes forestiers, qui sont radicalement nuls quand ils n'ont pas été enregistrés dans les quatre jours de leur date, ou de l'affirmation, s'ils doivent être affirmés (C. for. 170).

2280. Du reste, c'est aux tribunaux civils, et non pas aux tribunaux correctionnels, qui annulent des procès-verbaux faute d'enregistrement dans le délai fixé, à condamner les rédacteurs à l'amende portée par la loi (Cass. 4 vent. an XII).

Un procès-verbal fût-il nul faute d'enregistrement, le prévenu n'en pourrait pas moins être condamné, si la contravention était prouvée par son aveu (Cass. 15 oct. 1852).

2281. Quant au lieu de l'enregistrement, les procès-verbaux doivent être enregistrés, soit au bureau de la résidence du fonctionnaire rédacteur, soit au bureau du lieu où ils ont été faits (Loi 22 frim. an VII, art. 26).

Néanmoins, ils ne sont pas nuls pour avoir été enregistrés dans un autre bureau (Cass. 14 nov. 1835).

Et même, les gardes champêtres sont formellement autorisés à faire enregistrer leurs procès-verbaux au bureau le plus voisin de leur commune, lors même que ce bureau serait situé dans un autre arrondissement (Circ. min. 17 sept. 1823).

2282. En résumé :

1° Les procès-verbaux et actes destinés à constater, poursuivre et réprimer les *crimes*, sont exempts de la formalité du timbre et de l'enregistrement, ou sont enregistrés gratis, quand il n'y a pas de partie civile en cause (Ord. 22 mai 1816, art. 1);

Et, s'il y a partie civile, les actes spéciaux faits à sa requête, ainsi que les jugements qui prononcent des condamnations civiles, sont seuls assujettis à la double formalité (Circ. min. 24 sept. 1823);

2° Il en est de même en matière de *délits*, à moins que ces formalités ne soient exigées par des dispositions spéciales, comme pour les procès-verbaux constatant des infractions aux lois sur les contributions publiques, de nature à être punies correctionnellement, ou pour les procès-verbaux des gardes ruraux ou forestiers (*Ibid.*);

3° Ces distinctions ne s'appliquent pas aux exploits et notifications du fait des huissiers, gendarmes et gardes forestiers, qui doivent tous être timbrés et enregistrés, soit qu'il s'agisse de crimes, soit qu'il s'agisse de délits (*Ibid.*);

4° En ce qui concerne les *contraventions* de simple police, les actes par lesquels elles sont constatées, poursuivies et punies, sont essentiellement soumis à la double formalité (*Ibid.*);

5° Enfin, les actes et procès-verbaux des huissiers, gendarmes, préposés, gardes champêtres ou forestiers (autres que ceux des particuliers), et généralement tous actes et procès-verbaux concernant la police ordinaire, et qui ont pour objet la poursuite et la répression des délits et contraventions aux règlements généraux de police ou de contributions publiques, sont visés pour timbre et enregistrés en *débet*, toutes les fois qu'il n'y a point de partie civile poursuivante ou requérante (Ord. 22 mai 1816, art. 5.— Circ. min. 24 sept. 1823).

SECTION IV. — FORCE ET EFFETS.

SOMMAIRE.

2283. Distinctions.	2286. Seconde classe.	2289. Infirmation.
2284. Première classe.	2287. Appariteurs.	2290. Restrictions.
2285. Infirmations.	2288. Allumettes chimiques.	

2283. Les procès-verbaux rapportés par les officiers ou agents de police judiciaire n'ont pas tous la même force, quand ils sont produits en justice : les uns font foi jusqu'à inscription de faux, les autres seulement jusqu'à preuve contraire; d'autres enfin ne servent que de simples renseignements.

Le principe général est que tous les procès-verbaux peuvent être débattus par la preuve contraire, sauf les exceptions admises par la loi dans des cas particuliers, et pour des matières spéciales (C. inst. 154. — Dalloz aîné, v° *Procès-verbaux*, n. 6).

2284. Parmi les procès-verbaux qui font foi jusqu'à inscription de faux, il faut comprendre :

1° Ceux d'un seul agent, ou d'un seul garde forestier, commissionné par l'autorité publique, quand la contravention ne doit entraîner qu'une condamnation de cent francs et au-dessous, et céux de deux agents ou gardes, dans tous les cas (C. forest. 176 et 177);

Même quand ils constatent des délits de chasse commis dans les forêts de l'État (Cass. 19 sept. 1840);

2º Les procès-verbaux de deux agents ou gardes-pêche, quelles que soient les condamnations auxquelles les délits constatés peuvent donner lieu (Loi 15 avril 1829, art. 53. — Cass. 15 mars 1839);

Et ceux d'un seul agent ou garde-pêche, quand le délit n'entraîne pas une condamnation de plus de 50 francs (Loi 15 avr. 1829, art. 54);

3º Ceux de deux employés des contributions indirectes, constatant des contraventions (Loi 5 vent. an XII, art. 84.—Décr. 1er germ. an XIII, art. 25 et 26);

Et même les actes inscrits par eux, dans le cours de leurs exercices, sur leurs registres portatifs (Loi 28 avr. 1816, 2º part., art. 242);

4º Les procès-verbaux des employés des octrois (Loi 27 frim. an VIII, art. 8. — Cass. 12 oct. 1838);

5º Ceux des employés des bureaux de garantie (Legraverend, I, 223);

6º Ceux de deux douaniers ou de deux gendarmes, en matière de douanes (Loi 9 flor. an VII, art. 1 et 11);

7º Ceux des gardes du génie (Loi 29 mars 1806, art. 2. — Ord. 1er août 1821, art. 31);

8º Ceux des portiers-concierges dans les places de guerre (Décr. 16 sept. 1811, art. 19);

9º Enfin, ceux que rapportent les Cours et les tribunaux, pour constater ce qui s'est passé à leur audience (Merlin, *Répert.*, vº *Proc.-verb.*, § 10).

2285. Les procès-verbaux, qui font foi jusqu'à inscription de faux, ne peuvent être affaiblis par la rétractation de l'un des témoins signataires (Cass. 19 oct. 1809);

Ni par des inductions tirées de faits antérieurs ou postérieurs à leur rédaction (Cass. 1er mars 1838);

Et l'on ne peut ordonner aucune preuve ou vérification contre leur contenu (Cass. 8 mai 1835 et 13 mai 1837).

2286. Font foi seulement jusqu'à preuve contraire:

1º Les procès-verbaux d'un seul agent ou garde forestier, quand la condamnation encourue excède 100 francs (C. for. 177);

2º Ceux des gardes forestiers particuliers (*Ibid.*, 188);

3º Ceux des gardes champêtres des communes ou des particuliers (Loi 28 sept.-6 oct. 1791, tit. ɪ, sect. 7, art. 6. — Cass. 9 fév. 1815);

Mais seulement pour les délits ruraux (Cass. 1er avril 1854).

4° Ceux de tous autres officiers de police judiciaire (C. inst. 9 et 154);

Par exemple, en matière de contravention de police, ceux des maires (Cass. 30 mai 1835);

Et ceux des commissaires de police (Cass. 1er avril 1826).

Il suffit même de la déposition d'un seul témoin pour les infirmer (Cass. 11 déc. 1851).

5° Les procès-verbaux des vérificateurs des poids et mesures (Loi 4 juill. 1837, art. 7. — Ord. 17 avril 1839, art. 34);

6° Ceux des cantonniers et conducteurs des ponts et chaussées (Ord. Cons. d'État, 28 juill. 1820);

7° Ceux des préposés des ponts à bascule, et de l'octroi, dûment commissionnés et assermentés (Cass. 1er mars 1839);

8° Ceux d'un seul agent ou garde-pêche, quand le délit doit entraîner une condamnation de plus de 50 francs (Loi 15 avril 1829, art. 55);

9° Ceux des employés des administrations publiques constatant des faits de rébellion, d'injures ou de mauvais traitements commis envers eux, à l'occasion de l'exercice de leurs fonctions. Par exemple :

Ceux des agents de l'administration forestière (Cass. 18 déc. 1807);

Ceux des préposés des douanes (Cass. 8 avril 1813);

Ceux des employés des contributions indirectes (Cass. 2 oct. et 27 nov. 1818);

10° Ceux des maires et adjoints, commissaires de police, officiers et sous-officiers de gendarmerie et gendarmes, gardes forestiers, gardes-pêche et gardes assermentés des particuliers, en matière de chasse (Loi 3 mai 1844, art. 22);

11° Ceux des gendarmes, en matière de contraventions de police (Cass. 25 mars 1830 et 22 oct. 1831);

De contributions indirectes (Cass. 4 sept. 1813);

De police des diligences et voitures publiques (Cass. 11 mars, 8 avril et 26 août 1825);

Et de contravention aux lois sur la poste aux lettres (Cass. 22 avril 1830);

Ou aux règlements de police municipale (Cass. 8 nov. 1838 et 8 août 1840).

Ces divers procès-verbaux de la gendarmerie ne sont soumis à aucune forme particulière, et ils sont réguliers, quoique rédigés par un seul gendarme (Cass. 10 mai 1839).

Autrefois, ceux qui avaient pour objet de constater les infractions à la police du roulage étaient soumis à l'affirmation (Circ. min. 12 déc. 1826).

2287. Mais en toute autre matière, leurs procès-verbaux, comme les rapports des appariteurs ou agents de police, fussent-ils rédigés par les commissaires de police qui les ont reçus, ne valent que comme dénonciation ou à titre de renseignement (Dalloz aîné, v° *Proc.-verb.*, art. 2, n° 1. — Cass. 24 fév. 1855).

Particulièrement les appariteurs de police, n'étant pas officiers de police judiciaire, leurs procès-verbaux ne font pas foi en justice ; ils ne valent que comme dénonciation, et, par conséquent, il n'y a jamais lieu de les signifier aux inculpés (Décis. min. 8 avril 1829).

2288. Les agents présentés par les concessionnaires du monopole des allumettes chimiques, et agréés par l'administration des contributions indirectes, sont commissionnés par elle, et peuvent, comme les préposés de l'octroi, constater par des procès-verbaux, faisant foi jusqu'à preuve contraire, les contraventions aux lois sur cette matière (Lois 4 sept. 1871 et 15 mars 1873, art. 5).

2289. Les procès-verbaux qui font foi jusqu'à preuve contraire ne peuvent être infirmés par les dépositions de témoins entendus sans prestation de serment (Cass. 21 fév. 1822 et 3 mars 1838) ;

Ni par les dénégations contraires des inculpés (Cass. 17 mars 1808, 9 oct. 1824, 2 juin 1837 et 16 nov. 1848) ;

Ni par l'opinion différente des juges qui ne trouveraient pas la contravention suffisamment justifiée, alors que le procès-verbal n'est combattu par aucune preuve contraire (Cass. 26 nov. 1829, 3 juin 1830, 7 et 14 juin 1849) ;

Même quand cette opinion reposerait sur une connaissance personnelle des faits (Cass. 19 oct. 1838).

Ainsi, l'on ne peut ordonner, sur la demande de l'inculpé, ni d'office, que l'agent qui a verbalisé sera entendu à l'audience, sous prétexte d'une prétendue erreur dans les faits et les circonstances qu'il a constatés, surtout lorsqu'il a droit d'en être cru jusqu'à inscription de faux (Cass. 28 août 1824).

2290. Mais là foi n'est due aux procès-verbaux que pour les faits matériels qui ont pu être constatés par l'usage des sens de celui qui a verbalisé, ou par des moyens propres à en vérifier l'exactitude (Cass. 29 janv. 1825) ;

Et non pour les inductions plus ou moins vraisemblables tirées des circonstances qui ont été constatées (Cass. 1er mars 1822, 28 janv. et 21 nov. 1851).

On peut donc admettre un inculpé à faire preuve contre un procès-verbal qui ne contient qu'une déclaration de témoins, et non pas la déclaration personnelle du rédacteur, sur le fait incriminé (Cass. 2 janv. 1830).

Toutefois, il n'est pas nécessaire que les rédacteurs d'un procès-verbal aient été témoins *de visu* de la contravention qu'ils constatent; il suffit qu'ils en aient acquis une connaissance personnelle au moyen de l'audition, soit par l'aveu des inculpés, soit de toute autre manière (Cass. 20 juin 1806, 16 avril 1835, 5 juin 1841 et 13 avril 1849).

D'un autre côté, les procès-verbaux ne font pleine foi que des délits qu'ils constatent, et non pas des autres faits qui peuvent y être énoncés, particulièrement des délits commis envers l'agent qui a verbalisé, à l'égard desquels la preuve contraire est admise, comme il a été dit ci-dessus au n° 2286, 9°.

En matière de contraventions, la nullité du procès-verbal ne suffirait pas pour motiver le renvoi du prévenu, si le fait était d'ailleurs établi par son aveu (Cass. 18 mars 1854).

SECTION V. — INSCRIPTION DE FAUX.

SOMMAIRE.

2291. Les procès-verbaux qui font foi jusqu'à inscription de faux ne peuvent être combattus que par une inscription régulière de faux principal ou incident :

Principal, si l'on attaque le procès-verbal avant qu'il en ait été fait usage ;

Incident, si l'on repousse, par ce moyen, une poursuite fondée sur un pareil acte.

Dans ce dernier cas, qui est le plus ordinaire, il suffit de déclarer à l'audience que l'on entend s'inscrire en faux. Cette déclaration doit se faire immédiatement devant le juge compétent pour connaître du délit, et sans sommation préalable (Cass. 14 mai 1813).

2292. En matière forestière, l'inscription de faux contre le procès-verbal est tardive, si elle n'a pas été faite avant l'audience indiquée par la citation (C. for. 179. — Cass. 17 fév. 1837);

La déclaration eût-elle été faite pendant l'audience même, et avant l'appel de la cause (Cass. 1er mars 1839).

Il en est de même en matière de contributions indirectes (Cass. 4 mai 1838).

Elle est encore nulle en cette matière, lorsque ayant été reçue par le greffier seul, sans le concours du président, elle n'est pas entièrement écrite, mais seulement signée par l'inscrivant (Cass. 13 mars 1841).

2293. Le juge saisi est tenu de décider préalablement, et après avoir entendu le ministère public, s'il y a lieu ou non à surseoir (C. inst. 460, § 3).

Car, d'une part, le ministère public est partie légitime pour défendre à l'inscription de faux formée, par un prévenu, contre un procès-verbal de contravention dont la partie publique déclare se prévaloir (Cass. 22 juill. 1825).

Et, d'autre part, si la Cour ou le tribunal juge les moyens de faux pertinents, on doit surseoir à statuer sur le délit, et renvoyer l'affaire sur le faux devant les tribunaux compétents (Cass. 26 mars 1818 et 9 août 1822).

2294. Lorsqu'un prévenu a déclaré s'inscrire en faux contre un procès-verbal d'agents forestiers ou de préposés de l'octroi, le tribunal correctionnel saisi de l'action principale est juge de la nature des moyens sur lesquels repose l'inscription. En conséquence, il ne peut renvoyer à procéder sur le faux, avant d'avoir décidé si les moyens sont pertinents et admissibles (Cass. 24 mars et 21 avril 1809).

Car les moyens de faux ne peuvent être admis qu'autant qu'ils tendent à justifier les prévenus (Cass. 12 oct. 1838 et 24 déc. 1841).

2295. Si une partie condamnée par défaut déclare, avant la signification du jugement, s'inscrire en faux contre le procès-verbal, le délai de trois jours pour le dépôt de ses moyens de faux court à partir de cette déclaration, et non du jour de la signification du jugement (Cass. 11 déc. 1841).

2296. L'inscription de faux contre un procès-verbal diffère essentiellement de l'inscription de faux principal contre les auteurs du procès-verbal. Si la première est rejetée, le procès-verbal fait pleine foi, quel que soit le jugement sur la seconde, lequel est sans influence sur la première.

Ainsi, quand le prévenu, qui s'était inscrit en faux contre un procès-verbal des employés des contributions indirectes, a été déclaré déchu de son inscription, soit pour vice de forme, soit pour inadmissibilité des moyens de faux, ce procès-verbal reprend toute

sa force, nonobstant toute plainte en faux principal. En conséquence, le tribunal ne peut surseoir sous le prétexte d'une poursuite criminelle, dont il ne lui appartient point de prendre connaissance (Cass. 19 fév. 1825).

Pour le surplus de la procédure en inscription de faux, voyez
plus loin le chapitre du *Faux en écriture*.

CHAPITRE III. — ACTES DE POLICE JUDICIAIRE.

SECTION PREMIÈRE. — OBSERVATIONS GÉNÉRALES.

SOMMAIRE.

2297. Préliminaires.	2299. Avis à donner.	2301. Notices hebdomad.
2298. Distinctions.	2300. Affaires politiques.	2302. Apport des pièces.

2297. Nous nous occuperons ici d'abord des actes et attributions des officiers entre les mains de qui est concentrée l'action
de la police judiciaire, savoir : les magistrats du parquet et les
juges d'instruction. Nous parlerons ensuite des officiers inférieurs
de police judiciaire, auxiliaires et autres.

Disons d'abord, pour n'y pas revenir, que les actes et jugements
en matière criminelle sont, en général, exempts du timbre et de
l'enregistrement, à l'exception des actes et procès-verbaux des
huissiers et des gendarmes, qui doivent être enregistrés gratis ou
en débet (Circ. min. 8 avril 1808).

2298. Comme officiers de police judiciaire, les procureurs
d'arrondissement sont chargés de la recherche et de la poursuite
de tous les délits dont la connaissance appartient aux tribunaux
de police correctionnelle ou aux Cours d'assises (C. inst. 22).

La recherche et la poursuite des contraventions de police ne
les concernent donc pas; et, quand une plainte ou un procès-
verbal constatant une contravention de ce genre leur est adressé,
ils doivent se borner à le transmettre à l'officier du ministère public près le tribunal de simple police compétent, en l'invitant à
poursuivre, s'il y a lieu.

2299. Aussitôt que d'autres délits parviennent à leur connaissance, les procureurs ordinaires sont tenus d'en donner avis au

procureur général près la Cour d'appel et d'exécuter ses ordres relativement à tous actes de police judiciaire (C. inst. 27).

Dans l'usage, il n'est donné immédiatement avis que des crimes graves qui portent atteinte à l'ordre social, et surtout des crimes ou délits politiques, qui doivent aussi être portés sur-le-champ à la connaissance du ministre de la justice (Circ. min. 18 brum. an ix, 31 janv. 1817 et 24 avril 1822. — Décis. min. 17 fév. 1831).

2300. Ainsi, lorsqu'un magistrat du parquet est instruit d'un fait qui lui paraît de nature à attenter, soit directement, soit indirectement, à la stabilité et au maintien des institutions politiques, ou à la paix publique, il doit en donner immédiatement avis au ministre, en lui fournissant le détail de toutes les circonstances qui y sont relatives. Il le tient ensuite informé, par un compte rendu spécial, de toutes les découvertes que peut amener l'instruction; et il lui en fait connaître le résultat. Ce compte est fourni indépendamment et sans préjudice de celui qui est dû au procureur général (Circ. min. 6 déc. 1840, § 1.—Circ. Rennes, 23 août 1855).

Il est exigé particulièrement pour les délits de la presse (Circ. min. 30 juill. 1828 et 9 juin 1829).

2301. Tous les huit jours, le procureur ordinaire envoie, en outre, au procureur général une notice hebdomadaire de toutes les affaires criminelles, de police correctionnelle ou de simple police, qui sont survenues pendant la semaine dans son arrondissement (C. inst. 249).

Pour la forme de cette notice, voyez au tome iii le chapitre *des États périodiques.*

2302. Le procureur général peut, s'il l'estime convenable, ordonner, dans la quinzaine de la réception de la notice, l'apport des pièces à son parquet; et cet ordre est exécuté à la diligence du procureur à qui il est transmis, et qui est tenu de classer les pièces, et d'en dresser inventaire, avant de les envoyer (C. inst. 250).

Mais cet apport ne peut plus être ordonné, quand il est survenu une ordonnance du juge d'instruction sur la compétence, car une pareille ordonnance ne peut être annulée qu'autant qu'il y est formé opposition (Cass. 19 mars 1812).

C'est donc à tort que serait ordonné l'apport au parquet de la Cour d'une procédure ainsi terminée; et, d'un autre côté, cet apport ne peut avoir pour objet de permettre au procureur général d'interjeter appel, comme le pense M. Rogron sur l'article 250, parce que cet article ne lui donne la faculté de se faire apporter les pièces qu'au début de la procédure, et alors qu'aucune décision n'est encore intervenue.

Nous pensons que cet apport a plutôt pour objet de le mettre à même de requérir l'évocation de l'affaire par la Cour, s'il y a lieu, ou d'en référer au ministre, pour attendre ses ordres, dans le cas où une juridiction supérieure devrait en être saisie.

En effet, le procureur général est libre de faire l'usage qu'il juge convenable des pièces apportées ainsi à son parquet, et de leur donner la destination qu'il croit la plus utile à l'intérêt public.

SECTION II. — PLAINTES ET DÉNONCIATIONS.

SOMMAIRE.

§ 1er. — Dépôt.

2303. Le ministère public peut avoir connaissance des infractions aux lois pénales de plusieurs manières : par une plainte, par une dénonciation, par un rapport d'un officier de police judiciaire, ou par la voix publique.

Car quiconque a souffert d'un fait punissable, commis à son préjudice, a le droit d'en porter plainte, pour en obtenir justice ou réparation. S'il s'agit d'une contravention ou d'un délit, il peut assigner lui-même le délinquant, en se constituant partie civile. S'il s'agit d'un crime, ou si, s'agissant d'un délit, le plaignant est dans un état d'indigence dûment constaté, il doit remettre sa plainte ou sa dénonciation à un officier de police judiciaire (C. inst. 64).

2304. Régulièrement, les dénonciations doivent être adressées au procureur de l'arrondissement ou à l'un de ses auxiliaires, et les plaintes au juge d'instruction (*Ibid.*, 30, 31, 48, 50 et 63).

Dans l'usage, ces dernières sont également remises au ministère public : car une procédure instruite sur une plainte adressée à un fonctionnaire qui n'a point qualité pour la recevoir n'est pas nulle pour cela, et même celui au nom duquel une plainte aurait été portée la désavouerait, que le ministère public pourrait néanmoins continuer les poursuites (Cass. 9 janv. 1808).

Une dénonciation ne peut, conséquemment, être annulée, sous prétexte qu'elle a été adressée à un fonctionnaire incompétent : car, ou elle fait connaître un véritable délit, et alors le dénoncé doit être puni ; ou elle contient un mensonge, et, dans ce cas, il faut punir le dénonciateur (Cass. 8 prair. an XI.—Legraverend, I, 164 et 192. — Bourguignon, *Jurisp. des Cod. crim.* I, 135).

2305. Une plainte est donc une déclaration par laquelle, sans se porter partie civile, une personne défère à la justice un attentat à sa personne, à son honneur, ou à sa fortune, qu'elle a souffert de la part d'autrui.

Dans ce sens, le droit de se plaindre appartient à tous, sans distinction d'âge ni de sexe, et sans qu'il soit besoin, pour les mineurs et pour les femmes mariées, de l'autorisation de leur tuteur ou de leur mari.

Les étrangers peuvent aussi porter plainte des délits commis envers eux en France, même par des étrangers, par la voie de la presse ou autrement (Cass. 22 juin 1826).

2306. La dénonciation, au contraire, peut être faite par tout fonctionnaire ou agent de l'autorité publique qui, dans l'exercice de ses fonctions, acquiert la connaissance d'un crime ou d'un délit, et c'est alors une *dénonciation officielle ;* ou par tout citoyen qui en a été témoin, sans en recevoir aucun préjudice, et c'est alors une *dénonciation civique* (Loi 16-29 sept. 1791, tit. VI, art. 1. — C. pén. 3 brum. an IV, art. 83 et 87. — C. inst. 29 et 30).

Toutefois, la dénonciation civique n'est pas obligatoire pour les citoyens, lorsqu'il s'agit de crimes ou de délits non spécifiés par la loi, ou de contraventions de simple police, et lorsque les attentats n'ont pas été commis sous leurs yeux, ou qu'ils n'en ont pas une connaissance directe ; et même l'inaccomplissement de ce devoir n'est jamais frappé d'aucune peine (Legraverend, I, 163).

Il est peut-être à regretter, dans l'intérêt de la vindicte publique, que l'obligation de dénoncer les crimes et les délits ne soit accompagnée d'aucune sanction pénale : il est vrai que, dans nos mœurs, la dénonciation est toujours odieuse ; néanmoins, il est à propos de distinguer le dénonciateur salarié *ad hoc* de celui qui ne l'est pas : le premier fait, sans contredit, un infâme métier qui empêche même de recevoir son témoignage en justice ; mais le second, qui n'agit que pour le maintien de la paix publique et la conservation de l'ordre social, doit être encouragé et même remercié par le magistrat d'avoir obéi au législateur.

2307. Quoique les avocats, les avoués, les notaires, les médecins et les sages-femmes soient tenus de garder les secrets qui leur sont confiés à raison de leur profession, ils doivent faire connaître aux autorités compétentes les crimes et délits dont ils ont été les témoins, ou dont ils ont découvert les traces ou les indices. Ce devoir est encore plus impérieux quand ils sont en même temps investis de fonctions publiques.

Mais rien ne peut obliger les prêtres à révéler le secret de la confession, ni même ce qui leur a été confié sous le sceau d'un acte religieux (Cass. 30 nov. 1810).

Il a aussi été jugé que ceux qui tiennent des maisons ouvertes au public ne sont pas obligés de dénoncer les auteurs des troubles qui s'y commettent (Cass. 14 déc. 1809).

2308. Les tribunaux de tout ordre peuvent et doivent dénoncer au ministère public les crimes ou délits dont ils ont connaissance.

Ainsi, par exemple, lorsque la Cour de cassation reconnaît, dans une procédure civile ou criminelle, un délit qui n'a pas été poursuivi, elle peut ordonner qu'à la diligence de son procureur général ce délit sera dénoncé à l'officier de police judiciaire chargé par la loi d'en faire la recherche (Cass. 7 fruct. an VIII).

De son côté, le procureur général de chaque ressort peut recevoir les dénonciations qui lui sont directement adressées, soit par les ministres, soit par la Cour d'appel ou par les tribunaux, soit par un fonctionnaire public, soit par un simple citoyen, et il en tient registre. Il les transmet ensuite au procureur compétent pour provoquer et surveiller l'instruction (C. inst. 275).

§ 2. — *Formes.*

2309. Les plaintes portées au ministère public ne sont assujetties à aucune forme. Elles peuvent même n'être pas rédigées par écrit, surtout si elles ne donnent lieu qu'à une poursuite directe devant le tribunal correctionnel, puisque, dans ce cas, la citation tient lieu de plainte (C. inst. 183).

Dans tout autre cas, et particulièrement quand il est nécessaire de transmettre la plainte à un autre fonctionnaire ou à une autre juridiction, le magistrat du parquet doit en rapporter un procès-verbal signé de lui et du plaignant, quand celui-ci sait signer.

Si ses occupations l'empêchent de rédiger lui-même cette plainte, et si le plaignant est hors d'état de le faire, le magistrat peut en charger un de ses auxiliaires, devant qui le plaignant est renvoyé.

Ainsi, la plainte peut être en forme de lettre ou de requête, lorsqu'elle est rédigée par la partie lésée; elle est en forme de procès-verbal, quand elle est rédigée par un officier public, sur la déclaration du plaignant (C. inst. 65).

2310. Les plaintes comme les dénonciations, qui doivent être consignées par écrit, sont donc rédigées par les plaignants ou les dénonciateurs, ou par leur fondé de procuration spéciale, ou par le ministère public, s'il en est requis, ou par l'officier de police judiciaire qu'il a délégué. Elles sont toujours signées, à chaque feuillet, par le magistrat et par les plaignants ou dénonciateurs, ou par leur fondé de pouvoir. S'ils ne savent ou ne veulent pas signer, il doit en être fait mention. La procuration dont il s'agit demeure toujours annexée à la plainte ou à la dénonciation, dont le plaignant ou le dénonciateur peut se faire délivrer une copie à ses frais (*Ibid.*, 31 et 65).

Au surplus, ces formalités ne sont pas exigées à peine de nullité; et une plainte ou dénonciation n'est pas nulle, quoiqu'elle n'ait pas été signée à toutes les pages, et qu'elle ait été présentée par un mandataire qui n'y a pas joint sa procuration (Cass. 12 janv. 1809). Elle est suffisamment libellée quand elle se trouve consignée au procès-verbal d'un agent de la force publique, fût-il même sans qualité pour la recevoir (Cass. 29 mai 1845).

2311. Lorsque des dénonciations sont remises toutes rédigées aux officiers de police judiciaire, ils dressent au bas procès-verbal de leur réception. Si les dénonciateurs refusent de signer leur dénonciation, elle est nulle et ne vaut que comme un renseignement dont le ministère public est libre de faire tel usage qu'il juge convenable (Bourguignon, *Jurisp. des Cod. crim.*, I, 107).

Les magistrats à qui un tel acte est présenté doivent s'assurer, avant tout, de la vérité de la signature du dénonciateur, et même ils ont le droit de le faire comparaître, à cet effet, devant eux (Dalloz aîné, v° *Partie civ.*, n° 10).

Du reste, ces règles ne concernent pas les plaintes et les dénonciations émanant des fonctionnaires publics; celles-ci peuvent être faites de vive voix ou par simple lettre (Ortolan, II, 43).

Même lorsque ces plaintes ont pour objet des injures adressées aux plaignants, elles ne sont soumises, par la loi, à aucune forme particulière (Cass. 23 fév. 1832).

2312. Dans les autres cas, il est toujours essentiel que les dénonciations soient rédigées par écrit, afin qu'elles puissent plus tard servir de base, s'il y a lieu, à une poursuite en dénonciation calomnieuse, ou afin que le ministère public puisse faire connaître son dénonciateur à l'accusé acquitté, s'il le requiert (C. inst. 358, § 5).

Mais il n'est pas indispensable qu'elle soit revêtue d'aucune autre formalité : une simple note remise aux officiers de police judiciaire, et contenant des renseignements sur un crime, constitue une dénonciation qui peut être punie comme dénonciation calomnieuse, encore bien qu'elle ne soit, ni écrite, ni signée par celui qui la remet (Cass. 10 oct. 1816 et 8 août 1835).

2313. Aussi, la nécessité, pour l'inculpé, de réclamer des dommages-intérêts de son dénonciateur, à l'audience même où la dénonciation a été reconnue mal fondée, n'existe que devant les Cours d'assises : en matière correctionnelle, cette demande peut être portée ultérieurement, par voie de citation directe, devant le tribunal qui a statué (Cass. 23 fév. 1838).

L'action en dommages-intérêts n'est même accordée à l'accusé contre son accusateur que dans le cas où l'accusé est absous par une Cour d'assises après un débat public. Celui qui, incarcéré par suite de la plainte d'un particulier, a été mis en liberté par ordonnance du juge d'instruction, n'est pas recevable à intenter une action en dommages-intérêts. Car cette ordonnance n'est que provisoire, la poursuite pouvant être reprise au cas de survenance de nouvelles charges (Rome, 21 mars 1811).

2314. Au surplus, lorsque c'est un fonctionnaire qui a donné avis d'un crime, qu'il a découvert dans l'exercice de ses fonctions, l'accusé acquitté n'a aucune action en dommages-intérêts contre lui (Cod. inst. 358, § 4).

Les membres d'un jury médical, qui ont dénoncé un officier de santé, ne sont pas des fonctionnaires publics dans le sens de cet article (Paris, 24 fév. 1807).

2315. Celui dont la plainte, après avoir motivé des poursuites, est déclarée mal fondée, peut, suivant les circonstances, être condamné à des dommages-intérêts, et même aux peines de la diffamation ou de l'injure, si la plainte est reconnue avoir été portée méchamment et à dessein de nuire ; mais lorsque le plaignant n'a succombé que faute de preuves, et qu'il a eu de justes motifs de porter plainte, il n'est passible d'aucuns dommages-intérêts, et à plus forte raison d'aucune peine (Dalloz aîné, v° *Inst. crim.*, n° 547).

Ainsi, le défaut de justification d'une plainte n'étant pas un délit, il n'y a pas lieu de condamner, pour ce fait, le plaignant à une amende (Cass. 12 juill. 1810).

2316. Toutefois, pour que le Trésor public n'ait pas à payer les frais résultant de plaintes indiscrètes portées par des individus qui ne veulent pas se constituer parties civiles, ces plaignants peuvent être assignés comme témoins, puisqu'ils sont sans intérêt direct à la cause ; mais si leur plainte se trouve mal fondée, et s'il est justifié qu'ils sont eux-mêmes coupables d'un délit punissable suivant la loi, comme ils ne peuvent pas être condamnés de suite à la peine qu'ils ont méritée (ce qui serait en opposition avec la loi, qui veut que le prévenu ait quelque délai pour préparer sa défense), le ministère public peut, à l'audience même, porter sa plainte contre le dénonciateur qui lui paraît en faute, et requérir le renvoi à une audience prochaine, pour être statué tant sur la plainte originaire que sur sa plainte incidente (Décis. Rennes, 18 fév. 1814).

§ 3. — Suites.

2317. Le ministère public ne peut pas refuser de recevoir une plainte ; mais il n'est pas tenu de poursuivre dans tous les cas, comme nous l'avons vu au tome I, n° 1885, § 2.

Ainsi, malgré les termes impératifs de l'art. 64 du Code d'instruction criminelle, portant que les plaintes adressées au ministère public seront par lui transmises au juge d'instruction, il peut se dispenser de cette obligation, quand il juge les plaintes sans importance ou mal fondées, ou lorsqu'il prend le parti de saisir directement le tribunal correctionnel.

2318. Mais quand il y a lieu d'agir, le ministère public ne doit pas se borner à recevoir les plaintes et les dénonciations ; il doit encore saisir par lui-même les indices des crimes ou des délits qu'une surveillance active peut lui faire connaître, et poursuivre la répression de tous les faits qui troublent essentiellement l'ordre public, lors même que les parties lésées n'ont pas porté plainte et ne réclament pas de poursuites.

La loi met à sa disposition tous les moyens pour la recherche des délits, sauf toutefois ceux que la morale réprouve ; si bien qu'une lettre communiquée par un prévenu à l'audience peut être saisie, à la réquisition du ministère public, dans l'intérêt de la vindicte publique (Cass. 6 avr. 1833).

2319. Après avoir donné avis au procureur général du ressort des crimes et délits dont il a connaissance, comme nous l'avons vu au n° 2299, le ministère public n'est pas obligé d'attendre ses ordres ; il doit prendre lui-même une détermination, quant aux poursuites, conformément à ce qui a été dit au tome I, n°ˢ 1883 et suivants (Ortolan, II, 51).

Si l'affaire ne paraît pas de nature à donner lieu à des poursuites, il en est seulement pris note sur les registres du parquet.

Si elle n'est pas de la compétence des juges du siège, ou si elle appartient à une autre juridiction, le ministère public transmet la plainte à qui de droit.

Si elle constitue un délit correctionnel, dont il soit facile de faire la preuve à l'audience, il assigne directement les inculpés et les témoins, s'il y en a, devant le tribunal de police correctionnelle.

Enfin, s'il s'agit d'un fait de la compétence des Cours d'assises, ou si, s'agissant d'un délit correctionnel, la preuve n'en peut être acquise que par une instruction préalable, ou si les inculpés, non domiciliés, sont en état d'arrestation, il requiert, par écrit, le juge d'instruction de procéder à une information complète ou sommaire.

2320. En effet, quand le ministère public est saisi de la connaissance d'un fait coupable, pouvant donner lieu à des poursuites judiciaires, et constituant un crime ou un délit, il a le choix, ou de requérir le juge d'instruction d'informer, comme il sera dit au titre suivant, ou de porter directement la plainte devant le tribunal correctionnel (C. inst. 182).

Il doit prendre ce dernier parti, toutes les fois que la compétence du tribunal n'est pas douteuse, et que l'inculpé a un domicile (Circ. min. 12 nov. 1815, p. 5, et 20 nov. 1829, § 3) ;

A moins qu'il n'y ait incertitude, soit sur l'existence ou le caractère du délit, soit sur la désignation des individus qui doivent être cités comme prévenus ou comme témoins, ou qu'enfin l'affaire ne soit, à raison de son importance, susceptible de recherches ou de développements qui exigent une instruction préparatoire (Circ. min. 33 sep. 1812).

Dans le cas même où une poursuite est nécessaire, il faut toujours examiner s'il est possible d'employer la voie de la citation directe, et ne requérir une information préalable que s'il y a une absolue nécessité (Circ. min. 16 août 1842, § 4).

2321. Et même quand les témoins ne sont pas suffisamment désignés dans la plainte ou dans la dénonciation, le ministère public n'a pas toujours besoin, pour les connaître, de requérir une information régulière. Des renseignements pris avec discrétion par les juges de paix, les commissaires de police, et les autres officiers de police judiciaire, peuvent apprendre tout ce qu'il est nécessaire de savoir pour diriger la véritable instruction, qui est celle de l'audience (Circ. min. 9 avril 1825, § 5).

Car la loi laisse le ministère public maître d'apprécier la nécessité et la convenance de ses réquisitions (Circ. Rennes, 10 mars 1835).

2322. Et ici, une observation importante :

Si la forme des actes du ministère public est de droit étroit, l'appréciation des indices est abandonnée à sa conscience; elle est nécessairement relative aux circonstances de temps et de lieu. Dans les recherches qui ont pour cause un délit ordinaire, les soupçons se dirigent ordinairement vers ceux que leurs passions, leurs préjugés, leurs habitudes, ont pu entraîner à le commettre. Quand c'est une opinion politique qui conspire, cette opinion n'a pas le droit de se plaindre si on la soupçonne, et si elle devient l'objet de mesures de police : la prévention s'élargit, et la voix publique suffit pour la faire naître. Il est en effet des moments où les indices propres à déterminer des investigations ne s'attachent pas seulement à certains hommes, mais prennent un caractère collectif. Dans ces circonstances, et surtout à une époque d'attentats politiques, le flagrant délit se reproduit sous autant de formes qu'il y a de manières d'y participer activement, soit par des provocations ou publications, soit par l'embauchage, soit par le fournissement, le transport ou le simple dépôt d'armes ou de munitions destinées à le commettre, soit en donnant asile à ceux qui le commettent, soit en leur servant de messager. Dans tous les cas semblables, il y a flagrant délit, et la loi autorise l'action immédiate du ministère public et des officiers de police judiciaire (Circ. Rennes, 16 juin 1832, 1° et 2°).

2323. D'un autre côté, ceux qui trament une conspiration contre l'État, qui entretiennent des intelligences avec ses ennemis, couvrent leurs démarches avec tant de mystère et d'adresse, que souvent, chaque fait particulier de leur conduite pris isolément n'offre en apparence rien de bien répréhensible ; de sorte que, pour apprécier toute l'étendue de leurs desseins, il est nécessaire qu'un examen franc, et dégagé de subtilités, contemple l'ensemble des faits et des circonstances, et en précise, de bonne foi, les résultats. Dans ces occasions épineuses, c'est à sa sagacité, à sa froide raison, plutôt qu'à son zèle, que le ministère public doit s'en rapporter pour juger si des poursuites sont nécessaires (Circ. min. 11 mai 1815).

Mais à mesure que l'information judiciaire avance, chacun de ses progrès dissipe un nuage, fixe les idées, et la nature même des choses rétrécit le cercle de la prévention, les indices perdent de leur généralité, ils deviennent individuels. C'est le moment, pour le ministère public, de ne requérir des mesures de rigueur que sur des renseignements précis, et directement relatifs à la personne qu'il s'agit d'y assujettir (Circ. Rennes, 12 mars 1831).

2324. Si le fait dont la connaissance parvient au ministère public constitue un crime, il doit toujours requérir le juge d'instruction d'informer, comme nous l'avons dit aux nᵒˢ 1890 et 2319, § 5. Il doit alors apporter la plus grande célérité dans ses actes, et stimuler l'activité de tous ceux qui concourent avec lui à la recherche de la vérité.

Car l'intérêt de la société exige qu'il y ait promptitude et activité dans les poursuites ; autrement le but de la loi, qui est d'épouvanter les malfaiteurs par l'exemple, n'est pas atteint. Une peine, prononcée longtemps après le délit commis, ne produit pas le même effet que celle qui est appliquée lorsque les esprits sont encore occupés de la faute que la loi réprime (Décis. Rennes, 21 déc. 1812).

2325. Il est encore nécessaire de faire procéder à une information préalable dans toutes les affaires dirigées contre des mineurs âgés de moins de seize ans, afin que les tribunaux soient mieux éclairés sur les circonstances qui pourraient les déterminer, en cas d'acquittement, à remettre ces enfants à leurs parents, ou à les faire conduire dans une maison de correction, comme il sera dit ci-après, au chapitre des *Jugements correctionnels* (Circ. min. 6 avr. 1842).

En effet, la voie de la citation directe mettrait souvent les juges dans l'impossibilité de bien apprécier les causes de la mauvaise conduite des inculpés et les garanties que présenteraient leurs parents. Une information préalable permet, au contraire, de constater la véritable position de ces enfants et de leurs familles ; elle apprend si les faits imputés doivent être attribués au défaut de surveillance, à la faiblesse ou à la mauvaise conduite de leurs guides naturels ; enfin, elle aide à décider la question de discernement dont nous avons parlé au tome I, nᵒˢ 1953 et suivants.

Il convient même de recueillir extrajudiciairement tous les renseignements qui peuvent éclairer sur leurs habitudes et celles de leurs familles. Ces renseignements doivent être consignés dans une notice dont on trouvera le modèle au nᵒ 26 de l'Appendice, et qui demeure annexée à la procédure (*Ibid.*, p. 2).

2326. Avant d'aller plus loin, il ne faut pas oublier d'observer que, dans les procédures criminelles, le ministère public requiert et que le juge d'instruction informe. De cette division d'attributions, qui doit être soigneusement maintenue, découlent des conséquences importantes, que nous aurons plus d'une fois l'occasion de signaler.

Quoique, dans les cas ordinaires, le ministère public n'instruise pas lui-même, il est néanmoins investi de ce pouvoir en cas de flagrant délit ou de réquisition à lui adressée de la part d'un chef de maison, comme il sera dit à la section suivante (C. instr. 32 et 46).

Quand le ministère public est averti d'une infraction aux lois pénales, il doit donc d'abord examiner si le délit est flagrant ou s'il ne l'est pas.

SECTION III. — TRANSPORT SUR LES LIEUX.

SOMMAIRE.

2327. Nécessité.	2332. Présence nécessaire.	2337. Défense préalable.
2328. Assimilation.	2333. Témoins appelés.	2338. Contravention.
2329. Extension.	2334. Motifs.	2339. Répression.
2330. Durée.	2335. Greffiers.	2340. Procès-verbal.
2331. Avis au juge d'instr.	2336. Huissiers.	

2327. S'il y a flagrant délit, c'est-à-dire si un fait punissable d'une peine afflictive ou infamante se commet ou vient de se commettre au moment de la plainte, ou si, dans un temps voisin du délit, l'inculpé est poursuivi par la clameur publique, ou trouvé nanti d'objets ou de papiers qui font présumer sa culpabilité, le ministère public doit se transporter sur le lieu du crime sans aucun retard, y dresser les procès-verbaux nécessaires, et recevoir les déclarations des témoins (C. inst. 32 et 41).

2328. Il en est de même toutes les fois que, s'agissant d'un crime ou d'un délit, même non flagrant, commis dans l'intérieur d'une maison, le chef de cette maison requiert le ministère public de le constater (*Ibid.*, 46. — Legraverend, I, 124).

Par *chef de maison*, il faut entendre chaque chef de famille; il peut y en avoir plusieurs dans la même maison (Bourguignon, *Jurisp. des Cod. crim.*, I, 155. — Carnot, *Inst. crim.*, I, 263. — Ortolan, II, 74).

2329. Dans ce cas, il n'est pas besoin que l'infraction qu'il s'agit de constater soit punissable d'une peine afflictive ou infamante; il suffit qu'elle soit passible d'une peine correctionnelle (Décr. 1er mars 1854, art. 263 et 264).

Autrement les règles du flagrant délit, pour sa constatation, ne s'appliquent qu'aux faits punissables d'une peine afflictive ou infamante, et non pas aux délits correctionnels (*Ibid.*, art. 250).

Et même, pour éviter les lenteurs de l'information, la loi du 20 mai 1863 permet au ministère public de traduire immédiatement devant le tribunal correctionnel tout inculpé arrêté en flagrant délit d'un fait puni de peines correctionnelles.

Mais, dans aucun cas, une simple contravention de police ne peut constituer un flagrant délit.

De même encore, lorsque des cris partent de l'intérieur d'une maison pour appeler du secours, le ministère public, ses auxiliaires et la gendarmerie peuvent y pénétrer, même la nuit, pour y faire tous les actes nécessaires (Décr. 1er mars 1854, art. 291.— Dalloz aîné, v° *Inst. crim.*, n° 8).

2330. La loi ne s'étant pas expliquée sur la durée du flagrant délit, il semble qu'on ne peut pas l'étendre au delà de vingt-quatre heures.

Toutefois, l'annonce d'une conspiration qui, ayant éclaté à Paris, aurait des ramifications dans les départements, est une circonstance de nature à constituer le flagrant délit dans ces départements; et les officiers du parquet peuvent agir, en ce cas, conformément à l'art. 36 du Code d'instruction criminelle, aussitôt que l'avis leur en parvient, quoique le délai de vingt-quatre heures soit depuis longtemps expiré (Rennes, 16 avril 1831).

Et même, si le ministère public, trompé par la clameur publique, pénètre, avant ou après ce délai, dans le domicile d'un citoyen pour y constater un flagrant délit qualifié crime, et si, en faisant des recherches à cet égard, il découvre un simple délit non flagrant, il peut valablement le constater, et son procès-verbal en fait foi (Cass. 1er sept. 1831).

2331. Avant de se rendre sur les lieux, le ministère public doit toujours donner avis de son transport au juge d'instruction, soit verbalement, soit par écrit, mais sans être tenu de l'attendre (C. inst. 32, § 2).

Il a été décidé que ce devoir devait être également rempli quand le ministère public se transportait, en exécution de l'art. 81 du Code civil, pour constater une mort présumée violente, comme nous l'avons dit au tome 1er, n° 1292 (Décis. Rennes, 7 avril 1837).

Cependant, des instructions antérieures avaient prescrit de ne requérir le transport du juge d'instruction que dans le cas de l'art. 44 du Code d'instruction criminelle, qui, sainement entendu, suppose, dans son application, une présomption existante que la mort est l'effet d'un crime (Circ. Rennes, 26 oct. 1825. — Circ. min. 20 nov. 1829).

2332. Quoi qu'il en soit, hors le cas de mort présumée violénte ou de flagrant délit, le ministère public ne peut pas se transporter sur les lieux sans être accompagné du juge d'instruction (Cass. 30 sept. 1826).

Et la Cour d'appel même ne pourrait l'autoriser à s'y transporter, hors le cas de flagrant délit, sans l'assistance du juge. (Cass. 30 sept. 1829).

Mais le juge d'instruction peut se transporter seul, si le ministère public refuse de l'accompagner (Montpellier, 25 juin 1846).

Si, au cas de flagrant délit, le juge d'instruction se présente sur les lieux, appelé ou non, c'est lui qui instruit; il peut même refaire tout ou partie des actes du magistrat du parquet (C. inst. 60).

Ces magistrats peuvent toujours se faire accompagner par un huissier, mais celui-ci n'a aucun droit à une indemnité de voyage, ni à aucun émolument, quand il ne rapporte aucun acte de son ministère (Inst. min. 7 juin 1814, II, 4°).

2333. Le ministère public requiert encore par écrit ou verbalement, attendu l'urgence, l'assistance du commissaire de police, du maire ou de l'adjoint, ou, à leur défaut, de deux citoyens français majeurs, jouissant de leurs droits civils, pris parmi les habitants, et, autant que possible, parmi les membres du conseil municipal de la commune où le transport a lieu, pour être présents à tous les actes de son ministère, et signer avec lui son procès-verbal sur chaque feuillet, à moins qu'ils ne puissent le faire ou qu'ils ne s'y refusent, auquel cas il en est fait mention (C. inst. 42).

Si cependant il y avait impossibilité de se procurer tout de suite des témoins ou assistants, le ministère public pourrait toujours commencer ses recherches et verbaliser en leur absence, pourvu qu'il fît mention de cette circonstance au procès-verbal (*Ibid.*);

Et même il négligerait d'en appeler, quoiqu'il y eût possibilité d'en avoir, que l'omission de cette formalité n'entraînerait pas la nullité de ses actes, et ne rendrait pas son procès-verbal moins digne de foi.

2334. La présence des témoins nous semble surtout nécessaire quand il faut pénétrer dans le domicile d'un citoyen contre son gré ou en son absence; et l'autorité municipale, toute protectrice, assiste dans ce cas l'officier de police judiciaire, comme pour défendre et garantir les citoyens contre les illégalités ou les abus de pouvoir qu'ils pourraient craindre, et pour attester l'identité et l'autorité de cet officier. Quelque haut placé que soit le ministère public parmi les magistrats chargés de la police judiciaire, il ne doit pas négliger cette précaution indiquée par la loi.

Toutefois, quand il opère simultanément avec le juge d'instruction, il peut se dispenser de ce soin, la présence de ces deux magistrats offrant aux citoyens une garantie suffisante (Legraverend, I, 47. — Bourguignon, *Jurisp. des Cod. crim.*, I, 152).

2335. Le ministère public peut aussi, dans les mêmes cas, se faire accompagner du greffier ou du commis-greffier du tribunal (Circ. min. 11 fév. 1824);

Ou, à leur défaut, d'un citoyen français majeur, auquel il fait prêter serment de remplir fidèlement les fonctions qui vont lui être confiées, et mention de cette prestation de serment doit être faite dans le procès-verbal (Rogron, *sur le même art.* 42).

2336. Le ministère public, s'il n'en est pas accompagné, peut encore appeler un ou plusieurs huissiers du canton pour la notification de ses mandats, citations et ordonnances (Circ. min. 23 sept. 1811);

Nonobstant le droit qu'il a toujours de requérir la présence de la force publique pour l'exécution de ses ordres (C. inst. 25).

2337. Arrivé sur le théâtre du crime, le ministère public procède aux opérations prescrites par les art. 32 et suivants du Code d'instruction criminelle.

Il peut d'abord défendre que qui que ce soit sorte de la maison, ou s'éloigne du lieu où il opère, jusqu'à la clôture de son procès-verbal; et, à cet effet, il peut en faire garder les issues ou les avenues (C. inst. 34).

2338. Tout contrevenant à cette défense est déposé en la maison d'arrêt, s'il peut être saisi, jusqu'à ce que les opérations du flagrant délit soient terminées; après quoi il est relaxé, sans préjudice de la peine encourue pour cette contravention. Cette peine est au plus de dix jours d'emprisonnement et de 100 fr. d'amende, qui sembleraient devoir être cumulés d'après le texte de la loi, mais que les auteurs enseignent pouvoir être prononcés ensemble ou séparément, par argument de l'art. 463 du Code pénal.

Quant à nous, nous pensons que cet article, qui, dans sa disposition finale, ne parle que des délits prévus par le Code pénal et soumis aux tribunaux correctionnels, ne peut recevoir ici aucune application.

2339. Du reste, la peine dont il s'agit est infligée par le juge d'instruction, sur les conclusions du ministère public, après que le contrevenant a été cité et entendu, ou par défaut s'il ne comparaît pas, sans autre formalité ni délai, et sans opposition ni appel (C. inst. 34).

Il est clair que cette peine ne peut guère être prononcée sur-le-champ et sur les lieux, puisqu'une citation préalable est nécessaire et que le juge d'instruction peut n'être pas présent. Elle est donc l'objet d'une poursuite séparée, qui peut avoir lieu ultérieurement.

2340. Après la défense dont il vient d'être parlé, le ministère public dresse procès-verbal de l'état des lieux et du corps du délit; il reçoit la déclaration des personnes qui ont connaissance des faits; il appelle notamment les parents et les domestiques de la maison; il s'informe si des soupçons s'élèvent contre quelques personnes et sur quoi ils sont fondés; il prend le signalement des individus qui ont été vus aux environs du lieu du délit à l'heure où il est présumé avoir été commis; il indique les personnes qui paraissent pouvoir donner des renseignements utiles à la justice, et recueille, en un mot, tous les documents propres à conduire à la manifestation de la vérité.

Les personnes entendues par ce magistrat ne sont pas tenues de prêter serment; mais elles doivent signer leur déclaration, ou bien il est fait mention de leur refus. Cependant l'omission de cette mention ou de leur signature n'entraîne pas la nullité du procès-verbal.

SECTION IV. — EXPERTISES.

SOMMAIRE.

§ 1er. — *Règles générales.*

2341. En se transportant sur les lieux, le ministère public se fait accompagner, au besoin, d'une ou de deux personnes présumées, par leur art ou par leur profession, capables d'apprécier la nature et les circonstances du crime ou du délit; par exemple, de serruriers ou menuisiers, s'il s'agit de constater une effraction; d'experts écrivains, s'il s'agit de rechercher l'auteur d'une pièce d'écriture; de pharmaciens ou chimistes, s'il s'agit de reconnaître la nature, la propriété ou les effets de certaines substances, etc. (C. inst. 43).

2342. S'il s'agit d'une mort violente ou soupçonnée telle, de blessures ou voies de fait graves, il se fait assister d'un ou de deux officiers de santé, qui font leur rapport par écrit, et peuvent néanmoins, en attendant ce rapport, donner verbalement leur avis sur les causes de la mort ou des blessures, et sur l'état du cadavre ou du blessé, en fixant approximativement l'époque de la guérison de celui-ci (*Ibid.*, 44).

Quoique cet article ne parle que des *officiers de santé*, c'est là une expression générale qui comprend tous les hommes de l'art, et même les sages-femmes, quand il y a lieu de constater un accouchement récent. Aussi le ministère public doit-il appeler, de préférence, des docteurs en médecine ou en chirurgie, et n'admettre de simples officiers de santé qu'en cas d'urgence et d'impossibilité de recourir aux premiers. Il faut, dans tous les cas, que ces hommes de l'art soient dignes, par leur moralité, de la confiance des tribunaux (Arg. art. 15 et 29, loi 19 vent. an xi. — Décis. min. 10 oct. 1808. — Circ. min. 16 août 1842, § 5).

2343. Les magistrats ne sauraient apporter trop de soin dans le choix des experts qui doivent constater le corps du délit. Les opérations de médecine légale, dont nous parlerons au paragraphe suivant, exigent surtout cette précaution ; elles sont souvent difficiles et délicates, et elles ont une grande influence sur le jugement des affaires les plus graves : c'est un double motif de ne les confier qu'à des hommes instruits, expérimentés et capables de les bien faire. Les erreurs et les méprises qui se commettent au moment du flagrant délit sont souvent irréparables ; car il n'est pas toujours possible de recommencer avec succès ce qui a été mal fait dans le principe (Inst. gén. 30 sept. 1826, n° xvii).

Entre plusieurs experts également capables, on doit choisir, autant que possible, ceux qui se trouvent sur les lieux où l'opération doit se faire, ou qui en sont le moins éloignés (Circ. min. 23 sept. 1812, 5°).

On peut aussi appeler des étrangers, qui ne sont frappés, à cet égard, d'interdiction par aucune disposition de la loi (Cass. 16 déc. 1847).

2344. Pour prévenir tout refus ou mauvais prétexte de leur part, chaque parquet ou chaque tribunal peut faire choix, à l'avance, d'hommes expérimentés dans telle ou telle partie, et se les attacher de manière qu'on soit plus assuré de les trouver au besoin, ou qu'ils puissent se suppléer réciproquement (Circ. min. 23 sept. 1812. — Inst. gén. 30 sept. 1826, *ubi suprà*).

Ce mode n'est pourtant pas sans inconvénient, surtout dans les petites localités, où les hommes de l'art, qui ne sont pas habituellement appelés, ne prêtent qu'à regret leur ministère à la justice dans les circonstances où il devient indispensable de recourir à eux.

Au surplus, les experts qui refusent, sans excuse légitime et prouvée, de faire le service dont ils sont requis, encourent l'application de l'art. 475, n° 12, du Code pénal (Cass. 6 août 1836).

2345. Chaque expert est appelé par un réquisitoire écrit, ou même par un simple avertissement verbal, sans citation, sauf à le convertir plus tard en un réquisitoire formel, pour être joint au mémoire des salaires dus à l'expert (Circ. min. 23 sept. 1812, § 5, 30 déc. 1812, § 8, et 14 mars 1817).

Ce réquisitoire doit toujours être sans frais. Il est inutile, dans tous les cas, de faire citer les experts par un huissier (Inst. gén. 30 sept. 1826, n° XVII, *in fine*).

Quand les experts sont requis d'opérer hors de la présence des magistrats, il faut leur adresser, avec le réquisitoire, des instructions suffisamment détaillées sur les points qu'ils ont à constater, sur les faits qui rendent leur intervention nécessaire, et sur le nombre et la nature des opérations requises (Circ. min. 16 août 1842, § 6).

2346. Avant d'opérer, ils prêtent serment de donner leur avis, et de faire leur rapport, en leur honneur et conscience (C. inst. 44).

Ce serment est prêté, soit entre les mains du ministère public, quand il procède seul; soit entre les mains du juge d'instruction, mais en présence du magistrat du parquet dont il est assisté; soit entre les mains du juge de paix du canton délégué à cet effet.

Et le procès-verbal du magistrat requérant ainsi que le rapport des experts doivent constater l'accomplissement de cette formalité; sinon ce rapport n'ayant pas l'authenticité nécessaire et ne commandant pas une foi absolue, ne servirait que de simple renseignement (Carnot, *Instr. crim.*, I, 254. — Legraverend, I, 216).

2347. Des arrêts ont même décidé que le défaut de ce serment spécial emportait nullité, lors même que les experts, appelés plus tard en témoignage à l'audience, auraient prêté le serment ordinaire des témoins (Cass. 27 déc. 1834).

Mais il y a des décisions contraires, notamment quand l'information a été faite dans les colonies (Cass. 23 avril 1835);

Et quand l'accusé a gardé le silence sur cette irrégularité, et que l'expert a d'ailleurs prêté serment aux débats (Cass. 17 sept. 1840).

2348. Les recherches des experts doivent être minutieuses, étendues, persévérantes, et avoir lieu en présence de l'autorité judiciaire (Circ. min. 16 août 1842, § 6).

Toutefois, à Paris, quand les opérations doivent être d'une longue durée, les experts y procèdent en l'absence des magistrats. Ailleurs, on opère tantôt en la présence du ministère public, tantôt devant le juge d'instruction. Nous pensons qu'il est mieux, s'il est possible, que ces deux magistrats soient présents.

2349. Quoi qu'il en soit, il est toujours convenable de conserver une partie des matières soumises aux opérations des experts, afin qu'il puisse être ultérieurement procédé, s'il y a lieu, à de nouvelles expériences.

Le magistrat qui assiste aux opérations des experts doit aussi prescrire qu'ils y procèdent avec attention et avec exactitude, et qu'ils consignent leurs observations sur toutes les circonstances qui se présentent.

2350. Remarquez que la loi n'exige pas expressément que les experts dressent un procès-verbal séparé des faits qu'ils constatent ; il suffit que leur avis ou leur rapport donné verbalement, mais signé d'eux sur leur dictée, soit consigné dans le procès-verbal du magistrat.

Néanmoins, par les raisons indiquées au tome Ier, nos 1297 et 1298, il est plus convenable que ce rapport forme une pièce séparée du procès-verbal, comme quelques auteurs l'enseignent pour les cas de mort violente (Carnot, *Inst. crim.*, I, 258).

Quant à nous, nous pensons qu'il faut étendre cette obligation à tous les cas. Aussi, dans la pratique, avons-nous vu adopter avec raison la forme suivante : l'avis de l'expert est résumé sommairement dans le procès-verbal du magistrat qu'il signe ; et, dans le rapport qu'il donne ensuite séparément, il motive et développe son opinion d'après les règles de l'art. Ce rapport demeure annexé au procès-verbal du magistrat, et fait partie des pièces de la procédure.

2351. Les rapports doivent, autant que possible, être écrits sur le lieu même de la visite. S'il faut se transporter ailleurs et se livrer, par exemple, à des opérations de chimie, on doit décrire la manière dont on opère et ce qu'on a observé, sauf à en tirer plus tard des conclusions après le résultat de l'opération.

Quand il y a des interruptions dans les opérations des experts, et qu'ils en renvoient la continuation à un autre jour, ils doivent clore et signer le procès-verbal jour par jour ; et, dans l'intervalle des opérations, les matières qui y sont soumises demeurent enfermées dans un local dont le magistrat emporte la clef.

2352. Les experts doivent toujours énoncer, dans leur rapport, qu'ils ont vu, et fait voir aux magistrats présents, les faits qu'ils constatent : ce qui prouve que la présence des magistrats à toutes leurs opérations est regardée comme indispensable, comme nous le disons au nº 2348. Du reste, leur absence pendant tout ou partie des opérations n'entraînerait pas nullité.

Pour les vacations des experts, voyez au tome III le chapitre des *Frais de justice criminelle.*

§ 2. — *Opérations médico-légales.*

2353. Tout ce que nous venons de dire des experts en général s'applique particulièrement aux médecins et autres personnes de l'art, qui sont souvent appelés à constater des cas et à résoudre des questions de médecine légale. Ils rédigent, selon les circonstances, des rapports ou des certificats.

Les rapports doivent contenir l'exposition des faits, les conclusions qui en découlent, et la solution des questions qu'on a dû examiner.

2354. L'importance de ces questions, surtout en matière criminelle, doit rendre les magistrats difficiles et circonspects sur le choix de ceux qu'ils appellent à les résoudre. Dans les cas épineux, les officiers de santé, par exemple, ne devraient être appelés qu'avec un ou plusieurs docteurs, ou à défaut de ceux-ci, comme nous l'avons dit ci-dessus, aux nos 2342 et 2343.

Il est également essentiel, quand on appelle des médecins ou autres experts, de leur poser, dans le réquisitoire par lequel ils sont mandés, ou dans un autre postérieur, les questions qu'ils auront à résoudre. Ces questions doivent être claires, précises, concluantes et écrites dans les termes de l'art.

On peut en voir un exemple à l'Appendice nº 27.

2355. Les officiers de police judiciaire, et surtout les magistrats du parquet, ne devraient donc pas être étrangers aux études médicales, et particulièrement à l'anatomie. Ils feraient bien d'en apprendre les éléments, pour en connaître au moins les termes, et comprendre les rapports des hommes de l'art.

Quant à la médecine légale, s'ils ne veulent pas étudier les grands ouvrages de *Fodéré* ou d'*Orfila*, ils peuvent du moins consulter et lire avec fruit l'excellent abrégé de *Briand*, où l'on trouve tout à la fois les questions de droit relatives à la médecine, la manière de procéder aux opérations les plus délicates, et la forme des rapports dans la plupart des cas.

2356. Quand il y a présomption de suicide, il faut reconnaître et constater si, d'après le genre de mort, la nature, le nombre, la situation et la gravité des blessures, la personne décédée a pu elle-même se donner la mort.

Si la mort paraît accidentelle ou subite, les médecins doivent examiner s'il n'y a pas de lésion extérieure, ou autres signes de mort violente, et faire que leurs rapports éclairent suffisamment l'autorité judiciaire.

Une autopsie ne doit jamais être requise ou ordonnée sans nécessité; mais, quand il est nécessaire d'y recourir, elle doit comprendre l'ouverture des trois cavités encéphalique, thoracique et abdominale, et tous les phénomènes qu'elles présentent doivent être soigneusement décrits (Décis. min. 5 oct. 1819).

2357. S'il y a lieu de procéder à l'exhumation d'un cadavre, elle est faite avec les précautions que prescrivent les gens de l'art, et les frais en sont payés comme frais urgents, sur la taxe du ministère public, s'il procède seul, sinon sur celle du juge d'instruction, mise au pied du réquisitoire du ministère public, ainsi qu'il sera dit au tome III, chapitre des *Frais de justice criminelle.*

Pour la taxe de ces frais, on suit les tarifs locaux ou, à défaut de tarif, les usages. On doit avoir égard aussi à la durée du travail, et à ce qu'il a eu de dangereux ou de pénible (Décr. 18 juin 1811, art. 20).

2358. En cas d'infanticide, les experts auront soin de procéder aux expériences de la docimasie pulmonaire, si décisive sur la question de savoir si l'enfant nouveau-né a vécu ou non, et à l'examen des parties sexuelles de la femme à qui cet enfant est attribué, pour s'assurer si elles présentent des traces d'un accouchement récent.

2359. Quant aux constatations de viol et autres attentats à la pudeur, il faut aussi, dans la plupart des cas, faire procéder à la visite des victimes, surtout si l'on est encore dans un temps voisin du délit, et même il est bon quelquefois de faire visiter l'inculpé, qui peut avoir conservé des traces de ses efforts, ou d'autres marques de son crime.

Les magistrats ont, sans contredit, le droit d'assister à toutes ces visites. C'est même pour eux un devoir, quand ils jugent que leur présence est nécessaire; mais un sentiment de respect pour la pudeur des personnes qui en sont l'objet leur commande de s'éloigner, s'il n'en peut résulter aucun inconvénient pour le succès des poursuites.

2360. En cas d'empoisonnement, les officiers de police judiciaire doivent mettre sous les scellés les aliments et les matières trouvés dans l'estomac ou dans les intestins, et les faire transporter dans un laboratoire de chimie ou autre lieu convenable, pour que les experts y procèdent à leur analyse, toujours en leur présence, quand ils ne peuvent pas y procéder sur les lieux.

Remarquons que les corps des militaires décédés ne peuvent être livrés aux médecins des hôpitaux militaires, lorsque leur mort paraît le résultat d'un crime ou d'un délit, qu'après les investigations de l'autorité judiciaire (Circ. min. 8 déc. 1843).

2361. Lorsqu'il y a lieu de constater des blessures, les experts ont à s'expliquer sur leur nature, leur gravité, leur durée et leurs suites probables ; et, quand la maladie ou l'incapacité de travail qui en résulte a duré plus de vingt jours, il faut qu'à l'expiration de cette période une nouvelle visite du médecin vienne constater l'état du blessé, pour fixer la compétence (Décis. Rennes, 1er juill. 1811).

2362. Cette dernière visite doit être faite par un homme de l'art assermenté, en présence du juge d'instruction et du ministère public, ou, si le domicile du blessé est éloigné, en présence du juge de paix de son canton, commis à cet effet (*Idem*, 29 nov. 1813).

Et pourtant, dans la pratique, cette visite a lieu presque toujours hors la présence des magistrats, sans que cette irrégularité vicie les opérations de l'expert, comme nous l'avons déjà remarqué au n° 2352.

SECTION V. — VISITES DOMICILIAIRES.

SOMMAIRE.

2363. Le domicile d'un citoyen est un asile inviolable et sacré. Nul n'y peut pénétrer que dans les cas prévus par la loi (Constit. 22 frim. an VIII, art. 76 ; 4 nov. 1848, art. 3, et 14 janv. 1852, art. 1er et 56).

Mais si la nature d'un crime ou d'un délit est telle que la preuve en puisse vraisemblablement être acquise par les papiers ou autres pièces et effets en la possession du prévenu, et existant dans son domicile, le ministère public est tenu de s'y transporter de suite, pour y faire la perquisition de tous les objets qu'il juge utiles à la manifestation de la vérité (C. inst. 36).

Toutefois, et nonobstant les termes de cet article, il a été jugé que le ministère public n'avait le droit de procéder à une visite domiciliaire que lorsque le flagrant délit était de nature à entraîner une peine afflictive et infamante (Besançon, 18 juill. 1828).

Mais il n'y a pas violation de domicile, même lorsqu'un magistrat s'est irrégulièrement introduit dans le domicile d'un citoyen, si c'est du consentement de celui-ci, ou sans qu'il se soit opposé à l'exécution de la visite domiciliaire (Décis. Rennes, 16 avril 1831).

2364. Même quand les visites domiciliaires ne sont faites que par le ministère public, elles ne peuvent avoir lieu pendant la nuit (Riom, 4 janv. 1827. — Décr. 1er mars 1854, art. 253).

Il est nuit, depuis le 1er octobre jusqu'au 31 mars, avant six heures du matin et après six heures du soir, et depuis le 1er avril jusqu'au 30 septembre, avant quatre heures du matin et après neuf heures du soir (Proc. civ. 1037. — Décr. 4 août 1806, art. 1er. — Décr. 1er mars 1854, art. 291).

Pendant ce temps, on peut seulement faire investir la maison, et prendre les précautions nécessaires pour empêcher l'évasion de l'inculpé, ou le détournement des objets qu'on veut saisir (Même décr. art. 293. — Circ. min. 23 germ. an IV. — Legraverend, I, 247).

Cependant si la perquisition avait commencé le jour, on pourrait la continuer pendant la nuit, parce qu'alors ce ne serait pas pendant la nuit qu'on aurait pénétré dans le domicile d'un citoyen.

Il n'y aurait pas non plus violation de domicile, même quand on y serait entré pendant la nuit, si la personne visitée y avait consenti, comme il a été dit au n° 2363, § 4.

Du reste, on peut pénétrer dans les lieux publics jusqu'à l'heure où ils doivent être fermés, d'après les règlements de police (Bourguignon, *Jurisp. des Cod. crim.*, I, 147).

2365. Dans tous les cas où il y a lieu de procéder à des visites domiciliaires, et surtout quand il s'agit de délits politiques, il ne faut user qu'avec prudence de ce droit redoutable, dont l'usage inconsidéré blesserait nos mœurs, et porterait une grave atteinte à la sainteté du foyer domestique. Ces visites ne doivent être faites ou requises que sur des renseignements précis et directs, et la rigueur de cette mesure ne doit jamais être aggravée par des formes acerbes de la part du fonctionnaire qui y procède. En effet, elle remplit d'amertume le cœur de celui qui la subit; quand cette amertume passe dans ses paroles, il mérite encore d'être écouté avec indulgence, même quand ses paroles vont jusqu'à l'insulte; la modération est le devoir de l'homme public, il peut verbaliser et ne doit jamais répondre. Aussi est-il prudent aux magistrats de ne point déléguer cette partie délicate de leurs fonctions, ou du moins de veiller à ce que cette délégation soit faite avec discernement, et accompagnée de toutes les recommandations convenables, de manière à ce qu'elle ne mette jamais en présence des passions ennemies ou des haines particulières (Circ. Rennes, 12 mars 1831).

Et même, il vaut mieux que cette délégation ne soit jamais faite à un officier subalterne, et que le tribunal en charge, au besoin, un des magistrats du siége (*Idem*, 5 et 8 juill. 1834).

2366. Quand les perquisitions ou visites doivent avoir lieu dans l'intérieur des palais, châteaux, maisons du chef de l'État et leurs dépendances, les officiers de justice qui en sont chargés doivent se présenter au gouverneur, ou à celui auquel, en son absence, appartient la surveillance, lequel est tenu de pourvoir immédiatement à ce qu'aucun empêchement ne leur soit donné, et de leur faire prêter, au contraire, si besoin est, tout secours et aide nécessaires, sans préjudice des précautions qu'il peut prendre, s'il y a lieu, pour la garde et la police desdits palais (Ord. 20 août 1817, art. 2).

S'il est commis un délit ou un crime dans lesdits palais, châteaux ou maisons, le gouverneur ou celui qui le remplace requiert sur-le-champ le transport du juge de paix du canton, et lui remet l'inculpé ou les inculpés, s'ils sont arrêtés.

SECTION VI. — PIÈCES DE CONVICTION.

SOMMAIRE.

2367. Saisie.	2369. Présence de l'inculpé.	2371. Conservation.
2368. Scellés.	2370. Transport.	2372. État sommaire.

2367. S'il existe au domicile de l'inculpé des papiers ou effets pouvant servir à conviction ou à décharge, le ministère public en dresse procès-verbal et s'en saisit (C. inst. 37).

Si les pièces de conviction viennent, au moment de la visite, d'être transportées dans une autre maison, l'officier qui y procède doit s'y rendre de suite, ou déléguer quelqu'un à cet effet, Si l'existence de ces pièces dans une autre maison n'est que soupçonnée, il ne peut que requérir le juge d'instruction de s'y transporter (Dalloz aîné, v° *Inst. crim.*, n° 355).

Les magistrats peuvent saisir des lettres missives, aussi bien que tout autre document, en quelque lieu et en quelques mains qu'elles soient, quand elles peuvent servir à la manifestation de la vérité (Arg. Cass. 13 oct. 1832).

2368. Ces objets une fois saisis sont clos, cachetés et étiquetés; ou, s'ils ne sont pas susceptibles de recevoir des caractères d'écriture, ils sont mis dans un vase ou dans un sac sur lequel le ministère public attache une bande de papier qu'il scelle de son sceau (C. inst. 38).

L'étiquette ou la suscription doit être parafée par le magistrat qui opère, et scellée de son sceau. Il est fait mention de ces opérations au procès-verbal qui doit contenir aussi la nomenclature des objets saisis.

Il est bon que le sceau judiciaire dont il est fait usage dans ces circonstances soit celui qui est gravé en creux, et qui fournit une empreinte en relief, et que les objets saisis soient cachetés avec de la cire. On a vu au tome 1er, chapitre *du Matériel des tribunaux*, n°s 279 et suivants, la distinction des sceaux et cachets de chaque magistrat.

Du reste, il n'y a pas nullité de l'instruction, parce que les pièces de conviction n'auraient été ni scellées, ni cachetées, surtout si elles sont reconnues par le prévenu (Cass. 29 janv. 1847).

2369. Ces opérations sont faites en présence de l'inculpé, s'il est arrêté, et s'il ne veut ou ne peut y assister, en présence d'un fondé de procuration, authentique ou non, qu'il peut nommer. Les objets saisis sont présentés à ce mandataire, à l'effet de les reconnaître et de les parafer, s'il y a lieu; et, en cas de refus, il en est fait mention au procès-verbal (C. inst. 39).

Si l'inculpé ne veut ni assister aux opérations, ni s'y faire représenter, l'officier de police judiciaire qui doit l'interpeller d'être présent, et mentionner son refus, ne peut le faire amener de force, sa présence n'étant ordonnée que dans son intérêt. S'il n'a pas été arrêté, l'officier de police n'est pas tenu de procéder en la présence d'un mandataire (Carnot, *Inst. crim.*, 1, 245).

2370. Les objets mobiliers qui peuvent servir à établir la culpabilité ou l'innocence de l'inculpé, pour avoir été trouvés en sa possession, ou pour l'usage qu'il en aurait fait, doivent donc être saisis, clos ou cachetés, ou seulement étiquetés, selon que leur nature le permet, et transportés ensuite au greffe du tribunal où se fait l'instruction, pour être représentés à l'inculpé et aux témoins.

Ce transport est immédiatement effectué par les gendarmes chargés de la conduite des inculpés. Mais si, à raison de leur poids ou de leur volume, ces objets ne peuvent être facilement transportés par les gendarmes, ils le sont, d'après un ordre par écrit du magistrat qui ordonne le transport, soit par les messageries, soit par les entrepreneurs des convois militaires, soit par toute autre voie plus économique, sauf les précautions convenables pour la sûreté des objets, et pour qu'ils ne soient pas endommagés dans le transport (Décr. 18 juin 1811, art. 9).

Les magistrats doivent aussi indiquer, dans l'ordre de transport, le poids des objets à transporter, et le jour où ils devront arriver à leur destination (Inst. gén. 30 sept. 1826, n° VIII). — Appendice, n° 28.

2371. S'il est nécessaire de prendre des précautions particulières pour leur conservation, les magistrats ne doivent pas négliger de les prescrire, et les frais qu'elles occasionnent sont payés comme frais urgents (Duverger, *Manuel crim. des juges de paix*, 427, note).

Si les objets saisis sont d'un trop grand volume pour être à l'instant déplacés, le ministère public ou le magistrat qui opère peut les mettre sous la surveillance d'un gardien, auquel il fait prêter serment entre ses mains (Ord. 29 oct. 1820, art. 161, § 3. — Arg. Décr. 1er mars 1854, art. 254, § 3).

Il peut arriver, dans les cas de crimes capitaux, qu'il soit utile de placer sous les yeux des juges, des jurés ou des experts, quelque partie lésée du corps de la victime, par exemple : le crâne, quand elle a succombé à une blessure à la tête ; l'estomac et les intestins, en cas d'empoisonnement ; le pénil ou les testicules amputés, en cas de castration, etc. Quand ces circonstances se présentent, les magistrats officiers de police judiciaire peuvent faire enlever les parties indiquées par les gens de l'art, les faire placer dans un vase convenable et les faire transporter closes et cachetées, pour être soumises plus tard, en leur présence, aux préparations nécessaires à leur conservation.

2372. Dans chaque procédure criminelle ou correctionnelle, il doit être dressé, par le greffier, un état sommaire des pièces de conviction, pour demeurer ou être envoyé au tribunal qui sera définitivement saisi de l'affaire ; car ces pièces sont représentées, s'il y a lieu, aux témoins et aux inculpés, tant dans le cours de l'instruction qu'aux débats, comme nous le verrons ci-après, aux chapitres des *Débats correctionnels* et des *Cours d'assises*.

On trouvera aussi, au chapitre *des Jugements de police correctionnelle*, des indications sur l'époque et les circonstances de la restitution, à qui de droit, des pièces de conviction.

SECTION VII. — ARRESTATION.

2373. En cas de flagrant délit, lorsque le fait entraîne une peine afflictive ou infamante, et qu'il existe des indices graves, le ministère public doit faire arrêter immédiatement les inculpés ; et, à cet effet, il décerne contre eux un mandat d'amener et les interroge sur-le-champ (C. inst. 40).

On trouvera un modèle de ce mandat au nº 29 de l'Appendice.

Mais, pour prendre cette mesure, il ne suffit pas d'une plainte ou d'une dénonciation, il faut encore des indices graves (*Ibid.* — Décr. 1er mars 1854, art. 259. — Circ. Rennes, 5 juill. 1834, 1º).

Elle n'est jamais applicable quand il ne s'agit que d'un délit, purement correctionnel (Dalloz, vº *Instr. crim.*, nº 358).

Du reste, ce mandat d'amener peut, en cas de flagrant délit, être décerné même contre les fonctionnaires qui jouissent d'une garantie spéciale, comme nous l'avons dit au tome I, nº 2081.

2374. Remarquez que l'inculpé arrêté en vertu d'un mandat d'amener, décerné par le ministère public, ne peut être déposé en prison. Il doit être gardé à vue, soit dans un corps de garde, soit à la maison commune, soit à la caserne de la gendarmerie, soit sur le lieu même du délit, jusqu'à ce qu'il soit conduit devant le juge d'instruction, qui est tenu de procéder à son interrogatoire dans les vingt-quatre heures (Loi 28 germ. an VI, art. 168. — Circ. min. 29 flor. an IX, 8º. — Ortolan, II, 62).

N'oublions pas, en effet, qu'à l'exception des cas prévus par les art. 34 et 100 du Code d'instruction criminelle, les magistrats du parquet ne peuvent ordonner aucune arrestation ; et que, dans le cas même du flagrant délit, ils ne peuvent que faire saisir l'inculpé, afin de le renvoyer immédiatement devant l'autorité compétente pour décerner des mandats judiciaires (Circ. min. 8 déc. 1815).

2375. Il a été pourtant décidé autrefois que ce mandat pouvait être décerné par le ministère public, non-seulement pour faire conduire l'inculpé devant lui, mais même pour le faire retenir après qu'il y avait été conduit.

On est même allé jusqu'à reconnaître que l'ordre de ce magistrat avait, dans ce cas, le caractère et les effets du mandat de dépôt, en ce que, quand il était représenté, l'inculpé devait être reçu et gardé dans la maison d'arrêt, conformément aux art. 107 et 609 du Code d'instruction criminelle, si son intérêt l'exigeait, par exemple, pour lui faire donner des vivres. On ajoutait encore que, dans ce cas, l'inculpé pouvait être mis au secret par ordre du ministère public (Circ. Rennes, 20 juill. 1816).

Nous aimons mieux penser que, dans ces circonstances, l'officier du parquet doit se borner à mettre sur-le-champ l'inculpé amené devant lui à la disposition du juge d'instruction, qui est chargé, par la loi, de prendre à son égard les mesures convenables. Tout retard à ce sujet serait infiniment répréhensible (Décis. min. 29 fév. 1812).

Car, autrement, le mandat d'amener aurait l'effet d'un mandat d'arrêt, que le ministère public n'a pas le droit de décerner dans ce cas (Décis. min. 9 juin 1828).

Or, il ne peut faire saisir et détenir, par lui-même ou par ses auxiliaires, les individus qui lui sont dénoncés, qu'en cas de flagrant délit, et lorsque le fait est de nature à entraîner une peine afflictive et infamante (Décis. min. 20 août 1828).

2376. Le ministère public peut interroger lui-même l'inculpé conduit devant lui, et les règles que nous tracerons au titre suivant, pour l'interrogatoire devant le juge d'instruction, lui sont alors applicables ; il peut aussi, quand le prévenu se disculpe, révoquer de sa seule autorité le mandat qu'il a décerné, tant que le juge d'instruction n'a pas été saisi de l'affaire (Legraverend, I, 399. — Ortolan, II, 88).

2377. Du reste, tout dépositaire de la force publique, et même toute personne est tenue de saisir l'inculpé, de quelque qualité qu'il soit, surpris en flagrant délit, ou poursuivi, soit par la clameur publique, soit dans les cas assimilés au flagrant délit, et de le faire conduire devant le procureur de l'arrondissement, ou devant l'un de ses auxiliaires, sans qu'il soit besoin de mandat d'amener, si le fait emporte peine afflictive ou infamante (C. inst. 106. — Legraverend, I, 190).

Car s'il est vrai, en thèse générale, que la force armée ne puisse agir contre les citoyens qu'après réquisition de l'autorité civile ou judiciaire, cette réquisition cesse d'être nécessaire dans les cas de flagrant délit, ou dans ceux qui sont assimilés au flagrant délit; mais avec cette différence que, s'il y a flagrant délit, la force armée est autorisée à agir sans réquisition, soit qu'il s'agisse d'un crime, soit qu'il s'agisse d'un délit; tandis que, dans les cas assimilés au flagrant délit, elle ne peut agir d'office qu'autant qu'il s'agit d'un crime (Cass. 30 mai 1823).

Néanmoins, les gendarmes, les officiers de paix, les gardes champêtres et forestiers, et les agents de la force armée ont aussi, de leur chef et sans mandat de justice, le droit de saisir sur la voie publique les mendiants, les vagabonds, les gens sans aveu et les autres délinquants, et de les conduire immédiatement devant les officiers de police judiciaire (Paris, 27 mars 1827).

2378. Quand il y a lieu de faire transférer les inculpés d'un endroit à un autre, s'ils sont dans l'impossibilité de faire le trajet à pied, ou si des circonstances extraordinaires exigent une plus grande célérité, le magistrat du ministère public a le droit de requérir que leur transport soit effectué à cheval ou en voiture, aux frais de l'État (Décr. 18 juin 1811, art. 4). — Appendice, n° 30.

Quand ce mode de transport est réclamé par un inculpé, l'impossibilité d'aller à pied doit être constatée par un certificat d'un médecin, chirurgien ou officier de santé, et ce certificat demeure joint au réquisitoire (*Ibid.*, art. 5. — Circ. min. 24 avril 1806).

Dans ce cas, la visite de l'inculpé par un homme de l'art peut être provoquée par le ministère public, à moins qu'il ne s'agisse d'un trajet pour lequel le transport doit avoir lieu en voiture par mesure générale; et, aujourd'hui que la translation en voiture de tous les détenus est devenue une règle générale, il n'y a plus lieu, le plus souvent, de procéder à ces vérifications (Ord. 2 mars 1845. — Circ. Rennes, 10 mai 1850).

2379. Le réquisitoire de ce magistrat doit être adressé aux entrepreneurs généraux des transports et convois militaires, dans les lieux où ce service est organisé. Dans les autres localités, ce réquisitoire doit être adressé au maire ou à l'adjoint de la commune où se trouve l'inculpé (Décr. 18 juin 1811, art. 6. — Circ. min. 24 avril 1806).

Et même, si l'inculpé réclame des moyens de transport par la seule raison qu'il est nu-pieds, il doit lui être fourni des chaussures, sur la réquisition du ministère public adressée à l'autorité municipale (Décis. min. 4 nov. 1820).

2380. Dans tous les cas, l'inculpé peut toujours se faire transporter en voiture à ses frais, en se soumettant aux mesures de précaution qui peuvent être prescrites (Décr. 18 juin 1811, art. 7).

Pour prévenir l'enlèvement ou l'évasion des prisonniers, toutes les fois que le ministère public requiert leur translation, il ne doit jamais manquer d'y énoncer s'ils sont détenus pour une cause grave, et s'il est nécessaire de prendre à leur égard des précautions particulières (Circ. Rennes, 27 août 1834).

2381. Dans les lieux où il n'y a pas de prison, les officiers municipaux sont tenus d'assurer aux inculpés la fourniture des aliments et autres objets qui leur sont nécessaires, et le remboursement en est fait aux fournisseurs, comme de frais généraux de justice criminelle (Décr. 18 juin 1811, art. 10).

2382. Voyez, au *Répertoire du Journal du palais*, v° *Flagrant délit*, du n° 138 au n° 148, un résumé exact et complet de toutes les obligations du ministère public dans les diverses circonstances qui font l'objet de la présente section.

Pour ne rien omettre de ce qui concerne les divers officiers de police judiciaire, nous sommes conduits à parler ci-après des juges d'instruction, mais seulement considérés sous ce rapport et comme agissant en cette qualité. Nous profiterons de cette occasion pour dire un mot de l'organisation et des attributions générales de ces magistrats, renvoyant au titre qui doit suivre la part considérable qu'ils prennent à l'information des affaires criminelles.

CHAPITRE IV. — JUGES D'INSTRUCTION.

SECTION PREMIÈRE. — ORGANISATION.

SOMMAIRE.

2383. Nombre.
2384. Nomination.
2385. Serment.
2386. Remplacement.
2387. Adjonction.
2388. Juges suppléants.
2389. Proposition.
2390. Rang et séance.
2391. Vacances et congés.
2392. Récusation. Surveillance.

2383. Il y a, dans chaque arrondissement communal, au moins un juge d'instruction pris parmi les juges du tribunal civil.

Il peut y avoir deux juges d'instruction et même un plus grand nombre dans les arrondissements où cela est reconnu nécessaire (C. inst. 55, § 2. — Loi 17 juill. 1856).

Ce nombre a été définitivement réglé comme suit :

Il y en a un dans chaque tribunal composé d'une ou deux chambres, et deux ou trois dans les tribunaux divisés en trois chambres ; mais il ne peut y en avoir plus d'un pour chaque chambre (Décr. 18 août 1810, art. 11 et 12).

Toutefois, il y en a seize à Paris, c'est-à-dire deux par chambre (Loi 23 avril 1841).

2384. Les juges d'instruction sont nommés par le chef de l'État, sur la présentation du ministre de la justice, comme il a été dit pour les autres magistrats, au tome I, n° 34.

Ils ne sont établis que pour trois ans, c'est-à-dire qu'après ce temps ils peuvent être dispensés d'office, ou sur leur demande, de l'instruction des affaires criminelles ; mais ils peuvent aussi être continués plus longtemps (C. inst. 55) ;

Et l'expiration de ce terme ne saurait leur conférer le droit de reprendre d'eux-mêmes les fonctions de simple juge (Décis. min. 1er avril 1834).

De là il est passé en usage qu'une fois nommés, leurs provisions ne sont pas renouvelées ; seulement, les fonctions de ces juges, quant à l'instruction des affaires criminelles, ne sont pas irrévocables, et elles peuvent être conférées, par le chef de l'État, soit à un autre juge du même siége, soit à tout autre magistrat, quand et comme il lui plaît ; et le magistrat désigné ne saurait se soustraire, par un refus, à l'obligation de les accepter (Décis. min. 5 juin 1840).

2385. Les juges d'instruction prêtent serment, en qualité de juges, devant la Cour d'appel du ressort (Décr. 30 mars 1808, art. 26).

Mais, qu'ils soient pris parmi les juges titulaires ou parmi les juges suppléants, ils ne sont pas soumis à un nouveau serment, ni à un serment spécial pour leurs fonctions de juges d'instruction. De sorte qu'un juge ayant prêté serment en cette qualité, s'il vient à être nommé juge d'instruction au même siége, n'a pas à prêter un second serment, comme nous l'avons déjà dit au tome I, n° 38, § 3 (Cass. 6 mai 1829. — Décis. min. 9 nov. 1839).

Dans tous les cas, ce serment ne pourrait être reçu par le tribunal (Même décis.).

Il en est autrement de la nécessité du serment quand un juge ou un juge d'instruction est nommé juge d'instruction à un autre siége, parce qu'alors il acquiert *comme juge* une nouvelle juridiction territoriale, à raison de laquelle il doit s'engager envers l'État par un nouveau serment.

2386. Quand un juge d'instruction est absent, malade ou autrement empêché, le tribunal de première instance désigne un autre juge ou un suppléant pour le remplacer (C. inst. 58).

Il est pris, à cet effet, une délibération en assemblée générale à la chambre du conseil, soit sur la proposition verbale ou par écrit du juge qu'il s'agit de remplacer, soit sur la réquisition du ministère public. La convocation du tribunal est faite par le président, lequel est informé de la circonstance qui donne lieu au remplacement par le juge empêché ou par le magistrat du parquet. Dans tous les cas, ce dernier assiste à la délibération, et fait les réquisitions qu'il juge nécessaires (Décr. 30 mars 1808, art. 88).

Appliquez, au surplus, ce que nous avons dit au tome I, nos 367 et 368, sur le remplacement momentané des magistrats du parquet. Comme pour ceux-ci, les tribunaux ne peuvent nommer d'une manière générale, et pour des cas indéterminés, un remplaçant permanent du juge d'instruction (Cass. 12 juill. 1836).

2387. Toutefois, il a été reconnu que, lorsque le juge d'instruction était surchargé de travail, le tribunal pouvait désigner un autre juge pour concourir avec lui à l'expédition des affaires criminelles (Décis. min. 24 juin 1817).

Mais nous ne pouvons admettre cette décision qui conférerait aux tribunaux un pouvoir qu'ils ne tiennent pas de la loi.

Ainsi, la délibération par laquelle un tribunal nommerait un juge d'instruction, nomination qui doit émaner du chef de l'État, est attaquable par la voie de l'appel (Poitiers, 10 juill. 1833).

Néanmoins, ce n'est pas à la chambre d'accusation à réformer une pareille délibération, qui est moins un acte judiciaire qu'un acte d'administration. C'est à la Cour de cassation seule qu'il appartient alors de prononcer sur le pourvoi du ministère public (Cass. 17 oct. 1823).

2388. Les juges suppléants peuvent être investis, d'une manière permanente, des fonctions de juge d'instruction par une nomination spéciale en qualité de titulaires (Décr. 1er mars 1852).

En d'autres termes, les juges d'instruction peuvent être pris parmi les juges suppléants du siége; et même, quand les besoins du service l'exigent, l'un de ceux-ci peut être temporairement chargé de l'instruction concurremment avec le juge d'instruction en titre (C. inst. 56. — Loi 17 juill. 1856).

Ce mot *concurremment* suffit à expliquer qu'il n'y a aucune su-

bordination entre ces deux magistrats, et que loin d'être substitués
l'un à l'autre, ils sont investis des mêmes fonctions et au même
titre. Il les exercent donc dans une complète indépendance l'un
de l'autre, et peuvent recevoir tous deux également les réquisitions directes du ministère public, qui jouit à cet égard de la plus
complète liberté, et ne doit être guidé dans son choix que par
l'intérêt d'une bonne et prompte justice (Circ. min. 23 juill. 1856,
§ 1).

Il est dès lors inutile d'ajouter que, lorsque l'un d'eux a été
saisi d'une affaire, il doit la continuer seul, à moins d'un empêchement grave survenu au cours de l'instruction, auquel cas il
n'est pas suppléé de plein droit par son collègue, mais, comme
il vient d'être dit, par celui des magistrats du siége que le tribunal
désigne à cet effet.

2389. Quand le besoin d'un second juge d'instruction se fait
accidentellement sentir dans un tribunal du ressort, c'est au procureur général à soumettre des propositions au ministre pour qu'il
y soit pourvu par un décret spécial. Ce magistrat doit prendre en
considération, et faire connaître dans son rapport, le nombre, la
nature et la gravité des affaires dont le titulaire est habituellement
chargé, son plus ou moins d'activité et de capacité, et l'arriéré
plus ou moins considérable qui existe à la chambre d'instruction,
car cette mesure, tout exceptionnelle et temporaire, ne peut être
proposée et adoptée que dans le cas d'une véritable et absolue nécessité (Circ. min. 23 juill. 1856, § 1).

2390. Les juges d'instruction font toujours partie du tribunal
civil, et conservent séance au jugement des affaires civiles suivant
le rang de leur réception comme juges (C. inst. 55 et 56).

Ils sont soumis comme eux au roulement annuel des chambres
(Décr. 30 mars 1808, art. 50 et 51. — Décr. 18 août 1810,
art. 13).

Mais ils doivent, autant que possible, être attachés et faire leurs
rapports, de préférence, aux chambres qui ne jugent pas les affaires
correctionnelles (Décis. min. 12 mai 1842);

Quoiqu'ils puissent aussi juger dans les affaires correctionnelles
qu'ils ont instruites (Décis. min. 23 oct. 1811.—Cass. 30 oct. 1812
et 22 nov. 1816);

Mais non pas dans les affaires criminelles d'assises, où leur concours serait une cause de nullité, même quand ils n'auraient fait
qu'une partie de l'instruction, comme suppléants ou autrement
(C. inst. 257, § 2.--Cass. 4 nov. 1830 et 20 oct. 1832).

Du reste, ils ne sont pas tenus de siéger à l'audience quand le service de la chambre d'instruction, qui pour eux passe avant tout, ne leur en laisse pas le temps (Duverger, I, 82).

2391. Ces magistrats n'ont point de vacances, comme nous l'avons dit au tome I, n° 124 (Décr. 18 août 1810, art. 36) ;

Et ils ne peuvent s'absenter sans un congé, qui ne doit leur être délivré que sur l'avis par écrit du chef du parquet (Ord. du 6 nov. 1822, art. 3).

Cet avis est demandé au ministère public par le magistrat chargé d'accorder le congé, lequel ne peut le délivrer qu'après avoir reçu l'avis du parquet, sans être néanmoins tenu de s'y conformer, mais le congé accordé sans l'accomplissement de cette formalité serait nul (*Ibid.*, art. 4).

2392. La récusation d'un juge d'instruction équivaut à une demande en renvoi pour cause de suspicion légitime, et ne peut être déférée qu'à la Cour de cassation (Cass. 19 mai 1827 et 12 janv. 1833).

Mais si ce magistrat croit lui-même devoir s'abstenir, son abstention est appréciée et réglée par le tribunal dont il fait partie (Cass. 11 août 1827).

Les juges d'instruction sont, comme tous les autres officiers de police judiciaire, sous la surveillance du procureur général du ressort, et, par conséquent, il faut leur appliquer ce qui a été dit ci-dessus, n° 2247 (C. inst. 57; 279 et suiv.).

S'il se présente des difficultés dans l'instruction des affaires dont ils sont chargés, c'est encore à lui qu'ils doivent s'adresser pour les résoudre (Décis. min. 21 juin 1828).

SECTION II. — ATTRIBUTIONS GÉNÉRALES.

SOMMAIRE.

2393. Les juges d'instruction dressent les procès-verbaux de délit, interrogent les inculpés, entendent les témoins, décernent les mandats, et font, en un mot, tous les actes nécessaires pour parvenir à la découverte de la vérité et à la punition des coupables.

Dans ces divers actes, ils sont toujours assistés du greffier ou d'un commis greffier du tribunal, qui signe avec eux leurs procèserbaux et même les mandats qu'ils délivrent, comme il sera dit au chapitre *des Mandats judiciaires.*

2394. Les interrogatoires et les informations, et même les dépositions de chaque témoin, doivent se trouver sur des cahiers séparés (Circ. min. 4 frim. an v.—Circ. Rennes, 22 sept. 1838);

Mais sans qu'il soit nécessaire de répéter à chaque interrogatoire ou à chaque déposition, quand ils ont lieu le même jour et à la suite l'un de l'autre, le protocole de l'ouverture et de la clôture du procès-verbal d'information (Décis. min. 16 mars 1817).

2395. L'instruction des affaires criminelles doit toujours se faire avec la plus grande activité, surtout quand les inculpés sont détenus, et avec toute la célérité conciliable avec les soins et l'attention soutenue qu'elle exige.— Circ. min. 19 mars 1849).

En effet, la détention préventive étant une mesure rigoureuse par elle-même, doit être adoucie et abrégée le plus possible ; et, alors même qu'il est indispensable de l'employer, il faut la concilier avec les droits de l'humanité (Circ. min. 10 fév. 1819).

On ne doit pas surtout négliger de recueillir et de constater toutes les circonstances aggravantes, et d'établir l'âge des mineurs, et l'état de récidive des prévenus, par des actes authentiques (*Ibid.*).

2396. Les juges d'instruction doivent se rappeler sans cesse que les actes qu'ils ne peuvent jamais ajourner sont le procès-verbal constatant le délit, la saisie des pièces de conviction, l'interrogatoire des prévenus arrêtés, l'examen des inculpations dirigées contre eux, et l'audition des témoins désignés (Circ. min. 4 frim. an v, 23 flor. an vi, 10 fév. 1819 et 15 déc. 1827).

Ils doivent s'attacher surtout à ce que leurs informations soient complètes, tant sur le fait principal que sur les circonstances qui l'ont accompagné, et qui lui donnent sa qualification légale.

2397. Les juges d'instruction sont investis aujourd'hui de toutes les attributions que le Code d'instruction criminelle avait conférées à la chambre du conseil, de sorte qu'ils prononcent seuls sur la mise en prévention, et sur la désignation de la juridiction qui doit connaître de l'affaire (Loi 17 juill. 1856).

La suppression des chambres du conseil en matière criminelle, et leur remplacement par le juge d'instruction, nous paraissent une mesure regrettable en ce qu'elle remet à un seul magistrat le pouvoir de résoudre des questions souvent difficiles et toujours importantes, et qu'elle peut donner lieu, entre le juge d'instruction et le ministère public, soit à de fréquents conflits que la chambre du conseil, officieusement consultée, savait presque toujours écarter, soit à une influence habituelle de l'un sur l'autre qui, à la longue, absorbera l'autorité morale de l'un de ces magistrats.

Quoi qu'il en puisse être, nous avons dû, pour suivre la législation nouvelle, retrancher de notre premier travail, les règles concernant la chambre du conseil, en conservant seulement les décisions qui seraient encore applicables aux ordonnances définitives ou finales du juge d'instruction (1).

2398. On jugeait autrefois : 1° que le juge d'instruction ne pouvait s'abstenir, ni déclarer qu'il n'y avait lieu de suivre sur la plainte, y eût-il même sur ce point des conclusions conformes du ministère public (Cass. 29 germ. an XIII, et 11 août 1808) ;

2° Qu'il ne pouvait décider seul si les poursuites seraient commencées ou continuées, ni prononcer sur le mérite de la plainte, ni statuer sur la qualification du fait ou sur sa propre compétence, sans le concours de la chambre du conseil (Grenoble, 22 déc. 1832).

A plus forte raison, disait-on, ne peut-il point statuer par ordonnance qu'il n'y a pas lieu de faire droit au réquisitoire du ministère public, qui demande une continuation de poursuites contre un inculpé (Metz, 14 mai 1333).

On déciderait le contraire aujourd'hui, mais il faudrait que le refus ou l'abstention du juge fût articulé par écrit.

2399. En cas de dissentiment entre le juge d'instruction et le ministère public sur le point de savoir si des poursuites seront dirigées contre un individu, c'est à la chambre d'accusation de prononcer ; mais, à moins d'évocation, elle ne peut pas dessaisir du droit d'informer le juge d'instruction qui a refusé d'agir, ni le dépouiller du droit de statuer sur la compétence (Cass. 10 avril 1829).

2400. Voici, du reste, les principes qui doivent guider les magistrats quand cette difficulté se présente :

Le ministère public, en matière criminelle et à l'égard du juge d'instruction, est *partie principale et demandeur*. Le juge d'instruction est *juge* et peut prononcer des décisions définitives toutes les fois qu'il trouve les réquisitions du ministère public bien fondées, mais jamais quand son opinion est contraire au vœu du parquet. Il formule alors son refus par une ordonnance, et le ministère public peut appeler de sa décision, qui est déférée à la chambre d'ac-

---

(1) Les lois des 4 avril 1855 et 17 juillet 1856, en rendant inutiles le concours des chambres du conseil en matière criminelle, nous paraissent avoir eu principalement pour but de faciliter la suppression éventuelle d'un certain nombre de tribunaux.

cusation, seule compétente pour en connaître (Cass. 4 août 1820 et 1er août 1822).

2401. Les décisions prises par le juge d'instruction sont donc, en général, susceptibles d'appel, et le droit d'en appeler appartient au ministère public, lors même qu'il serait refusé aux parties intéressées par une disposition spéciale de la loi (Cass. 14 sept. 1832.—Carnot, *Inst. crim.*, I, 401, n° 2).

Ainsi, le ministère public peut former opposition ou appel aux ordonnances du juge d'instruction, notamment à celles qui refusent de condamner un témoin défaillant à l'amende (Cass. 19 fév. et 10 mars 1836).

Mais l'appel de l'ordonnance d'un juge d'instruction, qu'on soutient être incompétent, n'est pas recevable si l'incompétence n'a pas été proposée devant ce juge (Cass. 6 fév. 1830).

2402. Rappelons-nous toujours que c'est devant la chambre d'accusation de la Cour que doit être porté l'appel du ministère public contre toute ordonnance du juge d'instruction (Cass. 23 déc. 1831).

On avait même reconnu, autrefois, que le commissaire du Gouvernement, c'est-à-dire le ministère public, avait le droit de se pourvoir en cassation contre les ordonnances du directeur du jury, aujourd'hui juge d'instruction, mais particulièrement quand elles étaient rendues à son insu, et sans être précédées de ses conclusions, si la loi les avait déclarées nécessaires (Cass. 16 vend. an VIII).

Mais cette décision ne doit plus être suivie depuis que ces ordonnances ne sont pas définitives, et qu'elles peuvent toujours être déférées à la chambre d'accusation.

SECTION III. — FLAGRANT DÉLIT.

SOMMAIRE.

2403. Attributions.	2405. Distinctions.	2407. Délit non flagrant.
2404. Assistance.	2406. Contrib. indirectes.	2408. Délégation.

2403. En cas de flagrant délit, les juges d'instruction peuvent faire directement, et par eux-mêmes, tous les actes d'instruction attribués au ministère public, même sans le concours de ce dernier. Ils peuvent aussi requérir sa présence, mais sans être tenus de l'attendre, et sans aucun retard des opérations prescrites par la loi (C. inst. 59 et 89).

Il faut donc leur appliquer tout ce que nous avons dit dans la troisième section du chapitre précédent.

Si le flagrant délit a déjà été constaté, le juge d'instruction peut refaire les actes qui lui paraissent irréguliers ou incomplets (*Ibid.*, 60).

En cas de concurrence sur les lieux, entre le juge d'instruction et le ministère public, chacun d'eux doit se renfermer dans ses attributions : l'un instruit, l'autre requiert (Legraverend, i, 188).

2404. Du reste, un juge d'instruction ne peut rapporter un procès-verbal de flagrant délit, ni procéder à une visite domiciliaire, sans être, comme le ministère public, assisté du maire ou de l'adjoint, ou du commissaire de police, s'il opère seul et directement (C. inst. 42 et 59).

Mais si le juge d'instruction et le ministère public opèrent ensemble, cette précaution est inutile et peut être négligée sans inconvénient, comme on l'a dit ci-dessus, no 2334, § 2.

2405. Les auteurs diffèrent d'opinion sur la question de savoir si le juge d'instruction peut, comme le ministère public, agir d'office en cas de réquisition de la part d'un chef de maison. Nous adoptons la négative avec Legraverend et Dalloz, parce que, encore bien que ce cas soit analogue à celui du flagrant délit, la loi ne lui confère pas expressément ce droit, et qu'il s'agit ici de pouvoirs extraordinaires qui doivent être renfermés dans leurs limites légales (C. inst. 59. — Legraverend, i, 188. — Dalloz aîné, vo *Inst. crim.*, no 43).

Cependant, il est reconnu qu'à la différence du ministère public, qui ne peut procéder à une visite domiciliaire que dans le cas de flagrant délit ou de réquisition d'un chef de maison, le juge d'instruction est investi de ce droit toutes les fois qu'il y a indice de crime ou de délit, soit que le ministère public requière cette mesure, soit qu'il ne la requière pas; mais il faut que le juge d'instruction ait été saisi de l'affaire par un réquisitoire introductif, dont il sera parlé ci-après, au titre *des Affaires en instruction* (C. inst. 87. — Circ. Rennes, 10 janv. 1831).

Au surplus, ce magistrat procède à ces visites comme il a été dit ci-dessus, aux nos 2363 et suivants.

2406 Le juge d'instruction est également chargé de statuer seul sur l'emprisonnement, ou la mise en liberté, du contrevenant saisi en flagrant délit de fraude par les employés des contributions indirectes (Loi 28 avril 1816, 2e part., art. 224. — Décis. min. 7 août 1818. — Douai, 21 mars 1831).

La décision qu'il est appelé à rendre dans ces circonstances est un acte exceptionnel, une simple mesure provisoire et de précaution, prise en dehors de toute poursuite judiciaire, et qui ne peut donner lieu à une ordonnance de mise en prévention.

2407. Hors le cas de flagrant délit, le juge d'instruction, compétent pour connaître de la plainte qu'il a reçue, la communique au ministère public, pour être par lui requis ce qui sera vu appartenir (C. inst. 70).

Car il ne peut connaître, hors du flagrant délit, d'aucune affaire criminelle, ni faire aucun acte d'instruction ou de poursuite que sur la réquisition ou la poursuite de ce magistrat (*Ibid.*, 61. — Circ. min. 29 flor., an IX, art. 29).

Mais il peut dresser lui-même procès-verbal des outrages qui lui sont faits, le transmettre au ministère public, et être ensuite entendu comme témoin dans les débats (Cass. 12 déc. 1845).

Du reste, il ne pourrait en aucun cas, et de son propre mouvement, ordonner qu'il soit informé sans attendre les réquisitions du ministère public (Circ. min. 26 oct. 1815).

2408. Le juge d'instruction peut toujours déléguer un autre officier de police judiciaire pour faire les opérations qui lui sont confiées, tant hors du lieu que dans le lieu même de sa résidence, notamment pour les perquisitions qu'il y aurait à faire sur plusieurs points de son arrondissement ou ailleurs (Cass. 6 mars 1841).

Mais, quoique la faculté de délégation soit de droit commun, nous ne pensons pas qu'elle puisse s'étendre jusqu'aux mandats judiciaires, dont il sera parlé au chapitre qui leur est réservé.

Pour le détail des attributions des juges d'instruction, la forme de leurs actes et leur compétence, il faut recourir au titre III du présent livre.

CHAPITRE V. — OFFICIERS AUXILIAIRES.

SECTION PREMIÈRE. — ATTRIBUTIONS COMMUNES.

SOMMAIRE.

2409. En cas de flagrant délit ou de réquisition de la part d'un chef de maison, les officiers de police judiciaire auxiliaires du procureur d'arrondissement, dont nous avons donné la nomenclature au n° 2237, font, en son absence, les visites, les procès-verbaux, et généralement tous les actes de sa compétence (C. inst. 49 et 50).

Comme ils agissent en son lieu et place, ils sont aussi investis de ses attributions, que nous avons exposées ci-dessus, n°° 2327 et suiv. ; mais ils ne peuvent continuer l'instruction après l'instant du flagrant délit (Décr. 1er mars 1854, art. 259).

Si le ministère public survient, c'est à lui seul à agir : il peut continuer les actes commencés, ou autoriser l'officier qui a opéré à poursuivre; il peut aussi, quand il le juge nécessaire ou utile, charger un autre de ses auxiliaires de tout ou partie des actes de sa compétence (C. inst. 51 et 52).

2410. Remarquez que ces auxiliaires sont égaux entre eux, qu'aucun d'eux ne peut exclure l'autre, et que les suites appartiennent à celui qui a opéré le premier, jusqu'à ce qu'il soit en concurrence avec un magistrat du parquet ou avec le juge d'instruction (Legraverend, I, 180).

Du reste, les officiers de police judiciaire n'ont pas d'autres ni de plus grandes attributions que celles du ministère public, particulièrement en ce qui concerne l'arrestation des inculpés, et ils ne peuvent les exercer, comme lui, qu'en cas de flagrant délit, et en se conformant à tout ce qui a été ci-dessus, n°° 2373 et suivants (Décis. Rennes, 1er juill. 1811).

2411. Ainsi, ils ont qualité pour faire tous les actes qui ont pour objet de constater les crimes et les délits; mais ils ne peuvent procéder qu'à une information préliminaire, la véritable information étant dans les attributions exclusives du juge d'instruction (Circ. min. 4 mai 1816).

Ils ont aussi le droit de requérir la force publique pour les assister dans l'exercice de leurs fonctions, comme nous l'avons dit au n° 2235 (C. inst. art. 25).

2412. Les officiers de police judiciaire, et en particulier les juges d'instruction, ainsi qu'on l'a vu au n° 2396, ne doivent jamais oublier que leurs fonctions les plus urgentes, celles qu'ils ne peuvent jamais ajourner dans aucun cas, ni pour quelque motif que ce soit, sont le procès-verbal du flagrant délit quand il y a lieu, la saisie des pièces de conviction, l'audition des témoins, l'interrogatoire des individus arrêtés, et l'examen des inculpations portées contre eux (Circ. min. 23 flor. an vi).

Aussitôt qu'ils ont connaissance qu'un vol, par exemple, a été commis à l'aide d'effraction, ils doivent se transporter immédiatement sur les lieux pour constater cette circonstance; et, s'il a été fait usage de fausses clefs, ils doivent essayer celles dont on s'est servi, mais, autant que possible, en présence de l'inculpé sur qui, ou en la possession de qui, elles ont été trouvées (Décis. Rennes, 19 août 1811).

2413. Après avoir terminé ces opérations préliminaires, les officiers de police judiciaire, qui se sont transportés sur les lieux, donnent l'ordre de conduire l'inculpé devant le procureur de l'arrondissement, et là se borne leur ministère; à moins qu'ils ne reçoivent des ordres ultérieurs, soit du ministère public, soit du juge d'instruction (Circ. min. 29 flor. an ix, §§ 6 et 7).

Ils peuvent ordonner la translation des inculpés, prévenus ou accusés, selon le mode qu'ils jugent le plus utile, et que nous avons indiqué ci-dessus, n° 2378.

2414. Les officiers de police judiciaire peuvent donc dresser les procès-verbaux, relatifs aux délits, rassembler les pièces de conviction, recueillir les déclarations des individus qui se présentent devant eux, et celles de l'inculpé qui leur est amené, ou qu'ils ont fait saisir, conformément à la loi, et qu'ils interrogent ; mais ils ne peuvent faire aucun autre acte de procédure criminelle que lorsqu'ils en sont chargés par le juge d'instruction.

On leur a aussi reconnu le droit de retenir en prison, et même de mettre au secret, les inculpés arrêtés en flagrant délit; nous croyons que cette opinion est très-contestable, et qu'ils doivent plutôt renvoyer, sans délai, les personnes arrêtées au procureur de l'arrondissement, qui les défère au juge d'instruction (Circ. Rennes, 20 juill. 1816).

2415. Les officiers de police judiciaire, à l'exception des juges de paix, dont nous parlerons à la section suivante, n'ont droit à aucune indemnité de déplacement, lorsqu'ils se transportent sur les lieux pour constater un crime ou un délit (Circ. min. 23 sept. 1812, § 4).

2416. Dans les cas de mort violente, il convient de ne faire procéder à l'inhumation du cadavre, même quand un auxiliaire est présent, qu'après en avoir reçu l'autorisation du ministère public, à moins que l'état du cadavre ou d'autres circonstances ne permettent pas de retard, auquel cas l'officier de police judiciaire doit

veiller à ce qu'il soit possible de faire, au besoin, l'exhumation
(Ortolan, ir, 75).

2417. L'autopsie elle-même ne doit être faite, sauf les cas
d'urgence, que sur l'autorisation du magistrat du parquet. Elle ne
peut donc pas être ordonnée dès le lendemain du décès par l'officier de police judiciaire présent aux opérations des experts (Décis.
min. 23 nov. 1824) ;

A moins que ce magistrat ne soit trop éloigné du lieu où le crime
a été commis, auquel cas, celui de ses auxiliaires qui est présent
doit surveiller l'autopsie, et empêcher que des médecins inhabiles
ne commettent des erreurs et des méprises, qui sont trop souvent
irréparables, et qui peuvent faire perdre la trace du crime.

2418. C'est pour cela qu'il serait bon que chaque procureur
d'arrondissement adressât à ses auxiliaires une liste des médecins
les plus dignes de confiance dans chaque canton, pour qu'ils fussent appelés, de préférence, à faire les opérations qui doivent
avoir lieu sans retard (Inst. gén. 30 sept. 1826, n° xvii).

Toutefois, cette mesure n'est praticable que dans les localités
où il existe un certain nombre de médecins. Dans les autres, elle
offrirait des inconvénients, en ce que l'absence du médecin désigné
pourrait paralyser le service, car on ne devrait guère compter sur
le concours des autres pour le remplacer, comme nous l'avons déjà
dit au n° 2344.

2419. Quand un officier de police judiciaire a rapporté un
procès-verbal constatant un crime, un délit ou une contravention,
il doit le transmettre en minute, et non pas en expédition, à l'officier du ministère public compétent (Circ. min. 16 niv. an iv. —
C. inst. 15, 20, 21, 53, 54 et 70).

Et quand le magistrat du parquet a réuni les premiers éléments
de conviction, et accompli, soit par lui-même, soit par ses auxiliaires, tous les actes prescrits en cas de flagrant délit, il soumet,
sans délai, au juge d'instruction les procès-verbaux, rapports,
actes, pièces et instruments dressés ou saisis, et l'inculpé reste
sous la main de la justice en état de mandat d'amener (C. inst. 45).

Lors même que les auteurs d'un délit sont inconnus, les officiers
de police judiciaire ne doivent pas moins en rendre compte au
ministère public (Décis. min. 26 sept. 1826).

2420. En résumé, les procureurs d'arrondissement et leurs
auxiliaires sont autorisés, en cas de flagrant délit, à faire tous les
actes qui peuvent en procurer la recherche et la poursuite, de quelque nature que soient ces actes ; ils peuvent recevoir des déclarations, faire saisir les inculpés ; et, s'ils le jugent nécessaire, faire

des visites domiciliaires et des perquisitions, interroger, entendre des témoins, dresser des procès-verbaux pour constater le corps du délit; mais tous ces actes ne peuvent dispenser de l'information légale et solennelle que le juge d'instruction a seul le droit de faire, et ne doivent être considérés que comme des actes de recherche, des actes préalables, tendant à provoquer et à procurer la découverte de la vérité (Circ. min. 29 flor. an IX).

2421. Les officiers de police auxiliaires n'ont de compétence, en cette matière, que pour recevoir les plaintes et les dénonciations qui leur sont faites, en rédiger procès-verbal, et les transmettre à qui de droit (C. inst. 53).

Quand ils sont informés, par une autre voie, qu'il a été commis un crime ou un délit, ils sont tenus d'en rechercher les preuves, et d'en donner immédiatement avis au procureur de l'arrondissement (*Ibid.*, art. 8 et 9.—Décis. min. 26 janv. 1825).

2422. Les officiers de police judiciaire ne peuvent faire de visites domiciliaires hors des cas de flagrant délit, de réquisition de la part d'un chef de maison, ou de délégation par le juge d'instruction. Toutefois, les perquisitions qu'ils auraient faites hors de ces circonstances ne sont pas entachées de nullité, et elles ne constituent pas de violation de domicile, si elles ont eu lieu du consentement des propriétaires visités, comme nous l'avons dit au nº 2363, § 4.

2423. Ils sont dans l'obligation d'exécuter ponctuellement les ordres qui leur sont transmis par le procureur de leur arrondissement, et de le tenir informé de leur exécution et de ses suites.

Ils ne doivent jamais oublier qu'encore bien qu'ils ne lui soient pas soumis quant à la discipline, comme nous l'avons dit au nº 2248, leur qualité d'auxiliaires de ce magistrat leur impose le devoir de le suppléer dans tous les actes de son ministère, et d'obéir à ses instructions.

2424. Nous renvoyons le détail de leurs obligations, en cette qualité, aux sections qui vont suivre, et qui sont spéciales à chacun d'eux.

SECTION II. — JUGES DE PAIX.

SOMMAIRE.

2425. Double qualité.	2427. Transport.
2426. Surveillance.	2428. Indemnité.

2425. Les juges de paix, magistrats conciliateurs au civil, ont au criminel des devoirs d'une autre nature à remplir, comme auxiliaires du procureur de l'arrondissement. Ce serait, de leur part, méconnaître cette double attribution, que de négliger, sous prétexte d'union et d'oubli, d'avertir le ministère public des crimes ou délits qui surviennent dans leur canton. Il leur est prescrit, en effet, de lui en donner avis immédiatement, et de lui faire connaître, même quand les parties ont transigé devant eux sur leurs intérêts civils, si des poursuites sont nécessaires dans l'intérêt de la vindicte publique, et quels résultats elles peuvent avoir, soit pour la punition du coupable, soit pour la satisfaction de l'opinion générale.

Les juges de paix peuvent recevoir et constater les dénonciations des délits dont la connaissance est attribuée aux juges d'instruction, mais ils ne peuvent décerner de mandat d'amener qu'en cas de flagrant délit, ou de réquisition de l'intérieur d'une maison (Circ. min. 17 niv. an IV.—Décis. min. 12 janv. 1828).

En conséquence, dès qu'ils ont recueilli les indices d'un crime ou d'un délit, ils doivent en informer sur-le-champ le procureur de l'arrondissement, lors même qu'un autre fonctionnaire, également informé, serait tenu de remplir le même devoir; et ils doivent lui donner, en même temps, leur opinion particulière sur la nécessité ou l'inutilité des poursuites (*Ibid.*).

2426. Ainsi, chaque juge de paix doit tenir un registre spécial où il porte, jour par jour, les infractions aux lois pénales qui interviennent dans son canton, de quelque manière que la connaissance lui en parvienne; il doit prendre des mesures pour s'assurer que les autres officiers de police judiciaire de la circonscription cantonale lui donnent avis à lui-même, ou au ministère public, de tous les événements de cette nature, et ne pas oublier qu'il est l'œil du procureur de l'arrondissement, comme celui-ci l'est du procureur général, et ce dernier du ministre de la justice.

En effet, l'action de la police judiciaire, dans chaque canton, doit se concentrer entre les mains du juge de paix, comme elle se concentre dans chaque arrondissement entre les mains du procureur ordinaire. Ces deux magistrats doivent entretenir sur ce point une correspondance active et incessante. Le juge de paix qui garderait un silence coupable envers les magistrats du parquet, sur les faits punissables commis dans son canton, assumerait sur lui une grave responsabilité. Ce n'est qu'au moyen de communications promptes de la circonférence au centre que la répression des délits peut être générale, rapide et sûre (Circ. min. 15 germ. an VII et 18 brum. an IX).

2427. Si les traces du fait dénoncé sont de nature à disparaître promptement, le juge de paix, quand le lieu de sa résidence est plus voisin du lieu du délit que la résidence du procureur de l'arrondissement, est tenu de s'y transporter de suite pour le constater (Ortolan, II, 43).

Dans le cas contraire, il donne avis du délit à ce magistrat, et attend ses ordres.

2428. Lorsque les juges de paix se transportent, en cas de flagrant délit ou de réquisition de la part d'un chef de maison, comme aussi dans le cas d'une délégation du juge d'instruction, à plus de cinq kilomètres de leur résidence, ils ont droit à l'indemnité de transport réglée par l'art. 88 du décret du 18 juin 1811, et ils ont la faculté de se faire accompagner de leur greffier, à qui il est également dû une indemnité fixée par l'art. 89 du même décret (Circ. min. 11 fév. 1824).

Le contraire avait été réglé par des décisions antérieures (Circ. min. 23 sept. 1812, 7 juin 1814, § 8, et 31 mai 1823).

Alors l'indemnité était accordée seulement au juge de paix qui avait agi en vertu d'une délégation du juge d'instruction (Circ. min. 25 nov. 1820).

Du reste, il faut remarquer que, même aujourd'hui, il n'est rien dû au juge de paix qui se transporte sur les lieux, hors des cas que nous venons d'énumérer (Circ. min. 11 fév. 1824).

SECTION III. — COMMISSAIRES DE POLICE.

SOMMAIRE.

§ 1er. — *Organisation.*

2429. Il y a des commissaires supérieurs et des commissaires ordinaires de police : les premiers sont les commissaires centraux et départementaux; les seconds sont les commissaires communaux.

Dans les villes de quarante mille habitants et au-dessus, il y a un commissaire central de police auquel les autres commissaires de police sont subordonnés, et qui est subordonné lui-même au préfet. Il doit aussi exécuter les ordres qu'il peut recevoir directement du ministre de l'intérieur (Loi 28 pluv. an viii, art. 14. — Arrêté 5 brum. an ix, art. 1 et 31. — Décr. 23 fruct. an xiii, art. 1, et 30 mai 1868).

Il peut aussi en être envoyé temporairement dans d'autres localités, quand le Gouvernement le juge nécessaire. Dans tous les cas, ils sont nommés par le chef de l'État (Loi 28 pluv. an vii, art. 18).

2430. Les commissaires supérieurs de police sont, comme les commissaires ordinaires, officiers de police judiciaire auxiliaires des magistrats du parquet (Déc. min. 2 et 17 janv. 1831).

Leurs attributions ont été réglées par l'arrêté consulaire du 5 brumaire an ix, et par les décrets des 23 fructidor an xiii et 17 frimaire an xiv, sauf les modifications qui y ont été apportées par des lois postérieures, ou par les divers décrets ou ordonnances de nomination.

Ces fonctionnaires étant plus particulièrement chargés de la haute police, relèvent plus directement de l'autorité administrative. Néanmoins, comme officiers de police judiciaire, ils ont des rapports essentiels et nécessaires avec le ministère public, qui peut leur adresser les délégations et les ordres que nécessite le bien du service. Au surplus, les attributions de ces commisaires, en cette partie, sont les mêmes que celles des commissaires ordinaires de police dont il va être parlé.

2431. Dans les villes qui ont plus de quarante mille âmes de population, le service de la police est réglé par le décret du 26 septembre 1855 (Loi 5 mai 1855, art. 50).

Il peut être établi dans les chefs-lieux de département un commissaire de police départemental placé sous l'autorité du préfet (Décr. 5 mars 1853, art. 1).

Ce fonctionnaire est nommé par le chef de l'État, sur la proposition du ministre de l'intérieur, quelle que soit la population de la ville de sa résidence (*Ibid.*, art. 3).

Sa juridiction s'étend sur tout le département, dont tous les commissaires et agents de police sont placés sous ses ordres (*Ibid.*, art. 2).

Ses attributions sont les mêmes que celles des commissaires de police ordinaires, et il dirige de plus la police municipale de la ville de sa résidence (*Ibid.*, même article).

2432. Il y a un commissaire de police dans les communes de cinq à dix mille habitants, deux dans celles de vingt mille, trois dans celles de trente mille, etc. (Loi 19 vend. an IV, art. 10. — Loi 28 pluv. an VIII, art. 12).

Et il peut en être établi dans toutes les villes et dans tous les cantons ruraux où le Gouvernement le juge nécessaire, quoique les commissaires cantonaux aient été supprimés d'une manière générale par un arrêté du 10 septembre 1870 (Loi 21-29 sept. 1791, art. 1. — Décr. 28 mars 1852, art. 2, et 17 janv. 1853).

2433. Ils sont répartis en cinq classes, d'après leur traitement (Décr. 28 mars 1852, art. 5, et 27 fév. 1855).

Ils doivent présenter les mêmes conditions que pour être maire, c'est-à-dire être citoyens français, et avoir vingt-cinq ans accomplis.

Leur traitement est réglé par le décret du 27 février 1855, et leur costume par celui du 30 août 1852).

Mais il n'est pas indispensable qu'ils en soient revêtus dans l'exercice de leurs fonctions (Cass. 26 mars 1813 et 11 oct. 1821).

Dans les villes de six mille âmes et au-dessous, les commissaires de police ordinaires sont nommés par les préfets; dans les villes d'une population supérieure, ils sont nommés par le chef de l'État, sur la présentation du ministre de l'intérieur (Arrêté 19 niv. an VIII. — Décr. 28 mars 1852, art. 6).

A moins d'autorisation contraire, ils résident au chef-lieu de leur canton (*Ibid.*, art. 2).

2434. Leur juridiction s'étend à toutes les communes du canton de leur résidence (Décr. 28 mars 1852 et 17 janv. 1853, art. 1 et 2).

Dans les cantons où il existe plus d'un commissaire de police, la juridiction de chacun d'eux s'étend aussi à toutes les communes du canton, sauf le droit qu'a le préfet de déterminer les limites de la circonscription placée plus spécialement sous leur surveillance (Décr. 17 janv. 1853, art. 2).

Du reste, ils ne commettent ni excès de pouvoir, ni violation de la loi, quand ils reçoivent une plainte pour des contraventions commises hors de leur ressort (Cass. 4 nov. 1853).

2435. Ils sont, en leur qualité d'officiers de police judiciaire, sous la surveillance du procureur de l'arrondissement et du juge d'instruction (C. pén. 3 brum. an IV, art. 22 et 23).

Ils ont à leur disposition, pour l'exercice de la police, la garde nationale et la gendarmerie, et ils peuvent requérir la troupe de ligne et les gardes champêtres et forestiers de leurs cantons, lesquels sont tenus de les informer de tout ce qui intéresse la tranquillité publique (Arrêté 5 brum. an IX, art. 32. — Décr. 28 mars 1852, art. 3).

2436. Soit comme agents de l'autorité administrative, soit comme officiers de police judiciaire, les commissaires de police sont indépendants des juges de paix, et n'ont, en droit strict, aucun ordre à recevoir de ces magistrats dans l'exercice de leurs fonctions. Jamais, par conséquent, ils ne peuvent être valablement délégués par les juges de paix pour un acte quelconque de leur ministère ; et, en cas de flagrant délit, ils sont libres de procéder à une arrestation ou à toute autre opération de leur compétence sans prendre l'avis de ces magistrats. Ils sont, en effet, officiers de police judiciaire au même titre que les autres fonctionnaires du même ordre, et ils tiennent leurs pouvoirs de la loi directement, ou de la délégation qui peut leur être faite par le ministère public ou par le juge d'instruction. Dans aucun cas, ils ne sauraient être considérés comme les auxiliaires du juge de paix (Circ. min. 12 août 1854).

2437. Quant à leurs procès-verbaux en matière criminelle, ils doivent être transmis directement et sans délai au procureur de l'arrondissement, sans communication préalable au juge de paix. Quant à ceux qui sont dressés par eux en matière de simple police, il est convenable, conformément à ce qui se pratique dans les autres juridictions, que le commissaire, chargé des fonctions du ministère public, en donne connaissance, avant l'audience, au juge de paix, lorsque celui-ci exprime le désir de s'éclairer sur la nature de l'affaire qu'il est appelé à juger.

2438. Enfin, les délégations données au juge de paix par les magistrats du parquet ou de l'instruction, dans des affaires spéciales et déterminées, ne peuvent être transmises par lui au commissaire de police, afin de le charger ainsi des actes ou opérations pour lesquels il a lui-même été requis, sauf à réclamer officieusement sa coopération (*Ibid.*).

2439. Remarquons ici que les magistrats ne doivent pas délivrer, à des commissaires de police révoqués, ou déplacés avec disgrâce, des certificats attestant leur aptitude aux fonctions d'officiers de police judiciaire. Ce serait, de leur part, se mettre en opposition avec la mesure de rigueur que l'administration a cru devoir prendre (Circ. min. 27 oct. 1855).

§ 2. — *Attributions.*

2440. Les commissaires ordinaires de police sont chargés tout à la fois de la haute police sous les ordres du préfet ou du sous-préfet, de la police judiciaire sous les ordres du ministère public, et de la police municipale sous les ordres du maire (Loi 21-29 sept. 1791, art. 2 et 6).

Les préfets peuvent les charger de procéder aux perquisitions et saisies qu'ils ont ordonnées (Cass. 21 nov. 1853).

Ils sont encore chargés de rechercher les contraventions de police, même celles qui sont sous la surveillance spéciale des gardes champêtres et forestiers, à l'égard desquels ils ont concurrence et même prévention, et ils reçoivent les rapports, dénonciations et plaintes relatifs aux contraventions de police (C. inst. 11).

2441. De plus, ils sont tenus d'assister les vérificateurs des poids et mesures dans l'exercice de leurs fonctions, et d'obtempérer à leurs réquisitions pour les visites, et pour la rédaction des procès-verbaux de contravention (Arrêté 22 prair. an ix, art. 16).

La même obligation est imposée aux maires et adjoints dont nous parlerons à la section suivante (Loi 1er vend. an iv, art 11. — Ord. 18 déc. 1825, art. 25).

2442. Ils ont le droit de s'introduire, assistés des gens de l'art, dans la maison d'un particulier, pour vérifier si les travaux qu'il a faits sont conformes ou contraires à l'alignement qui lui a été donné (Cass. 16 déc. 1847);

Et pour constater le refus fait par un percepteur de recevoir des pièces de monnaie ayant cours légal en France (Cass. 26 sept. 1845).

2443. Dans les villes où il y a une bourse de commerce, ils en font la police, et doivent prendre les mesures nécessaires pour empêcher qu'on se réunisse ailleurs qu'à la bourse, et même, à la bourse, à d'autres heures qu'à celles fixées pour proposer et faire des négociations commerciales et d'effets publics (Arrêtés 29 germ. an ix, art. 4, et 27 prair. an x, art. 3).

Le surplus des fonctions spéciales des commissaires de police est énuméré dans l'arrêté du 5 brumaire an ix, art. 53 et suiv.

§ 3. — *Procès-verbaux.*

2444. Enfin, comme officiers de police judiciaire, les commissaires de police sont tenus, lorsqu'ils en sont requis, ou même d'office, lorsqu'ils sont informés d'un crime ou d'un délit, de dresser les procès-verbaux tendant à constater le flagrant délit ou le corps du délit, encore qu'il n'y ait pas eu de plainte rendue (Loi 24-29 sept. 1791, art. 5).

Ils peuvent faire saisir et remettre à l'autorité judiciaire les individus surpris en flagrant délit, ou arrêtés sur la clameur publique, ou inculpés de délits qui sont du ressort de la police correctionnelle ou de la justice criminelle (Arrêté 5 brum. an ix, art. 35).

Ainsi, comme officiers de police auxiliaires, les commissaires de police sont tenus de rechercher tous les crimes et délits, d'en rapporter procès-verbal pour être transmis au ministère public, ou de lui en donner avis, et d'exécuter ses ordres pour cette partie de leur service. Leurs autres devoirs, en cette matière, sont indiqués à la première section du présent chapitre, nos 2409 et suivants.

2445. Ils consignent dans leurs procès-verbaux la nature et les circonstances des contraventions, le temps et lieu où elles ont été commises, et les preuves ou indices à la charge des inculpés (C. inst. 11, § 3).

Néanmoins, l'omission de quelques-unes de ces circonstances n'entraîne pas la nullité du procès-verbal (Cass. 9 fév. 1821).

2446. Les procès-verbaux des commissaires de police font foi jusqu'à preuve contraire, comme il a été dit au n° 2286;

Mais ils ne peuvent être détruits par de simples assertions de l'inculpé (Cass. 17 déc. 1824 et 1er avr. 1826).

2447. Ils ne peuvent être également annulés, en ce qu'ils ne mentionnent pas qu'ils aient été faits contradictoirement avec l'inculpé, ni en ce qu'ils ne contiennent pas d'interpellations ou de réquisitions aux individus qui y sont dénommés (Cass. 15 oct. 1829);

Ni en ce que le commissaire n'aurait pas été assisté de deux voisins en rapportant son procès-verbal (Merlin, *Répert.*, v° *Procès-verbal*, § 2, n° 5. — Legraverend, 1, 213);

Ou en ce qu'il n'aurait pas été revêtu de son costume (Cass. 10 mars 1815);

Ou en ce qu'il l'aurait rapporté hors de l'étendue du territoire confié à sa surveillance, pourvu que ce fût dans le territoire de la commune ou du canton de sa résidence (Loi 24-29 sept. 1791, art. 8. — Décr. 28 mars 1852, art. 1er).

2448. Ces procès-verbaux sont enregistrés en débet (Loi 22 frim. an vii, art. 70, § 1, n° 3).

Et, malgré ce qui a été dit au n° 2275, il est prudent que cette formalité soit remplie, surtout pour les procès-verbaux des commissaires de police qui constatent des délits correctionnels (Décis. Rennes, 24 août 1821. — Circ. min. 24 sept. 1823).

2449. Les procès-verbaux des commissaires de police, agissant comme auxiliaires des magistrats du parquet, doivent être remis sur-le-champ et directement à ces magistrats, sans être portés préalablement à la mairie (Décis. min. 15 juin 1825).

Il arrive trop souvent, au contraire, qu'après y avoir été discutés et appréciés, ces procès-verbaux ne sont envoyés au ministère public que lorsque l'administration municipale, qui en réfère quelquefois au préfet, estime que l'autorité judiciaire doit en être saisie. C'est là un double abus, qui engage la responsabilité du commissaire de police, et des fonctionnaires qui autoriseraient une semblable violation des règles établies (Décis. min. 9 juill. 1820).

2450. Ainsi, les commissaires de police doivent, quelle que soit leur résidence, adresser directement et sans délai, au procureur de leur arrondissement, leurs procès-verbaux, dont toutefois une copie textuelle est remise par eux au commissaire départemental, dans les chefs-lieux où il existe des fonctionnaires de cet ordre (Circ. min. 7 déc. 1853).

2451. Les commissaires de police sont encore chargés des fonctions du ministère public près du tribunal de simple police du juge de paix, quand ils résident dans un chef-lieu de canton, et ils sont encore, en cette qualité, placés sous la direction et la surveillance du procureur de l'arrondissement, dont ils sont alors de véritables substituts (Loi 27 vent. an VIII, art. 1er. — Cass. 27 août 1825 et 19 sept. 1834).

Cette suprématie des magistrats du parquet sur les commissaires de police leur est contestée par Mangin (*de l'Action publ.*, I, 206), qui se fonde seulement sur ce que le procureur de l'arrondissement ne serait pas compétent pour remplir leurs attributions devant le tribunal de simple police. Il suffit de répondre que la même incompétence existe pour le procureur général, en ce qui regarde les tribunaux de police correctionnelle; et pourtant on n'a jamais songé à lui contester, pour cela, son autorité sur les officiers du ministère public près ces tribunaux.

Les commissaires de police doivent donc être considérés comme magistrats dans le sens de l'art. 222 du Code pénal; et cet article est, par conséquent, applicable à ceux qui les outragent dans l'exercice de leurs fonctions (Cass. 9 mars 1837, 2 mars 1838 et 22 fév. 1851).

2452. Remarquez que *les agents de police* ne sont pas officiers de police judiciaire, et qu'ils ne peuvent pas remplacer les commissaires de police (Cass. 13 mai 1831 et 12 juill. 1834).

Leurs procès-verbaux ne pourraient donc servir seuls de base à une condamnation (Cass. 3 juin 1838).

Ceux des sergents de ville et des inspecteurs de police établis à Paris n'ont pas plus de force, et ne font pas foi par eux-mêmes des contraventions qu'ils mentionnent (Cass. 30 mars 1839).

SECTION IV. — MAIRES ET ADJOINTS.

SOMMAIRE.

2453. Les maires sont chargés de l'administration municipale dans chaque commune. Ils sont nommés par le chef de l'État dans les chefs-lieux de département, d'arrondissement et de canton. Dans les autres communes, ils sont nommés, en son nom, par les préfets, et pris soit dans le conseil municipal, soit en dehors (Lois 21 mars 1831, art. 3 ; 5 mai 1855, art. 2, et 20 janv. 1874).

2454. Les adjoints, nommés comme eux, sont des auxiliaires auxquels ils peuvent déléguer tout ou partie de leurs fonctions ;

Et cette délégation continue d'avoir son effet, même après la renonciation de l'adjoint, quand cette renonciation n'a pas été acceptée (Cass. 18 avril 1828).

De plus, en cas d'absence ou de vacance, l'adjoint remplace de plein droit le maire, sans qu'il soit besoin de délégation (Cass. 8 mars 1834. — Loi 5 mai 1855, art. 4).

2455. Les maires et adjoints sont officiers de police judiciaire auxiliaires du procureur de l'arrondissement, et ils sont investis des fonctions attachées à ce titre, que nous avons rappelées dans la première section du présent chapitre.

Ils doivent, par conséquent, donner avis au ministère public de tous les crimes et délits qui se commettent dans leur commune, et exécuter ses ordres en ce qui concerne la police judiciaire (Arrêté 4 frim. an v, art. 4 et suiv. — Circ. min. 15 germ. an vii).

2456. Les maires sont chargés tout à la fois de la police administrative et de la police judiciaire dans leurs communes. Il en résulte pour eux deux ordres d'obligations qu'il faut soigneusement distinguer, les unes envers l'autorité administrative supérieure, les autres envers les magistrats du parquet. La police administrative a pour objet de prévenir les délits et les crimes, c'est-à-dire d'empêcher qu'ils soient commis ; la police judiciaire, de son côté, a pour objet de les réprimer, c'est-à-dire de poursuivre et de faire punir les coupables ; à la première appartiennent les avis, les arrêtés et les règlements de police, actes qui demeurent tout à fait étrangers à l'autorité judiciaire ; à la seconde, les procès-verbaux de délits, les descentes sur les lieux, les visites domiciliaires, les ordres d'arrestation, qui nécessitent le concours ou la surveillance des magistrats du parquet. Pour l'exercice de la police administrative, les maires doivent obéir aux instructions du préfet ou du sous-préfet; pour la police judiciaire, ils sont placés exclusivement sous la direction des officiers du ministère public. Ils doivent donc entretenir avec eux, sur ce point, des relations incessantes (Circ. Rennes, 8 sept. 1852).

2457. Ainsi, quand un crime ou un délit parvient à la connaissance d'un maire, ou le fait est encore flagrant, ou bien il ne l'est déjà plus ; en d'autres termes, ou il vient de se commettre, ou il y a quelque temps déjà qu'il a été commis. Dans le premier cas, le maire doit se transporter immédiatement sur les lieux pour y procéder aux opérations les plus urgentes, telles que la constatation du délit, l'arrestation de l'inculpé, la saisie des instruments du crime et autres pièces de conviction, etc., et faire avertir, en même temps, le juge de paix ou le ministère public, en choisissant, de préférence, celui de ces magistrats qui est le moins éloigné. Dans le second cas, il est tenu de consigner par écrit les faits qui lui sont dénoncés, et de transmettre son procès-verbal ou son rapport au parquet de l'arrondissement. Mais toujours, et dans tous les cas, son premier devoir, celui qu'il ne peut négliger sans engager gravement sa responsabilité, c'est d'en donner avis sur-le-champ à l'autorité judiciaire. Pour cela, une simple lettre suffit. Si des gardes champêtres, ou autres agents de la police municipale, lui remettent des procès-verbaux constatant des délits, il est tenu de les envoyer sans retard au parquet (*Ibid.*).

2458. En un mot, il faut que tous les faits punissables qui sont appris aux maires soient portés par eux à la connaissance du ministère public, indépendamment de l'avis qu'ils en auraient donné à leurs supérieurs dans l'ordre administratif; et cela, lors même que ces faits auraient été suivis d'une transaction ou d'un arrangement entre les parties sur leurs intérêts civils, cette circonstance ne pouvant exercer aucune influence sur l'action de la vindicte publique, comme il a été dit au tome I, n° 1863. Un simple retard, et plus encore un silence blâmable, pourraient compromettre gravement les droits de la société et la protection des citoyens. Aucune considération d'intérêt, d'affection, de bon voisinage, de parenté même, ne doit empêcher un maire de remplir ce devoir. Il doit se rappeler qu'il est particulièrement institué pour veiller, dans sa commune, au maintien de l'ordre public, à la sécurité des honnêtes gens, et à la punition des malfaiteurs (Circ. Rennes, 8 sept. 1852).

2459. Les maires et adjoints ont qualité pour constater tout crime, délit ou contravention, et ils n'ont pas besoin, pour cela, d'être revêtus de leur costume ou décorés de leur écharpe (Cass. 6 juin 1807 et 11 nov. 1826).

Ils peuvent procéder à la constatation des contraventions de police dans les lieux mêmes où des commissaires de police sont établis, et ce que nous avons dit de ceux-ci au n° 2440, § 3, leur est également applicable (Cass. 6 sept. 1838).

2460. Enfin, leurs procès-verbaux ne sont soumis à aucune forme irritante : ils sont même dispensés de l'affirmation (Cass. 12 fév. 1829).

Mais ils ne font foi que jusqu'à preuve contraire, et ils peuvent être débattus comme ceux de tous les autres officiers de police judiciaire.

On ne peut leur opposer toutefois que des preuves directes et positives qui ne laissent plus subsister les assertions du fonctionnaire qui a verbalisé. Quant au genre et à la forme de ces preuves contraires, il faut se reporter aux indications du n° 2289.

SECTION V. — GENDARMERIE.

SOMMAIRE.

§ 1er. — Officiers.

2461. Les officiers de gendarmerie de tout grade, depuis celui de sous-lieutenant inclusivement, sont officiers de police judiciaire auxiliaires du ministère public (C. inst. 9 et 18. — Décr. 1er mars 1854, art. 238, § 2).

Ils sont placés sous la surveillance des magistrats, pour cette partie de leurs fonctions, et sont tenus de déférer immédiatement aux réquisitions des membres du parquet, qui ont été chargés de leur adresser des instructions circonstanciées sur les droits et les obligations que ce titre leur confère, les cas divers où ils doivent les exercer, et ceux où ils ne pourraient agir sans en excéder les bornes (Décis. min. 8 mars 1834. — Circ. Rennes, 27 janv. 1835).

2462. Les officiers de gendarmerie, en ce qui concerne l'exercice de la police judiciaire, sont donc placés, par la loi, sous la surveillance des juges d'instruction et des officiers du ministère public (Décr. 1er mars 1854, art. 267).

Mais cette surveillance n'autorise pas ces magistrats à réprimander les officiers de gendarmerie : ce droit n'appartient qu'au procureur général, comme nous l'avons dit, pour tous les officiers de police judiciaire, au n° 2247 (C. inst. 279 et suiv.).

Encore conviendrait-il mieux peut-être, pour éviter tout conflit, que le procureur général adressât ses observations au chef de la légion, ou à l'inspecteur général qui serait alors en tournée.

2463. Les officiers de gendarmerie, comme officiers de police auxiliaires, ont, quant aux plaintes, aux dénonciations, aux cas de flagrant délit et autres, les mêmes devoirs à remplir que les magistrats du ministère public, devoirs qui sont exposés aux n°° 2412 et suivants.

Seulement, ils ne reçoivent les plaintes et les dénonciations que pour les crimes et les délits commis dans l'étendue de l'arrondissement où ils exercent leurs fonctions habituelles (Décr. 1er mars 1854, art. 238).

2464. Quand une plainte ou une dénonciation leur est présentée par un fondé de pouvoir, il faut que la procuration, dont celui-ci est porteur, exprime, d'une manière positive, l'autorisation de dénoncer et de poursuivre le délit qui fait l'objet de la plainte ou de la dénonciation (*Ibid.*, art. 245).

Si la plainte ou la dénonciation est présentée signée, l'officier de gendarmerie s'assure que la signature est bien celle du plaignant, du dénonciateur ou du fondé de pouvoir, comme nous l'avons dit n° 2311, § 2 (*Ibid.*, art. 246, § 2).

L'officier de gendarmerie, qui est requis de rédiger lui-même une plainte ou une dénonciation, doit énoncer clairement le délit avec toutes les circonstances qui peuvent l'atténuer ou l'aggraver, et faire découvrir le coupable. Il se conforme, du reste, à l'art. 31 du Code d'instruction criminelle (*Ibid.*, 247).

2465. En cas de flagrant délit, ces officiers se transportent immédiatement sur les lieux, et ils en informent aussitôt le procureur de l'arrondissement. Pour verbaliser, ils peuvent se faire assister d'un écrivain, majeur et Français, qui leur sert de greffier.

Ils lui font prêter serment d'en bien et fidèlement remplir les fonctions, et il en est fait mention au procès-verbal (Décr. 1er mars 1854, art. 251.)

Quand il y a lieu de procéder à une visite dans une maison autre que celle de l'inculpé, et située hors de l'arrondissement, l'officier de gendarmerie se borne à en informer le procureur du lieu de sa résidence (*Ibid.*, art. 256 et 257).

2466. Le procureur ordinaire peut toujours le charger d'une partie des actes de sa compétence, mais seulement quand il y a flagrant délit (*Ibid.*, art. 240).

En cas de refus, le magistrat du parquet peut seulement en référer au procureur général; mais, pour éviter une pareille difficulté, il vaut mieux déléguer ces fonctions à des auxiliaires de l'ordre administratif ou judiciaire plus familiarisés avec les formes de la procédure criminelle.

2467. Lorsque les officiers de gendarmerie ont terminé les actes d'instruction préliminaire qu'ils sont autorisés à faire dans les cas ci-dessus, ils doivent transmettre sur-le-champ au procureur de l'arrondissement les procès-verbaux et tous les actes qu'ils ont faits, les papiers et tous les effets qu'ils ont saisis, ou lui donner avis des mesures prises pour la garde ou la conservation de ces objets (*Ibid.*, art. 266).

2468. Remarquez qu'un brigadier de gendarmerie n'étant pas officier de police judiciaire, ne pourrait pas requérir une autopsie (Déc. min. 25 oct. 1825).

§ 2. — *Gendarmes.*

2469. Les simples gendarmes, quoiqu'ils ne soient pas officiers de police judiciaire, n'en doivent pas moins constater les délits dont ils ont connaissance; mais leurs procès-verbaux ne valent que comme dénonciation officielle ou comme renseignement, et ne peuvent servir de base à une condamnation, s'ils ne sont pas appuyés d'autres témoignages, ou de l'aveu de l'inculpé (Décr. 1er mars 1854, art. 271 et suiv.).

Ils peuvent aussi constater les contraventions aux règlements de police qu'ils découvrent dans la circonscription de leur brigade, et les procès-verbaux qu'ils en rapportent font foi jusqu'à preuve contraire (Cass. 8 nov. 1838).

Voyez au surplus, sur la forme et sur la force des procès-verbaux de la gendarmerie, ce que nous avons dit au n° 2286, § 11, et les art. 487 et suivants du décret du 1er mars 1854.

2470. Les procès-verbaux des gendarmes ne sont soumis, en général, à aucune forme déterminée (Cass. 11 mars 1825).

Ils ne sont, dans aucun cas, assujettis à la formalité de l'affirmation (Loi 17 juill. 1856).

Mais seulement, et en certains cas, à celle de l'enregistrement, comme nous l'avons dit au n° 2276.

Ils ne peuvent pas être annulés, par exemple, parce que copie n'en aurait pas été remise au délinquant, ou qu'ils n'auraient pas été rédigés en sa présence (Cass. 14 août 1829).

2471. Ils peuvent même être rapportés par un seul gendarme (Cass. 30 nov. 1827 et 10 mai 1839).

Et rien ne s'oppose à ce que le gendarme qui à verbalisé soit entendu comme témoin, sauf au tribunal à avoir tel égard que de raison à sa déposition (Cass. 3 fév. 1820).

2472. Il ne faut pas oublier, en terminant, que les gendarmes et autres agents de la force publique n'ont pas le droit d'arrêter les inculpés sans un ordre du magistrat, si ce n'est en cas de flagrant délit (Circ. Rennes, 20 juill. 1816).

Appliquez ici tout ce qui a été dit sur ce point au n° 2377.

SECTION VI. — GARDES CHAMPÊTRES.

SOMMAIRE.

§ 1er. — Gardes communaux.

2473. Il y a des gardes champêtres et des gardes forestiers préposés à la garde des bois et des biens ruraux de l'État, des communes, des établissements publics, ou des particuliers.

Les gardes champêtres communaux sont institués pour garder les propriétés rurales, conserver les récoltes et surveiller les bois des communes (Loi 28 sept. et 6 oct. 1791, tit. 1, sect. VII, art. 1 et 2. — C. inst. 16, § 1er).

Il doit y en avoir au moins un dans chaque commune rurale (Loi 20 mess. an III, art. 1 et 3).

2474. Cependant le service des gardes champêtres, malgré son importance et son utilité, est loin d'être partout organisé sur ces bases. Il y a des localités qui en sont tout à fait dépourvues ; dans quelques parties de la Bretagne, par exemple, on en trouve à peine un par vingt communes.

. Le ministère public est chargé de veiller : 1° à ce que les prescriptions de cette loi de l'an III soient ponctuellement exécutées ; 2° à ce que les gardes champêtres remplissent leurs fonctions avec zèle et diligence, et soient remplacés en cas de négligence grave ; 3° à ce que les délits constatés par eux soient poursuivis avec la célérité et la sévérité nécessaires pour en assurer la répression (Circ. min. 10 prair. an V).

2475. Pour être nommé garde champêtre, il suffit d'être âgé de vingt-cinq ans et de justifier d'une bonne moralité (Loi 28 sept. et 5 oct. 1791, tit. I, sect. VII, art. 5.—Loi 20 mess. an III, art. 2).

Mais il faut être citoyen français ou naturalisé tel (Décis. min. 5 sept. 1826).

Les gardes champêtres communaux sont nommés par le maire, sauf l'approbation du conseil municipal. Ils doivent être agréés et commissionnés par le sous-préfet ; ils peuvent être suspendus par le maire, mais le préfet seul a le droit de les révoquer (Loi 18 juill. 1837, art. 13).

2476. Ils sont salariés par la commune, et leur salaire est au nombre des dépenses obligatoires portées, chaque année, au budget communal (*Ibid.*, art. 30, 7°).

Sous le premier Empire, et dans les communes où leur salaire annuel était d'au moins cent quatre-vingts francs, ils devaient être choisis, de préférence, parmi les anciens militaires (Arrêté 25 fruct. an IX, art. 1er).

Aujourd'hui, la loi du 24 juillet 1873, concernant les emplois réservés aux anciens militaires, ne s'applique qu'aux sous-officiers de l'armée de terre ou de mer qui sont salariés par le gouvernement.

2477. Ces gardes prêtent serment devant le juge de paix du canton, et, désormais, cela s'entend seulement de leur serment professionnel (Loi 28 sept. et 6 oct. 1791, tit. I, sect. VII, art. 5. — Cass. 23 août 1831 et 10 juin 1843. — Décis. min. 14 sept. et 11 nov. 1843).

Le garde champêtre qui a prêté serment devant une autorité incompétente n'a pas la qualité d'officier de police judiciaire, et n'est pas, à ce titre, justiciable de la Cour d'appel pour les délits qu'il peut commettre dans l'exercice de son emploi (Rennes, 10 nov. 1846).

2478. Ces gardes sont décorés, dans leurs fonctions, d'une bandoulière avec une plaque portant le nom de la commune, et ils peuvent porter toute sorte d'armes dans l'exercice de leurs fonctions (Loi 28 sept. et 6 oct. 1791, tit. I, sect. VII, art. 4).

Cependant ils ne peuvent être armés de fusils (Circ. min. pol. 6 mai 1806.—Merlin, *Rép.*, v° *Armes*, I, 474);

Et il ne peut leur être délivré de permis de chasse (Loi 3 mai 1844, art. 7, 4°).

Ils font partie de la force armée, et sont, pour le maintien du bon ordre, à la disposition de l'autorité compétente (Cass. 15 oct. 1807);

Mais ils n'ont pas le droit de requérir directement la force publique (C. inst. 16);

Ni d'assister les vérificateurs des poids et mesures, et encore moins de verbaliser à leur place (Cass. 4 déc. 1835).

2479. Ils ne peuvent être poursuivis que par le ministère public, à raison des délits ou des fautes par eux commis dans l'exercice de leurs fonctions; ils ne peuvent être condamnés, à ce sujet, par les tribunaux de police saisis de la connaissance de leurs procès-verbaux (Cass. 4 oct. 1811 et 14 juin 1822);

Et, à raison de leur qualité d'officiers de police judiciaire, ils sont traduits, pour les délits qu'ils commettent dans l'exercice de leurs fonctions, devant la Cour du ressort, qui les juge sans appel (C. inst. 483).

Quand ils commettent un délit de chasse sur les terres confiées à leur surveillance, ils doivent être condamnés au maximum de la peine (Loi 3 mai 1844, art. 12, § 8).

2480. Dans les huit jours de leur installation, les gardes champêtres doivent se présenter devant l'officier ou le sous-officier de gendarmerie du canton où est située la commune à laquelle ils sont attachés. Cet officier ou sous-officier inscrit leur nom, leur âge, et leur domicile, sur un registre à ce destiné (Décr. 11 juin 1806, art. 1er, et 1er mars 1854, art. 624).

Car la gendarmerie peut, en cas de besoin, requérir les gardes champêtres pour travailler avec elle au rétablissement et au maintien de la tranquillité publique (Mêmes décrets, 1806, art. 3, et 1854, art. 626).

Elle peut transmettre aux maires, pour être remis aux gardes champêtres, le signalement des individus à arrêter, pour qu'ils puissent concourir à l'arrestation (Mêmes décr., 1806, art. 4, et 1854, art. 627).

2481. De leur côté, lés gardes champêtres sont tenus d'informer les maires, et ceux-ci la gendarmerie, de tous les délits commis sur leurs territoires respectifs (Mêmes décrets, 1806, art. 5, et 1854, art. 628).

Ils doivent prévenir les maires lorsqu'il s'établit dans leur commune des individus étrangers à la localité; et, dans les cas d'arrestation, ils ont droit aux gratifications qui sont accordées aux gendarmes (Décr. 11 juin 1806, art. 3 et 6).

2482. Ils sont placés spécialement sous la surveillance du ministère public, sans préjudice cependant de leur subordination à l'égard de leurs supérieurs dans l'administration (C. inst. 17).

Le procureur de l'arrondissement ne peut leur adresser ni injonction, ni avertissement, mais il les défère, s'il y a lieu, au procureur général (Cass. 10 juin 1824 et 29 fév. 1828).

De même, les juges de paix n'ont sur eux aucune supériorité hiérarchique qui les soumette à leur autorité (Arg. Cass. 14 déc. 1843).

2483. Les officiers et sous-officiers de gendarmerie s'assurent aussi, dans leurs tournées, si les gardes champêtres remplissent bien leurs fonctions, et ils en rendent compte au sous-préfet de l'arrondissement (Décr. 11 juin 1806, art. 2, et 1er mars 1854, art. 625).

Quand ceux-ci ont fait preuve de zèle et de bonne conduite, ils peuvent être appelés aux fonctions de gardes forestiers (Décr. 11 juin 1806, art. 7).

§ 2. — *Gardes particuliers.*

2484. Tout propriétaire a le droit d'avoir, pour ses domaines, un garde champêtre, qui est assimilé, pour ses droits et attributions, aux gardes champêtres communaux, quand il est commissionné, agréé par le sous-préfet, et assermenté devant le juge de paix du canton (Loi 20 mess. an III, art. 4. — C. pén. 3 brum. an IV, art. 40. — Cass. 20 sept. 1823).

L'agrément du conseil municipal n'est plus nécessaire; et le garde particulier, agréé par le sous-préfet et assermenté, a le caractère d'officier de police judiciaire (Cass. 8 avr. 1826).

Les fermiers ont aussi le droit de nommer, pour la conservation de leurs récoltes, un garde particulier (Cass. 27 brum. an XI).

2485. Ces divers gardes sont tout à la fois officiers de police judiciaire, et agents de l'autorité publique, dans le sens des art. 230 et 231 du Code pénal (Cass. 19 juin 1818 et 16 déc. 1841).

Mais il ne peuvent verbaliser que dans les limites des propriétés dont la garde leur est confiée (Cass. 4 mars 1828).

A la différence des gardes champêtres communaux, ils peuvent obtenir des permis de chasse ; mais ils sont justiciables de la Cour d'appel pour les délits de chasse par eux commis sur lesdites propriétés, même en y accompagnant d'autres chasseurs amis de leur maître (Cass. 9 mars 1838 et 5 août 1841).

2486. Pour les poursuites judiciaires à diriger contre ces gardes, voyez ce que nous avons dit ci-dessus, n° 2479, au sujet des gardes champêtres communaux (Cass. 16 fév. 1821 et 20 nov. 1840).

Ils sont, comme ceux-ci, sous la surveillance du procureur de l'arrondissement, et sont tenus d'obéir à ce qu'il leur prescrit dans l'intérêt de l'ordre public et de la conservation des propriétés.

§ 3. — *Procès-verbaux.*

2487. Les gardes champêtres doivent dresser procès-verbal à l'effet de constater la nature, les circonstances, le temps et le lieu des délits et des contraventions qui ont porté atteinte aux propriétés rurales, ainsi que les preuves et les indices qu'ils ont pu en recueillir ; mais ils ne peuvent verbaliser que dans le territoire pour lequel ils sont assermentés (C. inst. 16).

De même, les gardes particuliers ne peuvent constater valablement que les délits commis sur les terres confiées à leur garde. Par exemple, ils sont sans qualité pour constater des contraventions sur la police d'un cours d'eau, quand elles sont commises hors des propriétés de leurs commettants (Cass. 4 mars 1828).

2488. Les gardes champêtres ne peuvent, au surplus, faire aucun autre acte de police judiciaire, parce qu'ils ne sont établis officiers de police judiciaire que pour la recherche et la constatation de tous les délits ruraux et forestiers (Carnot, *Inst. crim.*, I, 132, n° 3).

Ils ne peuvent donc verbaliser pour contraventions étrangères à la police des propriétés rurales, et notamment pour constater :

Soit les contraventions à la loi du 18 novembre 1814 sur la célébration des dimanches et des fêtes (Cass. 13 févr. 1819 et 22 avril 1820) ;

Soit les bruits injurieux troublant la tranquillité publique (Cass 1er avr. 1854);

Soit les infractions à un règlement local de police urbaine (Cass. 7 mai 1840, 2 déc. 1848 et 12 avr. 1850);

Soit, enfin, un délit commis dans les bois de l'État (Cass. 13 janv. 1849).

2489. Mais ils doivent veiller à la conservation des plantations des routes (Décr. 16 déc. 1811, art. 106);

Et au colportage du tabac et des cartes à jouer (Loi 28 avril 1816, 2e part., art. 169 et 223).

Ils peuvent et doivent aussi constater les embarras, détériorations et usurpations existant dans les campagnes, sur des chemins publics ou communaux (Cass. 21 janv. 1808, 1er déc. 1827 et 24 avril 1829).

Ils sont même responsables du dommage, quand ils ont négligé de rapporter, dans les vingt-quatre heures, procès-verbal des délits (Lois 28 sept.-6 oct. 1791, tit. I, sect. VII, art. 7).

2490. Ils ne peuvent transiger sur les délits par eux constatés, ni percevoir sans jugement, même avec l'assentiment de l'autorité administrative, les amendes encourues; et le ministère public, pour s'assurer si tous ces délits sont poursuivis, doit s'entendre avec les receveurs de l'enregistrement à l'effet de comparer, le nombre de leurs procès-verbaux enregistrés, avec celui des jugements rendus (Circ. min. 15 déc. 1806. — Décis. min. 20 mars 1822).

2491. Quand ils ne rédigent pas eux-mêmes leurs procès-verbaux, ils doivent les faire rédiger par l'un des fonctionnaires désignés en l'art. 1er de la loi du 19-25 décembre 1790, et dans celle du 27 décembre 1790-5 janvier 1791, c'est-à-dire ou par le juge de paix, ou par son suppléant, ou par le maire, ou par l'adjoint, ou par le greffier de la justice de paix; autrement ces actes n'auraient aucune force en justice, s'ils étaient rédigés par toute autre personne sans qualité (Cass. 12 avril 1817. — Décis. min. 8 déc. 1819).

2492. Il n'est pas nécessaire, à peine de nullité, que les procès-verbaux des gardes champêtres énoncent la demeure du garde, ni la date de sa réception, ni les marques distinctives dont il était ou n'était pas revêtu, ni les limites du lieu du délit (Cass. 27 juin 1812 et 18 fév. 1820).

Quant aux autres énonciations, voyez ci-dessus, no 2254.

2493. Ils sont, du reste, soumis aux formalités ordinaires des procès-verbaux, notamment à l'affirmation et à l'enregistrement, comme nous l'avons dit aux n°ˢ 2259, 2275 et suivants (Loi 22 frim. an vii, art. 26).

En matière de chasse, ils font foi jusqu'à preuve contraire et sont soumis spécialement à l'affirmation (Loi 3 mai 1844, art. 22 et 24).

2494. Les gardes champêtres arrêtent et conduisent devant le juge de paix, ou devant le maire, tout individu surpris en flagrant délit, ou dénoncé par la clameur publique, lorsque le délit emporte la peine d'emprisonnement ou une peine plus grave (C. inst. 16, § 4).

Ils se font donner main-forte, s'il le faut, par le maire ou par l'adjoint du lieu du délit, lequel ne peut s'y refuser (*Ibid.*, § 5).

2495. Ces agents ont le droit de suivre les choses enlevées, dans les lieux où elles ont été transportées, et de les mettre en séquestre. Ils ne peuvent néanmoins s'introduire dans les maisons, ateliers, bâtiments, cours adjacentes et enclos, si ce n'est en présence, soit du juge de paix, soit de son suppléant, soit du commissaire de police, soit du maire du lieu, soit de son adjoint; et le procès-verbal, qui en est dressé, est signé par le magistrat en présence de qui il a été fait (C. inst. 16, § 3).

C'est un devoir, pour ces fonctionnaires, d'accompagner les gardes sur-le-champ, sous peine d'être destitués ou poursuivis. Il en serait autrement si ces gardes ne se trouvaient pas dans une des circonstances où la loi les autorise à faire des visites domiciliaires, auquel cas ils devraient, au contraire, refuser de se rendre à leur réquisition (Arrêté 4 niv. an v. — Legraverend, 1, 172).

Quoique l'arrêté du 4 nivôse an v ne parle que des gardes forestiers, il nous paraît, par les textes qu'il vise au n° 3, devoir s'appliquer aussi aux gardes champêtres.

2496. Les procès-verbaux des gardes champêtres, quand ils constatent de simples contraventions, sont remis par eux, dans les trois jours, au commissaire de police, ou, à son défaut, au maire de la commune chef-lieu du canton, ou bien au procureur de l'arrondissement, quand il s'agit d'un délit correctionnel (C. inst. 20. — Décis. min. 20 mars 1822).

Car, dans aucun cas, un garde champêtre n'a qualité pour faire citer à sa requête devant un tribunal répressif, et dans l'intérêt de la vindicte publique, un individu inculpé de contravention (Cass. 23 juill. 1807 et 15 déc. 1827).

2497. Les officiers de police ne peuvent refuser de recevoir les procès-verbaux qui leur sont remis, ni sur le motif du défaut ou de l'irrégularité de l'affirmation, ni sur le motif de l'incompétence du fonctionnaire rédacteur, car ces procès-verbaux peuvent toujours servir de renseignements (Ortolan, ii, 41).

Les procès-verbaux ainsi remis sont annotés sur un registre tenu dans chaque mairie, et coté et parafé par le maire ou l'un des adjoints (Loi 21 sept. 1790, art. 9).

2498. En cas d'irrégularité ou de nullité de leurs procès-verbaux, les gardes champêtres peuvent être appelés comme témoins, tant en appel qu'en première instance (Cass. 17 avril 1823).

Ils ont droit alors aux mêmes taxes que les témoins ordinaires (Décr. 7 avril 1813, art. 3, § 2).

Du reste, ils ne peuvent jamais être condamnés aux dépens des poursuites intentées sur leurs procès-verbaux (Cass. 26 juin 1812 et 14 juin 1822).

SECTION VII. — GARDES FORESTIERS.

SOMMAIRE.

§ 1er. — Gardes des bois de l'Etat.

2499. Nul ne peut exercer un emploi de garde forestier, s'il n'est âgé de vingt-cinq ans accomplis, et de moins de trente-cinq, et s'il ne sait lire et écrire (C. forest. 3. — Circ. min. 9 mars 1807. — Ord. 15 nov. 1832, art. 1).

Ces emplois sont incompatibles avec toutes autres fonctions, soit administratives, soit judiciaires (C. forest. 4).

Il en est de même des gardes cantonniers institués pour l'entretien et la réparation des routes forestières (Arrêté 14 déc. 1839).

Tous les gardes forestiers indistinctement sont officiers de police judiciaire (Cass. 5 avril 1841).

Ceux de l'État sont nommés par le directeur général de l'administration des forêts (Ord. 1er août 1827, art. 11).

2500. Ils ne peuvent entrer en fonctions qu'après avoir prêté serment devant le tribunal de première instance de leur résidence, et avoir fait enregistrer leur commission et prestation de serment au greffe des tribunaux dans le ressort desquels ils doivent exercer leurs fonctions (Loi 9 flor. an XI, art. 12.—C. forest. 4).

En cas de changement de résidence, en la même qualité, ils ne sont pas assujettis à un nouveau serment. Il leur suffit de faire enregistrer, au greffe du tribunal de leur nouvelle résidence, leur commission et l'acte du serment déjà prêté (Cass. 29 févr. 1825 et 10 sept. 1847).

2501. Ils sont autorisés à porter un fusil simple pour leur défense, quand ils font leurs visites et tournées dans les forêts, et ils font partie de la force armée (Loi 9 flor. an XI, art. 17 et 18.— Ord. 1er août 1827, art. 30, et 27 août 1831).

Ils sont tenus, en cette qualité, de prêter main-forte aux préposés des douanes (Décis. min. fin. 4 déc. 1808 et 20 sept. 1839).

Mais, à l'exception des gardes particuliers, ils ne peuvent obtenir de permis de chasse (Loi 3 mai 1844, art. 7, 4°).

Les brigadiers et les gardes généraux sont les chefs immédiats des gardes forestiers, qui leur doivent obéissance pour tous les objets du service (Instr. min. 20 sept. 1839).

§ 2. — *Gardes communaux.*

2502. Le nombre des gardes forestiers des communes et des établissements publics est fixé par le maire ou par les administrateurs de ces établissements, sauf l'approbation du préfet, et sur l'avis de l'administration forestière (C. forest. 94).

Ces gardes forestiers sont choisis, pour les communes, par le maire, sauf l'approbation du conseil municipal ; et, pour les établissements publics, par leurs administrateurs. Ces choix doivent être agréés par l'administration forestière, qui délivre aux gardes leur commission. En cas de dissentiment, c'est le préfet qui prononce (*Ibid.*, 95).

Il pourvoit aussi, sur la demande de l'administration forestière, au remplacement des gardes qui cessent leurs fonctions, lorsque les communes, ou les établissements publics, n'ont pas fait un choix dans le mois de la vacance de l'emploi (*Ibid.*, 96).

2503. Le salaire de ces gardes est réglé par le préfet, sur la proposition du conseil municipal, pour les gardes des communes, ou, sur celle des administrateurs, pour les gardes des établissements publics (C. forest., 98, § 2).

Ce salaire est à la charge de la commune ou de l'établissement propriétaire (*Ibid.*, 108).

2504. L'administration forestière peut suspendre de leurs fonctions les gardes des bois des communes et des établissements publics. S'il y a lieu à destitution, le préfet la prononce après avoir pris l'avis du conseil municipal, ou des administrateurs de l'établissement propriétaire, ainsi que celui de l'administration des forêts (C. forest. 98).

2505. Le ministère public exerce sur ces gardes une surveillance naturelle, commandée par leur qualité d'officiers de police judiciaire, et, en cas de négligence, il doit leur rappeler les devoirs que la loi leur impose (Circ. min. 22 fruct. an v).

Du reste, les gardes des bois des communes et des établissements publics sont, en tout, assimilés aux gardes des bois de l'État, et soumis à l'autorité des mêmes agents. Ils prêtent serment dans les mêmes formes, et leurs procès-verbaux font également foi en justice, pour constater les délits et contraventions commis même dans les bois autres que ceux dont la garde leur est confiée (C. forest. 99).

§ 3. — *Gardes particuliers.*

2506. Les propriétaires, qui veulent avoir des gardes particuliers pour la conservation de leurs bois, doivent les faire agréer par le sous-préfet de l'arrondissement, sauf le recours au préfet, en cas de refus, et leur faire prêter serment devant le tribunal de première instance (C. forest. 117. — Ord. 1er août 1827, art. 150).

Ces gardes peuvent être commissionnés par plusieurs propriétaires, et leur commission, sans être assujettie à aucune forme spéciale, doit être sur papier timbré et enregistrée (Loi 21 frim. an vii, art. 11, et art. 68, § 1, no 51).

L'agrément du conseil municipal n'est nullement nécessaire pour la régularité de leur nomination (Cass. 8 avril 1826).

Enfin, ils ne peuvent pas être regardés comme des domestiques pour les vols de bois qu'ils pourraient commettre au préjudice de celui qui les a nommés (Cass. 3 août 1833).

2507. Après l'accomplissement des formalités requises, ces gardes sont officiers de police judiciaire aussi bien que les gardes forestiers institués par l'administration des forêts; ils sont placés également sous la surveillance du procureur de l'arrondissement (Cass. 3 août 1833 et 9 mars 1838).

Et ils ne sont justiciables, à ce titre, que de la Cour d'appel, pour les délits qu'ils commettent dans l'exercice de leurs fonctions (Cass. 19 juill. 1822 et 9 mars 1838).

Ce que nous avons dit plus haut, aux nos 2477 et suivants, et 2495, des obligations personnelles des gardes champêtres, s'applique à tous les gardes forestiers indistinctement (Cass. 20 sept. 1823).

Ainsi, les gardes des particuliers ont le droit de suivre les bois en délit, et de faire, dans les maisons, les perquisitions et les saisies nécessaires (Cass. 18 déc. 1845).

§ 4. — *Procès-verbaux.*

2508. Les gardes forestiers, considérés comme officiers de police judiciaire, sont chargés des mêmes fonctions que les gardes champêtres, dont nous avons parlé ci-dessus; nos 2487 et suivants (Cass. instr. 16).

Considérés comme agents de l'administration des forêts, ils sont chargés de constater, par des procès-verbaux, les délits forestiers commis dans l'arrondissement du tribunal près duquel ils sont assermentés (C. forest. 160).

2509. Ils sont aptes à faire tous actes et exploits pour raison d'eaux et forêts, et même à rapporter, s'il y échet, des procès-verbaux de carence, encore bien qu'il leur soit défendu de procéder aux saisies et exécutions (Avis cons. d'État, 16 mai 1807. — C. forest. 173).

Et ils sont, tout à la fois, responsables des délits qu'ils n'ont pas constatés, et passsibles des amendes et indemnités encourues pour ces délits (C. forest. 6);

Mais alors ils ne jouissent pas du bénéfice d'une juridiction spéciale, comme nous l'avons dit au tome 1, no 2092 (Cass. 7 août 1834 et 21 sept. 1837).

2510. Le garde forestier, qui reçoit de l'argent pour ne pas rapporter procès-verbal d'un délit qu'il a reconnu avoir été commis sur le territoire pour lequel il est assermenté, est coupable de prévarication (Cass. 6 vend. an x).

Il en serait de même d'un garde champêtre; et le propriétaire lésé aurait formellement consenti à cet arrangement, que les gardes prévaricateurs ne seraient pas excusables pour cela (Cass. 5 mai 1837).

2511. Les gardes arrêtent et conduisent devant le juge de paix, ou devant le maire, tout individu surpris par eux en flagrant délit (C. forest. 163).

Si l'individu arrêté se fait connaître, et s'il est domicilié, le magistrat devant lequel il est conduit peut ordonner sa mise en liberté, après qu'il a été rapporté procès-verbal du délit. S'il ne peut justifier, ni d'un domicile certain, ni de moyens d'existence, il doit être considéré comme vagabond et sans aveu, et remis, à ce titre, à la disposition du procureur de l'arrondissement (Dalloz aîné, v° Forêts, VIII, 781).

Les gardes ont le droit de requérir *directement* la force publique, tant pour les aider dans cette arrestation que pour parvenir à la répression des délits et contraventions en matière forestière, ainsi que pour la recherche et la saisie des bois coupés en délit, ou vendus, ou achetés en fraude (C. forest. 164).

2512. Ils sont également autorisés à saisir les bestiaux trouvés en délit, et les instruments, voitures et attelages des délinquants, et à les mettre en séquestre.

Ils suivent les objets enlevés par les délinquants jusque dans les lieux où ils ont été transportés, et les mettent également en séquestre (*Ibid.* 161, § 1).

2513. Ils ne peuvent, néanmoins, s'introduire dans les maisons, bâtiments, cours adjacentes et enclos, si ce n'est en présence, soit du juge de paix ou de son suppléant, soit du maire du lieu ou de son adjoint, soit du commissaire de police (*Ibid.*, 161, § 2).

Ces fonctionnaires ne peuvent se refuser à accompagner sur-le-champ les gardes, lorsqu'ils en sont requis par eux, pour assister à des perquisitions (*Ibid.*, 162, § 1).

2514. Dans le cas où ces fonctionnaires refusent, sans motif légitime, et après en avoir été régulièrement et légalement requis, c'est-à-dire dans les circonstances prévues par la loi, d'accompagner les gardes dans leurs visites et perquisitions, les gardes sont tenus de rédiger procès-verbal du refus, et de l'adresser sur-le-champ à l'agent forestier supérieur, qui en rend compte au procureur de l'arrondissement (Ord. 1er août 1827, art. 182).

Ces fonctionnaires sont tenus, en outre, de signer le procès-verbal du séquestre ou de la perquisition faite en leur présence, sauf au garde, en cas de refus de leur part, à en faire mention au procès-verbal (C. forest. 162).

Cependant, les procès-verbaux des gardes forestiers, s'ils sont réguliers d'ailleurs, ne sont pas nuls, quand bien même ils ne seraient pas signés par l'officier municipal qui a dû les assister dans leurs opérations (Cass. 5 mars 1807).

2515. Les gardes forestiers sont tenus de rédiger et d'écrire eux-mêmes leurs procès-verbaux (C. forest. 165).

Mais, s'ils en sont empêchés par un motif quelconque, ils peuvent recourir, pour cette rédaction, à toute personne investie de leur confiance, revêtue ou non d'un caractère public (Cass. 8 juin 1829).

2516. Les gardes et agents forestiers dressent, jour par jour, les procès-verbaux des délits qu'ils ont reconnus (Ord. 1er août 1827, art. 181);

C'est-à-dire dans les vingt-quatre heures, à partir du moment où ces délits sont parvenus à leur connaissance (Cass. 21 avril 1827).

Toutefois, il n'est pas absolument nécessaire que les procès-verbaux soient dressés avant la fin du jour où ont été reconnus les délits qu'ils ont pour objet de constater : il suffit qu'ils le soient dans les vingt-quatre heures (Cass. 15 frim. an XIV) ;

Et même, la loi ne fixe aucun délai pour la rédaction des procès-verbaux, et ils ne sont pas frappés de nullité pour avoir été tardivement rédigés (Cass. 11 janv. 1850).

2517. Dans tous les cas, il est indispensable, sous peine de nullité, que le procès-verbal soit signé par le garde rapporteur (C. forest. 165).

Mais la signature d'un surnom, si elle est ordinaire et habituelle, suffit (Arg. Cass. 30 janv. 1824).

2518. Les procès-verbaux des gardes forestiers sont soumis à l'affirmation comme ceux des gardes champêtres (C. forest. 165).

Ceux des agents supérieurs, des gardes généraux et des gardes à cheval, en sont exempts (*Ibid.*, 166).

Et, lorsqu'un procès-verbal est dressé par un agent supérieur de l'administration forestière, le garde forestier, qui l'assiste et qui signe avec lui, n'est pas tenu d'affirmer en justice sa déclaration personnelle (Cass. 29 oct. 1824).

Si le procès-verbal affirmé est seulement signé par le garde, mais non écrit en entier de sa main, l'officier public, qui en reçoit l'affirmation, doit lui en donner préalablement lecture, et faire ensuite mention de cette formalité, le tout sous peine de nullité du procès-verbal (C. forest. 165, § 2).

Les procès-verbaux en matière forestière doivent tous, à peine de nullité, être enregistrés dans les quatre jours de leur affirmation, ou de leur clôture, s'ils sont exempts d'affirmation (*Ibid.*, 170, § 1er).

2519. Quand ces procès-verbaux sont revêtus de toutes les formalités prescrites, et signés de deux agents ou gardes, ils font foi jusqu'à inscription de faux (*Ibid.*, 176).

Il en est de même quand ils ne seraient signés que par un seul agent ou garde, lorsque le délit ou la contravention n'entraîne pas une condamnation de plus de 100 fr. (*Ibid.*, 177).

Autrement, ces procès-verbaux, comme ceux des gardes des particuliers, ne font jamais foi que jusqu'à preuve contraire (*Ibid.*, 178 et 188).

Nous avons déjà fait ces distinctions aux nos 2284 et 2286, en parlant des procès-verbaux en général.

2520. Ainsi, les délinquants, qui ne s'inscrivent pas en faux, ne sont jamais recevables à prouver, par témoins, l'*alibi* des gardes à l'époque indiquée dans un procès-verbal régulier et faisant pleine foi en justice (Cass. 10 avril 1807).

Mais l'art. 176 du Code forestier, qui défend d'admettre aucune preuve testimoniale outre ou contre le contenu au procès-verbal, ne doit s'entendre que des faits matériels qui constituent le délit, et non pas des circonstances accessoires qui n'ont pour effet que de modifier la peine applicable à ce délit (Cass. 3 janv. 1839).

Du reste, en cas d'irrégularité ou de nullité des procès-verbaux des gardes forestiers, ces agents peuvent toujours être appelés en témoignage (Cass. 9 mai 1807).

Voyez, au surplus, ce que nous avons dit sur ces matières aux nos 2290 et 2498.

2521. Le procès-verbal affirmé est remis dans les trois jours, au conservateur, inspecteur ou sous-inspecteur forestier, qui le fait enregistrer, s'il ne l'a déjà été, et qui fait citer les prévenus et les personnes civilement responsables devant le tribunal correctionnel, sans préjudice du droit qui appartient au ministère public (C. inst. 18, 19 et 182. — C. forest. 159, § 3).

A cet effet, l'officier qui reçoit l'affirmation est tenu d'en donner avis, dans la huitaine, au procureur de l'arrondissement, afin que ce magistrat puisse saisir lui-même le tribunal correctionnel, s'il y a lieu, et s'il le juge à propos ; et afin que les agents ou préposés ne se désistent pas eux-mêmes de l'affaire, ou ne transigent pas, sans autorisation, avec les contrevenants. (Loi 15-29 sept. 1791, tit. IX, art. 19. — C. inst. 18, § 2).

2522. Car, dans aucun cas, il ne peut être passé de transaction sur les délits constatés par les gardes champêtres et forestiers, et l'amende encourue pour les délits ruraux doit être prononcée par jugement. Pour empêcher ces transactions et la perception illégale ou arbitraire de ces amendes, aussi bien que pour assurer la rentrée au Trésor des droits d'enregistrement des procès-verbaux qui sont revêtus de cette formalité en *débet,* les magistrats du parquet doivent s'entendre avec les receveurs de l'enregistrement, à l'effet de comparer le nombre des procès-verbaux enregistrés avec le nombre de jugements rendus sur ces procès-verbaux, comme on l'a vu au n° 2490, pour les gardes champêtres. Cette vérification simple et facile mettra à portée de connaître ceux auxquels on aurait négligé de donner suite, et de poursuivre, comme prévaricateurs, les gardes et autres fonctionnaires publics qui auraient négligé de remettre leurs procès-verbaux à qui de droit, et qui auraient pris des arrangements avec les délinquants (Circ. min. 15 déc. 1806).

2523. Les gardes forestiers ont qualité pour constater les délits de chasse commis dans les bois soumis au régime forestier (Cass. 7 sept. 1849).

Dans ce cas, leurs procès-verbaux font foi jusqu'à preuve contraire, mais à la charge d'être affirmés dans les vingt-quatre heures (Loi 3 mai 1844, art. 22 et 24).

Les délits de chasse par eux commis dans l'exercice de leurs fonctions, c'est-à-dire dans les bois confiés à leur garde, peuvent être poursuivis devant la Cour d'appel, qui est seule compétente pour les juger (Cass. 5 mars 1846 et 2 mars 1854).

Mais, hors de ces bois, ils ne sont plus fonctionnaires publics et peuvent être poursuivis devant les tribunaux ordinaires, pour les délits de chasse commis en plaine, ou hors forêt (Cass. 8 août 1846).

Toutefois, le maximum de la peine doit, même alors, être prononcé contre eux, car c'est à leur qualité de garde que cette peine est attachée, qu'ils soient ou qu'ils ne soient pas en fonctions (Loi 3 mai 1844, art. 12, dern. §. — Cass. 4 oct. 1844).

2524. Remarquons, en terminant, que les délits et contraventions concernant les arbres soumis au martelage pour le service de la marine sont constatés dans tous les bois, non-seulement par les agents et gardes forestiers, mais encore par les maîtres, contre-maîtres et aides-contre-maîtres assermentés de la marine, dont les procès-verbaux, en cette matière, font foi en justice, comme ceux des gardes forestiers, pourvu qu'ils soient dressés et affirmés dans les mêmes formes et les mêmes délais (C. forest. 134. — Loi 9 flor. an XI, art. 7 et suiv. — Circ. min. 11 janv. 1806).

TITRE TROISIEME.

Affaires en instruction.

CHAPITRE PREMIER. — POURSUITES.

SECTION PREMIÈRE. — DIRECTION.

2525. Le ministère public peut, comme nous l'avons vu aux n°s 2320 et suivants, porter l'action publique *directement* devant les tribunaux correctionnels, ou bien saisir *au préalable* le juge d'instruction, et le requérir d'informer (C. inst. 47 et 182).

Il peut choisir cette dernière voie, même pour les délits spéciaux constatés par des procès-verbaux émanant d'officiers publics compétents, notamment pour les contraventions aux lois et règlements sur le transport des lettres (Cass. 24 avril 1828).

2526. Il est déterminé, dans ce choix, par les circonstances de l'affaire, et surtout par la nécessité de mettre l'inculpé en état de détention préventive. Mais il ne doit requérir une instruction préalable qu'avec la plus grande réserve, et seulement dans les affaires qui, par leur nature, exigent impérieusement que cette mesure soit adoptée ; car il faut toujours éviter aux inculpés des arrestations préjudiciables qui ne seraient pas nécessaires, et au Trésor public des frais inutiles (Circ. min. 20 nov. 1829 et 16 août 1842).

Lors même que les auteurs d'un crime n'ont pas été indiqués, il est bon de faire constater les faits par une information à la suite de laquelle ils peuvent être découverts, et l'on procède alors contre eux par contumace.

De même, le défaut de témoins, actuellement connus, ne dispense pas le ministère public de requérir une information sur les crimes qui lui sont dénoncés (Décis. min. 7 fév. 1828).

2527. Toutefois, si le ministère public juge qu'il n'y a pas lieu de poursuivre, il peut s'abstenir, sous sa responsabilité personnelle, de toute réquisition, sauf le recours du juge d'instruction et de la partie plaignante vers le procureur général ou vers le ministre de la justice, et les peines disciplinaires dont nous avons parlé au tome. I, nᵒ 1875.

Mais le juge d'instruction ne peut faire aucun acte de poursuite, sans en avoir été requis ; et, d'un autre côté, dès qu'il a été saisi, il demeure seul maître de la direction de la procédure et du choix des moyens pour parvenir à la vérité (Cass. 31 mars 1831).

2528. Le ministère public doit aussi pourvoir à l'envoi, à la notification et à l'exécution des citations, mandats, ou ordonnances, rendus ou décernés par le juge d'instruction (C. inst. 28).

Cet article est général ; il comprend même les mandats délivrés hors les cas de flagrant délit, sans conclusions préalables, et en l'absence du ministère public (Cass. 29 avril 1826).

Il comprend aussi toutes les ordonnances du juge, même les commissions rogatoires, qui sont de véritables ordonnances de délégation ; et qui, par conséquent, doivent être transmises par le ministère public, comme nous le verrons au chapitre des *Informations*.

Il suit de ce qui précède que le juge d'instruction n'a pas qualité pour ordonner lui-même, et sans le concours du ministère public, l'exécution de ses actes ; il doit se borner à les transmettre au parquet (Carnot, *Instr. crim.* I, 112).

Aussi a-t-il été jugé qu'un juge d'instruction ne peut ordonner à un huissier d'exécuter une ordonnance émanée de lui, cette exécution appartenant au ministère public seul (Cass. 8 mai 1807).

SECTION II. — RÉQUISITOIRE INTRODUCTIF.

SOMMAIRE.

2529. Quand le ministère public juge utile de soumettre une plainte qu'il a reçue à une information préalable, il requiert, *par écrit*, le juge d'instruction d'informer (C. inst. 47).

Le réquisitoire qu'il donne à cet effet doit, en général, viser la plainte, articuler le fait incriminé, lui donner sa qualification légale, et rappeler la loi qui le punit.

Voyez un modèle de ce réquisitoire à l'Appendice, nᵒ 31.

Nous l'appelons *introductif*, parce que c'est le premier acte de la procédure et en quelque sorte l'introduction de l'instance, les actes antérieurs n'étant que des préliminaires, qui ne servent de base aux poursuites que tout autant que ces poursuites sont intentées.

2530. Autrefois, en matière de délits commis par la voie de la presse, ou par tout autre moyen de publication, le réquisitoire devait spécialement articuler et qualifier les provocations, attaques, offenses, outrages, faits diffamatoires ou injures, à raison desquels l'action était intentée, et ce, à peine de nullité de la poursuite (Loi 26 mai 1819, art. 6. — Circ. Rennes, 17 nov. 1819).

Quand il s'agissait surtout de crimes contre la sûreté intérieure de l'État, il fallait que le réquisitoire introductif présentât avec précision la qualification du fait, et indiquât le but particulier que s'était proposé l'inculpé, et les ramifications du complot ou de l'attentat (Circ. Rennes, 5 juill. 1834, 6°).

Il n'est plus nécessaire aujourd'hui, dans les poursuites pour délits de presse, d'articuler et de qualifier les faits, *à peine de nullité*, dans les réquisitoires ou les citations (Lois 27 juill. 1849, art. 16, et 15 avril 1871, art. 1er).

2531. Ce réquisitoire saisit irrévocablement le juge d'instruction, qui ne peut plus être dessaisi que par une ordonnance de non-lieu, émanée de lui-même, ou par un arrêt d'évocation ou de cessation de poursuites, rendu par la chambre d'accusation.

Le juge d'instruction ne peut refuser d'informer sur les réquisitions du ministère public.

De plus, lorsque le ministère public a saisi le juge d'instruction, celui-ci ne peut être dessaisi par la citation que le parquet ou la partie civile donnerait directement au prévenu, avant qu'il eût statué sur la compétence ; et le jugement qu'un tribunal correctionnel rendrait sur cette citation irrégulière devrait être annulé (Cass. 18 juin 1812 et 7 juin 1821. — Décis. min. 27 mai 1829).

Ainsi, une fois le juge d'instruction saisi, le procureur général ne pourrait pas, même sous prétexte d'incompétence, arrêter le cours de l'instruction, pour procéder plus régulièrement devant une autre juridiction (Nancy, 4 déc. 1847).

2532. Le premier acte du juge d'instruction, quand il croit devoir obtempérer au réquisitoire, est une ordonnance de *soit informé*, que semblent exiger les termes de l'art. 47 du Code d'instruction criminelle. Cependant, la plupart des juges d'instruction la négligent dans la pratique, parce qu'ils regardent les actes de la procédure comme y suppléant implicitement. Du reste, cette ordonnance n'aurait pas besoin d'être enregistrée, ni signifiée.

2533. S'il est nécessaire que le juge d'instruction se transporte sur les lieux, il peut en être requis par le même acte introductif, et il rend une ordonnance de transport, laquelle est remise au ministère public pour en assurer l'exécution (C. inst. 28).

Quelques auteurs regardent cette ordonnance comme inutile. Nous croyons que c'est une erreur : elle est commandée par le besoin de réclamer l'intervention du ministère public, pour faire les réquisitions nécessaires tant aux experts, s'il y a lieu, qu'aux huissiers ou aux agents de la force publique, qui doivent assister les magistrats.

Remarquez que toutes les fois que le juge d'instruction se transporte sur les lieux, hors les cas de flagrant délit, il doit être accompagné du ministère public. Il ne pourrait procéder seul (C. inst. 63).

Il en serait autrement en cas de flagrant délit, comme nous l'avons vu aux nᵒˢ 2332 et 2403.

2534. Quelquefois, après que le juge d'instruction a été saisi, à raison d'un délit déterminé, on découvre que l'inculpé en a commis postérieurement un autre plus ou moins grave. Le ministère public doit requérir qu'il soit informé à raison de ce nouveau délit, lors même qu'il serait moins grave que le premier ; car il serait dangereux que les malfaiteurs pussent croire que lorsqu'ils ont mérité une peine sévère, ils peuvent impunément commettre d'autres délits qui n'auraient pas le même caractère de gravité; mais il convient que cette seconde instruction se fasse le plus économiquement possible, et que les juges de paix soient délégués pour procéder à une information sommaire. Si, d'après l'instruction, ces délits sont de nature à n'être punis que correctionnellement, le ministère public conclut à leur égard, comme il le juge convenable. Si, au contraire, les nouveaux faits constituent des crimes, ils sont compris avec les autres dans la même ordonnance de prise de corps (Décis. Rennes, 19 mars 1813 et 3 mai 1825).

Et alors, toutes les poursuites peuvent être réunies dans la même procédure, à moins qu'il n'y ait différents complices pour chaque fait, auquel cas on a besoin d'un dossier séparé pour chaque affaire.

Dans tous les cas, le juge d'instruction a d'abord à examiner sa propre compétence, qui va faire l'objet de la section suivante.

SECTION III. — COMPÉTENCE.

2535. Sont également compétents pour recevoir les plaintes, et pour informer à raison d'un crime ou d'un délit : 1° le juge d'instruction du lieu où le fait a été commis ; 2° celui de la résidence de l'inculpé, et 3° celui du lieu où il peut être trouvé (C. inst. 63).

Le lieu où un cadavre homicidé a été trouvé est réputé le lieu du délit, jusqu'à preuve contraire (Cass. 20 flor. an XIII).

De même, le juge du lieu où il a été fait usage d'une pièce fausse, et le juge du lieu où elle a été fabriquée, sont tous deux, quant à la compétence et concurremment, les juges du lieu du délit (Cass. 1er pluv. an IX).

2536. Du reste, un juge d'instruction est compétent pour connaître d'une prévention, lorsque le fait a été commis, et le prévenu arrêté, dans un lieu soumis à sa juridiction. Il n'a aucune qualité pour renvoyer l'affaire devant un tribunal étranger à son arrondissement (Cass. 29 mars 1838).

Particulièrement, les vagabonds, étant nécessairement justiciables du tribunal du lieu où ils ont été arrêtés, ne peuvent être renvoyés devant celui du lieu de leur naissance (Décis. min. 27 sept. 1832).

2537. Si le juge d'instruction qui a reçu une plainte est incompétent, il est tenu de la transmettre au magistrat qui doit en connaître (C. inst. 69).

Lorsque le ministère public et le juge d'instruction s'aperçoivent, après les premiers actes de la procédure, qu'ils ne sont pas compétents pour la poursuite d'un délit, ils peuvent toujours, le premier requérir, et le second ordonner le renvoi de l'affaire devant le juge du lieu du délit (Décis. Rennes, 7 fév. 1812).

2538. En cas de poursuites faites simultanément, à raison du même fait, dans plusieurs tribunaux, l'instruction doit rester au magistrat qui a le premier lancé le mandat d'amener (Cass. 9 avril 1812).

Et, si les mandats décernés portent la même date, l'instruction appartient au magistrat du lieu du délit, d'après les indications de l'art. 78 du Code du 3 brumaire an IV (Carnot, *Inst. crim.*, I, 205, nᵒ 2).

Enfin, s'il y a seulement concurrrence entre les magistrats de la résidence habituelle de l'inculpé, et ceux de sa résidence momentanée, les premiers doivent avoir la préférence (Bourguignon, *Manuel d'instr. crim., notes sur l'art.* 23).

2539. En un mot, le juge de la résidence de l'inculpé doit être préféré à celui du lieu où il a été trouvé, et celui du lieu du délit aux deux autres (Cass. 7 janv. 1830. — Ortolan, II, 77).

En effet, l'antériorité des mandats n'est un motif de préférence qu'autant qu'il n'existe pas de raison spéciale pour attribuer les suites de l'affaire aux juges postérieurement saisis (Cass. 12 août 1841).

Il y a d'ailleurs utilité à réunir, dans les mains des magistrats déjà saisis de poursuites antérieures, toutes les plaintes portées contre le même individu (Cass. 11 niv. an IX).

2540. Quant à ce qu'il faut entendre par le lieu où l'inculpé peut être trouvé, il faut qu'il y ait été saisi, mais non pas qu'il y ait seulement passé, ou qu'il y soit fortuitement détenu pour un autre délit (Carnot, *Instr. crim.*, I, 206).

Cette opinion, que nous avions combattue, a été consacrée depuis par deux arrêts de la Cour suprême.

Ainsi, la circonstance qu'un inculpé était déjà détenu dans un arrondissement, lorsque des faits commis dans un autre ont été révélés à la justice, ou qu'il a été transféré dans un autre arrondissement que celui de son domicile et du lieu du délit, ne donne pas compétence au tribunal du lieu de la détention (Cass. 29 mai 1847 et 18 janv. 1851).

2541. Lorsque deux juges d'instruction sont simultanément saisis de la même plainte, celui des deux à qui, d'après les règles ci-dessus, la préférence ne doit pas être accordée, peut, sur les conclusions du ministère public, ordonner le renvoi des pièces au tribunal qui doit en connaître.

2542. D'un autre côté, le magistrat du ministère public qui reçoit avis d'un crime ou d'un délit commis hors de son arrondissement, par un individu qui n'y est pas domicilié, et qui ne s'y trouve point, n'a rien autre chose à faire que d'en informer le parquet compétent (C. inst. 69).

Il en est de même pour tous les faits qui lui sont dénoncés, et qui ne sont pas de la compétence des tribunaux ordinaires. Il peut néanmoins recueillir, dans ces deux cas, les premières informations, et les transmettre à qui de droit.

2543. Hors le cas de flagrant délit, le juge d'instruction, compétent pour connaître de la plainte qu'il a reçue, se borne à la communiquer au ministère public, pour être requis par lui ce qui sera vu appartenir (C. inst. 70).

Car il ne peut connaître d'aucune affaire criminelle, ni faire aucun acte d'instruction, que sur la réquisition ou la poursuite de ce magistrat, qui a seul qualité pour le saisir (Circ. min. 29 flor. an IX, 29°).

SECTION IV. — PERQUISITIONS.

SOMMAIRE.

2544. Transport.	2547. Extension désirable.	2549. Renvoi.
2545. Délégations.	2548. Commissions roga-	2550. Expertises.
2546. Restrictions.	toires.	2551. Désignation.

2544. Même hors les cas de flagrant délit, le juge d'instruction se transporte, s'il en est requis par le ministère public, et peut aussi se transporter, d'office, dans le domicile de l'inculpé, pour y rechercher les objets utiles à la manifestation de la vérité, et pouvant servir de pièces de conviction (C. inst. 87).

Il peut pareillement se transporter dans les autres lieux où il présumerait qu'on aurait caché ces objets, et c'est un devoir pour lui de se conformer, à cet égard, aux réquisitions du ministère public (*Ibid.*, 88).

Remarquez que le droit de faire ces visites et ces recherches n'est conféré qu'au juge d'instruction, et non pas au ministère public, si ce n'est en cas de flagrant délit.

Il faut, dans ces visites, prendre les précautions et suivre les règles indiquées ci-dessus, n°s 2363 et suivants.

2545. Le juge d'instruction peut, quand la perquisition doit être faite dans son arrondissement, et lors même que ce serait dans le lieu de sa résidence, commettre un officier de police judiciaire, pour le suppléer dans l'accomplissement de cette mesure (Cass. 6 mars 1841).

Car la délégation est de droit commun, toutes les fois que la loi ne la défend pas formellement (Dalloz, *Instr. crim.*, n° 26).

Mais, dans ces circonstances, le ministère public n'est pas tenu d'accompagner les délégués du juge d'instruction, quoiqu'il doive toujours suivre et assister ce magistrat, quand il se déplace lui-même, comme nous l'avons dit au n° 2533, § 3 (C. inst. 62).

2546. Si la perquisition doit avoir lieu hors de son arrondissement, le juge d'instruction commet son collègue du lieu où elle doit être faite, et non pas les officiers de police judiciaire subordonnés à ce magistrat, qui a seul le droit de les déléguer (C. inst. 90).

Car un juge d'instruction n'a d'attribution que dans son arrondissement, et ne peut procéder au delà qu'en matière de fausse monnaie et autres semblables, comme nous l'avons dit ci-dessus, n° 2246 (*Ibid.*, 464).

2547. Nous ne pouvons nous empêcher de remarquer qu'il y a souvent des inconvénients à ce que cette prorogation de pouvoirs ne soit pas étendue au moins aux arrondissements limitrophes, pour les crimes capitaux. La poursuite et la recherche des coupables deviennent bien difficiles, quand le crime est commis à l'extrême limite d'un arrondissement. Il n'y a qu'un pas à faire pour vaquer à des opérations urgentes et indispensables; mais il faudrait franchir cette limite, et les magistrats s'arrêtent devant l'impossibilité d'aller plus loin. A la vérité, ces opérations sont faites ultérieurement, en vertu de délégations ou de commissions rogatoires, mais presque toujours trop tard et, par conséquent, sans résultat.

2548. Ainsi, le juge d'instruction peut déléguer, soit un de ses collègues, quand il s'agit d'opérer hors de son arrondissement, soit, dans le cas contraire, un officier de police auxiliaire, pour les visites domiciliaires, les auditions des témoins et autres actes, à l'exception des mandats judiciaires ou d'exécution qu'il a seul le droit de décerner (Legraverend, I, 296. — Circ. min. 29 flor. an IX, 14°).

Lorsque des actes d'instruction faits en vertu de ces délégations sont entachés de nullité, le juge a le droit de les refaire, soit par lui-même, soit par une délégation nouvelle; mais il ne peut en prononcer la nullité : ce droit n'appartient qu'à la chambre d'accusation (Cass. 27 août 1818).

2549. Nous croyons devoir renvoyer au chapitre III, ci-après, tout ce qui concerne la forme, l'envoi et l'exécution des commissions rogatoires. Nous dirons seulement ici que, dans tous les cas, les commissions rogatoires doivent expliquer clairement leur objet, et indiquer, surtout quand elles sont adressées à d'autres qu'à des officiers de police judiciaire, de quelle manière elles doivent être remplies, et nous ajouterons que l'instruction des affaires criminelles doit toujours être prompte, complète, secrète, et constatée par écrit, c'est-à-dire que le juge qui la dirige doit rapporter procès-verbal de chacune de ses opérations.

2550. Si, dans le cours d'une procédure criminelle, le juge d'instruction trouve utile de faire procéder à une expertise médicale ou autre, il rend une ordonnance, dont le ministère public assure l'exécution par les réquisitions nécessaires. Mais auquel de ces deux magistrats appartient-il de désigner les experts?

Cette question, que nous n'avons trouvée résolue nulle part, doit être décidée, ce nous semble, en faveur du juge, qui, dans tout le cours de l'information, prononce sur les conclusions du ministère public. Seulement, nous reconnaissons à ce dernier le droit d'indiquer, dans son réquisitoire, quand c'est lui qui a requis l'expertise, les experts qui lui paraissent devoir être préférés, sans que le juge soit tenu de suivre cette indication.

2551. L'inculpé n'est pas appelé à cet acte de la procédure, qui se fait sans son concours. Cependant de bons esprits ont pensé que, surtout en cas de dissentiment entre les magistrats sur le choix des experts, l'inculpé devrait en nommer un, le ministère public un autre, et le juge d'instruction le troisième.

Du reste, quand le juge d'instruction désigne seul les experts, s'il pouvait résulter des inconvénients graves du choix fait par le juge, le ministère public pourrait et devrait même appeler de son ordonnance devant la chambre d'accusation, en faisant connaître ses motifs.

Pour les détails des opérations des experts, voyez ci-dessus, n° 2341, et, pour leurs vacations, au tome suivant, chapitre des *Frais de justice criminelle.*

CHAPITRE II. — MANDATS JUDICIAIRES.

SECTION PREMIÈRE. — RÈGLES GÉNÉRALES.

SOMMAIRE.

2552. Le juge d'instruction saisi par le réquisitoire du ministère public, après avoir reconnu et déclaré sa compétence par une ordonnance de *soit informé*, dont nous avons parlé au n° 2532, décerne d'abord contre les inculpés un mandat d'exécution.

Quelquefois il commence par appeler et entendre des témoins, pour savoir quel mandat il devra décerner, d'après le caractère que les renseignements recueillis donneront à l'inculpation; mais cette marche nous semble, en général, vicieuse et offrir des inconvénients, 1° en ce qu'elle donne aux inculpés le temps de disparaître; 2° en ce qu'il pourrait arriver qu'avouant leur faute, ou détruisant les charges par un simple interrogatoire, l'audition des témoins devînt inutile. On comprend, du reste, que la détermination à prendre sur ce point est entièrement abandonnée à la sagesse du magistrat instructeur, et qu'elle dépend des circonstances.

2553. On distingue quatre sortes de mandats judiciaires ou d'exécution, savoir :

Le mandat de comparution;

Le mandat d'amener;

Le mandat de dépôt;

Et le mandat d'arrêt.

Ces mandats sont exclusivement affectés aux délits correctionnels et aux crimes. Il ne peut en être fait usage pour les contraventions de simple police (Duverger, II, 394).

Ils rentrent, en général, dans les attributions du juge d'instruction, sauf dans quelques circonstances exceptionnelles que la loi a pris soin de déterminer (C. inst. 34, 40, 49, 100, 235, 269, 490, 498, etc.).

Les mandats transmis à nos agents diplomatiques pour être exécutés à l'étranger doivent être signés lisiblement, ou porter en tête d'une manière apparente le nom du magistrat qui les a décernés. (Circ. min. 30 juill. 1872).

2554. Tous ces mandats doivent être datés, signés par celui qui les a délivrés, et revêtus du sceau de ses fonctions (C. inst. 95, § 1. — Legraverend, I, 334).

Il faut, de plus, que le mandat d'arrêt indique le fait incriminé et la loi qui le punit (C. inst. 96).

Ces formalités sont substantielles; de sorte que leur omission entraînerait la nullité de ces actes, bien qu'elle ne soit pas prononcée par la loi, ou en empêcherait l'exécution (Cass. 5 sept. 1817).

2555. Leur inobservation est, en outre, punie d'une amende de 50 fr. contre le greffier, et, s'il y a lieu, d'injonction au juge d'instruction et au ministère public, même de prise à partie, s'il y échet (C. inst. 112).

Néanmoins, le greffier n'encourt qu'une responsabilité morale et n'est passible d'aucune peine, lorsque le juge d'instruction a écrit lui-même le mandat, et l'a transmis au ministère public, sans le lui communiquer; ou encore, lorsque l'irrégularité est du fait personnel du juge d'instruction, et qu'il n'a pas écouté les observations du greffier à cet égard (Legraverend, 1, 340).

2556. L'inculpé doit aussi être nommé, ou désigné le plus clairement possible, dans le mandat dont il est l'objet (C. inst. 95, § 2).

Cependant les mandats sont valables, quoique les inculpés n'y soient pas spécialement désignés par leurs noms, prénoms et domiciles, surtout lorsque l'instruction ne les a pas encore fait connaître (Cass. 29 nov. 1833).

2557. Les juges d'instruction doivent énoncer, autant que possible, dans les mandats :

1° Les noms, prénoms, âge, lieu de naissance et profession des inculpés ;

2° Leur signalement aussi complet que possible, notamment en ce qui concerne les signes particuliers et les tatouages ;

3° L'indication des endroits où ils peuvent se trouver, les noms et adresses des personnes avec lesquelles ils ont des relations, et toutes les circonstances qui peuvent servir à mettre la police sur leurs traces (Circ. min. 8 fév. 1850).

Car, lorsqu'un inculpé n'est pas présent au lieu où se fait l'instruction, les mandats judiciaires qui le concernent doivent être transmis au ministère public de l'arrondissement de sa résidence (Circ. min. 25 oct. 1843).

2558. Les mandats judiciaires doivent être notifiés à ceux qu'ils concernent par un huissier ou par un agent de la force publique, qui leur exhibe l'original et leur en délivre copie, lors même qu'ils seraient déjà détenus. Les divers mandats sont transmis, à cet effet, par le juge d'instruction au ministère public, qui assure leur exécution en les remettant, soit aux huissiers, soit à la gendarmerie (C. inst. 97).

Toutefois, dans le cas de flagrant délit, et par exception, le juge d'instruction peut les faire notifier lui-même, si le ministère public n'est pas présent. Mais la notification a toujours lieu à la requête du ministère public (*Ibid.*, 59.—Cass. 29 avril 1826).

2559. Dans l'usage, les mandats de comparution et de dépôt sont plutôt remis aux huissiers, et les mandats d'amener et d'arrêt à la gendarmerie. La raison de cette différence, c'est que les mandats de comparution n'entraînent aucune contrainte, et que les mandats de dépôt étant notifiés le plus souvent à des inculpés déjà détenus, il suffit d'un huissier pour leur notification; tandis que les mandats d'amener ou d'arrêt peuvent nécessiter, pour vaincre la résistance des inculpés, l'emploi de la force publique (C. inst. 99).

2560. D'un autre côté, il y a économie à confier l'exécution des mandats d'amener à la gendarmerie, qui est tenue de s'en acquitter gratuitement, tandis qu'elle donne lieu, pour les huissiers, à un salaire assez élevé (Décr. 8 juin 1811, art. 71, n. 3. — Inst. min. 17 nov. 1812. — Déc. min. 14 janv. 1820).

De plus, on a considéré que l'huissier pouvant requérir la force publique de lui prêter assistance, pour l'exécution du mandat d'amener, il était plus court et plus expéditif de confier directement cette exécution à la force publique elle-même.

2561. Lorsque plusieurs individus, inculpés d'un même fait, sont compris dans la même procédure, il ne suffit pas d'un seul mandat pour tous les inculpés; il faut en décerner un séparé pour chacun d'eux (Duverger, II, n° 396, 4°).

SECTION II. — EXÉCUTION.

SOMMAIRE.

2562. Les mandats sont exécutoires dans toute l'étendue de la France, tant qu'ils n'ont pas été révoqués, remplacés ou anéantis par un autre acte de l'autorité judiciaire; car, si un mandat de comparution est suivi d'un mandat d'amener, le premier est, de plein droit, comme non avenu. Il en est de même du mandat d'amener suivi d'un mandat d'arrêt ou de dépôt, et de ceux-ci suivis d'une ordonnance de prise de corps, ou d'un jugement ou arrêt de condamnation. Ces divers actes ont une force respectivement progressive, de sorte que le second absorbe le premier, et ainsi de suite.

La formule exécutoire des mandats judiciaires est aujourd'hui réglée par le décret du 2 septembre 1871.

2563. Leur exécution peut avoir lieu la nuit comme le jour, sur la voie publique et dans les édifices publics ; mais, s'il faut pénétrer dans la maison d'un citoyen, on doit agir conformément à ce que nous avons dit ci-dessus, n° 2364, pour les visites domiciliaires.

Toutefois, pendant le jour, le porteur du mandat peut pénétrer, pour son exécution, dans le domicile d'un citoyen, malgré son refus (Cass. 12 juin 1834).

2564. Les mandats d'amener, et ceux de dépôt et d'arrêt, peuvent être exécutés par voie de contrainte, mais avec cette différence, que le porteur du mandat d'amener ne doit requérir la force publique que sur le refus de l'inculpé d'obéir au mandat, tandis que le porteur d'un mandat de dépôt ou d'arrêt doit toujours se faire accompagner d'une force suffisante, et serait même responsable de l'évasion de l'inculpé, si elle avait lieu pour n'avoir pas pris cette précaution (Rogron, *sur l'art.* 108 *du Cod. d'inst. crim.*).

Les réquisitions à la force publique peuvent n'être que verbales, pourvu qu'elles soient accompagnées de l'exhibition du mandat.

2565. L'exécution des mandats peut subir diverses modifications :

En cas de mandat d'amener, lorsqu'après plus de deux jours depuis sa date, l'inculpé est trouvé hors de l'arrondissement du magistrat qui l'a décerné, et à plus de cinq myriamètres de sa résidence, il peut n'être pas contraint d'obéir au mandat, s'il s'y refuse ; mais alors, le ministère public de l'arrondissement où il est trouvé, et devant lequel il est conduit, décerne contre lui un mandat de dépôt, en vertu duquel il est retenu dans la maison d'arrêt (C. inst. 100, § 1).

Le mandat d'amener doit être pleinement exécuté, quels que soient le délai et la distance, si l'inculpé a été trouvé muni d'effets, de papiers ou d'instruments qui fassent présumer qu'il est l'auteur ou le complice du délit à raison duquel il est recherché (C. inst. 100, § 2).

On trouvera, au n° 32 de l'Appendice, un modèle du mandat de dépôt dont il vient d'être parlé.

2566. Dans les vingt-quatre heures de l'exécution de ce mandat de dépôt, le ministère public qui l'a délivré en donne avis, et transmet les procès-verbaux, s'il en a été dressé, au magistrat qui a décerné le mandat d'amener (*Ibid.* 101).

Dans l'usage, ces pièces sont transmises directement au ministère public, surtout quand c'est lui qui a envoyé le mandat d'amener.

Ce magistrat communique le tout, dans un pareil délai de vingt-quatre heures, au juge d'instruction, qui donne, à son collègue du lieu de l'arrestation, une délégation ou commission rogatoire pour procéder aux opérations jugées nécessaires (C. inst. 90 et 102).

A cet effet, ce juge transmet, sous cachet, à son collègue du lieu où l'inculpé a été trouvé, les pièces, notes et renseignements relatifs au délit, afin de lui faire subir un interrogatoire, qui lui est ensuite renvoyé avec toutes les autres pièces (*Ibid.* 103).

La transmission des pièces, à l'aller et au retour, doit être faite sous enveloppe fermée de trois cachets en cire portant l'empreinte du sceau du magistrat. C'est ainsi qu'il faut entendre les mots *closes et cachetées* dont la loi se sert ordinairement (*Ibid.* 85).

2567. Du reste, la faculté accordée à l'inculpé de refuser d'obéir au mandat d'amener, dans le cas de l'art. 100 du Code d'instruction criminelle, n'empêche pas qu'il ne puisse être conduit devant le juge d'instruction qui a décerné ce mandat, si sa présence est jugée nécessaire à la manifestation de la vérité.

Alors, le juge d'instruction peut, sur les conclusions du ministère public, décerner un mandat d'arrêt, et ordonner, par ce mandat, que l'inculpé soit transféré dans la maison d'arrêt du lieu où se fait l'instruction (*Ibid.* 104, § 1).

S'il n'use pas de cette faculté, ou si le mandat d'arrêt ne porte pas que l'inculpé sera ainsi transféré, il reste dans la maison d'arrêt du lieu où il a été trouvé et arrêté, jusqu'à ce qu'il ait été statué sur la prévention, quand l'information est achevée et la procédure complète (C. inst. 104, § 2).

Ainsi, ce magistrat a le choix de laisser l'inculpé au lieu où il a été arrêté, ou de le faire conduire devant lui, s'il le juge nécessaire, et l'usage qu'il peut faire de ce pouvoir discrétionnaire n'est soumis à aucun contrôle (Rennes, 23 fév. 1856).

2568. En cas de mandat de dépôt ou d'arrêt, si l'inculpé est trouvé hors de l'arrondissement du magistrat qui l'a délivré, il doit être conduit devant le juge de paix du canton ou son suppléant, et, à leur défaut, devant le maire, l'adjoint ou le commissaire de police du lieu, lequel vise le mandat *sans pouvoir en empêcher l'exécution* (C. inst. 98).

Ces derniers mots nous paraissent indiquer que le *visa* n'a pour objet que de certifier l'authenticité du mandat, et de constater l'identité de l'individu arrêté. Il ne peut donc être refusé, quelles que soient les irrégularités du mandat, qui doit être exécuté aux risques et périls du magistrat qui l'a décerné. Toutefois, quelques auteurs sont d'un avis contraire, et pensent que le refus du visa devrait en empêcher l'exécution (Rogron, *sur l'article précité*).

Il vaut mieux tenir pour constant qu'on ne peut pas se pourvoir, par appel, contre les mandats, et que nul ne peut en empêcher ou suspendre l'exécution. Il n'y a d'autre recours que la prise à partie contre le magistrat qui les a décernés (Paris, 27 avril 1833).

2569. En général, ils sont exclusivement dans les attributions des juges d'instruction. Néanmoins, les mandats d'amener et de dépôt peuvent être décernés par le ministère public, mais seulement dans trois circonstances particulières, savoir :

1° Le mandat d'amener, en cas de flagrant délit, comme nous l'avons vu ci-dessus, n° 2373.

2° Le mandat de dépôt, lorsque l'inculpé refuse d'obéir au mandat d'amener, dans les circonstances que nous venons de rappeler au n° 2565 (C. inst. 40 et 100).

3° Et le même mandat de dépôt, quand il traduit immédiatement en police correctionnelle l'inculpé arrêté en flagrant délit (Loi 20 mai 1863).

Les magistrats des tribunaux de simple police ne peuvent jamais décerner de mandat contre les inculpés traduits devant eux (Cass. 19 avril 1806).

2570. Le juge d'instruction peut délivrer, s'il y a lieu, le mandat d'amener, et même le mandat de dépôt, sans qu'ils aient été précédés des conclusions du ministère public, parce qu'il importe d'empêcher qu'un inculpé ne disparaisse pendant les lenteurs de la communication; mais le mandat d'arrêt ne peut jamais être délivré que sur les conclusions du ministère public, qui ne doit le requérir qu'avec la plus grande réserve (*Ibid.* 61 et 94).

2571. De plus, les mandats de dépôt et d'arrêt doivent toujours être précédés de l'interrogatoire des inculpés, et même d'un commencement d'information (Circ. min. 10 fév. 1819, 1°).

Toutefois, un mandat d'arrêt peut être décerné contre des inculpés fugitifs (Cass. 4 août 1820).

2572. La loi ne donne aux inculpés aucun recours contre les mandats dont ils sont frappés, à moins qu'ils n'émanent d'un magistrat incompétent (Cass. 5 mai 1832).

Et il n'y a pas lieu d'annuler les mandats décernés par un juge régulièrement saisi, et qui aurait cessé plus tard d'être compétent (Cass. 27 janv. 1855).

2573. N'oublions pas de rappeler en terminant que, toutes les fois que des mandats d'amener ou d'arrêt sont décernés par des magistrats contre des militaires ou des marins en activité de service, le ministère public doit s'empresser d'en donner avis au chef du corps auquel ces militaires ou marins appartiennent, comme nous l'avons dit au tome I, nᵒˢ 2129 et 2131 (Circ. min. 16 déc. 1816).

En adressant à l'autorité maritime des mandats décernés contre des marins par l'autorité judiciaire, il importe de lui faire connaître les faits et les circonstances qui motivent les poursuites (Circ. min. 21 avril 1870).

SECTION III. — MANDAT DE COMPARUTION.

SOMMAIRE.

2574. Application.	2576. Suites.
2575. Objet.	2577. Refus.

2574. Le juge d'instruction peut ne décerner qu'un mandat de comparution, si les inculpés sont domiciliés, et s'il s'agit d'un fait de nature à ne donner lieu qu'à des peines correctionnelles (C. inst. 91).

Cependant, même dans ces deux cas, il lui est loisible de décerner un mandat d'amener, faculté dont il doit toujours faire usage envers les inculpés qui n'ont pas de domicile, ou dont le domicile est à de grandes distances ; mais il ne doit pas, sans des motifs graves, user de contrainte envers un individu qui présente une garantie (Circ. min. 10 fév. 1819, 1ᵒ).

Le juge d'instruction doit toujours décerner un mandat d'amener contre l'individu inculpé d'un fait emportant peine afflictive ou infamante, surtout quand ce fait a été ainsi caractérisé par le ministère public (Arg. Cass. 24 avril 1847).

2575. Le mandat de comparution a pour objet d'appeler et de faire venir librement un inculpé devant le juge d'instruction pour être interrogé, au jour et à l'heure indiqués par ce magistrat, sauf, après l'interrogatoire, à convertir ce mandat en tel autre qu'il est vu appartenir (C. inst. 91).

Rien ne peut dispenser d'obéir à cette citation, et l'inculpé qui comparaît est interrogé de suite (*Ibid.* 93).

2576. Ce mandat n'étant, du reste, qu'une assignation à comparaître, ne peut donner lieu immédiatement à aucune mesure coercitive contre celui qui n'y veut point déférer (Dalloz aîné, vᵒ *Instr. crim.*, n. 25).

Mais, s'il laisse défaut, le juge d'instruction le constate par un procès-verbal signé de lui ct du greffier, et décerne un mandat d'amener (C. inst. 91, § 2).

Il n'y a pas même besoin, pour cela, des réquisitions préalables du ministère public, comme nous l'avons dit au n° 2570.

2577. Enfin, c'est devant la Cour d'appel, chambre d'accusation, que doit être porté le recours du ministère public contre une ordonnance du juge d'instruction qui refuserait de décerner un mandat de comparution qu'il aurait requis, ainsi que nous l'avons fait remarquer au n° 2402 (Cass. 23 déc. 1831).

SECTION IV. — MANDAT D'AMENER.

SOMMAIRE.

2578. Le juge d'instruction est obligé de décerner un mandat d'amener contre toute personne, de quelque qualité qu'elle soit (sauf pourtant les exceptions légales que nous avons vues au tome ı, n° 2080), qui est inculpée d'un fait emportant peine afflictive et infamante (C. inst. 91, § 3. — C. pén. 121. — Legraverend, ı, 504).

Mais il faut que l'inculpation soit appuyée sur de graves indices; une plainte ou une dénonciation ne suffirait pas, s'il n'en résultait pas une certaine présomption de culpabilité (Circ. min. 10 fév. 1819, 1°).

2579. Pour l'appréciation de la gravité de ces première charges, la loi s'en rapporte entièrement à la conscience du juge d'instruction, qui ne peut être critiqué pour l'usage qu'il a cru devoir faire de son droit (Cass. 8 nov. 1834).

Toutefois, si le délit emporte peine afflictive ou infamante, et s'il y a des indices suffisants pour motiver un interrogatoire, le juge d'instruction est tenu de décerner un mandat d'amener. Il ne lui est pas loisible de se borner, dans ce cas, à un mandat de comparution (Cass. 24 avril 1847).

2580. Le mandat d'amener a pour objet de contraindre l'inculpé à se présenter devant le magistrat, s'il refuse d'obéir, ou si, après avoir déclaré qu'il est prêt à obéir, il tente de s'évader. Le porteur du mandat peut, au besoin, employer la force publique du lieu le plus voisin, laquelle est tenue de marcher sur l'exhibition du mandat d'amener (C. inst. 99).

2581. Ce mandat ne donne donc pas le droit d'arrêter, et encore moins de détenir, mais seulement celui de conduire, même par force, devant le magistrat, l'inculpé qui en est frappé : là se borne son effet (*Ibid.* — Circ. min. 23 flor. an vi).

Il ne peut donc jamais donner lieu à une inscription d'écrou (Inst. min. 7 juin 1814, n, 2°) ;

Et toute détention opérée en vertu d'un mandat d'amener, constituerait une détention arbitraire (Cass. 4 avril 1840).

Quant au lieu où l'individu, ainsi conduit, doit être déposé en attendant son interrogatoire, appliquez ce que nous avons dit ci-dessus, n° 2374.

2582. Si l'inculpé frappé d'un mandat d'amener ne peut être trouvé, ce mandat est exhibé au maire ou à l'adjoint, ou au commissaire de police de la résidence de l'inculpé, qui mettent leur visa sur l'original de l'acte de notification à peu près en ces termes : *Vu et reçu copie, conformément à l'art.* 105 *du Code d'instruction criminelle.*

L'inaccomplissement de ces formalités entraînerait la nullité des poursuites ultérieures faites en exécution du mandat (Grenoble, 5 avril 1831).

2583. Le juge d'instruction peut ensuite décerner un mandat d'arrêt contre l'inculpé fugitif, pourvu qu'il existe des charges suffisantes. On assure même qu'un inculpé n'est pas mis en demeure de se présenter à justice, et qu'on ne peut procéder contre lui par contumace, tant qu'un mandat d'arrêt n'a pas été notifié à sa dernière demeure.

La signification d'un mandat d'amener n'est pas jugée suffisante, 1° parce que ce mandat ne fait pas connaître les faits incriminés; 2° parce que la loi ne prescrit pas d'en laisser copie au domicile de l'inculpé ; et 3° parce qu'il ne donne pas lieu, le plus souvent, à un procès-verbal de perquisition, tandis que le mandat d'arrêt réunit ces trois avantages (Circ. Rennes, 20 nov. 1839).

2584. On a jugé aussi que le mandat d'amener devait également, à peine de nullité, être signifié suivant les formes prescrites par les art. 68 et 69, n° 8, du Code de procédure civile (Paris, 5 oct. 1838).

Nous pensons, par argument de la doctrine de la Cour suprême en matière de citations, que cette notification doit plutôt être faite conformément aux art. 97 et 105 du Code d'instruction criminelle (Cass. 25 janv. 1828).

2585. Au reste, les mandats d'amener doivent contenir des indications suffisantes pour faire arrêter les inculpés, et constater leur identité; par exemple, leurs noms, prénoms, âge, profession, domicile, et même leur signalement, quand on peut se le procurer, surtout si les autres indications manquent; enfin, la nature du crime ou du délit qui leur est imputé (Circ. min. 31 mai 1822.—Circ. Rennes, 9 juill. 1822).

Quand il y a lieu de décerner un mandat d'amener contre un préposé des douanes, les magistrats doivent en prévenir ses chefs, afin qu'ils pourvoient, s'il le faut, à son remplacement (Circ. min. 21 brum. an IX).

SECTION V. — MANDAT DE DÉPÔT.

SOMMAIRE.

2586. Pour faire arrêter et détenir un inculpé, il faut recourir au mandat de dépôt ou au mandat d'arrêt.

Il y a cette double différence entre ces deux mandats :

1° Que le premier a pour objet de faire détenir un prévenu déjà arrêté, tandis que le second donne tout à la fois le droit de l'arrêter et de le détenir;

2° Que le premier le prive seulement de la liberté sans atteindre à sa fortune, tandis que le second donne sur ses biens un privilège au Trésor, pour le recouvrement des frais (Duverger, II, n° 428.—Cass. 12 juill. 1852).

2587. Quand, après avoir entendu les inculpés dans leur interrogatoire, il y a lieu de les mettre sous la main de la justice, le juge d'instruction décerne contre eux un *mandat d'arrêt* sur les conclusions du ministère public (C. inst. 94).

Telle est la loi; mais, dans l'usage, c'est un mandat de dépôt qui est décerné en pareil cas, et, avec assez de raison, ce nous semble, car il ne s'agit pas tant alors *d'arrêter* l'inculpé présent, que de le faire déposer et détenir en lieu de sûreté, et un mandat de dépôt suffit pour cela.

2588. Néanmoins, il faut avouer que cet usage, généralement suivi, n'est pas conforme à la loi, qui ne parle du mandat de dépôt que pour en indiquer les formes, sans en préciser l'application et les effets (*Ibid.*, 95, 97 et 98).

Elle autorise seulement les magistrats à en faire usage dans quelques cas spéciaux et déterminés aux art. 86, 100, 193, 248 et 490 du Code d'instruction criminelle, et ordonne expressément l'emploi du mandat *d'arrêt* dans les circonstances où l'on applique chaque jour le mandat *de dépôt*.

Comment s'est faite cette substitution, et pour quel motif? C'est ce qu'il ne nous est pas donné de découvrir. Nous savons seulement que l'emploi du mandat d'arrêt *seul* a été recommandé, à plusieurs reprises, comme devant suivre le mandat de comparution ou d'amener, lorsque la prévention n'est pas détruite par l'inculpé, et que pourtant l'usage du mandat de dépôt a toujours prévalu, quoique les règles établies aux art. 91, 93 et 94 du Code d'instruction criminelle semblent même exclure ce mandat de ceux qu'il appartient au juge d'instruction de décerner (Circ. Rennes, 15 nov. 1818).

2589. Quoi qu'il en doive être, et soit qu'on adopte le mandat d'arrêt, soit qu'on adopte le mandat de dépôt, ce mandat doit être décerné contre tout inculpé non domicilié, frappé d'un mandat d'amener, et qui n'a pas détruit les chargés portées contre lui, surtout quand il s'agit d'un crime, ou même d'un délit punissable d'un emprisonnement correctionnel (Circ. min. 3 avril 1822. — Dalloz aîné, v° *Instr. crim.*, n° 14).

Car il serait peut-être dangereux de laisser en liberté un individu inculpé d'un délit grave, après qu'un mandat d'amener lui a appris qu'il est l'objet d'une instruction judiciaire (Circ. min. 25 flor. an VI).

2590. Frappé des sérieux inconvénients qui pourraient en résulter, on a même prescrit de décerner toujours le mandat de dépôt ou d'arrêt en matière correctionnelle comme en matière criminelle, aussi bien contre les inculpés fugitifs que contre ceux qui ont été interrogés (Circ. Paris, 22 janv. 1830. — Pal., 3ᵉ édit., XVI, 90, note 4).

Toutefois, la jurisprudence, plus conforme au texte de la loi, a reconnu que la faculté de décerner le mandat d'arrêt était abandonnée entièrement à la conscience du juge, qui n'était soumis qu'à la juridiction disciplinaire pour le mauvais usage qu'il aurait fait de ce droit (Cass. 4 août 1820 et 7 avril 1837).

Il en est de même du mandat de dépôt, et, dans les deux cas, les réquisitions du ministère public n'ôtent rien au juge de sa liberté (Paris, 13 mars 1835).

2591. Si le ministère public requiert un mandat d'arrêt ou de dépôt contre l'inculpé, et que le juge d'instruction le refuse, ce refus peut être déféré à la chambre d'accusation (Cass. 1er août 1822).

2592. Mais en quel état demeure l'inculpé jusqu'à la décision de la Cour ? Demeure-t-il libre ou en état d'arrestation ?

D'un côté, il pourrait y avoir de graves inconvénients à laisser l'inculpé en liberté. De l'autre, nous ne dissimulons pas l'impossibilité qu'il y aurait à le faire écrouer en vertu d'un mandat d'amener, ou à le tenir en chartre privée hors d'un endroit légal de détention ; mais il est sans doute à regretter qu'on ne puisse pas prolonger, quand il y a appel du refus fait par le juge d'instruction de décerner un mandat de dépôt ou d'arrêt, l'état de suspension provisoire de sa liberté dans lequel l'inculpé s'est trouvé depuis la notification du mandat d'amener jusqu'à l'interrogatoire, et dont nous avons parlé ci-dessus, n° 2374.

Il faut donc reconnaître que l'inculpé doit demeurer en liberté, car le recours contre les ordonnances du juge d'instruction n'a pas un effet suspensif (Cass. 4 août 1820).

Il paraît cependant résulter, de l'ensemble des dispositions de la loi du 17 juillet 1856, que, dans tous les cas où il est formé opposition, par le ministère public, aux ordonnances du juge d'instruction, le prévenu arrêté doit garder prison jusqu'à ce qu'il ait été statué sur l'opposition, ou que le délai de l'opposition soit expiré ; mais, comme cette loi a eu principalement pour objet de conférer au juge d'instruction les attributions de la chambre du conseil, et qu'elle n'a modifié en rien son droit de refuser l'émission d'un mandat judiciaire, nous pensons que la difficulté que nous signalons ici attend encore une solution de la jurisprudence.

2593. Dans tous les cas, le juge doit rendre une ordonnance *par écrit*, constatant son refus ; autrement, il serait impossible au ministère public de se pourvoir. Toute autre forme de procéder serait abusive, et compromettrait les droits de la vindicte publique. La persistance du juge à négliger de répondre, par écrit, aux réquisitions du parquet pourrait même donner lieu, contre lui, à des poursuites disciplinaires (Toulouse, 16 oct. 1837).

Toutefois, les auteurs du *Journal du Palais* estiment que la mise en liberté, résultant de ce refus, n'a pas même besoin d'être ordonnée. Elle a lieu, disent-ils, de plein droit, et le ministère public est tenu de rompre aussitôt les liens du mandat d'amener expiré, à moins de se rendre coupable de détention arbitraire (*Pal.*, 3ᵉ édit., VI, 78, 2ᵉ col., note 1).

Nous aimons mieux penser que le juge est dans l'obligation de prononcer cette mise en liberté par une ordonnance, afin que le ministère public puisse en appeler, s'il y a lieu, comme nous l'avons vu au nᵒ 2401.

Du reste, le mandat de dépôt n'a pas besoin d'être précédé des conclusions du ministère public (Duverger, II, nᵒ 421).

2594. Il arrive quelquefois que l'inculpé frappé d'un mandat d'amener, qu'il ait ou non détruit ou diminué, dans son interrogatoire, les charges qui pesaient sur lui, est renvoyé *de plano* par le juge d'instruction, sans le concours du ministère public, et sans même qu'il soit rendu d'ordonnance à cet effet.

Nous croyons que c'est là une procédure vicieuse, non pas que nous contestions au juge d'instruction la faculté, qui est abandonnée à sa sagesse par l'art. 94 du Code d'instruction criminelle, d'ordonner ou de ne pas ordonner l'arrestation, mais parce qu'il nous semble ne pouvoir prendre une décision d'une si haute importance, sans demander au ministère public ses réquisitions. L'inculpé peut, en effet, être en même temps l'objet d'une autre plainte encore inconnue au juge, et, à raison de laquelle il est utile qu'il demeure, dès à présent, sous la main de la justice, sa mise en liberté pouvant produire de graves difficultés pour l'exécution d'un nouveau mandat.

2595. Cependant la jurisprudence et les auteurs sont partagés sur cette question.

1ᵒ Les uns pensent que le juge d'instruction ne peut que convertir le mandat d'amener en mandat de dépôt ou d'arrêt, et que le législateur ne lui a point laissé le droit de renvoyer le prévenu en liberté (Carnot, *Instr. crim.*, I, 262);

Qu'il ne peut décider seul, à aucune époque de la procédure, qu'il n'y a pas de charges contre l'inculpé, ni prononcer sa mise en liberté, même provisoire (Cass. 12 pluv. an XIII);

Et que, dans tous les cas, ainsi qu'il a été autrefois jugé, il ne peut mettre le prévenu en liberté, sans avoir préalablement entendu le ministère public (Cass. 8 mai 1807).

2ᵒ D'autres enseignent qu'il peut mettre seul l'inculpé en liberté, si le ministère public n'a point requis le mandat d'amener ou d'autres mesures équivalentes, et qu'il ne le peut point quand cette réquisition a été faite (Legraverend, I, 352).

3ᵒ D'autres, au contraire, estiment que le juge d'instruction peut, de sa seule autorité, prononcer la mise en liberté de l'inculpé dans tous les cas (Bourguignon, *Jurispr. des Cod. crim.*, I, 218. — Arg. C. pén. 3 brum. an IV, art. 66).

4º D'autres disent qu'en cas de dissidence entre le juge d'instruction et le ministère public, il faut recourir à la chambre d'accusation ; mais que, s'ils sont d'accord, la mise en liberté peut être ordonnée de leur seule autorité (Dalloz aîné, vº *Instr. crim.*, nº 19).

5º Enfin, d'autres enseignent que le juge d'instruction n'est, en aucun cas, investi par la loi du droit de prononcer souverainement à cet égard, et que c'est à la chambre d'accusation qu'il appartient de décider si son refus de décerner un mandat requis est fondé (Merlin, *Répert.*, vº *Juge d'instr.*, nº 4, *Addit.*, I, 537).

2596. Quant à nous, nous pensons que le juge d'instruction a le droit de déclarer, après l'interrogatoire ou en l'absence de l'inculpé fugitif, qu'il n'y a pas lieu de décerner un mandat de dépôt ou d'arrêt contre lui, même malgré l'avis contraire du ministère public ; mais qu'avant de prendre une mesure aussi grave, il doit toujours lui communiquer les pièces et attendre ses conclusions ; et, qu'en cas de dissentiment, il doit formuler son refus dans une ordonnance écrite (Loi 7 pluv. an IX, art. 12 et 15).

Nous fondons surtout notre opinion, d'une part, sur l'art. 94 du Code d'instruction criminelle, qui, en conférant l'émission de ce mandat au juge comme une pure faculté, l'a laissé libre, sous sa responsabilité morale, de ne pas l'employer ; et, d'autre part, sur l'art. 61 du même Code, qui lui défend de faire aucun acte d'instruction et de poursuite, qu'il n'ait donné communication de la procédure au ministère public. Or, il n'y a pas d'acte plus essentiel que celui qui décide de la liberté du prévenu.

2597. La seule objection un peu sérieuse qu'on nous oppose est tirée du même article 61, qui ajoute que le mandat de dépôt peut être délivré par le juge, sans qu'il doive être précédé des conclusions du parquet. Par la même raison, a-t-on dit, il peut s'abstenir de le délivrer, sans demander ces conclusions.

Nous croyons que ce n'est pas ici le lieu de raisonner *à pari*. Le mandat de dépôt peut fort bien être décerné sans qu'il y ait de conclusions de la part du ministère public, parce que cette mesure est toute dans l'intérêt de la société, et que le magistrat chargé de sa défense ne pourrait pas demander davantage. Mais le refus de ce mandat, au contraire, peut jeter la société dans de graves périls et compromettre la sûreté publique, inconvénients que le ministère public est appelé à combattre, et qu'il doit pouvoir empêcher.

2598. Dans l'examen de cette difficulté, les auteurs que nous avons indiqués plus haut, nº 2595, se sont trop préoccupés peut-être de l'état d'arrestation ou de privation de liberté de l'inculpé frappé d'un mandat d'amener. C'est une illusion qu'il faut d'abord écarter.

En effet, l'inculpé, dans cet état, n'est ni arrêté, ni privé de sa liberté. Le mandat d'amener a uniquement pour objet de le faire conduire devant le juge, et non pas de le mettre en état d'arrestation. Il y a bien une certaine contrainte que le porteur du mandat peut, d'après l'article 99 du Code d'instruction criminelle, exercer contre lui, pour l'obliger à comparaître, s'il s'y refuse; mais ce n'est pas là une privation absolue de sa liberté. Cela est si vrai que, si l'inculpé obéit volontairement au mandat avant qu'il lui ait été signifié, il se présente libre à l'interrogatoire.

2599. Ceci posé, on voit de suite qu'après l'interrogatoire il ne s'agit plus de savoir si l'inculpé sera mis en liberté, puisqu'il n'a jamais été captif, mais bien s'il en sera privé à l'avenir et mis en état de détention.

Or, reconnaître au juge d'instruction le droit de décider, *seul et sans contrôle,* une question si grave dans ses conséquences, c'est lui attribuer un pouvoir immense, dont il pourrait être fait un funeste usage, et qui n'est point en harmonie avec l'économie générale de ses attributions.

Et tout contrôle de ce pouvoir serait impossible, s'il était vrai que le juge pût mettre en liberté l'inculpé interrogé, sans en référer au ministère public, sans attendre ses conclusions, et sans consigner son refus par écrit.

2600. Pour établir enfin d'une manière péremptoire que l'intervention du ministère public, dans une pareille matière, est impérieusement commandée, et quelle est la conduite qu'il doit tenir, nous croyons utile de reproduire textuellement ici l'instruction ministérielle suivante :

« Monsieur le procureur général, je suis informé que très-souvent « les juges d'instruction se bornent à interroger les prévenus tra- « duits devant eux en vertu de mandats d'amener ou de comparu- « tion, et ne délivrent pas de mandats de dépôt ou d'arrêt contre « ces individus, qui, par conséquent, restent libres jusqu'à leur « jugement définitif.

« Je suis loin de blâmer, en thèse générale, ce mode de procé- « der, qui, dans plusieurs cas, est légal et convenable ; mais il « importe que cette indulgence ne s'étende pas trop loin, *et que les* « *officiers du ministère public s'occupent de la maintenir dans de* « *justes bornes.* »

« Il est donc utile que vos substituts se fassent, autant que pos-
« sible, des règles pour distinguer les cas dans lesquels ils doivent
« requérir le mandat de dépôt ou d'arrêt, de ceux où ils ne doivent
« pas provoquer cette mesure.

« D'abord, toutes les fois que le prévenu n'est pas domicilié, et
« que son interrogatoire n'a pas fait disparaître les charges qui
« ont motivé les poursuites dirigées contre lui, le mandat de dépôt
« ou d'arrêt me paraît devoir être exigé. C'est une conséquence
« de l'article 91 du Code d'instruction criminelle, qui veut qu'en
« pareille circonstance on s'assure toujours de sa personne par
« un mandat d'amener, disposition qui serait inutile, *si le juge
« d'instruction pouvait le relâcher après son interrogatoire,* quoique
« cet interrogatoire eût laissé subsister toutes les charges exis-
« tantes contre lui.

« Quant aux individus domiciliés, la faculté d'ordonner ou de
« ne pas ordonner leur arrestation est abandonnée à la sagesse
« du juge d'instruction, qui doit, *après en avoir communiqué au
« ministère public,* se décider, selon les faits particuliers à chaque
« procès, sur le parti qu'il lui convient de prendre. C'est ce qui
« résulte de la combinaison des articles 91 et 94 du Code d'in-
« struction criminelle.

« Dans une telle situation, la pensée principale qui doit occuper
« les magistrats du parquet consiste à concilier les intérêts de
« l'ordre public avec ceux de la liberté individuelle sagement
« entendue.

« Ainsi, pour recourir à des exemples, lorsque les faits incri-
« minés ont causé un grand scandale, lorsqu'ils ont pu amener
« des désordres graves, lorsque le retour de l'inculpé dans la
« commune qu'il habite est propre à y exciter du trouble, lors-
« qu'il y a lieu de croire qu'il est l'agent ou l'instrument de
« complices demeurés libres, dans de telles circonstances, ou
« dans des circonstances analogues, le devoir du ministère pu-
« blic est de requérir la délivrance du mandat, soit de dépôt, soit
« d'arrêt.

« Dans des cas plus dignes d'indulgence, il peut être sans in-
« convénient de laisser le prévenu en liberté jusqu'à son jugement
« définitif.

« Vous voudrez bien transmettre ces instructions à vos substi-
« tuts, et leur recommander une attention particulière sur cette
« matière importante » (Circ. min. 3 avr. 1822).

Quoique cette circulaire ait eu principalement pour objets les
délits politiques, elle s'applique évidemment à tous les cas.

2601. En résumé donc, la question de savoir si un inculpé entendu en vertu d'un mandat d'amener a détruit, par ses réponses, les charges qui pesaient sur lui, et s'il doit être laissé en liberté, ne peut être résolue par le juge d'instruction seul; ce magistrat est tenu de demander, au préalable, les conclusions du ministère public, et de statuer par écrit sur ces conclusions; car le magistrat du parquet peut, dans tous les cas, appeler de sa décision devant la chambre d'accusation, comme nous l'avons dit au nᵒ 2401.

Le lecteur nous saura peut-être gré de nous être arrêté quelque temps sur une question qui divise les meilleurs esprits, et qui est la source de sérieuses difficultés dans la pratique.

2602. Les mandats de dépôt, décernés par un magistrat reconnu incompétent, sont nuls et sans effet (Cass. 5 mai 1832).

Quant à leur forme, comme elle n'est pas expressément déterminée par la loi, on peut suivre celle du mandat d'amener, en remplaçant le mot *conduire* par le mot *déposer*, et en ajoutant à la fin : *Mandons de le recevoir et garder en dépôt* (Circ. min. 29 flor. an IX, 33ᵒ).

Si le mandat de dépôt ne peut être exécuté par la fuite de l'inculpé, il faut se conformer à ce que nous avons dit ci-dessus, nᵒ 2582, § 1, pour le mandat d'amener (Legraverend, I, 332).

2603. Si le même individu est simultanément l'objet de plusieurs poursuites, et compris dans différentes procédures, il nous paraît convenable qu'il soit décerné contre lui, s'il y a lieu, un mandat de dépôt séparé dans chacune d'elles, afin que, s'il vient à être renvoyé hors de poursuite et mis en liberté à raison d'un chef d'inculpation, il puisse être retenu en vertu des autres mandats décernés pour des inculpations différentes. Si, par des motifs d'économie ou autres, le juge d'instruction se bornait à l'émission d'un seul mandat de dépôt, le ministère public devrait tenir la main à ce qu'une copie de ce mandat, certifiée par le greffier, se trouvât dans chaque procédure dépourvue d'original, pour établir aux yeux des juges la légalité de la détention.

2604. Tous les citoyens doivent obéissance aux ordres de la justice; cependant, les jurisconsultes et les magistrats reconnaissent que la résistance est permise contre une arrestation faite par un individu sans qualité ou sans caractère légal, ou porteur d'ordres informes ou irréguliers. Il vaut mieux pourtant obéir, car il y a toujours présomption de légalité; et d'ailleurs, en cas d'arrestation arbitraire, on peut la dénoncer aux tribunaux (Carnot, *Inst. crim.*, I, 267. — Dalloz, vᵒ *Instr. crim.*, nᵒ 21).

Et même, on ne pourrait poursuivre, comme coupable d'arrestation arbitraire, l'officier de police ou l'agent de la force publique qui, pour dissiper une rixe ou en prévenir les effets, saisirait sans mandat les délinquants; ni le particulier qui, prenant sur le fait un filou, le conduirait devant un officier de police judiciaire. Dans le premier cas, il s'agit d'une mesure d'ordre et de sûreté, et, dans le second, de l'exercice d'un droit de défense ou de conservation (Bourguignon, *Jurisp. des Cod. crim.*, I, 235. — Dalloz aîné, v° *Instr. crim.*, IX, 504. — Legraverend, I, 192).

Voyez, à ce sujet, ce que nous avons dit ci-dessus, n° 2377.

2605. L'officier de justice chargé de l'exécution d'un mandat de dépôt ou d'arrêt se fait accompagner, s'il le juge nécessaire, d'une force suffisante, pour que l'inculpé ne puisse se soustraire à la loi. Cette force est prise dans le lieu le plus voisin de celui où le mandat doit s'exécuter, et elle est tenue de marcher sur la réquisition directement faite au commandant, et contenue dans le mandat, qu'il suffit d'exhiber, comme on l'a vu au n° 2580 (C. inst. 108).

Mais s'il s'agit de transférer l'inculpé hors de l'arrondissement, il ne suffit pas de représenter le mandat pour obtenir main-forte à cet effet; il faut, de plus, une réquisition par écrit adressée au commandant de la force publique (Décr. 1er mars 1854, art. 92 et suiv. — Carnot, *Instr. crim.*, I, 288).

Néanmoins, dans la pratique, on se contente du mandat, même dans ce cas.

2606. L'inculpé, ainsi arrêté, est conduit, sans délai, dans la maison d'arrêt indiquée au mandat (C. inst. 110).

Il est remis au gardien de cette maison, qui le reçoit et le garde en dépôt sur l'exhibition du mandat, lequel est transcrit sur ses registres. Après quoi, le gardien donne une décharge ou une reconnaissance de la remise du détenu à l'officier qui a opéré l'arrestation, ou qui a conduit l'inculpé à la maison d'arrêt, et qui porte ensuite au greffe du tribunal les pièces relatives à l'arrestation, et en prend un reçu. Il exhibe la décharge et le reçu, dans les vingt-quatre heures, au juge d'instruction, qui les vise, les date et les signe l'une et l'autre (*Ibid.*, 107 et 111).

Ces diverses prescriptions ne sont presque jamais exécutées. Dans l'usage, les pièces ne sont pas remises au greffe, mais seulement au ministère public, qui en prend note au parquet, et les transmet ensuite au juge d'instruction, pour être jointes à la procédure.

2607. Autrefois, le mandat de dépôt, une fois décerné, ne pouvait plus être révoqué qu'en vertu d'une ordonnance de la chambre du conseil et moyennant caution (Décis. min 24 oct. 1827).

Aujourd'hui il peut en être donné mainlevée par le juge d'instruction, et sur les conclusions conformes du ministère public ; et cela, quelle que soit la nature de l'inculpation, mais à la charge par l'inculpé de se représenter à tous les actes de la procédure et pour l'exécution du jugement, aussitôt qu'il en sera requis (Loi 4 avril 1855).

Remarquez que le juge d'instruction ne peut prendre une mesure si grave, sans avoir demandé et reçu les conclusions écrites du ministère public, lesquelles doivent demeurer dans la procédure avec son ordonnance.

S'il y a dissentiment entre ces deux magistrats, le prévenu demeure en état de détention, et il n'y a jamais lieu, dans ce cas, de déférer l'ordonnance du juge à la chambre d'accusation. Car dès lors que, soit le magistrat instructeur, soit le magistrat du parquet, pense qu'il y a nécessité à ce que le mandat de dépôt soit maintenu, cette décision, quelque rigoureuse qu'elle soit, doit être exécutée, puisqu'elle assure les droits de la vindicte publique.

SECTION VI. — MANDAT D'ARRÊT.

SOMMAIRE.

2608. Faculté.	2612. Signification.	2616. Copie.
2609. Notification.	2613. Perquisition.	2617. Ordre spécial.
2610. Refus.	2614. Visa.	2618. Registre d'écrou.
2611. Formalités.	2615. Remise au greffe.	

2608. Comme on l'a vu plus haut, nº 2586, le juge d'instruction peut, lorsque l'inculpé a été entendu, et sur les conclusions du ministère public, décerner, lorsque le fait emporte peine afflictive ou infamante, ou emprisonnement correctionnel, un mandat d'arrêt dans la forme déterminée par la loi (C. instr. 94).

Le même pouvoir s'étend au cas où l'inculpé s'est dérobé, par la fuite, au mandat d'amener ; mais, dans l'un et l'autre cas, ce droit est purement facultatif (Cass. 4 août 1820).

Comme les mandats de dépôt et d'arrêt produisent les mêmes effets d'exécution, il convient de ne requérir la délivrance d'un mandat d'arrêt contre un inculpé déjà détenu sous mandat de dépôt, qu'autant qu'il y a nécessité (Décis. min. 31 août 1825).

2609. Dans les procédures instruites contre des fugitifs, l'affaire n'est pas en état tant que le prévenu n'a pas été mis en demeure de se présenter, par la notification régulière d'un mandat à son dernier domicile. Il faut donc, en pareil cas, requérir l'émission d'un mandat d'arrêt, et le faire notifier avec toutes les solennités prescrites par l'art. 109 du Code d'instruction criminelle, et avant de prendre un réquisitoire final devant le juge d'instruction (Circ. Rennes, 20 nov. 1839).

2610. Si le juge d'instruction négligeait de décerner un mandat d'arrêt dans un cas où il serait nécessaire, on pourrait lui infliger des peines de discipline ; et, si son refus était contraire aux réquisitions du ministère public, il pourrait en être référé à la chambre d'accusation (Legraverend, I, 333).

Du reste, le refus que fait un juge d'instruction de décerner un mandat d'arrêt, lors même que le fait dénoncé est de nature à entraîner une peine afflictive ou infamante, est toujours l'exercice légal de son pouvoir discrétionnaire. Son ordonnance, qu'il doit formuler par écrit, ne peut être annulée que par la voie de l'appel ou de la cassation, selon le droit commun (Cass. 1er août 1822 et 7 avril 1837).

Quant à la controverse qui s'est élevée sur ces divers points, nous l'avons exposée ci-dessus, n° 2593 ; nous n'y reviendrons pas.

2611. Outre les formalités communes aux autres mandats, et qui sont rappelées au n° 2554, le mandat d'arrêt doit toujours être précédé des conclusions du ministère public, énoncer le fait pour lequel il est décerné, et contenir la citation de la loi qui déclare que ce fait est un crime ou un délit (C. inst. 94 et 95).

Le mandat n'est pas nul, toutefois, parce qu'il ne détaille pas les circonstances du fait incriminé, ou qu'il ne contient pas le texte de la loi pénale : il suffit que le fait et la loi soient énoncés ou indiqués même en ces termes : *inculpé du délit prévu par l'article..... du Code pénal, ou de la loi du.....* (Cass. 26 vend. an IX et 29 nov. 1833).

Mais si la loi pénale n'est pas même citée, le mandat est nul (Cass. 18 pluv. an IX).

Cette nullité est aujourd'hui remplacée par une amende contre le greffier (C. instr. 112).

Et encore l'amende n'est-elle pas encourue dans tous les cas, comme nous l'avons observé au n° 2555, § 2.

2612. La signification ou l'exhibition de l'original du mandat d'arrêt à la personne de l'inculpé, quoique recommandée par l'article 97 du même Code, n'est pas prescrite à peine de nullité ; et, si l'inculpé ne l'a pas exigée ou requise, il ne peut se prévaloir, pour la première fois, de cette irrégularité devant la Cour de cassation (Cass. 31 janv. 1834).

2613. Si le prévenu, frappé d'un mandat d'arrêt, ne peut être trouvé, le mandat est notifié à sa dernière habitation (remarquez bien que la loi ne dit pas à son dernier domicile, car l'inculpé pourrait ne pas en avoir), et il est dressé, au pied ou à la suite du mandat, un procès-verbal de perquisition, en présence des deux plus proches voisins de l'inculpé, qui en reçoivent copie et le signent; sinon, il est fait mention du motif qui les en a empêchés, et de l'interpellation qui leur en a été faite (C. instr. 109, § 1 et 2). — Voyez un modèle de ce procès-verbal au n° 33 de l'Appendice.

2614. Le porteur du mandat d'arrêt fait ensuite viser son procès-verbal par le juge de paix ou son suppléant, ou, à leur défaut, par le maire, l'adjoint ou le commissaire de police du lieu, et lui en laisse copie. Le visa peut être conçu en ces termes : *Vu et reçu copie, conformément à l'article* 109 *du Code d'instruction criminelle.*

2615. Le mandat d'arrêt et le procès-verbal de perquisition doivent être ensuite remis au greffe du tribunal (*Ibid.*, § 4).

Néanmoins, dans l'usage, ils sont remis au parquet du ministère public. Ce magistrat, après avoir examiné ces actes et s'être assuré de leur régularité, les dépose au greffe ou entre les mains du juge d'instruction, qui les joint à la procédure, comme nous l'avons remarqué tout à l'heure pour les mandats de dépôt, au n° 2606.

2616. Une copie, en forme, du mandat d'arrêt doit être transmise, par le ministère public, au commandant de la gendarmerie de l'arrondissement, au commissaire central, ou au préfet de police et au ministre de l'intérieur, pour être insérée dans la feuille générale des signalements (Décr. 18 juin 1811, art. 77, § 1. — Circ. min. 3 oct. 1823).

2617. Lorsque le juge d'instruction décerne un mandat d'arrêt, il peut ordonner que le prévenu, s'il est arrêté hors de l'arrondissement, sera conduit devant lui et déposé dans la maison d'arrêt du lieu où se fait l'instruction (C. instr., 104, § 1).

Si cet ordre ne se trouve pas énoncé dans le mandat d'arrêt, le prévenu demeure dans la maison d'arrêt du lieu où il a été trouvé, jusqu'à ce que le juge d'instruction ait statué, par une ordonnance définitive, sur la mise en prévention, et sur le renvoi de l'affaire devant la juridiction compétente (*Ibid.*, § 1. — Loi 17 juill. 1856).

2618. Les gardiens des maisons d'arrêt sont tenus d'avoir un registre signé et parafé à toutes les pages par le juge d'instruction (C. inst. 607).

La forme de ce registre, appelé *registre d'écrou*, a été réglée par une circulaire du ministre du commerce, du 26 août 1831, de manière à présenter tous les renseignements nécessaires pour constater la légalité des arrestations (Circ. min. 19 oct. 1831).

Il doit contenir la copie textuelle, soit du mandat de dépôt ou d'arrêt, soit de l'ordonnance de prise de corps, soit de l'arrêt de renvoi, soit du jugement ou de l'arrêt de condamnation, en vertu duquel l'incarcération a lieu (C. inst. 609. — Circ. min. 4 janv. 1832).

Toutefois, l'arrêt de renvoi, dont il sera parlé au chapitre de la chambre d'accusation, même quand il contient l'ordonnance de prise de corps, n'a besoin d'être transcrit que par extrait comprenant le dispositif en entier (Circ. min. 4 janv. 1832).

L'huissier ou l'agent de la force publique, qui dépose en prison la personne arrêtée, doit assister à l'inscription de l'acte d'écrou sur le registre, et à la transcription du mandat ou du jugement dont il est porteur, et signer le tout avant de se retirer (C. instr. 608. — Circ. min. 29 juill. 1822).

SECTION VII. — INTERDICTION DE COMMUNIQUER.

SOMMAIRE.

2619. Le juge d'instruction peut donner, dans la maison d'arrêt, tous les ordres qu'il croit nécessaires pour l'information des affaires dont il est chargé, et particulièrement prescrire, à l'égard des inculpés détenus en vertu d'un mandat judiciaire, toutes les mesures utiles à la découverte de la vérité (C. instr. 613).

De là résulte, pour ce magistrat, la faculté de mettre les détenus au secret, c'est-à-dire de leur interdire de communiquer, soit avec les autres détenus, soit avec toutes autres personnes pendant un temps déterminé, sauf à lui à renouveler cette défense pour une autre période de temps, s'il le juge utile (Circ. min. 10 fév. 1819, 1°).

2620. Ses ordres, à cet égard, doivent être ponctuellement exécutés par le gardien de la maison d'arrêt, sans l'intervention d'aucune autre autorité. Et, si le ministère public voit lui-même qu'une trop libre communication des détenus offre des inconvénients, il peut requérir que cette mesure soit prise, et appeler du refus qui en serait fait, puisqu'il peut appeler de toutes les ordonnances du juge d'instruction, comme nous l'avons vu ci-dessus, au n° 2401.

Toutefois, il n'appartient qu'au juge d'instruction de mettre un détenu au secret. Le ministère public ne peut prescrire cette mesure qu'à l'égard des individus qu'il a fait lui-même arrêter en flagrant délit, conformément à l'art. 40 du Code d'instruction criminelle; mais il peut la requérir dans tous les cas. Du reste, c'est à lui d'en assurer l'exécution, quand elle a été ordonnée par le juge (Circ. Rennes, 20 juill. 1816).

2621. Il faut apporter, dans l'exercice de ce droit, la plus grande modération; car l'emploi indifférent de la mise au secret contre tous les prévenus indistinctement, et sa prolongation indéfinie, sont tellement contraires à la bonne administration de la justice et aux droits de l'humanité, que les juges d'instruction n'en sauraient user avec trop de réserve; ils ne doivent l'ordonner que lorsqu'elle est indispensable à la manifestation de la vérité, et seulement durant le temps strictement nécessaire pour atteindre ce but. Jamais, au surplus, il ne doit être ajouté à la rigueur de ce moyen d'instruction aucune rigueur accessoire; et l'inculpé, momentanément privé de toute communication, doit être, à tout autre égard, traité comme les autres détenus (Circ. min. 10 févr. 1819).

De plus, il en est rendu compte, tous les huit jours, à la chambre du conseil, pour que le tribunal apprécie les motifs de cette mesure extraordinaire, et qu'il prévienne par sa surveillance, et réprime même, au besoin, par son autorité, tout ce qui serait irrégulier, injuste ou vexatoire (*Ibid.*).

2622. Le ministère public rend aussi compte, tous les mois, au procureur général du ressort, des interdictions de communiquer qui ont été ordonnées (*Ibid.*).

Ce compte doit contenir l'indication de la durée de cette mesure, de l'époque où elle a commencé, de celle où elle a cessé, et des motifs qui ont déterminé à la prescrire ou à la prolonger (*Ibid.*).

Il doit parvenir au procureur général dans la première huitaine de chaque mois (Circ. Rennes, 5 avril 1819. — Circ. min. 7 fév. 1838).

Le ministère public envoie aussi au ministre de la justice un état mensuel des procédures qui ont nécessité la mise au secret, avec les mêmes indications que celles du compte rendu dont il vient d'être parlé (Circ. min. 6 déc. 1840, § 7).

Les mots : *mise au secret* doivent être remplacés dans les états périodiques et dans la correspondance officielle par ceux d'interdiction de communiquer, mesure qu'il faut réserver pour les cas graves, et dont les comptes rendus doivent indiquer si elle se borne à l'intérieur de la prison ou si elle s'étend aux visiteurs libres (Circ. min. 14 oct. 1865).

CHAPITRE III. — INFORMATIONS.

SECTION PREMIÈRE. — INTERROGATOIRE.

SOMMAIRE.

2623. Quand un inculpé comparaît devant un magistrat en vertu d'un mandat judiciaire, il est procédé à son interrogatoire.

Si le mandat a été décerné en flagrant délit, l'interrogatoire doit avoir lieu sur-le-champ. Il en est toujours de même en cas de mandat de comparution (C. inst. 40, § 4. — Circ. min. 10 fév. 1819, 1°).

Si l'inculpé comparaît en vertu d'un mandat d'amener, il doit être interrogé dans les vingt-quatre heures au plus tard (C. inst. 93).

Ces vingt-quatre heures courent, non pas à partir de la date du mandat ou de sa notification, mais seulement à partir de l'arrivée de l'inculpé devant le juge.

2624. C'est un devoir rigoureux, pour les magistrats, de procéder à cet interrogatoire dans le délai de la loi, sous peine d'être pris à partie; mais ils peuvent l'interrompre et le reprendre plus tard, pourvu que l'interruption ne soit, ni trop prolongée, ni inutile (Rogron, *sur l'art. 93 du Code d'instr. crim.*).

Le prévenu en état de mandat d'amener, qui n'a pas été interrogé dans les vingt-quatre heures de son arrivée en la maison d'arrêt du lieu de l'instruction, a le droit de se plaindre de cette infraction à la loi, et sa mise en liberté doit être ordonnée (Cass. 4 avril 1840).

2625. Quelquefois des vagabonds ou des repris de justice s'obstinent à refuser de répondre, ou déguisent leur nom et leur véritable position. Pour vaincre leur résistance, le juge est réduit à suspendre leur interrogatoire, et à les laisser sous mandat de dépôt, jusqu'à ce qu'il aient avoué la vérité. C'est là une mesure rigoureuse, qui ne doit être employée qu'avec beaucoup de réserve. Du reste, le ministère public pourra toujours la faire cesser, s'il y avait abus.

2626. L'inculpé comparaît volontairement, ou est conduit, devant le magistrat qui a décerné le mandat, et qui fixe l'heure de l'interrogatoire, s'il n'y procède pas sur-le-champ. Il s'écoule alors, entre l'exécution du mandat et l'interrogatoire, un moment pendant lequel la situation de l'inculpé est équivoque ; et que la sollicitude du magistrat doit rendre le plus court possible (Circ. min. 11 mess. an VII).

En attendant, l'inculpé demeure confié à la garde de l'agent qui lui a notifié le mandat. Si c'est un huissier, il doit le garder à vue dans la chambre des huissiers, au palais de justice, et, si c'est un gendarme, il doit le garder dans la chambre de sûreté de la caserne de la gendarmerie.

2627. Comme ces deux moyens sont difficiles, ou même impraticables dans beaucoup de localités, on a adopté l'usage de faire déposer provisoirement l'inculpé dans la maison d'arrêt, où il est reçu sur l'ordre écrit du juge d'instruction ou du ministère public. C'est là un abus, car nul ne doit être détenu, même provisoirement, qu'en vertu d'un mandat d'arrêt ou de dépôt, ou en vertu d'un jugement, comme nous l'avons fait pressentir au n° 2374.

2628. Si l'inculpé est déjà en état d'arrestation ou de détention pour autre cause, le juge donne à un huissier l'ordre par écrit de le conduire devant lui. Après l'interrogatoire, cet officier ministériel le reconduit au lieu de sa détention, et il lui est dû, pour cette extraction, le salaire réglé par l'art. 71, n° 6, du décret du 18 juin 1811, comme on le verra au tome III, chapitre *des Frais de justice criminelle*.

2629. L'inculpé comparaît libre et sans fers, à moins que son état d'irritation ne commande des mesures de prudence ; et encore n'est-il pas douteux, qu'au moment de sa comparution devant le magistrat, il ne doive, à moins de cas particuliers et extraordinaires, être délivré des fers dont on a pu le charger pour s'assurer de sa personne, et pour le conduire avec sécurité devant le juge interrogateur ; mais il est bon toutefois de prendre les précautions nécessaires pour empêcher son évasion.

2630. Les circonstances peuvent aussi nécessiter la présence des gardes ou de l'huissier à l'interrogatoire, ce qui est laissé à la prudence du juge, aucune nullité ne pouvant résulter, pour la procédure, de la présence d'un tiers à ce premier acte de l'instruction.

Cependant, des auteurs enseignent que nul autre que le greffier et l'interprète, dont il va être parlé ci-après au paragraphe suivant, ne peut assister à l'interrogatoire. Le ministère public et la partie civile doivent surtout en être écartés, et peuvent seulement en avoir communication quand il est terminé (Bourguignon, *Jurisp. des Cod. crim.*, 1, 216. — Legraverend, 1, 216).

2631. Toutefois, de ce que l'art. 94 du Code d'instruction criminelle porte que le mandat d'arrêt sera décerné, *le ministère public ouï*, on en infère qu'il peut être présent à l'interrogatoire qui précède ce mandat (Carnot, 1, 262).

Nous croyons que c'est là une erreur. Ces mots ne doivent pas s'entendre seulement des conclusions verbales du ministère public, mais aussi des conclusions écrites, qui peuvent fort bien être données sur la communication du procès-verbal d'interrogatoire. La présence de la partie publique pourrait avoir des inconvénients de plus d'une espèce, et, si le législateur avait voulu la permettre, il s'en serait formellement expliqué. Dans un seul cas, peut-être, la présence du ministère public à l'interrogatoire pourrait être tolérée ; ce serait en cas de flagrant délit, parce qu'alors la loi l'investit du pouvoir d'interroger lui-même, en l'absence du juge d'instruction ; et que, même quand ce magistrat est sur les lieux, il est essentiel que le ministère public soit informé le plus promptement possible, soit des révélations, soit du système de défense de l'inculpé, afin que, pendant que l'interrogatoire se continue, il puisse faire procéder sur-le-champ aux investigations nécessaires pour parvenir à la découverte de la vérité et à l'arrestation des complices.

2632. L'inculpé doit répondre oralement, et sans pouvoir lire de réponses écrites, ni être assisté d'un conseil (Duverger, II, n° 326).

Il faut d'abord constater son identité par la demande de ses nom, prénoms, profession, domicile, état civil et intellectuel, date et lieu de naissance, et de ses antécédents judiciaires.

On prend ordinairement le signalement de l'inculpé en tête de l'interrogatoire : c'est là une fort bonne précaution qui peut faciliter les recherches, en cas d'évasion, et servir à constater l'identité des individus poursuivis.

Son nom aurait été écrit de différentes manières, dans plusieurs actes de la procédure, qu'il n'y aurait pas nullité, pourvu que son individualité ne fût pas douteuse. Mais il faut, autant que possible, suivre l'orthographe de l'acte de naissance, si l'on peut se le procurer, par exemple quand il existe au greffe du tribunal où se fait l'instruction (Cass. 4 janv. 1849).

Remarquez enfin, que le fait d'un inculpé, qui prend et signe un faux nom, dans un interrogatoire devant le juge d'instruction, ne constitue ni crime, ni délit (Cass. 29 avril 1826).

2633. Il ne faut pas suivre les mauvais usages de quelques juges d'instruction, de poser aux inculpés des questions très-circonstanciées, et d'exprimer leurs réponses par la simple formule de l'aveu ou de la dénégation. C'est la marche inverse qui devrait être suivie; c'est à la question d'être précise, et à la réponse d'être explicative. Autrement, il est impossible de savoir si le *oui* ou le *non* de l'inculpé s'applique également à toutes les circonstances de la question, ou seulement à l'une d'elles (Circ. Rennes, 5 juill. 1834, 10°).

Outre les questions relatives à l'inculpation dont il est l'objet, le juge d'instruction doit demander à l'interrogé, et consigner au procès-verbal divers renseignements qui doivent accompagner toute procédure criminelle, comme on le verra plus loin, quand nous parlerons des ordonnances de mise en prévention.

Une déclaration de principes ou de sentiments politiques, qui pourrait constituer un délit dans des circonstances différentes, ne peut être l'objet d'aucune incrimination lorsqu'elle se trouve consignée dans un interrogatoire, parce qu'elle manque de spontanéité et de publicité (Cass. 19 sept. 1846).

2634. L'interrogatoire peut être renouvelé, et nous pensons qu'il doit en être fait au moins deux : l'un au commencement de l'instruction, et l'autre à la fin, sans préjudice des confrontations dont il sera parlé ci-après, à une autre section du présent chapitre.

Le dernier interrogatoire a surtout pour objet de donner connaissance à l'inculpé des charges qui s'élèvent contre lui, et de lui fournir ainsi les moyens de les combattre dans un mémoire à la chambre d'accusation, comme la loi lui en donne le droit, ainsi que nous le verrons ailleurs. Ce n'est pas violer le principe qui prescrit le secret des procédures (Loi 7 pluv. an ix, art. 10. — C. inst. 217. — Bourguignon, *Jurispr. des Cod. crim.*, I, 483.— Carnot, *Inst. crim.*, III, 358).

L'inculpé peut aussi remettre un mémoire au juge d'instruction, pour sa défense; et le ministère public ne peut s'opposer à ce qu'il soit joint à la procédure, lors même qu'il contiendrait des énonciations injurieuses envers des fonctionnaires publics (Cass. 29 déc. 1832).

2635. Il faut toujours donner lecture à l'inculpé de l'interrogatoire, et lui demander s'il persiste dans ses réponses, s'il n'a rien à y changer, ajouter, ou retrancher, et faire mention du tout avant la signature (Ord. 1670, tit. xiv, art. 12 et 13).

L'interrogatoire doit ensuite être signé par le juge, le greffier, et l'inculpé, ou mention doit être faite de la cause qui empêche celui-ci de signer (*Ibid.*).

Du reste, la mention qu'il n'a pas signé équivaut à la constatation de son refus (Cass. 4 janv. 1849).

2636. Il ne doit être délivré, dans aucun cas, expédition des interrogatoires, qui sont toujours transmis en minute, quand il est besoin de les envoyer à une autre juridiction (Inst. min. 7 juin 1814, I, 1°).

Il faut observer aussi qu'il n'y a pas lieu, pour le juge d'instruction, d'interroger les prévenus arrêtés en vertu d'une ordonnance de prise de corps, parce qu'à cette époque de la procédure, ce magistrat est dessaisi. C'est au président de la Cour d'assises seul qu'il appartient alors d'interroger l'accusé (C. inst. 266, § 1).

SECTION II. — INTERPRÈTE.

SOMMAIRE.

2637. La loi n'exige pas que les magistrats chargés de l'instruction emploient des interprètes; mais la nécessité leur en fait un devoir, quand ils ne parlent pas le même langage que l'inculpé.

En conséquence, nous croyons devoir rappeler ici les règles établies pour les débats en Cour d'assises, parce qu'elles sont appliquées, chaque jour, dans la chambre d'instruction.

2638. Si l'inculpé et le juge ne parlent pas le même idiome, ce dernier appelle d'office, à peine de nullité, un interprète âgé de vingt et un ans au moins, et lui fait, sous la même peine, prêter serment de traduire fidèlement les paroles de l'inculpé (Arg. 332, C. inst.).

Quand l'inculpé s'énonce dans un idiome étranger, qui est familier au juge, celui-ci peut se dispenser d'appeler un interprète. Cependant des magistrats ont cru que, même dans ce cas, l'assistance d'un interprète était nécessaire; et nous trouvons nous-mêmes, dans cette opinion, une plus forte garantie pour l'inculpé (Cass. 21 fév. 1812 et 18 août 1832).

2639. Quoi qu'il en soit, il n'y a pas nullité, si l'inculpé étranger, qui entend et parle le français, n'a pas eu d'interprète, surtout s'il n'en a pas réclamé (Cass. 20 nov. 1828 et 15 juill. 1830).

Lors même qu'il n'entendrait pas la langue d'un témoin, il n'y aurait pas nullité, s'il n'y avait pas eu de réclamation de sa part (Cass. 23 mai 1839 et 12 mai 1855).

Il faut le dire, à défaut de règles écrites, il s'est établi, à cet égard, une grande diversité d'usages, qui devrait faire place à une régulière uniformité; mais ce serait à la chancellerie à y pourvoir par des instructions spéciales.

2640. Le greffier ou le commis-greffier peut servir d'interprète, pourvu qu'il prête serment *ad hoc*. Toutefois, nous pensons qu'il ne doit être chargé de ces fonctions qu'en cas d'absolue nécessité (Cass. 22 janv. 1808. — Legraverend, I, 246. — Carnot, *Inst. crim.* III, 181).

Il n'est pas, non plus, nécessaire que l'interprète soit Français, et qu'il jouisse de ses droits civils. On peut appeler, pour en remplir les fonctions, un étranger non naturalisé, fût-il même domestique (Cass. 2 mars 1827).

Une femme peut aussi, en cas d'extrême urgence, remplir les fonctions d'interprète, pourvu qu'elle ait vingt et un ans accomplis, si d'ailleurs elle n'est récusée ni par le ministère public, ni par l'accusé (Décis. min. 4 nov. 1811. — Cass. 16 avril 1818).

Au surplus, il y a présomption légale que l'interprète avait vingt et un ans, lors même que le procès-verbal n'en fait pas mention (Cass. 4 déc. 1832 et 9 avril 1846).

2641. Il n'y a donc que deux conditions essentielles à exiger des interprètes, l'âge et le serment : et il y aurait nullité, si le procès-verbal n'énonçait pas que l'interprète a prêté serment;

car ce serait une présomption que cette formalité a été omise (Cass. 6 janv. 1826 et 22 sept. 1837).

Mais si l'interrogatoire est interrompu et repris, l'interprète n'est pas tenu de prêter un nouveau serment (Cass. 15 juill. 1813).

De plus, il n'est pas indispensable que le procès-verbal, après avoir constaté l'intervention et le serment de l'interprète, rappelle, à chaque fois qu'on y a eu recours, qu'il a été fait usage de son ministère (Cass. 16 déc. 1837 et 26 avril 1849).

2642. Il faut un serment spécial et séparé pour chaque affaire (Cass. 10 déc. 1836).

Du reste, la formule du serment est indifférente; il suffit qu'il contienne l'obligation, pour l'interprète, de traduire fidèlement les discours à transmettre entre ceux qui parlent des langages différents (Cass. 4 fév. 1819, 27 avril 1820 et 15 avril 1824).

2643. Au lieu d'appeler un interprète à chaque interrogatoire, et de lui faire prêter un nouveau serment pour chaque affaire, il vaudrait mieux choisir à l'avance, surtout dans les lieux où une grande partie des habitants ne se sert pas de la langue française, un ou plusieurs interprètes, assermentés une fois pour toutes, qu'on serait sûr de trouver quand leur intervention serait nécessaire, et qui pourraient se suppléer au besoin (Inst. gén. 30 sept. 1826, n. XVII).

2644. Si l'inculpé est sourd-muet et ne sait pas écrire, il doit aussi lui être donné un interprète, et le magistrat doit choisir, de préférence, la personne qui a le plus d'habitude de converser avec lui (C. inst. 333);

Mais, à son défaut, on peut appeler tout autre interprète capable de transmettre ses réponses avec exactitude et fidélité (Cass. 27 mars 1834);

Lors même que ce serait un témoin déjà entendu, et qui aurait porté plainte contre l'inculpé (Cass. 3 juill. 1846).

Il n'est pas même nécessaire que la personne, qui a le plus d'habitude de converser avec lui, soit âgée de vingt et un ans (Cass. 23 déc. 1824).

Si, parmi les personnes désignées, celle qui passe pour avoir le plus d'habitude de converser avec l'inculpé n'est pas capable de se faire bien entendre de lui, on peut lui adjoindre un second interprète instruit dans le langage des gestes, afin qu'ils s'aident mutuellement (Décis. min. 6 juin 1821).

Si le sourd-muet sait écrire, il correspond par écrit avec le magistrat interrogateur, qui pourrait l'inviter à écrire lui-même, sur le procès-verbal, ses réponses aux questions posées (C. inst. 333, § 4).

Ce dernier mode doit obtenir la préférence toutes les fois qu'il peut être employé.

2645. L'inculpé et le ministère public peuvent récuser l'interprète, en motivant leur récusation (C. inst. 332).

Néanmoins, ce droit de récusation ne nous semble pas s'étendre aux interrogatoires subis en la chambre d'instruction, ni surtout à ceux qui sont subis sur les lieux, en cas de flagrant délit; car il pourrait alors rendre impossibles les investigations de la justice.

2646. Quant au salaire de l'interprète, il lui est payé par vacations, conformément à l'art. 16 du règlement du 18 juin 1811, et le nombre de ces vacations est réglé par le magistrat qui l'a employé, comme on le verra au tome III, chapitre *des Frais de justice criminelle.*

SECTION III. — ASSIGNATION AUX TÉMOINS.

SOMMAIRE.

2647. Le juge d'instruction, avant ou après l'interrogatoire, et mieux après, fait citer devant lui les personnes indiquées par le plaignant, le dénonciateur, le ministère public ou autres, comme ayant connaissance, soit du crime ou du délit, soit de ses circonstances (C. inst. 71).

Ainsi, de quelque manière que la désignation d'un témoin soit parvenue au juge d'instruction, même quand elle aurait été faite par l'inculpé lui-même, il est tenu de l'appeler et de l'entendre, parce que son devoir est d'informer tant à charge qu'à décharge (Circ. min. 29 flor. an IX, 25°).

2648. Le juge d'instruction n'est donc pas limité aux témoins particulièrement indiqués dans la plainte ou dans le réquisitoire introductif. Il peut citer, sans avoir besoin des réquisitions du ministère public, tous les individus qu'il découvrirait dans le cours de l'instruction, par exemple, ceux qui seraient indiqués par un témoin déjà entendu, ou par d'autres personnes.

Il entendrait même des témoins reprochables, ou dont l'audition est prohibée ou proscrite, qu'il n'y aurait pas, pour cela, nullité de l'instruction (Legraverend, I, 265).

Il peut aussi refuser de les entendre, malgré l'indication ou la réquisition du ministère public (Rennes, 8 déc. 1836).

2649. Mais il ne peut appeler que les personnes qui ont connaissance du fait incriminé : le droit de faire entendre des témoins, pour attester la moralité de l'inculpé, ne peut être exercé qu'aux débats (C. inst. 321. — Circ. min. 29 therm. an VI).

Il ne peut admettre qu'avec beaucoup de réserve des témoins justificatifs contraires aux témoins directs des faits poursuivis, surtout quand leur déposition a pour objet d'établir un *alibi* en faveur de l'inculpé. Car les témoins directs sont fortuits, et par cela même plus dignes de foi; tandis que les témoins justificatifs sont choisis ou désignés par l'inculpé lui-même, ce qui rend leur déposition plus suspecte (Circ. min. 29 therm. an VI).

2650. Il doit même limiter le nombre des témoins à entendre à ceux dont la déposition est vraiment nécessaire. A cet égard il faut consulter d'avance les officiers de police judiciaire, qui peuvent fournir des renseignements utiles, pour apprécier l'importance des témoins désignés (Circ. min. 8 mars 1817 et 9 avril 1825, 3°).

Il ne faut citer, par exemple, comme témoins, les ingénieurs en chef du contrôle des chemins de fer, lorsqu'il s'agit, non pas d'affaires graves, mais de simples contraventions aux règlements de police et d'exploitation, que dans des cas de nécessité absolue, et lorsque les renseignements qu'ils ont fournis par écrit sont insuffisants au point de vue des besoins judiciaires (Loi 27 fév. 1850, art. 4, § 3. — Circ. Rennes, 25 avril 1857).

2651. Aucun témoin ne peut être entendu, par le juge d'instruction, qu'après avoir été cité ou appelé en vertu d'une cédule délivrée par lui, sauf ce qui va être dit; et celui qui se présenterait volontairement devrait être assigné avant de déposer. Une déclaration, sans citation préalable, ne peut avoir lieu que lors de la rédaction du procès-verbal constatant un crime ou un délit (Arg. C. inst. 74. — Legraverend, I, 256).

Cependant, il arrive quelquefois que, dans des vues d'économie, le juge d'instruction appelle des témoins par simples lettres, quand il a la certitude qu'une telle citation sera obéie, et quand il n'y voit pas, d'ailleurs, d'inconvénients (De Molènes, I, 426).

Le ministère public n'a pas à intervenir dans l'emploi de cette mesure, pas même pour l'envoi de ces lettres, qui ne sont pas, à vrai dire, des ordonnances du juge.

2652. Quand le juge d'instruction a délivré une cédule pour faire citer des témoins, il la transmet au ministère public, qui est chargé de pourvoir à son exécution, comme nous l'avons vu au n° 2528, et qui la remet à un huissier ou à un agent de la force publique, pour que les témoins soient cités à sa requête (C. inst. 28 et 72. — Circ. min. 29 flor. an IX, 18°).

En conséquence, et pour abréger ou simplifier les ordres que le ministère public aurait à donner en pareil cas, il peut se contenter de mettre, en marge de la cédule, ces mots : *Pour ordre de notifier à notre requête*, et signer. Après quoi, les officiers ministériels, et autres exécuteurs des mandements de justice, peuvent instrumenter.

2653. Si les témoins appartiennent à un autre arrondissement, le ministère public transmet la cédule au ministère public de leur domicile, pour la faire notifier.

Quand la cédule a été signifiée et enregistrée par les soins de l'huissier qui en était chargé, elle est remise encore au ministère public, qui en prend note sur le registre des huissiers, tenu au parquet, en exécution de l'article 83 du décret du 18 juin 1811, et la renvoie ensuite au juge d'instruction, soit directement, soit par la voie du greffe, si l'affaire s'instruit dans son arrondissement, sinon, au fonctionnaire qui la lui a transmise.

2654. Ceux qui sont appelés devant le juge, à raison de leur art ou de leurs connaissances spéciales, doivent-ils être assignés comme *témoins* ou comme *experts ?*

La différence de taxe, plus forte pour ces derniers que pour les témoins, donne quelque intérêt à cette question. Nous pensons que ceux qui, sans avoir connaissance du fait incriminé, sont appelés à donner à la justice des renseignements sur un point de la science ou de l'art qu'ils professent, doivent être cités et taxés comme *experts ;* mais ce ne serait pas une raison pour eux, s'ils étaient cités comme témoins, de refuser de répondre aux questions du juge, et même, ils pourraient, à cause de ce refus, être considérés comme témoins défaillants, et traités comme tels.

Il a été décidé, depuis, que les hommes de l'art ou de la science qui sont appelés en témoignage pour donner des explications sur les rapports qu'ils ont fournis, doivent être taxés non comme témoins, mais comme experts (Circ. min. 7 déc. 1861).

2655. Dans aucun cas, il ne peut être donné aux témoins, en tête de leur assignation, une copie des plaintes, procès-verbaux, rapports, ou autres pièces de la procédure (Circ. min. 30 déc. 1812, 8°).

Le ministère public doit aussi veiller à ce qu'on ne multiplie pas inutilement le nombre des originaux. Un seul suffit pour tous les témoins à assigner dans le même canton (*Ibid.*).

Car il est défendu à tous huissiers, sans distinction, d'instrumenter hors du canton de leur résidence, sans un mandement exprès, qui n'est autorisé qu'en matière criminelle, comme nous le verrons au tome III, chapitre des *Frais de justice* (Décr. 14 juin 1813, art. 29).

2656. Les magistrats du parquet doivent veiller soigneusement :

1° A ce qu'il y ait, autant que possible, un délai de vingt-quatre heures entre le moment de la signification et celui de la comparution des témoins ;

2° A ce que les copies soient lisibles et portées sur du papier d'égale dimension ;

3° A ce qu'elles soient remises par l'huissier lui-même, sans quoi il encourt des peines correctionnelles, comme il sera dit au tome III, chapitre des *Huissiers ;*

4° A ce que l'original fasse une mention exacte de la personne à qui la copie a été laissée, comme nous l'avons vu au tome I, n° 628, et du coût détaillé de l'exploit (Décr. 14 juin 1813, art. 36, 43, 45 et 48. — Circ. Rennes, 7 nov. 1824).

SECTION IV. — FORMALITÉS SPÉCIALES.

SOMMAIRE.

2657. S'il est nécessaire de faire entendre, comme témoins, les divers ministres et autres grands fonctionnaires, le ministère public ne doit leur faire signifier aucune citation qu'après que, sur sa demande motivée, adressée au ministre de la justice avec l'exposé de l'affaire, la citation a été autorisée par le Chef de l'État (C. inst. 510. — Décr. 4 mai 1812, art. 1).

Si l'autorisation est refusée, ou si, à raison de la nature de la cause, le ministère public n'a pas cru devoir la demander, il requiert le juge d'instruction ou le tribunal saisi, selon les cas, de déléguer, pour recevoir par écrit la déposition de ces personnes, le premier président de la Cour d'appel, si elles résident ou si elles se trouvent accidentellement au chef-lieu d'une Cour d'appel, sinon le président du tribunal de première instance de l'arrondissement dans lequel elles ont leur domicile ou leur résidence momentanée (C. inst. 511, § 4).

2658. A cet effet, le tribunal ou le juge d'instruction saisi de l'affaire adresse, au président désigné, un état des faits, demandes et questions sur lesquels le témoignage est requis, et ce président se transporte aux demeures des personnes dont il s'agit, à l'effet de recevoir leur déposition (*Ibid.*, § 2 et 3).

Pour s'assurer qu'il les trouvera chez elles, il les avertit, soit par une lettre, soit par un huissier, de l'heure et du jour où il s'y transportera ; ou bien il leur demande une audience, pour le moment qu'il leur plaira d'indiquer.

2659. Les dépositions ainsi reçues sont immédiatement remises ou envoyées, closes et cachetées, au greffe du tribunal où la cause est pendante, et communiquées sans délai, par le greffier, au ministère public. A l'audience, elles sont lues et soumises aux débats (C. inst. 512).

Ces règles s'appliquent donc non-seulement à la comparution de ces dignitaires devant le juge d'instruction, mais encore à leur appel à l'audience (Ortolan, II, 229).

Cependant, d'autres criminalistes, dont l'opinion n'est pas suivie, sont d'un avis contraire (Legraverend, I, 276).

Quoi qu'il en soit, les dépositions dont il s'agit ne peuvent être reçues que sous la foi du serment, à peine de nullité (Cass. 29 sept. 1842).

2660. Quand les préfets ont agi, dans une procédure criminelle, comme officiers de police judiciaire, en vertu de l'art. 10 du Code d'instruction, les renseignements leur sont demandés par écrit, et il y est répondu de même (Décr. 4 mai 1812, art. 3).

Quand ils sont cités comme témoins, il n'est pas donné suite à la citation, si les préfets s'excusent sur la nécessité de leur service ; et alors, les magistrats du lieu de leur résidence viennent, dans leur demeure, prendre leur déposition. Dans le cas où ils veulent bien comparaître, ils sont reçus par un huissier à la première porte du palais de justice, introduits dans le parquet, placés sur un siége particulier, et reconduits de la même manière qu'ils ont été reçus (*Ibid.*, art. 4 et 5).

2661. Il en est de même du président du Conseil d'État, des conseillers d'État chargés d'une administration publique, des généraux en activité de service, des ambassadeurs et autres agents diplomatiques près les Cours étrangères, à moins que le Chef de l'État n'ait prescrit à leur égard un autre cérémonial (*Ibid.* — C. inst. 513).

Néanmoins, le ministère public peut les faire assigner comme témoins, ainsi que les préfets; mais s'ils allèguent, pour s'excuser de comparaître, les nécessités du service dont ils sont chargés, il n'est pas donné suite à la citation; et, dans ce cas, les magistrats chargés de l'instruction, ou le président du tribunal, viennent, dans leur demeure, pour recevoir leur déposition (Décr. 4 mai 1812, art. 4 et 6).

2662. Si les fonctionnaires dont il s'agit ne comparaissent pas sur la citation, et ne s'excusent pas, il faut supposer que, s'ils ne se sont pas présentés, c'est que le service de l'État les a retenus, et le ministère public ne doit pas requérir légèrement contre eux les peines portées contre les témoins défaillants; il doit se borner à demander une nouvelle assignation au magistrat instructeur; ou, si la cause est pendante à l'audience, le renvoi de l'affaire à un autre jour, afin de les faire assigner de nouveau (Ortolan, II, 229).

Tous les autres fonctionnaires, quelle que soit l'importance de leurs fonctions, sont obligés de se présenter devant le magistrat qui les a appelés en témoignage, à quelque distance que ce soit (Rogron, *sur l'art. 514 du Code d'instr. crim.*).

2663. Lorsqu'un militaire en activité de service est appelé comme témoin, soit devant le juge d'instruction, soit aux débats, le ministère public doit en informer, par écrit, le chef du corps ou du détachement auquel ce militaire appartient, vingt-quatre heures au moins avant la notification de la citation, en l'invitant à lever tous les obstacles qui pourraient empêcher le témoin d'obéir à la justice. Quand le témoin appartient à la gendarmerie, il suffit de prévenir l'officier qui commande l'arme dans l'arrondissement (Circ. min. 15 sept. 1820 et 6 déc. 1840, § 4). — Appendice, n° 34.

Le témoignage des marins embarqués à bord des vaisseaux de l'État doit être reçu, conformément à la loi du 18 prairial an II, lorsqu'ils ne se trouvent pas dans le lieu où siége le juge qui les appelle (Décis. min. 23 sept. 1811).

2664. Lorsque le témoignage des préposés des douanes et des contributions indirectes est jugé nécessaire, les magistrats du parquet doivent leur faire parvenir les citations par l'intermédiaire du directeur de ces administrations dans leur arrondissement. Il importe, en effet, que ce fonctionnaire puisse ordonner les mesures nécessitées par le déplacement de ces préposés. Si, dans l'intérêt du service qui leur est confié, les directeurs faisaient valoir des motifs pour obtenir un sursis à la comparution de leurs subordonnés, il appartiendrait au ministère public d'en apprécier la validité, en vue du double intérêt de la justice et de l'administration, sauf à en référer, s'il y avait lieu, au ministre de la justice (Circ. min. 4 nov. 1812 et 6 déc. 1840, § 5).

Dans tout autre cas, ces préposés doivent, comme les autres citoyens, obtempérer sans délai aux citations qui leur sont régulièrement adressées par l'autorité judiciaire, pour comparaître devant les tribunaux; seulement, le ministère public doit en donner avis à leurs supérieurs, assez tôt pour qu'ils puissent assurer, pendant leur absence, le service dont ils sont chargés (Décis. min. 13 sept. 1825 et 2 janv. 1832).

2665. Quand il y a lieu d'appeler des étrangers, résidant hors du territoire de la France, à venir déposer devant des magistrats français, il faut suivre les formalités prescrites par les traités internationaux.

Ainsi, les Suisses et les Belges peuvent être cités à comparaître comme témoins, devant les tribunaux français, dans les procédures criminelles (Décis. min. 19 mai 1818).

2666. Lorsque la comparution de témoins belges est nécessaire, il faut que le ministère public adresse, au procureur général du ressort où l'affaire s'instruit, les dépêches destinées aux autorités de ce pays. La citation des témoins doit se faire sous forme d'invitation, mais ils ne doivent pas être appelés dans les affaires politiques. L'invitation leur est notifiée par huissier, suivant les formes usitées pour les citations ordinaires. Il est essentiel de bien désigner les témoins, de leur donner, en fixant le jour de leur comparution, le temps suffisant pour se présenter, même au delà du délai nécessaire à raison des distances, et d'éviter, en transmettant les pièces, de s'adresser à des magistrats qui ne seraient pas ceux de la résidence même des témoins invités à comparaître (Décis. min. 2 sept. 1835 et 8 mai 1839).

Les témoins belges ou français, réciproquement appelés à déposer en France ou en Belgique, sont cités par un huissier, suivant les formes usitées dans chaque pays, lequel se charge de payer les frais faits sur son propre territoire (Décis. min. 19 fév. 1836).

2667. Lorsqu'un témoin étranger est ainsi appelé à venir déposer devant les tribunaux français, le ministère public doit, en transmettant l'original de la citation aux magistrats étrangers, les inviter à faire établir par l'huissier, au bas de l'exploit, le coût de la notification, et à certifier, à la suite, que les salaires réclamés sont ceux alloués par le tarif du pays. Le ministère public joint ensuite l'original de la citation, quand il lui est parvenu, aux pièces de la procédure, et en transmet une copie, certifiée par lui, au préfet le plus voisin du lieu où les citations ont été notifiées, afin que celui-ci délivre le mandat nécessaire pour que ces frais soient payés par les caisses françaises (Décis. min. 10 sept. 1822).

Quand des Français sont cités pour aller déposer comme témoins en Italie, le ministère public doit provoquer, de la part des consuls italiens, le versement de la somme nécessaire au voyage des témoins de son arrondissement (Circ. min. 30 juill. 1872).

2668. Toutes les fois qu'il y a lieu de recevoir les déclarations de témoins ou de prévenus appartenant à l'équipage d'un navire espagnol, il faut que le ministère public en donne avis au consul d'Espagne le plus voisin, pour qu'il ait à user, s'il le juge convenable, par lui-même ou par un délégué, du droit d'assistance qui lui est conféré par les conventions internationales. En conséquence, le jour et l'heure où il devra se présenter lui sont notifiés, et l'instruction doit constater le fait de la présence du consul ou de son délégué, s'il s'est en effet présenté ; mais sans toutefois que l'exercice de cette faculté puisse nuire en rien à l'indépendance des magistrats instructeurs, ni à leur libre communication avec les témoins et les inculpés, ni à aucune des règles fondamentales de notre procédure criminelle. Le rôle des consuls doit se borner à celui d'interprète de leurs nationaux, sauf à suspendre l'information, et à en référer immédiatement au ministre de la justice, s'ils voulaient en sortir, et s'ils soulevaient d'autres prétentions ou de sérieuses difficultés (Circ. min. 8 juin 1850).

2669. Toutes les fois que la présence d'un forçat est nécessaire pour l'instruction ou le jugement d'une affaire criminelle, soit lorsqu'une procédure exige qu'il soit entendu comme témoin, soit lorsqu'il est poursuivi à raison de crimes antérieurs à sa condamnation, la demande d'extraction doit être adressée au garde des sceaux, afin qu'elle soit transmise, s'il y a lieu, au ministre de la marine, sur l'ordre duquel seul les forçats peuvent être détachés de la chaîne. Chaque demande de cette nature doit contenir un précis des motifs sur lesquels elle est fondée (Circ. min. 30 mars, 1er juill. 1811 et 6 déc. 1840, § 6).

2670. A l'égard de tout autre témoin détenu, on procède comme suit : S'il est détenu dans le lieu de la résidence du juge saisi de l'instruction, celui-ci le fait conduire devant lui par un huissier, après l'avoir fait assigner, ou se transporte lui-même dans la prison pour recevoir sa déposition. S'il est détenu hors du lieu de la résidence du juge d'instruction, ce magistrat décerne une commission rogatoire, pour faire recueillir sa déposition par le magistrat du lieu de la détention, qu'il délègue à cet effet, en se conformant à ce qui sera dit ci-après, à la section VII.

S'il est absolument nécessaire que le témoin détenu soit conduit devant le juge d'instruction, celui-ci délivre une cédule où il est fait mention de cette nécessité, et la transmet au ministère public, qui donne, dans son arrondissement, les ordres nécessaires pour son exécution, ou invite son collègue du lieu de la détention à donner les mêmes ordres, en lui envoyant la cédule à faire notifier.

Les frais de cette cédule sont réglés et payés dans l'arrondissement où elle a été notifiée.

SECTION V. — MODE D'AUDITION.

SOMMAIRE.

2671. Serment.	2674. Enquête locale.	2676. Interprète.
2672. Audition séparée.	2675. Présence du minis-	
2673. Constatation.	tère public.	

2671. Tous les témoins assignés doivent, avant de déposer, prêter serment de dire toute la vérité et rien que la vérité, et les membres des associations religieuses, cités comme témoins, ne sont pas dispensés de prêter ce serment (C. instr. 75. — Cass. 30 déc. 1824).

Ce qui peut sembler étrange, c'est que, malgré la formalité du serment, les fausses dépositions devant le juge d'instruction ne constituent pas le crime de faux témoignage (Cass. 26 avril 1816 et 14 sept. 1826).

2672. Les témoins doivent être entendus hors la présence les uns des autres, sans préjudice des confrontations que l'on peut faire entre eux (Circ. min. 12 janv. 1824).

Le juge d'instruction peut entendre comme témoins, sous la foi du serment, les personnes dont la déposition ne pourrait être reçue à l'audience, à raison de leur degré de parenté ou d'alliance avec les prévenus, d'après les prohibitions portées aux art. 156, 189 et 322 du Code d'instr. crim. (Legraverend, I, 266. — Douai, 11 août 1853).

2673. Du reste, la marche suivie par plusieurs juges d'instruction, dans la manière de constater les dépositions des témoins, est tout à fait inusitée et défectueuse. Toutes les fois qu'ils ont des demandes à leur adresser, ils commencent par clore la partie de la déposition qui précède, après leur en avoir donné lecture, et ils ouvrent ensuite un nouveau procès-verbal, pour faire leurs interpellations et recevoir les réponses des témoins. Comme ces réponses font partie intégrante de leur déposition, elles devraient se trouver consignées avant toute clôture et lecture, et dans le contexte même du premier procès-verbal (Décis. Rennes, 3 mai 1831).

Voyez ce que nous avons dit sur les cahiers d'information au n° 2394.

2674. Il arrive quelquefois, que, pour obtenir plus de précision et de clarté dans les dépositions, et pour pouvoir entendre immédiatement d'autres témoins qui lui seraient désignés, le juge d'instruction pense devoir aller faire l'information sur le théâtre même du crime. Cette détermination, qui est abandonnée, dans le silence de la loi, au pouvoir discrétionnaire des magistrats, peut être requise par le ministère public, ou ordonnée d'office par le juge. Dans tous les cas, un magistrat du parquet doit accompagner le juge d'instruction, pour faire sur-le-champ les réquisitions que les circonstances rendraient nécessaires, et il requiert la présence d'un huissier ou de la gendarmerie, pour faire les significations sans retard (Arg. Circ. min. 29 flor. an ix, 16°.— Circ. min. 23 sept. 1811).

2675. Le ministère public peut, sans qu'il y ait nullité, être présent à l'audition de tous les témoins ; mais, lorsqu'il a donné ses réquisitions à cet effet, et que le jour et l'heure de leur audition sont fixés, le juge d'instruction peut y procéder en son absence (Circ. min. 29 flor. an ix, 16°).

Dans l'usage, le ministère public s'abstient d'assister aux informations faites par le juge d'instruction : la loi actuelle semble même prohiber sa présence, puisqu'elle ne l'autorise pas formellement (C. inst. 73).

2676. Si les témoins et le juge d'instruction ou ses délégués ne parlent pas le même langage, il y a lieu de recourir à un interprète et d'appliquer ce que nous avons dit ci-dessus, au n° 2637 et suivants.

SECTION VI. — TÉMOINS DÉFAILLANTS.

SOMMAIRE.

2677. Si un témoin assigné ne comparaît pas, le juge d'instruction constate le défaut de comparution au pied du cahier d'information, ou en rapporte procès-verbal séparé, et le transmet au ministère public, qui requiert, s'il y a lieu, que le témoin défaillant soit condamné à l'amende et même contraint par corps.

Sur ces conclusions, sans autre formalité ni délai, et sans appel, le juge d'instruction prononce contre lui une amende qui ne peut excéder 100 fr., ou donne par écrit les motifs de son refus (C. inst. 80).

Le refus de déposer est assimilé au défaut de comparution, et entraîne les mêmes peines (Legraverend, I, 251);

Même envers le condamné libéré qui refuse de déposer sans prestation de serment, et sous forme de simples renseignements (Cass. 13 janv. 1838).

2678. Si la déposition du témoin est essentielle, le ministère public peut requérir, et le juge d'instruction ordonner qu'il sera, soit réassigné de nouveau à ses frais, soit même contraint par corps à venir donner son témoignage (C. inst. 80).

Dans ce dernier cas, le juge d'instruction décerne, contre lui, un mandat d'amener en la forme ordinaire.

2679. Si le juge d'instruction refuse de condamner le témoin défaillant à l'amende, ou de décerner contre lui un mandat d'amener, malgré les réquisitions du ministère public, celui-ci peut former opposition à son ordonnance devant la chambre d'accusation, comme nous l'avons dit au n° 2402 (Cass. 14 sept. 1832).

Mais l'amende et le mandat de dépôt ne peuvent pas être appliqués par un autre magistrat que le juge d'instruction. Si donc les témoins assignés, par un juge de paix délégué, refusent de comparaître, ce juge ne peut pas les condamner, parce que la loi ne lui en confère pas le droit : il doit se borner à constater l'absence des témoins défaillants, et en donner avis au juge d'instruction, qui prononce sur les conclusions du ministère public (Circ. min. 29 flor. an IX, 14°).

2680. Si le témoin qui a laissé défaut produit, devant le juge, des excuses légitimes, soit par lui-même, soit par un tiers, ces excuses sont transmises au ministère public, qui en examine la nature et la vérité, et qui, s'il les trouve suffisantes, peut requérir que le témoin soit déchargé de l'amende, ou que, dans le cas contraire, l'amende soit maintenue. (C. inst. 81).

Si ces excuses sont fondées sur un état de maladie du témoin, cet état doit être constaté par un certificat de médecin, délivré sur papier timbré (Loi 13 brum. an VII, art. 12 et 24).

2681. Le juge met au pied du réquisitoire son ordonnance, qui a l'autorité de la chose jugée. Si l'amende est maintenue, ou si le témoin n'a pas produit d'excuses, le ministère public prend au greffe une expédition de l'ordonnance, et la transmet au receveur de l'enregistrement, qui demeure chargé de procéder au recouvrement de l'amende.

Il doit être pris note au parquet de ces ordonnances, pour les rappeler au compte annuel de l'administration de la justice criminelle, dont il sera parlé au tome III, chapitre des *Travaux statistiques*.

2682. Le témoin qui ne connaît les faits sur lesquels il est appelé à déposer qu'à raison de sa profession, qui lui commande le secret, est toujours tenu de comparaître et de prêter serment, après quoi il peut s'excuser sur les obligations de son état.

Les personnes dispensées de déposer pour ce motif sont : les médecins, chirurgiens, officiers de santé, pharmaciens, sages-femmes, notaires, avocats, avoués, confesseurs, et toutes autres personnes dépositaires, par état ou profession, des secrets, qu'on leur confie, et qui ne peuvent les révéler que dans les cas où la loi les oblige à se porter dénonciateurs (C. pén. 378).

Elles peuvent, avant de prêter serment, déclarer qu'elles ne se considéreront pas comme obligées à révéler ce qu'elles ne savent qu'à raison de leur qualité ou de leurs fonctions (Cass. 20 janv. 1826).

2683. Toutefois, un notaire ne peut refuser de déposer des faits matériels qui se sont passés dans son étude ; la dispense ne comprend que la révélation des confidences qui lui auraient été faites (Cass. 23 juill. 1830).

De même, un tribunal ou un juge peut ordonner que les avoués, appelés devant lui en témoignage, seront entendus sur tous les faits qui sont à leur connaissance, sans autres restrictions que celles qui leur sont imposées par les devoirs de leur profession (Cass. 6 janv. 1855).

Ces mots de l'art. 378 du Code pénal, *hors les cas où la loi les obligé à se porter dénonciateurs*, sont devenus à peu près sans objet, depuis l'abrogation des art. 103 et suivants du Code pénal par la loi du 28 avril 1832 (Hélie et Chauveau, C. pén., VI, 530).

2684. D'un autre côté, la loi n'a entendu punir que la révélation des secrets nécessaires (Dalloz jeune, *Supp.*, v° *Révélation de secrets*, n° 5).

Ainsi un fonctionnaire de l'université, un recteur d'académie, par exemple, qui a dirigé des poursuites ou une information disciplinaire contre un professeur, ne peut se dispenser de prêter serment et de déposer sur des faits qu'il a appris dans le cours de cette information, lors même qu'ils ne lui auraient été confiés que sous le sceau du secret (Rennes, 28 août 1846).

SECTION VII. — COMMISSIONS ROGATOIRES.

SOMMAIRE.

2685. Une commission rogatoire est une délégation par laquelle un magistrat charge ou requiert un autre magistrat de faire pour lui un acte de son ministère.

Cette délégation peut avoir pour objet diverses opérations, telles qu'une perquisition, une visite domiciliaire, une constatation de l'état des lieux, un interrogatoire, une audition de témoins, etc.

2686. Plus particulièrement, un juge d'instruction peut déléguer ses pouvoirs, soit pour recevoir la déclaration d'un témoin, soit pour toute autre opération relative aux informations dont il est chargé (Cass. 19 avril 1811).

Est valable la commission rogatoire qui désigne, pour instrumenter, l'un des juges d'instruction de tel siége, sans autre dénomination, et les actes que fait l'un de ces juges sont également valables, bien qu'il n'ait pas énoncé qu'il agissait en vertu d'une commission rogatoire (Cass. 25 janv. 1849).

Nous allons compléter ici, pour les informations, ce que nous avons dit à ce sujet, en matière de perquisitions, aux n°s 2545 et suivants.

2687. Lorsqu'il est constaté, par le certificat d'un homme de l'art, que des témoins se trouvent, pour cause de maladie, dans l'impossibilité de comparaître sur la citation qui leur a été donnée, le juge d'instruction doit se transporter en leur demeure, quand ils habitent dans le canton de sa résidence (C. inst. 83, § 1).

En pareil cas, le juge d'instruction n'a pas besoin d'un réquisitoire exprès du ministère public; le certificat du médecin suffit pour qu'il rende une ordonnance de transport.

2688. Si les témoins habitent hors du canton, le juge d'instruction peut commettre le juge de paix de leur domicile, à l'effet de recevoir leur déposition, et, en même temps, il lui envoie des notes et instructions, qui lui font connaître les faits sur lesquels les témoins ont à déposer (*Ibid.*, § 2).

Comme c'est là seulement une faculté accordée au juge d'instruction, il peut ne pas vouloir en user, et, dans ce cas comme dans le précédent, il se transporte lui-même auprès des témoins.

Malgré les termes généraux et absolus de l'art. 62 du Code précité, la présence du ministère public n'est pas alors nécessaire; mais le greffier doit toujours accompagner le juge d'instruction.

2689. Si les témoins malades résident hors de l'arrondissement du juge d'instruction, celui-ci requiert son collègue de leur résidence de se transporter près d'eux pour recevoir leur déposition; et, dans le cas où ils n'habiteraient pas le canton du juge d'instruction ainsi requis, celui-ci peut commettre, à cet effet, le juge de paix de leur habitation (C. inst. 84).

2690. Si le témoin auprès duquel un juge s'est transporté pour cause de maladie n'était pas dans l'impossibilité de comparaître, le juge devrait décerner un mandat de dépôt contre le témoin et contre l'homme de l'art qui aurait délivré le faux certificat (*Ibid.*, 96, § 2).

La peine portée en pareil cas est prononcée par le juge d'instruction du même lieu, c'est-à-dire de l'arrondissement où demeure le témoin, et sur la réquisition du ministère public, en la forme prescrite par l'art. 80 (*Ibid.*, § 2).

2691. Cette peine est une amende de 100 fr., au plus, sans préjudice de l'emprisonnement porté par les art. 160 et 236 du Code pénal, pour l'application desquels le témoin défaillant et l'officier de santé prévaricateur sont traduits, en état de mandat de dépôt, devant le tribunal correctionnel (C. inst. 80);

Et l'amende pour non-comparution doit être cumulée avec l'emprisonnement encouru pour une faussé excuse (Cass. 29 nov. 1814).

Quant à la compétence, le juge d'instruction peut appliquer seulement l'amende, mais la peine d'emprisonnement ne peut être prononcée que par les tribunaux de répression (Carnot, *Inst. crim.*, 370 et 373. — Duverger, *Manuel des juges d'instruct.* II, 20. — Rogron, *sur l'art.* 86 *du Cod. d'inst. crim.*).

2692. Les dispositions des art. 83 et 84 du Code d'instruction criminelle ne devraient, à la rigueur, recevoir d'exécution que dans le cas de maladie des témoins dûment constatée, c'est-à-dire que, dans tout autre cas, il serait interdit au juge d'instruction de décerner des commissions rogatoires, pour faire entendre les témoins, qui devraient toujours être appelés à comparaître devant lui.

Néanmoins, des instructions fréquentes ont enseigné que ce serait une erreur; que les articles précités n'étaient pas limitatifs, mais seulement indicatifs, et que le droit de déléguer tenait aux règles générales de la procédure criminelle. En conséquence, elles ont autorisé et même prescrit, dans le but de diminuer les frais de justice criminelle, d'employer, toujours et de préférence, les commissions rogatoires. Les juges d'instruction doivent, a-t-on dit, éviter autant que possible de se déplacer, et de faire citer devant eux les témoins qui habitent un autre canton, et surtout un autre arrondissement, particulièrement lorsque ces témoins sont chargés d'un service public, qui pourrait souffrir de leur absence, si ce n'est pourtant dans les affaires graves et difficiles, où il peut être utile de conserver à l'instruction toute sa solennité. Les délégations faites aux juges de paix et aux autres juges instructeurs, dans les procédures ordinaires, ont le triple avantage d'être plus économiques, de moins déranger les témoins, et de laisser plus de temps aux juges d'instruction, pour s'occuper des affaires les plus importantes ou de l'expédition des causes civiles (Circ. min. 23 sept. 1812, § 2, 9 avril 1825, § 3, et 16 août 1842. — Circ. Rennes, 18 juill. 1834).

2693. Ainsi, pour diminuer les frais de justice, le ministère public doit veiller à ce que les juges de paix remplissent leurs devoirs dans toute leur étendue, car ils sont appelés par la loi à faire directement ou par délégation, en matière criminelle, le plus grand nombre des actes de procédure, surtout les informations.

Dans quelques tribunaux, les juges d'instruction font tout par eux-mêmes, sans distinction des circonstances graves ou urgentes de celles qui ne le sont pas. Pour remédier à cette infraction aux circulaires précitées, le ministère public a été invité à joindre au dossier de toute procédure criminelle une note explicative des motifs du déplacement des témoins entendus hors de leurs cantons respectifs (Circ. Rennes, 26 octobre 1825).

2694. Toutefois, il peut encore être nécessaire de confronter les témoins, soit entre eux, soit avec l'inculpé, surtout pour qu'ils aient à reconnaître son identité, et à déclarer si c'est bien lui dont ils ont voulu parler dans leur déposition; et pour que l'inculpé lui-même puisse invoquer contre leur témoignage, ou à son appui, tout ce qui est utile à sa défense. C'est aux juges d'instruction à concilier judicieusement les intérêts du Trésor avec la nécessité de parvenir à la manifestation de la vérité (Même circ.).

Quand il y a lieu à confrontation, si l'inculpé est demeuré libre, le juge d'instruction l'avertit par écrit, ou le fait appeler par un mandat de comparution, pour être présent à la chambre d'instruction en même temps que les témoins; et, s'il est détenu, il le fait amener par un huissier de service.

2695. Une commission rogatoire doit toujours être donnée par écrit, elle est datée, signée et scellée, elle porte le nom du juge mandant et la désignation du magistrat ou de l'officier de police judiciaire à qui elle est adressée. Elle contient: 1° une désignation, aussi exacte que possible, de l'inculpé, des faits incriminés, des circonstances qui y donnent lieu; 2° des instructions claires et précises sur les points à constater et sur les opérations requises, enfin, tous les renseignements nécessaires pour qu'elle soit facilement exécutée (Circ. min. 16 août 1842, § 9).

Si elle a pour objet l'audition de quelques témoins, elle doit les indiquer assez exactement pour prévenir toute confusion, et autoriser à entendre, en outre, tous ceux dont la déposition serait jugée nécessaire.

2696. Il est toujours fait mention de la commission rogatoire, en tête de chacun des actes qui en sont la suite et qui sont, comme elle, envoyés en minute, avec un inventaire des pièces et un état des frais qu'ils ont occasionnés.

Le magistrat désigné a les mêmes pouvoirs que celui dont il a reçu la délégation, et il peut subdéléguer, à son tour, des officiers de police auxiliaire de son arrondissement, s'il peut y avoir à cela économie ou célérité.

2697. Le ministère public doit-il intervenir dans l'envoi des commissions rogatoires, et peut-on appliquer à ces actes les dispositions de l'art. 28 du Code d'instruction criminelle ?

Nous adoptons l'affirmative.

En premier lieu, cet article est général dans ses termes, et comprend toutes les ordonnances qui sont rendues par le juge, dans les cas prévus au chapitre VI du livre Ier de ce Code : or, c'est dans ce chapitre que se trouvent les règles relatives aux commissions rogatoires. Ainsi, elles doivent être transmises par l'intermédiaire du parquet.

En second lieu, l'action des juges d'instruction ne peut être déterminée que par un réquisitoire du ministère public placé près de lui ; et, d'un autre côté, les témoins ou experts, à appeler en vertu de commissions rogatoires, ne peuvent être cités qu'à la requête du ministère public, d'après les art. 47 et 72 du Code d'instruction criminelle. Ces deux motifs exigent que les commissions rogatoires soient, sinon adressées, au moins communiquées au ministère public avant leur exécution, afin qu'il donne les réquisitions nécessaires au pied de chacune d'elles (Circ. Rennes, 25 juin 1841).

A Paris, le ministère public donne toujours un réquisitoire à cet effet.

2698. Il convient donc que le juge d'instruction laisse au ministère public le soin de transmettre ses commissions rogatoires et ses ordonnances, pour qu'il puisse en assurer l'exécution (Décis. min. 31 déc. 1827).

Il a été reconnu, toutefois, qu'il pouvait faire lui-même, et directement, l'envoi de ses commissions rogatoires ; mais que, s'il croyait devoir recourir, même accidentellement, à l'intervention du ministère public, celui-ci ne pouvait se refuser à les transmettre à qui de droit (Circ. min. 6 janv. 1825).

2699. Les juges de paix ne peuvent refuser d'exécuter les commissions rogatoires des juges d'instruction, lesquelles rentrent parfaitement dans leurs attributions d'officiers de police judiciaire (Décis. min. 25 sept. 1827).

Mais, de leur côté, les juges d'instruction ne doivent user qu'avec discernement et réserve de leur droit de délégation (Décis. min. 19 déc. 1826).

Enfin, les juges de paix délégués ne doivent pas se borner à parafer les cahiers d'information, ils doivent les signer en toutes lettres, comme le ferait le juge d'instruction lui-même (Décis. min. 6 oct. 1824).

2700. Du reste, les commissions rogatoires ne sont jamais transmises en expédition, mais bien en minute (Circ. min. 16 niv. an iv et 7 juin 1814, 1°. — Décis. min. 5 mars 1825).

Ces mesures ne font pas obstacle à ce que les commissions rogatoires une fois remplies, et les actes qui en sont la suite, ne soient renvoyés *clos et cachetés*, conformément à l'art. 85 du Code d'instruction criminelle, et dans la forme indiquée au n° 2566, § 5, au juge d'instruction chargé de l'affaire, l'intervention des officiers du parquet n'étant requise que pour la transmission des commissions elles-mêmes, et pour en assurer l'exécution (Circ. Rennes, 25 juin 1841).

2701. Toutes les pièces, constatant l'exécution d'une commission rogatoire, doivent être renvoyées au magistrat mandant avec un bref inventaire et un état des frais signé par le magistrat délégué ; et elles sont et demeurent jointes au dossier de la procédure qui y a donné lieu.

2702. De même que les juges d'instruction peuvent décerner des commissions rogatoires pour faire entendre, par d'autres magistrats, les témoins dont l'audition est nécessaire dans les procédures dont ils sont chargés, de même aussi ils peuvent être délégués à leur tour par leurs collègues, qui leur adressent des commissions rogatoires dans le même but. Ce droit de délégation est donc réciproque, et un juge d'instruction ne peut refuser d'exécuter une commission rogatoire, sous prétexte que les faits ne constituent ni crime, ni délit; le refus qu'il aurait formulé, pour ce motif, devrait être frappé d'opposition par le ministère public (Décis. min. 25 mai 1830).

2703. Le droit de délégation s'étend même aux commissairesrapporteurs près les tribunaux militaires et maritimes.

Ces commissions rogatoires parviennent ordinairement aux juges d'instruction par l'intermédiaire des magistrats chargés d'en assurer l'exécution. Si c'est le juge d'instruction qui les a reçues, il doit les communiquer au parquet, pour que le ministère public puisse requérir ce que de droit, car il a seul qualité pour provoquer les actes du juge d'instruction.

2704. Il doit aussi veiller à ce que ces commissions ne deviennent pas assez fréquentes pour empêcher les juges d'instruction de vaquer à leurs occupations ordinaires, car il ne faut pas oublier que les commissions rogatoires militaires doivent être données, de préférence, aux capitaines-rapporteurs ou aux officiers de gendarmerie (Loi 18 prair. an xi. — Décis. min. 23 juin 1820).

Et même, dans les villes où il existe un conseil de guerre permanent, le juge d'instruction n'est pas tenu de déférer à la commission rogatoire que lui adresse le capitaine-rapporteur d'un autre conseil de guerre, à l'effet d'entendre des témoins, militaires ou non (Cass. 11 fév. 1830).

2705. Quand des frais d'audition de témoins, et autres dépenses, ont été faits à la requête du ministère public, et par suite de délégations adressées aux juges d'iustruction, dans des affaires qui sont de la compétence des tribunaux militaires, ces frais sont avancés par le receveur de l'enregistrement, sauf son recours vers l'intendant ou le sous-intendant militaire.

Dans ces circonstances, les témoins doivent être cités, de préférence, par des gendarmes, surtout quand ils sont militaires (Loi 3 pluv. an II, tit. x, art. 21. — Décis. min. 9 nov. 1822. — Circ. min. 3 nov. 1826. — Circ. Rennes, 10 fév. 1827).

2706. Pour régler les attributions respectives des magistrats de l'ordre judiciaire et des commissaires-rapporteurs dans chaque port militaire, les dispositions suivantes ont été arrêtées de concert entre les ministres de la justice et de la marine :

1º Pour la signification des cédules à témoins, et pour la notification et l'exécution des mandats de comparution, d'amener, de dépôt ou d'arrêt, et de tous autres actes de ses fonctions, le commissaire-rapporteur emploiera ses agents auxiliaires dans la circonscription qui leur est attribuée. Lorsque ces significations ou exécutions devront avoir lieu au dehors de ces circonscriptions, ou lorsque ces agents seront empêchés, le commissaire-rapporteur transmettra les pièces au procureur de l'arrondissement qui, après en avoir constaté la régularité, devra en requérir l'exécution sans délai;

2º Si les témoins, dont le commissaire-rapporteur voudra recueillir les dépositions, résident hors de la circonscription des ports et arsenaux, et sont empêchés de se rendre à la citation qui leur aura été donnée à sa requête, il requerra le juge d'instruction de l'arrondissement de leur résidence de les entendre. Ce magistrat, après avoir obtempéré à cette réquisition, enverra son procès-verbal au commissaire-rapporteur suivant le mode déterminé par l'article 85 du Code d'instruction criminelle. S'il s'agit d'une visite domiciliaire à faire au dehors des ports et arsenaux, le commissaire-rapporteur adressera une commission rogatoire, au juge d'instruction compétent, par l'intermédiaire du procureur de l'arrondissement où il faudra opérer;

3º Toutes les fois qu'il s'agira de crimes ou délits commis dans les ports et arsenaux, et étrangers à leur police de sûreté ou au service maritime, la constatation en appartiendra au procureur d'arrondissement conformément au droit commun. A cet effet, ce magistrat pourra se transporter, soit par lui-même, soit par ses auxiliaires, dans l'enceinte de cet établissement, lorsqu'il aura été averti, soit par la rumeur publique, soit par l'autorité maritime. Toutefois, le commissaire-rapporteur, qui se trouvera dans l'arsenal au moment de la perpétration du délit, ou même avant l'arrivée du procureur d'arrondissement, pourra, en cas d'urgence, et en attendant ce magistrat, recueillir et constater immédiatement les preuves qu'on pourrait craindre de voir disparaître ou s'affaiblir. S'il existe des doutes sur le caractère des crimes ou des délits, en ce qui concerne la compétence, et si ces doutes ne peuvent être levés après un examen, fait à l'amiable, entre le procureur d'arrondissement et le commissaire-rapporteur, les actes d'information nécessaires pour la conservation des éléments de preuve, et pour l'arrestation des inculpés, seront faits d'un commun accord; et les pièces de la procédure seront déférées à la Cour de cassation, pour arriver à un règlement de juges conformément à l'article 527 du Code d'instruction criminelle (Circ. min. 17 août 1854).

2707. Quand il arrive que des juges ou des tribunaux français ont besoin d'entendre des témoins appartenant à des nations étrangères, et demeurant en pays étranger, les commissions rogatoires qu'ils adressent, à cet effet, aux juges étrangers ne peuvent parvenir à ceux-ci que par l'intermédiaire du ministre de la justice, à qui elles sont transmises. Il en est de même lorsque des tribunaux étrangers ont à faire interroger des témoins français; mais, dans ce cas, les commissions sont transmises, par nos agents diplomatiques ou consulaires, au ministre des affaires étrangères, qui les fait parvenir à la chancellerie (Circ. min. 22 mars 1820.— Dalloz aîné, v° *Compétence*, n° 14. — Ortolan, ii, 230).

Et alors, les actes du ministère public, ayant pour objet l'exécution de ces commissions, sont enregistrés gratis (Décis. min. fin. 27 mars 1829).

2708. Dans aucun cas, les magistrats français ne peuvent correspondre avec les autorités judiciaires à l'étranger, pour la transmission ou l'exécution de ces commissions rogatoires. Si l'on trouve convenable d'y joindre une note explicative, elle devra être adressée au ministre de la justice, qui la fera parvenir au gouvernement étranger (Décis. min. 19 juill. 1826. — Circ. min. 5 avr. 1841, page 8).

Du reste, les commissions rogatoires adressées aux magistrats étrangers ne doivent contenir aucun commandement, ni même aucune réquisition, mais seulement une formule d'invitation ou de prière, aussi simple et aussi brève que possible (Décis. min. 9 juin et 19 juill. 1826).

Remarquez que la commission ne pouvant avoir d'effet qu'autant que l'exécution en est autorisée par les gouvernements étrangers, il est nécessaire de recourir, pour leur transmission, aux voies diplomatiques (Décis. min. 31 déc. 1827).

2709. Il y a pourtant une modification à apporter aux règles qui précèdent; elle est relative à l'exécution des commissions rogatoires en Sardaigne : comme les Sénats des diverses provinces des États-Sardes ne permettent l'envoi en France que des commissions rogatoires qu'il ont délibérées, et qui sont rédigées et envoyées, en leur nom, à la Cour d'appel dans le ressort de laquelle elles doivent être exécutées, il faut, par réciprocité, que les commissions rogatoires venant de France, quel que soit le magistrat saisi de l'information, leur soient adressées par la Cour d'appel du ressort, et qu'ils en autorisent eux-mêmes l'exécution (Circ. min. 5 avr. 1841, page 9).

2710. Ainsi, toute commission rogatoire destinée aux États-Sardes doit être soumise, par le procureur général, à la première chambre civile de la Cour d'appel, qui en délibère en chambre du conseil, et qui, si elle juge convenable de la transmettre, rend un arrêt portant invitation à l'un des Sénats des États-Sardes de l'exécuter. Une expédition de cet arrêt est transmise au garde des sceaux avec la commission rogatoire, qui ne reçoit définitivement exécution qu'en vertu du consentement réciproque des deux gouvernements (*Ibid.*).

SECTION VIII. — COMMUNICATIONS.

SOMMAIRE.

§ 1er. — *Au ministère public.*

2711. Le juge d'instruction est tenu, avant de faire aucun acte d'instruction ou de poursuite, de communiquer la procédure au ministère public (C. inst. 61).

L'exécution rigoureuse de cette règle est assez difficile : aussi la néglige-t-on dans la pratique. Ce serait, en effet, assujettir le juge d'instruction à une obligation gênante, et à une perte de temps inutile, que d'exiger une communication pour le moindre acte à faire dans une procédure. Dans l'usage, cette communication n'a lieu que lorsque le magistrat instructeur juge l'information complète, à moins qu'il ne soit nécessaire d'avoir les conclusions du ministère public contre un témoin défaillant, ou autres cas semblables (C. inst. 80 et 81).

2712. Mais il résulte de l'article 61 le droit, pour les magistrats du parquet, de réclamer la communication toutes les fois qu'ils en ont besoin, à la charge de rendre les pièces dans les vingt-quatre heures, et le juge d'instruction est tenu d'obtempérer à toutes les réquisitions qui lui sont faites à ce sujet. Il ne peut, sous aucun prétexte, soustraire la procédure à la connaissance immédiate du ministère public (Loi 17 juill. 1856).

Celui-ci profite de ces communications pour s'assurer de la régularité de tous les actes, de la diligence et de l'exactitude des officiers ministériels et du juge, pour demander et recueillir tous les renseignements ou éclaircissements dont ce magistrat pourrait avoir besoin, pour faire informer sur les crimes ou délits connexes, ou envers les complices, révélés par l'instruction ; en un mot, pour concourir activement, et de tout son pouvoir, aux recherches commencées dans l'intérêt de la vindicte publique.

Ainsi, la communication des pièces au parquet n'est plus seulement facultative, elle est désormais obligatoire. Mais il convient que le ministère public n'use de son droit qu'avec une grande circonspection, de manière à ne jamais blesser de légitimes susceptibilités, ou à nuire à la rapidité des informations (Circ. min. 23 juill. 1856, § 2).

2713. Le ministère public a, de plus, le droit de faire toutes réquisitions, dans le cours de la procédure, même pour que l'information soit continuée, si elle lui paraît insuffisante.

Dans le cas où cette demande ne lui semblerait pas fondée, le juge d'instruction peut n'y pas obtempérer. Il peut aussi statuer, en l'état, sur la prévention, sans même que le ministère public ait donné ses conclusions au fond (Cass. 25 sept. 1824).

2714. Cette dernière décision nous semble bien rigoureuse ; car, lors même que le juge d'instruction ne jugerait pas utile le supplément d'information demandé, il pourrait se borner à le déclarer, et renvoyer ensuite les pièces au ministère public, qui serait tenu de conclure au fond. Nous ne comprenons guère qu'on puisse se passer des conclusions de la partie publique, qui poursuit d'office, quand il s'agit de prononcer sur la mise en prévention.

Le juge d'instruction doit, en pareil cas et pour prévenir toute surprise, retarder son ordonnance, afin de donner le temps au ministère public de formuler de nouvelles conclusions (*Pal.*, 3ᵉ édit., xviii, 1048, note).

Notre opinion nous semble aussi justifiée par un arrêt de la Cour suprême, qui a annulé un arrêt de chambre d'accusation, pour avoir statué à la fois sur un incident et sur le fond, lorsque les conclusions du ministère public n'avaient porté que sur l'incident (Cass. 31 août 1837).

§ 2. — *Aux parties.*

2715. La procédure criminelle est secrète jusqu'au dernier interrogatoire de l'accusé par le président de la Cour d'assises; et ne peut être communiquée jusque-là, ni aux parties, ni à leur défenseur, sauf ce qui a été dit au nº 2634, § 2 (Aix, 21 juillet 1832. — Cass. 10 déc. 1847).

De plus, le secret des procédures criminelles n'est pas prescrit à peine de nullité, et la communication des pièces faite au défenseur, sans fraude ni surprise, ne donne pas ouverture à cassation (Cass. 31 août 1833).

Car le motif, qui a fait admettre le secret des procédures, c'est surtout le danger de faire connaître prématurément les charges de l'accusation. On a craint que, par des sollicitations ou des séductions envers les témoins, ou par des manœuvres coupables, le prévenu ne s'efforçât d'obscurcir la vérité, ou de faire disparaître les preuves du délit.

2716. Il est donc laissé à la sagesse du ministère public de permettre ou de refuser cette communication, selon qu'il y trouve ou n'y trouve pas d'inconvénients; car le prévenu ne peut pas l'exiger, non plus que la partie civile, même après qu'elle a formé opposition à l'ordonnance finale du juge d'instruction (Cass. 19 mai 1827).

Cette communication ne peut être faite ou permise que par le ministère public, et non par le juge d'instruction, si ce n'est du consentement exprès et formel du premier de ces magistrats.

Un juge d'instruction serait donc répréhensible, s'il se permettait de communiquer les procédures criminelles, qui lui sont confiées, à d'autres qu'au ministère public. Il peut seulement donner lecture à l'inculpé des charges et des dépositions des témoins, sans que l'omission de ce soin puisse entraîner la nullité de la procédure (Loi 7 pluv. an IX. — Carnot, *Inst. crim.*, III, 158. — Legraverend, I, 248, Dalloz, v° *Inst. crim.*, n° 4).

2717. Ainsi, le prévenu n'a pas le droit d'exiger la communication des pièces de la procédure. Les procureurs généraux, après l'envoi du dossier à la Cour, et le ministère public de première instance avant cet envoi, ont la faculté de permettre cette communication, pour faciliter la rédaction d'un mémoire en sa faveur, s'ils pensent que cette communication officieuse puisse se faire sans inconvénient; mais lorsqu'ils croient devoir la refuser, il n'appartient ni au juge d'instruction, ni à la chambre d'accusation de l'ordonner (Poitiers, 30 janv. 1832).

Remarquez que leur refus ne met pas d'obstacle à ce que le prévenu présente un mémoire à la chambre d'accusation sur les faits qu'on lui impute, puisqu'ils lui sont suffisamment connus par les interrogatoires, et autres actes de l'instruction, qui lui sont personnels (Décis. min. 31 janv. 1832).

2718. Après le dernier interrogatoire, ou mieux après l'arrêt de mise en accusation, les conseils des accusés peuvent prendre ou faire prendre, à leurs frais, copie de telles pièces du procès qu'ils jugent utiles à leur défense (C. inst. 305).

Mais l'autorisation du procureur général leur est nécessaire pour avoir copie des réquisitions du ministère public (Cass. 24 août 1833).

Ainsi, et en résumé, ce n'est qu'après l'interrogatoire de l'accusé, par le président des assises ou par le magistrat qui le remplace, que le défenseur a le droit de prendre communication des pièces (Décis. min. 31 janv. 1832).

Cette communication a lieu au greffe sans déplacement.

2719. On jugeait autrefois que le principe du secret des procédures s'étendait aussi aux matières correctionnelles (Grenoble, 17 mai 1826).

Mais il est reconnu aujourd'hui qu'il ne peut dépendre du ministère public de refuser ou d'accorder, à son gré, au prévenu, la connaissance des pièces sur lesquelles peut s'appuyer la prévention (Cass. 14 mai 1835).

Quoi qu'il en soit, la communication ne peut avoir lieu qu'après que le juge d'instruction a définitivement statué, et seulement par la voie du greffe et non pas au parquet (Même arrêt).

Cette communication, sur laquelle le conseil du prévenu peut seulement prendre des notes, a principalement pour objet de lui permettre de préparer sa défense.

Elle a lieu sans préjudice de celle qui est faite, avant l'audience, au président de la Cour ou du tribunal, s'il le désire, comme on le verra ci-après, aux chapitres *des Cours d'assises* et *des Débats correctionnels*.

2720. Les prévenus correctionnels n'ont pas le droit, dans le cours des poursuites, et nonobstant l'art. 305 du Code d'instruction criminelle, qui ne leur est pas applicable, d'exiger, ni à leurs frais, ni gratuitement, sans la permission expresse et par écrit du procureur général, qu'il leur soit permis de prendre, ou qu'il leur soit donné, copie des pièces de la procédure et de l'instruction écrite. Il n'y a d'exceptées que les plaintes et les dénonciations, les ordonnances et les jugements, dont expédition peut leur être délivrée, sur leur seule demande et à leurs frais (Décr. 18 juin 1811, art. 56).

L'autorisation ne doit être accordée par le procureur général qu'avec beaucoup de circonspection, et elle ne doit jamais l'être lorsque la procédure, n'ayant pas eu de résultats, doit rester secrète (Décis. min. 2 fév. 1816 et 10 oct. 1817).

Par conséquent, il ne peut être donné copie des pièces d'une procédure terminée par une ordonnance de non-lieu, parce qu'elle peut toujours être reprise, s'il survient de nouvelles charges contre l'inculpé, comme on le verra dans la suite du présent titre.

Dans tous les cas, l'autorisation ne peut être donnée qu'aux *parties :* d'où la conséquence que le plaignant qui ne s'est pas constitué partie civile n'a pas le droit de réclamer la délivrance d'une copie des pièces de la procédure à laquelle il est étranger (Décis. min. 17 sept. 1818).

SECTION IX. — OBSERVATIONS ADDITIONNELLES.

SOMMAIRE.

2721. Les règles qui précèdent, sur les solennités de l'information, sont plus spécialement applicables à l'instruction des procédures criminelles. En matière correctionnelle, si l'inculpé est arrêté, et si la compétence du tribunal n'est pas douteuse, un sim-

ple interrogatoire, suivi d'un mandat de dépôt, suffit; et il est ensuite donné assignation à l'audience, par le ministère public,
sans que le juge d'instruction soit obligé de procéder à une information complète, qui serait inutile et frustratoire. La véritable instruction, dans ces circonstances, est celle qui se fait à l'audience,
et il ne doit pas ordinairement s'en faire d'autre, à moins qu'il
n'y ait incertitude, soit sur l'existence ou le caractère du délit, soit
sur la désignation des individus qui doivent être cités comme prévenus ou comme témoins, ou que l'affaire ne soit, à raison de son
importance, susceptible de recherches ou de développements, qui
exigent une instruction préliminaire, ou qu'enfin elle ne soit de la
compétence des Cours d'assises (Circ. min. 23 sept. 1812, 1º, et
12 nov. 1815, page 5).

2722. Lorsque, par l'effet d'un incendie, d'une inondation,
d'une soustraction, d'un enlèvement où détournement, ou de toute
autre cause extraordinaire, des minutes d'arrêts ou jugements, en
matière criminelle ou correctionnelle, non encore exécutés, ou des
procédures encore indécises, ont été détruites, enlevées, ou se
trouvent égarées, et qu'il n'est pas possible de les rétablir, le ministère public doit procéder comme suit (C. inst. 521) :

S'il apprend qu'un officier public, ou tout autre individu, est dépositaire d'une expédition authentique de l'arrêt ou du jugement,
il requiert qu'il soit donné ordre au dépositaire, par le président
de la Cour ou du tribunal qui l'a rendu, de remettre cette pièce
au greffe, sauf à s'en faire délivrer copie ou expédition, sans frais.
L'ordre du président lui sert de décharge envers ceux qui ont intérêt à la pièce (*Ibid*. 522).

2723. S'il n'existe plus aucune pièce d'une procédure correctionnelle, le ministère public requiert que l'instruction soit recommencée, à partir du point où les pièces se trouvent manquer, tant
en minute qu'en expédition ou en copie authentique, et il est ensuite procédé en la forme ordinaire (*Ibid*. 524).

Mais s'il s'agit de rétablir des dépositions de témoins entendus
dans une procédure criminelle, et détruites avant l'arrêt de la
chambre d'accusation, cette chambre peut, sur le rapport du procureur général, ordonner, au lieu de recourir aux dispositions
précédentes, une continuation d'instruction par un de ses membres, conformément aux articles 235 et 236 du Code d'instruction
criminelle (Toulouse, 7 janv. 1836).

2724. Rappelons, en terminant, qu'il s'est introduit dans les
procédures criminelles plusieurs règles fort sages, qui ne sont pas
écrites au Code d'instruction (le plus obscur et le plus incomplet

de nos Codes, pour le dire en passant), et qui sont restées comme un souvenir de la loi du 7 pluviôse an ix et de la circulaire ministérielle du 21 floréal suivant. Nous ne pouvons trop recommander aux magistrats du parquet de relire ces documents importants. Ils y trouveront, ne fût-ce que par analogie, la solution de plus d'une difficulté.

CHAPITRE IV. — LIBERTÉ PROVISOIRE.

SECTION PREMIÈRE. — DEMANDE.

SOMMAIRE.

2725. On entend par *liberté provisoire* celle qui est accordée, sous caution, par le juge d'instruction, à un inculpé qui a été frappé d'un mandat d'arrêt ou de dépôt (C. inst. 114. — Loi 16 juill. 1856).

En toute matière, le juge d'instruction peut, sur la demande de l'inculpé et sur les conclusions du ministère public, ordonner que le détenu poursuivi sera mis provisoirement en liberté, à la charge de se représenter, dès qu'il en sera requis, à tous les actes de la procédure, et pour l'exécution du jugement ou de l'arrêt de condamnation qui pourrait intervenir (C. inst. 113);

A moins que la détention n'ait déjà été ordonnée par le tribunal correctionnel dans un cas de flagrant délit, en vertu de la loi du 20 mai 1863 (Circ. min. 24).

2726. La liberté provisoire doit être accordée toutes les fois que la caution est une garantie suffisante pour la société, et que la mise en liberté ne peut plus alarmer la sûreté publique, ni empêcher la découverte des fauteurs ou complices du délit (Circ. min. 10 fév. 1819, 1°).

Mais le ministère public doit s'y opposer de tout son pouvoir, s'il juge que la liberté du détenu offre du danger pour l'ordre public, ou peut apporter des obstacles à la manifestation de la vérité; et il doit attaquer, par les voies légales indiquées ci-après, n° 2735, les décisions contraires à ses réquisitions.

Le prévenu demeure en état de détention jusqu'au jugement de l'appel ou du pourvoi.

2727. Ce n'est là, du reste, qu'une pure faculté dont le juge peut user ou ne pas user, selon les circonstances.

La liberté provisoire devrait être toujours refusée aux vagabonds et aux repris de justice, c'est-à-dire aux condamnés pour crime à des peines afflictives et infamantes (C. inst. 115).

Et elle doit être accordée plus difficilement aux mendiants et gens sans aveu qu'aux autres citoyens (Carnot, *ibid.*, 451. — Legraverend, I, 340).

2728. Aucune ordonnance de cette nature ne peut être rendue que sur les conclusions du ministère public, sans que le juge soit obligé de s'y conformer (Cass. 24 avril 1807. — Circ. min. 14 oct. 1865).

Après le refus du juge d'instruction, on peut soumettre la même demande au tribunal correctionnel, quand il est saisi (Carnot, *Inst. crim.*, I, 447).

Mais un tribunal, incompétemment saisi d'une prévention, est également incompétent pour prononcer la mise en liberté du prévenu (Cass. 13 janv. 1837).

2729. Toutefois, en matière correctionnelle, la mise en liberté provisoire est de droit cinq jours après l'interrogatoire de l'inculpé *domicilié* (et les rédacteurs des procès-verbaux de constatation doivent s'expliquer avec précision là-dessus), quand le maximum de la peine encourue est inférieur à deux ans d'emprisonnement et que l'individu poursuivi n'a pas déjà été condamné pour crime, ou à un emprisonnement de plus d'une année pour délit (C. instr. 113. — Circ. min. 14 oct. 1865).

Quand même la peine prononcée par le jugement intervenu serait inférieure à deux années d'emprisonnement, le condamné ne peut exiger son élargissement provisoire en se fondant sur un appel du ministère public qui remet tout en question, et malgré la disposition favorable de l'article 206 du Code d'instruction criminelle (Circ. min. 14 oct. 1865).

2730. Il serait bon que les juges d'instruction et les membres des parquets eussent sous les yeux le tableau de tous les délits communs et spéciaux qui entraînent moins de deux années d'emprisonnement (Circ. min. 14 oct. 1865).

On trouvera ce tableau au Code de la Détention préventive de M. Dutruc, page 141.

2731. L'inculpé qui veut obtenir sa liberté provisoire peut présenter sa demande au juge d'instruction directement, ou par l'intermédiaire du ministère public. Cette demande n'étant soumise à aucune forme, peut être faite par une simple lettre. Dans tous les cas, elle est communiquée au ministère public, qui met ses conclusions au bas (Carnot, *Inst. crim.*, 1, 450).

Elle est ensuite notifiée par l'inculpé à la partie civile, s'il y en a une, à son domicile réel ou élu (C. inst. 116).

2732. Celle-ci pourra présenter des observations dans un délai de vingt-quatre heures, à partir du jour de la notification, c'est-à-dire de la fin de ce jour, ce qui lui donne un jour franc; à moins que l'heure de la notification ne soit indiquée dans l'exploitation, auquel cas, il faudrait compter ce délai d'heure en heure (C. inst. 118).

2733. Cette demande peut être faite et accordée en tout état de cause, c'est-à-dire pendant ou après l'instruction, en première instance ou en appel, et encore pendant le pourvoi en cassation; lors même que le prévenu n'est pas arrêté (C. inst. 114, § 2. — Cass. 24 août 1811, 12 fév. 1830 et 22 avril 1841. — Loi 17 juill. 1856).

Seulement, elle est portée devant le juge d'instruction, dans le premier cas, et devant le tribunal saisi, dans les deux autres : car elle ne peut être accordée que par l'autorité qui est saisie de l'affaire au moment où elle est formée (Cass. 27 mars 1823.—Carnot, *Inst. crim.*, 1, 446).

2734. Quand il y a pourvoi en cassation, elle est de la compétence de la juridiction qui a rendu la décision contre laquelle le pourvoi est formé (Cass. 27 mars 1830 et 17 juill. 1841).

Ainsi, elle peut être portée devant la Cour d'assises par le prévenu qu'elle a condamné, et qui veut se pourvoir en cassation. Après la clôture de la session, il peut présenter sa demande à la session suivante, et si elle est encore trop éloignée, à la chambre d'accusation (Cass. 3 août 1850).

Dans tous les cas, la chambre civile des vacations ne serait pas compétente (Rennes, 9 oct. 1846).

2735. En résumé la demande peut être portée :

Soit devant la chambre d'accusation, depuis l'ordonnance du juge d'instruction sur le fond, jusqu'au renvoi en Cour d'assises;

Soit devant le tribunal correctionnel, si l'affaire y a été renvoyée;

Soit devant la chambre des appels correctionnels, s'il a été interjeté appel du jugement au fond, n'importe par quelle partie (C. inst. 116).

2736. D'un autre côté, si le condamné, pour rendre son pourvoi en cassation admissible par sa mise en état, s'est constitué prisonnier, et veut ensuite obtenir sa mise en liberté provisoire, il doit porter sa demande devant le tribunal ou la Cour qui a prononcé sa condamnation définitive, ainsi qu'il vient d'être dit au n° 2733 (*Ibid.*, 116 et 421).

2737. Devant toutes les juridictions, il est statué sur simple requête, en la chambre du conseil, le ministère public entendu, et sur les observations écrites que l'inculpé peut fournir à l'appui de sa demande (*Ibid.*, 117).

2738. Les décisions judiciaires, en cette matière, sont sujettes à appel ou opposition de la part de toutes les parties (C. inst. 135, §§ 2 et 3. — Cass. 15 juill. 1837, 28 mai 1847 et 10 mars 1848.— Loi 17 juill. 1856).

L'appel des ordonnances du juge d'instruction est porté devant la chambre d'accusation, et celui du jugement des tribunaux correctionnels, devant la chambre correctionnelle de la Cour.

De plus, les arrêts et jugements, rendus en dernier ressort sur cette matière, ne sont pas affranchis du recours en cassation (Cass. 26 mai 1838).

2739. L'opposition ou l'appel doit être formé dans un délai de vingt-quatre heures qui court contre le ministère public du jour, ou de la date, de l'ordonnance ou du jugement, et contre l'inculpé ou la partie civile, du jour où ces décisions leur ont été notifiées (C. d'inst. 119).

Le procureur général a de son côté le droit d'opposition dans les mêmes formes et délais que contre les ordonnances du juge d'instruction (*Ibid.*, 135).

Enfin, l'opposition ou l'appel doit être consigné sur le registre du greffe à ce destiné, et distinct du registre général des oppositions ou appels en toute autre matière (*Ibid.*).

2740. Remarquez ici que s'il est renvoyé en Cour d'assises, l'inculpé doit être mis en état d'arrestation en vertu de l'ordonnance de prise de corps rendue contre lui par la chambre d'accusation, et nonobstant sa mise en liberté provisoire (*Ibid.*, 126).

2741. La mise en liberté provisoire cesse, si l'individu poursuivi devient l'objet de l'inculpation d'un nouveau crime ou délit, pour lequel devra s'ouvrir une procédure distincte, sauf au ministère public à requérir plus tard, s'il y a lieu, la jonction des deux affaires (Circ. min. 14 oct. 1865).

2742. Faute de comparution requise après la mise en liberté, et outre la perte d'une partie du cautionnement, dont il va être parlé à la section suivante, l'inculpé peut être frappé d'un mandat d'arrêt ou de dépôt, ou d'une ordonnance de prise de corps (C. inst. 525).

Car le juge d'instruction conserve toujours le droit de décerner un nouveau mandat d'arrestation, si des circonstances nouvelles et graves rendent cette mesure nécessaire (*Ibid.*, 115. — Circ. min. 14 oct. 1865).

Toutefois, si c'est là la chambre d'accusation qui, en réformant l'ordonnance du juge d'instruction, a accordé la mise en liberté provisoire, ce magistrat est dépouillé de ce droit, à moins que la Cour, sur les conclusions du ministère public, n'ait retiré à l'inculpé le bénéfice de sa décison (*Ibid.*).

2743. Quelquefois les juges d'instruction, en décidant qu'il n'y a pas lieu de décerner, dans l'état, un mandat de dépôt ou d'arrêt contre un individu frappé d'un mandat d'amener, déclarent le mettre *provisoirement* en liberté: c'est là une locution et une procédure vicieuses, comme nous l'avons dit aux nos 2594 et suivants.

Une ordonnance du tribunal lui-même ne pourrait pas, en accordant aussi une *liberté provisoire*, également irrégulière, autoriser un inculpé, frappé d'un mandat d'arrêt ou de dépôt, à passer chez lui quelques jours sous la garde et la responsabilité d'un gendarme. Ce serait une concession contraire à tous les principes, et contre laquelle le ministère public devrait se pourvoir par toutes les voies de droit, notamment par opposition. Il y aurait lieu, d'abord, à requérir une ordonnance ou un nouveau mandat, pour la réintégration de l'inculpé dans la maison d'arrêt; et, s'il n'était pas fait droit à ce réquisitoire, à appeler de ce refus et de la première décision, qui, si elle était devenue définitive, devrait être déférée à la Cour de cassation, quand ce ne serait que dans l'intérêt de la loi (Décis. Rennes, 7 et 14 juin 1816).

De plus, lorsqu'une chambre d'accusation renvoie un prévenu en police correctionnelle, elle ne peut, en même temps, ordonner sa mise en liberté, même provisoire; ce droit n'appartient qu'au juge d'instruction, moyennant caution préalable (C. inst. 114, § 1. — Cass. 6 sept. 1833. — Loi 17 juill. 1856).

2744. Depuis la faculté accordée au juge d'instruction d'ordonner, en toute matière, mainlevée du mandat de dépôt, de concert avec le ministère public, et de faire cesser, dans tous les cas, la détention préventive, les demandes de mise en liberté provisoire seront nécessairement fort rares. Néanmoins, comme elles demeurent ouvertes aux prévenus, nous devons exposer les conditions qui sont attachées à l'obtention de cette faveur.

2745. Une autre observation importante, c'est qu'il ne faut pas confondre le droit, qui appartient au juge d'instruction, de lever le mandat de dépôt, sur les conclusions conformes du ministère public, avec la mise en liberté provisoire. En effet, la première de ces mesures, qui n'a pas besoin d'être provoquée, et dont l'opportunité est laissée entièrement à l'appréciation des deux magistrats qui doivent s'entendre pour l'accorder, est basée plus particulièrement sur l'affaiblissement des charges et sur l'incertitude de la prévention, et peut s'appliquer à tous les faits, même à ceux qui constituent des crimes; la seconde, au contraire, motivée presque toujours sur le peu de danger qu'offre à la société l'individu incarcéré, ne s'accorde que lorsqu'il s'agit de simples délits, et, le plus souvent, à la charge d'un cautionnement préalable (Circ. min. 23 juill. 1856, § 3, 1º).

Le ministère public doit veiller particulièrement à ce que celle-ci ne puisse être, en aucun cas, un moyen de revenir indirectement contre le refus, qu'il aurait fait, de consentir à la levée du mandat de dépôt, et à ce qu'il n'en soit fait usage que dans le cas où la loi le permet, et où la nécessité s'en manifeste d'une manière évidente, sans quoi son devoir serait d'y former opposition (*Ibid.*).

SECTION II. — CAUTION JUDICIAIRE.

SOMMAIRE.

2746. Quand la mise en liberté provisoire n'est pas de droit, elle peut être subordonnée à l'obligation de fournir un cautionnement en espèces, soit par l'inculpé lui-même, soit par un tiers, et qui répondra de la présence de l'inculpé à tous les actes de la procédure, et du paiement des frais, et dépens en cas de condamnation (C. inst. 114, 120. — Circ. min. 14 oct. 1865).

Par *actes de la procédure*, il faut entendre particulièrement les

nouveaux mandats qui pourraient être décernés contre lui ; car
sa mise en liberté provisoire n'empêche pas qu'il ne puisse être
arrêté de nouveau, s'il vient à commettre un nouveau délit, ou si
le fait, qualifié d'abord délit, présente plus tard le caractère d'un
crime (Carnot, *Inst. crim.*, 1, 442 et 447, n° 8).

2747. Le cautionnement se divise en deux parties, l'une pour
la représentation de l'inculpé, l'autre pour le paiement des frais ;
et l'ordonnance de mise en liberté fixe la somme affectée à chacune de ses parties (C. inst. 114).

2748. Autrefois le montant du cautionnement ne pouvait être
au-dessous de 500 francs (C. inst. 119, § 1).

Mais cette disposition a été expressément abrogée, de sorte qu'il
n'y a plus de *minimum* fixé par la loi, et que les juges peuvent
adopter le chiffre qu'ils jugent convenable, d'après la position personnelle, la profession, les antécédents de l'inculpé, et la nature
même du fait qui lui est imputé (Décr. 23 mars 1848).

Ils peuvent donc fixer le cautionnement à la somme la plus mi-
nime, mais ils sont tenus d'en déterminer une, quelle qu'elle soit
(Poitiers, 18 mai 1850).

Si le prévenu est admis à se cautionner lui-même, il lui suffit
de justifier du versement de la somme fixée pour obtenir immédiatement sa mise en liberté provisoire.

2749. Toute tierce personne solvable peut être admise à
prendre l'engagement de faire représenter l'inculpé à toute réquisition de la justice, faute de quoi, à verser au Trésor la somme
déterminée (C. inst. 120).

Dans ce cas, la mise en liberté est ordonnée sur le vu de l'acte
de soumission reçu au greffe (*Ibid.*, 121).

2750. Le cautionnement en espèces est versé entre les mains
du receveur de l'enregistrement de la résidence du juge, ou du
siége du tribunal ou de la Cour, selon les cas ; et, sur le vu de son
récépissé, le ministère public fait exécuter l'ordonnance de mise
en liberté (*Ibid.*, 121).

L'encaissement a lieu sur la production, soit d'une expédition
complète de l'ordonnance, si cette expédition a été requise par la
partie, soit d'un simple extrait de l'ordonnance délivré par le greffier dépositaire du dossier, soit d'un certificat signé, en cas d'urgence, par le juge d'instruction ou par le ministère public, et constatant l'existence de l'ordonnance de mise en liberté, le chiffre du
cautionnement et de chacune de ses parties. Dans tous les cas la
pièce produite est soumise au timbre (Circ. min. 15 janv. 1868).

A défaut de ce versement, l'administration financière en poursuit le recouvrement par voie de contrainte, ainsi qu'il a été dit au tome Ier, nos 1158 et suivants (C. inst. 124).

2751. Avant la mise en liberté, avec ou sans cautionnement, le demandeur doit, par déclaration reçue au greffe, élire domicile, s'il est inculpé, dans le lieu où siége le juge d'instruction, et s'il est prévenu ou accusé, dans celui où siége la juridiction saisie du fond de l'affaire (C. inst. 121).

2752. Les obligations résultant du cautionnement cessent si elles sont fidèlement exécutées ; et, en cas d'acquittement, la somme versée est rendue à qui de droit (*Ibid.*, 122).

2753. Au contraire, la première partie du cautionnement est acquise à l'Etat du moment où il est constaté que l'inculpé, sans motif légitime d'excuse, est en défaut de se présenter (*Ibid.*).

Cette constatation doit résulter d'un certificat du greffe que le ministère public est chargé de produire à l'administration de l'enregistrement, soit d'office, soit sur la provocation de la partie civile (*Ibid.*, 124).

Ce certificat est délivré d'après les pièces officielles, c'est-à-dire, des mentions, faites au dossier par le juge, des défauts, sans excuse, laissés par l'inculpé après qu'il a été appelé ou convoqué, le tout sous la surveillance du ministère public (*Ibid.* — Circ. min. 14 oct. 1865).

2754. Si l'inculpé a fidèlement comparu toutes les fois qu'il en a été requis, la seconde moitié du cautionnement lui est toujours restituée comme la première en cas d'acquittement, d'absolution, ou de renvoi hors de poursuite (C. inst. 123).

En cas de condamnation, cette seconde moitié répond de l'amende et des frais, et le surplus seul, s'il y en a, est restitué au bailleur (*Ibid*).

2755. S'il y a contestation sur la distribution des sommes à restituer, elle est vidée sommairement, en la chambre du conseil du Tribunal ou de la Cour, comme incident sur l'exécution du jugement ou de l'arrêt (*Ibid.*, 124).

2556. Remarquons, en passant, que la modification des art. 44, 45 et 46 du Code pénal, a entraîné, pour l'avenir, l'abrogation de l'art. 123 du Code d'instruction criminelle, et que cet article a néanmoins été conservé, par inadvertance, dans le texte officiel de 1832.

CHAPITRE V. — MISE EN PRÉVENTION.

SECTION PREMIÈRE. — RÉQUISITOIRE FINAL.

SOMMAIRE.

2757. Quand les magistrats chargés de l'information ont réuni toutes les charges, qu'ils ont épuisé la série de leurs investigations, et qu'enfin la procédure est complète, le juge d'instruction la communique une dernière fois au ministère public, pour qu'il donne ses conclusions (C. inst. 61 et 127).

Ces communications ont lieu par la voie du greffe, si mieux n'aiment les magistrats correspondre directement entre eux.

2758. Le ministère public ne peut retenir la procédure plus de trois jours, qui courent de la date de l'ordonnance de *soit communiqué* mise, par le juge d'instruction, au pied du dernier acte de la procédure (*Ibid*. — Loi 17 juill. 1856).

Cependant, si la procédure était volumineuse ou compliquée, ou si l'officier du ministère public avait besoin de recueillir, à quelque distance, des renseignements judiciaires ou extrajudiciaires pour éclairer sa religion, ce délai pourrait être prolongé, sans qu'il y eût nullité, la loi ayant voulu plutôt inviter les magistrats à une diligence impérieusement commandée en matière criminelle, qu'exiger, pour tous les cas, une précipitation incompatible avec une bonne administration de la justice.

2759. A la réception de la procédure, le magistrat du parquet l'examine attentivement, et, si elle ne lui paraît pas complète, il peut, avant de conclure au fond, requérir un supplément d'information, comme nous l'avons dit ci-dessus, n° 2713.

Dans le cas contraire, il donne toujours, *par écrit*, ses conclusions définitives, soit pour le renvoi hors de poursuite de l'inculpé, s'il ne s'élève pas contre lui de charges suffisantes, ou si le fait qui lui est reproché ne constitue ni crime, ni délit, ni contravention ; soit pour le renvoi de la procédure devant la juridiction compétente.

2760. Si le fait constitue un crime, il requiert que les pièces du procès soient transmises, sans délai, au procureur général près la Cour d'appel.

S'il s'agit d'un délit correctionnel, il demande que l'affaire soit renvoyée devant le tribunal de police correctionnelle de l'arrondissement.

Enfin, s'il s'agit d'une contravention de police, il demande qu'elle soit renvoyée au tribunal de simple police du lieu où elle a été commise (C. inst. 139, 140 et 466).

2761. Les réquisitions du ministère public ne sont soumises à aucune forme spéciale et sacramentelle. Mais il faut les consigner par écrit, y reproduire sommairement les faits, leur donner surtout leur véritable qualification légale, et les rapprocher des dispositions et définitions de la loi, dont il faut toujours citer les articles.

Ces réquisitoires sont quelquefois remarquables par leur excessif laconisme, qui ne permet pas de saisir toujours la pensée du ministère public. On comprend très-bien qu'entre deux magistrats qui s'occupent, en même temps, de la même affaire, l'officier du ministère public et le juge d'instruction, les longues explications soient inutiles ; mais il ne faut pas oublier que leurs actes doivent passer sous les yeux de magistrats qui ne sont pas dans le secret, puisque l'instruction ne s'est pas développée devant eux. Il convient donc que le réquisitoire s'explique suffisamment par lui-même, et qu'il énonce au moins l'article de la loi dont il demande ou dont il est lui-même l'exécution (Circ. Rennes, 5 juill. 1834, 8°).

2762. Il a même été prescrit de rédiger avec le plus grand soin les réquisitoires définitifs, dans toutes les affaires pouvant donner lieu au renvoi devant la chambre d'accusation, et qui sont les plus graves que les magistrats du parquet puissent avoir à traiter. Il leur est donc recommandé d'y insérer : 1° l'exposé détaillé du fait incriminé ; 2° en regard de chaque articulation de fait, l'indication marginale des divers actes de la procédure sur lesquels cette articulation est fondée ; 3° après l'exposé du fait, sa qualification dans les termes mêmes de la loi, en ayant soin d'énoncer d'abord ses circonstances constitutives, ensuite et distinctement, les circonstances aggravantes ; 4° citer les articles de loi dont l'application est demandée (Circ. Rennes, 22 sept. 1838, § 16).

2763. Devant le juge d'instruction, le ministère public peut prendre des conclusions sur tous les faits punissables qui sont appris par l'information, lors même qu'ils ne seraient pas compris ou qualifiés dans le réquisitoire introductif.

Quand plusieurs faits de cette nature sont révélés par l'instruction, et qu'ils constituent, l'un un crime, l'autre un délit ou une contravention, le ministère public prend des conclusions subsidiaires tendant au renvoi du prévenu devant la juridiction inférieure compétente, en cas de mise hors de poursuite ou d'acquittement sur le chef principal de prévention.

2764. Si un individu accusé d'un crime et prévenu en même temps d'un délit est acquitté sur le premier chef, il ne peut plus être renvoyé, quant au second, que devant le tribunal désigné par l'ordonnance de mise en prévention, si elle est demeurée sans opposition; ou devant le juge d'instruction déjà saisi, si l'ordonnance s'est bornée à prononcer un sursis à l'information du délit (Cass. 19 fév. 1829).

Ainsi, lorsqu'une ordonnance, en déclarant un individu prévenu d'un crime et d'un délit non connexes, a ordonné qu'en cas d'acquittement pour le crime il serait traduit en police correctionnelle, la chambre d'accusation n'a point à statuer sur cette partie de l'ordonnance quand elle n'a pas été frappée d'opposition (Cass. 12 juill. 1839).

2765. Mais des réserves ne peuvent pas être faites pour le cas où un fait unique, étant poursuivi comme crime et qualifié tel, ne serait plus déclaré constituer qu'un délit par la chambre d'accusation ou par la Cour d'assises, parce que, dans le premier cas, c'est à la chambre d'accusation à désigner le tribunal qui doit en connaître, et que, dans le second, c'est à la Cour d'assises, investie de la plénitude de la juridiction criminelle, comme nous l'avons vu au tome Ier, no 2148, §§ 2 et 3, à appliquer la peine (C. inst. 230).

Du reste, le juge d'instruction ne peut fixer l'ordre dans lequel les deux juridictions différentes doivent être appelées à statuer: ce droit n'appartient qu'au ministère public (Cass. 6 juill. 1838).

2766. Remarquez que la partie civile n'intervient jamais, par des conclusions, devant le juge d'instruction, parce que, comme ce magistrat doit seulement indiquer la juridiction compétente pour statuer au fond, il n'a pas à s'occuper des intérêts civils du plaignant. Cependant, on lui reconnaît généralement, comme à l'inculpé, le droit de fournir tels mémoires qu'elle juge convenables, sans que l'ordonnance puisse en être retardée (Argum. de l'art. 247, § 2, C. d'instr. crim.).

Mais les informations criminelles étant essentiellement secrètes, comme nous l'avons dit au n° 2715, on ne doit donner aucune communication aux parties ou à leurs défenseurs des pièces de la procédure, jusqu'au moment où l'affaire est renvoyée à la juridiction qui doit en connaître (Décis. min. 18 mars 1812).

SECTION II. — ORDONNANCE.

SOMMAIRE.

2767. Quand il a donné ses conclusions, le ministère public renvoie immédiatement la procédure au juge d'instruction, qui est tenu de statuer sur son réquisitoire final (C. inst. 127. — Loi 17 juill. 1856).

Lors même que la partie publique aurait requis un supplément d'information, le juge d'instruction peut déclarer l'affaire suffisamment instruite et statuer au fond, sans attendre de nouvelles conclusions de sa part.

2768. Nous persistons à croire cependant, comme nous l'avons déjà dit au n° 2714, qu'il ferait mieux, avant de prononcer au fond, de se borner à déclarer l'affaire en état par une première ordonnance, et de renvoyer ensuite les pièces au ministère public, pour avoir ses conclusions définitives, sur lesquelles interviendrait une seconde ordonnance statuant sur la compétence (Rennes, 9 août 1841).

Dans tous les cas, il doit motiver le rejet des conclusions du magistrat du parquet tendant à un supplément d'information, sans quoi son ordonnance pourrait être annulée (Arg. Cass. 25 août 1837).

2769. La loi n'ayant pas déterminé le degré d'instruction où doivent être parvenues les affaires lorsque le juge instructeur procède au règlement de la compétence, il peut renvoyer le procès devant le tribunal correctionnel sur un simple interrogatoire de l'inculpé, et sans que l'information soit terminée, surtout si celui-ci a fait l'aveu de son délit (Circ. min. 23 sept. et 30 déc. 1812. — Cass. 1er avril 1813 et 11 déc. 1840).

Il n'en est pas de même en cas d'inculpation de crime ; il faut alors que l'information soit complète et entièrement terminée.

2770. Mais, dans aucun cas, le juge d'instruction n'est dispensé de statuer sur la compétence.

C'est donc à tort que ce principe a été méconnu par l'arrêt suivant, qui décide que le ministère public, après avoir saisi le juge d'instruction, peut citer directement le prévenu à l'audience, sans attendre que l'information soit terminée par une ordonnance définitive (Grenoble, 7 fév. 1828).

C'est là une violation des règles les plus certaines de la matière (Cass. 18 juin 1812 et 7 juin 1821).

Même en cas de délit, quand le juge d'instruction a été requis d'informer, si l'on vient à reconnaître qu'il n'y a pas lieu de pousser l'information préalable plus loin, le tribunal correctionnel ne peut être saisi que par une ordonnance de mise en prévention, comme nous l'avons dit au n° 2531 (Décis. min. 29 mai 1829).

Les prévenus envers lesquels une instruction a été commencée ne peuvent donc être traduits *directement* à l'audience, surtout quand ils sont détenus avant le jugement. L'arrestation d'un individu, son interrogatoire sur les faits qui lui sont imputés, les divers mandats qui sont décernés contre lui, sont de véritables actes d'instruction qui ne permettent plus de porter l'affaire à l'audience par citation directe, même en cas d'une ordonnance de dessaisissement non frappée d'opposition. Il est vrai qu'on peut, en général, se borner à ces premiers actes, si les faits paraissent constants et que la compétence ne soit pas douteuse ; mais le juge d'instruction n'en doit pas moins être appelé à prononcer sur la prévention, afin que l'inculpé, contre lequel a été prise la mesure de l'arrestation préalable, ne soit pas privé de la possibilté d'être renvoyé des poursuites par une simple ordonnance, et sans être obligé de soutenir des débats publics (Décis. min. 27 août 1829).

2771. La loi n'a pas non plus fixé le délai dans lequel le juge d'instruction doit statuer sur les réquisitions du ministère public. Cependant, il est toujours convenable qu'il ne fasse pas trop longtemps attendre sa décision, et qu'il prononce au moins dans la huitaine.

Et quand, après plus de deux mois d'attente et de recherches, il a été impossible de rassembler les preuves de la culpabilité d'un inculpé détenu, ou de parvenir à le connaître, s'il est fugitif, le ministère public ne peut pas tarder davantage à requérir, dans l'état, une ordonnance de non-lieu.

Car, une instruction est regardée comme arriérée, quand il s'est écoulé plus de trois mois depuis le délit, ou plutôt depuis le réqui-

sitoire introductif, jusqu'à l'ordonnance définitive. Il faut donc
que le juge d'instruction statue dans ce délai, lors même que des
complices seraient fugitifs ou des témoins éloignés, si le procès
présente d'ailleurs des indices suffisants pour établir la prévention et régler la compétence (Circ. min. 10 fév. 1819, et 5 janv.
1826).

2772. Ainsi, le ministère public doit veiller à ce qu'il
n'existe, entre chaque acte de la procédure, que les délais strictement nécessaires, notamment entre la date de ses conclusions
et l'ordonnance finale du juge d'instruction (Décis. Rennes, 2 juin
1820).

Aussitôt que l'ordonnance a été rendue et signée, elle doit être
communiquée au ministère public par les soins du greffier, pour
que ce magistrat puisse, quand il le croit nécessaire, y former
opposition en temps utile, c'est-à-dire dans le court délai de
vingt-quatre heures qui lui est imparti (C. inst. 135.—Loi 17 juill.
1856).

2773. Les ordonnances définitives du juge d'instruction sont
inscrites par lui, ou par le greffier sous sa dictée, à la suite du réquisitoire du ministère public, ou sur une feuille séparée. Elles
contiennent les noms, prénoms, âge, lieu de naissance, profession
et domicile du prévenu, l'exposé sommaire et la qualification
légale du fait qui lui est imputé, et la déclaration qu'il existe ou
qu'il n'existe pas de charges suffisantes pour le mettre en prévention (C. inst. 134, § 2. — Loi 17 juill. 1856).

Remarquez que ces diverses énonciations n'étant pas prescrites
à peine de nullité, la chambre d'accusation n'est plus investie du
droit d'annuler les ordonnances, soit par omission, soit pour mauvaise qualification du fait incriminé; elle peut seulement les réformer en rendant un arrêt contraire, s'il y a lieu.

2774. Toutefois, elle peut déclarer que l'exposé des faits,
qui forme une partie intégrante de l'ordonnance, est irrégulier,
insuffisant, ou incomplet, et la réformer quant à ce (Cass. 28 déc.
1854).

Du reste, cet exposé doit être éminemment sommaire, sans dé-
veloppement ni discussion des charges, et ne contenir du fait que
ce qui doit en déterminer la qualification légale (Circ. min. 23 juill.
1856).

Il faut donc que, dans chaque ordonnance, on trouve l'exposé
du fait qui donne lieu aux poursuites, sa qualification légale, et la
citation de la loi qui le punit.

Ainsi, les mots *soit fait comme il est requis*, signés du juge d'instruction et mis à la suite d'un réquisitoire sur le règlement de la compétence, ne peuvent être regardés comme constituant une ordonnance, puisqu'une véritable ordonnance doit contenir des motifs et un dispositif, dont il va être parlé (Cass. 30 mai 1828).

2775. Les ordonnances du juge d'instruction peuvent statuer de plusieurs manières :

1º Ou elles prescrivent, avant faire droit, un supplément d'information, en indiquant une voie d'instruction non encore explorée, ou en signalant un délit connexe à comprendre dans les poursuites (Arg. 228, C. inst.) ;

2º Ou elles déclarent qu'il n'y a lieu à suivre, soit faute de charges, soit parce que le fait incriminé ne constitue ni crime, ni délit (C. inst. 128) ;

3º Ou elles reconnaissent l'existence d'une contravention de simple police ou d'un délit de police correctionnelle, ou la compétence d'une juridiction spéciale ; et, dans tous ces cas, elles renvoient l'inculpé devant les juges compétents (*Ibid.*, 129 et 130. — Carnot, *Instr. crim.* 1, 521) ;

4º Ou bien elles déclarent l'inculpé suffisamment prévenu de crime, et elles le renvoient devant la chambre d'accusation de la Cour d'appel (C. inst. 133. — Loi 17 juill. 1856).

Dans ce dernier cas, le mandat d'arrêt ou de dépôt décerné contre le prévenu, au cours de l'instruction, conserve sa force exécutoire jusqu'à ce qu'il ait été statué, par la chambre d'accusation, sur le maintien ou la réformation de l'ordonnance (C. inst. 134, § 1. — Loi 17 juill. 1856).

2776. On a dit officiellement que les vols qualifiés crimes devaient être renvoyés en police correctionnelle, quand les circonstances aggravantes n'étaient pas bien établies dans l'instruction (Circ. min. 16 août 1842, § 1 et 15 juill. 1854).

C'est ce qu'on appelle, dans les parquets, et par une extension abusive de cette concession au moins imprudente, la permission de *correctionnaliser* les affaires, mot aussi barbare que la chose qu'il exprime est contraire aux règles du droit. C'est, en effet, l'arbitraire du juge mis à la place de la loi : car, dans la pratique, on ne se contente pas d'écarter les circonstances douteuses, mais encore on dissimule celles qui sont le mieux établies ; et cela, sous le double prétexte que l'affaire sera expédiée plus promptement et à moins de frais, et que les tribunaux correctionnels feront meilleure justice que le jury.

2777. Or, qu'arrive-t-il quelquefois ? Que les prévenus, comptant sur l'indulgence trop habituelle des jurés, viennent dénier, avec raison, aux magistrats correctionnels le droit de les juger, élèvent un déclinatoire d'autant plus offensant qu'il est mieux fondé, et demandent formellement leur renvoi aux assises. En présence de cette légitime réclamation, ces magistrats sont contraints de se déclarer incompétents ; et, après une longue procédure, des retards et des frais plus considérables que ceux qu'on a voulu éviter, il faut obtenir, de la Cour de cassation, un arrêt de règlement de juges pour rétablir le cours de la justice interrompu.

Aussi une circulaire ministérielle du 5 avril 1871 est-elle venue démentir une autre circulaire ministérielle de Bordeaux du 12 janvier précédent, qui donnait une extension abusive à cette pratique illégale.

2778. Ne vaudrait-il pas mieux ne pas sortir de la légalité et ne pas autoriser, même indirectement, les magistrats à donner eux-mêmes le funeste exemple de la violation de la loi ? Il suffirait, pour satisfaire à toutes les exigences, qu'un seul article, ajouté au Code d'instruction criminelle, laissât aux chambres d'accusation la faculté de renvoyer, s'il y avait lieu, en police correctionnelle tous les crimes contre les propriétés qui n'auraient pas occasionné un préjudice de plus de cinquante francs, par exemple, et qui n'auraient pas été commis en état de récidive ; et tous les attentats contre les personnes, autres que les ascendants et les fonctionnaires ou officiers publics dans l'exercice de leurs fonctions, quand ils n'auraient pas été suivis de mort ou d'une maladie d'un mois. On peut être assuré que les chambres d'accusation ne feraient qu'un usage restreint et éclairé de ce pouvoir, qui remédierait à la pratique illégale que nous signalons, et contre laquelle nous avons cru devoir protester.

2779. Il n'y a pas lieu, en général, de délivrer au ministère public expédition des ordonnances du juge d'instruction. Ces expéditions ne seraient nécessaires qu'autant que plusieurs prévenus, impliqués dans la même poursuite, seraient renvoyés devant des tribunaux différents. Hors ce cas, qui doit être rare, les ordonnances sont transmises en minute, avec les autres pièces de la procédure au tribunal compétent (Circ. min. 30 déc. 1812, 4°, et 28 oct. 1823. — Instr. gén. 30 sept. 1826, n° xxxvii).

Ainsi, quand une ordonnance prescrit la mise en liberté d'un inculpé, il n'est pas nécessaire d'en prendre une expédition pour l'élargissement ; il suffit de l'ordre du ministère public (Décis. min. 14 mars 1814).

Il ne peut donc être délivré copie des ordonnances de non-lieu qu'aux parties civiles ; et encore, à défaut seulement de signification par le prévenu (Décr. 18 juin 1811, art. 56. — Décis. min. 17 sept. 1818).

2780. Cependant, s'il s'agit d'individus arrêtés comme vagabonds, ou pour défaut de passe-port, et mis en liberté en vertu d'une ordonnance de non-lieu ou d'un acquittement, le ministère public leur fait délivrer un extrait de l'ordonnance ou du jugement, ou leur donne lui-même un certificat de ses dispositions, afin qu'ils puissent justifier qu'ils ne sont pas vagabonds, obtenir un passe-port, et éviter ainsi une nouvelle arrestation (Circ. min. 30 déc. 1812, § 6).

Voyez un modèle de ce certificat à l'Appendice, n° 35.

Mais cet extrait ou certificat n'a d'autre effet que de mettre l'individu qui en est porteur en état de se présenter devant l'autorité administrative, à l'effet d'obtenir un passe-port régulier, soit pour continuer sa route, soit pour retourner dans son domicile (Décis. min. 14 août 1821).

2781. En général, les ordonnances du juge d'instruction disant qu'il n'y a lieu à suivre, ou renvoyant le prévenu en police correctionnelle ou devant une autre juridiction inférieure ou d'exception, ne doivent jamais être signifiées (Instr. min. 7 juin 1814, II, 6° et 10°. — Instr. gén. 30 sept. 1826, n° LVIII, 2° et 4°.—Cass. 29 avril 1830).

Quant aux ordonnances de prise de corps, dont il sera parlé à la section suivante, elles sont notifiées avec l'arrêt et l'acte d'accusation.

Dans quelques siéges, le ministère public fait cependant notifier aux inculpés les ordonnances de non-lieu auxquelles il a formé opposition, l'opposition elle-même, et l'arrêt survenu sur l'opposition quand il prononce un renvoi devant les tribunaux de police. Toutes ces notifications sont inutiles, et même prohibées comme onéreuses pour le Trésor public. Il suffit, quant aux oppositions, d'en donner avis aux inculpés, pour qu'ils puissent adresser leurs moyens justificatifs à la chambre d'accusation. Quant aux arrêts portant renvoi en police correctionnelle, la citation délivrée au prévenu, pour comparaître, lui en donne une connaissance suffisante (Circ. min. 14 mars 1814. — Inst. gén. 30 sept. 1826, n° XXXVII).

Cette règle souffre pourtant exception quand il y a une partie civile en cause, car l'ordonnance doit alors être signifiée à l'inculpé, à la requête du ministère public, afin que l'inculpé puisse lui-même la notifier à la partie civile, et faire courir ainsi le délai de l'opposition. C'est même au ministère public à faire faire cette dernière notification à la partie civile, dans l'intérêt de l'inculpé, surtout si celui-ci est illettré, sans conseil, ou indigent (Legrave-rend, I, 403. — Ortolan, II, 92).

SECTION III. — EXÉCUTION DE L'ORDONNANCE.

SOMMAIRE.

2782. Quand l'ordonnance prescrit un supplément d'infor-mation, elle est exécutée à la diligence du juge d'instruction et du ministère public, chacun en ce qui le concerne. Celui-ci, nonob-stant le prescrit de l'ordonnance, peut donner surabondamment un réquisitoire pour son exécution, après laquelle il est statué sur la compétence.

Ajoutons qu'une fois l'ordonnance rendue, si elle a statué défi-nitivement sur la compétence, le ministère public ne peut plus faire ni ordonner aucun acte supplémentaire d'instruction, si ce n'est à titre de simple renseignement. Pour requérir une informa-tion régulière, il serait obligé de s'adresser à la chambre d'accu-sation (Cass. 4 août 1854, 9 mars, 19 avril et 29 juin 1855).

Il ne peut pas, non plus, se désister des poursuites, car la juri-diction compétente est dès lors irrévocablement saisie (Cass. 17 déc. 1824).

2783. Dans le cas d'une ordonnance de non-lieu, si l'inculpé est arrêté, il est remis en liberté par ordre du ministère public, s'il n'est retenu pour autre cause, et s'il n'a pas été formé d'opposition à l'ordonnance. La mise en liberté doit donc être différée jusqu'a-près l'expiration du délai d'opposition, dont il sera parlé plus loin (C. inst. 135).

L'élargissement s'effectuait autrefois par le ministère d'un huis-sier, qui assistait à la radiation de l'écrou.

La présence d'un huissier n'est plus nécessaire aujourd'hui. Il suffit de l'ordre du parquet, qui n'a pas même besoin d'être accom-pagné d'une expédition de l'ordonnance (Ortolan, II, 91. — Circ. min. 18 avril 1843).

2784. Lorsque l'ordonnance a renvoyé hors de poursuite, comme atteint d'aliénation mentale, un individu inculpé de violences, le ministère public se concerte avec l'autorité administrative pour que le défendeur soit mis en lieu de sûreté, comme nous l'avons dit au tome I, nº 926.

2785. Aussitôt qu'il a été rendu une ordonnance renvoyant le prévenu en Cour d'appel, le ministère public lui en donne avis immédiatement à lui-même, s'il est libre, ou par l'intermédiaire du concierge de la maison d'arrêt, s'il est en état de détention, et à la partie civile, s'il y en a une, pour qu'ils soient mis en demeure de présenter leurs moyens respectifs à la chambre d'accusation (Legraverend, I, 396 et 492).

Voyez, pour la forme de cet avis, à l'Appendice, nº 36.

Il est fait mention, au pied de l'ordonnance, de l'accomplissement de cette formalité, en ces termes : *Il a été donné avis au prévenu de la présente ordonnance.* Cette mention est signée par le magistrat du parquet (Circ. Rennes, 20 déc. 1812 et 4 avril 1821).

2786. La partie civile et le prévenu peuvent, en effet, présenter un mémoire à la chambre d'accusation (C. inst. 217).

Mais ils n'ont pas, pour cela, le droit d'exiger communication des pièces de la procédure, comme nous l'avons vu ci-dessus, nº 2716, ni de réclamer un délai pour fournir ce mémoire (Cass. 10 déc. 1847).

Du reste, le mémoire peut être transmis au procureur général avec les pièces de la procédure, ou adressé directement au président de la chambre d'accusation, qui le communique au parquet.

2787. Lorsqu'il y a lieu de transmettre une procédure criminelle au parquet de la Cour d'appel, le ministère public en cote toutes les pièces, et en fait faire un inventaire par le greffier, avec un état des pièces de conviction, s'il y en a (C. inst. 132 et 133).

On y joint aussi :

1º La liste des témoins qu'il serait nécessaire d'appeler devant la Cour d'assises (Circ. Rennes, 22 sept. 1838, § 20).

2º Une feuille de renseignements dont il va être parlé ci-après, nº 2795 ;

3º Un bulletin des condamnations judiciaires antérieurement subies par chacun des prévenus (Circ. min. 23 mai 1853, § 5);

4º Un état de liquidation des frais, arrêté par le juge d'instruction, et dont la forme sera indiquée au tome III, chapitre des *Frais de justice criminelle* (Déc. 18 juin 1811, art. 163).

2788. Le ministère public est tenu de transmettre *sans délai*, c'est-à-dire dans le plus court délai possible, qui ne peut guère dépasser trois jours, au procureur général près la Cour d'appel, toutes les pièces de la procédure, notamment le procès-verbal constatant le corps du délit, et un état des pièces de conviction, lequel peut être porté au pied de l'inventaire du dossier; mais ces pièces elles-mêmes restent au tribunal d'instruction (C. inst. 133 et 134).

Cet envoi doit donc être fait au fur et à mesure que les procédures sont en état, et il ne faut jamais le différer sous aucun prétexte, même en raison de l'éloignement de l'ouverture des assises.

2789. Toutes les pièces des procédures criminelles, délivrées en minute ou en copie, doivent être lisiblement écrites, sous peine de rejet de la taxe et autres peines contre le greffier, s'il y a lieu (Circ. Rennes, 5 juill. 1834, 4°).

Il est bon qu'il soit tenu au greffe un registre, indiquant le nombre de pièces de chaque procédure criminelle, et la date de leur remise au ministère public, comme il sera dit au tome III, chapitre des *Greffiers*.

2790. En cas de renvoi devant une autre juridiction, les pièces sont remises, aussitôt que l'ordonnance est signée, au ministère public, lequel est tenu d'envoyer, dans les quarante-huit heures au plus tard, au greffe du tribunal ou au parquet de la Cour qui doit prononcer, toutes les pièces, après les avoir cotées et parafées (C. inst. 132 et 133. — Loi 17 juill. 1856).

Ce délai, qui court à partir de la date de l'ordonnance, est encore bien court, puisqu'il faut le temps de la transmettre au greffe, d'y faire l'inventaire des pièces et l'état des frais, et de la faire parvenir ensuite aux magistrats du parquet. Malgré cela, ces magistrats doivent faire tous leurs efforts pour se renfermer dans les étroites limites de la loi.

2791. Avant de coter les pièces, le ministère public doit les classer dans l'ordre le plus méthodique et le plus clair. L'ordre des dates est ordinairement le plus convenable (Instr. gén. 30 sept. 1826, n° LII).

Toutefois, on doit placer ensemble les dépositions des témoins, les interrogatoires des prévenus, et tout ce qui constitue l'information proprement dite; puis rassembler, à la suite, les mandats, les cédules, citations, commissions rogatoires, et autres actes de forme; et enfin, réunir les documents particuliers et confidentiels, résultant des notes de la police ou de la correspondance des parquets, dans une liasse distincte, pour qu'elle puisse, selon les cas, être communiquée ou refusée aux prévenus et à leurs défenseurs (Décis. min. 16 fév. 1825).

2792. L'inventaire des pièces est fait et dressé, par le greffier, d'après ce classement, sans frais et en double expédition. L'une d'elles est renvoyée, du greffe du tribunal ou de la Cour où les pièces sont transmises, avec un reçu du greffier mis au bas de l'expédition.

Observons ici que, malgré les termes de la loi, l'usage s'est établi de ne pas transmettre les pièces au greffe, mais bien au parquet, où l'on est tenu d'en accuser réception.

2793. Du reste, il est loisible au ministère public de distraire du dossier, avant d'en faire l'envoi, des pièces oiseuses, des brouillons ou de simples notes, qui ont pu se glisser dans la procédure, et qui y sont ou étrangères ou inutiles ; mais il doit bien se garder de supprimer aucune pièce essentielle, sous peine d'être poursuivi conformément à l'art. 173 du Code pénal.

Il a même été reconnu que la chambre du conseil seule, remplacée aujourd'hui par le juge d'instruction, pouvait autoriser la distraction d'une pièce *quelconque* d'une procédure, et que le ministère public ne pouvait pas être seul juge de son utilité (Décis. min. 12 avril 1833).

2794. Il arrive quelquefois que l'ordonnance finale des juges d'instruction ne suit pas assez immédatement l'instant où la procédure est complète, ou que les procédures, destinées à être soumises à la chambre d'accusation, ne lui parviennent que dans la quinzaine qui précède l'ouverture des assises où doivent être jugés les accusés. Il en résulte alors, pour le parquet et pour le greffe de la Cour, une inaction temporaire, et puis un surcroît subit de travail ; pour la chambre d'accusation, l'impossibilité fréquente d'ordonner un supplément d'information ; pour les prévenus, s'ils sont accusés, la nécessité d'attendre en prison une session ultérieure, ou, s'ils sont en définitive mis en liberté, une prolongation de détention provisoire qu'on aurait pu leur épargner. Ces graves conséquences sont de nature à faire vivement sentir aux magistrats que la marche des procédures doit être égale et constante, sans pouvoir être arrêtée ou suspendue que par les circonstances mêmes de l'affaire. L'époque de l'ouverture des assises n'est ici d'aucune considération. Dans tous les cas, elle ne peut qu'inviter à faire diligence, et jamais à se ralentir sans nécessité (Circ. Rennes, 23 sept. 1831 et 5 juill. 1834, 2°).

2795. A chaque procédure criminelle, transmise du parquet de première instance au parquet de la Cour d'appel, ne fût-ce même que pour un simple délit, doit être jointe, par les soins du ministère public, une feuille contenant des renseignements positifs sur la profession, le domicile, l'âge, la conduite antérieure, et l'état civil et intellectuel de chaque prévenu (Circ. min. 3 mars 1828. — Circ. Rennes, 14 juill. 1832).

1° *La profession*. Il est très-important, soit pour l'appréciation des charges, dans certaines circonstances, soit pour l'application des peines, lorsqu'elles peuvent être plus ou moins sévères, de savoir positivement si les inculpés sont des hommes laborieux, subsistant par une honnête industrie, ou des oisifs accoutumés à chercher leurs ressources dans le crime.

Ces renseignements, quand ils ne sont pas consignés dans leur interrogatoire, doivent être recueillis, dès le commencement de la procédure, auprès des maires et des juges de paix du domicile ou de la résidence des prévenus (Circ. Rennes, 14 juill. 1832).

2° *Le domicile*. Quelquefois il suffit de les interroger avec plus de soin sur la réalité de leur domicile, sauf à éclaircir, par des informations exactes, ce que leurs réponses pourraient offrir d'obscur ou d'incertain.

3° *L'âge*. On peut, en général, se contenter de la déclaration des inculpés sur ce point, s'ils n'ont aucun intérêt à déguiser la vérité. Mais, lorsqu'ils n'ont pas évidemment dépassé l'âge de seize ans, il est indispensable de joindre aux pièces leur acte de naissance, comme nous l'avons dit au tome I, n° 1957, § 2 (Décis. min. 7 déc. 1825 et 20 janv. 1838).

Il en est de même pour les vieillards sexagénaires, qui pourraient invoquer le bénéfice des art. 70 et 71 du Code pénal (Circ. Rennes, 14 juill. 1832. — Décr. 30 mars 1854, art. 5).

Quand l'âge de la victime d'un attentat à la pudeur peut influer sur la qualification légale des faits, il faut aussi joindre son acte de naissance à la procédure (Décis. min. 16 fév. 1825).

Ces actes sont demandés, au greffe, par le ministère public. Ils sont délivrés sur papier libre, et payés sur les fonds généraux de justice criminelle (Décr. 12 juill. 1807. — Décr. 18 juin 1811, art. 133).

4° *La conduite antérieure*. Le ministère public et le juge d'instruction ne doivent rien négliger pour consigner, dans chaque procédure, la preuve écrite de toutes les poursuites et de toutes les condamnations dont les prévenus ont pu être précédemment l'objet. Il est surtout essentiel d'avoir des extraits authentiques de toutes les condamnations antérieures, afin que les Cours d'assises puissent appliquer régulièrement les peines de la récidive à ceux qui les ont encourues (Circ. min. 3 mars 1828).

5° *L'état civil*. Il faut faire connaître si le prévenu est enfant naturel ou légitime, s'il est célibataire, marié ou veuf, et s'il a des enfants légitimes ou naturels, et combien (Circ. 3 mars 1828).

6° *L'état intellectuel.* Il faut s'assurer si le prévenu sait lire ou écrire, ou s'il a reçu une instruction supérieure dans les collèges ou ailleurs. Il est facile de demander des renseignements à ce sujet, dès le commencement de la procédure, soit au maire, soit au juge de paix de la résidence du prévenu ; et, si cette recherche a été omise, de simples questions faites à sa personne dans la maison d'arrêt peuvent y suppléer (*Ibid.*).

2796. Il faut aussi faire connaître, 1° si l'accusé travaillait isolément ou dans une manufacture ; et, lorsqu'il s'agit d'un domestique, s'il était attaché à la personne ou à une exploitation ; 2° si quelques membres de sa famille ont été condamnés pour crime ou délit, et à quelles peines, 3° si quelques-uns des auteurs ou complices du même crime ont été précédemment jugés ; 4° le nombre des témoins entendus ; 5° la date du crime, et 6° celle de l'arrestation de chaque prévenu (Circ. Rennes, 14 juill. 1832).

Pour connaître les antécédents judiciaires de la famille du prévenu, il faut écrire au ministère public du lieu de sa naissance, qui consultera le casier judiciaire, les registres de son parquet et, au besoin, les autorités locales.

Ces renseignements doivent être ajoutés à ceux qui précèdent.

Remarquez qu'une de ces feuilles de renseignements doit accompagner chaque procédure envoyée au procureur général, par suite d'ordonnance ou d'opposition, que la matière soit criminelle ou correctionnelle (Circ. Rennes, 20 avril 1849).

2797. Avant l'envoi des pièces, il faut d'abord s'occuper du prévenu. S'il est détenu, et si le délit ne doit pas entraîner la peine de l'emprisonnement, le ministère public le fait mettre en liberté, à moins qu'il ne soit vagabond ou sans domicile, à la charge de se représenter à jour fixe, ou au jour qui sera indiqué par la citation devant le tribunal compétent (Legraverend, I, 395 et 396).

Il n'encourt, du reste, ni mandat d'amener, ni aucune aggravation de peine, s'il ne comparaît pas : il est seulement jugé par défaut (C. inst. 131. — Bourguignon, *Cod. crim.*, I, 288).

Si le délit entraîne la peine de l'emprisonnement ou une peine plus grave, le prévenu demeure en état de détention, et le ministère public doit faire toutes les diligences nécessaires pour activer sa mise en jugement, comme nous le verrons ci-après, au chapitre de la *Procédure correctionnelle.*

SECTION IV. — OPPOSITION.

SOMMAIRE.

2798. Quand il a été rendu, par le juge d'instruction, une ordonnance finale, contraire ou même conforme à ses conclusions, le ministère public a le choix, dans tous les cas, ou de la faire exécuter, ou d'y former opposition (C. instr. 135, § 1. — Loi 17 juill. 1856).

Le même droit appartient au plaignant, mais seulement quand il s'est constitué partie civile (Cass. 19 mars 1813).

Il n'appartient jamais au prévenu renvoyé en police correctionnelle, ou devant la chambre d'accusation, si ce n'est pour incompétence (Cass. 30 déc. 1813 et 7 nov. 1816).

2799. Il peut donc être formé opposition, tant par le ministère public que par la partie civile, à toutes les ordonnances définitives du juge d'instruction, soit que le fait ait été qualifié crime, soit qu'il n'ait été qualifié que délit ou simple contravention, soit qu'il ait été jugé ne devoir être l'objet d'aucune poursuite : car le droit de former opposition aux ordonnances n'est pas borné au cas prévu par l'art. 135 du Code d'instruction criminelle, et l'opposition est recevable, soit que le prévenu ait été arrêté ou qu'il ne l'ait pas été, soit que sa mise en liberté ait été prononcée ou qu'elle ait été refusée (Cass. 29 oct. 1813).

Les crimes d'embauchage et d'espionnage pour l'ennemi étant de la compétence exclusive des conseils de guerre, le ministère public est tenu de former opposition aux ordonnances qui en saisiraient les tribunaux ordinaires (Circ. min. 14 oct. 1822).

2800. Mais ces ordonnances n'étant pas définitives, ne peuvent, dans aucun cas, être attaquées par la voie du recours en cassation, à moins qu'il n'y ait lieu à règlement de juges (Cass. 23 oct. 1840).

Ce recours n'est même pas ouvert contre les décisions du juge d'instruction qui, sur une exception d'incompétence, ont rejeté le déclinatoire : on ne peut les attaquer que par la voie de l'opposition (C. inst. 539).

Et il en est ainsi, que l'incompétence soit invoquée *ratione loci,* ou *ratione personæ*, ou *ratione materiæ*, et qu'elle soit proposée par le ministère public ou par le prévenu (Cass. 28 sept. 1854).

2801. L'opposition doit être formée dans un délai de vingt-quatre heures, qui court :

1° Contre le ministère public du lieu de l'information, à compter du jour de l'ordonnance, même quand le lendemain est un jour férié.

Nous ne pouvons admettre, sur ce dernier point, la doctrine contraire d'un arrêt de la Cour de Poitiers, du 29 décembre 1851, en présence des termes formels de la loi, qui ne comportent aucune distinction ;

2° Contre la partie civile et contre le prévenu non détenu, à compter de la signification qui leur est faite de l'ordonnance, dans les vingt-quatre heures de sa date, au domicile par eux élu dans le lieu où siége le tribunal d'instruction.

La signification de l'ordonnance à la partie civile peut aussi être valablement faite à son domicile réel, s'il est situé dans le même arrondissement que le domicile élu (Cass. 16 mars 1849 et 8 fév. 1855).

3° Contre le prévenu détenu, à compter de la communication qui lui est donnée de l'ordonnance par le greffier (C. inst. 135, § 4. — Loi 17 juill. 1856).

Cette communication, qui est également faite dans les vingt-quatre heures de la date de l'ordonnance, peut avoir lieu par un avis sommaire donnée par écrit au prévenu, et par l'intermédiaire du gardien chef de la maison d'arrêt, qui doit faire mention, au pied de l'avis, de la connaissance qu'il en a donnée au détenu, et le renvoyer immédiatement au greffe, pour être joint aux pièces de la procédure.

2802. De son côté, le procureur général a dix jours pour notifier son opposition, tant au prévenu qu'à la partie civile, à partir de la date de l'ordonnance que le procureur ordinaire doit porter sur-le-champ à sa connaissance, et sans attendre l'envoi des pièces, pour qu'il puisse faire usage de son droit dans le délai légal (C. inst. 135, §§ 9 et 10. — Loi 17 juill. 1856).

Chaque procureur général peut provisoirement régler, dans son ressort, le mode de ces communications, jusqu'à ce que cette partie du service ait été réglée d'une manière uniforme pour toute la France (Circ. min. 23 juill. 1856).

2803. Quant au ministère public de première instance, il faut que l'ordonnance lui soit connue au moment même où elle est rendue, de peur que l'expiration du délai fatal ne le prive de l'exercice de son droit ; et il doit donner au greffier les ordres les plus formels, comme nous l'avons dit au n° 2772, § 2, pour que cette connaissance lui parvienne en temps utile : car la chambre d'accusation doit déclarer non recevable le recours formé, par le ministère public, hors le délai fixé par l'art. 135 (Cass. 19 mars 1813).

Le magistrat du parquet aurait beau produire un certificat du greffier attestant que l'ordonnance n'avait été signée que plusieurs jours après sa date, et que le délai légal n'était pas expiré au moment de l'opposition, cette affirmation ne saurait prévaloir contre la date même de l'ordonnance, et la présomption qu'elle a été signée le jour où elle a été rendue (Rennes, 23 fév. 1856).

Au surplus, le délai de vingt-quatre heures ne se compte pas *de momento ad momentum*, et l'opposition peut être valablement faite, pendant toute la journée du lendemain, à une ordonnance de la veille.

2804. L'opposition du ministère public ne peut être formée que par une déclaration faite au greffe, et reçue par le greffier (Cass. 18 juill. 1833).

Elle est nulle, si elle est faite par une simple déclaration mise au bas de l'ordonnance par le ministère public, en son parquet ou au greffe (Grenoble, 20 juin 1826).

Elle est régulière, lorsque, formée dans les vingt-quatre heures de la date de l'ordonnance, elle a été reçue au greffe, par le greffier, et signée de lui et du ministère public ; lors même que, portée sur une feuille volante, elle n'aurait été, ni inscrite au répertoire, ni enregistrée dans les délais (Cass. 15 avril 1836).

2805. Ce magistrat requiert ensuite, par écrit, qu'il lui en soit délivré une expédition, pour être jointe à la procédure.

Cette expédition est immédiatement visée par lui, et portée au registre des salaires du greffier (Décr. 18 juin 1811, art. 57).

Ensuite, l'envoi des pièces à la Cour se fait comme nous l'avons dit ci-dessus, n° 2788.

2806. Quoique la loi ne prescrive pas de signifier l'opposition au prévenu, il a été jugé que l'opposition du ministère public avait besoin d'être notifiée aux prévenus qui sont en état de détention (Rennes, 3 août 1825).

En tous cas, il doit, au moins, lui en être donné avis par le ministère public, ou par la partie civile, selon que l'un ou l'autre est opposant. Celle-ci est tenue de donner cet avis par le ministère d'un huissier, à peine de tous dommages-intérêts en cas d'inobservation de cette formalité (Ortolan, ii, 96).

Mention de cet avis est faite, par le ministère public, au pied de l'ordonnance, quand c'est lui-même qui l'a donné (Circ. Rennes, 22 sept. 1838, § 18).

2807. Mais il y a plus, il faut que l'opposition de la partie civile soit signifiée au ministère public comme au prévenu. Cette signification faite au greffier ne suffirait pas (Lyon, 30 avril 1830).

Toutefois, on admet aujourd'hui que, pour que l'opposition d'une partie civile à une ordonnance de non-lieu soit valable, il n'est pas indispensable qu'elle soit formalisée au greffe et signifiée au prévenu ; il suffit qu'elle soit faite par acte authentique et signifiée au parquet (Cass. 17 août 1839 et 8 fév. 1855).

2808. Le prévenu détenu garde prison jusqu'à ce qu'il ait été statué par la Cour d'appel sur l'opposition, ou, tout, au moins, jusqu'à l'expiration du délai de vingt-quatre heures accordé pour la former (C. inst. 135, § 8. — Loi 17 juill. 1856).

C'est à la chambre d'accusation de la Cour d'appel que les oppositions doivent être déférées, même quand le juge d'instruction aurait prononcé sur des questions placées hors de sa compétence et de ses attributions (Legraverend, 1, 404. — Bourguignon, *Cod. crim.*, 1, 292. — C. inst. 135, § 6. — Loi 17 juill. 1836).

2809. Mais alors la Cour d'appel doit se borner à déclarer l'incompétence du juge, et à renvoyer les parties à se pourvoir comme elles aviseront (Cass. 5 déc. 1823).

Dans tous les cas, elle est tenue de statuer, toute affaire cessante (C. inst. 135).

Elle peut aussi qualifier les faits autrement qu'ils ne l'ont été par le juge d'instruction (Arg. Cass. 17 janv. 1829).

Et relever les violations de la loi qui pourraient se rencontrer dans l'ordonnance, par exemple, si elle contenait une ordonnance de prise de corps, qui est aujourd'hui dans les attributions exclusives de la chambre d'accusation (C. inst. 232. — Loi 17 juill. 1856).

2810. Mais, dans aucun cas, elle ne peut renvoyer la décision au juge d'instruction qui a rendu l'ordonnance à laquelle il est formé opposition (Cass. 27 août 1812) ;

Ni ordonner un sursis aux poursuites (Cass. 20 mai 1813) ;

Ni enjoindre au ministère public de diriger une nouvelle procédure, suivant la marche qu'elle aura tracée (Cass. 4 fév. 1832).

2811. L'arrêt de la Cour, rendu sur l'opposition, est transmis en minute au ministère public, qui en assure l'exécution.

Cet arrêt, surtout s'il ordonne la mise en liberté du prévenu, soit contrairement, soit conformément à l'ordonnance du juge d'instruction, doit être exécuté sur-le-champ, nonobstant le pourvoi en cassation du procureur général (Ortolan, II, 107).

Du reste, un arrêt qui réforme une ordonnance de mise en prévention n'a pas besoin d'être signifié ; et, s'il confirme le mandat de dépôt précédemment décerné, ce mandat reprend son exécution, en vertu de l'arrêt, sans autre notification.

2812. L'opposition de la partie civile fait revivre l'action publique éteinte par le silence qu'a pu garder le ministère public pendant le délai qui lui est assigné. Elle produit les mêmes effets que l'opposition de celui-ci, et l'action publique, ainsi réveillée, ne s'éteint point par le désistement de cette opposition survenu avant l'arrêt de la chambre d'accusation (Cass. 10 mars 1827).

Au surplus, la partie civile, qui succombe sur son opposition, doit être condamnée en des dommages-intérêts envers le prévenu, encore qu'il n'en ait pas demandé (C. inst. 136. — Cass. 6 nov. 1823).

2813. L'ordonnance qui n'a été attaquée, ni par le prévenu, ni par la partie civile, dans les délais de la loi, acquiert l'autorité de la chose jugée (Cass. 18 sept. 1834. — Bourguignon, *Cod. crim.*, I, 296).

Si elle renvoie en police correctionnelle, ou si elle ordonne l'envoi des pièces au procureur général, elle reçoit son entière exécution, nonobstant tout refus ou toute résistance.

SECTION V. — CHARGES NOUVELLES.

SOMMAIRE.

2814. Définition.	2817. Envoi des pièces.	2820. Principe.
2815 Extension.	2818. Nouvelle instruction.	2821. Transition.
2816. Distinctions.	2819. Compétence.	

2814. Si le juge d'instruction a renvoyé l'inculpé hors de poursuite, faute de charges, par une ordonnance devenue définitive, celui-ci ne peut plus être traduit en justice, à raison du même fait, à moins qu'il ne survienne des charges nouvelles (Arg. 246, C. inst. — Cass. 15 juin 1820).

Sont considérées comme charges nouvelles les déclarations des témoins, les pièces et procès-verbaux qui, n'ayant pu être soumis à l'examen de la chambre d'accusation, sont cependant de nature, soit à fortifier les preuves que la Cour aurait trouvées trop faibles, soit à donner aux faits de nouveaux développements utiles à la manifestation de la vérité (C. inst. 247).

2815. Toutefois, les dispositions de cet article sont simplement démonstratives, et l'expression *charges nouvelles* embrasse, dans sa généralité, toutes les preuves qui servent à établir la culpabilité du prévenu (Cass. 21 déc. 1820).

Car les charges nouvelles peuvent résulter, non pas seulement de la découverte de nouveaux faits, mais encore de nouvelles circonstances, de nouvelles preuves, de nouveaux indices, que les magistrats doivent apprécier dans leur sagesse (Mangin, *de l'Act. publ.*, II, 314, n° 388).

Il n'est pas nécessaire qu'elles soient fortuites ou accidentelles ; elles peuvent avoir été directement provoquées et recueillies par les officiers de police judiciaire (*Ibid.*, 315).

2816. Il ne faut pas croire que, parce qu'un arrêt ou une ordonnance de non-lieu a déclaré qu'il n'existait *aucune charge*, on ne puisse pas ultérieurement poursuivre, quand il en survient qu'on ne connaissait pas alors. Les nouvelles charges ne sont pas uniquement celles qui viennent s'ajouter à d'autres, mais bien toutes celles qui viennent, pour la première fois, se révéler aux magistrats (Cass. 18 avril 1823).

Après une ordonnance de non-lieu, demeurée sans opposition, le ministère public a qualité pour requérir directement le juge d'instruction de poursuivre sur de nouvelles charges, et le juge qui a procédé à la première information demeure compétent pour cette nouvelle procédure, alors même que les circonstances qui avaient déterminé, à l'origine, sa compétence, n'existent plus, et que les faits nouveaux ne se sont pas produits dans son arrondissement (Cass. 5 janv. 1854).

Ainsi, quoique une ordonnance de non-lieu ait acquis l'autorité de la chose jugée, quand elle n'a pas été frappée d'opposition dans les vingt-quatre heures, le procureur général peut toutefois faire recommencer les poursuites, pour survenance de nouvelles charges, et l'on range dans cette classe les déclarations, pièces et procès-verbaux qui n'auraient pas encore été soumis à la justice (Circ. min. 12 juill. 1813).

2817. S'il y a un arrêt de non-lieu, rendu par la chambre d'accusation, copie des pièces et charges nouvelles doit être transmise sans délai, par le ministère public ou par le juge d'instruction, au procureur général de la Cour d'appel (C. inst. 248).

S'il y a cependant possibilité d'envoyer les pièces en minute, comme quand elles ne font point partie d'une autre procédure, ou que celle-ci puisse être retardée sans inconvénient, il faut, par économie, éviter d'en faire faire des copies (Circ. min. 30 déc. 1812, § 7).

2818. A la réception des pièces, le procureur général requiert que, par le président de la section criminelle (chambre d'accusation), il soit indiqué un juge devant lequel il sera, à la requête du ministère public du siége auquel ce juge appartiendra, procédé à une nouvelle instruction.

Toutefois, le juge d'instruction déjà saisi peut, s'il y a lieu, sur le vu de nouvelles charges, et avant leur envoi au procureur général, décerner un mandat de dépôt contre le prévenu qui aurait été mis en liberté (C. inst. 248).

Car les poursuites peuvent toujours être reprises tant que l'action publique n'est pas prescrite (Carnot, *Inst. crim.*, II, 284, n° 4).

N'oublions pas que, dans toute instruction criminelle, l'intervention et l'assistance du ministère public sont toujours indispensables, soit que la procédure s'instruise de prime abord, soit qu'elle se continue par ordre de la chambre d'accusation (Décis. Rennes, 2 janv. 1823).

2819. C'est au juge d'instruction, qui a rendu l'ordonnance de non-lieu, à connaître des nouvelles charges (Cass. 31 août, 22 nov. 1821, 14 mai 1829 et 13 mars 1846).

Et non pas à la chambre d'accusation, car cette chambre ne peut procéder à l'examen des charges nouvelles, que tout autant qu'elle aurait été précédemment appelée à statuer sur les charges antérieures (Cass. 18 fév. 1836).

2820. Le principe, en cette matière, c'est que l'information sur les charges nouvelles appartient au juge de première instance, lorsque c'est par une ordonnance émanée de lui qu'il a été déclaré n'y avoir lieu à suivre. Mais cette information appartient à la chambre d'accusation, si, sur l'opposition à une ordonnance de mise en prévention, elle a rendu un arrêt de non-lieu, et qu'il survienne ensuite de nouvelles charges, sauf le droit d'évocation qu'elle peut toujours exercer dans tous les cas (Legraverend, I, 452. — Carnot, I, 207, n° 4).

Si la chambre d'accusation ordonne une information sur nouvelles charges, elle peut déléguer au tribunal compétent la mission de désigner un de ses juges pour y procéder (Cass. 10 sept. 1831).

Mais elle ne pourrait statuer sur la mise en accusation par le même arrêt (Cass. 22 mai 1852).

2821. Après avoir ainsi exposé les règles relatives à l'instruction des affaires criminelles, nous allons suivre ces affaires devant les diverses juridictions où elles peuvent être renvoyées.

TITRE QUATRIÈME.

Affaires de simple police.

CHAPITRE PREMIER. — TRIBUNAUX DE POLICE.

SECTION PREMIÈRE. — ORGANISATION.

SOMMAIRE.

2822. Il n'y a plus qu'un seul tribunal de simple police par canton, celui qui est tenu au chef-lieu cantonal par le juge de paix du siége (Loi 27 juin 1873).

Toutes les affaires de simple police du canton sont portées devant lui, à l'exclusion de tout autre magistrat.

2823. Dans les villes divisées en plusieurs cantons, ce service est fait successivement par chaque juge de paix.

Le juge de paix absent ou empêché de tenir les audiences de simple police est remplacé de droit par un de ses suppléants, comme pour toutes ses autres fonctions, et non pas par un autre de ses collègues (C. inst. 144. — Cass. 2 frim. an XIV et 17 juill. 1809. — Berriat-Saint-Prix, *Proc. crim.*, 1, n° 7. — Dutruc, *Mém.*, v° *Trib. de simple pol.*, n°s 3 et 4).

2824. Les fonctions du ministère public sont remplies, auprès du juge de paix, par le commissaire de police du lieu où siége le tribunal (C. inst. 144. — Loi 27 juin 1873).

S'il y a plusieurs commissaires de police, le procureur général de la Cour d'appel désigne, par un arrêté, celui d'entre eux qui fera le service (*Ibid.*, 145. — Même loi).

Voyez un modèle de cet arrêté au n° 37 de l'Appendice.

2825. En cas d'empêchement du commissaire de police du chef-lieu cantonal, ces fonctions sont remplies, soit par un autre commissaire de police résidant dans une autre commune du canton, soit par un des suppléants du juge de paix, soit par le maire ou l'adjoint de la commune du chef-lieu, soit par un des maires ou adjoints d'une autre commune du canton, pourvu qu'ils soient pris dans la même commune (Loi 27 juin 1873).

Le remplaçant est désigné par le procureur général pour une année entière commençant à courir du jour de la désignation, à moins que le point de départ n'y soit indiqué; lequel remplaçant est à son tour suppléé de droit, en cas d'empêchement, par le maire, l'adjoint ou un conseiller municipal du chef-lieu de canton (Même loi).

2826. Du reste, les désignations des procureurs généraux ne sont soumises à aucune préférence du législateur, suivant l'ordre des indications qui précèdent, ce magistrat est absolument libre dans son choix (Circ. min. 6 fév. 1873).

On peut voir un modèle de cette désignation au n° 28 de l'Appendice.

2827. Pour faciliter, au besoin, la désignation d'un conseiller municipal, le procureur général demande chaque année, soit au sous-préfet, soit au maire de chaque commune, la liste des membres de tous les conseillers municipaux de l'arrondissement, et prend au parquet un arrêté par lequel il désigne les conseillers qui lui paraissent pouvoir remplir convenablement les fonctions du ministère public près le tribunal de simple police, et il envoie un extrait de cet arrêté, en ce qui concerne chaque commune, au maire qui est chargé d'en assurer l'exécution.

Cette désignation doit être faite tous les ans, dans la dernière quinzaine d'octobre, afin que les conseillers désignés puissent entrer en fonctions le 1er novembre suivant.

Car un conseiller municipal, qui ne serait pas ainsi désigné, n'aurait aucune qualité pour les remplir (Cass. 29 mars 1844).

Remarquez que l'huissier qui a donné la citation au prévenu ne peut, en sa qualité d'adjoint, remplir, dans la même affaire, les fonctions du ministère public (Cass. 20 fév. 1847).

2828. Les chefs du parquet de première instance exercent une surveillance naturelle sur tous les magistrats du ministère public près les tribunaux de simple police de leur arrondissement: car ces magistrats sont leurs substituts et leurs délégués, comme ils le sont eux-mêmes du procureur général du ressort (Cass. 19 sept. 1834).

Cette surveillance doit porter sur les suites à donner aux procès-verbaux et sur l'exécution des jugements, ou sur les voies à prendre pour les faire réformer, et ces officiers doivent suivre les instructions du chef du parquet sur ces différents points (Arrêtés 4 frim. et 27 niv. an v. — Circ. min. 27 flor. an v et 15 therm. an viii).

Et, lorsque des difficultés les embarrassent, c'est à lui qu'ils doivent s'adresser pour en avoir la solution (Décis. min. 10 mai 1825).

2829. Quant à stimuler leur zèle pour le rapport des procès-verbaux quand ils ont qualité pour verbaliser, ce soin regarde uniquement le maire, qui est chargé de la police municipale; et le procureur de l'arrondissement n'a pas à s'en occuper, parce que les officiers rédacteurs ne sont alors que des agents municipaux, et qu'ils ne remplissent les fonctions du ministère public que lorsqu'ils dirigent des poursuites judiciaires devant le tribunal de simple police.

2830. C'est également à lui qu'ils doivent rendre compte des jugements rendus par les tribunaux de cette juridiction (Circ. min. 15 germ. an vii et 15 therm. an viii).

Toutefois, ce devoir incombe plus particulièrement aujourd'hui aux juges de paix, comme nous le verrons au tome iii, chapitre *des Travaux statistiques.*

SECTION II. — DEVOIRS DU MINISTÈRE PUBLIC.

SOMMAIRE.

2831. Poursuites.	2833. Impulsion.
2832. Citation.	2834. Police de l'audience.

2831. Les officiers du ministère public près les tribunaux de simple police doivent seuls exercer les poursuites, et ne peuvent être représentés, à l'audience ou ailleurs, ni par un avocat, ni par un avoué (Circ. min. 5 mai 1792).

Et, comme ils font partie essentielle et intégrante du tribunal de police, ce tribunal n'est, ni légalement, ni régulièrement constitué en leur absence; et il ne peut, ni donner audience, ni faire aucun acte de juridiction sans eux (Cass. 11 déc. 1829).

Leur désistement ne le dispenserait même pas de statuer dès lors qu'il a été saisi (Cass. 30 août 1851).

2832. Ils peuvent donner directement citation au prévenu, sans avoir besoin d'une cédule du juge de paix, quand ils poursuivent sans abréviation de délai (Cass. 18 mars 1848);

Et poursuivre la répression des injures simples, sans plainte préalable (Cass. 19 sept. 1856).

Comme, aussi,.l'inculpé peut comparaître volontairement, sur simple avis et sans citation (C. inst. 147);

Et, quand il comparaît sur citation, il ne peut en faire ressortir les nullités après avoir défendu au fond (Cass. 6 nov. 1847).

2833. Les procureurs d'arrondissement doivent exciter le zèle des maires, et les inviter à prendre résolûment l'initiative pour la répression des contraventions (Circ. Rennes, 16 août 1854).

Les magistrats ne doivent pas délivrer, à des commissaires de police révoqués, ou déplacés avec disgrâce, des certificats attestant leur aptitude aux fonctions d'officiers de police judiciaire. Ce serait, de leur part, se mettre en opposition avec la mesure de rigueur que l'administration a cru devoir prendre (Circ. min. 27 oct. 1855).

2834. Le tribunal de simple police a le droit de réprimer, séance tenante, comme les autres juges dont nous avons parlé au tome Ier, nos 465 et suiv., les injures et outrages adressés, à l'audience, aux magistrats qui en font partie (Cass. 8 déc. 1849).

CHAPITRE II. — RÈGLEMENTS DE POLICE.

SOMMAIRE.

2835. Les règlements de police émanés des maires ou des préfets ne sont obligatoires, pour les tribunaux, qu'autant qu'ils se rattachent à l'exécution d'une loi existante portant une peine contre les contrevenants, ou à l'exécution d'anciens règlements locaux auxquels il n'a point été dérogé par une loi nouvelle (Loi 16-24 août 1790, tit. 1, art. 3. — Cass. 3 août 1810);

Car l'autorité municipale ou administrative a le droit de faire des règlements ou arrêtés sur les objets confiés à sa vigilance par les art. 3 et 4, tit. xi, de la loi du 16-24 août 1790, et par l'art. 46, tit. 1, de la loi du 19-22 juillet 1791 (C. pén. 471, 15°).

Elle peut aussi remettre en vigueur les anciens règlements lo-

caux, sauf aux tribunaux à n'appliquer que des peines de simple
police (Décis.* min. 8 mai 1813).

Et tous ces règlements sont obligatoires, pour les citoyens et
pour les tribunaux, sauf, aux parties qui auraient à s'en plaindre,
à en provoquer la réforme devant l'autorité administrative supérieure.

2836. De son côté, l'autorité judiciaire n'a aucun contrôle à
exercer sur les actes de l'autorité municipale; et, absoudre les
contrevenants à ses ordonnances et règlements, sous prétexte
qu'elle aurait dû prendre des mesures pour en faciliter l'exécution,
ce serait lui imposer l'obligation de prendre ces mesures, ce qui
constituerait un véritable excès de pouvoir (Décis. min. 12 sept.
1836).

2837. L'autorité administrative et l'autorité municipale sont
spécialement chargées de faire des règlements, et de prendre des
arrêtés, sur les objets de police générale, urbaine ou rurale, que
nous allons énumérer (Loi 5 mai 1855, art. 50).

1º Voirie.

1. Sûreté et commodité de la voie publique, comprenant les rues, quais, places, ponts, passages et chemins;
2. Nettoiement et éclairage;
3. Démolitions ou réparations d'édifices;
4. Enlèvement de matériaux;
5. Exposition d'objets menaçants;
6. Jet de corps durs ou objets nuisibles;
7. Abandon d'insensés ou de furieux;
8. Divagation d'animaux malfaisants ou dangereux et nuisibles;
9. Direction et stationnement des voitures;
10. Police des voitures publiques;
11. Gares de chemins de fer;
12. Verglas, enlèvement des neiges et glaces;
13. Conduits des eaux pluviales;
14. Navigation des canaux et rivières;
15. Police des bacs et ponts à péage.

2º Ordre et tranquillité.

1. Rixes, disputes, tumultes;
2. Attroupements;
3. Bruits injurieux et nocturnes;
4. Expositions d'emblèmes séditieux;
5. Accidents, incendies, inondations;
6. Foires, marchés, ventes aux enchères;
7. Fêtes et cérémonies publiques;
8. Spectacles et jeux;
9. Cafés, billards, bals publics;
10. Eglises, temples, cimetières;
11. Hôtels, auberges, cabarets;
12. Etablissements de bains;
13. Voies de fait et violences légères;
14. Refus de travaux pour l'exécution des arrêts criminels, et de logement à l'exécuteur;
15. Inobservation des dimanches et fêtes;
16. Injures et diffamations non publiques;

3° SALUBRITÉ.

1. Balayage, dépôt d'immondices ;
2. Amas d'ordures et fumiers ;
3. Eaux croupissantes ;
4. Egouts et vidanges :
5. Etablissements insalubres ;
6. Maisons de tolérance ;
7. Maladies contagieuses. Epidémies.

4° COMMERCE ET INDUSTRIE.

1. Débit des marchandises ;
2. Poids et mesures ;
3. Salubrité des comestibles ;
4. Boulangers ;
5. Bouchers ;
6. Traiteurs et charcutiers ;
7. Pharmaciens, droguistes, herboristes ;
8. Brocanteurs, fripiers, revendeurs ;
9. Colporteurs, marchands forains ;
10. Travaux du dimanche ;
11. Travail dans les ateliers et usines ;
12. Droits d'octroi ;
13. Traités d'apprentissage.

5° POLICE RURALE.

1. Ouverture et clôture de la chasse ;
2. Echenillage ;
3. Rouissage du chanvre ;
4. Elagage des arbres ;
5. Bans de vendange ;
6. Glanage et râtelage ;
7. Chemins communaux ;
8. Récolte du warech ou goëmon sur les côtes du littoral.

Tous ces objets, et autres semblables, rentrent dans les attributions des maires et des préfets, et à Paris, du préfet de police.

2838. Remarquez que la partie des grandes routes, qui traverse les villes, reste soumise aux règlements de la police urbaine, en ce qui touche leur commodité, salubrité ou sûreté ; et que, par conséquent, les contraventions qui y sont commises sous ces trois rapports, rentrent dans la compétence des tribunaux de simple police (Cass. 11 déc. 1846 et 27 sept. 1851).

2839. Les règlements de police ne peuvent recevoir d'exécution qu'après avoir été publiés et approuvés, s'il y a lieu, par l'autorité supérieure.

Lorsque ces règlements prononcent la confiscation des objets saisis, cette disposition est également obligatoire pour les tribunaux (Décis. min. 11 mai 1818).

2840. Les peines attachées à leur infraction doivent être prononcées exclusivement contre ceux qui s'en sont rendus coupables, lors même qu'ils n'ont pas encore atteint leur majorité. Les pères et mères ne sont responsables que de la réparation civile du dommage résultant de la contravention, comme nous le dirons au chapitre *Jugements correctionnels* (Cass. 28 sept. 1838).

2841. Les contraventions sont constatées par des rapports ou procès-verbaux, appuyés, s'il le faut, sur des témoignages ; et la poursuite, devant le tribunal compétent, a lieu d'office et à la diligence du ministère public.

Les tribunaux de simple police peuvent être saisis par citation, ou comparution volontaire, ou par ordonnance du juge d'instruction, ou par arrêt de renvoi de la chambre d'accusation ou de la Cour de cassation (C. inst. 129, 145, 147, 230 et 427).

2842. Les gardes champêtres sont aujourd'hui chargés de rechercher, chacun dans le territoire pour lequel il est assermenté, les contraventions aux règlements de police municipale, et d'en dresser procès-verbal (Loi 24 juillet 1867, art. 20).

CHAPITRE III. — JUGEMENTS DE POLICE.

SOMMAIRE.

2843. Il a été transmis, de la chancellerie, des instructions détaillées sur la rédaction des jugements de simple police, et sur les énonciations qu'ils doivent contenir (Décis. min. 21 juin 1826).

Sans qu'il soit besoin de les reproduire ici, rappelons seulement que ces jugements doivent contenir les diverses parties dont se compose un jugement criminel, en général.

2844. Les conclusions seules des parties doivent être insérées dans le jugement, sans que leurs motifs soient reproduits, non plus que les dépositions, noms, professions, âge et demeure des témoins, qui doivent se trouver seulement dans les notes d'audience que les greffiers sont tenus de joindre à chaque procédure. L'accomplissement des formalités de l'art. 153 du Code d'instruction criminelle doit y être sommairement et brièvement énoncé. Les motifs du jugement doivent être rédigés avec une concision extrême, mais intelligible et qui ne leur fasse rien perdre de leur clarté ; enfin, dans la transcription de la loi appliquée, il faut se borner aux énonciations nécessaires et particulières aux dispositions pénales, de manière à ce que le tout ne comporte pas plus de deux rôles d'expédition pour le greffier et pour l'huissier (Circ. min. 18 janv. 1855).

2845. Les jugements doivent toujours être rendus publiquement, et dans l'auditoire de la juridiction. Ils seraient nuls, s'ils étaient prononcés sur les lieux où le tribunal se serait transporté pour procéder à une vérification, car l'art. 42 du Code de procédure civile n'est pas applicable aux affaires de simple police (Cass. 27 juill. 1855).

Ils constatent, à peine de nullité, que le ministère public a résumé l'affaire, et qu'il a donné ses conclusions (Cass. 18 déc. 1846).

Mais un jugement ne serait pas nul parce qu'il aurait omis d'énoncer qu'il a été rendu en premier ou en dernier ressort (Cass. 10 janv. 1846).

2846. Comme nous venons de l'indiquer, un tribunal de simple police peut descendre sur les lieux, pour les vérifier, mais il faut qu'il ait rendu un jugement préalable qui l'ordonne (Cass. 18 mars et 14 avril 1848) ;

Et que le ministère public et les parties aient été mis en demeure d'y assister (Cass. 25 avril 1846, 4 déc. 1847 et 15 janv. 1848).

2847. Il ne peut même se refuser à ordonner une expertise demandée, s'il ne déclare pas formellement que cette expertise est inutile, soit parce qu'elle porte sur des faits non pertinents, soit parce que l'instruction est complète (Cass. 12 juin 1846).

Mais, quand la nullité du procès-verbal est demandée, il faut qu'il soit d'abord statué sur cette demande avant d'admettre les autres moyens de preuve (Cass. 2 oct. 1846).

2848. L'inculpé pouvant se présenter par lui-même ou par un fondé de procuration spéciale, le jugement n'est pas nul par le motif que le tiers, qui s'est présenté, n'était pas porteur d'une procuration, s'il a été admis à l'audience et entendu, sans opposition de la partie civile, ni du ministère public (Cass. 4 juill. 1851).

Même en simple police, l'inculpé a le droit de se faire assister par un défenseur, avocat ou autre, et même par un huissier, l'art. 18 de la loi du 25 mai 1838 ne s'appliquant qu'aux matières civiles (Arg. 152, C. inst. — Cass. 20 nov. 1823).

2849. Quand une contravention a été constatée par un procès-verbal rapporté en flagrant délit, on ne peut renvoyer le prévenu comme n'en étant pas l'auteur, alors qu'il n'a pas été entendu, ni aucun témoin pour lui (Cass. 7 fév. 1845).

D'un autre côté, on ne peut condamner un défaillant par cela seul qu'il ne s'est pas présenté (Cass. 1ᵉʳ déc. 1848) ;

Ni refuser de statuer sous prétexte qu'il est demeuré inconnu, quoiqu'il ait été parfaitement désigné dans le procès-verbal (Cass. 26 fév. 1847).

2850. Le tribunal de simple police, saisi d'une contravention constatée par procès-verbal, est compétent pour connaître des faits accessoires résultant de l'instruction, lorsque ces faits, se rattachant à la contravention poursuivie et n'en formant pas une autre différente, ont été débattus contradictoirement entre le ministère public et l'inculpé (Cass. 27 sept. 1851).

2851. Il ne peut admettre des excuses non prévues par la loi (Cass. 20 déc. 1849) ;

Ni écarter le fait constaté par un procès-verbal qui n'a pas été combattu par la preuve contraire (Cass. 7 et 14 juin 1849) ;

Et, lors même que le procès-verbal aurait été contredit par la preuve contraire, le tribunal n'en conserve pas moins un droit souverain d'appréciation sur l'existence des faits incriminés (Cass. 14 juill. 1849).

Enfin, si l'on invoque une question préjudicielle, elle ne peut être admise qu'autant qu'elle aurait nécessairement pour résultat de faire disparaître la contravention (Cass. 25 sept. 1847).

2852. Un tribunal de simple police ne peut pas refuser de statuer sur les conclusions du ministère public tendant à une remise de cause, fondée sur la nécessité d'assigner une nouvelle partie ou de nouveaux témoins (Cass. 26 fév. 1847) ;

Ni de renvoyer l'affaire à un autre jour, sur la demande de la partie publique, pour faire juger une question préjudicielle, ou pour appeler en témoignage l'agent qui a verbalisé (Cass. 11 oct. 1845, 19 juin 1846 et 4 mars 1848) ;

Ni d'entendre les témoins produits par le ministère public pour prouver l'existence de la contravention (Cass. 9 déc. 1848, 8 mars et 8 nov. 1849).

Mais il peut, après les avoir entendus, refuser d'en entendre d'autres, et statuer sur la prévention en déclarant sa religion suffisamment éclairée (Cass. 17 nov. 1849).

2853. Du reste, les témoins ne peuvent jamais être entendus à titre de renseignements, et sans prestation de serment, en vertu d'un prétendu pouvoir discrétionnaire qui n'appartient pas aux tribunaux de police (Cass. 15 mai 1845 et 28 sept. 1849).

Et le serment doit, à peine de nullité du jugement qui ne le constaterait pas, être prêté dans les termes de la loi, à savoir : *de dire toute la vérité, rien que la vérité* (Cass. 4 nov. 1848 et 2 mars 1849).

Toute autre formule, même celles qui sont employées devant les autres juridictions criminelles, ne saurait être admise (Cass. 20 et 26 sept. 1845, 3 juill. et 12 nov. 1847).

La loi n'exige pas que les témoins soient entendus séparément les uns des autres, et le tribunal ne peut refuser d'admettre un témoin, régulièrement cité, parce qu'il aurait assisté à l'audience pendant que les autres déposaient, surtout alors que ces dépositions n'ont pas fait une preuve suffisante (Cass. 4 juin 1847).

Remarquons ici que les frais de l'audition des témoins sont toujours à la charge du prévenu qui succombe, alors même qu'ils n'auraient rien déclaré à l'appui du procès-verbal (Cass. 30 mai 1833).

2854. Un tribunal de simple police doit prononcer cumulativement l'amende et la condamnation aux frais pour chaque contravention, à quelque époque qu'elle ait été commise, pourvu qu'elle ne soit pas couverte par la prescription, quoiqu'il s'agisse d'une violation antérieure du même règlement de police, et qui aurait pu être réunie et confondue dans la même poursuite (Cass. 2 déc. 1848).

Car la prohibition du cumul des peines ne s'applique pas aux matières de simple police (Cass. 7 juin 1842, 13 fév. et 15 mars 1845).

2855. En cas d'admission de circonstances atténuantes, la peine de l'emprisonnement, contre le condamné en récidive, peut être remplacée par une simple amende (Cass. 8 mai 1845 et 8 nov. 1849).

Mais, après avoir constaté la récidive légale sans circonstances atténuantes, le jugement est nul s'il n'applique pas les peines de la récidive (Cass. 24 avril 1845).

Il ne peut pas, non plus, quand il applique la peine de l'emprisonnement, la prononcer pour une durée moindre d'un jour complet de vingt-quatre heures, par exemple pour six heures (Cass. 2 mars 1855).

2856. Ajoutons qu'un tribunal de police ne peut prononcer une peine pour un fait dont il n'aurait pas été saisi par le ministère public, et qu'il aurait reconnu sur les lieux en procédant à leur vérification (Cass. 14 et 28 avril 1848) ;

Et que, lorsqu'il a statué sur une contravention dont il est saisi, il n'est plus compétent pour prononcer ultérieurement sur les dommages-intérêts qui ont pu en résulter (Cass. 22 août 1845).

2857. Par suite de l'indépendance respective des pouvoirs judiciaires et administratifs, un tribunal de simple police ne peut, même dans les motifs de son jugement, blâmer la conduite tenue dans la poursuite, soit par l'autorité municipale, soit par le ministère public (Cass. 20 avril 1844 et 12 fév. 1848 ;

Ni enjoindre au ministère public de diriger des poursuites contre d'autres inculpés, à raison d'une plainte dont il est saisi, ni surseoir à statuer sur cette plainte jusqu'à ce que les individus ainsi désignés aient été traduits devant lui (Cass. 20 déc. 1845) ;

Ni condamner la partie publique aux dépens (Circ. min. 23 vent. an XIII. — Cass. 13 fév. 1845 et 2 déc. 1848).

2858. Remarquons, en terminant, que les jugements de simple police sont soumis, comme toutes les décisions judiciaires, à la formalité de l'enregistrement, et que, si plusieurs contraventions sont réunies dans le même jugement, il est toujours dû un droit d'enregistrement par chaque contrevenant. Le greffier ne peut toutefois délivrer au receveur des droits qu'un extrait de chaque jugement. Du reste, il n'est rien dû pour les avertissements, ni pour les appels des causes en simple police, non plus qu'en matière criminelle et correctionnelle (Décis. min. 5 juill. 1816).

CHAPITRE IV. — VOIES CONTRE LES JUGEMENTS.

SECTION PREMIÈRE. — APPEL.

SOMMAIRE.

2859. Les jugements de simple police sont sujets à l'appel toutes les fois qu'ils prononcent un emprisonnement, ou lorsque les amendes, restitutions et autres réparations civiles excèdent la somme de 5 fr., outre les dépens, ou quand elles sont indéterminées (C. inst. 172. — Cass. 7 juill. 1838) ;

Lors même qu'il y serait fait une fausse application de la loi pénale (Cass. 11 fév. 1819).

Les dommages-intérêts résultant de la contravention sont compris dans les restitutions ou réparations civiles, et s'ils excèdent cinq francs, il peut y avoir appel (Cass. 6 déc. 1849).

L'appel est également recevable quand la condamnation est d'une valeur indéterminée (Cass. 20 fév. 1847).

2860. Mais ils sont en dernier ressort, et ne peuvent être attaqués que devant la Cour de cassation, toutes les fois qu'ils prononcent une condamnation inférieure.

Un jugement de simple police qui prononce un acquittement est rendu en dernier ressort. Il ne peut être attaqué en appel par le ministère public, non plus que celui qui aurait prononcé une condamnation inférieure à ses réquisitions (Cass. 10 avril 1812, et 26 mars 1813).

De même, les jugements de compétence et ceux qui admettent une question préjudicielle sont tous en dernier ressort (Cass. 31 déc. 1818 et 20 fév. 1829).

En cette matière, c'est la condamnation, et non pas l'objet de la demande, qui fixe l'étendue du dernier ressort (Cass. 20 nov. 1846 et 7 avril 1848).

2861. Le jugement qui ordonne une expertise peut être attaqué par appel en même temps que le jugement définitif (Cass. 28 fév. 1846).

On ne peut appeler d'un jugement qui se borne à statuer sur une simple question préjudicielle, et toutes les parties peuvent se pourvoir en cassation contre la décision qui admet un semblable appel (Cass. 31 août 1848).

2862. Le droit d'appeler n'appartient qu'au condamné. On a cru d'abord qu'il appartenait aussi au ministère public, notamment au parquet du tribunal qui devait connaître de l'appel, surtout pour les jugements portant condamnation à l'emprisonnement ou à une amende de plus de cinq francs (Legraverend, II, 309. — Carnot, *Inst. crim.*, I, 502. — Décis. min. 3 déc. 1822 et 18 oct. 1825).

Mais il a été jugé, d'une manière générale et absolue, que le ministère public n'était jamais recevable à appeler des jugements de simple police (Cass. 7 nov. 1812, 28 août 1823 et 10 fév. 1848).

Il ne peut que se pourvoir en cassation pour violation de la loi ou des règlements (C. inst. 177).

2863. Il ne peut en appeler, lors même que le tribunal n'aurait pas prononcé une condamnation contre chacun des contrevenants, et qu'il se serait borné à une seule condamnation solidaire (Cass. 24 fév. 1827).

Il ne peut non plus, sur l'appel seul de ce condamné, proposer des moyens d'incompétence tendant à faire renvoyer les parties devant le tribunal correctionnel (Cass. 29 sept. 1831).

La partie civile ne peut pas, non plus, relever appel, alors même que, à son égard, il y aurait eu déclaration d'incompétence (Cass. 20 nov. 1846).

2864. L'appel des jugements de simple police doit être interjeté, dans les dix jours de leur signification à personne ou à domicile, soit qu'ils aient été prononcés contradictoirement, ou qu'ils aient été rendus par défaut (C. instr. 174. — Cass. 19 fév. 1813).

Du reste, le délai de l'appel, dans ce dernier cas, ne court que du jour où l'opposition n'est plus recevable (Avis cons. d'État, 11-18 fév. 1806. — Legraverend, II, 353).

Il en est autrement dans les affaires de police correctionnelle, comme on le verra au titre suivant (C. inst. 203).

2865. L'appel des parties peut être interjeté par exploit signifié au ministère public, avec citation devant le tribunal correctionnel (Cass. 1er juill. 1826 et 3 août 1833).

Il peut aussi l'être régulièrement par une déclaration passée au greffe de la justice de paix (Cass. 6 août 1829).

Et il n'est pas nécessaire que l'acte d'appel contienne, de leur part, constitution d'avoué (Cass. 7 avril 1837).

Du reste, l'appel est suspensif, et il est toujours porté au tribunal de police correctionnelle (C. inst. 173 et 174).

2866. Lorsque, sur l'appel, l'une des parties ou le ministère public le requiert, les témoins peuvent être appelés et entendus de nouveau, et il peut même en être entendu d'autres (C. inst. 175).

C'est seulement là une faculté pour le tribunal correctionnel, à moins toutefois que ces témoins n'aient été cités par les parties ou par le ministère public, qui n'ont pas besoin pour cela de la permission des juges d'appel, et alors le tribunal est tenu de les entendre (Cass. 25 nov. 1824).

Mais il peut refuser de surseoir, s'il croit qu'un supplément d'enquête est inutile et que l'instruction est complète (Cass. 26 déc. 1845).

2867. Quand les tribunaux correctionnels siègent comme juges d'appel, on procède devant eux comme devant les tribunaux de simple police (C. inst. 176).

S'ils infirment le jugement pour vice de forme, ils peuvent et doivent retenir la cause et statuer sur le fond, pourvu que ce soit par un seul et même jugement (Cass. 22 mars 1821);

A moins qu'ils n'ordonnent préalablement un interlocutoire (Carnot, *Instr. crim.*, I, 725, n° 2);

Et ils ne peuvent renvoyer la connaissance de la contravention dont il s'agit à un autre tribunal de police (Cass. 15 juin 1839).

2868. Ils ne peuvent, non plus, aggraver le sort du contrevenant sur son appel seul, comme on le verra au chapitre *des Appels de police correctionnelle* (Cass. 3 janv. 1822);

Et si les débats établissent un délit correctionnel, le tribunal de police correctionnelle, saisi par l'appel du ministère public, doit seulement se déclarer incompétent, sans prononcer aucun renvoi (Cass. 24 août 1838).

Enfin, s'il y a eu renvoi par la Cour de cassation, le tribunal d'appel peut annuler le jugement, par tous les moyens de droit sur lesquels la Cour de cassation seule aurait pu statuer, si le jugement n'avait pas été sujet à l'appel (Cass. 24 déc. 1824).

SECTION II. — POURVOI EN CASSATION.

SOMMAIRE.

2869. Nous renvoyons à la suite du chapitre *des Cours d'assises*, les formes à suivre pour le recours en cassation. Observons seulement ici que le procureur de l'arrondissement ne peut se pourvoir en appel, ni en cassation, contre les jugements des tribunaux de simple police. Ce dernier droit n'appartient qu'au ministère public près le tribunal qui a rendu le jugement attaqué; mais il ne peut jamais se pourvoir dans l'intérêt de la loi (Cass. 27 juin 1845 et 12 juill. 1849).

Toutefois, l'appel ou le pourvoi des parties peut être valablement notifié au parquet du tribunal de première instance (Cass. 27 août 1825).

2870. L'adjoint du maire qui a rempli, près du tribunal de simple police, les fonctions du ministère public, a qualité pour se pourvoir en cassation contre le jugement (Cass. 6 mars 1847).

Le maire a le même droit contre les jugements rendus sur les conclusions de son adjoint, par suite du principe que le ministère public est indivisible, comme nous l'avons vu au tome 1er, no 3 (Cass. 6 mars 1845) ;

A moins que l'adjoint n'ait agi en vertu de la désignation spéciale dont il a été parlé au no 2824.

Mais il ne pourrait se pourvoir contre un jugement où il n'aurait été, ni partie publique, ni partie civile (Cass. 28 fév. 1837).

2871. Le délai du pourvoi court de plein droit, tant contre le condamné que contre le ministère public, du jour du jugement rendu contradictoirement, sans qu'il soit besoin de le notifier, et les pièces doivent être transmises, par le magistrat qui s'est pourvu, au procureur général du ressort, et, par celui-ci, au ministre de la justice, après avoir pris la précaution de les coter, inventorier et enliasser (Cass. 19 nov. 1835. — Décis. min. 18 janv. 1851).

A défaut de disposition spéciale, le délai pour se pourvoir en cassation est le même que pour les arrêts des Cours d'assises, dont il sera parlé plus loin (Cass. 5 déc. 1846).

2872. La déclaration du pourvoi doit, à peine de nullité, être faite au greffe, même de la part du ministère public qui ne peut la faire signifier par acte d'huissier (Cass. 20 nov. 1845).

2873. Les dossiers transmis à la Cour de cassation par suite de pourvoi contre les jugements de simple police, doivent lui parvenir par l'intermédiaire des chefs de parquet qui sont tenus de veiller à ce que les dossiers soient réguliers et complets, et contiennent le procès-verbal de contravention, les notes d'audience, le jugement et les arrêtés administratifs ou municipaux qu'il s'agit d'appliquer (Circ. min. 7 mai 1874).

2874. Quand il y a eu cassation, le ministère public, à qui l'arrêt est envoyé, le communique extrajudiciairement au juge de paix, aux prévenus et à leurs conseils, le fait transcrire en marge ou à la suite du jugement annulé, et prend les mesures nécessaires pour en assurer l'exécution (Décis. min. 15 mai 1837).

CHAPITRE V. — EXÉCUTION DES JUGEMENTS.

2875. Les jugements de simple police ne sont susceptibles d'exécution forcée qu'autant qu'ils ont été signifiés et qu'ils n'ont pas été attaqués dans les délais de l'opposition ou de l'appel; mais il n'est pas nécessaire de faire signifier ceux que les condamnés veulent bien exécuter volontairement. Il suffit donc de leur en donner avis, et de leur demander s'ils consentent à l'exécution.

2876. A cet effet, les greffiers des tribunaux de simple police doivent dresser un relevé sommaire des jugements de condamnation susceptibles d'opposition ou d'appel, et le transmettre, dans la huitaine de la date du jugement, au receveur de l'enregistrement du canton du domicile du condamné (Circ. min. 15 déc. 1833 et 20 sept. 1834).

Ce relevé doit contenir autant d'articles que de jugements, quel que soit le nombre des condamnés, et indiquer la nature de chaque contravention, la commune où elle a été commise, les noms et prénoms des condamnés, leur demeure et le montant de l'amende et des frais (*Ibid.*);

Il ne peut comprendre que les condamnés domiciliés dans un même canton, et il est payé au greffier à raison de dix centimes par affaire jugée, quel que soit le nombre des condamnés (Mêmes circulaires).

2877. A la réception du relevé, le receveur donne avis à tous ceux qui y sont portés des condamnations par eux encourues, avec invitation de venir en acquitter le montant à son bureau, dans un délai déterminé, passé lequel, ou il renvoie le relevé au juge de paix qui a rendu le jugement, ou au commissaire de police remplissant les fonctions du ministère public, avec l'indication de ceux qui ont payé, et des renseignements sur la solvabilité des autres, ou bien il adresse à ces magistrats un état particulier des jugements qui n'ont pas été volontairement exécutés par les condamnés sur un premier avertissement. Au moyen de cet état, les receveurs sont autorisés à conserver dans leurs bureaux les relevés transmis par les greffiers (*Ibid.*).

2878. C'est au ministère public près le tribunal de simple
police qui a rendu le jugement à en assurer l'exécution. Il en
prend, à cet effet, un extrait au greffe, et le donne aux huissiers
ou aux agents de la force publique, quand il s'agit de faire exécuter une peine d'emprisonnement contre un délinquant domicilié
dans le canton. Si le condamné a son domicile ailleurs, le magistrat adresse cet extrait au ministère public de l'arrondissement où
le condamné se trouve. S'il s'agit d'une condamnation purement
pécuniaire, l'extrait est transmis au receveur de l'enregistrement
du domicile du condamné. Dans toutes ces circonstances, il faut se
conformer à ce qui sera dit ci-après au chapitre *de l'Exécution des
jugements correctionnels.*

2879. Quand le condamné est domicilié dans le canton, il n'y
a lieu à délivrer ni expédition, ni extrait du jugement, la copie à
signifier devant être faite par l'huissier au moyen de la minute qui
lui est confiée au greffe (Circ. min. 16 août 1842, 26 déc. 1845 et
18 janv. 1855).

La signification, quand il s'agit d'une peine pécuniaire, ne peut
même avoir lieu que lorsque le condamné a refusé d'acquiescer à
un avertissement préalable du receveur de l'enregistrement, dont
le mémoire de l'huissier doit faire mention, ainsi que du refus qui
l'a suivi (Circ. min. 15 déc. 1833 et 18 janv. 1855).

2880. Quand un extrait d'un jugement définitif de simple police, rendu dans un autre canton que celui de sa résidence, est
transmis au ministère public, pour être exécuté contre un condamné à l'emprisonnement domicilié ou résidant dans son arrondissement, ce magistrat, après l'avoir remis aux huissiers ou aux
agents de la force publique, avec les réquisitions nécessaires, veille
à ce que la condamnation soit exactement subie dans la prison la
plus voisine de ce domicile, et renvoie ensuite l'extrait du jugement au magistrat qui le lui a transmis, en certifiant au pied qu'il
a reçu exécution, le tout dans la forme indiquée ci-après, pour un
cas analogue, au chapitre *de l'Emprisonnement.*

2881. Remarquons, en terminant, qu'un jugement ne peut
être exécuté contre les héritiers d'un condamné qui était décédé
au moment où ce jugement a été rendu (Cass. 9 déc. 1848).

2882. Nous bornons ici ce que nous avions à dire spécialement des affaires de simple police, les devoirs généraux du ministère public, en cette matière, étant les mêmes que pour les affaires correctionnelles, dont nous allons nous occuper au titre suivant.

TITRE CINQUIÈME.

Affaires correctionnelles.

CHAPITRE PREMIER. — TRIBUNAUX CORRECTIONNELS.

SECTION PREMIÈRE. — ORGANISATION.

2883. Ce sont les tribunaux civils de première instance qui, dans chaque arrondissement, jugent les affaires correctionnelles, et reçoivent alors le nom de *tribunaux correctionnels*. Ils peuvent juger au nombre de trois juges (C. inst. 179 et 180).

Il faut leur appliquer tout ce que nous avons dit, sur la police des tribunaux, au livre II de cet ouvrage, tome Ier, page 106.

Ajoutons que l'énonciation d'un jugement portant qu'un juge suppléant, appelé à compléter le tribunal correctionnel, n'aurait eu que voix consultative, ne suffirait pas pour infirmer le jugement (Cass. 20 août 1837).

2884. Les règles de la récusation en matière civile, que nous avons exposées au tome Ier, nos 1592 et suivants, leur sont aussi applicables (Cass. 30 oct. 1835).

Et, lorsqu'un tribunal correctionnel n'a pu, par suite de récusations, parvenir à se composer, c'est à la Cour de cassation qu'il appartient de désigner un autre tribunal (Cass. 12 août 1825).

Dans ce cas, le ministère public, s'il est partie poursuivante, présente à cette Cour une requête qui peut être conforme au no 39 de l'Appendice.

2885. Les tribunaux correctionnels peuvent siéger les jours fériés (Cass. 8 mars 1832) ;

Et ils n'ont jamais de vacances, comme nous l'avons dit au tome Ier, nos 140, 141.

Le ministère des avoués est purement facultatif devant eux, même pour la partie civile (Cass. 17 fév. 1826) ;

A moins qu'il ne s'agisse de représenter à l'audience un prévenu absent, quand le délit n'emporte pas la peine de l'emprisonnement, auquel cas il ne peut être représenté que par un avoué, comme on le verra plus loin.

Quant aux plaidoiries, appliquez ici ce que nous disons au tome Ier, nos 689 et suivants, et ci-après au chapitre des *Débats correctionnels*.

2886. La présence du ministère public est indispensable à toutes les audiences des tribunaux correctionnels, dont la composition ne serait pas régulière sans lui, comme on l'a vu au tome Ier, nos 445 et 446.

Sa présence est, au reste, suffisamment constatée par la mention, qui se trouve aux qualités du jugement, que l'affaire était engagée entre le prévenu et le ministère public (Cass. 10 fév. 1831).

Devant les tribunaux répressifs, le ministère public agit toujours comme partie principale, dans l'intérêt de la vindicte publique ; mais il est partie jointe, quand il donne son avis sur les conclusions de la partie civile (Cass. 5 avril 1839).

SECTION II. — ATTRIBUTIONS.

SOMMAIRE.

2887. Les tribunaux correctionnels prononcent :

1o Sur les appels des jugements de simple police (C. inst. 174) ;

2o Sur tous les délits dont la peine excède cinq jours d'emprisonnement et 15 francs d'amende (*Ibid.*, 179) ;

3o Sur tous les délits forestiers poursuivis à la requête de l'administration (*Ibid.* — C. forest. 171) ;

4o Sur certains crimes commis par des mineurs de seize ans, quand ils n'ont pas de complices au-dessus de cet âge (C. pén. 68).

Au surplus, voyez, pour la nomenclature des délits correctionnels, au tome Ier, no 1860, et Legraverend, II, 379.

2888. Ces tribunaux n'ont pas, comme les Cours d'assises, la plénitude de la juridiction criminelle, et ils doivent se déclarer incompétents, quand ils sont appelés à statuer sur un fait qui ne rentre pas exactement dans leurs attributions (Cass. 15 nov. 1816);

A moins qu'il ne s'agisse d'une contravention de police qu'ils peuvent juger, si le ministère public, ni la partie civile, ne demande pas le renvoi (Cass. 24 avril 1829 et 18 janv. 1833).

Mais ils ne peuvent juger les questions civiles qui se présentent devant eux, comme nous l'avons dit au tome 1er, n° 2148, § 3.

2889. Ainsi, d'une part, un tribunal correctionnel, saisi d'une prévention de vol commis à l'aide d'escalade, ne peut se déclarer compétent, par le motif que la circonstance de l'escalade n'est pas suffisamment établie (Cass. 17 oct. 1837).

De l'autre, lorsqu'un tribunal correctionnel est saisi, en même temps, d'un délit et d'une contravention, il ne peut renvoyer la connaissance de cette contravention au tribunal de simple police, que dans le cas où ce renvoi aurait été demandé par la partie publique ou par la partie civile (Cass. 17 oct. 1838).

2890. La compétence des tribunaux correctionnels se détermine par l'étendue de la peine : ainsi, quand le *maximum* de la peine classe un fait parmi les délits, c'est au tribunal correctionnel à en connaître, encore bien que le *minimum* ne soit qu'une peine de simple police (Cass. 15 janv. 1825. — Duvergier, *Cod. d'inst. crim.* 179).

Il y a encore d'autres circonstances où les tribunaux correctionnels peuvent prononcer des peines de simple police ; par exemple, quand il s'agit de réprimer l'exercice illégal de l'art de guérir, etc. (Loi 19 vent. an XI, art. 35. — Cass. 28 août 1832).

2891. La compétence doit être réglée *in limine litis*, et ne dépend pas des réquisitions faites, mais bien de la qualification légale du fait, et de la nature de la peine dont il est susceptible (Cass. 4 avril 1823).

Elle doit donc être fixée dès les premiers actes de poursuite, et sur le *maximum* de la peine applicable à l'infraction dénoncée, sans égard à la faculté d'en prononcer une moindre (Cass. 4 juin 1824).

Ainsi, une contravention de police, commise en récidive, doit être portée devant les tribunaux correctionnels, si la peine de la récidive excède les peines de simple police (Cass. 15 janv. et 17 juin 1825).

2892. Il résulte de ce qui précède que, l'exception d'incompétence étant préjudicielle, les juges doivent y statuer, avant d'examiner la régularité de la citation (Cass. 3 juin 1837) ;

Et elle peut être proposée à l'audience par le ministère public, même quand l'ordonnance de la chambre d'instruction, indicative de juridiction, a été rendue conformément à ses conclusions, ou sans opposition de sa part (Cass. 30 mars 1816).

Mais les demandes en renvoi pour incompétence ne peuvent être jointes au principal ; et la décision de cette question doit être motivée, comme nous l'avons dit pour tous les jugements, au tome I, n° 535 (Cass. 25 juin 1825).

2893. Un tribunal correctionnel, saisi d'un délit par une ordonnance du juge d'instruction, ou par un arrêt de la chambre d'accusation, ne peut pas apprécier la régularité des actes d'instruction antérieurs à l'arrêt (Cass. 20 août 1852) ;

Ni en se déclarant incompétent, renvoyer l'affaire devant le juge d'instruction (Cass. 5 et 18 août 1837) ;

Lors même que l'ordonnance ou l'arrêt n'aurait pas statué sur tous les chefs de la prévention (Cass. 18 janv. 1839).

Il en serait autrement, s'il avait été saisi par une citation directe, donnée à l'inculpé, à la requête du ministère public, ou même de la partie civile. Il peut alors ordonner ce renvoi, avant même d'avoir entendu les témoins (Cass. 18 juin 1824).

Remarquez qu'un tribunal, compétent pour connaître d'un délit, peut être saisi de la connaissance de tous les délits connexes (Cass. 14 mai 1847).

Du reste, les magistrats du siége où l'instruction a été faite sont compétents pour juger, puisqu'ils ont été compétents pour poursuivre ; et il est défendu aux tribunaux de renvoyer, sous quelque prétexte que ce soit, à un autre tribunal la connaissance d'un délit dont ils sont régulièrement saisis, et qui rentre dans leurs attributions (Décis. min. 27 sept. 1832).

2894. Voyez, pour l'incompétence des tribunaux correctionnels, ce que nous avons dit au tome Ier, nos 2148 et suivants.

Voyez aussi, au tome III, le chapitre *des Règlements de juges*, pour les formes à suivre quand il y a lieu de faire cesser un conflit négatif de juridiction.

SECTION III. — TRIBUNAL SAISI.

SOMMAIRE.

2895. Les tribunaux correctionnels peuvent être saisis de la connaissance des délits de leur connaissance, soit par la comparution volontaire des parties (Cass. 18 avril 1822) ;

Soit par la citation donnée directement au prévenu (C. inst. 182) ;

Soit par la citation donnée en exécution d'une ordonnance de la chambre d'instruction, d'un arrêt de la chambre d'accusation ou d'un arrêt de la Cour de cassation (C. inst. 130, 160, 230, 429 et 542).

Mais la qualification donnée à un fait, par ces ordonnances ou arrêts, n'a pas force de chose jugée pour les Cours ou tribunaux devant lesquels l'affaire est renvoyée (Cass. 21 nov. 1811 et 3 juill. 1847).

2896. L'ordonnance de la chambre d'instruction eût-elle omis de statuer sur l'un des chefs d'inculpation, cela n'empêcherait pas le tribunal d'examiner à l'audience si ce fait est prouvé par les débats (Cass. 4 juin 1830).

Une pareille omission ne peut être assimilée à une déclaration qu'il n'y a lieu de suivre sur ce chef, et dès lors le tribunal peut encore en être saisi, soit par le ministère public, soit par la partie civile (Cass. 6 janv. 1837).

2897. Lorsque la citation est fondée sur un procès-verbal qui constate deux délits correctionnels, le tribunal se trouve saisi de la connaissance de l'un et de l'autre, et doit statuer sur les deux en même temps, à peine de nullité (Cass. 7 mars 1835).

Sans pouvoir s'occuper de faits nouveaux qui ne seraient pas compris dans les poursuites, il peut statuer sur toutes les circonstances qui sont résultées de l'instruction et des débats, lors même qu'elles ne seraient pas énoncées dans la plainte ou dans la citation, pourvu qu'elles ne constituent pas un crime (Cass. 18 juin 1813).

Dans ce cas, la citation se réfère nécessairement au procès-verbal, dont le prévenu à eu une parfaite connaissance par la copie qui lui en a été notifiée.

2898. Si le tribunal est saisi par un arrêt de la chambre d'accusation d'une affaire qui a pris naissance hors de son arrondissement, et a été instruite contre un prévenu qui n'y est pas domicilié, il doit se renfermer dans les termes précis de l'arrêt, et ne peut connaître d'un délit qui ne s'y trouverait pas expressément compris, car nul ne peut être distrait de ses juges naturels (Const. 4 nov. 1848, art. 4, et 15 janv. 1852, art. 56).

2899. Quand une ordonnance du juge d'instruction, devenue définitive faute d'opposition, a renvoyé un prévenu en police correctionnelle, le ministère public doit porter l'affaire devant le tribunal correctionnel dans le plus court délai possible.

La citation doit être donnée dans les quarante-huit heures de l'ordonnance, et pour l'une des plus prochaines audiences après expiration du délai légal (C. inst. 132, § 2. — Loi 17 juill. 1856).

Il en est de même toutes les fois qu'un arrêt de la Cour de cassation ou de la chambre d'accusation, qui est transmis en minute à ce magistrat, avec toutes les pièces de la procédure, a renvoyé un prévenu devant la juridiction correctionnelle (Circ. min. 14 mars 1814).

Mais, ni la Cour, ni le juge d'instruction, ne peuvent désigner d'avance le jour où la cause sera appelée à l'audience ; la fixation de ce jour doit être laissée au ministère public. L'ordonnance ou l'arrêt porte seulement renvoi à l'audience, qui sera indiquée par la citation (Legraverend, 1, 350).

2900. Le ministère public peut aussi, comme nous l'avons dit au n° 2320, § 4, porter directement et *de plano* une affaire devant les les tribunaux correctionnels, quand la compétence n'est pas douteuse, et qu'une information préalable ne lui semble pas nécessaire.

Quelques auteurs enseignent que le ministère public ne peut, dans le cas où le délit n'est constaté par aucun procès-verbal, mais seulement par une plainte ou par une dénonciation, saisir le tribunal qu'après avoir communiqué cette dénonciation ou cette plainte au juge d'instruction (Dalloz, v° *Instr. crim.*, n° 1).

Nous ne pouvons admettre cette doctrine, qui d'ailleurs n'est pas suivie dans la pratique.

Enfin, les administrations publiques, notamment l'administration forestière, et généralement toute partie civile, peuvent aussi saisir directement les tribunaux correctionnels (C. inst. 182).

Mais il convient que les parties civiles s'entendent avec le ministère public avant d'assigner quelqu'un en police correctionnelle (Décis. min. 28 mars 1827).

2901. A ce que nous avons dit au tome 1er, n°s 447 et suivants, sur la police des tribunaux, il faut ajouter ce qui suit :

Le tribunal peut faire retirer de l'audience et reconduire en prison tout prévenu qui, en causant du tumulte, met obstacle au libre cours de la justice ; et, dans ce cas, il est procédé, en son absence, aux débats et au jugement (Loi 9 sep. 1835, art. 10 et 12).

Tout prévenu ou toute personne qui cause du tumulte à l'audience d'un tribunal, pour empêcher le cours de la justice, est passible d'un emprisonnement de deux ans au plus, sans préjudice des peines portées au Code pénal contre les outrages et violences envers les magistrats (*Ibid.*, art. 11 et 12. — C. pén. 222 et suiv.).

2902. Les audiences correctionnelles et criminelles sont toujours publiques, à moins que le huis clos n'ait été ordonné, et même, dans ce cas, les jugements qui statuent sur des incidents, par exemple sur la recevabilité de l'intervention d'une partie civile, doivent, à peine de nullité, être prononcés publiquement, comme nous l'avons déjà observé au tome Ier, n° 411.

Il faut ajouter que le huis clos est une mesure exceptionnelle, qui ne doit être employée que lorsque des intérêts majeurs la réclament pour le maintien de l'ordre public et le respect dû aux bonnes mœurs. Ainsi, il n'y a pas lieu d'y recourir pour cacher, par ménagement pour son caractère et pour la considération qui lui est due, les inculpations dirigées contre un fonctionnaire public, par exemple, contre un officier de gendarmerie prévenu de violences dans l'exercice de ses fonctions (Décis. min. 11 avril 1817).

CHAPITRE II. — PROCÉDURE CORRECTIONNELLE.

SECTION PREMIÈRE. — CITATION AUX PRÉVENUS.

SOMMAIRE.

2903. Les tribunaux correctionnels sont, le plus ordinairement, saisis par la citation donnée directement à l'inculpé et aux personnes civilement responsables, par le ministère public, qui peut les assigner ainsi dans tous les cas, c'est-à-dire lors même que la partie civile ou les agents des administrations publiques intéressées auraient négligé de les poursuivre, à moins toutefois que le juge d'instruction n'ait été saisi de l'affaire, auquel cas il faudrait attendre sa décision (C. inst. 182. — Cass. 18 juin 1812).

Il n'est même pas besoin de plainte, pour assigner en police correctionnelle. La citation elle-même en tient lieu (C. inst. 183).

Par conséquent, il n'est pas toujours nécessaire que le ministère public rédige un procès-verbal des plaintes qu'il reçoit en matière correctionnelle ; il suffit d'énoncer les faits dans le libellé de l'exploit de citation, comme nous l'avons dit au n° 2309.

2904. Néanmoins, un tribunal correctionnel est valablement
saisi des délits de sa compétence, par la comparution volontaire
des parties, sans aucune assignation, ni ordonnance de renvoi,
comme nous l'avons indiqué ci-dessus, n° 2903, § 1 (Cass. 25 janv.
1828).

En matière correctionnelle, comme en matière de simple police,
la comparution volontaire et spontanée du prévenu donne aux
juges le droit de prononcer sur la prévention, et sur tout ce qui
s'y rattache comme résultant des débats, mais ils ne peuvent statuer sur un délit nouveau qu'autant que l'inculpé non arrêté consent librement à être aussi jugé sur ce point (Cass. 10 juin 1853).

Mais, à défaut de cette comparution volontaire, des réquisitions
à l'audience ne suffiraient pas pour constituer un individu en état
de prévention; il faut une citation préalable, car nul ne peut être
jugé que sur les faits à raison desquels il a été cité, ou pour lesquels
il a comparu.

2905. Ainsi, s'il résulte des débats, surtout en appel, l'inculpation d'un nouveau délit, le ministère public ne peut pas en demander immédiatement la répression, mais seulement faire des
réserves à ce sujet (Cass. 23 nov. 1837).

Si cependant le nouveau délit résulte du fait poursuivi qui rece-
vrait une nouvelle qualification légale, la punition du coupable
peut être immédiatement demandée.

2906. On jugeait autrefois qu'un tribunal ne pouvait pas,
après avoir annulé la citation comme irrégulière, et sur le réquisitoire présenté à l'audience par le ministère public, prononcer la
confiscation d'un fusil saisi sur un prévenu de délit de chasse qui
serait demeuré inconnu; car cette confiscation, n'étant que l'accessoire de la peine, ne pouvait avoir lieu qu'au préalable l'existence
du délit et la culpabilité du prévenu n'eussent été régulièrement
déclarées (Cass. 21 juill. 1838).

Mais, aujourd'hui, la loi exige que la confiscation et la destruction des armes abandonnées par des chasseurs inconnus soient
ordonnées par le tribunal, sur le vu du procès-verbal et sans citation (Loi 3 mai 1844, art. 16, § 4).

Et même, une citation n'est jamais nécessaire quand il s'agit
seulement de prononcer la confiscation d'objets prohibés abandonnés par les délinquants demeurés inconnus; une simple requête suffit (Cass. 8 juill. 1841).

2907. Dans tout autre cas que ceux énumérés ci-dessus, lorsque le ministère public a une affaire à porter en police cor-

rectionnelle, il fait d'abord assigner le prévenu et les témoins, s'il y en a.

A cet effet, il donne à un huissier ou à un agent de la force publique un original qui est son ouvrage, et qui doit contenir les énonciations dont nous allons parler aux nᵒˢ 2911 et suivants. Pour ménager le temps, on a, dans tous les parquets, des feuilles imprimées d'avance dont il suffit de remplir les blancs.

Quand les prévenus sont demeurés libres, il faut avoir soin de comprendre, sur le même original tous les inculpés ou prévenus impliqués dans la même affaire, qui sont domiciliés dans le même canton, comme nous l'avons dit, pour les témoins, au nᵒ 2655, § 2 (Circ. min. 30 déc. 1812.— Instr. gén. 30 sept. 1826, nᵒ LVII).

2908. Les citations de la partie publique doivent toujours être données au nom et à la requête du ministère public, c'est-à-dire du chef du parquet institué auprès du tribunal devant lequel l'assigné doit comparaître.

Du reste, les formalités prescrites par les exploits, en matière civile, ne sont pas exigées pour les citations en matière correctionnelle (Cass. 2 avril 1819).

2909. Il n'y a, pour les citations, d'autres indications essentielles que celles des jour, mois et an, des noms et demeure du défendeur, du délit objet des poursuites, et du tribunal saisi (Favard, *Nouv. Rép.*, vᵒ *Citation*, I, 496. — Legraverend, II, 384).

Il faut y joindre les énonciations de l'art. 6 de la loi du 26 mai 1819, en matière de délits de la presse; toutefois, en cas d'outrages par paroles envers un fonctionnaire public ou une autre personne, il n'est pas nécessaire que la citation contienne l'articulation et la qualification des outrages et injures, quand ils sont réprimés par les dispositions du Code pénal. Là, ne s'applique pas l'art. 6 de la loi de 1819 (Cass. 20 fév. 1830 et 3 juin 1837).

2910. Mais, par opposition, toutes les fois qu'on invoque, contre le prévenu, l'application des lois spéciales aux délits commis par la voie de la presse ou par tout autre moyen de publication, toutes les énonciations indiquées à l'art. 6 de ladite loi doivent se trouver dans la citation.

L'exécution de cet article n'est plus prescrite à peine de nullité (Décr. org. 17 fév. 1852, art. 27. — Circ. min. 27 mars 1852, résumé, nᵒ 6).

2911. Les citations doivent surtout énoncer les faits qui sont l'objet de la plainte et des poursuites, de manière à dissiper tous les doutes à cet égard (Cass. 2 août 1839).

Mais elles ne sont assujetties à aucune forme spéciale, quant à cette énonciation (Cass. 17 sept. 1841).

Si donc la citation est donnée en exécution d'une ordonnance de mise en prévention, il suffit, pour que le tribunal soit valablement saisi, qu'elle énonce le délit tel qu'il est qualifié dans cette ordonnance, de manière à ne laisser aucune incertitude ; les actes de l'instruction qui ont précédé l'ordonnance ayant donné au prévenu une suffisante connaissance des faits, il n'est pas nécessaire que l'ordonnance soit notifiée elle-même avec la citation, comme il a déjà été dit au n° 2781, § 1 (Cass. 20 janv. et 20 oct. 1826).

2912. Il suffit encore, même à défaut d'ordonnance, que la citation énonce le fait qui a donné lieu à la plainte, ou que ce fait soit énoncé dans le procès-verbal signifié avec la citation (Cass. 19 déc. 1834).

L'énoncé, fait dans la citation, de la loi ou de l'ordonnance à laquelle l'inculpé a contrevenu, supplée même à l'énoncé du fait qui lui est imputé (Cass. 6 avril 1838).

De plus, une citation n'est pas nulle, par cela seul qu'elle présente une erreur sur la date du fait, objet du procès (Cass. 11 et 18 mars 1837).

2913. Quant à la désignation des prévenus, il suffit qu'aucun doute raisonnable ne puisse s'élever sur leur identité (Arg. cass. 19 avril 1841) ;

Et que la citation, en leur indiquant le fait incriminé et le tribunal qui doit en connaître, les ait avertis d'être présents et de se défendre (Cass. 14 janv. 1830).

2914. Les citations faites à la requête du ministère public peuvent être valablement signifiées par tous les agents de la force publique, même par des gendarmes (Circ. min. 10 vend. an IV. — Loi 5 pluv. an XIII, art. 1).

Néanmoins, la gendarmerie ne doit être chargée de porter des citations qu'en cas d'absolue nécessité (Décr. 1er mars 1854, art. 107).

Le ministère public doit en charger, de préférence, les huissiers et en prendre note sur les registres du parquet, dont nous parlerons au tome III, chapitre des *Frais de justice criminelle* (Déc. 18 juin 1811, art. 71, n°s 1, et art. 83).

En matière d'eaux et forêts, les citations peuvent être notifiées par les gardes forestiers (C. forest. 173. — Circ. min. 2 avril 1829).

2915. Il n'est pas nécessaire que les huissiers délivrent, en tête de la citation, une copie des plaintes, procès-verbaux ou rapports, si ce n'est quand il s'agit de contraventions spéciales (C. forest. 172. — Loi 15 avril 1829, art. 49).

Dans tout autre cas, ce serait un abus contraire aux règles de la procédure et de la comptabilité criminelles (Circ. min. 30 déc. 1812, 8°).

Il n'y a d'exception que pour les procès-verbaux, qui font foi jusqu'à inscription de faux, et pour les pièces dont la loi ordonne expressément de donner copie (Instr. gén. 30 sept. 1826, n° LXIV).

Quand il n'y a pas lieu de signifier les procès-verbaux, la copie de la citation ne doit jamais comprendre plus d'un rôle (Instr. min. 7 juin 1814, II, 12).

2916. En cas d'absence du prévenu, la copie de la citation peut être donnée au maire de la commune, mais seulement après qu'elle a été présentée à son domicile et à ses voisins, et le maire doit viser l'original, à peine de nullité, comme nous l'avons dit au tome Iᵉʳ, n°ˢ 630 et 1668 (Cass. 15 oct. 1834).

Du reste, la citation qui n'est pas signifiée au véritable domicile du prévenu, mais bien au domicile par lui indiqué dans le procès-verbal, et remise au maire de la commune, est valable (Cass. 21 sept. 1833).

2917. Si le prévenu n'a point de domicile connu, la copie peut être valablement remise au maire de la commune où le délit à été commis, ou dans laquelle le prévenu a été vu en dernier lieu ; sauf le droit qu'a le tribunal d'apprécier, sur l'opposition ou sur l'appel du condamné, s'il peut être légalement présumé avoir eu connaissance de la citation ; c'est du moins ce qui a été jugé pour la signification d'un jugement par défaut (Cass. 30 janv. 1834).

Dans ce cas, il n'y a pas lieu de recourir aux formalités prescrites, en l'art. 69, n° 8, du Code de procédure civile ; mais si le prévenu, n'a ni domicile, ni résidence connue, et si le maire du lieu du délit refuse de recevoir la copie, la citation doit être notifiée conformément aux prescriptions de cet article (Paris, 7 déc. 1837).

2918. L'original de la citation doit être enregistré. Cependant le défaut d'enregistrement n'emporte pas nullité de l'exploit (Cass. 23 vent. an XIII).

D'ailleurs, la comparution du prévenu ou d'un mandataire, porteur de sa copie de citation, suffit pour couvrir tous les vices matériels de la citation (Cass. 30 déc. 1825. — Pau, 24 déc. 1829).

La défense au fond couvre aussi les nullités de l'exploit (Pr. civ. 173);

Soit qu'elles résultent de l'inobservation des délais (C. inst. 184);

Ou du défaut d'enregistrement de la citation (Cass. 24 mai 1811);

Ou du défaut de signature de l'huissier (Cass. 20 juill. 1832).

Mais elle ne couvre pas les nullités du procès-verbal constatant le délit, particulièrement en matière de contributions indirectes et de délits forestiers (Cass. 10 avril 1807. — Bordeaux, 8 mars 1833).

Et les nullités de l'exploit ne peuvent être proposées pour la première fois en appel (Cass. 12 avril 1839 et 4 déc. 1847).

2919. Il doit y avoir au moins un délai de trois jours, outre un jour par trois myriamètres de distance du domicile de l'inculpé, entre la citation et le jugement, à peine de nullité de la condamnation qui serait prononcée par défaut contre la personne citée, pourvu que cette nullité soit proposée à la première audience, et avant toute exception ou défense (C. inst. 184).

Il n'est pas nécessaire d'indiquer la comparution à jour fixe : le délai donné à trois jours francs suffit, sauf l'augmentation à raison des distances (Cass. 5 fév. 1808).

2920. La nullité résultant de ce que le prévenu aurait été cité à trop court délai peut, d'ailleurs, être couverte par le renvoi de l'affaire à une autre audience, parce que ce délai n'a été établi que pour lui donner le temps de préparer ses moyens justificatifs (Legraverend, II, 385).

Il appartient aux juges d'apprécier si la demande en renvoi ainsi motivée doit être accordée ou rejetée (Cass. 4 mai 1838).

Et ils peuvent, si le prévenu assigné à trop court délai ne comparaît point, surseoir à statuer jusqu'à ce que la citation ait été régularisée (Cass. 2 oct. 1840).

2921. La citation sans date ou à trop court délai n'est pas nulle : si le prévenu comparaît, il peut seulement demander le renvoi à un autre jour; s'il est jugé par défaut, le jugement seul est nul (Cass. 15 fév. 1821 et 14 avril 1832).

En effet, s'il n'y a pas eu un délai de trois jours entre la citation et le jugement de condamnation par défaut, ce jugement seul est nul; la citation ne cesse pas d'avoir effet, notamment celui d'interrompre la prescription (Cass. 25 fév. 1819).

2922. Remarquons dès à présent que tous les actes de procédure répressive, criminelle ou de police correctionnelle, citations, informations, jugements, etc., peuvent être signifiés les jours fériés, dont nous avons parlé au tome 1er, n° 147 (Loi 17 therm. an VI, art. 2. — Cass. 8 mars 1832 et 29 nov. 1838).

Il en est autrement de l'exécution des jugements, qui, en général, ne peut pas avoir lieu ces jours-là, comme on le verra plus loin (C. pén. 25).

SECTION II. — CITATION AUX TÉMOINS.

SOMMAIRE.

2923. Lorsqu'il y a lieu, pour le ministère public, de faire assigner des témoins dans une affaire correctionnelle, il en remet la liste à un huissier, ou les porte lui-même sur un original d'assignation qu'on a le plus souvent tout imprimé dans chaque parquet.

L'huissier n'a plus dès lors qu'à remplir les blancs, et à remettre une copie à chaque témoin assigné. Il fait ensuite enregistrer l'original ; après quoi, il le remet aux magistrats du parquet, qui en prennent note sur le registre des huissiers (Décr. 18 juin 1811, art. 83).

2924. Il y a lieu d'appeler des témoins, lorsque le délit n'a pas été constaté par un procès-verbal régulier ayant foi en justice, ou lorsque la preuve contraire est admise en faveur du prévenu. Car il peut être suppléé, par la preuve testimoniale, aux procès-verbaux rejetés comme nuls, soit que la nullité provienne de vice de forme, soit qu'elle dérive du défaut de qualité du fonctionnaire rapporteur (Cass. 18 mars 1836).

Du reste, quand le ministère public offre de prouver par témoins une contravention constatée par un procès-verbal argué de nullité, le tribunal ne peut acquitter le prévenu, parce que cette preuve n'a pas été faite à l'audience même où l'affaire est appelée. Il doit se borner à fixer au ministère public un délai pour le faire (Cass. 25 mars 1830 et 26 juin 1841).

2925. Y eût-il une instruction écrite dans l'affaire, il est encore indispensable d'assigner les témoins à l'audience, et il serait absolument irrégulier de procéder d'une autre manière, car les juges ne peuvent statuer que sur les débats qui ont lieu en leur présence; seulement, le ministère public doit écarter les témoins inutiles, et n'appeler que ceux qui doivent déposer sur les faits de la prévention.

En effet, plus le déplacement des témoins est dispendieux, plus on doit mettre de soin à n'appeler aux débats que ceux dont la présence est utile à la manifestation de la vérité; et cela, tant pour accélérer l'expédition des affaires que pour diminuer la masse des frais de justice (Circ. min. 8 mars 1871 et 20 nov. 1829).

2926. Mais le ministère public n'a besoin d'aucune permission pour faire citer les témoins dont il juge la présence utile, soit en première instance, soit en appel (Cass. 25 nov. 1824).

Et il n'est pas tenu de faire notifier au prévenu la liste de ces témoins (Cass. 26 sept. 1840).

2927. Rien ne s'oppose même à ce que les magistrats chargés de la procédure et de l'instruction, qui ont fait, en cette qualité, des actes de leur ministère, soient appelés comme témoins, soit par le prévenu, soit par le ministère public (Décis. min. 29 juin 1825).

Mais les officiers du parquet ne doivent user de cette faculté qu'avec la plus grande réserve, tant pour ne pas distraire ces magistrats de leurs fonctions habituelles que pour ne pas les exposer à assister à la discussion de leurs actes dans un débat public.

2928. Il est bon que le ministère public fasse deux originaux de citation séparés, l'un pour le prévenu et l'autre pour les témoins, afin que le prévenu, à qui il pourrait être donné copie entière de l'exploit unique ne connaisse pas à l'avance les témoins qui y seraient portés; c'est là souvent une précaution pleine de sagesse : il faut d'ailleurs qu'il y ait un original séparé pour chaque canton, comme nous l'avons dit au n° 2907.

Au surplus, toutes les règles posées ci-dessus, aux n°s 2647 et suivants, pour les témoins appelés devant le juge d'instruction, doivent être observées devant les tribunaux correctionnels.

2929. Les témoins sont portés sur l'exploit dans l'ordre logique ou chronologique des faits, en commençant par les plaignants, etc.

En effet, avant les débats, l'officier du ministère public chargé de porter la parole à l'audience doit étudier avec soin la procédure, en acquérir une connaissance profonde, prendre des notes exactes, dresser la liste des témoins dans leur ordre naturel, et n'assigner que ceux dont l'audition est nécessaire, comme nous venons de le dire au n° 2925.

2930. Quand il y a des témoins à décharge à faire entendre, ils sont assignés à la requête et aux frais de l'inculpé, qui doit en communiquer la liste au ministère public, au moins vingt-quatre heures d'avance, afin que ce magistrat puisse s'assurer s'il y a lieu pour lui de s'opposer à leur audition, comme nous le verrons ailleurs.

2931. Si l'inculpé est dans l'indigence ou dans l'impossibilité de faire assigner des témoins à décharge, le président peut ordonner qu'ils seront appelés, s'il juge leur déclaration utile pour la découverte de la vérité. En ce cas, une assignation leur est donnée à la requête du ministère public, et les frais en sont avancés par le Trésor (Loi 22 janv. 1851, art. 30).

2932. Il n'y a pas omission ou refus de statuer lorsque les témoins dont le prévenu a demandé l'audition, bien que régulièrement cités, n'ont pas comparu, et que le prévenu n'a pas conclu à ce qu'ils fussent réassignés (Cass. 25 nov. 1837).

Il n'est même pas nécessaire que les témoins à décharge aient été préalablement assignés; l'inculpé peut les amener avec lui sans citation, s'ils consentent à se présenter ainsi, et le tribunal ne peut se dispenser de les entendre, sous prétexte qu'ils n'auraient pas été cités (C. inst. 153, § 4. — Cass. 15 fév. 1811).

2933. Quant aux témoins appelés à la requête de la partie civile, ils sont toujours assignés à ses frais, et elle doit aussi, avant l'audience, en communiquer la liste au ministère public. En effet, le ministère public, ni la partie civile, n'ont pas, comme le prévenu, la faculté d'amener des témoins à l'audience sans assignation préalable, comme il vient d'être dit.

2934. Du reste, les présidents des tribunaux correctionnels ne sont pas investis du pouvoir discrétionnaire des présidents des Cours d'assises, en ce sens qu'ils puissent appeler et entendre sans prestation de serment, des témoins qui n'auraient été ni cités, ni amenés par le prévenu (C. inst. 268 et 269. — Cass. 24 mai 1833 et 13 sept. 1839).

Si l'audition de quelques personnes étrangères aux débats paraissait nécessaire, le tribunal pourrait seulement, soit d'office, soit sur la réquisition du ministère public, de la partie civile, ou du prévenu, renvoyer l'affaire à un autre jour, afin que, dans l'intervalle, ces personnes pussent être régulièrement assignées par la partie intéressée; à moins qu'elles ne soient présentes à l'audience et qu'aucune des parties ne s'oppose à leur audition immédiate.

2935. Quand un témoin assigné à comparaître à l'audience est détenu, on procède comme il a été dit au n° 2670 ; et, quand il est arrivé ou qu'il se trouve dans la prison du lieu où l'affaire doit être jugée, le ministère public donne à un huissier de service l'ordre de l'en extraire et de le conduire devant le tribunal. Il est dû à l'huissier un salaire pour chaque détenu ainsi conduit à l'audience (Décr. 18 juin 1811, art. 71, n° 6).

CHAPITRE III. — DÉBATS CORRECTIONNELS.

SECTION PREMIÈRE. — ACTES PRÉLIMINAIRES.

SOMMAIRE.

2936. La partie civile, principale ou intervenante, n'est pas rigoureusement tenue de communiquer son dossier avant l'audience, ni au président, ni au ministère public. Par analogie, la partie publique n'est pas obligée, non plus, de communiquer préalablement les pièces de la procédure au président du tribunal, si ce n'est en appel, parce que l'appel ne peut être jugé que sur le rapport d'un juge (C. inst. 209).

Néanmoins, dans quelques siéges, les chefs des compagnies désirent que cette communication ait lieu, même en première instance, ce qui ne souffre jamais de difficulté dans l'intérêt du service. D'ailleurs, la loi exige, quand il y a eu une ordonnance de renvoi en police correctionnelle, que la procédure soit déposée au greffe du tribunal dans les vingt-quatre heures, et la communication peut avoir lieu par cette voie (C. inst. 132).

2937. Les affaires correctionnelles, même celles qui sont poursuivies directement par la partie civile, nous semblent dispensées de l'enrôlement ; le décret du 30 mars 1808, qui a prescrit cette formalité, n'étant applicable qu'aux affaires civiles. Cependant elle a lieu dans plusieurs tribunaux, quand c'est la partie civile qui poursuit. Nous avons parlé de l'enrôlement, au tome I, n°s 637 et suivants.

2938. Au jour fixé pour la comparution des parties, le ministère public fait conduire les prévenus à l'audience, s'ils sont en état de détention.

Il donne, à cet effet, l'ordre par écrit, à un huissier de service, de les extraire de la maison d'arrêt et de les conduire au tribunal. Cet ordre demeure entre les mains du concierge pour lui tenir lieu de décharge, et il est rendu à l'huissier au moment de la réintégration.

Il en est tenu note au parquet, sur le registre des huissiers, à cause du salaire qui peut être réclamé pour l'extraction de chaque détenu (Instr. gén. 30 sept. 1826, n° LXII).

2939. Les huissiers chargés de ce service doivent toujours se rappeler qu'ils demeurent responsables de l'évasion des détenus confiés à leur garde, et que c'est à eux de prendre toutes les précautions que la prudence exige. Ils peuvent, notamment, requérir la gendarmerie de leur prêter main-forte ; mais elle ne peut pas être chargée seule, même par les magistrats, du soin de faire ces extractions (Décr. 18 juin 1811, art. 77, § 3, et 1er mars 1854, art. 93 et 98).

Ce serait aussi un abus et une perturbation dans les attributions des divers officiers de justice que de charger, comme cela a lieu dans quelques localités, les concierges des maisons d'arrêt de conduire les détenus au tribunal. Les concierges ne doivent jamais être détournés, sous aucun prétexte, de la surveillance qui leur est commandée par leurs fonctions ; autrement, il serait injuste de les rendre responsables des évasions qui pourraient avoir lieu pendant leur absence de la maison d'arrêt. Le service des extractions doit donc être fait exclusivement par les huissiers, qui reçoivent un salaire à cet effet (Décr. 18 juin 1811, art. 71, n° 6. — Arrêté min. int. 30 oct. 1841, art. 35).

2940. L'inculpé ou le prévenu assigné, qu'il soit détenu ou non, est tenu de se présenter à l'audience pour y être jugé contradictoirement ; toutefois, il peut s'abstenir de comparaître, et alors il est jugé par défaut (C. inst. 186).

Si le prévenu est malade et ne peut comparaître, pour ce motif dûment constaté par un certificat de médecin, le tribunal peut, ou donner défaut contre lui, si la partie publique ou la partie civile le requiert, ou renvoyer l'affaire à un autre jour.

Si le prévenu malade a des coprévenus présents, le tribunal doit, quand ceux-ci insistent pour être jugés, et si l'affaire, quant à eux, est en état, prononcer la disjonction, ou donner défaut contre le défaillant, et passer outre aux débats et au jugement. Un renvoi à une autre audience, contre le gré des prévenus présents, serait un déni de justice.

2941. Si l'inculpé est préventivement détenu sous mandat de dépôt ou d'arrêt, et forcé, par suite, de comparaître devant la juridiction correctionnelle, sur l'ordre d'extraction donné par le ministère public, il n'en conserve pas moins la faculté de faire défaut (Cass. 12 déc. 1834).

En effet, lors même qu'un prévenu est ainsi conduit à l'audience, il peut, quoique présent, laisser défaut en refusant de prendre part aux débats, et le jugement, qui est rendu dans ces circonstances, est un véritable jugement par défaut (Paris, 15 juin 1827).

2942. Cependant, si les inculpés, en état de détention préventive, refusent de sortir de prison et de venir à l'audience au jour indiqué, sommation leur est faite par un huissier, à ce commis par le président ou par le ministère public, et assisté de la force publique ; l'huissier dresse procès-verbal de la sommation et de la réponse (Loi 9 sept. 1835, art. 8 et 12).

Si les prévenus n'obtempèrent point à la sommation, le président *peut* ordonner qu'ils soient amenés par la force devant le tribunal ; ou bien, après lecture faite à l'audience du procès-verbal constatant leur résistance, il peut ordonner qu'il soit, nonobstant leur absence, passé outre aux débats. Après chaque audience, le greffier va dans la prison donner lecture des débats aux non-comparants, et il leur est signifié copie des réquisitions du ministère public, ainsi que des jugements du tribunal, qui sont tous réputés contradictoires à leur égard (*Ibid.*, art. 9 et 12).

Ces dispositions pourraient s'appliquer également au prévenu qui, par ses cris ou ses violences, troublerait l'audience et s'efforcerait d'empêcher la justice d'avoir son libre cours, comme nous l'avons dit au n° 2901.

2943. L'accomplissement de ces formalités, par le président, n'a pas besoin d'être constaté d'une manière expresse dans le jugement, et la loi ne prononce pas de nullité pour les omissions qu'il pourrait présenter sur ce point (Cass. 21 avril 1855).

Remarquez que ce mode de procéder ne peut être employé envers les prévenus qui ne sont pas arrêtés, et qu'il n'est pas même prescrit et obligatoire envers les autres ; c'est seulement une *faculté* abandonnée à la sagesse du président. S'il ne croit pas, même contrairement aux réquisitions formelles du ministère public, devoir user, sur ce point, de son pouvoir discrétionnaire, tout rentre dans le droit commun, et les prévenus absents ne peuvent être jugés que par défaut.

2944. Quand le délit ne doit pas entraîner la peine de l'emprisonnement, le prévenu peut se faire représenter par un avoué, et le jugement est dès lors contradictoire. Le tribunal peut néanmoins ordonner sa comparution en personne; et, s'il n'obéit pas, le jugement est par défaut, nonobstant la présence d'un avoué (C. inst. 185).

Mais il est bon d'observer que le prévenu absent ne peut se faire représenter par nul autre que par un avoué; c'est même le seul cas où il soit obligé de recourir à leur ministère, comme nous l'avons remarqué au n° 2884, § 4 (Legraverend, II, 383).

Toutefois, il peut faire présenter des exceptions préjudicielles par un avocat, et laisser ensuite défaut sur le fond (Cass. 12 juin 1829 et 29 août 1840).

2945. Le ministère public doit veiller à ce que le prévenu ne soit pas admis à se faire représenter, dans les cas où cette faculté lui est interdite, c'est-à-dire quand le délit emporte peine d'emprisonnement; et il doit se pourvoir contre les jugements qui, sur ce point, seraient contraires à la loi.

Il peut aussi se faire représenter la procuration donnée à l'avoué, laquelle doit être spéciale, en ce sens qu'elle donne pouvoir de *comparaître;* mais il n'est pas nécessaire qu'elle contienne pouvoir pour avouer ou désavouer les faits du procès.

Les femmes mariées n'ont pas besoin de l'autorisation de leur mari pour donner une pareille procuration (Cass. 24 fév. 1809).

Remarquez que la partie civile n'est jamais tenue de comparaître à l'audience, il suffit qu'elle y soit représentée, à moins que les juges n'ordonnent sa présence (Orléans, 12 août 1851).

SECTION II. — OUVERTURE DES DÉBATS.

SOMMAIRE.

2946. Le président ordonne l'évocation des causes à l'audience, sur un placet remis à l'huissier par le greffier ou par le ministère public. Elles sont jugées dans l'ordre établi par ce dernier magistrat, à moins qu'il ne consente à ce que cet ordre soit interverti.

Les affaires poursuivies d'office, par le ministère public, doivent être évoquées et obtenir jugement avant celles qui sont portées à l'audience par des administrations publiques, ou par une partie civile, excepté toutefois quand celles-ci ont été commencées à une précédente audience, auquel cas elles peuvent être continuées avant toute autre évocation.

Il n'est dû aucune rétribution aux huissiers audienciers pour l'appel des causes en matière criminelle, correctionnelle ou de police, lors même qu'elles concernent des administrations publiques ou des parties civiles ordinaires (Décis. min. 24 août 1813).

2947. Les tribunaux peuvent ordonner la jonction des causes dont ils sont simultanément saisis, même hors le cas de connexité, lorsqu'ils croient cette jonction nécessaire à la manifestation de la vérité, et leur décision, sur ce point, n'a pas besoin d'être motivée (Cass. 25 nov. 1837).

Ils peuvent aussi renvoyer l'affaire à une autre audience, s'ils le croient nécessaire ; et, s'ils pensent devoir refuser une remise qui leur est demandée, leur décision, sur ce point, est en dernier ressort, comme nous l'avons dit au tome 1er, no 664 (Cass. 11 nov. 1841).

2948. Après que les inculpés ou prévenus se sont assis au banc qui leur est destiné, ou que leur absence, ainsi que la présence ou l'absence de leurs avoués ou mandataires, a été constatée, le ministère public fait l'exposé sommaire de l'affaire, quand il est partie principale et demandeur (C. inst. 190).

S'il y a eu une instruction préalable ou renvoi de l'affaire par une autre juridiction, il requiert qu'il soit donné par le greffier lecture, soit de l'arrêt de la Cour de cassation ou de la Cour d'appel, soit de l'ordonnance de la chambre d'instruction qui saisit le tribunal.

2949. La lecture de la citation, de l'arrêt ou de l'ordonnance peut même remplacer l'exposé. Toutefois, s'il est jugé nécessaire, même après cette lecture, il doit être fait. Le ministère public apprécie les circonstances où il peut être utile de le présenter, de l'étendre ou de le modifier (Legraverend, II, 387).

Car il est seul juge de la manière dont il doit faire cet exposé ; il n'y a pour lui d'autre obligation que de le faire verbalement. Les juges, ni les parties, n'ont pas le droit de l'empêcher ou de le restreindre, et le ministère public peut l'accompagner de la lecture des pièces dont il croit la production ou la connaissance utile au tribunal (Circ. Rennes, 16 août 1811).

2950. Quand il est partie jointe, le soin d'exposer l'affaire regarde la partie civile ou son défenseur, ou les agents de l'administration publique poursuivante.

En leur absence, ces derniers peuvent être suppléés par le ministère public, comme nous l'avons observé au tome 1er (C. inst. 190).

2951. A la suite ou à la place de cet exposé, les procès-verbaux ou rapports, quand il en a été dressé, sont lus par le greffier, ou même par le ministère public, s'il le préfère.

S'il se présente des questions préjudicielles de procédure, de compétence ou autres, dont nous avons parlé ci-dessus, au tome 1er, nos 2136 et suivants, elles doivent être proposées et jugées avant de passer aux débats du fond. S'il ne s'en présente pas, on passe à l'instruction orale.

Remarquez que, devant les tribunaux correctionnels, l'instruction qui se fait à l'audience n'est pas purement orale comme devant les Cours d'assises; elle n'est pas bornée à l'audition des témoins, puisque les juges peuvent former leur conviction sur toute sorte de preuves; et même, à défaut de témoignages, sur la seule production des procès-verbaux et autres pièces probantes.

SECTION III. — COMPARUTION DES TÉMOINS.

SOMMAIRE.

2952. Après l'exposé de l'affaire, l'huissier de service à l'audience appelle les témoins assignés, s'il y en a, en commençant par ceux du ministère public, puis ceux de la partie civile, et enfin ceux du prévenu. Le premier d'entre eux est introduit et les autres sont conduits dans leur chambre, d'où ils ne doivent sortir que pour déposer séparément l'un de l'autre (Arg. 315, § 2, 316 et 317, C. inst.).

Cependant il n'y a pas nullité, par cela seul qu'un témoin a pu avoir connaissance des déclarations des témoins entendus avant lui, surtout si sa déposition n'a pu en être et n'en a pas été influencée (Cass. 3 avril 1818).

2953. L'huissier se fait remettre la copie de citation de chaque témoin appelé, et transmet au greffier celle des témoins qui requièrent taxe, sur l'interpellation directe qui leur en est faite par le président, pour qu'ils soient taxés comme il sera dit au'tome III, chapitre *des Frais de justice criminelle.*

Toutefois, les témoins qui ne seraient pas porteurs de cette citation n'en devraient pas moins être entendus sous la foi du serment (Cass. 6 sept. 1838).

2954. Les témoins déposent dans l'ordre établi par le ministère public (Arg. 317, C. inst.).

Cet ordre peut néanmoins être interverti par le président, avec le consentement du ministère public, notamment à l'égard d'un témoin malade, dont l'audition peut être différée jusqu'à ce que cet obstacle temporaire ait cessé (Cass. 20 avril 1838).

2955. Le tribunal peut même refuser d'entendre les témoins produits, lorsqu'il se trouve suffisamment éclairé par tout autre moyen d'instruction (Legraverend, II, 325. — Cass. 9 déc. 1830 et 11 sept. 1847);

Comme aussi il peut les entendre après les conclusions du ministère public (Cass. 20 août 1840);

Ou sans qu'il se soit expliqué, au préalable, sur l'opportunité ou la nécessité de leur audition (Cass. 19 juill. 1844).

2956. Avant de déposer, les témoins doivent faire, à l'audience, le serment de dire toute la vérité et rien que la vérité.

Cette formule est sacramentelle, et il n'y peut être rien changé, à peine de nullité (Cass. 15 juin 1821).

Néanmoins, le serment, eût-il été prêté dans les termes de l'art. 75 ou de l'art. 317 du Code d'instruction criminelle, n'en aurait pas moins tous les caractères de la légalité (Cass. 1er juin 1838).

2957. Les enfants âgés de moins de quinze ans, appelés aux débats comme témoins, ne doivent pas prêter serment, et cela en police correctionnelle comme à la Cour d'assises (Cass. 3 déc. 1812 et 16 juill. 1835).

Cependant, il n'y aura pas nullité si un témoin de cet âge a prêté serment (Cass. 2 janv. 1818).

2958. Autrefois même on jugeait, conformément aux conclusions de Merlin, qu'ils ne pouvaient déposer que sous la foi du serment, pourvu qu'ils eussent assez de discernement pour en apprécier la valeur (Cass. 7 fév. 1812).

En effet, l'article 155 du Code d'instruction criminelle, auquel se réfère l'article 189, dispose que tous les témoins, *sans distinction,* prêteront serment à l'audience. Il est bien vrai que l'article 79 du même Code *permet* au juge d'instruction d'entendre les enfants de moins de quinze ans, sans leur faire prêter serment; mais ce n'est là qu'une faculté et en même temps une exception. Néanmoins, là Cour suprême décide aujourd'hui le contraire, comme nous venons de le voir, et cela par des raisons qui nous semblent tirées plutôt de la nature des choses que des termes de la loi.

2959. Il y aurait nullité si un témoin âgé de plus de quinze ans avait été entendu sans prestation de serment (Cass. 5 août 1837 et 27 juin 1846).

Car, hors le cas dont nous parlons ici, nul témoin appelé devant les tribunaux correctionnels ne peut être entendu à titre de renseignements, et sans prestation de serment (Cass. 13 mai 1841 et 2 mars 1855).

Et les témoins amenés à l'audience par le prévenu doivent prêter serment comme les autres, à peine de nullité du jugement (*Ibid.*).

Les agents de police entendus comme témoins doivent aussi prêter serment (Cass. 18 mars 1837).

2960. Le témoin qui a prêté, avant de déposer, le serment prescrit par la loi, n'est pas obligé de renouveler ce serment à une audience ou séance suivante, quand il y est rappelé pour répéter ou expliquer sa déposition (Cass. 13 avril 1816).

Mais l'individu qui va procéder comme expert à l'audience doit prêter serment en cette qualité, lors même qu'il a déjà prêté serment comme témoin dans la même affaire (Cass. 18 avril 1840).

2961. Dans quelques sièges, on fait prêter serment à tous les témoins à la fois, avant qu'ils se retirent dans leur chambre. Dans d'autres, ils le prêtent au fur et à mesure qu'ils sont appelés. Mais, quelque parti qu'on adopte, le serment doit être prêté avant la déposition des témoins et avant même qu'ils répondent aux questions d'usage sur leurs nom, prénoms, âge, profession, etc., afin que la sincérité de leurs réponses à ces questions, qui ne sont pas toujours sans importance, soit aussi garantie par la sainteté du serment. Une fausse déclaration sur ces circonstances constituerait même un faux témoignage (C. inst. 155, 189 et 317. — Dalloz aîné, v° *Témoin*, xli, 605).

Toutefois, il n'y aurait pas nullité si le serment n'avait été prêté que postérieurement à ces déclarations (Cass. 26 avril 1838).

Quant à la preuve du serment, elle résulte suffisamment de l'énoncé qui s'en trouve dans le jugement, alors même que les notes d'audience n'en feraient pas mention (Cass. 5 mai 1820).

2962. Avant la déposition de chaque témoin, le ministère public, la partie civile et le prévenu, ont le droit de proposer leurs reproches, qui sont immédiatement jugés par le tribunal (C. inst. 190).

Et leur consentement donné d'abord à l'audition d'un témoin ne les empêcherait pas de s'y opposer ensuite, même après sa prestation de serment (Cass. 13 sept. 1831).

2963. Le ministère public doit s'opposer à l'audition des témoins à décharge et de ceux qui sont appelés à la requête de la partie civile, quand ils sont proches parents des parties ou repris de justice (C. inst. 156 et 189. — C. pén. 34 et 42).

Car les ascendants ou descendants du prévenu, ses frères et sœurs, ses beaux-frères ou belles-sœurs, sa femme et son mari, même séparés de corps, ne peuvent être ni appelés, ni reçus en témoignage, sans néanmoins que leur audition puisse opérer une nullité, lorsque ni le ministère public, ni la partie civile, ne se sont point opposés à ce que ces personnes fussent entendues (C. inst. 156 et 189).

Les ascendants et descendants, dont parle l'article 156 du Code d'instruction criminelle, sont : les pères, mères, aïeuls, aïeules, enfants et petits-enfants légitimes ou naturels (Arg. 322, C. inst. — Cass. 19 sept. 1832).

Ces prohibitions ne s'appliquent pas aux témoins appelés devant le juge d'instruction, comme nous l'avons dit au n° 2672, § 2 (Legraverend, I, 266).

2964. Les oncles, tantes, neveux et nièces ne sont pas reprochables, à raison de leur parenté, et ne peuvent être entendus que sous prestation de serment (Cass. 13 janv. 1820).

Il n'y a pas alliance entre un prévenu et la femme de son beau-frère, ou le mari de sa belle-sœur, *affinitas non parit affinitatem* (Cass. 16 mars 1821).

De plus, les prohibitions de l'article 268 du Code de procédure civile ne s'étendent pas aux matières correctionnelles : ainsi, les parents de la partie civile peuvent être entendus comme témoins (Carnot, *Instr. crim.*, II, 664. — Cass. 27 mai 1837).

Celui qui a été coprévenu, et qui a été renvoyé de la prévention, peut aussi être entendu comme témoin dans la même affaire (Cass. 6 mai 1815).

2965. Les tribunaux de police correctionnelle et de simple police peuvent, d'office, ordonner la comparution de témoins autres que ceux qui ont été appelés dans la cause (Cass. 11 sept. 1840).

Dans tous les cas, ils doivent entendre les témoins produits par la partie civile, aussi bien que ceux du prévenu, et respecter également les droits de la plainte et ceux de la défense (Cass. 24 nov. 1808).

Et il y a nullité, si le tribunal omet de statuer sur une demande du plaignant tendant à la remise de la cause pour appeler d'autres témoins (Cass. 4 avril 1811).

2966. Mais la partie civile ne peut faire entendre que des témoins cités à sa requête. Elle ne partage pas le privilége du prévenu d'amener les témoins sans citation, ou de les faire citer à la requête du ministère public, comme nous l'avons dit ci-dessus, aux n°s 2933 et 2934, § 2 (C. inst. 153, 190 et 315. — Morin, v° *Tém.*, 746. — Poitiers, 14 fév. 1837).

Au reste, les juges peuvent et doivent même, dans certains cas, défendre aux témoins de déposer des faits sur lesquels le débat ne peut être établi : il n'y a pas là violation de la loi, ni des droits de la défense (Cass. 2 mai 1834).

2967. Un serment prêté volontairement, hors la nécessité de fonctions civiles ou religieuses, ne peut être un motif légitime de refuser à la justice les révélations qu'elle requiert dans l'intérêt de la société (Cass. 30 nov. 1820).

Mais un prêtre, un avocat, un notaire, un médecin, ne peuvent être tenus de déposer en justice sur des faits qui ne leur ont été confiés qu'à raison de leur profession, même dans le cas où ceux qui les leur ont ainsi confiés consentent à leur révélation (Cass. 30 nov. 1810, 20 janv. 1826 et 22 fév. 1828).

Néanmoins, ils doivent comparaître et prêter serment, s'ils sont appelés en justice, sauf à déclarer que les devoirs de leur profession leur interdisent de déposer, comme nous l'avons dit au n° 2682 ; et, s'ils refusaient de prêter serment avant de faire cette déclaration, ils pourraient être punis comme témoins défaillants (Legraverend, i, 151).

2968. Les témoins défaillants sont ceux qui ne comparaissent pas sur la citation qui leur a été donnée. Ils peuvent y être contraints par le tribunal, qui, à cet effet, et sur la réquisition du ministère public, prononce, dans la même audience, sur un premier défaut, l'amende fixée par l'article 80 du Code d'instruction criminelle ; et, en cas d'un second défaut, la contrainte par corps, qui s'exerce le plus souvent en vertu d'un mandat d'amener (C. inst. 157 et 189. — Legraverend, ii, 325).

Toutefois, il est facultatif aux juges d'obliger ou non les témoins défaillants à comparaître, qu'ils soient cités par l'une des parties ou par le ministère public, et quelles que soient les réquisitions de celui-ci (Carnot, *Instr. crim.*, i, 677. — Cass. 11 août 1827).

2969. Un tribunal peut ouvrir les débats d'une affaire en l'absence d'un témoin cité, malgré la demande d'un sursis faite par le ministère public, et même autoriser la lecture de la déclaration écrite de ce témoin (Cass. 4 août 1832).

C'est là une jurisprudence nouvelle qui tend à conférer aux tribunaux de police une partie du pouvoir discrétionnaire du président d'assises, contrairement à la doctrine qui prévalait antérieurement, comme on le verra au n° 2972, § 1.

2970. Remarquez que le ministère public ne peut requérir la condamnation d'un témoin défaillant que tout autant qu'il produit la preuve que ce témoin a été valablement et régulièrement assigné, par la représentation d'un original d'assignation en bonne forme. A défaut de cette pièce, c'est-à-dire si elle n'a pas été remise à l'officier du parquet au moment de l'audience, ce magistrat peut seulement requérir le renvoi de l'affaire à un autre jour; et alors, le témoin doit être assigné de nouveau pour le jour indiqué.

2971. Le témoin défaillant condamné à l'amende sur une première citation, et qui, sur la seconde, produit devant le tribunal des excuses légitimes, peut, sur les conclusions du ministère public, favorables ou contraires, être déchargé de l'amende. Si le témoin n'est pas cité de nouveau, il peut volontairement comparaître, par lui-même ou par un fondé de procuration spéciale, à l'audience suivante, pour présenter ses excuses, et obtenir, s'il y a lieu, décharge de l'amende (C. inst. 158).

Par l'*audience suivante,* il faut entendre la première audience après que le témoin a eu connaissance de sa condamnation, par la signification qui lui en est faite, ou autrement (Carnot, *Instr. crim.*, II, 676).

SECTION IV. — DÉPOSITIONS DES TÉMOINS.

SOMMAIRE.

2972. Les tribunaux ordinaires de répression ne peuvent juger sur la simple lecture d'un procès-verbal de déposition. Les témoins doivent être entendus eux-mêmes à l'audience, à peine de nullité (Cass. 24 mai 1811).

Toutefois, le juge de simple police, ou le président du tribunal, peut se transporter, assisté du ministère public et du greffier, au domicile d'un témoin malade pour recevoir sa déposition, dont il est ensuite donné lecture à l'audience (Cass. 12 nov. 1835).

2973. Si, lorsqu'une affaire a été portée à l'audience sur un simple procès-verbal, ce procès-verbal a été jugé nul, incomplet ou insuffisant, le ministère public doit être admis, s'il le requiert, à prouver par témoins le fait constaté, comme nous l'avons vu au n° 2924, § 2; et ses réquisitions, sur ce point, ne peuvent être écartées, sous quelque prétexte que ce soit (Cass. 14 mars 1834 et 23 sept. 1837).

Les officiers de police judiciaire peuvent donc être entendus en témoignage, soit pour expliquer ce qui est porté en leurs procès-verbaux, soit pour déposer sur les faits qui n'y sont point énoncés (Cass. 12 juill. 1810).

De même, un juge de paix peut être entendu dans une affaire où il a procédé à une information en vertu de commission rogatoire (Cass. 9 janv. 1840).

Cependant, pour ne pas déranger les fonctionnaires publics de leurs occupations habituelles, les parties ne doivent les faire assigner qu'en cas d'absolue nécessité.

2974. Le ministère public peut, après avoir demandé la parole au président, adresser *directement* aux témoins les questions qu'il croit nécessaires; la partie civile et le prévenu ont la même faculté, mais avec cette différence qu'ils doivent faire passer leurs questions par l'organe du président (Arg. 319, C. inst.).

Il s'ensuit que le président, après avoir consulté le tribunal, peut refuser de transmettre une question posée par ceux-ci, tandis que ni lui, ni le tribunal, ne peuvent jamais empêcher le ministère public d'user de son droit.

Il y a plus : le ministère public peut s'opposer à ce qu'il soit adressé à un témoin une question que le président se croirait en droit de lui faire, en vertu d'un pouvoir discrétionnaire qui ne lui appartient pas, comme nous l'avons dit au n° 2934; et le tribunal doit, à peine de nullité, faire droit à cette opposition (Cass. 16 août 1833).

2975. Après chaque déposition, les pièces de conviction ou de décharge sont représentées aux témoins, et plus tard aux parties, pour déclarer s'ils les reconnaissent (C. inst. 190).

Cependant cette exhibition est purement facultative (Cass. 17 janv. 1839);

Et l'omission de cette formalité n'entraîne pas nullité (Cass. 19 avril 1821).

Dans tous les cas, les pièces de conviction ne peuvent être représentées aux témoins, et reconnues par eux, que sous la foi de leur serment (Cass. 18 mars 1841).

2976. Le greffier doit tenir note sommaire des déclarations des témoins et des réponses du prévenu. Ces notes sont visées, par le président, dans les trois jours du jugement (Loi 13 juin 1856, art. 1).

Elles doivent être assez explicatives et prises avec assez de soin, pour que les magistrats d'appel ne soient pas obligés de faire assigner une seconde fois tous les témoins entendus en première instance (C. inst. 155. — Circ. Rennes, 5 juill. 1834, 15°).

Si les débats ont été précédés d'une instruction écrite, et si le témoin ne fait que reproduire sa déclaration, telle qu'elle a été reçue par le juge d'instruction, on peut se borner à l'énoncer sur la feuille d'audience en ces termes : *Conforme à la déposition écrite.*

Quand il n'y a pas eu d'instruction préalable, il doit être tenu note de la déposition, à peine de nullité (Cass. 4 fév. 1826).

En appel, cette formalité n'est pas prescrite à peine de nullité. Elle peut être suppléée par les énonciations du jugement rendu sur l'appel (Cass. 1er juin 1838).

2977. Dans la plupart des sièges, les notes sont dictées au greffier par le président. Le ministère public doit veiller à ce qu'elles soient exactes et complètes, et peut requérir les additions et rectifications qu'il juge nécessaires. En cas de refus du président, le tribunal est tenu de délibérer sur ces réquisitions (C. inst. 318, § 2).

Si le président se trouvait, par quelque accident, empêché de viser ces notes, il faudrait appliquer à ce cas ce que nous avons dit au tome 1er, n° 530, § 1er, pour la signature des jugements.

2978. Ces notes doivent toujours être transmises en minute, quand il y a appel ou pourvoi en cassation. Tous frais d'expédition seraient regardés comme frustratoires, et demeureraient à la charge du ministère public qui les aurait occasionnés (Circ. min. 24 nov. 1813. — Instr. gén. 30 sept. 1826, n° L).

Il en est de même de l'interrogatoire des prévenus à l'audience, dont nous parlerons à la section suivante (Instr. min. 7 juin 1814, 1. 7°).

2979. Les tribunaux correctionnels peuvent ordonner une instruction supplémentaire et par écrit, lorsqu'ils ne trouvent pas que l'instruction déjà faite soit suffisante; mais les présidents de ces tribunaux ne peuvent, ni ordonner seuls cette instruction, ni y procéder eux-mêmes, s'ils n'ont été commis à cet effet (Cass. 19 mars 1825).

D'un autre côté, le tribunal qui trouve, dans l'aveu du prévenu rapproché du procès-verbal, la preuve du délit, n'est pas tenu d'entendre les témoins produits. Toutefois, ceux-ci ne sont pas privés, pour cela, de leur taxe, s'ils la requièrent (Cass. 29 avril 1837).

2980. Si l'inculpé laisse défaut, le ministère public peut requérir, et le tribunal doit ordonner que les témoins assignés et présents soient entendus, malgré l'absence de l'inculpé, lors même qu'elle aurait un motif légitime, et que les juges croiraient devoir lui accorder un délai pour comparaître.

En effet, le refus d'entendre les témoins en son absence obligerait le demandeur à les assigner de nouveau, ou à leur voir allouer une double taxe, ce qui serait une injustice; ou l'exposerait à être privé, par quelque accident, de leur témoignage à une époque plus reculée.

2981. Si les prévenus ou les témoins ne parlent pas français, on a recours à un interprète, et il faut alors appliquer les règles qui ont été rappelées aux nos 2637 et suivants.

Quand plusieurs affaires sont portées à la même audience, il est nécessaire que l'interprète renouvelle son serment à chaque affaire; le serment prêté au commencement de l'audience ne suffit pas pour toutes les affaires qui ont été évoquées le même jour (Cass. 10 déc. 1836).

SECTION V. — INTERROGATOIRE DES PRÉVENUS.

SOMMAIRE.

2982. Nécessité.	2984. Interpellations.
2983. Interrogatoire séparé.	2985. Pièces de conviction.

2982. Après l'audition des témoins ou la lecture des procès-verbaux, quand il n'y a pas eu de témoins d'assignés, on procède à l'interrogatoire du prévenu, s'il est présent (C. inst. 190).

Cependant, cet interrogatoire n'est pas prescrit à peine de nullité (Cass. 9 juill. 1836).

Et, s'il est omis, il n'y a pas ouverture à cassation lorsque c'est par le fait du prévenu, et lorsque d'ailleurs il a été représenté par un avocat ou par un avoué, dans les cas prévus au no 2944 (Cass. 18 juill. 1828).

Lorsque, après l'interrogatoire du prévenu, la cause est renvoyée à un autre jour, si, à l'audience suivante, le tribunal ne se trouve pas composé des mêmes juges qui ont assisté à l'interrogatoire, cet interrogatoire doit être repris (Cass. 5 vent. an VII).

2983. S'ils sont plusieurs prévenus, le ministère public peut requérir, et le tribunal peut ordonner qu'ils soient interrogés séparément (Arg. art. 327, C. inst.).

Il entre, d'ailleurs, dans les attributions du président de régler l'ordre dans lequel les prévenus seront soumis à l'interrogatoire (*Ibid.* 334).

Le ministère public peut aussi faire, à cet égard, les réquisitions qu'il juge nécessaires, et alors le tribunal prononce.

2984. Il a également le droit d'adresser des questions aux prévenus, après avoir demandé la parole au président, comme nous l'avons dit pour les témoins, au n° 2974 (C. inst. 319, § 4).

Il est bon de ne jamais omettre de demander au prévenu s'il a déjà été repris de justice, afin de connaître, par sa réponse, à défaut d'autres documents, s'il y a lieu de lui appliquer les peines de la récidive, dont nous parlerons au tome suivant.

Son aveu ne suffirait pas, comme nous le verrons alors, si l'on ne produisait pas contre lui la preuve écrite d'une précédente condamnation.

Il ne suffirait pas, non plus, pour entraîner la déclaration de sa culpabilité, car les aveux faits spontanément ne sont que des preuves morales qu'on peut toujours rétracter (Cass. 19 août 1841).

2985. Les pièces de conviction doivent être représentées aux prévenus, pour qu'ils déclarent s'ils les reconnaissent (C. inst. 190).

Toutefois, l'omission de cette formalité n'entraîne pas nullité (Cass. 1er oct. 1829, 2 avril, 10 sept. et 8 oct. 1840).

Il ne résulte également aucune nullité de ce qu'on aurait procédé, hors la présence de l'inculpé, à une perquisition dans son domicile, et à la saisie d'objets qui, dans le cours des débats, lui ont été représentés, sans qu'il ait réclamé au moment de cette exhibition (Cass. 17 sept. 1840).

Cependant, si le prévenu méconnaît à l'audience l'identité des pièces de conviction, en se fondant sur l'irrégularité de leur transmission, cette dénégation les dépouille de la valeur judiciaire qu'aurait pu seule leur attribuer une production précédée et environnée des garanties déterminées par la loi, et dont nous avons parlé aux n°s 2367 et suivants. Néanmoins, les juges peuvent y avoir tel égard que de raison (Cass. 8 fév. 1838).

SECTION VI. — PLAIDOIRIES.

2986. Après l'audition des témoins et l'interrogatoire des prévenus, les plaidoiries commencent. La partie civile, s'il y en a une, est entendue la première; ensuite, le prévenu et les personnes civilement responsables présentent leur défense (C. inst. 190 et 335).

Car nul ne peut être condamné, tant en première instance qu'en appel, sans avoir été entendu ou appelé (Constit. 5 fruct. an III, art. 11. — Cass. 6 niv. an VII).

Des condamnations à une responsabilité civile ou aux dépens ne peuvent pas même être prononcées contre des parties qui n'ont pas été mises en cause (Cass. 21 prair. an XI et 20 juin 1828).

2987. Le droit de défense est donc un droit imprescriptible et sacré qui appartient à tous et ne reçoit aucune exception. On peut l'exercer, ou par soi-même, ou par des tiers, et rien ne doit gêner un prévenu ou un accusé dans le choix d'un conseil ou d'un défenseur (Loi 8-9 oct. 1789, art. 10. — Ord. 27 août 1830, art. 4).

Cependant il ne peut choisir un de ses parents ou amis, qu'avec la permission du président; et celui-ci, en accordant ou en refusant cette permission, ne doit consulter que l'intérêt bien entendu de l'accusé (C. inst. 295. — Disc. de l'orat. du Gouv. 29 nov. 1808).

2988. En matière correctionnelle, le prévenu peut aussi choisir son défenseur dans toutes les classes de citoyens, notamment parmi les avoués (Carré, *Compét.*, I, 66. — Carnot, *Instr. crim.*, II, 79. — Cass. 12 et 25 janv. 1828).

Du reste, un prévenu a le droit de se faire assister par autant de conseils qu'il le juge utile à sa défense, sauf le pouvoir du président de régler la police de l'audience, de manière à prévenir tout abus (Dalloz aîné, v° *Défense*, IV, 557, n° 9).

2989. Toutefois, il a été jugé que son choix devait se restreindre aux avocats et avoués, exclusivement à tous autres, même aux parents ou amis (Bruxelles, 16 juin 1832).

Et que les avoués ne pouvaient plaider, *en cette qualité*, que devant le tribunal auquel les attachait l'acte de leur nomination (Cass. 7 mars 1828).

Remarquez qu'à la différence de ce qui est exigé pour la partie civile, l'accusé ou le prévenu qui réclame des dommages-intérêts n'est pas tenu, pour cela, de se faire assister par un avoué (Dalloz aîné, vᵒ *Défense*, IV, 558, nᵒ 15).

Et même, un tribunal correctionnel ne peut refuser la parole à l'avocat d'un plaignant, sous prétexte que ce dernier n'est pas assisté d'un avoué (Cass. 17 fév. 1826).

2990. A défaut, par l'accusé, de choisir un conseil en matière criminelle, le président de la Cour d'assises doit, à peine de nullité, lui en désigner un d'office (C. inst. 294).

Autrefois, cette disposition ne s'étendait pas aux tribunaux correctionnels, et le prévenu qui n'avait pas choisi de défenseur se défendait lui-même, à moins qu'un avocat ou un avoué ne voulût se charger spontanément de sa défense.

A Paris seulement, les avocats étaient souvent désignés d'office, par le parquet, pour la défense, en police correctionnelle, des prévenus indigents; mais, dans d'autres localités, le barreau n'avait pas voulu accepter ces désignations du ministère public, qui lui avaient paru porter atteinte à l'indépendance de l'ordre des avocats.

2991. Aujourd'hui, la loi charge expressément les présidents des tribunaux correctionnels, dans les deux degrés de juridiction, de désigner un défenseur d'office aux prévenus poursuivis à la requête du ministère public, ou détenus préventivement, lorsqu'ils en font la demande, et que leur indigence est constatée (Loi 22 janv. 1851, art. 29).

Et même, il y a toujours présomption d'indigence pour les détenus.

La désignation d'un avocat d'office en police correctionnelle peut être faite par lettre missive. Voyez à l'Appendice, nᵒ 40.

2992. Le défenseur a le droit d'être entendu sur tous les incidents de l'audience, et doit toujours parler le dernier (Cass. 5 mai 1826).

Il y aurait même nullité, s'il n'avait pas eu la parole le dernier, à moins qu'il ne l'eût pas réclamée (Cass. 7 nov. 1840 et 28 août 1841).

Les plaidoiries *en vers* peuvent même être admises devant les tribunaux de répression, pourvu qu'elles soient décentes et modérées; cependant une règle contraire semble avoir prévalu (Cass. 13 juin 1834).

2993. Les formalités qui font partie substantielle du droit de défense sont de rigueur, et leur omission emporte nullité (Cass. 15 juill. 1825 et 20 sept. 1828).

Néanmoins, l'absence du défenseur du prévenu ou de l'accusé à une partie des débats n'entraîne pas la nullité de la procédure (Cass. 25 fév. 1813 et 9 fév. 1816).

SECTION VII. — CONCLUSIONS DU MINISTÈRE PUBLIC.

SOMMAIRE.

<table>
<tr><td>2994. Notes et incidents.</td><td>2998. Conclusions.</td><td>3002. Constatation.</td></tr>
<tr><td>2995. Réquisitions.</td><td>2999. Alternatives.</td><td>3003. Répliques.</td></tr>
<tr><td>2996. Remande en renvoi.</td><td>3000. Peines requises.</td><td>3004. Nouvelle audition.</td></tr>
<tr><td>2997. Résumé.</td><td>3001. Réserves.</td><td>3005. Nullités.</td></tr>
</table>

2994. Le ministère public peut prendre note, dans le cours des débats, de tout ce qui lui paraît important, soit dans les dépositions des témoins, soit dans la défense, pourvu que la discussion n'en soit pas interrompue (Arg. 328, C. inst.).

Il peut arriver aussi que, dans le cours des débats, le ministère public ait à faire constater un fait ou un incident essentiel qui vient à s'y produire, ou à faire des réserves, à l'effet de poursuivre un délit qui vient d'être appris à l'audience ; alors il requiert qu'il lui en soit donné acte par le tribunal, ce qui ne peut lui être refusé sous aucun prétexte, ou bien il fait, au nom de la loi, toutes autres réquisitions qu'il juge utiles, et le tribunal est tenu de lui en donner acte et d'en délibérer (Arg. 276, C. inst.).

Quand il est fait droit à ses réquisitions, il est pris note de l'incident par le greffier, et il en est fait mention au jugement. Dans le cas contraire, l'instruction ni le jugement n'en sont ni arrêtés, ni suspendus, sauf l'appel, s'il y a lieu (Arg. 278, C. inst.).

2995. Les réquisitions du ministère public doivent toujours être signées de lui ; celles qui sont faites dans le cours des débats sont retenues par le greffier sur son procès-verbal, et signées ensuite par le magistrat du parquet. Toutes les décisions auxquelles ces réquisitions donnent lieu doivent également être signées par le juge qui a présidé et par le greffier (Arg. 277, C. inst.).

Ces dernières signatures, même à défaut de celle du ministère public, suffisent pour l'authenticité de ses réquisitions (Cass. 28 juin 1832).

Si c'est la partie civile ou le prévenu qui a demandé acte, le ministère public peut y consentir verbalement, sans qu'il soit besoin que sa déclaration soit écrite et signée (Cass. 3 janv. 1833).

2996. Avant de conclure au fond, le ministère public peut demander la continuation de la cause à un autre jour, soit pour appeler de nouveaux témoins, pour produire de nouvelles pièces, ou pour préparer ses conclusions, soit pour tout autre motif ; et le tribunal est tenu d'accorder le délai demandé, ou de motiver son refus, à peine de nullité (Cass. 17 janv. 1840).

Cependant un jugement statuant sur le fond ne saurait être annulé, parce que le ministère public aurait conclu seulement sur la compétence, ou sur une demande incidente (Cass. 12 mai 1820 et 11 nov. 1824).

2997. Après les plaidoiries de la partie civile et du prévenu, le ministère public résume l'affaire et donne ses conclusions au fond (C. inst. 190).

Il ne doit pas oublier que ses conclusions, en police correctionnelle, doivent être précédées d'un résumé fidèle des débats et des moyens respectifs des parties, à la suite duquel il expose son opinion et conclut.

Ce résumé est surtout exigé quand l'instance est liée entre la partie civile d'une part, et le prévenu de l'autre. Des conclusions motivées peuvent suffire, quand c'est le ministère public qui est seul poursuivant ou demandeur principal.

2998. Il doit donc s'expliquer, comme partie jointe, sur les conclusions de la partie civile, s'il y en a une, soit qu'il les combatte, soit qu'il les approuve, et sur la question des restitutions, dommages-intérêts et dépens.

Du reste, il n'est pas tenu de conclure, dans tous les cas, à la condamnation du prévenu, mais uniquement suivant l'impression qui est résultée pour lui des débats, comme nous l'avons déjà dit ci-dessus au tome 1er, no 1879.

2999. S'il reconnaît que l'objet de la prévention n'est pas de la compétence du tribunal correctionnel, il doit requérir le renvoi de l'affaire devant les juges compétents.

Si le fait est de nature à emporter une peine afflictive et infamante, il est procédé comme il sera dit au no 3047.

Enfin, s'il estime que le prévenu doive être acquitté ou condamné, il doit le déclarer avec impartialité, modération et fermeté, et requérir ce que de droit, en invoquant toujours les dispositions de la loi.

3000. Mais il n'est pas indispensable quand il conclut à la condamnation, qu'il précise ou requière telle ou telle quotité de la peine encourue ; il suffit qu'il demande l'application de la loi pénale.

Cependant de bons esprits pensent que le ministère public doit apprécier le degré de culpabilité du prévenu, et indiquer aux juges, dans ses conclusions, quelle est la quotité de la peine qu'il regarde comme une répression nécessaire.

Nous ne partageons pas cette opinion ; nous croyons qu'il y a des inconvénients à ce que le ministère public fasse une appréciation que les juges peuvent ne pas adopter ; et la manifestation publique d'un pareil dissentiment n'est profitable, ni aux uns, ni aux autres (De Molènes, I, 13 et 414).

3001. Le ministère public ne peut pas, quand un fait présente tout à la fois le caractère d'un crime et d'un délit, conclure à l'application de la peine pour le délit, et faire des réserves pour la poursuite du crime ; dans ce cas, le tribunal correctionnel doit se borner à déclarer son incompétence (Cass. 3 fév. 1827).

Mais, s'il s'agissait de deux faits différents, l'un délit et l'autre crime, il pourrait demander la répression immédiate du premier, et le renvoi du prévenu devant le juge d'instruction pour le second.

3002. Il n'est pas nécessaire, quand la présence et l'audition du ministère public sont constatées par un jugement correctionnel, que ce jugement fasse mention de la nature et de l'étendue de ses conclusions (Cass. 4 août 1832).

Mais il est nul, s'il ne constate pas que le ministère public a été entendu, alors même qu'il ne s'agit plus, sur l'appel, que des intérêts civils ; car on doit considérer comme omises les formalités essentielles dont l'accomplissement n'est pas constaté (Cass. 22 mai 1841).

Il faut, du reste, appliquer sur ce point, aux jugements correctionnels, ce qui a été dit des jugements en général, au tome Ier, nos 707 et suivants.

3003. Après les conclusions du ministère public, le prévenu et les personnes civilement responsables du délit peuvent répliquer (C. inst. 190).

Et même, après que le ministère public et le prévenu ont présenté leurs observations, la partie civile peut être autorisée à récapituler et à développer tous les moyens, toutes les circonstances qui lui paraissent de nature à appuyer sa demande (Dalloz aîné, vo *Part. civ.*, XI, 218).

3004. Le ministère public peut aussi demander à être entendu de nouveau ; mais, dans tous les cas, le prévenu a la parole le dernier (Arg. 135, § 3, C. inst.).

Les répliques dont il s'agit ici peuvent être permises ou interdites par le tribunal, qui a toujours le droit de limiter les plaidoiries, comme nous l'avons vu au tome 1er, n° 706.

Il peut même, lorsque le ministère public a résumé l'affaire et donné ses conclusions, refuser de lui accorder de nouveau la parole pour répliquer au prévenu, s'il reconnaît que l'affaire est suffisamment instruite (Cass. 31 mars 1832).

Des auteurs, dont nous partageons l'opinion, prétendent encore que la partie civile, attendu la nature purement civile de l'action qu'elle exerce, ne peut jamais être admise à répliquer au ministère public, et qu'elle ne peut que remettre de simples notes au tribunal, conformément à ce qui se pratique en matière civile (Décr. 30 mars 1808, art. 87).

3005. Quoique l'inobservation des formes prescrites et l'interversion de l'ordre tracé par l'art. 190 du Code d'instruction criminelle ne soient pas, en général, des causes de nullité, il peut en résulter, néanmoins, des irrégularités qui doivent faire annuler le jugement, par exemple, si elles portent atteinte au droit de défense, comme nous l'avons dit au n° 2993, § 1er (Cass. 21 oct. 1831).

Car, d'après la jurisprudence de la Cour de cassation, il y a nullité en matière criminelle et correctionnelle, toutes les fois que les vices d'un acte touchent à sa substance, et qu'ils peuvent porter atteinte à la libre et légitime défense des inculpés (Carnot, *Instr. crim.*, I, *Introduct.*).

Mais les nullités commises dans une procédure correctionnelle, à l'exception de celles qui résultent de l'incompétence du tribunal, ne peuvent présenter un moyen de cassation, si elles n'ont pas été proposées en appel (Décr. 29 avril 1806, art. 2. — Cass. 18 juin 1813).

CHAPITRE IV. — JUGEMENTS CORRECTIONNELS.

SECTION PREMIÈRE. — FORMATION.

SOMMAIRE.

3006. Quand les débats sont finis, les juges se retirent pour délibérer, ou délibèrent sur le siége, ou renvoient à une autre audience pour le prononcé du jugement : car ce prononcé doit avoir lieu de suite, ou au plus tard à l'audience qui suit celle où les plaidoiries ont été terminées (C. inst. 190, § 3).

Néanmoins il arrive souvent, sans qu'il y ait nullité pour cela, que les juges renvoient à une audience plus reculée ; mais ils ne peuvent, en ajournant la décision de l'affaire, révoquer le mandat de dépôt légalement décerné contre le prévenu (Cass. 30 nov. 1832).

Quel que soit le parti qu'ils prennent, il en est fait mention sur la feuille d'audience, et l'on suit toutes les règles qui ont été tracées au tome I, nos 493 et suivants, sur les délibérés.

Du reste, il y a toujours présomption légale que le jugement a été délibéré par les juges qui l'ont rendu, bien qu'il ne constate point ce fait explicitement (Cass. 25 nov. 1837).

3007. Les juges de police correctionnelle sont tout à la fois juges et jurés. Ils prononcent comme jurés sur l'appréciation des faits de la prévention, et comme magistrats sur l'application de la peine (Cass. 23 déc. 1825).

Ils ne peuvent former et déclarer leur conviction, sur les délits qui sont de leur compétence, que d'après l'instruction orale faite devant eux, et non d'après les notions qu'ils auraient acquises en dehors d'une instruction régulière, ni acquitter sur le motif qu'il n'existerait pour établir l'existence du délit, que la déposition d'un seul témoin à charge (Cass. 13 nov. et 6 déc. 1834).

3008. Mais rien ne s'oppose à ce qu'ils fassent entrer l'aveu du prévenu dans leurs éléments de conviction (Cass. 23 sept. 1837).

Il suffit, du reste, pour qu'un jugement soit à l'abri de toute critique, que les considérants démontrent que la condamnation n'a été que le résultat de la conviction que le tribunal avait de la culpabilité du prévenu (Cass. 16 mai 1817).

Toutefois un jugement est nul, quand les juges ont méconnu la teneur des actes sur lesquels il est appuyé (Cass. 23 juill. 1835).

3009. En cas de partage des voix, l'avis favorable à l'inculpé prévaut, comme nous l'avons dit au tome Ier, no 513 (Cass. 27 juin 1811).

Et les motifs favorables au prévenu doivent être énoncés au jugement. Il ne suffirait pas de déclarer qu'il y a eu partage pour motiver l'acquittement (Cass. 12 sept. 1845).

Néanmoins, ce principe ne reçoit pas d'application en matière de compétence; le respect pour les juridictions établies exige que les décisions soient prises à la majorité ordinaire (Arg. Cass. 16 janv. 1826. — Bourges, 11 juill. 1827. — Merlin, *Répert.*, vo *Faillite*, § 2, art. 5, et *Part. d'opin.*, § 2, no 3. — Mangin, I, 467, no 194).

Du reste, le jugement qui statue sur la compétence peut toujours être attaqué par la voie de l'appel.

3010. S'il y a récrimination de la part de l'inculpé envers le plaignant, et si celui-ci est justiciable d'une autre juridiction, le tribunal correctionnel doit disjoindre les deux affaires, prononcer sur l'une, et renvoyer l'autre devant les juges qui doivent en connaître (Cass. 14 avril 1827).

Hors ce cas, il n'y a jamais lieu à disjonction; et si des individus appartenant à des juridictions différentes sont prévenus d'avoir commis ensemble le même délit ou des délits connexes, ils doivent tous être jugés par la juridiction ordinaire, comme nous l'avons vu au tome Ier, no 1923.

3011. Toutes les décisions des tribunaux correctionnels doivent être motivées, car un jugement dépourvu de motifs est nul, ainsi que nous l'avons dit au tome I, nos 535 et suivants (Loi 20 avril 1810, art. 7).

Toutefois, si le dispositif a été seul prononcé, il suffit que les motifs en soient donnés sommairement, sur la réclamation immédiate de l'une des parties présente à l'audience (Cass. 29 janv. 1830).

Mais il ne suffirait pas de les déposer au greffe pour faire partie du jugement (Cass. 23 avril 1829).

3012. Un jugement correctionnel n'est pas suffisamment motivé, s'il se contente d'énoncer la qualification légale des faits, sans rappeler les circonstances qui constituent le délit (Cass. 12 oct. 1849).

Les juges d'appel peuvent toutefois, en confirmant une décision qui leur est déférée, se borner à adopter les motifs des premiers juges, et cette énonciation suffit pour que leur jugement soit motivé.

Mais les juges ne peuvent, ni en première instance, ni en appel, substituer un nouveau délit à celui qui a été précisé par la citation, encore bien qu'il s'agisse du même fait diversement qualifié (Cass. 16 janv. 1847).

3013. Les jugements ne peuvent être rendus que sur les débats formés à l'audience en présence du public, sauf les cas où la loi autorise le huis clos dont il a été parlé au tome I, n° 404 (Merlin, *Répert.*, v° *Délit*, § 4).

Même dans ce cas, tous les jugements, n'eussent-ils statué que sur des incidents d'audience, doivent être prononcés publiquement, sauf à reprendre le huis clos pour la continuation des débats (Cass. 1er avril 1837).

Non-seulement tous les jugements et arrêts correctionnels doivent être rendus publiquement, mais ils doivent aussi faire mention de cette circonstance (Cass. 20 mars 1829, 23 nov. 1843 et 28 déc. 1844).

3014. Pour ce qui est de leur signature, nous renverrons à ce qui a été dit au tome I, n° 553, en ajoutant qu'il n'y aurait pas nullité, si deux jugements rendus à la même audience, l'un sur un incident, l'autre sur le fond, avaient été rédigés en un seul contexte, et revêtus d'une seule signature (Cass. 13 avril 1849).

3015. Les états dressés, par les ingénieurs en chef des ponts et chaussées, des jugements correctionnels rendus en matière de police du roulage et des chemins de fer, sur les procès-verbaux de leurs agents, doivent leur être renvoyés par les parquets dans les dix jours de leur réception (Circ. min. 5 avril 1852; 15 fév. 1862 et 10 fév. 1874).

SECTION II. — JUGEMENTS PAR DÉFAUT.

SOMMAIRE.

§ 1. — Défaut.

3016. Comme les jugements civils, les jugements correctionnels sont de plusieurs sortes, d'avant faire droit ou définitifs, en premier ou en dernier ressort, contradictoires ou par défaut. Nous avons suffisamment établi ces distinctions au tome 1, nᵒˢ 723 et suivants ; nous n'y reviendrons pas : nous nous bornerons à poser ici les règles particulières aux jugements par défaut et aux oppositions en matière correctionnelle.

3017. On appelle jugements par défaut les jugements rendus contre une partie qui ne comparaît pas en justice, quoique régulièrement assignée dans les délais de la loi.

Mais il faut pour cela qu'il y ait condamnation, car tout jugement qui renvoie un prévenu des poursuites correctionnelles dirigées contre lui, lors même qu'il est rendu par défaut, est définitif dès qu'il est prononcé, dans ce sens qu'il ne peut pas y être formé opposition (Cass. 26 déc. 1839).

Le prévenu qui a laissé défaut peut donc être renvoyé des fins de la plainte, si la preuve de sa culpabilité n'est pas établie (Cass. 23 mars 1832).

3018. Le droit de faire défaut est inhérent au droit de défense, et entraîne, s'il y a opposition, la nullité du jugement rendu (C. inst. 187).

Les personnes civilement responsables ont aussi le droit de laisser défaut. Elles peuvent également comparaître, même en l'absence de l'inculpé, et réciproquement celui-ci en leur absence. Alors le jugement est contradictoire à l'égard de la partie présente, et par défaut à l'égard de l'autre.

Si la partie civile poursuivante laisse défaut, le prévenu peut demander congé-défaut contre elle, sauf au ministère public à prendre envers lui, dans l'intérêt de la vindicte publique, telles conclusions que de droit (Bourguignon, I, 242).

3019. « Tout inculpé ou prévenu qui ne comparaît pas sera « jugé par défaut » (C. inst. 186).

Tels sont les termes impératifs du Code, desquels il résulte que les juges ne peuvent, sans déni de justice et sans violation de la

loi, refuser d'adjuger le défaut à la partie publique ou civile qui
le requiert, quand ce serait sous prétexte de l'absence ou de l'état
de maladie du défendeur, qui ne lui aurait pas permis d'obéir à la
citation.

3020. Un tribunal correctionnel ne peut donc prononcer contradictoirement, même pour ordonner un renvoi à un autre jour,
sur la seule lecture d'une lettre du prévenu absent, surtout si la
partie adverse s'oppose à ce renvoi ; il doit donner défaut (Cass.
13 fruct. an VII).

Ainsi, dès lors que le ministère public justifie, par la production d'un exploit en bonne forme, qu'un inculpé a été régulièrement assigné, il peut, si cet inculpé ne comparaît pas à l'audience,
requérir que le défaut soit prononcé, et qu'il soit passé outre au
jugement du fond.

3021. Un jugement est contradictoire alors même qu'il est
rendu en l'absence du prévenu obligé à comparution personnelle,
si le prévenu a été défendu sans opposition de la part du ministère public, par un avocat ou par un défenseur qui n'ait pas été
désavoué (Cass. 11 août 1827. — Carnot, *Instr. crim.*, I, 582).

Mais le jugement qui est rendu contre une partie qui s'est bornée à proposer des moyens préjudiciels, et qui a refusé de se défendre au fond, comme il a été dit au n° 2944, n'est pas contradictoire (Cass. 7 déc. 1822).

Il le serait, au contraire, si le prévenu s'était défendu au fond,
encore bien qu'il se fût retiré ensuite (Cass. 29 mai 1830).

De même, le jugement qui, après l'interrogatoire du prévenu et
la plaidoirie du défenseur, est rendu à une audience ultérieure à
laquelle l'affaire avait été renvoyée, est contradictoire, quoique le
prévenu ni son défenseur n'y aient pas été présents (Cass. 8 mars
1851).

§ 2. — *Signification.*

3022. Pour faire courir le délai de l'opposition, dont il sera
parlé au paragraphe suivant, le ministère public, qui a obtenu un
jugement par défaut, s'occupe d'abord de le faire notifier au condamné ; mais avant, il s'assure si celui-ci est dans l'intention de
l'exécuter volontairement, car, en ce cas, toute signification devient inutile (Circ. min. 15 déc. 1833).

Dans le cas contraire, il prend au greffe une expédition du jugement et la transmet au juge de paix du domicile du condamné,
si celui-ci habite hors du siége du tribunal, pour que, à la dili-

gence de ce magistrat, elle lui soit signifiée par un huissier du canton.

3023. Cette notification ne peut se faire que sur une expédition complète, et non sur un simple extrait du jugement (Orléans, 14 fév. 1815).

Toutefois, si l'individu condamné par défaut est domicilié dans la ville où siége le tribunal qui a rendu le jugement, il n'y a pas lieu d'en lever expédition pour être signifiée ; la signification se fait sur la minute, laquelle est, à cet effet, confiée à l'huissier, qui la rétablit ensuite au greffe (Décr. 18 juin 1811, art. 70. — Instr. min. 7 juin 1814, i, 4°).

3024. Du reste, il n'y a pas lieu, pour le tribunal, comme en matière civile, de commettre un huissier pour la notification des jugements correctionnels rendus par défaut (Décis. min. 18 juin 1827).

Mais, dans tous les cas, la signification est nulle, si elle est faite à la requête d'un officier du ministère public étranger au tribunal qui l'a rendu (Cass. 30 avril 1830).

3025. Remarquez qu'il n'y a lieu de faire signifier ainsi que les jugements de condamnation rendus par défaut, pour les porter officiellement à la connaissance des condamnés qui sont présumés les ignorer, pour n'avoir pas été prononcés en leur présence. Mais, lorsque les jugements sont contradictoires, la prononciation à l'audience tient lieu de signification (C. inst. 203. — Circ. min. 30 sept. 1812, 2°).

Quant aux jugements d'acquittement rendus par défaut, il n'est pas besoin de les faire notifier, d'après ce que nous avons dit ci-dessus au n° 3017, § 2 (Cass. 26 déc. 1839).

Il faut toujours énoncer, dans l'exploit de signification, si le jugement signifié a été rendu contradictoirement ou par défaut, et en indiquer le dispositif (Instr. min. 7 juin 1814, 21°).

3026. La signification, quand elle est nécessaire, doit être faite à personne, ou bien au dernier domicile, ou au domicile d'origine, c'est-à-dire au lieu de naissance du condamné dont on ne connaît ni le domicile, ni la résidence actuelle. Ce n'est pas le cas de recourir alors aux formalités de l'article 69 du Code de procédure civile, lequel ne reçoit application qu'autant que l'on ne connaît point en France de domicile antérieur au condamné (Cass. 21 mai 1835).

Cette décision est critiquée par les auteurs du *Journal du Palais*, 3ᵉ édit., xxix, 215, note 1.

3027. Le jugement par défaut est valablement signifié au dernier domicile connu et indiqué dans le jugement, bien que le condamné ait pris la fuite (Cass. 11 juin 1825 et 14 août 1840);

Ou à sa dernière habitation (Cass. 24 août 1850 et 26 sept. 1856);

Ou même, quand il n'a plus de domicile connu en France, par une notification conforme à l'article 69, n° 8, du Code de procédure civile (Cass. 20 sept. 1844).

Toutefois, dans l'usage, on ne compte alors le délai d'opposition qu'à partir du jour où le prévenu a eu connaissance du jugement (Pal., 3e édit., xix, 570, note).

3028. En d'autres termes, lorsqu'un défaillant n'est pas trouvé au domicile indiqué, il faut distinguer si ce domicile est toujours le sien, ou s'il n'y demeure plus. Dans le premier cas, c'est-à-dire si la personne à qui la signification est destinée, n'a fait que s'absenter momentanément pour se soustraire aux poursuites, mais sans rompre ses relations avec son domicile, de manière à ce qu'on puisse supposer qu'elle n'a pas perdu la pensée d'y revenir, l'huissier doit se conformer à l'article 68 du Code de procédure, et remettre la copie à un parent, à un serviteur ou à un voisin qui signe l'original; et, en cas de refus de leur part de la recevoir, au maire de la commune qui signe également l'original. Dans le second cas, c'est-à-dire si la partie a quitté irrévocablement son ancienne résidence, avec l'intention non équivoque de n'y plus revenir, en un mot, si elle n'a plus son domicile au lieu indiqué, et que l'huissier ne puisse découvrir le lieu de son domicile actuel, il doit se conformer aux prescriptions de l'article 69 du même Code (Cass. 11 août 1842).

3029. Il est dû aux huissiers un droit de copie pour les jugements par défaut qu'ils signifient (Décr. 18 juin 1811, article 71, n. 10).

Ce droit est réglé par rôle, comme il sera dit au tome iii, chapitre des *Frais de justice criminelle*.

§ 3. — *Opposition.*

3030. Tout jugement par défaut peut être attaqué par la voie de l'opposition, dans les cinq jours de la signification qui en a été faite au condamné ou à son domicile, outre un jour par cinq myriamètres de distance entre ce domicile et le siége du tribunal (C. inst. 187. — Loi 27 juin 1866).

Ce délai court à compter du moment où la signification du jugement a été faite par l'une des parties, quelle qu'elle soit, à personne ou à domicile (Cass. 21 sept. 1820).

Ainsi, la signification au nom de la partie civile fait courir le délai de l'opposition, même à l'égard du ministère public (Cass. 25 avril 1846).

Au surplus, le délai de cinq jours n'est pas de rigueur, lorsqu'il est constant qu'il y a eu impossibilité physique pour le condamné de connaître le jugement (Bordeaux, 23 fév. 1832).

3031. Toutefois, si la signification n'a pas été faite à la personne, ou s'il ne résulte pas d'un acte d'exécution du jugement que le condamné en a eu connaissance, l'opposition est recevable jusqu'à l'expiration de la prescription de la peine, c'est-à-dire tant qu'elle n'est pas prescrite (C. inst. 187. — Loi 27 juin 1866).

Les frais de l'expédition et de la signification du jugement par défaut peuvent toujours être laissés à la charge du prévenu (*Ibid.*).

Au lieu d'être une obligation impérative, ce n'est plus là qu'une faculté laissée à l'arbitrage du juge, d'après les circonstances.

3032. Le condamné par défaut peut aussi former opposition avant que le jugement lui ait été signifié ; mais, dans ce cas, comme dans celui où la signification a eu lieu, il doit notifier son opposition spécialement et séparément, tant au ministère public qu'à la partie civile (Cass. 9 juill. 1813 et 11 mai 1839).

Et celle-ci, quoique défaillante elle-même, peut également s'opposer à un acquittement prononcé par défaut (C. inst. 187 et 208. — Cass. 26 mars 1824. — Paris, 20 nov. 1833).

3033. L'opposition se fait valablement par un exploit signifié au parquet et portant assignation pour la première audience ; au surplus, cette assignation ne serait pas formellement énoncée que l'opposition l'emporterait de plein droit (C. inst. 188).

La signification au ministère public n'est même prescrite qu'autant qu'il est partie principale, et non pas dans les affaires poursuivies par les administrations publiques où il n'agit, en quelque sorte, que comme partie jointe. Dans tous les cas, le prévenu ne pourrait se prévaloir de ce défaut de signification (Cass. 9 oct. 1835).

3034. L'opposition est même valable quand elle est déclarée à l'audience, et en présence de la partie qui a obtenu le jugement (Cass. 23 fév. 1837).

Mais il vaut mieux procéder par un exploit, avec assignation à la *première audience*. On entend par là celle qui se tient immédiatement après les trois jours qui suivent celui où l'opposition a été notifiée, et sans égard aux distances (Cass. 19 déc. 1833, 14 juin 1844 et 13 juin 1851).

On jugeait antérieurement que, par la *première audience*, il fallait entendre seulement celle à laquelle la partie, qui a obtenu le jugement par défaut, se présente pour défendre à l'opposition (Cass. 4 juin 1829).

On comprend aisément qu'une pareille jurisprudence ait été abandonnée devant les termes précis de l'article 188 du Code d'instruction criminelle.

3035. Ainsi, quand une opposition a été signifiée au ministère public, l'opposant doit se présenter-à l'audience sans autre assignation. Faute par lui de comparaître ou de se défendre, l'opposition est comme non avenue (C. inst. 189).

L'opposant ne peut plus alors attaquer le jugement rendu par défaut, ni celui qui est rendu sur son opposition, autrement que par la voie de l'appel, comme nous l'avons remarqué au tome Ier, n° 789, en rappelant la maxime *Opposition sur opposition ne vaut*, qui s'applique aussi aux matières criminelles.

Toutefois, si aucune des parties n'a comparu à la première audience, l'opposition subsiste et conserve toute sa force. Car la déchéance de l'opposition n'a pas lieu de plein droit et doit être demandée, par la partie adverse, à la première audience qui suit le dénoncé de l'opposition (Cass. 4 juin 1829).

Et il faut que la non-comparution de l'opposant soit constatée par un jugement. Elle ne résulterait pas suffisamment de ce qu'il aurait donné assignation pour une autre audience (Cass. 29 mai 1835).

3036. Si l'opposant comparaît, on juge d'abord le mérite et la régularité de l'opposition. Si elle est régulière, faite en temps utile et valablement signifiée, elle est admise; et, dès lors, la condamnation par défaut tombe et reste comme non avenue (C. inst. 187).

Si elle est irrégulière en la forme, elle est rejetée, et la condamnation par défaut sort son plein et entier effet, s'il n'y a pas d'appel : car, s'il y a appel, comme le jugement de débouté d'opposition se confond avec le jugement par défaut, l'appel remet tout en question (Cass. 14 déc. 1838).

3037. Quand l'opposition est admise, le tribunal procède sur-le-champ à de nouveaux débats, si les témoins sont présents; ou, dans le cas contraire, il renvoie la cause à un autre jour, afin que, dans l'intervalle, il soit donné de nouvelles assignations aux témoins, s'il y en a, pour être entendus dans leur déposition : car ceux-ci, n'ayant pas connaissance de l'opposition, qui n'a pas dû leur être signifiée, pourraient ne pas être présents à l'audience.

Du reste, il n'est pas toujours nécessaire d'appeler de nouveau les témoins déjà entendus; il a été jugé que le jugement sur opposition pouvait être rendu d'après le procès-verbal d'audition des témoins, qui a servi de base au jugement par défaut, lorsqu'ils ont été entendus en présence des parties (Cass. 3 sept. 1831).

3038. Naturellement, ce serait à l'opposant à faire ses diligences pour ces assignations; mais, comme il pourrait avoir intérêt à négliger ce soin, pour ne pas être jugé, il appartient au ministère public, quand il est partie principale, de faire donner les assignations convenables pour l'audience indiquée par le tribunal.

Quand il est partie jointe, ce soin regarde la partie civile ou le prévenu. Ce ne serait que dans le cas où ils ne le rempliraient ni l'un ni l'autre qu'il pourrait s'en occuper lui-même, si le fait incriminé était de nature à mériter des poursuites d'office. S'il en était autrement, le tribunal pourrait, au jour indiqué, débouter l'opposant de son opposition et statuer définitivement, comme nous l'avons dit ci-dessus, n° 3035.

3039. Dès que l'opposition est notifiée, elle arrête l'exécution du jugement et rend l'appel non recevable; et, dès qu'elle est admise, elle anéantit le jugement par défaut, comme s'il n'avait jamais existé. Toutefois, quand il y a eu une information préalable, le jugement seul est considéré comme non avenu; l'instruction faite doit être maintenue, sauf à la continuer s'il en est besoin (Décis. Rennes, 4 avril 1821).

L'appel du ministère public, ou de la partie civile, avant l'expiration du délai d'opposition, ne prive même pas le prévenu de son droit de s'opposer au jugement, et cette opposition, si elle a lieu, suspend l'effet de l'appel (Cass. 30 avril 1821).

3040. Dans tous les cas, les frais de l'expédition et de la signification du premier jugement, et les frais d'opposition, demeurent à la charge du condamné par défaut, même quoiqu'il soit acquitté par le jugement définitif (C. inst. 187. — Cass. 30 août 1821 et 26 août 1824).

Pourvu que le jugement par défaut ait été rendu sur une citation régulière qui ait mis le prévenu en demeure de se présenter (Carnot, *Instr. crim.*, II, 46, n° 2).

Cependant, il pourrait en être dispensé, même dans ce cas, s'il prouvait qu'il a été empêché de comparaître par des circonstances de force majeure et indépendantes de sa volonté.

3041. Remarquons, en terminant, qu'un jugement correctionnel ne peut jamais être rendu par défaut contre le ministère public, puisqu'il doit être présent à toutes les audiences; comme nous l'avons dit au tome Ier, n°s 445 et 446. Il n'y a donc jamais lieu pour lui d'y former opposition.

Et il n'y a pas plus lieu de donner défaut contre lui et d'acquitter le prévenu, quand le ministère public refuse de conclure, que dans le cas où il déclare se désister de la poursuite (Cass. 13 sept. 1811).

SECTION III. — DÉCISIONS DIVERSES.

SOMMAIRE.

3042. Les tribunaux correctionnels peuvent surseoir à statuer, acquitter ou condamner les prévenus, ou les renvoyer devant d'autres juges. Nous allons exposer les devoirs du ministère public dans ces différents cas.

Si le tribunal sursoit à statuer, il fixe un délai passé lequel l'instance sera reprise, et ajoute : *Assignations tenantes*, sans quoi la partie poursuivante serait obligée de les renouveler, et de procéder par une nouvelle citation au jour indiqué.

Le jugement qui se borne à recevoir l'opposition à un jugement par défaut, et renvoie à statuer au fond, peut être attaqué devant la Cour de cassation (Cass. 20 sept. 1844).

3043. En matière de coups et blessures, le tribunal correctionnel doit s'abstenir de statuer tant que la maladie ou l'incapacité de travail du blessé dure encore. Il est alors prudent de surseoir jusqu'après l'expiration des vingt jours, depuis les blessures faites ; et, à cette époque, il est rapporté un procès-verbal en justice, comme nous l'avons dit au n° 2361, pour constater si le blessé est, dans ce moment, capable ou non de travail personnel (Décis. Rennes, 17 déc. 1813).

3044. Si le prévenu est jugé non coupable, c'est-à-dire s'il est décidé qu'il n'est pas l'auteur du fait incriminé, il est renvoyé hors de poursuite, sans frais.

Si le fait n'est réputé ni délit, ni contravention de police, le tribunal doit annuler l'instruction, la citation et tout ce qui a suivi, renvoyer le prévenu et statuer sur les demandes en dommages-intérêts respectivement demandés (C. inst. 191).

Dans l'usage, cependant, le tribunal se borne à prononcer l'acquittement du prévenu et à statuer sur l'action civile, sans annuler les actes préliminaires.

3045. Si le fait n'est qu'une contravention de police, et si la partie publique ou la partie civile n'a pas demandé le renvoi devant le juge compétent, le tribunal applique la peine et statue, s'il y a lieu, sur les dommages-intérêts : dans ce cas, son jugement est en dernier ressort (*Ibid.* 192).

Remarquez que, dans cette hypothèse, le renvoi devant le juge compétent ne peut pas être demandé par le prévenu (Cass. 24 avril 1829 et 20 juill. 1833).

Toutefois, cette faculté a été reconnue depuis lui appartenir, si le fait ne constitue qu'une contravention, d'après la citation elle-même, et encore pourvu qu'il forme sa demande en renvoi avant toute instruction à l'audience (Cass. 8 mars 1839).

3046. Quoique les jugements des tribunaux correctionnels, statuant sur appel des tribunaux de simple police, soient souverainement rendus, ils sont cependant soumis à l'appel, lorsqu'après avoir déclaré que le fait imputé au prévenu n'est qu'une contravention de police, le tribunal a omis de statuer sur cette contravention (Cass. 1er juill. 1853).

3047. Si le fait est de nature à mériter une peine afflictive ou infamante, le tribunal peut, d'office, ou sur la réquisition du ministère public, décerner de suite un mandat de dépôt ou un mandat d'arrêt, et il renvoie, en même temps, le prévenu devant le juge d'instruction compétent (C. inst. 193).

Quand ce mandat est décerné, dans ces circonstances, il l'est par le tribunal entier, et signé par tous les juges qui ont concouru à la décision.

3048. Remarquez que c'est une faculté, et non pas une obligation, pour le tribunal, de décerner un mandat contre le prévenu ; mais il ne peut pas se dispenser de le renvoyer devant le juge d'instruction. Il y a cependant une distinction à faire : ce renvoi ne peut avoir lieu que quand le tribunal est saisi par une citation directe ou par la Cour de cassation (Cass. 16 janv. 1830, 3 juin 1831 et 28 nov. 1833).

S'il a été saisi, après une instruction préalable, par la chambre d'instruction ou d'accusation, il ne peut prononcer ce renvoi et doit se borner à déclarer son incompétence, parce que le juge d'instruction, dessaisi par son ordonnance définitive, a épuisé ses pouvoirs, et ne peut plus recommencer la procédure. Dans ce cas, le conflit doit être levé par la Cour de cassation, statuant en règlement de juges, comme nous le dirons au tome III (Cass. 31 déc. 1829 et 12 janv. 1838).

3049. Un tribunal correctionnel ne peut, sans excès de pouvoir, ordonner que le prévenu qu'il acquitte ou qu'il condamne sera conduit par la gendarmerie sur tel ou tel point; c'est à l'autorité administrative à ordonner ces mesures envers les individus mis à sa disposition par le ministère public (Cass. 9 sept. 1826, 10 mars 1831 et 15 mai 1837).

3050. Lorsque le tribunal correctionnel ou de police se déclare incompétent et renvoie l'affaire devant un autre tribunal, en conformité des art. 160 ou 192 du Code d'instruction criminelle, ce jugement doit être transmis en minute au tribunal désigné, et il n'y a pas lieu, pour le ministère public, d'en prendre une expédition, sauf à faire réintégrer ces minutes au greffe du tribunal qui a ordonné le renvoi, dès qu'elles ne sont plus nécessaires ailleurs (Circ. min. 28 oct. 1823).

Pour l'exécution de ces dispositions, il est convenable que les minutes des jugements soient portées sur des feuilles séparées, et non pas sur un registre qui offrirait, pour les greffiers, une foule d'inconvénients.

3051. Quant aux jugements préparatoires ou interlocutoires, aux ordonnances ou jugements définitifs portant absolution ou acquittement, il ne doit en être délivré expédition, aux frais de l'État, que lorsqu'il y a appel ou pourvoi en cassation de la part du ministère public (Circ. min. 30 déc. 1812, 5º).

3052. La juridiction criminelle qui juge un délit peut et doit ordonner la cessation du délit, et la confiscation ou la destruction des objets qui en proviennent ou qui ont servi à le commettre. Les juges n'ont point à renvoyer, pour cette injonction, devant l'autorité administrative (Cass. 24 janv. et 26 sept. 1834).

Mais, s'ils acquittent un prévenu de vol, ils ne peuvent ordonner la restitution des objets prétendus volés au plaignant (Cass. 7 sept. 1820).

3053. Après la décision du procès, qu'il y ait eu condamnation ou acquittement, les pièces de conviction sont renvoyées au greffe du tribunal d'instruction, pour être remises à qui de droit sur récépissé (Décis. Rennes, 3 janv. 1838).

Néanmoins cette remise ne peut être ordonnée, ni effectuée, que tout autant que la décision est devenue définitive, ou passée en force de chose jugée, faute d'appel ou de pourvoi en cassation;

mais, ce cas échéant, les juges ne peuvent, pour quelque motif que ce soit, refuser de l'ordonner, pas même dans la prévision de survenance possible de nouvelles charges après une ordonnance ou un arrêt de non-lieu (Cass. 31 mai 1838).

SECTION IV. — ACQUITTEMENT.

SOMMAIRE.

§ 1er. — *Élargissement.*

3054. Il y a acquittement, lorsque le jugement déclare que le prévenu n'est pas coupable. Il y a absolution, lorsqu'il déclare que le fait reproché au prévenu, et reconnu constant, n'est pas défendu et puni par la loi. Dans les deux cas, le prévenu est renvoyé hors de poursuite et mis en liberté, s'il est détenu (C. inst. 159, 191 et 213).

Toutefois, l'élargissement ne peut pas avoir lieu à l'audience, et par l'autorité du tribunal, mais uniquement sur l'ordre du ministère public, qui n'a pas besoin de prescrire, en même temps, à un huissier d'assister à la radiation de l'écrou (Décr. 18 juin 1811, art. 71, 11°. — Inst. gén. 30 sept. 1826, n° LXV. — Circ. min. 18 avril 1843).

Il n'est même pas nécessaire de prendre, pour cela, une expédition du jugement; il suffit de l'ordre du ministère public au concierge de la maison d'arrêt (Circ. min. 30 déc. 1812, 5°).

3055. Le prévenu acquitté doit être mis immédiatement en liberté et nonobstant appel (C. inst. 206. — Loi 14 juill. 1865).

Cette disposition impérative, inspirée par un sentiment peut-être exagéré de philanthropie, énerve trop souvent la vindicte publique, que la disparition du prévenu met dans l'impuissance de faire exécuter les condamnations qui peuvent être ultérieurement prononcées contre lui en appel.

3056. En cas d'acquittement, le prévenu ne peut plus être repris à raison du même fait, comme nous l'avons dit au tome I, nos 2023 et suivants (C. inst. 360).

En cas d'absolution, au contraire, si la décision des premiers juges vient à être cassée et annulée, le prévenu est renvoyé devant d'autres juges, pour lui être fait application de la peine encourue (Carnot, *Instr. crim.*, II, 721, no 10).

3057. Si, dans le cours des débats, le prévenu a été inculpé sur un fait étranger à la prévention dont il a été acquitté, et si le ministère public a fait des réserves afin de le poursuivre pour ce nouveau fait, le président, après avoir prononcé son acquittement, doit ordonner de nouvelles poursuites, le renvoyer devant le juge d'instruction de l'arrondissement où siége le tribunal, et décerner contre lui un mandat d'amener ou de dépôt, surtout si la nouvelle inculpation doit entraîner une peine afflictive et infamante (Arg. 361, C. inst.).

Il y a cette différence entre le cas dont il s'agit ici et celui qui est prévu au no 3047, que, dans celui-ci, c'est le président seul, et, dans l'autre, le tribunal entier, qui décerne et signe le mandat.

3058. Mais, si le ministère public n'a fait aucune réserve à raison d'un délit nouveau découvert aux débats, le prévenu acquitté doit être mis en liberté (Cass. 30 juin 1826).

Car, dans aucun cas, on ne peut juger, séance tenante, un individu à raison d'un fait nouveau pour lequel il n'aurait pas été assigné ou appelé, comme on l'a dit au no 2904, § 3, à moins que ce fait n'ait été commis à l'audience même.

3059. Lorsqu'il résulte des débats que le prévenu était en état de démence ou de fureur au moment de l'action pour laquelle il a été poursuivi, il convient, si cet état de démence existe encore au moment de l'acquittement, que le ministère public provoque, auprès de l'autorité administrative, la séquestration de cet individu, conformément à ce que nous avons dit au tome I, nos 925 et suivants.

Mais un tribunal correctionnel ne peut, sans excès de pouvoir, en acquittant un prévenu, lui enjoindre de se rendre dans une commune désignée où l'expédition signifiée de son jugement devra lui tenir lieu de passe-port (Cass. 23 juill. 1836).

3060. Cependant un extrait de l'ordonnance ou du jugement peut être délivré, par les soins du ministère public, aux inculpés de vagabondage acquittés, pour leur tenir lieu de passe-port, comme on l'a vu au no 2780 (Circ. min. 30 déc. 1812, 5o).

Remarquez qu'un pareil extrait ne peut être délivré qu'aux prévenus de vagabondage (Décis. min. 9 août 1836).

3061. Le ministère public est tenu de donner avis au préfet du département de l'acquittement et de la prochaine mise en liberté de tout individu traduit en justice pour des faits relatifs à la tranquillité et à la sûreté publique, pour qu'il demeure, s'il y a lieu, à la disposition de l'autorité administrative (Circ. min. 13 germ. an ix).

3062. Les prévenus n'ont pas le droit d'obtenir copie de la procédure après leur acquittement (Cass. 27 flor. an xii).

Voyez, au surplus, ce qui a été dit sur ce sujet, et sur la délivrance des copies de pièces pendant le cours de la procédure, aux n°ˢ 2718 et suivants.

3063. Nonobstant son acquittement, le prévenu peut être condamné à des dommages-intérêts sur les conclusions de la partie civile, comme nous l'avons vu au n° 2199, § 2 (Cass. 5 mai 1832).

§ 2. — Mesures de correction.

3064. Ainsi que nous l'avons dit au tome i, n° 1960, les enfants mineurs de seize ans, déclarés coupables, mais ayant agi sans discernement, sont acquittés et remis à leurs parents, ou bien envoyés dans une maison de correction, pour y demeurer pendant un temps déterminé.

Dans ce dernier cas, s'ils sont déjà en état de détention préventive, ils y demeurent jusqu'à l'expiration du délai d'appel; et, quand le jugement est devenu définitif, ils sont mis, par le ministère public, à la disposition de l'autorité administrative.

3065. La faculté laissée aux tribunaux de remettre ces enfants à leurs parents, ou de les faire élever et détenir dans une maison de correction, tend, par des moyens différents, au même résultat, l'amélioration de ces enfants. La première de ces mesures est la meilleure, sans doute, quand on peut compter sur les bons exemples et la sage direction que les enfants recevront dans le sein de leur famille, et l'on ne doit recourir à la seconde que quand il y a lieu de penser qu'ils trouveront, dans la maison de correction, des soins et des enseignements que ne leur offrirait pas la maison paternelle (Circ. min. 6 avril 1842, page 1).

Cette disposition est applicable en matière correctionnelle comme en matière criminelle (Cass. 17 avril 1824).

3066. La détention dans une maison de correction ne peut s'étendre au delà de l'époque où les prévenus auront atteint leur vingtième année (C. pén. 66).

Dans les circonstances rares où il a été impossible de constater l'âge de ces prévenus, au lieu de fixer la détention jusqu'à un certain âge, les tribunaux doivent déterminer le nombre d'années qu'elle devra durer, en évitant soigneusement de dépasser l'époque présumée où les enfants auront atteint leur vingtième année. Ce dernier mode est même toujours préférable, parce qu'il indique exactement l'époque précise de la libération : il convient donc de l'employer de préférence, même quand l'âge a été authentiquement constaté (Circ. min. 6 avril 1842, page 2).

3067. Cette détention spéciale ne devant être considérée que comme *un supplément à la correction domestique*, ou bien comme *une mesure de discipline*, elle doit être exécutée de la manière la plus avantageuse à ceux qui en sont l'objet (*Ibid.*, page 3).

3068. En conséquence, l'autorité administrative chargée de l'exécution de cette mesure peut la modifier dans leur intérêt, et les placer en apprentissage chez des cultivateurs, des artisans ou autres personnes offrant des garanties suffisantes sous le rapport du caractère, de la probité et des mœurs, et en état de préparer ces enfants à l'exercice d'une profession industrielle ou aux travaux de l'agriculture (Circ. min. 15 janv. 1833 et 6 avril 1842, page 3).

Des établissements et des sociétés charitables demandent souvent à s'en charger. Il arrive aussi que quelques jeunes détenus, dont la conduite exemplaire permet d'espérer leur réforme complète, sont enrôlés dans les armées de terre ou de mer (Circ. min. 6 avril 1842, page 4).

Dans toutes ces circonstances, les demandes de mise en liberté doivent être adressées à l'autorité administrative, et il lui appartient plus particulièrement d'apprécier si ces demandes peuvent être accueillies. Mais, comme les enfants, que ces demandes concernent, sont détenus en vertu d'un jugement, dont l'exécution rentre dans les attributions du ministère public, elles ne peuvent être définitivement admises que quand il y a adhéré (*Ibid.*).

3069. Ainsi, quand il s'agit d'un contrat d'apprentissage, le préfet doit, avant de l'approuver et de conclure le traité, le communiquer au procureur de l'arrondissement où la maison de correction est située, avec tous les documents qui peuvent lui en faire apprécier la convenance. Quand il s'agit d'un autre placement, le ministère public doit être également instruit de ses conditions et des avantages qu'il présente. En cas de dissentiment entre les deux autorités, le préfet en réfère au ministre de l'intérieur, et le ministère public au ministre de la justice (Circ. min. 15 janv. 1833 et 6 avril 1842, page 4).

Quand le traité a été approuvé par les ministres ou par ces deux magistrats, s'ils sont du même avis, le préfet en envoie une copie au chef du parquet, qui fait lever les écrous, et autorise le gardien de la prison à remettre les enfants entre les mains des personnes désignées au traité (Circ. min. du comm. 3 déc. 1832).

3070. Le ministère public doit se réserver, dans le traité, le droit de les faire réintégrer dans la maison de correction, s'ils venaient à donner d'autres sujets de plainte, et stipuler surtout que le contrat sera résolu, dans le cas où le maître userait de mauvais traitements envers l'élève ; car, une fois remis aux personnes avec lesquelles a été passé le contrat d'apprentissage, ces jeunes détenus ne sont pas, pour cela, soustraits à la surveillance du ministère public, qui doit se faire rendre compte fréquemment de leur conduite, et vérifier, autant que possible par lui-même, s'ils se trouvent dans une situation satisfaisante, et si la mesure adoptée envers eux produit d'heureux résultats (*Ibid.* — Circ. min. 15 janv. 1833 et 6 avril 1842, page 5).

Si ces enfants sont placés en apprentissage hors de l'arrondissement du procureur qui a consenti au traité, c'est à celui de leur nouveau domicile à exercer sur eux cette surveillance, et à transmettre ses observations à son collègue, qui a seul le droit de requérir leur réintégration en prison (Circ. min. 15 janv. 1833).

3071. Il ne faut pas oublier que le placement en apprentissage des jeunes gens détenus ne peut avoir lieu qu'après leur écrou dans une maison de correction, et que c'est là une mesure d'administration qui ne peut être exécutée que par l'autorité administrative, et à laquelle le ministère public doit seulement *concourir*. Nous pensons cependant qu'il peut la *provoquer* en informant le préfet des circonstances qui peuvent y donner lieu, et qui se présentent favorables ; et que cette faculté appartient également au ministère public du tribunal qui a prononcé le renvoi dans une maison de correction, et à celui de l'arrondissement où elle est située ; mais que les uns et les autres doivent s'adresser au préfet du département dans lequel elle se trouve.

3072. Dans le silence de la loi, qui ne permet pas aux tribunaux de mettre un terme à une détention qu'ils ont ordonnée, même quand les motifs de cette mesure ont cessé, les parents des jeunes détenus s'adressent quelquefois au ministre de la justice pour qu'ils leur soient remis, soit qu'ils trouvent la correction suffisante, soit que leur position se soit améliorée. Le ministre, avant de faire droit à cette réclamation, demandé des renseignements au ministère public sur la position des réclamants et sur la conduite des détenus. Mais, lors même que la mise en liberté est ainsi autorisée par le ministre, elle n'est que provisoire, comme dans le cas où les enfants sont placés en apprentissage ou remis à des associations charitables; et le jugement qui a ordonné leur détention, conservant toute sa force, peut toujours être invoqué pour les réintégrer, s'il y a lieu, dans la prison d'où ils sont sortis (Circ. min. 6 avril 1846, page 6).

3073. En résumé, le ministère public doit veiller à ce que la mise en liberté provisoire des jeunes détenus ne leur soit accordée que quand tout se réunit pour donner lieu de croire qu'elle leur sera réellement profitable; et il peut la faire cesser, lorsqu'il ne reste que ce moyen d'arrêter les progrès de la corruption et des mauvaises passions, qui les entraîneraient bientôt à leur perte (*Ibid.*, page 7).

Et même, lorsque la nécessité de la réintégration se manifeste, le procureur général du ressort doit se hâter d'ordonner immédiatement cette mesure, sans même préalablement en référer au ministre, sauf à lui en rendre compte, afin qu'il révoque, s'il y a lieu, l'autorisation en vertu de laquelle la mise en liberté avait été opérée (*Ibid.*, page 8).

SECTION V. — CONDAMNATION.

SOMMAIRE.

3074. Quoique le ministère public ait conclu à l'acquittement, le tribunal n'en doit pas moins juger suivant ses convictions, et il ne peut renvoyer le prévenu hors de poursuite sur le motif qu'il est impossible de prononcer une peine contre les conclusions du ministère public (Cass. 17 déc. 1824).

Il peut au contraire prononcer une peine, encore que le ministère public ne le requière pas; et même, ce qui semble plus extraordinaire encore, sur la seule poursuite de la partie civile, à fin de condamnation à des dommages-intérêts (Cass. 27 juin 1811).

3075. Mais, d'un autre côté, ces dommages-intérêts ne peuvent être accordés, par les tribunaux de répression, qu'autant qu'ils prononcent une peine contre le prévenu, ou qu'au moins ils déolarent le fait constant, comme nous l'avons vu au tome I, n° 2199, § 2, et qu'en outre ce fait constitue un délit ou une contravention (Cass. 27 juin 1812 et 17 mai 1834).

Dans tous les cas, ils doivent adjuger les dommages-intérêts par le même jugement qui statue sur l'action publique, sans quoi ils se trouveraient plus tard dépouillés de toute compétence sur ce point, ainsi qu'il a été dit au tome I, n°s 2179 et 2180, § 2 (C. inst. 159 et 189. — Carnot, *Inst. crim.*, I, 551).

3076. Quant aux peines en elles-mêmes, elles doivent être proportionnées à la nature et à la gravité du délit, et non pas à la force ou à la faiblesse des preuves. En effet, une conviction de culpabilité n'est pas susceptible de plus ou de moins; elle existe ou n'existe pas. Dans le premier cas, il y a lieu à condamnation; dans le second, il doit y avoir acquittement (Décis. Rennes, 14 fév. 1812).

Si un délit est imputable à plusieurs personnes, soit comme auteurs, soit comme complices, il doit être prononcé une peine distincte contre chacune d'elles; ainsi, une femme mariée qui se rend coupable, conjointement avec son mari, doit être punie comme lui (Cass. 30 août 1838).

Enfin, la peine existante au jour du jugement doit, si elle est plus douce, être appliquée de préférence à celle qui était en vigueur au jour du délit (Cass. 18 janv. 1833).

3077. On trouvera ci-après, au titre *des Peines*, l'énumération des peines correctionnelles, et les règles à suivre pour leur application et leur exécution.

CHAPITRE V. — APPEL CORRECTIONNEL.

SECTION PREMIÈRE. — JUGEMENTS DONT APPEL.

SOMMAIRE.

3078. Tous les jugements correctionnels peuvent être attaqués par la voie de l'appel, sauf le cas où ils sont rendus sur appel d'un jugement de simple police, et qu'ils ont statué sur la contravention (C. inst. 199. — Cass. 14 mai 1824).

A moins encore qu'ils ne prononcent des peines de simple police, lorsque le fait dénoncé ne constitue qu'une contravention, comme dans le cas de l'art. 192 du Code d'instruction criminelle (Cass. 24 avril 1829 et 4 août 1821) ;

Et, s'ils portent acquittement d'un individu prévenu tout à la fois de délit et de contravention, ils sont en dernier ressort, quant à la contravention seulement (Cass. 14 oct. 1841).

Mais si le fait poursuivi, quoique n'entraînant que des peines de simple police, appartient pourtant à la juridiction correctionnelle par une disposition expresse de la loi, comme dans le cas de l'art. 35 de la loi du 19 ventôse an XI, l'appel est toujours recevable (Cass. 12 nov. 1842).

3079. Quand, par un seul et même jugement, un tribunal s'est déclaré compétent et a statué au fond, l'appel est recevable, quoique le jugement soit en dernier ressort quant au fond (Cass. 25 fév. 1813).

Mais le jugement qui raye une cause du rôle ou qui prononce sur un point de droit ou de procédure contesté entre les parties, même quand il s'agit d'un avant-faire droit, est toujours un jugement définitif sujet à l'appel, et non pas un simple préparatoire (Cass. 27 fév. 1826).

Ici ne s'applique pas ce que nous avons dit au n° 2947, § 2, des jugements qui prononcent le renvoi d'une audience à l'autre, et qui sont toujours en dernier ressort.

Un jugement en dernier ressort, par sa nature, ne peut être attaqué par la voie de l'appel, bien qu'il soit qualifié en premier ressort, et réciproquement; car l'erreur du juge ne peut pas priver les parties de leurs droits (Cass. 4 août 1826).

3080. On ne peut pas appeler des jugements de renvoi d'une audience à l'autre (Rouen, 5 fév. 1846) ;

Ni des jugements purement préparatoires et d'instruction, avant le jugement définitif (Proc. civ. 451. — Cass. 22 janv. 1825 et 11 août 1826).

Il en est autrement de l'appel d'un jugement interlocutoire qui préjuge le fond (Cass. 2 août 1810).

Remarquez qu'en n'appelant que d'un jugement définitif, on peut être censé avoir renoncé à appeler d'un interlocutoire (Cass. 19 mars 1825).

Au surplus, pour l'appel des jugements d'avant-faire droit, et des ugements mal à propos qualifiés en premier ou en dernier ressort, appliquez ce que nous avons dit au tome I, n°s 738 et 750 ; car les

règles du droit civil, en cette matière, s'étendent aux affaires criminelles.

3081. Les appels des jugements de police correctionnelle sont
portés à la Cour d'appel du ressort, qui est seule compétente pour
en connaître (Loi 13 juin 1856, art. 1).

La chambre des appels de police correctionnelle, qui en est saisie, peut rendre arrêt au nombre de cinq juges, et doit statuer sans
aucun retard et sans s'occuper d'autres matières. Ses audiences
doivent être assez fréquentes et assez longues pour que cette partie
du service soit constamment au courant. Les affaires civiles ne
doivent y être expédiées qu'après les affaires correctionnelles auxquelles sont consacrées les premières audiences de chaque semaine,
afin que la cause, qui n'aurait pu être jugée au jour de l'assignation, soit continuée à l'audience du lendemain, sans autre remise
(Circ. min. 15 oct. 1828).

3082. La faculté d'appeler appartient :

1º Aux condamnés et aux individus civilement responsables,
même mineurs, et sans qu'ils aient besoin d'autorisation ;

2º A la partie civile, même à la femme mariée non autorisée de
son mari, pourvu qu'elle ait reçu l'autorisation d'ester en première
instance ;

3º Au ministère public près le tribunal qui a rendu le jugement,
et près la Cour où l'appel doit être porté (C. inst. 202.—Loi 13 juin
1856, art. 1).

Quant à ce dernier appel, il faut remarquer :

1º Qu'un substitut de première instance peut valablement appeler,
dans le délai, et au nom du ministère public près la Cour (Cass.
7 déc. 1833) ;

2º Que l'appel du procureur général ne pouvant, dans aucun cas,
être subordonné à l'appel du prévenu, il importe peu que celui-ci
se soit désisté de son appel au moment où le procureur général use
de son droit (Cass. 13 fév. 1840).

3083. D'un autre côté, et par suite du principe que le ministère
public est indivisible, un substitut a qualité pour appeler d'un jugement correctionnel, même en son nom (Cass. 29 mars 1822 et 14
mai 1825).

Et cela, quand même il n'aurait pas porté la parole à l'audience,
ni rempli aucune des fonctions du ministère public dans l'affaire,
quoique les arrêts qui précèdent aient été rendus dans des espèces
où le substitut avait conclu aux débats.

Il n'a pas besoin, à cet effet, d'un mandat ni d'une délégation spéciale du chef du parquet, qui est présumé l'avoir donnée tant qu'il ne le désavoue pas (Cass. 19 fév. et 3 sept. 1829).

Toutefois, il nous semble plus convenable qu'un acte aussi grave, et qui engage si essentiellement sa responsabilité, émane directement du chef du parquet lui-même, et qu'il n'y soit suppléé que lorsqu'il est absent ou empêché.

SECTION II. — RECEVABILITÉ DE L'APPEL.

SOMMAIRE.

§ 1er, — *Appel du condamné.*

3084. Il n'est pas nécessaire que le condamné ait obéi au mandat d'amener ou d'arrêt lancé contre lui, pour être recevable dans son appel (Cass. 19 vent. an XI).

Il n'y a pas ici lieu d'exiger la mise en l'état de l'appelant, que l'art. 421 du Code d'instruction criminelle a prescrite seulement pour ceux qui se pourvoient en cassation.

3085. Le condamné peut appeler par un mandataire, pourvu qu'il soit porteur d'un mandat précis et spécial, ou d'un mandat général pour tous les jugements (Cass. 19 fév. 1836).

Mais le père peut appeler des jugements de condamnation rendus contre ses enfants mineurs, sans avoir besoin d'aucune procuration (Cass. 2 juin 1821).

Il en est de même de l'avoué qui a occupé en première instance pour le condamné ou pour la personne civilement responsable; il est supposé, jusqu'à désaveu, avoir reçu un mandat à cet effet (Cass. 18 mai et 17 août 1821).

De plus, un avoué a qualité pour relever appel, même au nom d'une partie pour laquelle il n'a pas occupé (Cass. 23 janv. 1813. — Legraverend, II, 349).

Un avocat, au contraire, a toujours besoin d'un pouvoir spécial. Une procuration à l'effet de défendre, même jusqu'à sentence définitive, ne suffirait pas (Cass. 15 mai et 12 sept. 1812).

3086. Les consorts d'un condamné n'ont pas qualité pour appeler en son nom, sans un mandat spécial de sa part (Cass. 8 oct. 1829).

Observez que le pouvoir spécial de présenter une requête d'appel comprend celui de former ou déclarer appel (Cass. 29 prair. an IX).

Du reste, l'acquiescement d'un condamné ne peut s'induire que d'un acte formel émané de lui (Cass. 6 mai 1826).

3087. L'appel d'un jugement par défaut interjeté par le condamné ou par le ministère public, dans le délai de l'opposition, est recevable (Cass. 19 vent. an XI).

Car lorsqu'un jugement correctionnel a été rendu par défaut à l'égard d'une partie, et contradictoirement à l'égard d'une autre, celle-ci peut en relever appel sans attendre que le délai d'opposition soit expiré (Cass. 10 oct. 1834).

Ce droit, indépendant de celui d'opposition ouvert à la partie défaillante, n'est point subordonné à la condition de la signification préalable du jugement dont appel ; seulement le tribunal doit surseoir à statuer sur l'appel, le cas échéant, jusqu'à ce que les délais d'opposition soient expirés (Cass. 25 juill. 1839).

§ 2. — Appel de la partie civile.

3088. La partie lésée ou plaignante, qui ne s'est pas constituée partie civile, n'a pas le droit d'appeler (Cass. 8 prair. an IX);

Lors même que ce serait une administration publique (Cass. 13 mars 1806).

La partie civile elle-même ne peut appeler que pour ses intérêts civils (Cass. 15 fév. 1807).

Quand un maire s'est constitué partie civile dans des poursuites pour outrages envers des agents de la mairie, l'appel appartient, non-seulement au maire, mais encore à l'adjoint chargé de la partie du service à laquelle ces agents appartiennent (Bordeaux, 30 avril et Cass. 3 sept. 1828).

3089. La partie civile peut appeler, mais uniquement dans son intérêt civil, du jugement qui renvoie le prévenu de l'action dirigée contre lui, pourvu qu'elle ait figuré dans la cause en première instance (Dalloz aîné, v° Part. civ., XI, 220).

Mais il faut que son appel soit fait en temps utile, car plus tard elle ne pourrait pas même intervenir sur l'appel du ministère public (Cass. 24 août 1832).

Du reste, le défaut d'appel de la part du ministère public, ou l'exécution volontaire du jugement de la part du condamné, n'empêcherait pas la partie civile d'user de ce droit (Cass. 17 mars 1814 et 4 juin 1824).

§ 3. — Appel du ministère public.

3090. Le ministère public peut appeler d'un jugement, soit à l'effet de faire condamner un prévenu acquitté en première instance, soit pour faire prononcer une peine plus grave, et l'appel est dit alors *à minimâ;* soit, au contraire, à l'effet de faire modérer une peine qui lui paraît trop forte, *à maximâ pœnâ;* soit même pour faire acquitter un prévenu condamné, et cela encore bien que l'action ait été primitivement intentée par lui-même, et alors même que le jugement serait conforme à ses conclusions (Cass. 11 juin 1825).

Car, s'il reconnaît s'être trompé et avoir induit les premiers juges en erreur, il est de son devoir de déférer leur décision aux juges supérieurs (Ortolan, I, 26).

3091. Néanmoins, si les poursuites avaient eu lieu par ordre du ministre de la justice ou du procureur général, il conviendrait, avant d'appeler d'un acquittement, que le ministère public consultât d'abord l'autorité qui aurait prescrit les poursuites (Ortolan, II, 143).

Et même, dans le cas où les poursuites ont été faites spontanément par le ministère public, s'il a porté lui-même la parole à l'audience, et si le jugement est en tous points conforme à ses conclusions, il semble plus convenable qu'il prie le ministère public près la Cour d'appel d'appeler à sa place, pour ne pas se rendre personnellement appelant de ses propres opinions (Décis. Rennes, 11 nov. 1811).

En effet, le procureur général peut aussi appeler d'un jugement rendu conformément aux conclusions de son substitut près le tribunal de première instance (Cass. 18 vent. an XII. — Cass. 18 avril 1806. — Schenck, I, 132. — Carré, *Comp.*, I, 277).

3092. Le ministère public peut aussi se pourvoir en appel et en cassation contre un jugement contraire à ses conclusions, mais auquel il aurait acquiescé (Cass. 25 fév. 1813).

Car l'acquiescement qu'il donnerait à un jugement ne le rendrait pas non recevable dans son appel (Cass. 16 juin 1809. — Ortolan, I, 86).

Il y a plus, l'exécution qu'il ordonnerait du jugement ne le priverait pas du droit d'en appeler (Cass. 17 juin 1819).

3093. Ainsi, il aurait fait mettre en liberté le prévenu acquitté, que ce ne serait pas là un acquiescement qui rendît son appel non recevable (Cass. 2 fév. 1827).

Et, dans tous les cas, l'acquiescement donné à un jugement correctionnel en premier ressort, ou l'exécution de ce jugement par le ministère public près le tribunal qui l'a prononcé, ne porte aucune atteinte au droit qu'a le procureur général d'appeler de ce jugement (Cass. 15 déc. 1814 et 16 janv. 1824).

Il ne résulte donc de ces circonstances aucune fin de non-recevoir, ni contre l'appel du procureur près le tribunal qui a statué, ni contre celui du procureur général, car le ministère public ne peut, par ses actes, paralyser l'action publique qui appartient à la société, et dont la loi lui a seulement confié l'exercice.

3094. Le ministère public a encore le droit d'appeler pour incompétence, lors même qu'il ne se serait pas pourvu contre l'ordonnance de la chambre d'instruction qui a renvoyé le prévenu en police correctionnelle (Cass. 4 sept. 1813).

Il peut aussi appeler, dans l'intérêt de la vindicte publique, d'un jugement rendu sur la poursuite directe de la partie civile, alors même que celle-ci n'appelle pas (Cass. 21 nov. 1828 et 31 juill. 1830).

3095. Mais il est sans qualité pour se pourvoir en appel ou cassation contre un jugement correctionnel, sur le seul motif que le tribunal, qui a acquitté le prévenu, était incompétent pour prononcer sur l'action de la partie civile (Cass. 13 juill. 1827).

Ainsi, il ne peut appeler contre le chef du jugement qui a statué sur l'action civile. Son appel, même quant à l'action publique, ne relèverait pas la partie civile de la déchéance qu'elle aurait encourue, faute d'avoir attaqué elle-même le jugement en temps utile.

Toutefois, il peut appeler des jugements rendus sur la poursuite de l'administration forestière, même quand l'agent forestier garde le silence, et n'appelle pas (Cass. 4 avril 1806).

Au reste, quand il y a partie civile en cause, il convient en général que le ministère public lui laisse le soin d'appeler (Décis. Rennes, 27 août 1827).

SECTION III. — PROCÉDURE.

SOMMAIRE.

§ 1er. — *Délai de l'appel.*

3096. L'appel des jugements contradictoires doit être déclaré dix jours au plus tard après le jour où ils ont été prononcés, sans augmentation de délai à raison des distances (C. inst. 202,—Cass. 18 oct. 1850).

Ce délai ne court pas à compter de l'ordonnance de la chambre d'instruction, mais du jour du jugement, s'il est contradictoire ou de sa signification s'il est par défaut (Cass. 4 sept. 1813).

Le jour où le jugement a été rendu n'est pas compris dans le délai; mais le jour de l'échéance des dix jours en fait partie. Ainsi, c'est au plus tard dans le dernier jour du délai que l'appel doit avoir lieu, et l'appel interjeté le onzième jour n'est pas recevable (Cass. 18 juill. 1817).

Même quand le dixième jour est un dimanche ou un jour férié (Cass. 28 août 1812. — Ortolan, ii, 147).

3097. L'appel des jugements par défaut doit être déclaré dans les dix jours qui suivent la signification à partie ou à domicile, outre un jour par trois myriamètres de distance entre le lieu de la signification et le siége du tribunal qui a prononcé (C. inst. 203).

Quant à eux, les délais d'opposition et d'appel courent ensemble, de sorte qu'on peut dire que les cinq premiers jours du délai sont accordés pour l'opposition et l'appel, et les cinq autres pour l'appel seulement (Cass. 22 janv. 1825).

3098. L'appel peut aussi en être interjeté avant la signification, comme nous l'avons dit, pour l'opposition, aux nos 3030 et 3087 (Cass. 19 avril 1833 et 23 sept. 1841).

Du reste, le délai d'appel de ces jugements court du jour de leur signification, et non pas seulement du jour où l'opposition n'est plus recevable, quoique le contraire ait lieu en matière civile, d'après l'art. 443 du Code de procédure; et, sur ce point, l'art. 203 du Code d'instruction criminelle a abrogé l'avis du conseil d'État du 18 février 1806 (Cass. 31 mai 1833).

Enfin, la signification par le ministère public, à la partie civile, fait courir le délai de l'appel au profit de l'un et de l'autre (Cass. 5 juill. 1849).

3099. Quant au ministère public, le délai d'appel est de dix jours, comme nous venons de le dire, mais seulement pour le procureur près le tribunal qui a rendu le jugement appelé, car il est de deux mois pour les magistrats du parquet de la Cour qui doit connaître de l'appel (C. inst. 202 et 203).

Ce délai de deux mois se calcule date par date, et non pas par le nombre de jours écoulés depuis le jugement (Cass. 12 avril 1817);

Et le jour où le jugement a été rendu n'est pas compris dans ce délai (Bordeaux, 24 mars 1831).

3100. Faute d'appel, par les parties, dans le délai prescrit, la déchéance est absolue et doit être prononcée d'office, même quand le ministère public ne l'aurait pas requise, c'est-à-dire dans le silence de toutes les parties (Cass. 20 mars 1812).

Et alors le jugement ne peut plus être attaqué que par la voie de la cassation ; de telle sorte que l'appel d'un prévenu, fait en temps utile, ne peut relever de la déchéance son coprévenu, qui a laissé passé le délai (Cass. 16 mars 1815).

3101. Il n'est, sans doute, pas besoin d'ajouter que le délai d'appel ne court pas contre les personnes condamnées par un jugement auquel elles n'ont pas été appelées par une citation préalable (Cass. 25 fév. 1813).

Du reste, la preuve de la date de l'appel ne peut résulter que de la déclaration elle-même, dont il sera parlé au paragraphe suivant.

Un certificat du greffier, donné après le délai, ne fait pas une foi suffisante que la déclaration d'appel ait été faite en temps utile (Cass. 22 janv. 1813).

3102. Dans de certaines matières spéciales, le délai de l'appel n'est pas le même que celui dont nous venons de parler. Ainsi, en matière de contributions indirectes, l'appel ne peut être interjeté que jusqu'à l'expiration de la huitaine de la signification du jugement, et ne court qu'à partir de cette signification (Cass. 13 fév. 1840).

3103. Les règles qui précèdent s'appliquent aussi à l'appel incident, qui doit être interjeté, soit par l'intimé, soit par le ministère public, dans le délai accordé pour l'appel principal (Cass. 18 mars 1809. — Bourges, 7 mai 1831).

L'appel incident du ministère public peut même être formé à l'audience du tribunal d'appel, comme on le verra ci-après, n° 3108 (Bordeaux, 21 juill. 1830).

§ 2. — *Formes de l'appel.*

3104. La déclaration d'appel doit être faite au greffe du tribunal qui a rendu le jugement, et cela, à peine de nullité (C. inst. 203. — Cass. 22 mai 1835).

Cette déclaration n'est soumise à aucune forme spéciale (Cass. 28 nov. 1806).

Autrefois, elle pouvait même être suppléée par la requête contenant les moyens d'appel (Cass. 19 juin 1806).

Mais aujourd'hui elle est indispensable, et c'est la requête seule qui n'est plus que facultative ; car les moyens d'appel peuvent être exposés dans la déclaration d'appel elle-même, aussi bien que dans une requête ultérieure (Cass. 29 juin 1815).

Il n'est même pas rigoureusement exigé que les moyens d'appel soient, ni exprimés, ni notifiés, avant l'audience où il sera jugé (Legraverend, II, 352).

3105. Si l'on présente une requête, il faut qu'elle soit signée de l'appelant, ou d'un avoué, ou de tout autre fondé d'un pouvoir spécial, et qu'elle soit déposée au greffe du tribunal ou de la Cour, soit pendant, soit après le délai de l'appel (C. inst. 204. — Loi 13 juin 1856, art. 1).

Mais la requête ne peut jamais suppléer à la déclaration, et celle-ci doit être passée au greffe du tribunal qui a rendu le jugement appelé (Cass. 13 vent. an VII).

Quand c'est le ministère public qui est appelant, il convient qu'il joigne, à sa lettre d'envoi de la procédure, une requête explicative des moyens de fait et de droit qui lui paraissent justifier son appel (Circ. Rennes, 21 janv. 1853).

3106. Lorsque l'appel est formé par le procureur près le tribunal qui a rendu le jugement attaqué, il suffit d'une déclaration faite par ce magistrat au greffe, et cette déclaration n'a pas besoin d'être notifiée au prévenu (Cass. 21 janv. 1814 et 1er juin 1838).

Et il n'y a pas déchéance, lors même que l'assignation sur appel n'a été donnée que plus de deux mois après le jugement (Cass. 10 mai 1816).

De même, la partie civile n'est pas tenue de notifier son appel au prévenu, dans les dix jours du délai d'appel ; il suffit qu'elle lui donne assignation à comparaître à l'audience où l'appel sera jugé (Cass. 13 et 19 brum. an V. — Circ. min. 21 frim. an V).

Cette règle s'applique aussi à l'appel du condamné.

3107. Il en est autrement pour l'appel formé par le ministère public près la Cour où il est porté. Celui-ci doit être notifié au prévenu dans les deux mois de la date du jugement, si ce jugement n'a pas été notifié au parquet; et, dans le cas contraire, dans le mois à partir de la signification (C. inst. 205).

D'un autre côté, cet appel n'a pas besoin d'être déclaré au greffe; il suffit qu'il soit notifié au prévenu dans le délai de la loi (Cass. 13 août 1813).

3108. Du reste, aucune forme particulière n'est prescrite pour la notification de l'appel; il suffit que l'intimé en ait été averti par le fait du ministère public. Les formalités prescrites par le Code de procédure ne reçoivent pas ici d'application (Cass. 8 juin 1809).

Après l'assignation donnée au prévenu, sur l'appel du ministère public, et par un exploit nul, une nouvelle assignation régulière peut même tenir lieu d'acte d'appel (Cass. 20 fév. 1812).

Et le prévenu qui a accepté le débat ne peut plus se prévaloir de ce que l'appel du ministère public ne lui aurait pas été régulièrement notifié (Cass. 23 nov. 1849).

3109. Il peut même être déclaré verbalement à l'audience, en présence du prévenu, pourvu que le délai de son appel ne soit pas expiré : une telle déclaration équivaut alors à une notification (Cass. 6 juin 1822 et 27 juill. 1854).

Mais si le prévenu n'est pas présent, fût-il même représenté par un avoué, l'appel doit lui être régulièrement notifié (Paris, 2 août 1833. — Cass. 22 août 1846).

Et, s'il ne se présente pas à l'audience, quoique cité sur son propre appel, le ministère public ne peut pas appeler verbalement contre lui (Cass. 22 août 1846).

3110. Si, le prévenu laissant défaut sur son appel, le ministère public a pris des conclusions contre lui, sans relever appel de son côté, il demeure déchu de son droit, alors même qu'il serait encore dans son délai de deux mois. Pour conserver son droit d'appel, il faut qu'il déclare formellement le réserver, et qu'il lui soit donné acte de ses réserves, ou mieux qu'il demande un délai pour notifier son appel au défaillant (*Pal.*, 3e édit., ii, 361, not. 2).

3111. De plus, il faut une déclaration formelle d'appeler. De simples conclusions prises à l'audience par le ministère public ne pourraient suppléer à un appel (Cass. 31 mai 1838).

C'est donc à tort qu'il a été jugé antérieurement que les réserves faites par le ministère public d'interjeter appel à une autre audience, même postérieure au délai de deux mois, équivalaient à une déclaration d'appel faite en temps utile (Cass. 2 août 1821).

Aussi, cette décision est-elle justement critiquée (*Pal.*, 3ᵉ édit., xvi, 823, note 2).

3112. Quand l'appelant est détenu, il fait connaître au procureur du siége son intention de former appel. Sur cet avis, ce magistrat fait extraire ce détenu de la maison d'arrêt, et le fait conduire au greffe par un huissier, qui reçoit à cet effet un ordre par écrit, conforme au modèle numéro 40 de l'Appendice, et qui doit réintégrer l'appelant en prison dès que l'acte de sa déclaration d'appel a été rapporté et signé.

Il n'est rien dû à l'huissier pour cette extraction ; le salaire réglé par le nᵒ 6 de l'art. 71 du décret du 18 juin 1811 n'étant alloué que pour l'extraction d'un prisonnier qui doit *comparaître devant le juge ou aux débats* (Inst. gén. 30 sept. 1826, nᵒ LXII).

Remarquez que les appelants en état de détention sont dispensés d'avancer les frais de la déclaration d'appel (Lois 25 mars 1817, art. 74, § 2).

3113. Lorsque le ministère public et le condamné ont manifesté l'intention de ne pas appeler du jugement de condamnation, il serait contraire à l'équité de prolonger la détention du condamné, qui souvent n'a encouru qu'une peine d'une durée moindre que celle du délai de l'appel. Il convient alors de prendre un extrait du jugement, et de faire faire un nouvel écrou, à partir duquel la peine commence à courir ; cette exécution prématurée ne pouvant, d'ailleurs, préjudicier au droit d'appel réservé au ministère public près la Cour (Circ. min. 18 mai 1831).

SECTION IV. — SUITES DE L'APPEL.

SOMMAIRE.

3114. Après la déclaration d'appel, le ministère public, qu'il ait appelé lui-même ou non, requiert par écrit qu'il lui soit délivré au greffe une expédition tant du jugement que de la déclaration d'appel. Le coût de ces expéditions est à la charge du ministère de la justice, quand il n'y a pas de partie civile en cause, et il en est pris note au parquet sur le registre des salaires du greffier, dont il sera parlé au tome iii, chapitre des *Frais de justice criminelle* (Instr. gén. 30 sept. 1826, n° li, 6°).

3115. Si le prévenu est en état d'arrestation, le ministère public donne à la gendarmerie un réquisitoire pour le faire transférer dans les vingt-quatre heures, qu'il soit appelant ou intimé, en la maison d'arrêt du lieu où siége la Cour d'appel, et il transmet en même temps, au parquet de cette Cour, les pièces du procès, après s'être assuré qu'elles sont au complet et dans un ordre convenable (C. inst. 207).

Pour ne pas retarder le jugement de l'appel, le ministère public doit tout d'abord requérir, dans les vingt-quatre heures de la déclaration d'appel, le transfèrement des prévenus dans la maison d'arrêt du lieu où siége la Cour, par la plus prochaine correspondance ordinaire de la gendarmerie. Les procédures sont ensuite transmises au parquet de la Cour, aussitôt qu'elles ont pu être mises en état (Circ. Rennes, 22 déc. 1853).

3116. Le dossier doit toujours être accompagné d'un inventaire des pièces, dressé et signé par le greffier, et visé par un magistrat du parquet. Il est même bon que cet inventaire soit en double expédition, afin que l'accusé de réception puisse être mis, par le greffier de la Cour, au pied de l'une d'elles. Cette expédition est ensuite renvoyée au parquet qui a fait l'envoi du dossier, et sert de décharge au greffier du tribunal inférieur.

L'inventaire doit être établi dans l'ordre des pièces de la procédure qui doivent être classées par ordre chronologique (Circ. Rennes, 4 janv. 1853).

3117. Remarquez que, quelle que soit la partie appelante, c'est au ministère public à transmettre les pièces de la procédure à la Cour saisie de l'appel (Cass. 11 janv. 1817.— Ortolan, ii, 151).

Cet envoi doit être fait dans les vingt-quatre heures, à partir de la déclaration d'appel, ou tout au moins dans le plus court délai possible, afin que l'appel puisse être jugé dans le délai de la loi (C. inst. 207 et 209).

3118. Nous ne saurions trop insister sur la célérité qu'il faut apporter dans l'envoi des procédures, soit criminelles, soit correctionnelles. C'est là un des plus essentiels devoirs du ministère public, et il ne doit jamais le perdre de vue.

En cas de négligence de la part du greffier, elle doit être portée immédiatement à la connaissance du procureur général, sans quoi le retard serait imputé au ministère public, dont la responsabilité se trouverait engagée (Circ. min. 10 juill. 1827).

3119. Les prévenus qui ont interjeté appel des jugements correctionnels doivent aussi, qu'ils soient détenus ou non, être cités à comparaître à l'audience de la Cour d'appel, à la requête du procureur général (Cass. 23 août 1811).

S'il y a partie civile en cause, appelante ou non, l'indication du jour où l'appel sera jugé lui est notifiée à la même requête.

3120. Si la partie civile, administration publique ou autre, a seule relevé appel, il convient, en général, de lui laisser poursuivre l'audience, sauf au ministère public à la presser de prendre une détermination, ou à faire rayer l'affaire du rôle lorsqu'elle paraît abandonnée (Circ. min. 10 juill. 1827).

Toutefois, pour accélérer l'expédition des affaires et prévenir l'encombrement du rôle, il a été reconnu que, bien que la partie civile ait seule appelé, c'est au ministère public qu'il appartient de faire assigner, à sa requête, les parties à comparaître devant la Cour, au jour fixé par le président pour le jugement de l'appel (Cass. 4 mars 1842).

Si, sur l'appel seul de la partie civile, et pendant le délai de deux mois accordé au procureur général près la Cour d'appel, l'inculpé acquitté en première instance ne comparaît pas, il ne peut être jugé que par défaut, et il n'a pas le droit de se faire représenter par un avoué, quand le fait imputé emporte une peine corporelle, car l'action publique n'étant pas éteinte, il peut y avoir encore appel de la part du ministère public (Rennes, 1ᵉʳ juin 1843).

Mais lorsque le droit d'appel du ministère public est expiré, si la partie civile seule est appelante, comme il ne s'agit plus alors que de statuer sur les intérêts civils, le condamné dont le sort est définitivement réglé à l'égard de la partie publique, peut se faire représenter à l'audience par un avoué (Cass. 16 oct. 1847).

3121. L'appel doit être jugé à la diligence du ministère public, dans le mois de la déclaration, ou de la signification qui en est faite (C. inst. 209).

Il n'y a pourtant pas nullité parce qu'il n'aurait pas été jugé dans ce délai; et l'appelant ne peut être déchu de son appel, ni à raison de cette circonstance, ni parce qu'il n'aurait pas notifié sa déclaration (Cass. 8 therm. an VIII).

Il en est de même en matière de douanes, quand l'appel n'a pas été jugé dans les dix jours de la réception des pièces au greffe du tribunal d'appel (Loi 11 prair. an VII, art. 6. — Cass. 2 avril 1807).

3122. L'appel est jugé sur le rapport de l'affaire qui est fait à l'audience de la Cour par l'un de ses membres (C. inst. 209. — Loi 13 juin 1856).

Quoique la loi nouvelle dise : *sur le rapport d'un conseiller,* elle n'a pas entendu exclure le président de la chambre.

Il est même encore plus naturellement désigné qu'aucun autre de ses collègues par la connaissance qu'il a dû prendre du dossier, avant l'audience, pour la direction des débats.

Ce rapport n'est soumis à aucune forme spéciale, et le magistrat qui en est chargé peut le faire comme bon lui semble, pourvu qu'il expose exactement les faits de la cause, et qu'il fasse connaître les griefs de l'appelant et les questions à décider.

3123. Mais l'arrêt serait nul si le rapporteur n'y avait pas concouru, sans qu'un autre magistrat eût été commis pour le remplacer, et sans qu'il eût été fait un nouveau rapport (Cass. 2 déc. 1854) ;

Car le rapport d'un juge à l'audience est prescrit à peine de nullité (Cass. 6 fév. 1847 et 23 oct. 1851).

A moins qu'il ne s'agisse, devant le tribunal correctionnel, de l'appel d'un jugement de simple police (Cass. 2 juill. 1852).

3124. Ainsi, l'arrêt est nul, s'il ne constate, dans aucune de ses parties, que le rapport ait été fait, ni que le ministère public ait été entendu, ni qu'il ait été prononcé publiquement. Une de ces omissions suffirait même pour entraîner son annulation (Cass. 20 déc. 1820, 10 juill. 1845 et 2 janv. 1847).

Et la preuve extrajudiciaire que le rapport aurait été fait ne pourrait être reçue (Cass. 27 août 1847).

Un nouveau rapport serait nécessaire, alors même qu'il s'agirait seulement de statuer sur l'opposition formée à un premier jugement par défaut, lors duquel un rapport aurait été fait (Cass. 23 août 1851).

3125. Mais il ne résulte aucune nullité de ce que, devant le tribunal d'appel, on n'a point procédé à l'interrogatoire du prévenu, ni à une nouvelle audition des témoins, ni même à la lecture des notes de leurs dépositions, recueillies par le greffier du tribunal inférieur, lors surtout que le rapport du juge commis présente le résumé complet de toute la procédure (Cas. 11 sept. 1840).

Ni de ce que, après le rapport et les conclusions de la partie publique, la cause ayant été remise pour entendre des témoins, leur audition n'a pas été suivie d'une réplique du magistrat du parquet (Cass. 9 août 1851).

3126. La Cour ne peut refuser, sur la demande du ministère public, d'entendre des témoins qui n'auraient pas été appelés en première instance (Cass. 28 mars et 9 mai 1807);

Ni d'admettre une preuve testimoniale offerte, pour la première fois en appel, par la partie civile (Cass. 24 janv. 1840).

Mais elle n'est pas obligée d'entendre de nouveau les témoins déjà entendus. Elle en a seulement la faculté, si leur audition n'est pas jugée inutile (Cass. 2 août 1821).

Dans tous les cas, elle peut refuser d'entendre les témoins produits par le prévenu (Cass. 27 juin 1846).

Remarquez que le coprévenu qui a acquiescé au jugement de première instance peut être entendu comme témoin sur l'appel, mais sous la foi du serment (Cass. 14 fév. 1845 et 30 juill. 1847).

3127. Après le rapport et l'audition des témoins, s'il y en a eu de produits, l'appelant, quel qu'il soit, est entendu le premier, puis la parole est donnée dans l'ordre suivant, d'abord à la partie civile, ensuite au prévenu, et enfin au ministère public; mais le prévenu a toujours la parole le dernier (C. inst. 190 et 210. — Loi 13 juin 1856, art. 1).

Du reste, les dispositions de la loi sur la solennité de l'instruction, la nature des preuves, la forme, l'authenticité et la signature du jugement définitif de première instance, la condamnation aux frais, ainsi que les peines, sont communes aux arrêts rendus sur l'appel (C. inst. 211. — Loi 13 juin 1856).

3128. Les tribunaux d'appel ne sont pas liés par la qualification que les premiers juges ont donnée aux faits de la plainte : ainsi, par exemple, ils peuvent y voir un délit, quand ceux-ci n'y ont vu qu'une contravention (Cass. 4 août 1826).

Ils peuvent même, sur l'appel du ministère public et sur ses conclusions, donner aux faits une qualification différente de celle de la chambre d'instruction (Cass. 14 sept. 1849).

Toutefois, si le prévenu est seul appelant, ils ne peuvent plus, à moins de conclusions formelles de sa part, changer la qualification donnée par les premiers juges pour établir leur compétence, et déclarer, par exemple, que le fait puni comme délit constitue un crime (Cass. 15 mars 1849).

3129. Mais ils doivent mentionner expressément, quand ils confirment un jugement qui a appliqué une peine, qu'ils ont jugé le prévenu coupable des faits qui avaient entraîné sa condamnation en première instance. S'ils se bornaient à déclarer que les premiers juges ont fait une juste application de la loi aux faits par eux reconnus constants, leur décision serait nulle, comme insuffisamment motivée (Cass. 1er oct. 1840).

Ils doivent statuer sur tous les chefs du jugement attaqué, quelles que soient les conclusions prises à l'audience; mais ils ne pourraient s'occuper d'une question de compétence décidée par les premiers juges, et à l'égard de laquelle il n'y aurait pas d'appel (Cass. 11 mars 1831).

3130. D'un autre côté, les juges d'appel qui infirment, pour toute autre cause que pour incompétence *ratione loci*, un jugement définitif en matière correctionnelle, doivent, à peine de nullité, retenir l'affaire et statuer au fond, au lieu de la renvoyer devant le tribunal qui a rendu le jugement annulé (C. inst. 215. — Cass. 15 sept. 1837 et 19 mai 1853).

Il en est de même lorsqu'ils infirment pour incompétence *ratione materiæ* (Cass. 4 juill. 1822 et 1ᵉʳ juin 1833. — Rennes, 5 août 1847).

Et ils demeurent saisis tant qu'ils n'ont pas entièrement fait droit sur le fond, ou qu'ils ne se sont pas dessaisis, par une disposition expresse, lors même qu'ils auraient annulé, pour vice de forme, le jugement attaqué (Cass. 28 mars 1840).

3131. Ils peuvent aussi, avant de statuer sur le fond, ordonner la mise en liberté immédiate du prévenu, s'il n'est détenu qu'en vertu d'un mandat d'amener, cette détention étant complètement illégale (Cass. 4 avril 1840).

Enfin, ils peuvent, sur l'appel du ministère public, appliquer au prévenu une peine plus forte que celle qui est requise par le magistrat du parquet (Cass. 14 mai 1847).

3132. Les appelants peuvent se désister de leur appel, soit par un acte signifié avant la décision des juges d'appel, tant au ministère public près la Cour qu'aux autres parties en cause, soit par une simple déclaration faite à l'audience, sans préjudice du droit qu'a toujours la partie publique de relever appel incident. Si elle n'use pas de cette faculté, il est donné acte du désistement à l'audience. S'il n'y a pas d'opposition, l'affaire est rayée du rôle, et le jugement de première instance reçoit sa pleine et entière exécution.

3133. Mais les juges d'appel ne sont pas dessaisis, par le désistement de l'appelant, tant qu'ils ne lui en ont pas donné acte; et le ministère public est toujours recevable jusque-là à relever appel, si le délai que la loi lui accorde n'est pas encore expiré (Cass. 13 fév. 1840).

Et tant que le juge d'appel n'a pas donné acte du désistement du prévenu, celui-ci peut le rétracter (Cass. 12 oct. 1849).

Il n'y a que le ministère public qui ne puisse pas se désister,

comme nous l'avons dit au tome i, n° 1881 ; ou du moins son désistement ne fait pas obstacle à ce que la Cour prononce sur
l'action publique, que son appel ou son pourvoi a fait revivre (Arg.
Cass. 2 mars 1827 et 3 janv. 1834).

3134. Les arrêts rendus par défaut sur l'appel peuvent être
attaqués par la voie de l'opposition, dans la même forme et dans
les mêmes délais que les jugements par défaut rendus par les
tribunaux correctionnels, et dont il a été parlé ci-dessus, aux
n°s 3030 et suivants.

L'opposition emporte, de plein droit, citation à la première audience, mais elle est comme non avenue si l'opposant n'y comparaît pas, et l'arrêt qui intervient sur l'opposition ne peut être attaqué, par la partie qui l'a formé, que devant la Cour de cassation
(C. inst. 208. — Loi 13 juin 1856, art. 1).

Ainsi, tout appelant, à l'exception du ministère public, peut
laisser défaut sur son appel et revenir par opposition. Mais, s'il
ne comparaît pas sur son opposition, l'arrêt par défaut rendu
contre lui conserve toute sa force et devient définitif, sans que la
Cour puisse le modifier, même par voie d'évocation (Cass. 18
nov. 1854).

3135. Il n'y a pas lieu, en simple police, ni en police correctionnelle, à l'amende de fol appel ni de tierce opposition, établie
en matière civile (Cass. 25 août 1808 et 12 juin 1823).

SECTION V. — EFFETS DE L'APPEL.

SOMMAIRE.

3136. L'appel interjeté par les différentes personnes à qui
cette voie est ouverte ne produit pas les mêmes effets et ne saisit
pas la Cour d'appel des mêmes questions. Le jugement déféré au
tribunal supérieur ne peut être réformé que dans l'intérêt de la
partie ou des parties qui ont appelé ; en d'autres termes, la condition de celui qui appelle ne peut être rendue pire par la décision
des juges d'appel, lorsque, d'ailleurs, les autres parties, soit pri-
vées, soit publiques, n'ont point appelé (Duvergier, *sur l'art.* 202
du Cod. d'instr. crim.).

3137. Toutefois, les juges d'appel peuvent, sur l'appel *à minimâ* du ministère public, diminuer la peine infligée au condamné qui n'appelle pas, ou l'en décharger entièrement, malgré l'acquiescement de ce dernier à sa condamnation; mais, d'un autre côté, ils ne peuvent aggraver la peine que sur l'appel seul du ministère public (Cass. 4 et 25 mars 1825. — Ortolan, II, 150).

Du reste, l'appel du ministère public aurait été qualifié, par erreur, appel *à minimâ*, que son effet n'en serait ni restreint, ni vicié, quand il est dirigé contre un jugement qui a prononcé l'acquittement du prévenu (Cass. 19 juill. 1849).

3138. L'appel *indéfini* du ministère public remet en question tout ce qui a été jugé quant au prévenu; et il profite à ce dernier, comme à la vindicte publique (Cass. 6 déc. 1833).

On examine, sur un tel appel, si la condamnation a été justement prononcée, et le prévenu peut être acquitté, encore bien qu'il n'ait pas lui-même appelé (Cass. 12 nov. 1835).

En matière de délits forestiers, cet appel profite également à l'administration forestière, quels que soient les termes dans lesquels il est conçu (Cass. 27 janv. 1837).

Enfin, il a pour effet de saisir le tribunal supérieur de la connaissance de l'affaire et quant à la forme et quant au fond, et les juges d'appel ne sont pas dessaisis tant qu'ils n'ont pas statué sur le tout (Cass. 28 mars 1840).

3139. Remarquez, comme nous venons de le dire au n° 3137, que la position d'un prévenu ne peut être aggravée sur son appel seul, ni sur celui de la partie civile, quand le ministère public n'appelle pas (Avis cons. d'État, 12 nov. 1806).

Un tribunal correctionnel ne peut donc, en pareil cas, se déclarer incompétent pour renvoyer le prévenu devant la Cour d'assises (Cass. 12 mars 1820, 22 juill. 1839 et 4 avril 1845);

A moins que le prévenu n'ait demandé formellement son renvoi devant la juridiction criminelle (Cass. 22 oct. 1840).

Pareillement, un fait qui n'a été puni que comme contravention par le juge de simple police, ne peut, sur l'appel seul du prévenu, être considéré comme un délit et puni comme tel par le tribunal de police correctionnelle (Cass. 24 août 1838).

3140. L'enfant acquitté, comme ayant agi sans discernement et renvoyé dans une maison de correction, ne peut, sur son appel seul, être déclaré coupable et puni pour avoir agi avec discernement (Cass. 26 juill. 1844).

D'une autre part, la réformation d'un jugement prononcée sur l'appel interjeté par un condamné ne peut profiter à ses coprévenus, qui n'ont pas appelé de ce jugement, et pour lesquels il ne pouvait appeler lui-même, comme nous l'avons dit au n° 3086 § 1 (Cass. 9 fév. 1837).

De même, lorsque les premiers juges, saisis simultanément de plusieurs chefs constituant des délits distincts, en ont écarté plusieurs et n'ont reconnu constant qu'un seul des délits reprochés, il y a chose jugée sur les autres, s'il n'y a eu d'appel que de la part du prévenu (Cass. 8 août 1846).

3141. En cas d'appel de la partie civile seule, le prévenu acquitté en première instance ne peut être condamné à aucune peine, pas même à l'amende (Cass. 10 janv. 1806, 29 juill. 1819 et 12 juin 1847).

Car, lorsque la partie civile a seule appelé, le tribunal d'appel ne doit statuer que sur les intérêts civils, et ne peut prononcer aucune condamnation pénale (Cass. 27 fév. 1835).

Mais les juges d'appel, investis du droit de statuer sur les dommages-intérêts, ont nécessairement celui de reconnaître la vérité ou la fausseté des faits imputés (Cass. 23 sept. 1837 et 20 août 1840).

3142. Ils peuvent même condamner le prévenu à une amende, quand elle est prononcée dans l'intérêt de la partie civile (Cass. 21 juin 1838).

Si l'amende est mixte, et si l'action publique est éteinte ou n'est pas exercée devant eux, ils peuvent la diviser, et ne prononcer que la portion qui représente l'indemnité due à la partie lésée (Rennes, 7 déc. 1843).

3143. L'appel de la partie civilement responsable n'a d'effet que quant aux condamnations prononcées contre elle (Avis cons. d'État, 12 nov. 1806. — Dalloz aîné, v° *Appel correct.*, I, 592).

Et les juges d'appel ne peuvent prononcer aucune condamnation à des dommages-intérêts en faveur de la partie civile qui n'a point appelé (Cass. 30 mai 1840).

Remarquez que le plaignant ne peut se porter partie civile, pour la première fois en appel, comme nous l'avons déjà observé au tome I, n° 2188, § 3 (Cass. 10 fév. 1853).

3144. Si, sur l'appel seul du condamné, la peine est seulement réduite, l'appelant n'en doit pas moins supporter les frais de première instance et d'appel : car le but de son appel étant de le faire déclarer innocent et décharger de toute peine, dès lors qu'une peine est prononcée contre lui, il succombe dans son action et doit être condamné aux frais, comme on le verra plus loin (C. pén. 52).

Il a même été reconnu que l'individu condamné en première instance doit être condamné aux frais d'appel, bien que le ministère public, seul appelant, ait succombé (Cass. 21 mai et 31 déc. 1813).

Mais le contraire a été jugé depuis (Cass. 22 nov. 1828 et 28 avril 1854).

Du reste, cette question ne peut pas faire difficulté, quand le prévenu est incidemment appelant : car alors, s'il succombe, il doit supporter tous les frais (Cass. 2 fév. 1827).

3145. Les procureurs près les tribunaux de première instance doivent être informés, sans délai, par le procureur général, du résultat des appels qui ont été relevés des décisions de leur tribunal, et de l'exécution des arrêts intervenus sur ces appels, quand ils ne sont pas eux-mêmes chargés d'y pourvoir, comme nous le verrons au chapitre suivant (Circ. min. 10 juill. 1827).

Quant au recours en cassation contre les jugements et arrêts correctionnels, il en sera traité dans un chapitre spécial du titre VI, où nous avons réuni toutes les règles concernant les pourvois en cassation en matière criminelle.

CHAPITRE VI. — EXÉCUTION DES JUGEMENTS.

SECTION PREMIÈRE. — RÈGLES GÉNÉRALES.

SOMMAIRE.

3146. Distinctions.	3148. Difficultés.	3150. Jugement par défaut.
3147. Parties civiles.	3149. Devoirs du parquet.	3151. Arrêt sur appel.

3146. Pour qu'un jugement ou arrêt correctionnel soit exécutoire, il faut qu'il soit devenu irrévocable, c'est-à-dire qu'il ne reste aux condamnés aucune voie légale de recours (*Pal.*, *Rép.*, V° *Exécut. des jugem. crim.*, n° 3).

L'exécution des jugements correctionnels est poursuivie à la requête du ministère public et de la partie civile, chacun en ce qui le concerne, savoir : le ministère public, pour les condamnations corporelles, ou pour les peines pécuniaires au profit de l'État; et, la partie civile, pour les condamnations prononcées à son profit (C. inst. 197).

3147. Ainsi, lorsqu'il y a une partie civile en cause, c'est à elle seule qu'il appartient de faire exécuter les condamnations pécuniaires qui lui ont été adjugées.

Quant aux condamnations pécuniaires prononcées au profit de l'État, le soin de leur recouvrement appartient à l'administration des domaines qui, même dans ce cas, ne peut cependant procéder qu'au nom du ministère public (Cass. 8 janv. 1822 et 30 janv. 1826).

3148. Enfin, quant à l'exécution des condamnations corporelles, elle est confiée aux officiers du ministère public attachés au tribunal qui a prononcé la condamnation.

Seulement, si elle soulève des difficultés contentieuses, c'est au tribunal qui a rendu le jugement à les résoudre. Car les juges de l'action publique peuvent, sans empiéter sur les attributions du ministère public, connaître des questions contentieuses qui s'élèvent à l'occasion de l'exécution des jugements correctionnels, soit quant à la prescription, soit quant à la remise, soit quant à l'expiration de la peine (Cass. 23 fév. 1833 et 27 janv. 1845).

3149. S'agit-il d'un jugement d'acquittement ou d'absolution, le parquet fait mettre le prévenu en liberté s'il est détenu, sans qu'il soit besoin d'avoir pour cela une expédition du jugement.

S'agit-il d'une condamnation pécuniaire, il se fait délivrer un extrait du jugement et l'envoie au receveur de l'enregistrement chargé de recouvrer les amendes, les confiscations et les frais.

Remarquez toutefois qu'il ne doit être remis d'extrait du jugement au receveur des domaines, pour ce recouvrement, que lorsque les jugements sont en dernier ressort, ou qu'ils sont devenus définitifs faute d'appel dans le délai légal (Instr. min. 7 juin 1814, n° 1, 2°).

Si un emprisonnement a été prononcé, l'ordre d'emprisonnement est délivré par le ministère public, et l'écrou a lieu sur le vu de cet ordre et de l'extrait du jugement, qui est ensuite transmis au receveur. Un seul extrait suffit alors (Circ. min. 24 mai 1814, § 2).

3150. Si le jugement est par défaut, et si le condamné ne consent pas à l'exécuter, il doit en être délivré une expédition, qui est signifiée par huissier à la personne ou au domicile du condamné, ce qui n'a jamais lieu quand le jugement est contradictoire (Circ. min. 30 déc. 1812, § 2).

S'agit-il enfin d'un jugement par lequel le tribunal saisi s'est déclaré incompétent, le ministère public transmet la procédure aux magistrats qui doivent en connaître (Ortolan, II, 135).

3151. S'il y a eu appel du jugement, l'exécution des condamnations maintenues appartient au procureur près le tribunal qui a rendu le jugement confirmé, parce que ce jugement, ayant dès lors acquis toute sa force, est devenu irrévocable tout comme s'il n'avait pas été entrepris par la voie de l'appel. Cependant le ministère public près la Cour d'appel est également compétent pour en assurer l'exécution.

Il l'est même exclusivement quand le jugement a été modifié, et qu'il est ainsi devenu plus particulièrement l'œuvre des juges d'appel; à moins toutefois qu'il ne veuille prier les magistrats du parquet de première instance de s'en occuper pour lui, et alors il leur transmet le jugement à cet effet (Décis. Rennes, 16 nov. 1821).

Les jugements et arrêts rendus contre plusieurs prévenus, dont les uns sont présents et les autres absents, peuvent être exécutés contre les premiers, quand ils sont devenus définitifs, sans attendre l'arrestation des autres (Décis. min. 2 août 1814, 2°).

SECTION II. — PRESCRIPTION.

SOMMAIRE.

3152. La mort du condamné, sa grâce ou l'amnistie, et la prescription de la peine, sont des obstacles à l'exécution des jugements, et en particulier à ce que la peine soit subie par le condamné.

Ce que nous avons dit au tome 1, nos 2002 et 2014 des effets de la mort et de l'amnistie des prévenus s'applique avec la même force aux condamnés.

Les effets de la grâce seront indiqués dans un chapitre spécial du tome III; nous ne nous occuperons donc ici que de la prescription.

3153. Les peines portées par les arrêts ou jugements rendus en matière correctionnelle se prescrivent par cinq années révolues, à compter de la date de l'arrêt ou du jugement en dernier ressort; et, à l'égard des peines prononcées par les tribunaux de première instance, à compter du jour où les jugements ne peuvent plus être attaqués par la voie de l'appel (C. inst. 636).

Ainsi, quand un individu a été condamné correctionnellement depuis plus de cinq ans, le ministère public ne peut plus faire exécuter le jugement prononcé contre lui, lequel est comme non avenu; la peine est prescrite et ne doit plus être subie.

3154. D'après la plupart des auteurs, la prescription commence à courir à l'expiration du délai d'appel accordé au prévenu, et non pas de celui de deux mois accordé au ministère public près les tribunaux d'appel; délai dont nous avons parlé aux nos 3099 et suivants (C. inst. 636. — Dalloz aîné, vo *Prescription*, no 3. — Legraverend, i, 71, et ii, 773).

En cas d'évasion pendant l'exécution de la condamnation, la prescription ne commence à courir que du jour de l'évasion. Le temps de la peine subie antérieurement ne compte pas (Cass. 20 juill. 1827. — Legraverend, ii, 776).

3155. Cette prescription court au profit des condamnés par défaut aussi bien qu'au profit des condamnés contradictoirement (Cass. 9 août 1825).

Le défaut de signification des jugements par défaut n'empêche pas la prescription de courir au profit du condamné.

Et elle peut être invoquée par lui, même lorsque le jugement qui le condamne, rendu par défaut, ne lui a pas été signifié, et qu'il peut encore en relever appel (Paris, 26 déc. 1816).

En aucun cas, les condamnés par défaut, dont la peine est prescrite, ne peuvent être admis à se présenter pour purger le défaut, car l'action du ministère public est elle-même éteinte, s'il n'y a pas eu de signification de sa part, comme nous l'avons dit au tome i, 2053 (C. inst. 641).

3156. A la différence de la prescription de l'action, la prescription de la peine ne peut être interrompue par de simples actes de poursuite; il faut, pour l'interrompre, un acte d'exécution du jugement, par exemple à l'égard de la peine de l'emprisonnement, l'arrestation ou la détention; et, quant à l'amende, l'exercice de la contrainte par corps, ou la saisie des biens du condamné. Une contrainte décernée, en son nom seul, par la direction de l'enregistrement, ne suffirait pas pour interrompre la prescription d'une amende prononcée en matière criminelle : il faudrait un acte d'exécution émané du ministère public (Cass. 8 janv. 1822).

3157. Les condamnations civiles portées par des arrêts ou des jugements définitifs en matière correctionnelle se prescrivent d'après les règles établies par le Code civil, c'est-à-dire par trente ans (C. civ. 2244 et suiv. — C. inst. 642).

3158. Les amendes, prononcées à titre de peine, se prescrivent comme les peines ; mais les frais de justice ne se prescrivent que comme les condamnations civiles (Cass. 23 janv. 1828).

Les amendes prononcées en matière civile ne se prescrivent également que par trente ans (Cass. 11 nov. 1806).

Quant à la prescription de l'action, nous en avons parlé au tome I, nᵒˢ 2043 et suivants.

3159. Il y a encore un obstacle à l'exécution des condamnations pécuniaires prononcées au profit des administrations publiques lorsqu'elles en ont fait remise totale ou partielle, en vertu du droit de transiger qui leur est accordé ; mais elles ne peuvent remettre les peines corporelles (Circ. min. 1ᵉʳ janv. 1844).

SECTION III. — ÉPOQUE DE L'EXÉCUTION.

SOMMAIRE.

3160. Les jugements correctionnels ne peuvent jamais être exécutés que lorsqu'il n'existe plus de recours contre eux. Il est donc sursis à leur exécution pendant les délais et l'instance d'appel (C. inst. 203).

Du reste, l'appel ne suspend pas l'exécution des jugements préparatoires (Cass. 22 janv. 1825).

Mais il doit également être sursis à l'exécution pendant le délai accordé pour le pourvoi en cassation. Si le condamné est en liberté, il ne peut être arrêté qu'après l'expiration de ce délai, nonobstant la nécessité de sa mise en état.

3161. Quelquefois les condamnés à l'emprisonnement demeurés libres demandent un délai avant de subir leur peine. Quand les motifs de cette demande sont graves, comme, par exemple, la nécessité de donner des soins à de proches parents gravement malades, ou de faire un voyage important, ou d'achever un travail ou un ouvrage nécessaire à la nourriture de toute une famille, le ministère public peut accorder cette faveur aux personnes domiciliées et qui offrent des garanties.

3162. L'élargissement des prévenus acquittés ne peut être différé sous aucun prétexte (Loi 14 juill. 1865).

Quant aux jugements portant peine d'emprisonnement, ils ne peuvent être exécutés avant l'expiration du délai pour former appel, que du consentement du condamné, à peine de prise à partie contre le ministère public.

Mais quand le délai d'appel est expiré, sans qu'il y ait eu appel, le jugement est exécutoire de plein droit.

3163. Quelquefois les condamnés à l'emprisonnement, demeurés libres jusqu'au jour du jugement, demandent à être admis à subir leur peine aussitôt qu'elle est prononcée. Cette demande ne peut pas être accueillie par le ministère public, parce que l'exécution précipitée d'un jugement, non encore rédigé, le gênerait dans l'exercice du droit d'en appeler, si les vices de sa rédaction ou de plus mûres réflexions venaient plus tard lui en démontrer la nécessité. En pareil cas, les condamnés doivent être invités à venir se constituer prisonniers après l'expiration du délai d'appel, faute de quoi ils sont arrêtés et écroués, comme il sera dit ci-après.

3164. Si le condamné est déjà en état de détention préventive, même à raison d'un autre délit, comme la peine court à partir du jour du jugement, il doit être écroué ce jour-là même (C. pén. 24).

Ainsi, cet article 24, qui fait remonter au jour du premier jugement la peine de l'emprisonnement, quand le prévenu est en état de détention préalable et ne s'est pas pourvu, doit être appliqué, lors même que la détention, postérieure à ce jugement, aurait pour cause une seconde poursuite, et que le prévenu n'aurait point été encore écroué à raison du fait qui a motivé sa condamnation. (Cass. 12 mai 1837).

3165. En d'autres termes, si le condamné était déjà détenu préventivement à raison d'un autre délit, au moment de sa condamnation, sa peine commençant à courir à partir du jugement, quand il n'y a pas eu d'appel, il subit utilement sa peine pendant la durée de la détention préventive, lors même qu'il n'aurait pas été écroué en vertu du jugement prononcé contre lui (Rennes, 19 juin 1839 (1).

Quant aux condamnés qui se trouvent détenus en exécution d'un jugement précédent et pour des faits antérieurs, la nouvelle peine ne commence à courir qu'à l'expiration de la première, à moins que le second jugement n'ait ordonné qu'elles se confondraient ensemble.

---

(1) Le pourvoi du ministère public contre cet arrêt a été rejeté (Cass. 26 sept. 1839).

3166. Par ces mots, *délai de l'appel*, de l'art. 203 du Code d'instruction criminelle, il faut entendre les dix jours accordés, pour appeler, au ministère public près le tribunal de première instance, au prévenu et à la partie civile, et non pas les deux mois accordés au ministère public près la Cour d'appel. Si donc, après les dix jours et avant les deux mois, le parquet qui a poursuivi fait exécuter le jugement, il y acquiesce et ne peut plus en appeler. Mais s'il le fait exécuter dans les dix jours, hors le cas de détention préventive, cette exécution illégale est sans effet, et ne peut former une fin de non-recevoir contre l'appel relevé ultérieurement, mais dans le délai de dix jours, par l'une des parties (Ortolan, ii, 148).

3167. Remarquons, en terminant, qu'aucune condamnation ne peut être exécutée les jours de fêtes nationales ou religieuses, dont nous avons donné l'énumération au tome 1er, no 147, ni les dimanches (C. pén. 25).

Ainsi, nul condamné à l'emprisonnement ne peut être ni arrêté, ni écroué, ces jour-là.

Quand il n'existe aucun obstacle à l'incarcération, on y procède comme il sera dit ci-après au titre *des Peines*.

SECTION IV. — EXTRAITS DES JUGEMENTS.

SOMMAIRE.

3168. Le ministère public a besoin de se faire délivrer, par le greffier, des extraits des jugements correctionnels, soit pour en poursuivre l'exécution, soit pour les transmettre au procureur général, ou au ministre, ou aux autorités à qui il est prescrit d'en donner connaissance, soit pour accompagner les condamnés transférés d'un lieu dans un autre, soit pour établir les antécédents judiciaires d'un individu poursuivi pour un nouveau délit, soit pour tout autre motif.

3169. La forme de ces extraits varie dans ces différentes circonstances. Quand ils sont destinés à accompagner les condamnés, ils doivent contenir les énonciations exigées par la loi; quand ils sont destinés à fournir de simples renseignements, on peut se borner aux indications indispensables; enfin, quand ils sont destinés au procureur général ou au ministre, il faut qu'ils contiennent textuellement les motifs et le dispositif du jugement : ce sont alors de véritables expéditions, moins la formule exécutoire.

3170. Le ministère public doit adresser au ministre de la justice, aussitôt qu'ils sont rendus, des extraits des jugements correctionnels portant condamnation :

1° Contre des militaires ou marins, soit en activité de service ou en disponibilité, soit en non-activité ou jouissant d'un traitement de réforme, comme on l'a vu au tome I, nᵒˢ 2133 et 2134 ;

2° Contre des membres de la Légion d'honneur, ainsi que nous l'avons dit au nᵒ 2135 ;

3° Contre des instituteurs primaires condamnés par des jugements civils ou correctionnels, comme il sera dit au tome III, chapitre *de l'Instruction publique* ;

4° Contre des imprimeurs ou libraires qui ont manqué aux devoirs de leur profession (Loi 21 oct. 1814, art. 12. — Circ. min. 6 déc. 1840, § 13).

3171. Nous renvoyons au chapitre *des États périodiques* tout ce qui concerne l'envoi des jugements correctionnels, qui doit être fait tous les quinze jours, par le procureur de chaque tribunal, au procureur général du ressort, en exécution de l'article 198 du Code d'instruction criminelle.

TITRE SIXIÈME.

Affaires d'assises.

CHAPITRE PREMIER. — CHAMBRE D'ACCUSATION.

SECTION PREMIÈRE. — ORGANISATION.

3172. Dans chaque Cour d'appel, une chambre spéciale, dite *chambre des mises en accusation*, ou, pour abréger, *chambre d'accusation*, est chargée de l'examen des affaires criminelles, et plus particulièrement de statuer sur les ordonnances de mise en prévention frappées on non d'opposition (C. inst. 218).

Cette chambre est composée de cinq membres *au moins*, y compris le président, qui est, en outre, attaché à l'une des chambres civiles dont il partage au besoin les travaux (Décr. 6 juill. 1810, art. 2. — Loi 3 juill. 1873).

3173. D'où il suit qu'elle peut siéger et juger avec un plus grand nombre de magistrats ; soit, par exemple, quand le premier président juge à propos de la présider, en vertu du droit qu'il a de présider toutes les chambres de la Cour ; soit quand il est investi, par la loi, des fonctions de juge d'instruction, et alors même qu'il les aurait déléguées à un magistrat d'un siége inférieur ; soit enfin quand un de ses membres, chargé des fonctions de commissaire dans une affaire dont il a connu, après en être sorti, par l'effet du roulement annuel, y revient pour entendre le rapport de cette affaire et concourir à l'arrêt (C. inst. 484. — Décr. 6 juill. 1810, art. 7. — Cass. 20 et 21 fév. 1824).

Mais, dans ce dernier cas, le conseiller commissaire est toujours censé faire partie de la chambre d'accusation pour l'affaire qu'il a instruite ; de sorte qu'il peut concourir à la décision avec la chambre entière, qui se trouve alors composée de six membres; ou qu'il la complète de droit, si elle n'a que quatre membres présents. Il y aurait même nullité de l'arrêt, si l'on appelait un conseiller d'une autre chambre, sous prétexte de la compléter dans cette dernière hypothèse (Cass. 18 mai 1839).

3174. Dans toute autre circonstance, en cas d'absence de l'un ou de quelques-uns des membres de la chambre d'accusation, il est pourvu à leur remplacement de la manière indiquée au tome Ier, no 421.

Tous les autres conseillers de la Cour indistinctement sont aptes à faire ce service, et un arrêt ne serait pas nul pour avoir été rendu par un seul membre titulaire de la chambre d'accusation et quatre remplaçants, alors même que les motifs du remplacement n'y seraient pas énoncés (Cass. 2 nov. 1821).

3175. Les membres de la chambre des appels de police correctionnelle, qui ont concouru à un arrêt par lequel cette chambre s'est déclarée incompétente, peuvent, après un arrêt de règlement de juges, qui a renvoyé l'affaire devant la chambre d'accusation, faire partie de cette chambre, soit comme titulaires, soit comme remplaçants, et statuer sur le renvoi de l'accusé aux assises (Arg. Rennes, 30 août 1856).

La raison de le décider ainsi se tire : 1° de ce que les magistrats qui ont concouru à une déclaration d'incompétence n'ont pas statué sur le fond de l'affaire, ni même sur la juridiction qui devait en connaître ; 2° de ce que, par la volonté de la loi, la chambre correctionnelle est quelquefois appelée à se réunir à la chambre d'accusation, ce qui implique le droit de juger, avec cette chambre, toutes les affaires qui lui sont soumises ; 3° enfin, de ce que la jurisprudence a plusieurs fois décidé que les magistrats, qui avaient connu d'une affaire devant la juridiction correctionnelle, pouvaient faire partie de la Cour d'assises où cette même affaire venait ensuite à être portée.

Du reste, un avocat ne peut être appelé à compléter la chambre d'accusation, à moins qu'il ne soit constaté que tous les conseillers appartenant aux autres chambres se trouvent légalement empêchés (Cass. 28 nov. 1811 et 5 nov. 1846).

3176. La chambre d'accusation est tenue de se réunir, sur la convocation de son président, et sur la demande du procureur général, aussi souvent que les besoins du service l'exigent, et au moins une fois par semaine (C. inst. 218. — Loi 17 juill. 1856).

Elle est toujours assistée du greffier en chef de la Cour ou de l'un de ses commis assermentés (Décr. 16 juill. 1810, art. 56 et 57).

Les fonctions du ministère public y sont remplies indistinctement par tous les membres du parquet de la Cour, et, plus habituellement, par les substituts du procureur général, comme on l'a
vu au tome Iᵉʳ, n° 357 (*Ibid.*, art. 45).

Les chambres d'accusation n'ont point de vacances, et les conseillers qui les composent sont soumis au roulement annuel comme
les autres. Voyez, à cet égard, au tome Iᵉʳ, les nᵒˢ 140, 333 et suivants.

3177. Lorsque le procureur général estime, qu'à raison de
la gravité d'une affaire, ou du grand nombre des prévenus, il
est convenable de soumettre le rapport à deux chambres réunies
de la même Cour, il peut inviter, après s'être concerté avec le
premier président, la chambre correctionnelle à se réunir à la
chambre d'accusation (Décr. 6 juill. 1810, art. 3. — Cass. 4 mars
1831).

L'obligation, pour le procureur général, de se concerter, dans
ce cas, avec le premier président, n'implique pas, pour ce dernier,
le droit de s'opposer à la réunion des deux chambres, mais a seulement pour objet de faire disparaître les difficultés que cette réunion pourrait apporter aux besoins du service, et à l'expédition
des autres affaires (Faustin Hélie, *Encycl. du droit*, vᵒ *Chambres
d'accusat.*, n° 7).

SECTION II. — ATTRIBUTIONS.

SOMMAIRE.

3178. Les chambres d'accusation n'ont pas à examiner s'il y
a des preuves de culpabilité, mais seulement s'il y a des charges
ou indices suffisants pour une mise en accusation. Elles excèdent
leur compétence et méconnaissent leurs attributions, si elles refusent de prononcer le renvoi d'un inculpé devant le tribunal compétent, sous prétexte qu'il ne résulte pas de la procédure des
éléments suffisants de *condamnation* (Cass. 17 nov. 1826).

D'un autre côté, ces chambres n'ont pas à déclarer les faits constants; elles doivent se borner à statuer sur la prévention, et à
saisir la juridiction compétente (Cass. 7 juill. 1827).

Elles ne peuvent pas non plus, sans excès de pouvoir, statuer sur l'identité d'un condamné évadé et repris : ce pouvoir n'appartient qu'au tribunal qui a prononcé la condamnation (Cass. 20 oct. 1826).

3179. Les chambres d'accusation peuvent prononcer sur les exceptions tirées de la prescription, ou de la nécessité de la légitime défense, ou de cas de force majeure, ou de la démence des prévenus, qui font disparaître le délit, comme on l'a vu ci-dessus au tome I, n° 1987 (Cass. 8 nov. 1811, 27 mars 1818 et 8 janv. 1819).

Et sur les circonstances constitutives de la tentative criminelle, que nous avons indiquées ci-dessus, nos 1944 et suivants (Cass. 29 avril 1824).

En un mot, elles sont investies du droit d'apprécier les circonstances qui peuvent dépouiller le fait imputé au prévenu de tout caractère de criminalité (Cass. 17 fév. 1838).

3180. Elles ne peuvent apprécier les preuves de culpabilité, ni les faits d'excuse (Cass. 25 fév. 1813, 30 avril 1829 et 21 juill. 1832).

Notamment si les blessures faites en duel sont excusables (Cass. 16 nov. 1848).

Elles doivent s'expliquer catégoriquement sur l'existence ou la non-existence des faits, et sur la qualification qui doit leur être attribuée (Cass. 20 oct. 1838).

Elles ne peuvent mettre en liberté un individu qui a été frappé d'un mandat d'arrêt ou de dépôt par le juge d'instruction, que lorsqu'elles le renvoient hors de poursuite, ou en simple police (Cass. 3 nov. 1832 et 28 avril 1836).

3181. Au surplus, elles ne doivent pas se borner à déclarer qu'un fait a le caractère d'un délit, et qu'il existe des indices de culpabilité; elles doivent, à peine de nullité, prononcer le renvoi devant la juridiction compétente, et indiquer le tribunal qui devra connaître de l'affaire (Cass. 10 avril 1823 et 22 mars 1839).

Dans le doute, elles doivent se décider, de préférence, pour la juridiction inférieure, comme devant naturellement appliquer une peine moindre. On peut cependant observer, sur cette règle, que le renvoi devant la juridiction criminelle est peut-être préférable au renvoi devant la juridiction correctionnelle, parce que la première est investie d'une plénitude d'attributions qui lui permet de prononcer toute sorte de peines, tandis que la seconde doit se restreindre à la connaissance des délits qui lui sont nominativement attribués par la loi, et qu'elle est tenue de se déclarer incompétente quand la peine excède ses attributions.

Mais, si les chambres d'accusation se déclarent elles-mêmes incompétentes, elles ne doivent prononcer aucun renvoi (Cass. 4 août 1827).

3182. Remarquons que les ordonnances définitives du juge d'instruction et les arrêts des chambres d'accusation sont simplement indicatifs, mais non pas attributifs de juridiction; de telle sorte que le tribunal correctionnel saisi n'est pas lié par l'arrêt ou l'ordonnance, et peut encore se déclarer incompétent (Cass. 26 août 1817 et 3 juin 1825).

3183. Les chambres d'accusation peuvent ordonner, soit la continuation des poursuites, soit des informations nouvelles, et l'apport des pièces servant à conviction (C. inst. 228).

Quand il y a lieu à une information supplémentaire, elle ne peut plus être faite d'office par le juge d'instruction, une fois qu'il s'est dessaisi. Il a besoin, pour cela, d'une délégation formelle de la chambre d'accusation (Cass. 5 sep. 1833).

L'information est faite par un magistrat de cette chambre, ou par les juges précédemment saisis et délégués à cet effet.

L'arrêt est alors transmis, par le procureur général, au procureur de l'arrondissement, qui en surveille et en assure l'exécution.

Les chambres d'accusation ne peuvent pas ordonner que la nouvelle instruction aura lieu dans un autre tribunal, ou devant une autre chambre du même tribunal (Cass. 10 avril 1829).

Enfin, il appartient à la chambre d'accusation de compléter la prévention, en y comprenant des circonstances aggravantes que le juge d'instruction aurait omises, lors même que le ministère public n'aurait pas pris de conclusions à cet égard (Cass. 7 fév., 21 mai 1835 et 17 sept. 1836).

3184. Du reste, la chambre d'accusation, étant régulièrement saisie de tous les faits qui ont motivé les poursuites, peut rejeter la qualification donnée à ces faits par le ministère public, et en substituer une nouvelle, ou prendre même une circonstance du fait principal pour en faire la base unique de la prévention. Par exemple, dans une inculpation de vol avec violence, écarter le vol et retenir la violence, comme constituant le crime ou le délit prévu par l'art. 309 ou par l'art. 311 du Code pénal.

Plus particulièrement, l'examen de la chambre d'accusation doit embrasser tous les faits révélés par l'instruction, pour régulariser et compléter, soit d'office, soit sur les conclusions du ministère public, la qualification légale qu'ils ont reçue, et elle ne peut refuser de faire droit aux réquisitions du procureur général, quand elles tendent à ce qu'il soit statué sur un nouveau chef d'inculpation, lors même qu'il ne serait pas connexe aux faits poursuivis (Cass. 23 janv. 1845).

3185. Cette jurisprudence est aujourd'hui consacrée et généralisée par la loi en ces termes : Dans tous les cas, et quelle que soit l'ordonnance du juge d'instruction, la Cour sera tenue, sur les réquisitions du procureur général, de statuer, à l'égard de chacun des prévenus renvoyés devant elle, sur tous les chefs de crimes, de délits ou de contraventions résultant de la procédure (C. inst. 231, § 2. — Loi 17 juill. 1856).

Remarquez, au surplus, que la Cour ne pourrait pas statuer, d'office, sur un fait qui ne serait compris, ni dans l'ordonnance, ni dans les réquisitions du procureur général, parce qu'elle ne s'en trouverait pas saisie ; sauf à ordonner, au préalable, un supplément d'information, si elle le jugeait nécessaire (C. inst. 228. — Arg. Cass. 18 janv. 1854).

3186. Si une chambre d'accusation déclare qu'un fait ne constitue ni crime, ni délit, ni contravention, elle ne peut pas examiner s'il constitue une infraction disciplinaire, ni enjoindre au ministère public de la poursuivre (Cass. 8 oct. 1829).

Elle ne peut prononcer aucune peine ; et, si des mémoires produits devant elle lui paraissent criminels, elle ne peut que les dénoncer au ministère public (Cass. 7 déc. 1821).

Elle ne peut, non plus, prononcer de dommages-intérêts que contre la partie civile qui aurait succombé dans son opposition (C. inst. 136. — Bourguignon, *Cod. crim.*, I, 312).

Enfin, après avoir déclaré qu'il n'y a pas lieu à accusation contre un prévenu, la Cour ne peut, sous aucun prétexte, refuser d'ordonner la remise des objets et des pièces saisis à son domicile (Cass. 31 mai 1838 et 5 avril 1839).

3187. Ajoutons cependant qu'en matière de faux en écriture, l'appréciation des faits matériels et de l'intention qui les a inspirés est abandonnée souverainement à la conscience des magistrats de la chambre d'accusation (Cass. 3 juill. 1849) ;

Ainsi que l'appréciation du caractère intentionnel du fait, quand il s'agit d'une inculpation de vol (Cass. 26 juin 1846).

3188. Un inconnu ne peut pas être mis en accusation ni en prévention : car le prévenu doit être *dénommé* et clairement désigné dans l'ordonnance de la chambre d'instruction et dans l'acte d'accusation (C. inst. 241, § 2. — Cass. 7 janv. et 10 déc. 1825).

Quand il a été informé contre un *quidam*, la chambre d'accusation doit, après les investigations, demeurées inutiles, des officiers de police et de la gendarmerie, déclarer, sur les conclusions conformes du ministère public, qu'il n'y a lieu à suivre en l'état, et ordonner le dépôt de la procédure au greffe, pour les poursuites être reprises en cas de survenance de nouvelles charges, comme nous l'avons dit aux nos 2813 et suivants (Legraverend, I, 392).

Ce dépôt doit aussi être prescrit toutes les fois que des ordonnances ou arrêts de non-lieu, faute de charges, viennent arrêter ou suspendre les poursuites.

Du reste, on ne peut pas regarder comme un *quidam* l'individu qui a été connu dans le lieu de sa dernière résidence sous un nom déterminé, et comme exerçant une profession particulière, lors même que ce nom ne serait pas le sien, ni cette profession sa profession habituelle. Ce n'est pas là un individu dont l'existence soit incertaine ou problématique.

3189. La chambre d'accusation peut ordonner, même d'office, la jonction de deux affaires concernant les mêmes prévenus, ou liées par une connexité intime et évidente (C. inst. 226);

Et elle est juge souveraine des motifs qui peuvent donner lieu à cette mesure, dans l'intérêt de la bonne administration de la justice (Cass. 24 déc. 1836 et 3 avril 1847).

SECTION III. — RAPPORTS.

SOMMAIRE.

3190. Dans les cinq jours de la réception, au parquet de la Cour, de chaque procédure criminelle, il en est fait rapport, verbalement et à huis clos, à la chambre d'accusation, par un membre du parquet qui lui donne ou lui fait donner lecture, par le greffier, des pièces essentielles, et qui dépose sur le bureau, avec le dossier complet, un réquisitoire écrit et motivé ; après quoi il se retire, ainsi que le greffier, pendant la délibération de la Cour (C. inst. 217, 222 et 224).

Ce réquisitoire doit préciser avec soin les différents chefs de prévention qui résultent de la procédure, la nature du crime, l'époque où il a été commis, les différentes circonstances qui peuvent aggraver ou atténuer la culpabilité, la qualification légale que les faits doivent recevoir, et les motifs d'annulation ou de confirmation de l'ordonnance rendue par le premier juge (Décis. min. 12 fév. 1828).

Dans la pratique, ces réquisitoires sont beaucoup trop sommaires, on s'y attache seulement à bien préciser la qualification légale des faits.

3191. Si le prévenu a adressé un mémoire justificatif, soit au ministère public, soit au président de la chambre, il en est donné lecture, après communication faite au procureur général, si c'est le président qui l'a reçu, comme on l'a dit au n° 2785.

3192. Après le rapport, les magistrats délibèrent entre eux sans désemparer, et sans communiquer avec personne. Ils sont tenus de prononcer immédiatement, et, au plus tard, dans les trois jours du rapport du ministère public (C. inst. 219 et 225. — Loi 17 juill. 1856).

Ces dernières obligations doivent s'entendre en ce sens que les juges ne sont pas tenus d'entrer en délibération aussitôt après le rapport, mais que, le délibéré une fois commencé, ils ne doivent pas l'interrompre pour passer à l'examen d'une autre affaire, ni en communiquer à personne les résultats actuels ou probables, car ce serait violer le secret des délibérations (Carnot, II, 212, n° 2).

3193. Si la Cour n'aperçoit aucune trace d'un délit prévu par la loi, ou si elle ne trouve pas des indices suffisants de culpabilité, elle ordonne la mise en liberté du prévenu, ce qui est exécuté sur-le-champ, s'il n'est retenu pour autre cause (C. inst. 229, §1. — Loi 17 juill. 1856).

A cet effet, un extrait de l'arrêt est immédiatement remis au parquet du procureur général, par les soins du greffier, et ce magistrat le transmet, sans aucun délai, au ministère public de l'arrondissement où l'affaire a été instruite, en le chargeant de pourvoir lui-même à l'élargissement du prévenu et de lui en rendre compte.

Dans le même cas, et lorsque la Cour, statuant sur une opposition à la mise en liberté du prévenu, prononcée par le juge d'instruction, confirme l'ordonnance de ce magistrat, il est également procédé comme il vient d'être dit (C. inst. 229, § 2. — Loi 17 juill. 1856).

Les arrêts de non-lieu ne pouvant jamais être l'objet d'un pourvoi en cassation formé par la partie civile, doivent être pleinement exécutés, si le ministère public ne les attaque pas (Cass. 28 juin 1822).

3194. Si la Cour estime que le prévenu doit être renvoyé à un tribunal de simple police ou de police correctionnelle, elle prononce le renvoi devant le tribunal compétent. Quand elle renvoie le prévenu à un tribunal de simple police, elle ordonne, en même temps, qu'il sera mis en liberté, ce qui est exécuté comme il vient d'être dit au numéro précédent (C. inst. 230.—Loi 17 juill. 1856).

Une chambre d'accusation qui réforme une ordonnance de non-lieu, et renvoie le prévenu en police correctionnelle, peut désigner n'importe quel tribunal de son ressort (Cass. 4 avril 1856).

Enfin, si le fait est qualifié crime par la loi, et que la Cour trouve des charges suffisantes pour motiver une mise en accusation, elle ordonne le renvoi du prévenu aux assises (C. inst. 231, §1. — Loi 17 juill. 1856).

3195. Lorsque la Cour prononce une mise en accusation, c'est-à-dire quand le fait poursuivi est de nature à être puni d'une peine afflictive ou infamante, la chambre d'accusation décerne une ordonnance de prise de corps contre le prévenu (C. inst. 233, § 1. —Loi 17 juill. 1856).

Cette ordonnance contient les nom, prénoms, âge, lieu de naissance, profession et domicile de l'accusé, et, à peine de nullité, l'exposé sommaire et la qualification légale du fait objet de l'accusation. Elle est insérée textuellement dans l'arrêt de mise en accusation, où doit se trouver aussi l'ordre de conduire l'accusé dans la maison de justice établie près de la Cour d'assises où il est renvoyé (C. inst. 232, § 2, et 233. — Loi 17 juill. 1856).

Le signalement du prévenu n'est plus nécessaire, ni dans l'ordonnance finale du juge d'instruction, ni dans l'arrêt de la Cour. Quant à l'exposé du fait, il faut se conformer à ce qui a été dit au n° 2774, § 2.

3196. Dans tous les cas, le réquisitoire n'a pas besoin d'être inséré *in extenso* dans l'arrêt; il suffit d'en copier le dispositif, quand il est adopté, et de le joindre en minute à la procédure (Décis. min. 30 août 1827).

Mais la chambre est tenue de statuer sur tous les chefs des conclusions du ministère public, et à l'égard de chacun des prévenus renvoyés devant elle, sur tous les chefs de crimes, délits ou contraventions résultant des pièces du procès, lors même qu'ils ne se trouveraient pas portés ou qualifiés dans l'ordonnance de mise en prévention, ou qu'ils seraient protégés par une ordonnance de non-lieu non frappée d'opposition (Cass. 23 janv. 1843 et 8 mars 1851).

3197. C'est donc, pour la Cour, un devoir de purger la procédure tout entière, qui est indivisible (C. inst. 231, § 2. — Loi 17 juill. 1856. — Circ. min. 23 juill. 1856, § 5).

Ce n'est que dans le cas où le juge d'instruction aurait renvoyé complétement des poursuites un des individus impliqués dans la procédure, que la Cour, *non saisie quant à cet inculpé*, serait dans l'impossibilité de réformer la décision du premier juge; mais il suffirait alors au procureur général d'user de son droit d'opposition pour rétablir les choses dans leur entier devant la Cour (Circ. min. 23 juill. 1856, § 5).

3198. En renvoyant un prévenu aux assises, il faut qu'elle déclare expressément qu'il existe des charges ou indices suffisants contre lui. Elle ne pourrait motiver son arrêt sur de légers indices (Cass. 13 nov. 1855).

Quand elle est saisie par un arrêt de renvoi de la Cour de cassation, elle ne peut renvoyer l'affaire à une Cour d'assises siégeant hors de son ressort (Cass. 27 juin 1845).

Du reste, son arrêt définitif une fois rendu, sa juridiction est épuisée, et elle ne pourrait plus en réparer les erreurs ou les omissions (Cass. 3 mars 1853).

En cas de partage, l'avis favorable à l'accusé prévaut. Car cette règle que nous avons déjà rappelée au tome I, n° 513, s'applique aux arrêts d'instruction comme aux arrêts définitifs (Cass. 27 juin 1811 et 5 mars 1813).

3199. Dans quelques siéges, quand la décision de la Cour est arrêtée, le ministère public et le greffier sont rappelés, et il leur est donné lecture par le président de l'arrêt de la Cour. C'est, croyons-nous, la meilleure manière de porter l'arrêt sans retard à la connaissance du procureur général, et de faire courir le délai qui lui est accordé pour se pourvoir.

Quant à l'accusé, l'arrêt doit lui être notifié par huissier, à peine de nullité (C. inst. 242. — Cass. 16 mars 1848);

Et la notification doit être faite en parlant à sa personne; la remise de la copie au concierge de la maison d'arrêt entraînerait nullité (Cass. 7 juin 1855).

3200. Pour avoir sous les yeux, jour par jour, les travaux de la chambre d'accusation, le procureur général peut se faire remettre, après chaque audience, un bulletin des affaires qui y ont été portées.

Dans tous les cas, il est du devoir du président de la chambre d'accusation de donner avis, au procureur général ou au magistrat du parquet qui a fait le rapport, des dispositions de l'arrêt aussitôt qu'il est délibéré, pour qu'il soit exécuté sans retard (Cass. 30 juin 1827).

3201. En effet, ou la chambre d'accusation ordonne la mise en liberté du prévenu, ou son renvoi en police correctionnelle, ou sa mise en accusation.

1° Quand la chambre d'accusation a ordonné le renvoi hors de poursuite, ou la mise en liberté du prévenu, ou, ce qui est la même chose, sa mise en prévention pour un délit qui n'entraîne pas d'emprisonnement, un extrait de l'arrêt est transmis, par le procureur général, au procureur de l'arrondissement où l'affaire s'est instruite, qui pourvoit sur-le-champ à son exécution (C. inst. 229).

2° Si le prévenu est renvoyé en état de détention devant un autre tribunal correctionnel, ce magistrat, à la réception de l'arrêt, requiert sa translation, par la force publique, devant le procureur du lieu désigné (*Ibid.*, 230).

3° Enfin, si le prévenu est mis en accusation, une expédition de l'arrêt de renvoi à la Cour d'assises et l'original de l'acte d'accusation sont transmis, par le procureur général, au ministère public près le tribunal où la procédure a été instruite, afin qu'ils soient notifiés à l'accusé par les soins de ce magistrat (*Ibid.*, 242. — Circ. min. 26 août 1811).

3202. L'exécution des arrêts de la chambre d'accusation appartient au procureur général. Elle consiste à faire notifier l'arrêt à l'accusé, à faire transférer celui-ci dans la maison de justice, s'il est renvoyé aux assises, ou bien à le faire conduire au lieu où il doit être jugé, s'il est renvoyé en police correctionnelle, ou enfin à le faire mettre en liberté, si la Cour l'a ainsi ordonné.

Dans ces deux derniers cas, les ordres d'exécution sont transmis au ministère public de l'arrondissement où l'inculpé est détenu, qui est chargé d'y pourvoir et d'en informer le procureur général.

3203. Il n'y a pas lieu de délivrer des extraits ou expéditions des arrêts de la chambre d'accusation, ordonnant la mise en liberté des prévenus ou leur envoi en police correctionnelle, ou l'apport des pièces de conviction au greffe de la Cour (Inst. min. 14 mars 1814, § 5).

SECTION IV. — ACTE D'ACCUSATION.

SOMMAIRE.

3204. Dans le cas de renvoi aux assises, le procureur général rédige, ou fait rédiger par un membre de son parquet, un acte d'accusation qui résume fidèlement tous les faits appris dans la procédure écrite, et se termine par la qualification légale de ces faits, telle qu'elle résulte du dispositif de l'arrêt de renvoi.

3205. L'acte d'accusation est toujours signé par le procureur général lui-même ou par l'avocat général qui dirige le parquet en son absence, lors même qu'il a été rédigé par un autre avocat général ou par un substitut (Décis. min. 4 déc. 1827).

Car le procureur général est responsable, et c'est avec raison que la loi a exigé sa garantie personnelle pour cette pièce importante de la procédure, qui qualifie les faits, choisit et précise les charges, trace le plan de l'accusation, et doit enfin être mise sous les yeux des jurés pour diriger leur délibération (Décis. min. 9 avril 1825).

3206. Les actes d'accusation ne doivent jamais être expédiés, ils sont transmis et notifiés en minute (Décr. 18 juin 1811, art. 59. — Instr. gén. 30 sept. 1826, n° LI. — Décis. min. 6 oct. 1824, 9 mars et 9 avril 1832).

Il n'est pas prescrit de notifier à un accusé l'arrêt et l'acte d'accusation relatifs à un coaccusé dont la cause a été jointe à la sienne depuis la mise en accusation (Cass. 28 nov. 1844).

3207. En général, les arrêts de mise en accusation ne doivent être expédiés que lorsqu'ils sont attaqués pour cause de nullité, ou lorsqu'ils doivent être signifiés hors du siége de la Cour d'appel (Circ. min. 30 déc. 1812, § 7).

Quand l'affaire doit être jugée dans le lieu où siége la Cour d'appel, cette notification doit être faite sur la minute même de l'arrêt et de l'acte d'accusation, sans qu'il soit besoin d'en prendre expédition (Décr. 18 juin 1811, art. 70.—Circ. min. 30 déc. 1812, 4° et 6°. — Décis. min. 6 oct. 1824).

3208. Ailleurs, et à la réception de ces pièces, le ministère public les remet à un huissier, qui en fait, à la suite l'une de l'autre, une copie correcte et lisible qu'il soumet au visa du parquet, pour constater le nombre de rôles qu'elle contient, car il est dû un droit de copie pour la signification de ces actes, ainsi qu'il sera dit au tome III, chapitre des *Frais de justice criminelle* (Instr. gén. 30 sept. 1826, n° LXIV).

L'huissier remet ensuite cette copie à l'accusé, avec copie de l'exploit de notification, dont l'original peut être porté au pied de l'acte d'accusation, si l'espace le permet; mais alors cet acte doit, au préalable, être visé pour timbre, puisque l'exploit doit être enregistré (Loi 13 brum. an VII, art. 12 et 25. — Loi 22 frim. an VII, art. 68, § 1, n° 48).

Du reste, l'arrêt et l'acte d'accusation doivent être signifiés par un seul et même exploit (C. inst. 242. — Inst. min. 7 juin 1814, II, 9°).

3209. Il y a nullité de la notification de l'arrêt et de l'acte d'accusation si elle renferme, dans la partie relative à la désignation de l'accusé, des ratures et des surcharges non approuvées ; et l'huissier qui a fait la notification est responsable de la nullité (Cass. 18 juin 1846) ;

Mais l'accusé ne peut se plaindre des ratures et surcharges non approuvées, si ces ratures et surcharges ne portent que sur des mots qui ne sont pas essentiels à la validité de l'acte (Cass. 9 oct. 1846).

3210. Lorsque l'accusé est absent ou fugitif, la copie est remise à ses parents ou voisins, ou, au maire de la commune qui vise l'original de l'exploit, comme nous l'avons dit, pour tous les exploits en général, au tome 1er, n° 1668.

Lorsque le domicile de l'accusé est inconnu, la notification de l'arrêt et de l'acte d'accusation peut être valablement faite, par affiche de la copie, à la principale porte de l'auditoire de la Cour d'assises, la copie reçue et l'original visé par le procureur de l'arrondissement (Proc. civ., 69, 8°.—Cass. 8 avril 1826 et 12 fév. 1848).

Cette forme doit même être suivie, à peine de nullité (Cass. 16 oct. 1845 et 7 juill. 1847).

Et l'omission seule de l'affiche entraînerait aussi la nullité de la signification (Cass. 14 sept. 1855).

3211. Si l'accusé fugitif et majeur est un domestique, cette signification peut lui être faite au domicile ou à la personne de son dernier maître ; c'est là qu'est son dernier domicile *connu*, et cela suffit, sans qu'il soit besoin de distinguer s'il en avait un ou non avant d'entrer au service : car le maître est, par rapport à ses serviteurs, en ce qui concerne la validité de la remise des exploits, ce que ses serviteurs sont par rapport à lui. La copie peut donc lui être valablement laissée, conformément à l'art. 68 du Code de procédure civile, et il n'y a lieu de recourir aux formalités de l'article 69, § 8, que lorsque l'accusé n'a *aucun domicile connu* en France (Arg. Bordeaux, 8 avril 1829).

Si le domestique fugitif est mineur, la notification doit être faite au domicile de ses père et mère ou tuteur (Duranton, I, n° 374. — Dalloz jeune, v° *Domicile*, n° 56).

Voyez, pour quelques circonstances analogues, Dalloz jeune, v° *Exploit*, n°ˢ 311 et suivants.

Dans tous les cas, cette signification est faite à la requête du procureur général, et l'exploit en fait mention.

3212. Chaque accusé, dans la même affaire, doit recevoir une copie de l'arrêt et de l'acte d'accusation ; tout usage contraire serait un moyen évident de cassation, parce qu'il compromettrait les intérêts des accusés.

3213. De plus, le procureur général est tenu de donner officiellement avis de l'arrêt de renvoi en Cour d'assises, tant au maire du domicile de l'accusé, s'il est connu, qu'à celui du lieu où le crime a été commis (C. inst. 245. — Décis. min. 6 août 1829). – Appendice, n° 42.

3214. Si, par l'effet de quelque circonstance particulière, l'accusé est demeuré libre jusqu'à ce moment, il doit être mis en arrestation en vertu de l'ordonnance de prise de corps, et conduit directement dans la maison de justice assez tôt pour qu'il s'écoule cinq jours francs entre son interrogatoire par le président et sa comparution aux débats.

Si le prévenu fugitif est arrêté après l'ordonnance de prise de corps, il ne peut plus être interrogé par le juge d'instruction, qui est dessaisi, mais il doit l'être par un membre de la chambre d'accusation commis à cet effet, ou par tel magistrat qu'il plaît au conseiller commis de déléguer. Nonobstant les termes de l'article 257 du Code d'instruction criminelle et l'opinion de Carnot, tome II, 262, n° 2, le droit d'interroger peut, dans tous les cas, être l'objet d'une délégation, surtout, ce qui arrive le plus ordinairement, quand le prévenu n'a pas été arrêté dans l'arrondissement où siége la Cour d'appel.

3215. Les pièces signifiées sont transmises immédiatement au ministère public près la Cour d'assises qui doit prononcer, quand il n'a pas eu lui-même à pourvoir à cette notification.

D'un autre côté, en même temps que l'arrêt et l'acte d'accusation ont été envoyés au parquet du tribunal d'instruction, toutes les autres pièces de la procédure ont été adressées, par le procureur général, au parquet de la Cour d'assises (C. inst. 272 et 291).

Les magistrats du premier de ces siéges n'ont plus à s'occuper de la procédure que pour concourir à la publication des ordonnances de contumace, et à la notification des cédules aux témoins appelés aux débats, comme nous le verrons plus loin.

SECTION V. — TRANSLATION.

3216. Dans les vingt-quatre heures qui suivent cette signifi-cation, l'accusé détenu est transféré de la maison d'arrêt dans la maison de justice établie près de la Cour d'assises (C. inst. 243.— Rennes, 18 avril 1853).

Les pièces de conviction sont, en même temps, envoyées au greffe de cette Cour, et le ministère public ne doit jamais négliger cet envoi (*Ibid.*, 291, § 2.—Décis. Rennes, 25 sept. 1827).

Il peut aussi ordonner, s'il y a nécessité, la translation du pré-venu dans la maison de justice, même avant la signification de l'arrêt de renvoi, sans qu'il y ait pour cela violation de l'art. 243 du Code d'instruction criminelle (Cass. 8 janv. 1826).

3217. Pour faire opérer la translation, le ministère public donne par écrit, à la gendarmerie, un réquisitoire qui peut être conforme au modèle n° 43 de l'Appendice. Il y joint :

1° Un ordre au concierge de la maison d'arrêt de remettre l'accusé aux gendarmes chargés de sa translation. — Appendice, n° 44 ;

2° Un ordre à un huissier d'assister à la radiation de l'écrou (Instr. gén. 30 sept. 1826, n° LXV. — Circ. min. 18 avril 1843). — Appendice, n° 45 ;

3° Un ordre au greffier du tribunal de donner à la gendarmerie, sur son récépissé, les pièces de conviction, s'il en existe, et si leur poids, ou leur volume, peut permettre aux gendarmes de l'escorte de les transporter eux-mêmes, comme nous l'avons indiqué ci-dessus, n° 2370, § 2. — Appendice, n° 46.

De cette manière, la gendarmerie, ayant entre les mains toutes les pièces qui lui sont nécessaires, demeure seule responsable de l'exécution du réquisitoire.

3218. Toutes ces diligences et le départ de l'accusé pour la maison de justice doivent avoir lieu dans les vingt-quatre heures de la signification dont nous venons de parler au n° 1361. Il faut le dire, il y a impossibilité absolue à ce que cette disposition soit ponctuellement exécutée : aussi, comme elle n'est pas accompa-gnée d'une sanction pénale, le délai légal est-il presque toujours dépassé dans la pratique. On s'est même décidé, pour ne pas obliger la gendarmerie à des escortes trop fréquentes, à attendre les jours ordinaires de correspondance pour faire opérer les translations. Il n'est pas besoin de remarquer que le ministère public n'a pas à s'occuper de ces retards, s'ils ne préjudicient en rien au bien du service; mais il doit toujours requérir que la translation ait lieu dans les vingt-quatre heures, pour ne pas être responsable des inconvénients qui pourraient naître d'un plus long délai (Circ. Rennes, 12 mai 1849).

Du reste, la translation a lieu de la manière que nous avons indiquée aux nos 2378 et suivants.

3219. Si la maison d'arrêt où se trouve l'accusé est à la fois maison d'arrêt et maison de justice, le gardien chef le fait passer du quartier des prévenus dans celui des accusés, et transporte son écrou du registre de la maison d'arrêt sur celui de la maison de justice (Arrêté min. int. 30 oct. 1841, art. 14).

SECTION VI. — DEMANDE EN NULLITÉ.

SOMMAIRE.

3220. A l'arrivée de l'accusé dans la maison de justice, il est interrogé par le président des assises, ou par un autre conseiller du chef-lieu de la Cour d'appel, et partout ailleurs, par un des juges du tribunal, qui n'a même pas besoin de délégation écrite à cet effet (C. inst. 266, 1°, et 293).

Le juge qui a procédé à l'instruction d'une affaire criminelle n'en peut pas moins être délégué par le président de la Cour d'assises (Cass. 17 juin 1853).

3221. Le magistrat qui procède à l'interrogatoire avertit aussi l'accusé que, s'il croit devoir demander la nullité de l'arrêt de renvoi, il doit faire sa déclaration de pourvoi en cassation dans les cinq jours suivants; et que, passé ce délai, il sera déchu de son droit (*Ibid.*, 296).

Cet interrogatoire ne peut être retardé sous aucun prétexte; et, puisque la loi a toujours en vue de supprimer des retards fâcheux, il convient que les magistrats n'en apportent aucun dans l'accomplissement de leur devoir (Loi 10 juin 1853. — Circ. Rennes, 2 sept. 1853).

3222. Il doit avoir lieu dans les vingt-quatre heures de l'arrivée de l'accusé dans la maison de justice, afin qu'il soit interpellé sur le choix d'un défenseur, et qu'il soit averti qu'il n'a qu'un délai de cinq jours pour former un pourvoi suspensif contre l'arrêt de la chambre d'accusation, qui le renvoie aux assises ; et, que ce délai expiré, ses griefs contre cet arrêt ne pourront être examinés qu'après l'arrêt définitif de la Cour d'assises (Circ. min. 26 août 1853).

Du reste, il n'est pas nécessaire que l'accusé, qui a été interrogé avant les débats, soit, en cas de cassation de l'arrêt qui le condamne, soumis à un second interrogatoire avant de comparaître devant la Cour de renvoi (Cass. 27 janv. 1848).

3223. Ainsi, les accusés peuvent se pourvoir en cassation, pour cause de nullité, contre l'arrêt qui les renvoie en Cour d'assises, et leur déclaration, à cet égard, doit être passée au greffe, dans les cinq jours qui suivent l'interpellation qui leur en est faite par le président de cette Cour, ou par le juge qui le remplace (C. inst. 296).

Le jour de l'interpellation ou de l'interrogatoire n'est pas compris dans le délai, mais celui de l'échéance en fait partie (Rogron, sur l'art. 296).

Leur silence sur cette interpellation n'équivaut pas à un acquiescement. Il faudrait une déclaration formelle de leur part (Cass. 31 juill. 1845).

La voie du recours en cassation est ouverte même contre les arrêts qui renvoient le prévenu en police correctionnelle (Cass. 17 août 1839).

3224. Le procureur général peut aussi se pourvoir contre les arrêts de la chambre d'accusation ; mais il n'a que trois jours francs pour en faire la déclaration au greffe, lorsque son pourvoi n'est fondé sur aucun des motifs particuliers exprimés dans l'art. 299 du Code d'instruction criminelle (Cass. 18 déc. 1834).

Ces motifs sont : 1° l'incompétence ; 2° l'absence d'une qualification de crime par la loi ; 3° l'omission des conclusions du ministère public ; 4° un nombre de juges inférieur à celui que la loi a fixé (Loi 10 juin 1853).

Mais cette énumération n'est pas limitative, et toutes les fois que les arrêts de la chambre d'accusation renferment quelque disposition pouvant constituer une violation de la loi et porter grief,

soit à l'action publique, soit à la défense, ils sont soumis au recours des parties (Cass. 28 déc. 1854 et 12 sept. 1856).

3225. Le procureur général et l'accusé ont seuls le droit de
se pourvoir en cassation contre l'arrêt de la chambre d'accusation
(Cass. 25 mai 1832).

Ce droit n'appartient pas à la partie civile, lorsque d'ailleurs
l'arrêt de non-lieu ne prononce, contre elle, aucune autre réparation civile qu'une simple condamnation aux dépens (Cass. 17 août
1849) ;

Ni à l'accusé qui est en état de contumace, s'il ne s'est pas mis,
au préalable, en état de détention (Cass. 23 avril, 23 mai 1846,
11 nov. 1847 et 28 juin 1856).

3226. Le délai pour se pourvoir contre les arrêts n'est que de
trois jours, s'il est fondé sur un moyen d'incompétence (Cass.
22 janv. 1819 et 4 déc. 1823).

Et de cinq jours sur tout autre moyen (C. inst. 296).

3227. Il ne court, contre le prévenu et la partie civile, que
du jour où il leur a été donné une connaissance légale de l'arrêt,
par la signification qui leur en est faite (Cass. 10 déc. 1847);

Ni contre l'accusé, que du jour où il a été averti de son droit
par le président de la Cour d'assises, ou par le juge qui le remplace (C. inst. 296 et 298).

La translation des accusés dans la maison de justice doit donc
avoir lieu sans retard pour éviter des renvois à une autre session,
ou la privation, pour les accusés, de leur droit de pourvoi (Circ.
min. 16 août 1842, § 24).

3228. Quant au procureur général, le délai n'est que de trois
jours contre les arrêts de non-lieu (C. inst. 373. — Cass. 13 janv.
1832).

Mais il serait de cinq jours, comme pour l'accusé, en cas de renvoi en police correctionnelle ou aux assises (C. inst. 296).

Dans aucun cas, on ne pourrait invoquer, contre lui, le délai de
vingt-quatre heures, imparti par l'art. 374 du même Code, qui
n'est jamais applicable aux arrêts de la chambre d'accusation
(Cass. 13 mars 1850).

3229. Si le président des assises, au lieu d'avertir l'accusé
qu'il devait se pourvoir contre l'arrêt *dans les cinq jours*, lui a
annoncé *qu'il avait cinq jours pour se pourvoir*, comme cela doit
s'entendre de cinq jours francs, la déclaration faite le sixième jour
est recevable (Cass. 21 juin 1849).

Il n'y aurait pas nullité, lors même que la notification de l'arrêt de renvoi serait postérieure à l'interrogatoire, si d'ailleurs le délai de cinq jours avait été observé (Cass. 17 avril 1846).

3230. Du reste, le délai ne court pas tant que l'arrêt de mise en accusation n'a pas été notifié. La signification de l'acte d'accusation seul ne suffirait pas pour le faire courir (Cass. 5 et 14 mars 1846).

Toutefois, l'omission de la signification de l'arrêt de renvoi aux assises et de l'acte d'accusation n'emporte pas nullité, lorsqu'il a été donné lecture de ces pièces à l'accusé, avant son interrogatoire par le président (Cass. 28 déc. 1838).

Mais si, cette lecture n'ayant pas eu lieu, l'arrêt et l'acte d'accusation ne lui ont été notifiés qu'après son interrogatoire, le délai du pourvoi ne court contre lui qu'à partir du jour de la notification (Cass. 7 janv. 1836).

3231. Il y a nullité, si l'affaire est portée aux assises dans le délai accordé à l'accusé pour se pourvoir contre l'arrêt de renvoi, à moins qu'il n'ait consenti lui-même à être jugé avant l'expiration de ce délai (Cass. 18 janv. et 31 mai 1849).

Mais ce consentement doit être formel, et donné en parfaite connaissance de cause (Cass. 16 mars, 14 mai, 10 sept. 1846 et 27 juill. 1848).

Il ne saurait s'induire du silence de l'accusé (Cass. 31 juill. 1845).

3232. Ainsi donc, si, au moment de l'interpellation dont il vient d'être parlé, les accusés ont consenti à être jugés dans la session alors ouverte ou sur le point de s'ouvrir, ils ne sont plus recevables à se pourvoir en nullité contre l'arrêt de mise en accusation, et ils ne peuvent plus revenir sur cette renonciation à leur droit (Cass. 8 juill. 1830, 1er juill. 1852 et 10 fév. 1853).

3233. Enfin, les vices de la procédure et les nullités de l'instruction, antérieures à l'arrêt de renvoi, sont couverts par l'acquiescement présumé de l'accusé qui ne s'est pas pourvu en cassation contre cet arrêt (Cass. 19 janv. 1833 et 23 déc. 1847).

En cas de pourvoi en cassation, le procureur général doit transmettre les pièces, dans la forme usitée pour tous les pourvois en matière criminelle, au ministre de la justice et non au procureur général de la Cour de cassation, nonobstant les termes de l'article 300 du Code d'instruction criminelle (Circ. min. 26 juin 1817).

SECTION VII. — DROIT D'ÉVOCATION.

3234. Dans toutes les affaires, la chambre d'accusation, tant qu'elle n'a pas statué définitivement sur la compétence, peut d'office, soit qu'il y ait ou non une instruction commencée par les juges inférieurs, ordonner des poursuites, se faire apporter les pièces, informer ou faire informer, et statuer ensuite ainsi qu'il est vu appartenir (C. inst. 235).

C'est ce qu'on appelle *le droit d'évocation*. Le ministère public peut aussi, sans attendre l'initiative de la Cour, requérir qu'il en soit fait usage, et il le doit toutes les fois que le bien du service et la bonne administration de la justice semblent l'exiger (Décis. min. 31 mai 1815).

Particulièrement, quand les faits sont de nature à être soumis à la haute Cour de justice (Constit. 14 janv. 1852, art. 54).

Dans ce cas, la chambre d'accusation désigne un de ses membres pour remplir les fonctions de juge d'instruction (C. inst. 236).

3235. Ce même droit d'évocation appartient à la Cour d'appel tout entière; et lorsqu'une Cour, toutes chambres assemblées, ordonne l'évocation d'un procès criminel, elle peut désigner, pour procéder à l'information, tel de ses membres qu'elle juge convenable, qu'il appartienne ou non à la chambre d'accusation (Décis. min. 30 mai 1832).

CHAPITRE II. — COURS D'ASSISES.

SECTION PREMIÈRE. — SESSIONS ORDINAIRES.

3236. Les assises se tiennent tous les trois mois dans chaque département, et plus souvent si le besoin l'exige, mais toujours de manière à ce que les sessions n'aient lieu, dans le ressort de chaque Cour d'appel, que les unes après les autres, et de mois en mois; à moins qu'il n'y ait plus de trois départements dans le ressort, car alors les sessions de plusieurs départements ont lieu simultanément, dans le même mois ; ou à moins encore que les besoins du service n'exigent qu'il en soit tenu plus souvent, auquel cas on a recours à des assises extraordinaires (C. inst. 251 et 259. — Loi 20 avril 1810, art. 19).

3237. Le jour de l'ouverture des assises est fixé, non plus par le président de la Cour d'assises, comme le voulait l'art. 260 du Code d'instruction criminelle, mais par une ordonnance du premier président de la Cour d'appel, ou du président de chambre qui le remplace en cas d'absence ou d'empêchement (Loi 20 avr. 1810, art. 20. — Décr. 6 juill. 1810, art. 80).

Il ne faut jamais en fixer l'ouverture à un jour férié, et éviter qu'il se rencontre, au cours de la session, des jours consacrés à de grandes fêtes ou à des devoirs religieux ou politiques, comme la semaine sainte, les élections, etc.

Ainsi, quand une session d'assises coïncide avec des élections législatives, l'ouverture doit en être reportée après les élections, pour ne pas priver les jurés de l'exercice de leurs droits politiques (Décis. min. 18 mars 1848).

3238. L'ordonnance qui fixe l'époque de l'ouverture des assises pour chaque session, et l'ordonnance de nomination du président des assises, sont envoyées par le procureur général à tous ses substituts dans le département où elles doivent se tenir. Ceux-ci requièrent, dans les trois jours de leur réception, qu'elles soient lues par le greffier à l'audience publique de leur tribunal (Loi 20 avril 1810, art. 22. — Décr. 6 juill. 1810, art. 88).

C'est à une audience civile du tribunal que cette lecture doit avoir lieu, et, s'il n'y en a pas dans les trois jours de la réception des ordonnances, il faut les présenter à la première audience civile qui suit ce délai.

3239. Ces magistrats les font ensuite afficher dans l'auditoire et au greffe, par les soins du greffier, et dans les autres lieux accoutumés, par les soins du maire de la ville où siége le tribunal, car les frais de ces affiches sont à la charge des communes (Décr. 6 juill. 1810, art. 89, et 18 juin 1811, art. 3, n° 3);

Et ils les font insérer par extrait ou annoncer dans les journaux qui s'impriment dans leur arrondissement (Décis. 6 juil. 1810, art. 89. — Inst. gén. 30 sept. 1826, n° XCIV).

Après quoi, ils donnent avis au procureur général de l'accomplissement de ces formalités.

3240. Tout journal est tenu, sous peine d'une amende de 50
à 500 francs, à prononcer par les tribunaux correctionnels, d'insérer ces extraits ou annonces le lendemain de leur réception, quand
ils lui sont adressés par les magistrats du parquet (Décr. 18 juin
1811, art. 104, § 2. — Inst. gén. 30 sept. 1826, n° XCV). — Loi
9 juin 1819, art. 8. — Décr. org. 17 fév. 1852, art. 10).

Cette insertion doit avoir lieu gratuitement (Décis. min. 24 juill.
1813. — Décr. org. 17 fév. 1852, art. 19).

3241. De plus, le procureur général doit adresser au ministre
de la justice un exemplaire imprimé de chaque ordonnance d'ouverture d'assises (Circ. min. 30 avril 1819).

SECTION II. — SESSIONS EXTRAORDINAIRES.

SOMMAIRE.

3242. Quand le trop grand nombre des affaires l'exige, par
exemple lorsqu'il doit prolonger la session au delà de quinze jours,
il convient de la diviser en deux sessions et de convoquer des assises extraordinaires, dont l'ouverture est fixée par ordonnance du
premier président de la Cour d'appel, sur la provocation du procureur général (C. inst. 259. — Décr. 6 juill. 1810, art. 81 et 88.
— Circ. min. 14 mai, 14 août 1812 et 14 janv. 1819).

Il faut, en conséquence, éviter que les sessions se prolongent
pendant trois semaines, et surtout pendant un mois entier (Décis.
min. 16 juill. 1816).

Car il est conforme aux règles de la bonne administration de la
justice de scinder les sessions d'assises lorsque, par leur durée
trop prolongée, elles pourraient fatiguer l'attention des jurés. Le
procureur général doit donc, le cas échéant, requérir la tenue
d'une assise extraordinaire, qui doit suivre de près la clôture de la
session ordinaire, et y faire juger les affaires qui se trouvent en
état (Décis. min. 1er fév. et 1er juin 1842).

3243. Il n'est pas nécessaire qu'il intervienne, à cet effet, un
arrêt de la Cour (Décis. min. 6 sept. 1813. — Cass. 18 janv. 1816).

Ainsi, la désignation du jour de l'ouverture de chaque session,
soit ordinaire, soit extraordinaire, appartient au premier président
de la Cour d'appel (Déc. min. 10 oct. 1816).

L'ordonnance de ce magistrat est publiée et affichée, comme il a été dit ci-dessus aux n°s 3238 et suivants, pour les assises ordinaires, et il en est également donné avis au garde des sceaux.

SECTION III. — COMPOSITION DE LA COUR.

SOMMAIRE.

3244. Les Cours d'assises siégent habituellement au chef-lieu judiciaire de chaque département, à moins que la Cour d'appel du ressort n'ait, dans des circonstances rares et exceptionnelles, désigné un autre lieu, dans un arrêt rendu, à cet effet, en assemblée générale des chambres (C. inst. 258. — Loi 20 avril 1810, art. 21. — Décr. 6 juill. 1810, art. 90).

Cet arrêt doit être lu, publié et affiché, comme les ordonnances portant nomination du président, et fixant l'ouverture des assises (Décr. 6 juill. 1810, art. 83 et 90).

Les membres des Cours d'appel, désignés pour le service des assises, sont tenus de résider dans la ville où elles se tiennent, pendant toute la durée de la session (Décr. 6 juill. 1810, art. 2).

3245. Dans les départements où siége une Cour d'appel, les assises sont tenues par trois conseillers de la Cour, dont l'un est président (C. inst. 252).

Dans les autres départements, la Cour d'assises est composée d'un conseiller à la Cour d'appel désigné pour la présider, et de deux assesseurs pris, soit parmi les conseillers de la Cour d'appel, s'il en est délégué à cet effet, soit parmi les présidents ou juges du tribunal de première instance du lieu de la tenue des assises (*Ibid.*, 253).

3246. Cette composition, introduite par la loi du 4 mars 1831, qui a réduit le nombre des juges de cinq à trois, nous semble nuire un peu à l'imposante majesté des séances d'une Cour criminelle; elle a détruit aussi les différences proportionnelles que le législateur de 1810 n'avait pas établies sans raison dans le nombre des magistrats des juridictions criminelles, correctionnelles et de police.

Il est au moins étrange, nonobstant l'intervention des jurés pour l'appréciation de la culpabilité, qu'il ne faille pas un plus grand nombre de juges pour l'application d'une peine capitale, ou perpétuelle, que pour l'application d'une peine correctionnelle ; et qu'il suffise de trois juges pour prononcer une condamnation aussi grave, tandis que la loi en exige cinq pour une simple mise en accusation.

Il y a plus ; il faut sept juges en appel pour statuer sur les moindres intérêts privés, excédant seulement 1,500 fr., et il suffit de trois magistrats pour prononcer sans appel sur des dommages-intérêts souvent beaucoup plus considérables et quelquefois inappréciables.

3247. C'est le ministre de la justice, ou, à son défaut, les premiers présidents des Cours d'appel qui nomment les présidents des Cours d'assises (Loi 20 avril 1810, art. 16. — Décr. 6 juill. 1810, art. 79).

Lorsque, à défaut par le ministre de la justice d'avoir, pendant la durée d'une session d'assises, nommé le président des assises suivantes, le premier président d'une Cour d'appel a fait cette nomination, après la huitaine du jour de la clôture de la session, l'ordonnance de ce magistrat, rendue dans l'exercice légal de son pouvoir, ne peut être invalidée par aucun acte postérieur (Cass. 12 janv. 1838).

Cette ordonnance doit être exactement transmise, par le procureur général, au ministre de la justice (Décis. min. 21 mai 1811).

3248. Dans le département où siège la Cour d'appel, les conseillers assesseurs sont aussi nommés par le ministre de la justice ou par le premier président, quand le ministre n'a pas usé de son droit (Cass. 4 oct. 1839).

Dans l'usage, c'est le ministre qui nomme les présidents d'assises, au moment de l'ouverture de la session qui précède celle à laquelle il s'agit de pourvoir, et c'est le premier président qui désigne les assesseurs.

Quant aux assesseurs pris parmi les conseillers de la Cour d'appel pour être envoyés dans les autres départements, c'est la Cour elle-même qui les désigne, quand elle croit convenable d'en envoyer, faculté qui ne semble plus qu'une lettre morte, tant on en use rarement (C. inst. 253).

3249. Les autres assesseurs sont désignés pour chaque session par le premier président, dans l'ordonnance fixant l'ouverture des assises.

Les magistrats désignés par le premier président, pour remplir ces fonctions, ne peuvent s'abstenir que dans des cas d'empêchement régulier, c'est-à-dire pour des motifs graves et absolument exceptionnels. Ils ne pourraient même s'excuser en invoquant d'autres devoirs officiels, car le service de la Cour d'assises doit dominer tous les autres, et ne peut s'effacer devant aucun (Circ. min. 1er juin 1855).

3250. De plus, le droit de choisir, parmi les membres du tribunal du chef-lieu judiciaire, est absolu pour le premier président. Aucun d'eux ne peut prétendre à une exemption, et la désignation ne peut prétendre, ni d'un usage établi, ni d'un roulement concerté ou toléré; elle n'a d'autre limite que les besoins et les intérêts de la justice (*Ibid.*).

Il est néanmoins d'usage d'appeler chacun des présidents et juges du siège à faire ce service à tour de rôle.

Les conseillers et les juges assesseurs prennent rang entre eux suivant l'ordre de leur ancienneté au siège, et le premier président ne peut les désigner que dans l'ordre de leur réception. Il doit aussi composer la Cour d'assises de manière à ce que le plus ancien des assesseurs soit toujours en état de remplacer le président en cas d'empêchement (Décis. min. 21 nov. 1826).

3251. Les présidents d'assises et les assesseurs du chef-lieu de la Cour d'appel doivent être pris, exclusivement, dans les chambres civiles et dans la chambre des appels de police correctionnelle, à cause de l'incompatibilité de leurs fonctions avec celles de la chambre d'accusation (Circ. min. 15 oct. 1828).

Les présidents de chambre ne doivent pas, en général, être délégués pour présider les assises, afin de ne pas les détourner de leurs occupations habituelles (Déc. min. 24 juin 1813).

Cependant, un conseiller, nommé président de chambre après avoir été désigné pour présider les assises, n'est pas empêché, pour cela, de remplir ces dernières fonctions (Décis. min. 24 août 1833 et 15 fév. 1851).

Autrefois, un conseiller, député ou pair de France, nommé pour présider une Cour d'assises pendant la session des chambres, ne pouvait s'excuser de remplir cette mission sur ce que ses travaux législatifs y mettaient obstacle (Décis. min. 19 janv. 1826).

3252. Les conseillers qui ont voté sur la mise en accusation ne peuvent, dans la même affaire, ni présider les assises, ni assister le président, sous peine de nullité (C. inst. 257, § 1).

Cette prohibition ne s'étend pas à ceux qui ont seulement concouru à un arrêt de plus ample informé (Cass. 11 juill. 1816);

Ni aux magistrats qui ont concouru à un arrêt rendu par contumace contre l'accusé (Cass. 11 oct. 1849);

Ni aux membres de la chambre des appels de police correctionnelle qui auraient connu, en cette qualité, d'une affaire renvoyée plus tard aux assises (Décis. min. 4 avril 1826).

Mais elle s'applique au juge qui a fait, en tout ou en partie, l'instruction de l'affaire, soit comme titulaire, soit comme remplaçant (C. inst. 259, § 2. — Cass. 4 nov. 1830 et 29 mai 1839).

Du reste, ce n'est pas participer à l'instruction que de procéder à une opération ou vérification pendant les débats, et sur la délégation du président (Cass. 9 sept. 1819).

De plus, un conseiller peut présider les assises quoiqu'il fasse partie de la chambre d'accusation, pourvu qu'il s'abstienne d'y connaître des affaires de la Cour d'assises qu'il doit présider (Décis. min. 12 juill. 1832 et 24 juin 1833).

3253. Pour la nomination des présidents d'assises, le choix du ministre s'exerce sur les conseillers les plus capables de présider, et qui sont portés sur une liste dressée, au commencement de chaque année judiciaire, par le premier président et le procureur général (Circ. min. 20 sept. 1814 et 31 oct. 1821).

Le nombre des conseillers ainsi désignés doit être au moins double de celui des départements du ressort, et il est recommandé, aux procureurs généraux de donner immédiatement avis à la chancellerie de leur décès, de leur démission, ou de leur promotion à d'autres fonctions (Décis. min. 8 sept. 1817. — Circ. min. 8 fév. 1819).

Les présentations du procureur général, pour les présidences d'assises, doivent être adressées au ministre seul, et il faut y consigner tous les renseignements qui peuvent importer à la bonne administration de la justice criminelle (Décis. min. 5 fév. 1822).

3254. En envoyant sa liste de candidats au ministre, le procureur général doit avoir soin d'indiquer ceux des conseillers désignés l'année précédente comme ayant les qualités nécessaires pour bien présider les assises, et ceux pour qui l'âge, les infirmités, ou d'autres considérations personnelles feraient obstacle à ce qu'ils pussent continuer de remplir ces fonctions à l'avenir (Décis. min. 14 nov. 1820).

Il ne doit pas oublier, non plus, que l'importance de cette mission, qui n'est ni une faveur, ni une récompense, ne permet de la confier qu'aux magistrats les plus capables de la mieux remplir. Il est tenu, en conséquence, de faire connaître au ministre les conseillers qui demeurent étrangers à l'étude du droit criminel, ou qui négligent d'acquérir les connaissances et les qualités nécessaires pour s'acquitter convenablement de ces fonctions (Circ. min. 14 août 1827).

La liste confidentielle de présentation indique de plus les présidents et conseillers qui doivent faire partie de la chambre d'accusation l'année suivante ; et, pour chaque magistrat qui y est porté pour la première fois, elle fait connaître ses nom et prénoms, son âge, le département auquel il appartient par sa naissance ou ses intérêts de famille, les fonctions qu'il a remplies avant d'être appelé à la Cour d'appel, l'époque de sa promotion et les observations du procureur général sur son compte. Ce magistrat doit, en outre, classer les conseillers portés sur sa liste dans l'ordre du degré de capacité dont ils ont déjà fait preuve, et joindre à chaque nom tous les renseignements propres à éclairer le choix du ministre (Circ. min. 31 août 1837).

3255. Si, depuis la citation donnée aux jurés conformément à ce qui sera dit plus loin, le président des assises se trouve accidentellement dans l'impossibilité de remplir ses fonctions, il est remplacé, au siége de la Cour d'appel, par le plus ancien des assesseurs, et, ailleurs, par le président du tribunal (C. inst. 263).

La loi du 21 mars 1855 n'a dérogé en rien à cette règle ; de sorte que le remplacement du président, par le premier assesseur, reste exclusivement applicable aux Cours d'assises siégeant au chef-lieu de la Cour d'appel ; et que, partout ailleurs, il ne peut être remplacé que par le président du tribunal, à moins que des conseillers n'aient été délégués pour compléter la Cour d'assises (Circ. min. 1er juin 1855).

3256. Les conseillers assesseurs empêchés sont remplacés par d'autres conseillers, et les juges assesseurs par d'autres juges titulaires ou suppléants du même siége, dont la désignation est faite par le président des assises, hors du siége de la Cour d'appel (C. inst. 264. — Loi 21 mars 1855).

Au contraire, le président de la Cour d'assises siégeant au chef-lieu de la Cour d'appel est sans qualité pour pourvoir, par une désignation spéciale, au remplacement d'un assesseur empêché. Il ne peut, en pareil cas, appeler que le conseiller le plus ancien, ou en référer au premier président (Cass. 5 juin 1856).

3257. Si, après la publication d'une ordonnance de nomination d'un président d'assises, cette nomination venait à être rapportée ou révoquée par l'autorité dont elle est émanée, il faudrait, dans la nouvelle ordonnance portant désignation d'un autre président, faire mention de cette circonstance et des motifs du remplacement (Circ. min. 20 août 1819).

Mais quand les jurés ont été convoqués pour le service de la session, ni le ministre, ni le premier président, ne peuvent plus changer le président désigné (décis. min. 9 mars 1832).

3258. Quoiqu'une circulaire ministérielle du 31 mai 1813 ait dit que les présidents d'assises devaient se rendre au chef-lieu judiciaire pour y examiner les procédures, il ne faut pas entendre par là qu'ils doivent y résider pendant trois mois; il suffit qu'ils soient rendus à leur poste quelques jours avant l'ouverture de la session (Décis. min. 24 juin 1813).

En effet, les conseillers nommés pour présider les assises ne sont pas dispensés de tout autre service pendant la durée du trimestre où elles se tiennent. Ils ne peuvent quitter la chambre à laquelle ils sont attachés que quelques jours avant l'ouverture de la session, et ils doivent y rentrer aussitôt qu'elle est finie. La durée de leur absence se compose donc de trois parties : 1º du temps nécessaire pour aller et venir ; 2º du nombre de jours que peut exiger l'interrogatoire des accusés ; 3º de la durée de la session (Circ. min. 15 fév. 1823).

Toutefois, dans la pratique, les conseillers-présidents quittent leur chambre huit ou dix jours avant l'ouverture de la session, pour éviter de s'engager dans l'examen des affaires civiles qui pourraient les empêcher de partir à temps ; et ils ne rentrent à leur chambre que huit ou dix jours après leur retour, afin de pouvoir s'occuper du rapport qu'ils doivent adresser au ministre, et pour donner le temps à leur chambre de juger les affaires commencées pendant leur absence.

3259. C'est le président des dernières assises ordinaires qui préside, de droit et sans avoir besoin de nomination, les assises extraordinaires, qui s'ouvrent pendant le trimestre pour lequel il a été désigné, lors même que leur session se prolongerait au delà de ce trimestre, et il est assisté des mêmes assesseurs, car leurs fonctions ne cessent qu'à l'expiration du trimestre pour lequel ils ont été nommés, et ne peuvent se prolonger au delà que pour continuer la session qu'ils auraient commencée (Décis. min. 10 août 1816 et 29 juin 1849).

3260. Les trimestres d'assises se divisent en premier trimestre, comprenant les mois de janvier, février et mars; deuxième trimestre, pour ceux d'avril, mai et juin; troisième trimestre, pour les mois de juillet, août et septembre; et quatrième trimestre, pour ceux d'octobre, novembre et décembre.

Ainsi, il ne faut pas prendre, pour point de départ des sessions trimestrielles d'assises, le mois dans lequel la première session s'est ouverte après l'installation des Cours d'appel; mais il convient d'adopter, pour les trimestres judiciaires, la division naturelle de l'année civile en quatre trimestres de janvier, avril, juillet et octobre, commençant le premier de chacun de ces mois, et finissant au dernier jour de mars, juin, septembre et décembre (Décis. min. 29 juin 1849).

3261. Si l'ouverture des assises extraordinaires doit avoir lieu après l'expiration d'un trimestre, elles ne peuvent plus être présidées par le dernier président, dont les pouvoirs sont légalement expirés; il faut alors procéder à une nouvelle nomination, tant pour le président que pour les assesseurs (Décis. min. 2 déc. 1835).

En cas d'assises extraordinaires, il convient de ménager, entre la date de l'ordonnance et le jour de l'ouverture de la session, un intervalle de quinze jours au moins (Circ. min. 29 sept. 1819).

3262. Dans l'intervalle d'une session ordinaire d'assises à l'autre, les actes attribués par la loi aux présidents d'assises, tels que les interrogatoires des accusés, les suppléments d'information, etc., *qui ne se rapportent pas aux opérations d'une assise extraordinaire,* doivent être faits par le président de la session ordinaire suivante (Circ. min. 25 juin 1811).

Ce qui ne contrarie en rien les attributions données, dans le cas d'une assise extraordinaire, au président de la session ordinaire précédente (Circ. min. 11 mars 1812).

Mais, comme nous venons de le remarquer, la disposition qui attribue au président d'une session ordinaire la présidence des assises extraordinaires, *qui s'ouvrent dans son trimestre,* est nécessairement restreinte au cas que la loi a spécialement prévu. Il s'ensuit que, hors ce cas, le président d'une session ordinaire n'a plus aucun pouvoir à exercer en cette qualité, lorsque la session qu'il était chargé de présider est close; il ne doit donc pas s'occuper des opérations relatives à la session ordinaire suivante (Circ. min. 29 juin 1815).

3263. Le premier président peut aussi présider les assises lui-même, soit pendant la session entière, soit pour une ou plusieurs affaires seulement, s'il le juge convenable, et quand le ministre de la justice n'a pas usé de son droit de nomination; mais il ne le peut plus si c'est le ministre qui a désigné le président de la session, à moins d'une autorisation spéciale et formelle de sa part. Quand le premier président préside temporairement une partie de la session dont un autre a été nommé président, celui-ci siége auprès de lui, et le dernier des assesseurs doit s'abstenir (Décis. min. 9 oct. 1812).

Nous avons vu cependant le premier président prendre la présidence des assises au lieu et place du président nommé par le ministre, lequel s'abstenait dès lors de siéger, et la Cour suprême n'a vu là aucune irrégularité (Arg. Cass. 16 janv. 1852).

3264. On disait autrefois que c'était aussi le premier président qui était chargé de donner aux présidents d'assises les instructions qui leur étaient nécessaires (Circ. min. 20 sept. 1814).

On reconnaît aujourd'hui que ce soin regarde plus particulièrement le ministre de la justice.

3265. Les fonctions du ministère public sont remplies, près les Cours d'assises, savoir :

Au chef-lieu du ressort de la Cour d'appel, par les membres du parquet de cette Cour ;

Et, dans les autres siéges, par le procureur près le tribunal de première instance du lieu où se tient la Cour d'assises et par ses substituts (C. inst. 252 et 253).

Sans préjudice du droit qui appartient au procureur général de se transporter en personne, ou de déléguer un avocat général ou un substitut de son parquet, pour aller porter la parole dans les différentes Cours d'assises du ressort (*Ibid.*, 253, 263 et 284).

Un juge suppléant peut aussi remplir les fonctions du ministère public à la Cour d'assises (Cass. 25 avril 1851).

Il en est de même du conseiller qui aurait concouru à la mise en accusation, aussi bien que du juge d'instruction qui aurait édifié la procédure criminelle (Cass. 30 juill. 1847).

3266. La suppression des procureurs criminels, prononcée par la loi du 25 décembre 1815, a été une première atteinte portée à l'organisation judiciaire de 1810 et à la solennité des assises; elle a réduit les chances d'avancement des magistrats du ministère public, et surchargé outre mesure, sans profit pour le bien du service, les parquets des chefs-lieux judiciaires; mais ce n'est pas ici le lieu d'insister sur les inconvénients de ces modifications; qu'il nous suffise de les indiquer.

3267. On décidait autrefois que si le président de la Cour d'assises était parent, au degré prohibé, de l'un des membres du ministère public appelé à porter la parole devant elle, ils ne pouvaient siéger simultanément dans la même affaire, et que l'un ou l'autre devait se faire remplacer (Décis. min. 31 juill. 1819).

Cette décision ne serait plus suivie aujourd'hui, car on admet que ces deux magistrats peuvent siéger ensemble à la Cour d'assises dans ces conditions, sans même qu'ils aient obtenù des dispenses (Cass. 21 juin 1838).

CHAPITRE III. — JURY.

SECTION PREMIÈRE. — LISTE ANNUELLE.

SOMMAIRE.

3268. Outre les magistrats chargés de statuer sur les incidents de procédure, sur les conclusions des parties, et sur l'application de la peine, la Cour d'assises se compose de douze jurés tirés au sort, et chargés uniquement de statuer sur la culpabilité des accusés.

Les listes annuelles du jury doivent être dressées selon les prescriptions du décret du 7 août 1848, expliqué dans une circulaire du 10 septembre de la même année (Circ. min. 31 août 1871).

Il est donc procédé, tous les ans, à la formation d'une liste annuelle du jury, comprenant, pour chaque canton, les citoyens français, âgés de trente ans, jouissant de leurs droits politiques, civils et de famille, et qui ne sont dans aucun des cas d'incapacité ou d'incompatibilité prévus par la loi (Loi 4 juin 1853, art. 1).

3269. Ces incapacités sont déterminées par l'art. 2 de la loi du 21 novembre 1872, qui prévoit aussi, dans son article 3, des cas d'incompatibilité entre certaines fonctions publiques et celles de juré.

Toute déclaration de culpabilité à laquelle aurait concouru un citoyen qui ne remplirait pas toutes les conditions légales, et se trouverait dans un cas d'indignité ou d'incompatibilité, serait nulle de plein droit (Même loi, art. 1).

Il y a aussi d'autres causes d'exclusion ou de dispenses, mais dont l'oubli n'entraîne pas nullité (Loi 21 nov. 1872, art. 4 et 5.— Cass. 18 mai 1854 et 8 mars 1855).

Enfin, nul ne peut être juré dans une affaire où il a été officier de police judiciaire, témoin, interprète, expert ou partie, le tout à peine de nullité (C. inst. 392.—Décis. min. 11 mars 1823).

3270. De plus, les juges titulaires des tribunaux civils et de commerce sont dispensés du jury, mais non pas leurs suppléants (Décis. min. 19 nov. 1811.—Cass. 29 nov. 1838 et 13 avril 1839).

Les préposés des douanes et les gardes du génie en sont également dispensés (Circ. min. 17 therm. an VII et 18 janv. 1820).

Mais il n'en est pas de même des greffiers des diverses juridictions ; car, à l'audience, ils peuvent se faire remplacer par un de leurs commis, et siéger comme jurés, à moins qu'ils n'aient concouru à l'instruction de l'affaire pour laquelle ils sont désignés par le sort (Cass. 28 fév. 1839).

3271. Le nombre des jurés pour la liste annuelle, qui varie, pour chaque département, d'après le chiffre de sa population totale, est réparti, par arrondissement et par canton, proportionnellement au tableau officiel des habitants domiciliés dans le département. Cette répartition est faite par arrêté du préfet, pris sur l'avis conforme de la commission départementale du conseil général au mois de juillet de chaque année (Loi 21 nov. 1872, art. 7).

Le préfet transmet un extrait dudit arrêté à chaque juge de paix pour son canton, et lui fait connaître, en même temps, les noms des jurés du canton qui ont fait le service pendant l'année précédente et la partie écoulée de l'année courante (*Ibid.*, § 3).

3272. Une commission composée du juge de paix, de ses suppléants et de tous les maires du canton se réunit, sous la présidence du juge de paix, au chef-lieu cantonal, dans la première quinzaine du mois d'août, sur la convocation, par forme administrative, du juge de paix président, et dresse une liste préparatoire pour servir à la formation de la liste annuelle (*Ibid.*, art. 8 et 10, § 1).

Dans les cantons formés d'une seule commune, ladite commission se compose en outre du maire de la commune et de deux conseillers municipaux désignés par le conseil communal (Loi 21 nov. 1872, art. 8).

Dans les communes divisées en plusieurs cantons, il y a autant de commissions que de cantons, lesquelles sont composées, indépendamment du juge de paix et de ses suppléants, du maire de la ville ou d'un adjoint désigné par lui, de deux conseillers désignés par le conseil municipal, et de tous les maires des communes rurales comprises dans le canton (*Ibid.*).

La liste préparatoire doit contenir un nombre de noms triple de celui qui est fixé, pour le contingent du canton, par l'arrêté de répartition; elle est signée séance tenante et envoyée au préfet ou au sous-préfet (*Ibid.*, art. 8 et 10, § 2.

Les listes préparatoires sont dressées en double original, dont l'un reste déposé au greffe de la justice de paix, et l'autre est transmis au greffe du tribunal civil de l'arrondissement (*Ibid.*, art. 10).

3273. Ensuite, une seconde commission, composée du président du tribunal civil, ou du magistrat qui en remplit les fonctions, et de tous les juges de paix de l'arrondissement, et des conseillers généraux de tous les cantons, se réunit, dans le courant de septembre, au chef-lieu judiciaire de la circonscription, sur la convocation du président du tribunal qui la préside, et choisit, sur ces listes, le nombre de jurés nécessaire pour former la liste d'arrondissement. Ses décisions sont prises à la majorité; et, en cas de partage, la voix du président est prépondérante (Loi 21 nov. 1872, art. 11 et 13).

En cas d'empêchement du conseiller général d'un canton, il est remplacé par le conseiller d'arrondissement du même canton, et s'il y en a deux, par le plus âgé (*Ibid.*, art. 11).

Si le maire du chef-lieu cantonal est empêché, il est remplacé par un adjoint expressément délégué par lui (*Ibid.*, art. 12).

3274. Cette commission peut ajouter à la liste définitive des noms qui ne se trouvent pas sur les listes préparatoires, dans la proportion du quart au plus de ceux qui y sont portés pour chaque canton; elle peut aussi élever ou abaisser le contingent cantonal fixé par le préfet, mais sans pouvoir excéder le quart de ce contingent, ni modifier, soit en plus, soit en moins, celui de l'arrondissement (*Ibid.*, art. 13).

3275. Les décisions sont prises à la majorité, et, en cas de partage, la voix du président est prépondérante (*Ibid.*, art. 13).

La liste de l'arrondissement, définitivement arrêtée, est signée, séance tenante, et envoyée, avant le 1er décembre, au greffe de la Cour ou du tribunal du siége des assises (*Ibid.*, art. 14).

3276. En dehors de la liste des jurés titulaires, il doit être formé, chaque année, une liste spéciale de jurés suppléants pris parmi les jurés habitants de la ville où se tiennent les assises (*Ibid.*, art. 13, § 1).

Elle est dressée par la commission de l'arrondissement du chef-lieu judiciaire (Loi 21 nov. 1872, art. 15).

3277. Dans la première quinzaine de décembre, le premier président de la Cour d'appel ou le président du tribunal du chef-lieu d'assises, dresse la liste annuelle du département par ordre alphabétique, sur la liste d'arrondissement, et de la même manière la liste des jurés suppléants (*Ibid.*, art. 16).

Le juge de paix de chaque canton est tenu d'instruire immédiatement le premier président ou le président du chef-lieu judiciaire des décès, des incapacités ou des incompatibilités légales qui frapperaient des noms portés sur la liste annuelle.

Dans ce cas, on procède conformément à l'article 390 du Code d'instruction criminelle (*Ibid.*, art. 17).

Le ministère public est aussi tenu d'instruire le premier président, ou le président du tribunal du chef-lieu judiciaire, des condamnations définitives qui prononceraient des interdictions ou nominations de conseil judiciaire, ou qui priveraient de tout ou partie des droits civils ou politiques des individus susceptibles d'être appelés aux fonctions de juré, afin qu'ils soient rayés de la liste, ou qu'on évite de les y porter (Circ. min. 18 oct. 1825 et 18 juill. 1827).

3278. Les choix des diverses commissions peuvent s'exercer avec la plus grande liberté sur toutes les personnes qui, réunissant les conditions requises pour les fonctions de juré, ne se trouvent dans aucun cas d'exclusion ou d'exemption. Pour la confection des listes préparatoires, chaque juge de paix doit chercher à connaître, dans les diverses communes du canton, les hommes les plus capables et les plus dignes de les remplir, pour ne faire tomber le choix des commissaires que sur des hommes instruits, probes, et recommandables tout à la fois par leurs lumières, leur caractère et leur parfaite moralité (Circ. min. 25 brum. an ix).

Il ne doit pas choisir ceux qui, ayant leur domicile éloigné du siége de la Cour d'assises, n'auraient pas les moyens pécuniaires de s'y rendre, ou en seraient empêchés par l'assiduité qu'exige leur profession (Circ. min. 2 juill. 1814 et 2 janv. 1816).

Il ne saurait être dirigé, dans ses investigations, par d'autre motif que par la pensée du bien public, et il doit écarter sévèrement toutes les considérations qui seraient étrangères à l'intérêt d'une bonne administration de la justice. L'âge, la nationalité, les incompatibilités, les incapacités légales, la profession, la fortune, le degré d'instruction, d'énergie, d'intelligence, voilà ce qu'il faut examiner et apprécier. Du reste, il ne faut pas se préoccuper de la nécessité de prendre tel ou tel nombre de jurés dans cnaque commune. Il peut arriver, en effet, que telle commune n'en puisse fournir aucun, tandis que telle autre en fournira plusieurs, ou même qu'ils doivent tous être pris dans une seule. En un mot, il ne s'agit pas ici d'un contingent à fournir par commune, mais seulement d'un choix à faire indistinctement sur tous les habitants du canton (Circ. Rennes, 2 sept. 1853).

3279. Aussitôt que la convocation du président de la commission d'arrondissement parvient à un juge de paix, ce magistrat se met en mesure d'y obtempérer et d'assurer le service de la justice de paix pendant son absence; il n'a pas de congé à demander à cet effet; il lui suffit de donner avis de son départ au procureur de son arrondissement, et des dispositions qu'il a prises pour assurer l'expédition des affaires. S'il y en a de fixées au jour indiqué pour la réunion de la commission, ce n'est pas pour lui un motif de ne pas s'y rendre, les obligations que lui impose la loi sur le jury devant passer avant toutes les autres. Il faut, dans ce cas, ou renvoyer ces affaires à un autre jour, ou, si elles sont urgentes, recourir à un suppléant (*Ibid.*).

Remarquez que, dans la commission d'arrondissement, comme dans la commission cantonale, le juge de paix doit, en cas d'empêchement absolu ou de vacance de place, être remplacé par son premier suppléant; mais il faut que cet empêchement soit tel qu'il ne permette au titulaire de vaquer à aucune de ses fonctions, ou de se déplacer, sans quoi son devoir est d'obéir aux prescriptions de la loi du jury (*Ibid.*).

Les juges de paix des chefs-lieux judiciaires devant concourir à la confection de la liste spéciale des jurés suppléants, il leur est facile de connaître ceux de leurs justiciables, demeurant dans la partie urbaine de leur canton, qui pourraient, au besoin, être appelés à faire partie du jury (*Ibid.*).

3280. Dans l'accomplissement de ces diverses obligations, ces magistrats doivent se rappeler que c'est du bon choix des jurés que dépend uniquement la bonne administration de la justice. C'est à eux de voir s'ils voudraient se rendre, par leur négligence, moralement complices de ces acquittements scandaleux ou de ces condamnations dérisoires qui, trop souvent, ont épouvanté la société et indigné les hommes de bien. Ils doivent savoir, mieux que personne, combien il importe que la justice répressive soit énergique et sûre, qu'elle soit confiée à des esprits éclairés et fermes, qu'elle inspire à chaque citoyen la confiance d'être toujours défendu et protégé par elle, et que les méchants reculent devant la pensée du crime en perdant toute espérance d'impunité (Circ. Rennes, 2 sept. 1853).

3281. C'est dans le département du domicile réel qu'on doit siéger comme juré. Quiconque en a exercé les fonctions ne peut être appelé de nouveau à les remplir, dans un autre département, avant l'expiration de deux ans (Décis. min. 6 sept. 1832).

SECTION II. — LISTE DE SERVICE.

SOMMAIRE.

3282. Dix jours au moins avant l'ouverture des assises, le premier président, au siége de la Cour d'appel, ou, à son défaut, le président de la chambre où il siége habituellement, et, pendant les vacances, celui de la chambre des vacations, et hors du siége de la Cour d'appel, le président du tribunal du chef-lieu judiciaire ou le magistrat qui le remplace, tire au sort, en audience publique, sur la liste générale du jury, trente-six noms de jurés ordinaires et quatre noms de jurés supplémentaires, qui forment la liste de service, pour toute la durée de la session (C. inst. 388. — Loi 4 juin 1853, art. 17. — Circ. min. 26 août 1853. — Loi 21 nov. 1872, art. 18).

Ce tirage ne peut avoir lieu ni plus d'un mois, ni moins de quinze jours avant l'ouverture de chaque session, même pendant les vacances, et alors il a lieu à l'audience civile de la chambre des vacations (Circ. Rennes, 2 sept. 1853).

3283. Ainsi, le tirage au sort des jurés de chaque session doit être fait en audience publique de la première chambre de la Cour d'appel, ou de la chambre des vacations, par le premier président, et, en cas d'absence ou d'empêchement, par le plus ancien des présidents de chambre (Circ. min. 27 nov. 1827).

Dans l'usage, si le premier président est absent ou empêché, c'est le président de la chambre ou, à son défaut, le conseiller doyen, qui procède au tirage, sans que le doyen des présidents soit appelé à cet effet.

Dans les tribunaux chefs-lieux judiciaires, cette opération est faite de la même manière par le président, ou par l'un des vice-présidents du siége, ou par le juge qui le remplace à l'audience.

Le tirage a lieu, soit d'office, soit sur les réquisitions du ministère public. Nous avons vu contester au ministère public le droit de faire des réquisitions à cet effet, parce que, disait-on, c'est là une attribution ou délégation personnelle au président de la Cour ou du tribunal qu'il doit remplir de son propre mouvement ; mais ce droit nous semble dériver de l'obligation où le parquet se trouve toujours de provoquer et d'assurer l'exécution de toutes les dispositions de la loi.

3284. Avant l'époque du tirage, le greffier transcrit, sur des bulletins séparés, les noms de toutes les personnes inscrites sur la liste générale, et, à côté de chaque nom, le numéro d'ordre qui le précède dans cette liste (Circ. min. 27 nov. 1827).

Lors du premier tirage de l'année, le greffier appelle à haute voix les noms de toutes les personnes portées sur la liste générale et leur numéro. Au fur et à mesure de l'appel de chaque nom, le président prend, dans un casier ou paquet contenant, pour chaque lettre de l'alphabet, les billets ou bulletins classés dans l'ordre de la liste, le bulletin ou billet correspondant, et le met dans une urne vide placée à cet effet sur son bureau (*Ibid.*)

3285. Tous les bulletins jetés dans l'urne et bien mêlés, il tire au sort les trente-six noms. A mesure qu'un bulletin sort de l'urne, il en fait lecture à haute voix, et le greffier l'inscrit immédiatement sur le procès-verbal de la séance, avec toutes les indications de la liste de service (*Ibid.*)

Les quatre jurés supplémentaires sont pris, en observant les mêmes formalités, sur la liste spéciale des jurés suppléants, dont nous avons parlé au n° 3276. Leurs noms sont également jetés dans une urne séparée, d'où ils sont tirés pour fixer leur rang entre eux (*Ibid.* — Loi 4 juin 1853, art. 13, § 4, et 17, § 1).

Et, pour éviter toute confusion, une inscription indique la destination spéciale de chaque urne en ces termes : *Jurés titulaires.* — *Jurés supplémentaires* (Circ. min. 27 nov. 1827).

3286. Si, parmi les quarante jurés désignés par le sort, il s'en trouve un ou plusieurs qui, depuis la formation de la liste, soient décédés, ou aient été légalement privés des capacités exigées pour exercer les fonctions de juré, ou aient accepté un emploi incompatible avec ces fonctions, ou aient transféré leur domicile hors du département, et autres circonstances analogues, la Cour ou le tribunal, après avoir entendu le ministère public, procède, séance tenante, à leur remplacement, en tirant d'autres noms de l'urne à laquelle ils appartiennent (C. inst., art. 390).

Mais la loi ne parle que d'incapacités nées *depuis la formation de la liste ;* si quelque juré paraissait y avoir été porté sans réunir les qualités requises, ce serait à la Cour d'assises à prononcer sur la difficulté (Circ. min. 27 nov. 1827).

C'est sur le ministère public que repose le soin de faire remplacer, séance tenante, les jurés qui, depuis la formation de la liste de service, ont perdu la capacité de concourir aux jugements criminels (Circ. min. 11 déc. 1827).

3287. Comme on ne peut être appelé plus d'une fois, dans la même année, à faire le service du jury, à mesure qu'un nom sort de l'urne, le greffier en fait mention en marge de la liste générale, en ces termes : *désigné par le sort au tirage du...* (Circ. min. 27 nov. 1827).

Après chaque session, les noms des jurés excusés temporairement ou condamnés à l'amende, et dont la liste a dû être transmise au premier président ou au président du tribunal, sont reportés sur la liste annuelle par ordonnance de ce magistrat. A cet effet, le greffier les inscrit à la suite de la liste, sous la rubrique suivante : *Jurés reportés sur la présente liste en vertu de l'ordonnance de M. le président, rendue le.....* Ces jurés sont reportés sur la liste autant de fois qu'ils manquent de remplir leurs fonctions (*Ibid.*).

De même, lorsque les jurés, qui avaient été cités pour une session, ont été contremandés avant leur transport au chef-lieu, soit parce qu'il ne s'est pas trouvé d'affaires à porter aux assises, soit pour tout autre motif, leurs noms doivent aussi être reportés sur la liste générale, et remis dans l'urne, par ordonnance du premier président ou du président du tribunal, et sur les réquisitions du ministère public, pour subir de nouveau les chances du sort (Décis. min. 6 fév. 1829).

3288. Quoique les jurés ne soient tenus de remplir leurs fonctions qu'une fois chaque année, cette indemnité cesse quand surviennent une ou plusieurs assises extraordinaires. Lorsqu'un cinquième ou sixième tirage devient nécessaire, s'il reste un nombre suffisant de noms pour fournir la liste de session de trente-six jurés, ceux qui restent sur la liste générale sont, en ce cas, jurés de droit ; ce qui n'empêche pas de les tirer au sort, pour régler leur rang sur la liste de service. S'il ne reste plus assez de noms, tous les jurés qui ont déjà rempli leurs fonctions sont, par ordonnance du président, inscrits, par le greffier, à la suite de la liste générale, sous cette rubrique : *Jurés replacés sur la présente liste, en vertu de l'ordonnance du.....* (Circ. min. 27 nov. 1827).

Au jour du tirage, pour les assises extraordinaires, on porte d'abord, sur la.liste de service de la session, les jurés qui restaient sur la liste générale avant cette addition, et l'on complète les trente-six par le sort. S'il y a lieu de craindre que le nombre de jurés restant sur la liste générale ne devienne insuffisant, le greffier y replace provisoirement tous les jurés; mais, si la liste de service de la session peut se former exclusivement de jurés nouveaux, cette opération est considérée comme non avenue. Tout ce qui précède s'applique aux jurés supplémentaires, aussi bien qu'aux titulaires (*Ibid.*) ·

3289. Quand le tirage des trente-six jurés est achevé, on ferme l'urne, qui est scellée publiquement, au moyen de bandes de papier portant la signature et le sceau en cire du premier président ou du président du tribunal et du procureur général ou ordinaire, et elle est déposée au greffe. A chacun des tirages suivants, l'urne est remise publiquement, par le greffier, au président, qui reconnaît et fait reconnaître l'état des scellés par la Cour ou le tribunal. S'ils sont intacts, il le déclare et ouvre l'urne pour procéder au tirage (*Ibid.*)

A chaque tirage, le greffier appelle à haute voix, sur la liste générale, les noms des jurés reportés depuis le tirage précédent. On remet dans l'urne les bulletins correspondants, et, après le tirage, l'urne est fermée, scellée, et conservée comme il vient d'être dit.

3290. Un procès-verbal détaillé de cette partie de l'audience constate toutes les circonstances du tirage. Il est signé par le président et par le greffier. Les noms des jurés appelés, par le sort, à former la liste des quarante , y sont portés de suite, et dans l'ordre où ils sont sortis de l'urne, et ils sont désignés de la même manière que sur la liste générale, sans la moindre omission. Les procès-verbaux du tirage sont conservés au greffe, comme les autres minutes de la Cour ou du tribunal (*Ibid.*).

3291. Le greffier en délivre, sans délai, quatre expéditions : une pour le ministère public, pour être signifiée aux accusés ; une pour le président des assises ; une pour le préfet du département, pour servir à la notification dont il va être parlé, et une pour le garde des sceaux (*Ibid.* — Circ. min. 11 déc. 1827).

Ces expéditions ne peuvent pas être comptées et payées au greffier pour plus de trois rôles chacune, mais ce droit lui est dû, alors même qu'une partie de chaque expédition serait imprimée.

3292. Cette liste ne doit pas être envoyée en entier aux citoyens qui la composent; le préfet est seulement tenu d'en faire notifier à chacun d'eux un extrait, qui constate que son nom y est porté (C. inst. 389).

Cette notification peut être faite par un huissier ou par un agent de la force publique; mais, dans l'usage, les préfets, par écono-mie, emploient à ce service des gendarmes, qui sont chargés de le faire gratuitement (Décr. 1er mars 1854, art. 108).

Il suit de là que les jurés sont cités à la requête et à la dili-gence des préfets. Il nous semblerait plus conforme à la nature des choses que ces citations fussent faites par les soins et à la requête du ministère public, puisqu'il s'agit ici d'un acte en quel-que sorte judiciaire; néanmoins, la loi en a disposé autrement (C. inst. 389).

Cette disposition est d'autant plus étrange, on peut le dire, que c'est l'autorité judiciaire qui est chargée, comme nous venons de le voir, de former, par la voie du sort, la liste des jurés pour chaque session d'assises; et que, si quelque circonstance extraor-dinaire exigeait qu'une citation à des jurés fût faite par un huis-sier résidant hors de leur canton, le préfet serait dans la né-cessité de recourir au ministère public, qui pourrait seul délivrer, à cet effet, un mandement exprès, comme il sera dit au tome III, chapitre *des Frais de justice criminelle* (Décr. 18 juin 1811, art. 84).

La copie de notification remise aux jurés devrait contenir le texte imprimé des art. 381 et 396 du Code d'instruction criminelle (Circ. min. 8 nov. 1816 et 30 juin 1827).

3293. Lorsque la notification dont il s'agit ne peut pas être faite à la personne du juré, à cause de son absence ou pour tout autre motif, elle doit l'être à son domicile et à celui du maire ou de l'adjoint du lieu (C. inst. 389).

Dans ce cas, celui qui en est chargé, et qui ne trouve pas la per-sonne que cette notification concerne, n'est pas obligé de faire une double signification et de remettre deux copies, l'une au domicile du juré et l'autre au domicile du maire ou de l'adjoint; il suffit qu'une copie soit remise à l'un ou à l'autre de ces magistrats, qui vise l'original sans frais, et qui en donne avis à la personne citée (Instr. gén. 30 sept. 1826, n° LIX).

3294. La liste de service de la session est signifiée par huis-sier, à chaque accusé, la veille du jour fixé pour son jugement, à peine de nullité de la signification et de tout ce qui aurait suivi, si elle était faite plus tôt ou plus tard (C. inst. 395. — Circ. min. 11 déc. 1827).

Toutefois, il n'y aurait pas nullité si elle était faite plus tôt, puisque cette anticipation serait toute dans l'intérêt de l'accusé (Cass. 7 oct. 1841).

Mais la nullité d'une signification postérieure ne serait pas couverte même par son consentement (Cass. 11 juill. 1822).

C'est la liste entière des jurés, désignés par le sort pour faire le service de la session, qui doit être signifiée, sans aucune modification résultant des excuses des jurés ou de leur remplacement (Cass. 10 janv. et 20 juin 1817. — Décis. min. 6 sept. 1826 et 27 fév. 1827. — Circ. min. 11 déc. 1827).

Du reste, la preuve du défaut de signification résulte suffisamment de ce que l'exploit n'est pas joint aux pièces, et que le ministère public avoue que cet acte n'existe pas (Cass. 20 avril 1837).

2295. Il ne doit être passé en taxe aux huissiers, pour chaque copie de l'exploit de signification de la liste du jury aux accusés, que deux rôles de copie, dont le premier ne se paie pas (Circ. min. du 4 nov. 1831).

Ils ne peuvent même porter, sur leurs mémoires, plusieurs originaux pour la notification de la liste des jurés d'une même session; un seul original suffit, quand tous les accusés de la session se trouvent réunis dans la maison de justice au moment de la signification (Décis. min. 14 mars 1854).

3296. L'accusé ne peut se plaindre, ni de ce que des dispenses ou excuses, prononcées antérieurement au profit de quelques jurés, n'auraient pas été indiquées dans l'exploit de signification, ni de ce que les prénoms de plusieurs jurés ne lui auraient été désignés que par des initiales, ni de ce que la date de leur naissance aurait été erronée, ni de ce que leur profession aurait été omise, s'il n'en pouvait résulter aucune erreur ou méprise sur leur identité (Cass. 21 sept. 1848).

Mais il y a nullité, lorsque le juré, qui a pris part au jugement, n'est pas identiquement le même que celui dont les noms et prénoms étaient portés sur la liste notifiée (Cass. 24 juill. 1826).

3297. Il y a également nullité, lorsque la signature de l'huissier est omise au pied de l'exploit de signification, ou que la date est surchargée sans approbation (Cass. 13 mars, 24 déc. 1846 et 12 oct. 1848).

Mais la signification ne peut pas être déclarée nulle, à raison de ce que le *parlant à* la personne d'un détenu était imprimé d'avance, puisque l'huissier a toujours la certitude de trouver l'accusé dans la maison de justice (Cass. 4 avril 1856).

SECTION III. — FORMATION DU TABLEAU.

3298. Le jour même de l'ouverture de la session, et avant de s'occuper de l'expédition des affaires, la Cour d'assises doit d'abord constater le nombre des jurés qui comparaissent (Circ. min. 27 nov. 1827).

Pour cela, et avant l'ouverture de l'audience, le président fait faire, par le greffier, l'appel de tous les jurés, en présence du ministère public et de l'accusé (C. inst. 399, § 1).

3299. Pour éviter toute méprise et toute confusion, il est à propos que le président profite de cet appel pour interpeller chaque juré sur l'orthographe de son nom, l'ordre de ses prénoms, sa profession, son domicile et la date de sa naissance. C'est le meilleur moyen de s'assurer de l'exactitude des énonciations de la liste de la session, et d'empêcher qu'un juré ne fasse le service à la place d'un autre (Circ. min. 7 therm. an IX).

Au fur et à mesure de l'appel, la Cour statue sur les excuses des jurés absents, comme il va être dit au n° 3304, et les noms des jurés présents et non excusés, ni dispensés, sont déposés dans une urne.

3300. Si, parmi les jurés indiqués par le sort pour faire le service de la session, il s'en trouve, au moment de son ouverture, un ou plusieurs qui, depuis la formation de la liste de service, soient décédés, ou aient été légalement frappés d'incapacité, ou pourvus d'un emploi incompatible avec les fonctions de juré, la Cour d'assises, après avoir entendu le ministère public, procède à leur remplacement, séance tenante, et par la voie du tirage au sort (Arg. C. inst. 390).

Si donc, au jour indiqué pour le jugement, le nombre des jurés de la liste de service est réduit à moins de trente, par suite d'absence ou pour toute autre cause, ce nombre est complété par les jurés suppléants suivant l'ordre de leur inscription ; en cas d'insuffisance, par les jurés tirés au sort en audience publique, parmi ceux qui sont portés sur la liste générale des jurés titulaires, et, subsidiairement, parmi les jurés de la ville inscrits sur la liste annuelle des jurés suppléants (Loi 4 juin 1853, art. 18, § 1. — Loi 21 nov. 1872, art. 19).

3301. Lorsque les assises ne se tiennent pas au lieu habituel, le nombre des jurés titulaires de la liste de service est complété par un tirage au sort, fait en audience publique de la Cour d'assises, parmi les jurés de la ville où elle siège, qui se trouvent inscrits sur la liste annuelle (*Ibid.* § 2. — Décr. 6 juill. 1810, art. 90).

Dans tous les cas où il y a lieu de compléter le nombre de trente jurés, on n'efface pas de la liste générale les noms sortis de l'urne, car cette liste doit servir pour toutes les sessions, et les jurés qui y sont inscrits demeurent toujours exposés aux chances du sort, lors même qu'ils auraient été appelés plusieurs fois dans la même année, soit comme titulaires, soit comme suppléants (Circ. min. 27 nov. 1827).

3302. Tout juré qui, sans justifier d'un motif valable, ne se rend pas à son poste sur la citation qui lui a été notifiée, ou qui, même après s'y être rendu, se retire avant l'expiration de ses fonctions ou refuse de les remplir, est condamné par la Cour d'assises, sur les conclusions du ministère public, à une amende de 200 à 500 fr. pour la première fois, de 1,000 fr. pour la seconde, et de 1,500 fr. pour la troisième. Cette dernière fois, il est, de plus, déclaré incapable d'exercer, à l'avenir, les fonctions de juré, et l'arrêt est imprimé et affiché à ses frais (C. inst. 396 et 398. — Loi 4 juin 1853, art. 19. — Loi 21 mai nov. 1872, art. 20).

La déclaration faite, à l'audience, par un juré, qu'il admettra toujours des circonstances atténuantes dans les accusations capitales, équivaut à un refus d'exercer ses fonctions, et entraîne les mêmes peines (Cour d'assises de la Seine, 13 févr. 1855).

3303. Le ministère public doit faire notifier et exécuter, dans la huitaine du jour où ils ont été prononcés, les arrêts qui condamnent les jurés à l'amende, et en rendre compte au ministre (Circ. min. 11 déc. 1827).

Sont exemptés de ces peines ceux qui justifient de l'impossibilité où ils se sont trouvés d'obéir à la loi (C. inst. 397 et 398).

3304. Sont excusés sur leur demande :

1° Les sénateurs et les députés au Corps législatif, pendant la durée des sessions seulement ;

2° Ceux qui ont rempli les fonctions de juré pendant l'année courante et l'année précédente (Loi 4 juin 1853, art. 16).

Sont encore excusables les jurés empêchés de siéger par une maladie ou par des infirmités.

Ceux dont la présence est indispensable dans leurs propriétés pour la récolte, ou auprès de leurs père, mère, femme ou enfants gravement malades et mourants, peuvent être excusés pour une partie de la session (Décis. min. 14 août 1812).

Ceux qui sont appelés à faire partie d'un conseil général doivent être excusés pendant la durée de la session dudit conseil (Circ. min. 12 nov. 1816).

Il convient aussi d'accepter les excuses des armateurs dont les navires sont en partance pour Terre-Neuve (Décis. min. 1er juill. 1841).

3305. Le ministère public étant souvent consulté sur les formes à suivre pour faire excuser temporairement les jurés empêchés par une maladie ou par des infirmités, nous croyons utile de les rappeler ici.

Quand des jurés sont ainsi empêchés de se rendre aux assises, ils doivent transmettre, avant l'ouverture de la session, au parquet de la Cour d'assises, un certificat de médecin sur papier timbré, attestant l'impossibilité où ils sont de se déplacer.

Ce certificat est affirmé par le médecin devant le juge de paix du canton du domicile du juré malade; et ce magistrat fait mention, au pied du certificat et sans frais, de l'accomplissement de cette formalité (Legraverend, II, 275.—Carnot, *Code d'instr. crim.*, III, 344.—Dalloz aîné, v° *Cours d'assises*, IV, 363).

Ces certificats sont dispensés de la formalité de l'enregistrement, mais ils doivent être affirmés, par ceux qui les ont délivrés, devant le juge de paix du canton, qui doit s'assurer personnellement de la vérité des faits qui y sont énoncés (Décis. min. 24 déc. 1816. — Circ. min. 22 sept. 1818 et 11 déc. 1827).

Il faudrait en agir de même pour la surdité, la cécité, et toutes autres infirmités graves et permanentes, qui rendraient un juré entièrement incapable de remplir ses fonctions, et qui pourraient même motiver une dispense définitive et perpétuelle.

3306. Ainsi donc, lorsque des jurés malades ou infirmes s'adressent au procureur de leur arrondissement pour présenter leurs excuses, comme ces excuses ne peuvent être admises que par la Cour d'assises, le magistrat qui les reçoit est tenu de les transmettre immédiatement au ministère public près cette Cour, après avoir vérifié si les pièces produites sont en bonne forme. Il doit, par exemple, rappeler aux réclamants que les certificats de maladie délivrés par les hommes de l'art ne sont accueillis qu'autant qu'ils ont été affirmés sincères et véritables, par les signataires, devant le juge de paix du canton (Circ. min. 30 juin 1827).

La forme de cette affirmation est la même que celle qui est indiquée ci-dessus, n°° 2267 et suivants.

3307. N'oublions pas que les excuses des jurés doivent être présentées en temps utile, c'est-à-dire pendant la durée de la session; car, après sa clôture, les magistrats qui ont composé la Cour d'assises sont sans pouvoir et sans caractère pour statuer à cet égard. Ce serait à la Cour d'assises de l'une des sessions suivantes qu'il appartiendrait alors de prononcer (Cass. 23 mars 1826).

Du reste, le juré condamné n'a pas besoin du ministère d'un avoué pour soumettre ses excuses à la Cour; il peut présenter sa requête en personne, ou par un fondé de pouvoir spécial (Décis. min. 31 juill. 1822 et 4 mars 1828).

3308. Le ministère public est toujours entendu sur les excuses présentées par les jurés, et la Cour d'assises doit montrer une juste sévérité dans l'examen et l'appréciation qu'elle en fait. Elle ne peut admettre que celles qui sont graves et bien constatées, et doit rejeter, sans examen, tous certificats de maladie qui ne seraient pas affirmés sincères et véritables devant le juge de paix du domicile du malade. S'ils paraissaient l'œuvre d'une complaisance coupable, il faudrait ordonner une contre-visite (Décis. min. 19 nov. 1811.—Circ. min. 27 nov. 1827).

3309. Il appartient à la Cour d'assises de retrancher de la liste de session les jurés qui n'ont pas l'âge requis, qui ne jouissent pas des droits civils, qui exercent des fonctions incompatibles, ou qui ont perdu la qualité de juré (Même circulaire).

Si le tirage du jury de jugement était fait sur une liste de trente jurés, et que l'un d'eux fût incapable de remplir ses fonctions, il y aurait nullité, lors même que le juré incapable n'aurait pas concouru à la décision attaquée (Cass. 9 avril 1829).

A plus forte raison, la décision à laquelle aurait concouru un juré âgé de moins de trente ans serait nulle; mais il suffirait, pour empêcher cette nullité, que les trente ans fussent accomplis au moment où le juré est allé siéger pour remplir ses fonctions (Cass. 27 juin 1833 et 7 août 1845).

3310. Les arrêts par lesquels les Cours d'assises statuent sur les cas d'exonération ou d'excuse des jurés sont des actes d'administration que les accusés sont inhabiles à critiquer, quand il est resté sur la liste de service trente jurés idoines, à l'égard desquels ils ont pu exercer leurs récusations (Cass. 27 déc. 1855).

3311. Le président et le ministère public doivent avertir la Cour de la nécessité de remplacer les jurés qui, comme témoins, comme experts, ou par tout autre motif, ne peuvent connaître de l'affaire; car la Cour d'assises doit statuer indistinctement sur les incapacités qui existaient avant la formation de la liste générale, et sur celles qui seraient nées depuis, et qui auraient échappé à la Cour d'appel (Circ. min. 27 nov. 1827).

Si le sort désigne des jurés déjà excusés pour la session, ou empêchés d'une manière quelconque, le président doit annuler le bulletin et tirer un autre nom (*Ibid.*).

Il y a même nullité du tirage du jury et de tout ce qui a suivi, lorsque le défenseur de l'accusé, se trouvant au nombre des jurés, a été compris dans le tirage, encore bien qu'il ait été récusé par le ministère public (Cass. 11 mai 1848).

3312. Les présidents d'assises doivent signaler, au préfet du département, les jurés qui auraient fait preuve de négligence, d'incapacité ou de mauvaise volonté (Circ. min. 27 nov. 1827);

Et rendre compte au ministre, à la fin de la session, de l'exactitude et de l'intelligence avec lesquelles les jurés ont rempli leurs devoirs (Circ. min. 29 juin 1811).

De plus, après chaque session, le ministère public transmet au premier président de la Cour d'appel, ou au président du tribunal du chef-lieu judiciaire, les noms des jurés qui n'ont pas comparu, et qui ont été excusés ou condamnés à l'amende (C. inst. 391, § 5).

3313. Une expédition de la même liste est adressée au garde des sceaux, par le procureur général, dans les huit jours qui suivent la clôture de chaque session (Circ. min. 30 janv. 1826 et 11 déc. 1827).

Et, quand des condamnations ont été prononcées contre des jurés, il faut faire connaître, dans la lettre d'envoi, s'il y a été formé opposition par les jurés condamnés, et quel en a été le résultat. Si les condamnations ont été rapportées, il faut aussi indiquer les motifs d'excuse allégués par les jurés défaillants et accueillis par la Cour d'assises (Décis. min. 17 mai 1846).

Il est dû au greffier un salaire, pour l'expédition du procès-verbal constatant l'admission des excuses, ou la condamnation des jurés (Décis. min. 16 fév. 1830).

3314. Le nombre de douze jurés est nécessaire pour former un jury de jugement (C. inst. 394, § 1).

Lorsqu'un procès criminel paraît de nature à entraîner de longs débats, la Cour d'assises peut ordonner, avant le tirage de la liste des jurés, qu'indépendamment de ce nombre de douze, il en sera tiré deux autres, pour assister aux débats, et remplacer ceux des douze jurés qui seraient empêchés de suivre l'affaire jusqu'à la dé-claration définitive du jury (C. inst. 394, §§ 2 et 3).

La Cour d'assises a seule qualité pour décider de l'opportunité de cette adjonction ; et le remplacement se fait, quand il y a lieu, d'après l'ordre suivant lequel ces jurés ont été appelés, par le sort, à siéger comme jurés supplémentaires (*Ibid.*, § 4. — Circ. min. 1er fév. 1825 et 27 nov. 1827).

3315. Le tirage des jurés peut avoir lieu en la chambre du conseil, et hors la présence des assesseurs et du public (Cass. 15 janv. 1829 et 12 déc. 1840).

Comme aussi il peut être fait en audience publique, et devant toute la Cour (Cass. 13 avril 1837).

Mais, comme les incidents contentieux, qui s'élèveraient à l'oc-casion du tirage, ne pourraient être jugés que par la Cour d'as-sises tout entière, il vaut mieux y procéder à l'audience (Cass. 25 juin 1840).

Cependant les instructions de la chancellerie recommandent au ministère public de veiller à ce que le tirage du jury ait lieu en la chambre du conseil (Circ. min. 26 août 1853, § III).

3316. Quoi qu'il en soit, la présence du public n'est pas né-cessaire pour sa validité, il suffit de celle des magistrats, de l'ac-cusé et de son conseil (Cass. 10 août 1817).

Celle du ministère public notamment est indispensable (Circ. min. 16 vent. an VI).

3317. Le président tire lui-même au sort les jurés de juge-ment. A la sortie de chaque nom de l'urne, l'accusé d'abord, et le ministère public ensuite, récuse ceux des jurés qu'il ne veut pas avoir pour juge, en disant, à haute voix, sans exprimer de mo-tifs : *récusé*, ou *je le récuse* (C. inst. 399, §§ 2 et 3).

Le ministère public et l'accusé ont le droit de faire un nombre égal de récusations ; toutefois, si le nombre total des jurés est impair, l'accusé peut exercer une récusation de plus ; mais le droit de l'un et de l'autre s'arrête quand il ne reste plus que douze noms dans l'urne (*Ibid.*, 400 et 401).

3318. S'il y a plusieurs accusés, ils peuvent faire leurs récu-sations séparément, ou se concerter entre eux pour les exercer en commun, en totalité ou en partie, soit par eux-mêmes, soit par l'organe de leur défenseur ; mais sans pouvoir excéder le nombre de récusations accordé à un seul accusé. S'ils ne se concertent pas, le sort fixe entre eux l'ordre des récusations, et le juré récusé par l'un d'eux est récusé pour tous (C. inst. 402 à 404).

3319. De son côté, le ministère public doit s'abstenir de faire des récusations par pure complaisance, et ne pas oublier qu'elles ne doivent jamais être exercées que dans l'intérêt d'une meilleure justice (Circ. Rennes, 2 sept. 1853).

Mais, c'est un véritable devoir pour lui d'écarter, par ses récusations, les hommes incapables de discerner la vérité, ou qui seraient de mœurs blâmables, ou susceptibles de prévention pour ou contre l'accusé, ou toujours résolus à absoudre, ou qui se feraient un système de résister à l'application de certaines peines, ou qui seraient trop disposés à regarder tous les accusés comme des coupables convaincus (Circ. min. 11 déc. 1827).

3320. Autrefois, on décidait que l'accusé devait exercer seul son droit de récusation, sans le concours et même hors la présence de son défenseur (Circ. min. 20 sept. 1814).

La loi admet aujourd'hui l'intervention de ce dernier (C. inst. 399, § 3. — Loi 28 avril 1832).

3321. Les jurés non récusés prennent successivement séance, à l'appel de leur nom, sur les siéges qui leur sont réservés; et, lorsqu'il est sorti de l'urne douze noms de jurés non récusés, le jury de jugement se trouve formé, et l'examen ou les débats de l'affaire commencent immédiatement (C. inst. 399, § 4, et 405).

3322. Toutefois, on peut, quand plusieurs affaires sont indiquées pour le même jour, tirer en même temps le jury de toutes les affaires, quoiqu'elles ne puissent être jugées que successivement (Cass. 28 juin 1838).

C'est au président de la Cour d'assises à fixer l'ordre dans lequel elles seront évoquées.

Quand une affaire est renvoyée d'une session précédente, il est nécessairement formé un nouveau jury, et procédé à de nouvelles récusations (C. inst. 406).

3323. Le premier juré non récusé dans l'ordre du tirage reçoit le titre et remplit les fonctions de *chef du jury*. C'est lui qui dirige les délibérations et qui donne lecture du verdict à l'audience. Il peut, du reste, mais de son consentement seulement, être remplacé, dans tout ou partie de ces fonctions, par un de ses collègues désigné par tous (C. inst. 342, § 1, 345 et 348).

CHAPITRE IV. — ACTES PRÉLIMINAIRES.

SECTION PREMIÈRE. — DILIGENCES.

SOMMAIRE.

3324. Quand une accusation a été prononcée, si l'affaire ne doit pas être jugée au siège de la Cour d'appel, les pièces du procès et les pièces de conviction sont transmises dans les vingt-quatre heures, par ordre du procureur général, au greffe de la Cour d'assises (C. inst. 291).

Ce délai court du moment de la signification, faite à l'accusé, de l'arrêt qui le renvoie devant le jury (*Ibid.*, 292).

Dans la pratique, et pour plus de célérité, cet envoi est fait ordinairement, aussitôt que le dossier, après avoir été communiqué au président d'assises, est revenu au parquet du procureur général, avec l'arrêt de la chambre d'accusation, et il est transmis au parquet de la Cour d'assises, en même temps que cet arrêt et l'acte d'accusation sont envoyés au parquet du lieu de la détention de l'accusé, pour lui être notifiés.

3325. Pour assurer l'exacte transmission des pièces de conviction, il est convenable de faire remettre aux porteurs un double de l'inventaire de ces pièces, qui doit se trouver dans chaque procédure. La délivrance de cet inventaire au parquet par le greffier sera utile tout à la fois au ministère public, pour lui rappeler qu'il y a lieu de requérir l'envoi de ces pièces, au greffier de la Cour d'assises, pour vérifier si les objets qui lui sont remis sont les mêmes que ceux qui sont portés sur l'inventaire, et aux porteurs, qui pourront faire mettre au pied le reçu ou la décharge qui leur en sera donnée (Circ. Rennes, 3 août 1853).

3326. Aussitôt que le ministère public près la Cour d'assises a reçu les pièces, il doit apporter tous ses soins à ce que les actes préliminaires soient faits en temps utile, et que tout soit en état pour que les débats puissent s'ouvrir pendant la session la plus prochaine (C. inst. 272).

Ces actes préliminaires consistent : 1º à faire exécuter, le plus promptement possible, les ordonnances du président d'assises, qui auraient prescrit un supplément d'information ou des investigations nouvelles, pour lesquelles ce magistrat peut déléguer ses pouvoirs, pour plus de célérité, à un juge de paix aussi bien qu'à un juge d'instruction (C. inst. 208 et 303.—Cass. 7 juill. 1847);

2º A faire délivrer par le greffier, aux accusés, une copie exacte et complète des procès-verbaux constatant le délit, et les déclarations écrites de tous les témoins entendus dans l'instruction (C. inst. 303).

Une omission, sur ce point, exposerait le greffier à se voir condamner aux frais que pourrait occasionner le renvoi de l'affaire à une autre session (Décis. min. 27 mars 1828);

3º A veiller à ce que la liste de service du jury leur soit également notifiée au moment fixé par la loi (C. inst. 395);

4º A ce que les témoins soient assignés à comparaître à l'audience du jour indiqué pour les débats (*Ibid.*, 315, § 1);

5º A ce que la liste complète de ces témoins soit notifiée à chacun des accusés (*Ibid.*, 315, § 3).

3327. Remarquez qu'on peut entendre comme témoins, devant la Cour d'assises, les magistrats qui ont requis les poursuites ou procédé, à quelque titre que ce soit, à l'instruction de l'affaire, si leur présence aux débats paraît indispensable (Cass. 12 déc. 1811, 1er fév. 1839 et 12 déc. 1845).

Mais il faut éviter de les détourner trop fréquemment de leurs occupations habituelles, et ne les appeler qu'en cas d'une absolue nécessité. Le magistrat du parquet fera toujours bien de se concerter, à cet égard, avec le président des assises.

3328. Le choix des témoins à appeler aux débats doit être fait avec réserve et discernement, sur les renseignements obtenus des officiers de police judiciaire, et d'après les indications de la procédure. Il faut surtout éviter d'appeler des témoins dont la déposition serait insignifiante ou identique à d'autres; et, au besoin, en dresser la liste avec le concours du magistrat qui a rédigé l'acte d'accusation et de celui qui doit présider l'audience (Circ. min. 20 nov. 1829, § 1).

Pour que ce choix puisse être fait avec maturité, il importe d'activer l'envoi des procédures au parquet de la Cour d'assises (Circ. min. 16 août 1842, §§ 22 et 24, et 26 déc. 1845, § 2).

Un individu frappé de dégradation civique ne peut être appelé comme témoin qu'en vertu du pouvoir discrétionnaire du président (Décis. min. 10 déc. 1851, § 2).

3329. Le ministère public près la Cour d'assises ne doit rien négliger pour que les témoins assignés soient présents à l'audience où les débats doivent s'ouvrir, et pour que leur absence ne nécessite pas le renvoi de l'affaire à une autre session (Circ. min. 26 déc. 1845).

Il transmet, en conséquence, au ministère public de l'arrondissement où sont domiciliés les témoins, la citation qu'il veut leur faire notifier.

3330. A la réception de cette pièce, ce magistrat la remet à un huissier, ou, à son défaut, à un agent de la force publique, si les témoins sont domiciliés dans le canton de sa résidence ; dans le cas contraire, il la transmet au juge de paix du canton de leur domicile.

Quand l'original de la citation a été notifié et enregistré par les soins de celui qui en est chargé, il est remis ou renvoyé au ministère public, qui en prend note sur le registre des salaires des huissiers, et l'adresse ensuite au parquet de la Cour d'assises.

3331. Il est essentiel que le magistrat délégué fasse toutes ses diligences pour que la citation soit notifiée et renvoyée en temps utile, et qu'il prenne, en cas d'urgence, les mesures convenables de célérité.

Du reste, doivent être observées pour la régularité des formes, toutes les règles écrites au n° 2652, et au tome III, chapitre *des Frais de justice criminelle.*

3332. Si un accusé est dans l'indigence, le président peut ordonner, même avant le jour de l'audience, l'assignation, à la requête du ministère public, des témoins qui lui sont indiqués comme nécessaires à la défense, quand il juge lui-même leur déclaration utile à la manifestation de la vérité (C. inst. 321, § 2. — Loi 22 janv. 1851, art. 30).

SECTION II. — DÉFENSEUR.

SOMMAIRE.

3333. Dans l'interrogatoire que le président des assises, ou le juge qui le remplace, fait subir à l'accusé, lors de son arrivée dans la maison de justice, il lui demande s'il a fait choix d'un conseil pour l'aider dans sa défense, sinon il lui en désigne un d'office, à peine de nullité de tout ce qui suivrait (C. inst. 294, § 1).

Toutefois, cette désignation d'office est comme non avenue, et même le défaut de désignation n'entraîne pas nullité, si l'accusé se choisit lui-même plus tard un défenseur (*Ibid.*, § 2).

3334. Ce défenseur ne peut être choisi par l'accusé, ou désigné par le juge, que parmi les avocats ou les avoués de la Cour d'appel ou du ressort, c'est-à-dire parmi les avoués de la Cour, quand l'affaire est portée à la Cour d'assises qui se tient au chef-lieu de la Cour d'appel, et parmi les avocats ou avoués du tribunal où siége la Cour d'assises dans les autres départements, à moins que l'accusé n'obtienne du président la permission de prendre pour conseil un ou plusieurs de ses parents ou amis (*Ibid.*, 295).

En général, les défenseurs désignés d'office sont choisis parmi les avocats stagiaires que leur jeunesse ou leur inexpérience rend trop souvent insuffisants pour une aussi grave mission. Ce n'est que dans les affaires majeures ou capitales, que le choix du président s'arrête sur les anciens de l'ordre. Nous voudrions que, dans les autres, un ancien avocat fût au moins chargé d'assister les jeunes stagiaires dans l'accomplissement d'une tâche qui pourrait se trouver au-dessus de leurs forces.

3335. Dans les tribunaux où l'exercice de la plaidoirie est permis aux avoués, comme nous l'avons dit au tome Ier, nos 691 et suivants, ils sont tenus de défendre les accusés, d'office, sur la désignation du président de la Cour d'assises (Décis. min. 13 sept. et 24 déc. 1819).

Et là même où la plaidoirie des affaires civiles leur est interdite, ils peuvent être choisis comme défenseurs par le président ou par les accusés, car la prohibition des ordonnances des 27 février et 20 novembre 1822 doit être restreinte à ses termes, c'est-à-dire à la plaidoirie devant les tribunaux civils (Cass. 23 juin 1827, 12 et 25 janv. 1828).

3336. Enfin, les défenseurs désignés d'office ne peuvent se dispenser de se présenter à l'audience où ils sont appelés, qu'après avoir fait agréer leurs excuses à la Cour, sous peine d'injonction et de peines disciplinaires; et le ministère public est tenu de leur faire connaître le jour où l'affaire sera plaidée, et, autant que possible, le rang où elle viendra probablement à l'audience (Décis. min. 24 déc. 1819).

Toute autre sommation est inutile (Décis. min. 5 fév. 1812).

3337. Ils doivent assister l'accusé pendant tout le cours des débats; et il y a nullité, s'il n'est pas nommé un nouveau conseil à l'accusé devant la Cour d'assises, après que celui qui avait été désigné a été excusé sur sa demande, encore bien qu'au moment des plaidoiries, un autre avocat ait présenté la défense du prévenu (Cass. 13 juill. 1849).

Cependant, il ne suffirait pas que le conseil se fût absenté un instant pendant les débats, ou après la déclaration du jury, ou qu'il n'eût pas été présent au commencement de l'audience (Cass. 27 mars 1847, 31 août et 3 nov. 1848).

3338. Remarquez que l'accusé peut toujours, même à l'audience, choisir un autre conseil que celui dont il avait fait choix dans son interrogatoire (Cass. 23 août 1849).

Mais, si le défenseur choisi se retire parce que l'accusé déclare qu'il veut se passer d'avocat, le président n'est pas tenu de lui désigner un nouveau défenseur (Cass. 13 avril 1848).

SECTION III. — MESURES PRÉPARATOIRES.

SOMMAIRE.

3339. Fixation du rôle.	3341. Communication des procédures.	3343. Prorogation. — Jonction.
3340. Attributions respectives.	3342. Dossier au président.	3344. Renvoi.

3339. C'est au président des assises qu'il appartient de fixer le rôle de la session, c'est-à-dire d'indiquer le jour où chaque affaire sera jugée, et même l'ordre dans lequel elles seront appelées, quand il y en a plusieurs de fixées au même jour (Cass. 26 avril 1844).

Il doit éviter, autant que possible, de fixer, à la veille des jours fériés, des affaires dont les débats pourraient se prolonger jusqu'au lendemain (Décis. min. 19 juill. 1826).

Toutefois, les débats d'une affaire peuvent, sans irrégularité, s'ouvrir un jour férié (Cass. 5 déc. 1839).

C'est aussi le président qui détermine, entre plusieurs accusés, celui qui doit être soumis le premier aux débats, et, par conséquent, le rang qu'ils doivent garder entre eux (C. inst. 334).

3340. Mais c'est au chef du parquet seul à distribuer toutes les affaires aux magistrats du ministère public, et à les choisir pour porter la parole à l'audience.

Ainsi, il entre dans les attributions du président de régler le rôle de la session et l'ordre dans lequel les affaires y seront portées. Le chef du parquet n'a à intervenir, dans cette fixation, qu'autant que le président le désire ou qu'il lui en laisse le soin ;

autrement, il n'a qu'à assurer l'exécution des dispositions prises par ce magistrat, faire donner, comme nous l'avons dit au n° 3326, toutes les assignations en temps utile, et désigner le membre du ministère public qui portera la parole dans chaque affaire (Circ. min. 16 août 1842, § 2. — Cass. 26 avril 1844).

3341. Les présidents d'assises doivent prendre communication des procédures criminelles de leur session, aussitôt que l'acte d'accusation a été rédigé, et avant qu'elles soient déposées au greffe de la Cour d'appel (Décis. min. 23 fév. 1830).

Quand cette communication se fait par la voie du greffe, elle doit avoir lieu sur récépissé, pour la décharge du greffier, si celui-ci l'exige (Décis. min. 17 avril 1838).

3342. Le magistrat du ministère public, chargé de porter l'affaire à l'audience, prend ensuite communication de chaque procédure, de la même manière, et la fait remettre au greffe pour être mise, sans déplacement, à la disposition du conseil de l'accusé.

Toutefois, c'est au président qu'appartiennent les pièces de la procédure pendant le cours des débats; mais il doit en aider le ministère public, quand celui-ci en a besoin (Décis. min. 7 mars 1825).

3343. Si le ministère public, ou l'accusé, ont des motifs pour demander que l'affaire ne soit pas portée à la première session, ils présentent au président des assises une requête en prorogation de délai, et le président statue et peut même proroger d'office C. inst. 306).

S'il a été formé, à raison du même délit, plusieurs actes d'accusation contre divers accusés, le ministère public peut requérir la jonction de toutes les affaires en une seule, et le président peut l'ordonner même d'office (*Ibid.*, 307).

Comme aussi, lorsque le même acte d'accusation comprend plusieurs délits non connexes, le ministère public peut requérir, si cela lui paraît avantageux pour la bonne administration de la justice, que les accusés ne soient mis en jugement, quant à présent, que sur l'un ou quelques-uns de ces délits, et le président peut également l'ordonner d'office (*Ibid.* 308).

3344. Enfin, quand un accusé a présenté à la Cour de cassation une demande en renvoi, pour cause de suspicion légitime, la Cour d'assises n'est tenue de surseoir à l'ouverture des débats qu'autant qu'un arrêt de soit communiqué, rendu par la Cour suprême, a été notifié au ministère public chargé de soutenir l'accusation (Décis. min. 13 fév. 1834).

CHAPITRE V. — DÉBATS AUX ASSISES.

SECTION PREMIÈRE. — OPÉRATIONS PRÉALABLES.

SOMMAIRE.

3345. Au jour fixé pour l'ouverture des débats, la Cour d'assises ayant pris séance, les jurés non récusés se placent, dans l'ordre désigné par le sort, sur des siéges séparés du public, des parties et des témoins, en face de celui qui est destiné à l'accusé (C. inst. 309).

Il convient que ces siéges soient disposés sur deux lignes parallèles, les uns au-dessus des autres, de telle manière que chaque juré puisse facilement tout voir et tout entendre, et qu'une table ou un bureau soit disposé devant eux avec tout ce qu'il faut pour écrire, afin qu'ils puissent prendre des notes au besoin (*Ibid.*, 328).

Un gendarme ou un huissier se place ordinairement à l'extrémité du banc des jurés, afin d'empêcher toute communication avec le public.

3346. Si les débats d'une affaire paraissent devoir se prolonger plusieurs jours, la Cour d'assises peut s'adjoindre un ou deux assesseurs supplémentaires pour remplacer, au besoin, ceux de ses membres qui se trouveraient, par une indisposition subite, ou par tout autre empêchement, hors d'état de continuer à siéger (Loi 25 brum. an VIII, art. 4).

Cette loi de l'an VIII est toujours demeurée en vigueur, malgré les changements survenus depuis dans l'instruction et le jugement des affaires criminelles (Cass. 21 août 1835).

3347. Cette adjonction peut être faite par le président seul, sans l'intervention de la Cour, comme par la Cour elle-même (Cass. 19 juill. 1832 et 12 déc. 1840).

Et même d'office, sans provocation de la part du ministère public, quoiqu'il soit plus convenable de l'entendre sur la nécessité de l'adjonction.

Il n'est pas non plus nécessaire que l'accusé ou son défenseur soit entendu sur ce point, quand l'adjonction est ordonnée avant le tirage du jury, ni de communiquer à l'accusé l'ordonnance du président qui l'aurait prononcée d'avance (Cass. 30 juin 1838 et 8 oct. 1840).

Car, à partir du jour de l'ouverture de la session, ce magistrat est chargé de désigner, s'il y a lieu, les assesseurs supplémentaires (C. inst. 253, § 4.—Loi 21 mars 1855).

3348. L'accusé comparaît libre et sans fers, et seulement accompagné de gardes, pour l'empêcher de s'évader (C. inst. 310).

Quand les accusés sont nombreux et qu'ils s'incriminent mutuellement, il convient qu'ils soient séparés les uns des autres par un ou plusieurs agents de la force publique.

Si un accusé est dans un état de maladie ou d'infirmité qui ne lui permette pas de marcher, il peut, s'il le demande, être porté à l'audience, sur une litière, et déposé, dans cet état, aux pieds de la Cour.

Les concierges de la maison de justice doivent veiller à ce que les accusés se présentent à la barre avec un extérieur aussi décent que possible, et surtout à ce qu'ils ne soient jamais en état d'ivresse, ni porteurs d'aucune arme ni d'aucun projectile.

3349. Le président est tenu d'avertir le conseil de l'accusé, qu'il ne peut rien dire contre sa conscience ou contre le respect dû aux lois, et qu'il doit s'exprimer avec décence et modération (C. inst. 311).

C'est aussi un devoir, pour le défenseur, de ne pas entretenir le jury de la nature ou de la gravité de la peine qui peut menacer l'accusé; et il doit se renfermer uniquement dans la discussion des preuves de la culpabilité. L'oubli de cette règle pourrait entraîner contre lui, soit une injonction du président, soit une peine disciplinaire (Cass. 25 mars 1836).

En effet, il ne faut pas que de pareilles considérations puissent être présentées aux jurés et exercer quelque influence sur leur décision, qui ne doit être que le cri de leur conscience et un hommage complet et sincère à ce qu'ils voient être la vérité. Ils ne doivent donc jamais se préoccuper de la peine, ni des conséquences légales de leur verdict, et le président doit même le leur rappeler au besoin (Décis. min. 6 mai 1811).

3350. Immédiatement après le serment solennel des jurés et la lecture, faite à haute voix, par le greffier, de l'arrêt de mise en accusation, le ministère public, si l'affaire est de nature à causer du scandale, et si sa publicité offre du danger pour l'ordre public ou les bonnes mœurs, doit requérir qu'elle soit jugée à huis clos. La Cour statue sur ces réquisitions ; et, si le huis clos est ordonné, les huissiers font évacuer, par le public, la salle d'audience. Quand les portes ont été fermées, on reprend les débats par la lecture de l'acte d'accusation, et les portes ne sont plus ouvertes que pour le prononcé des arrêts sur les incidents et pour le résumé du président (C. inst. 313).

Et même, dans les affaires d'attentat aux mœurs, la Cour d'assises peut interdire l'entrée de l'audience aux femmes et aux enfants pendant le résumé du président (Décis. min. 31 oct. 1820).

3351. Quand il s'agit de prononcer sur un incident, il faut avoir soin de faire rouvrir les portes, pour que l'arrêt soit rendu publiquement, après quoi on reprend l'audience à huis clos. Car, tout arrêt ou jugement qui serait prononcé hors de la présence du public serait une cause de nullité. Mais il faut que l'arrêt, statuant sur un droit prétendu et contesté, vide un incident réellement contentieux. Car, si un incident, par exemple, la constitution de la partie civile à l'audience, n'a été combattu, ni par le ministère public, ni par l'accusé, l'arrêt qui en décerne acte n'entraîne pas la nullité des débats pour avoir été rendu à huis clos. En effet, ce n'est pas là, à proprement parler, une décision judiciaire, mais l'apurement d'un simple incident faisant partie intégrante des débats eux-mêmes (Cass. 12 juin 1856).

Dans tous les cas, le président et le ministère public doivent se concerter pour faire respecter le huis clos (Décis. min. 9 nov. 1821).

Ils doivent aussi, l'un et l'autre, prendre de concert les mesures nécessaires pour que l'enceinte réservée, dans les autres affaires, aux magistrats, aux jurés, aux avocats et aux fonctionnaires publics, ne soit pas envahie par la foule (Circ. min. 7 juill. 1844).

3352. Après ces préliminaires d'audience, le ministère public a la parole pour exposer le sujet de l'accusation (C. inst. 315).

Il peut adopter, pour cet exposé, le mode qu'il croit le plus convenable, mais il doit éviter de se livrer à une discussion qui serait alors prématurée. Il peut même s'en référer à l'acte d'accusation, ou se borner à requérir l'audition des témoins ; car ce n'est pas là une formalité substantielle, dont l'inobservation puisse entraîner la nullité de la procédure (Cass. 18 sept. 1845 et 9 fév. 1850).

SECTION II. — PREUVES ORALES.

3353. Le ministère public présente ensuite la liste des témoins assignés, soit à sa requête, soit à celle de la partie civile, soit à celle de l'accusé, et dont la liste, quant à ces derniers, a dû lui être notifiée d'avance par celui-ci (C. inst. 315, § 1).

Aussi peut-il s'opposer à l'audition d'un témoin dont le nom ne lui aurait pas été ainsi notifié ; et l'accusé, de son côté, a aussi le même droit. La Cour statue de suite sur ces diverses oppositions (*Ibid.*, § 4).

3354. Si un témoin ne comparaît pas, quoique dûment assigné, ou s'il refuse de déposer, il est condamné par la Cour, séance tenante, sur les réquisitions du ministère public, et conformément aux dispositions de l'art. 80 du Code d'instruction criminelle, que nous avons rapportées ci-dessus, n° 2677 (*Ibid.*, 304 et 355, § 2).

Le refus de déposer, fondé sur le secret commandé au témoin, par les devoirs de sa profession ou de ses fonctions, est également punissable, si cette excuse n'est pas agréée par la Cour (Cour d'assises d'Ille-et-Vilaine, 28 août 1846).

3355. Lorsque des témoins, *indispensables à la manifestation de la vérité*, ne se présentent pas aux débats, sur l'assignation qui leur a été donnée, la Cour peut, sur la réquisition du ministère public, et avant que les débats soient ouverts par la déposition du premier témoin inscrit sur la liste, renvoyer l'affaire à la session suivante, et même, s'il y a lieu, successivement de session en session, jusqu'à ce que ces témoins aient comparu (Décis. min. 4 flor. an x. — C. inst. 354).

Dans ce cas, tous les frais faits pour le jugement de l'affaire, et rendus inutiles par le renvoi, demeurent à la charge du témoin défaillant ; et il est contraint à les payer, même par corps, sur la réquisition du ministère public, par le même arrêt, qui ordonne, de plus, que le témoin qui n'a pas comparu sera amené, par la force publique, devant la Cour pour y être entendu (*Ibid.*, 355, §§ 1 et 2).

Toutefois, ces condamnations peuvent être rapportées ou modifiées sur l'opposition formée en temps utile par le témoin con-

damné; et, si la session est close, elle peut être portée et présentée
à la session suivante (*Ibid.*, 356).

3356. Quand les témoins se sont retirés dans les chambres
qui leur sont respectivement destinées, l'une pour les témoins à
charge, et l'autre pour les témoins à décharge, le président peut
procéder à l'interrogatoire des accusés, même hors la présence les
uns des autres, sauf à les prévenir ultérieurement de ce qui aura
été dit en leur absence (*Ibid.*, 327).

Cet interrogatoire est d'une grande utilité, quoiqu'il ne soit pas
prescrit par la loi. Il a l'avantage de faire saisir immédiatement
aux jurés les diverses circonstances de l'affaire, et le système de
défense de l'accusé, que les dépositions des témoins viennent ensuite confirmer ou démentir.

3357. Les témoins déposent dans l'ordre établi par le ministère public, soit sur la liste notifiée à l'accusé, soit sur une liste
dressée spécialement par lui dans cette intention, et remise aux
huissiers à cet effet. Cet ordre ne peut être interverti que de son
consentement. Après avoir prêté serment dans les termes sacra-
mentels prescrits par la loi, ils répondent aux interpellations
d'usage, qui leur sont faites par le président, sur leur identité, et
font leurs déclarations posément, à haute voix, et de manière à
être facilement entendus par la Cour, les jurés, le ministère public,
l'accusé, son défenseur et les autres témoins (*Ibid.*, 317).

Si un témoin est intimidé, s'il a peu d'organe, ou s'il est affecté
de surdité, le président le fait approcher de la Cour et des jurés,
pour qu'on saisisse plus facilement ses paroles, et qu'il entende
mieux lui-même les questions qui peuvent lui être adressées.

3358. Il est pris note, par le greffier, des additions, changements et variations qui peuvent se remarquer entre la déposition
orale d'un témoin et ses précédentes déclarations écrites. Le ministère public peut, au besoin, requérir que pareille note soit prise
(*Ibid.*, 318).

3359. Il peut aussi demander au témoin et à l'accusé tous les
éclaircissements qu'il croit nécessaires, en demandant la parole
au président (*Ibid.*, 319).

Mais il faut empêcher que les témoins et l'accusé s'interpellent
directement entre eux (*Ibid.*, 325).

Le ministère public et l'accusé peuvent demander que tel ou tel
témoin soit entendu hors la présence de tel autre, et le président
peut aussi l'ordonner d'office (*Ibid.*, 326).

3360. Si, après sa déposition, un témoin demande à se retirer,
cette permission ne peut lui être accordée que du consentement

du ministère public, de la partie civile et de l'accusé. Si l'un d'eux
s'y oppose, le témoin est tenu de rester dans l'auditoire jusqu'au
verdict du jury (C. inst. 320).

Le ministère public peut s'opposer, aussi bien que les parties, à
l'audition des témoins dont la déposition est repoussée par la loi,
sauf le droit qu'a le président d'ordonner, en vertu de son pouvoir
discrétionnaire, qu'ils soient entendus sans prestation de serment
(*Ibid.*, 268 et 269).

SECTION III. — DISCUSSION.

SOMMAIRE.

3361. Quand le dernier témoin a été entendu, le ministère
public a la parole pour développer les moyens de l'accusation (C.
inst. 335).

Ce n'est pas à dire, pour cela, qu'il soit obligé de la soutenir si,
d'après les débats, elle lui paraît mal fondée, comme nous l'avons
dit au tome I, n° 157, et ci-dessus n° 1878 : il ne relève alors que
de sa conscience, et peut, ou demander lui-même l'acquittement
de l'accusé, ou l'admission de circonstances atténuantes en sa faveur, ou même s'en rapporter à la sagesse du jury.

3362. Il ne doit pas oublier que ses réquisitions doivent toujours être empreintes d'un esprit de modération et d'impartialité.
Rien ne peut nuire davantage à une accusation qu'un langage
plein d'emportement et de violence. Il faut présenter les faits dans
leur simplicité et dans une parfaite conformité avec les dépositions
des témoins, en tirer les conséquences logiques qui se présentent
naturellement et sans effort à l'esprit, se bien garder d'y ajouter
aucune circonstance incriminante ou odieuse qui ne serait pas res-
sortie des débats, écarter toutes les inductions forcées qui ne
rencontreraient que des convictions rebelles, et se tenir toujours
dans les voies de la raison et de la vérité. Ce qui importe surtout,
c'est de capter la confiance du jury ; ce point gagné, tout est obtenu ; la puissance du juste et du vrai fait aisément le reste.

Si le jury paraît disposé à donner aux faits une qualification
légale autre que celle qui est formulée dans l'acte d'accusation,
loin de se roidir et de lutter contre cette disposition, il vaut mieux
requérir soi-même la position d'une question subsidiaire, qui

puisse lui permettre de satisfaire à sa conviction. Cette condescendance ne peut être que d'un heureux effet pour empêcher ces révoltes d'un jury qui s'obstine dans son opinion, et qui, maître de son verdict, ne reculerait pas peut-être devant un acquittement regrettable, plutôt que de s'en départir et de se soumettre à d'inflexibles exigences.

L'urbanité envers l'accusé et son conseil n'est pas moins nécessaire dans la bouche du ministère public. Ainsi, ce n'est pas assez de s'abstenir de toute expression cruelle qui serait de l'inhumanité, il faut encore apporter dans la discussion la plus parfaite convenance de langage, et ne jamais oublier que quand la société accuse, elle n'accuse jamais qu'à regret.

3363. La réplique est toujours permise au ministère public, mais, pour ne pas fatiguer l'attention du jury, aussi bien que pour épargner les moments de la Cour, il convient de ne faire usage de ce droit qu'avec beaucoup de réserve, et seulement en cas de nécessité. Il faut y éviter soigneusement toute répétition oiseuse des moyens déjà développés en première plaidoirie, et se borner à répondre d'une manière serrée et concise aux arguments imprévus et capitaux présentés par la défense. C'est sous l'impression d'une énergique sobriété de paroles qu'il convient alors de laisser le jury.

Le défenseur a la parole le dernier. Il en est autrement dans un seul cas, c'est lorsque, après le verdict du jury, le débat ne porte plus que sur les dommages réclamés par la partie civile, parce qu'il ne s'agit plus alors que de statuer sur des intérêts purement civils (Cass. 1er juin 1839).

3364. Après les plaidoiries, les débats sont terminés, personne n'a plus la parole, sous aucun prétexte, jusqu'après le verdict du juy. Le président résume l'affaire, et fait remarquer aux jurés les principales preuves pour ou contre l'accusé (C. Instr. crim. 336).

Tels sont les termes de la loi, mais l'accomplissement de ce devoir, à en juger par la diversité des manières dont il est rempli, ne paraît pas exempt de sérieuses difficultés. Quelques magistrats se croient obligés de reproduire servilement tous les moyens de l'accusation de la défense, les plus pauvres arguments aussi bien que les raisons décisives. Outre la longueur, la fatigue et l'ennui qui résultent, pour les jurés, d'une pareille méthode, nous doutons beaucoup qu'elle soit jamais entrée dans la pensée du législateur, ni qu'elle puisse conduire à de bons résultats. D'autres, tombant dans un excès contraire, se bornent à rappeler les incriminations légales qui ressortent de l'acte d'accusation, et les dénégations ou les explications de la défense. Il y aurait, croyons-nous, un juste milieu à tenir entre ces deux extrémités. Pour l'accusation, en reproduire les termes et rappeler les circonstances et les inductions qui l'appuient; et, pour la défense, indiquer, dans leur ordre logique, les justifications sérieuses qu'elle a présentées, les témoignages ou les preuves sur lesquelles elles s'appuient, et leur degré de valeur ou d'autorité. Le tout exposé dans un langage clair, simple et concis, également éloigné des recherches d'une éloquence étudiée et des négligences d'une basse trivialité. En un mot, il faut qu'avec une sagacité ordinaire, le jury trouve et saisisse, dans le résumé du président, les véritables raisons de décider.

3365. A la fin de son résumé, le président donne lecture aux jurés des questions qui leur sont soumises, tant de celles qui résultent de l'acte d'accusation que de celles qui ressortent des débats et des faits d'excuse présentés par l'accusé, ou de son discernement, s'il est âgé de moins de seize ans (C. inst. 337 à 340).

Elles doivent être posées dans les termes mêmes de la loi pénale, et comprendre toutes les circonstances essentielles du temps et du lieu où les crimes ont été commis (Circ. Cass. 1er juill. 1852, § II).

3366. Ces questions écrites à la marge, datées et signées par le président, sont remises aux jurés en la personne du chef du jury, ainsi que les pièces de la procédure autres que les déclarations écrites des témoins (*Ibid.*, 341, § 2. — Circ. min. 24 août 1837).

Il ne faut jamais soumettre aux jurés des questions complexes : il vaut mieux les diviser, et en poser une pour chaque fait spécial, et une pour chacune des circonstances accessoires (Circ. min. 19 vent. an vi).

De plus, les présidents d'assises doivent écrire séparément toutes les questions qui sont soumises au jury. C'est la seule manière d'assurer l'accomplissement du devoir imposé aux jurés de voter, par oui ou par non, sur chaque question (Circ. min. 24 août 1837).

Les jurés sont avertis par le président, sans qu'il leur soit posé aucune question écrite à cet égard, que, s'ils trouvent qu'il y ait au procès des circonstances atténuantes en faveur de l'accusé, ils doivent l'énoncer à la suite de leur déclaration (C. inst. 341, § 1).

Après quoi le président fait sortir l'accusé de l'auditoire, et invite les jurés à se rendre dans leur chambre pour délibérer (*Ibid.*, § 5, et 342, § 1).

Pendant la suspension de l'audience, les magistrats de la Cour d'assises peuvent se retirer, si bon leur semble, sauf à se trouver réunis de nouveau, quand le jury rentre en séance. Si quelques-uns d'entre eux demeurent sur leurs siéges, le public doit continuer à se tenir dans le silence et le respect, comme nous l'avons dit au tome 1er, nos 447 et suivants.

3367. En thèse générale, les débats des affaires criminelles ne peuvent être suspendus que lorsque les jurés se sont retirés pour délibérer, sauf, cependant, quelques intervalles de repos, que la loi ne permet de prendre qu'en cas de nécessité absolue (Circ. min. 29 brum. an IV).

Ainsi, une fois l'examen et les débats commencés, ils doivent être continués sans interruption jusqu'après l'arrêt, à moins que le renvoi à une autre session ne soit ordonné (Décis. min. 6 mai 1811).

Le président ne peut les suspendre que pendant les intervalles nécessaires pour le repos des magistrats, des jurés, des témoins, des accusés et de leurs défenseurs (C. inst. 353).

Chacun d'eux peut même demander une suspension au président.

3368. Le greffier dresse un procès-verbal de chaque séance, afin de constater que les formalités prescrites par la loi ont été observées. Il est signé par le président et par le greffier, et ne peut être imprimé d'avance. Le tout à peine de nullité et d'une amende de cinq cents francs contre le greffier (C. inst. 372).

Il faut que ce procès-verbal constate que les débats ont été publics à chaque séance, car les énonciations relatives à l'une d'elles ne peuvent pas servir à constater les formalités qui auraient dû être observées aux séances suivantes. Celui de chaque séance doit donc prouver, par lui-même, ce qui s'y est passé, notamment la prestation de serment de chaque témoin après son audition ; car toute formalité substantielle ordonnée par la loi est présumée avoir été omise, quand le procès-verbal n'en fait pas une mention expresse (Cir. min. 1er fév. 1825. — Cass. 13 mars et 2 mai 1845);

Outre que le procès-verbal des débats ne peut pas être porté sur des feuilles imprimées, il ne peut pas davantage être préparé d'avance ou rédigé, même en partie, avec des blancs, pour recevoir ensuite l'indication des formalités accomplies dans chaque affaire (Circ. min. 24 juin 1841).

CHAPITRE VI. — ARRÊT DÉFINITIF.

SECTION PREMIÈRE. — DÉCISION DU JURY.

SOMMAIRE.

3369. Délibéré.
3370. Scrutin secret.

3371. Bulletins de vote.
3372. Verdict.

3369. Pendant leur délibération, les jurés ne peuvent communiquer avec personne jusqu'à ce que leur verdict soit arrêté, sauf la faculté qu'ils ont de faire appeler le président seul, pour avoir des explications sur les difficultés qui pourraient les arrêter. (C. inst. 343. — Cass. 26 mai, 13 oct. 1826, 5 mai et 14 sept. 1827).

Tout juré qui sortirait de la chambre des délibérations avant la formation du verdict pourrait être condamné, par la Cour, sur les conclusions du ministère public, et même d'office, à une amende de 500 francs au plus (C. inst. 343, § 4).

Il est suffisamment satisfait aux dispositions de l'article 343 précité, lorsque le procès-verbal de l'audience constate que le président a donné l'ordre au chef de la gendarmerie d'empêcher toute communication entre les jurés et les autres citoyens pendant leur délibération, bien que cet ordre ne soit pas joint aux pièces (Cass. 21 sept. 1848).

Quiconque pénétrerait dans leur chambre, malgré la défense du président, ou qui n'aurait pas fait exécuter cette défense, après en avoir été chargé, pourrait être puni sur-le-champ, par la Cour d'assises, et condamné, sur les réquisitions du ministère public, à un emprisonnement de vingt-quatre heures (C. inst. 343).

3370. Les jurés sont tenus de délibérer, au scrutin secret, tant sur le fait principal que sur les circonstances, soit aggravantes, soit atténuantes (C. inst. 344 à 346).

La simple majorité suffit pour la condamnation, et la déclaration du jury la constate en ces termes : *à la majorité*, sans dire si c'est la majorité simple ou absolue, ou même l'unanimité, et sans que le nombre de voix soit exprimé, le tout à peine de nullité (Loi 9 juin 1853. — Circ. min. 26 août 1853).

Les circonstances atténuantes ne peuvent aussi être déclarées qu'à la majorité. En cas d'égalité de voix, elles ne sont pas admises (Même circ.).

Nous n'insisterons pas davantage sur le mode de délibération du jury, dont le ministère public n'a pas à s'occuper ; nous dirons seulement que sa décision se forme à la majorité des suffrages, et doit énoncer cette circonstance, le tout à peine de nullité, sans que le nombre de voix puisse être exprimé (*Ibid.*, 347).

3371. Les bulletins remis aux jurés, pour écrire secrètement leur vote, portent imprimés en tête les mots suivants : *Sur mon honneur et ma conscience ma déclaration est.....* Les frais d'impression sont payés sur les fonds généraux du ministère de la justice (Ord. 9 sept. 1835, art. 1. — Circ. min. 26 nov. 1835).

De plus, le bulletin de chaque juré doit être marqué du timbre ou sceau en relief de la Cour d'assises (Circ. min. 19 sept. 1835).

Et l'apposition de ce timbre doit avoir lieu au greffe, sans frais. (Décis. min. 17 avril 1838).

Après la proclamation du vote, les bulletins des votants sont brûlés immédiatement par les soins du chef du jury.

3372. Lorsque les jurés ont répondu à toutes les questions qu'ils ont à résoudre, ils rentrent à l'audience et reprennent leur place, ainsi que les magistrats de la Cour, le ministère public et le défenseur de l'accusé. Puis, le chef du jury, sur l'invitation du président, fait connaître à haute voix le résultat de la délibération, dans la forme et dans les termes prescrits par la loi (C. inst. 348).

Le verdict est, dès lors, acquis à l'accusé aussi bien qu'au ministère public, et ne peut être soumis à aucun recours (*Ibid.*, 350).

Toutefois, la Cour peut renvoyer le jury dans la chambre des délibérations pour réparer quelque omission, quelque irrégularité ou vice de forme, ou parce que ses réponses seraient incomplètes, obscures ou contradictoires (Cass. 16 mars et 8 sept. 1837).

SECTION II. — DÉCISION DE LA COUR.

SOMMAIRE.

3373. Lecture du verdict.	3375. Absolution.	3377. Arrêt.
3374. Acquittement.	3376. Condamnation.	3378. Avis au condamné.

3373. Quand la déclaration du jury est régulière et complète, et signée par le chef du jury, ce dernier, en présence de tous les autres jurés, la remet au président de la Cour, qui la signe et la fait signer par le greffier (C. inst. 349).

Après quoi le président donne l'ordre d'introduire l'accusé, et fait donner lecture, en sa présence, de la déclaration du jury (C. inst. 357).

3374. Lorsque l'accusé est déclaré non coupable, le président prononce seul son acquittement, sans le concours des assesseurs et sans réquisition du ministère public. Il ordonne, en même temps, que l'accusé soit mis immédiatement en liberté, s'il n'est retenu pour autre cause (*Ibid.*, 358, § 1).

Dans ce cas, il demeure, dès lors, libre de se retirer, et le ministère public donne les ordres nécessaires au gardien de la maison de justice, pour que son écrou soit levé.

Dans le cas contraire, c'est-à-dire s'il est sous le coup d'un mandat judiciaire décerné pour une autre inculpation non purgée, ou d'une condamnation antérieure, le magistrat du parquet donne l'ordre, à la force publique, de le reconduire en prison.

3375. Quand l'accusé est déclaré coupable d'un fait qui n'est pas atteint par une loi pénale, la Cour prononce son absolution par un arrêt conforme ou contraire aux conclusions du ministère public, et sauf le droit qu'il a de se pourvoir en cassation contre cette décision (*Ibid.*, 384 et 410, § 2).

Le délai de ce pourvoi est de trois jours francs, à partir du prononcé de l'arrêt, et il emporte suspension de toute exécution, pendant sa durée, jusqu'à la réception de l'arrêt à intervenir (*Ibid.*, 373, §§ 2 et 4).

3376. Lorsque l'accusé a été déclaré coupable, le ministère public a la parole pour requérir l'application de la peine, et la partie civile pour présenter ses conclusions en dommages-intérêts, mais l'accusé a toujours la parole le dernier, quant à la peine requise (*Ibid.*, 362 et 363).

Il est satisfait au vœu de la loi, lorsque le président se borne à demander à l'accusé s'il a quelque chose à dire, ou quelque observation à faire sur les réquisitions du ministère public, pour l'application de la loi pénale (Cass. 11 déc. 1845).

Quant à la quotité de la peine à requérir par le ministère public, voyez ce que nous avons dit ci-dessus au n° 3000.

3377. La Cour délibère, soit sur le siége, soit en la chambre du conseil, et prononce ensuite conformément à la loi (C. inst. 367 et 369).

Appliquez ici ce qui a été dit au tome Ier, nos 541 et 553, sur la publicité et la signature de l'arrêt, et sur la lecture et l'insertion de la loi dont il est fait application au condamné (*Ibid.*, 369 et 370).

Nous ajouterons seulement qu'il n'y a pas lieu d'insérer les actes d'accusation dans les arrêts de condamnation. Il suffit qu'ils y soient visés (Décis. min. 6 oct. 1824 et 16 fév. 1825).

3378. Après le prononcé de l'arrêt, le président avertit le condamné qu'il a trois jours francs pour déclarer au greffe qu'il entend se pourvoir en cassation (C. inst. 371, § 2, et 373, § 1).

Il serait même à propos de faire réitérer cet avis au condamné, la veille de l'expiration du délai (Circ. min. 15 pluv. an III).

SECTION III. — COMPTES RENDUS.

SOMMAIRE.

3379. A la fin de chaque session, le président des assises doit adresser directement au ministre de la justice un rapport sur toutes les affaires qui y ont été jugées (Circ. min. 31 mai 1813).

Ce rapport doit rendre compte des résultats de la session, de tous les faits importants, du zèle, du discernement et de la capacité des jurés, et du concours plus ou moins actif que les divers fonctionnaires publics ont apporté à l'administration de la justice, et spécialement des motifs qui ont déterminé la condamnation ou l'acquittement des accusés (*Ibid.* et Circ. min. 20 sept. 1814).

3380. Il doit particulièrement faire connaître au ministre :

1° La composition de la Cour ;

2° La liste du jury ;

3° La manière dont les jurés ont rempli leurs fonctions ;

4° Les récusations exercées de part et d'autre ;

5° La majorité proclamée dans les verdicts ;

6° Le nombre des affaires jugées et des accusés présents ou contumaces ;

7° Les renseignements fournis par les casiers judiciaires ;

8° Les affaires renvoyées à une autre session ;

9° Le compte judiciaire et moral des résultats des décisions de la Cour et du jury ;

10° Les recours en grâce, et l'opinion des magistrats sur les suites qu'ils peuvent avoir ;

11° L'état des prisons visitées par le président.

3381. Quant à la forme matérielle de ces rapports, ils doivent être écrits chacun sur du papier de même format, avec une marge suffisante pour recevoir des annotations, et de manière à pouvoir être réunies en cahiers. Ils doivent toujours être accompagnés d'une lettre d'envoi (Circ. min. 31 déc. 1850).

3382. Nous renvoyons au tome suivant, chapitre *des États périodiques*, ce que nous aurons à dire des comptes trimestriels d'assises, que le ministère public doit adresser au ministre.

Outre ce devoir général, le ministère public est tenu de rendre compte immédiatement au ministre de la justice des arrêts rendus par les Cours d'assises, dans les affaires graves ou accompagnées de circonstances extraordinaires, et, en cas d'acquittement, de lui en faire connaître et apprécier les motifs (Circ. min. 31 janv. 1817).

Toutefois, il n'est pas obligé de rendre un compte détaillé de l'issue de toutes les affaires, il suffit d'un avis immédiat du résultat de chaque affaire importante. Chacun de ces avis doit être l'objet d'une lettre séparée (Circ. min. 31 mars 1817).

CHAPITRE VII. — RECOURS EN CASSATION.

SECTION PREMIÈRE. — NOTIONS PRÉLIMINAIRES.

SOMMAIRE.

3383. Attributions de la Cour.	3385. Jugement définitif.	3388. Distinctions.
	3386. Avant faire droit.	3389. Ouvertures.
3384. Conditions.	3387. Restrictions.	3390. Moyens nouveaux.

3383. Nous réunissons ici tout ce qui concerne les recours en cassation contre les décisions des Cours d'assises et des tribunaux correctionnels.

La Cour de cassation ne connaît pas du fond des affaires.

En matière criminelle, elle prononce sur le droit et non pas sur le fait, c'est-à-dire sur l'application de la loi, et non sur l'appréciation des circonstances, comme nous l'avons dit au tome Ier, n°s 841 et suivants.

Ainsi l'appréciation du fait est jugée souverainement par les tribunaux de répression, et ne peut être déférée à la Cour suprême qui ne connaît que du droit; car les tribunaux correctionnels faisant les fonctions du jury en ce qui touche le fond du procès, leurs jugements échappent, sur ce point, à la censure de la Cour de cassation (Cass. 28 oct. 1814).

Cependant, si la Cour suprême n'apprécie pas les faits, elle est juge de la qualification légale qui leur a été donnée (Cass. 2 avril 1825 et 5 août 1831).

Elle seule peut annuler un jugement dans l'intérêt de la loi, et ordonner la transcription de ses arrêts sur les registres des tribunaux dont elle casse les décisions, comme on l'a vu au tome Ier, n° 865 (Cass. 22 vend. an VII et 16 août 1811).

Du reste, à cause des nombreuses analogies qui existent entre les pourvois en cassation en matière civile et ceux qui sont formés en matière criminelle, il faut rapprocher les indications du présent chapitre de celles que nous avons déjà données au tome Ier, nos 841 et suivants.

3384. Pour qu'une décision judiciaire soit susceptible d'un pourvoi en cassation, il faut qu'elle ait véritablement le caractère de jugement et qu'elle soit définitive et en dernier ressort; car ce pourvoi étant le dernier recours contre les jugements, ne doit pas être admis, tant qu'il existe un autre moyen d'obtenir la réformation de la décision attaquée (C. inst. 407.—Cass. 16 août 1833).

On ne peut donc se pourvoir en cassation contre les jugements par défaut qu'après l'expiration des délais d'opposition (Cass. 1er mai 1832 et 5 déc. 1834).

Le ministère public lui-même est non recevable à se pourvoir, tant que le jugement par défaut n'a pas été notifié au prévenu défaillant (Cass. 10 août 1833).

3385. Le pourvoi formé contre un jugement rendu en premier ressort, et par conséquent susceptible d'appel, n'est pas recevable, même après l'expiration du délai d'appel, parce que, quoique devenu définitif, il n'a pu acquérir le caractère du dernier ressort nécessaire pour légitimer un pourvoi en cassation (Cass. 10 août 1844 et 23 mars 1850).

Mais cette jurisprudence est vivement combattue comme contraire à celle qui regarde, comme rendus en dernier ressort, les jugements envers lesquels le ministère public a déclaré renoncer à son droit d'appel (*Pal.*, 1845., 1, 575, not. 2).

3386. De même, on ne peut se pourvoir contre les jugements préparatoires qu'après le jugement définitif (Pr. civ. 452. — C. inst. 416).

Mais on peut se pourvoir immédiatement contre les jugements

interlocutoires (Carnot, *Instr. crim.*, iii, 149 et 156.—Cass. 15 oct. 1819 et 16 août 1838).

Le ministère public doit donc bien s'attacher à distinguer ces deux sortes de jugements, que nous avons définis au tome ier, nos 740 et suivants (Ortolan, ii, 300).

3387. Les jugements sur des questions de compétence sont toujours réputés interlocutoires, et peuvent être déférés à la Cour de cassation, sans attendre la décision définitive (C. inst. 416. — Ortolan, *ibid.*).

Tout jugement qui refuse un délai, ou qui prononce un renvoi d'une audience à l'autre, est un jugement préparatoire (Cass. 4 mai et 1er juin 1838).

Il en est de même d'un jugement qui, statuant sur la récusation proposée contre un magistrat, la déclare non recevable (Cass. 3 août 1838).

3388. Aucun pourvoi ne peut être formé contre les décisions de la justice administrative, ni contre les arrêts de la Cour de cassation (C. inst. 438. — Avis Cons. d'Etat, 18 janv. 1806);

Ni contre les décisions des chambres de discipline (Cass. 20 avril 1830);

Ni contre les arrêts de la Haute Cour de justice (Constit. 14 janv. 1852, art. 54).

3389. Il y a ouverture à cassation en matière criminelle, dans les cas suivants :

1° Pour fausse application de la loi pénale, soit qu'on ait prononcé une peine pour une autre, soit qu'on ait infligé une peine quand la loi n'en prononçait pas:

Mais, lorsque la peine prononcée est la même que celle portée par la loi qui s'applique au délit commis, on ne peut demander l'annulation de l'arrêt sous prétexte qu'il y aurait erreur dans la citation du texte de la loi, comme nous l'avons dit au tome ier, n° 544 (C. inst. 411).

Et, si la pénalité portée par deux articles de loi est la même, il n'y a pas nullité, quand on a, par erreur, appliqué un article, tandis qu'on aurait dû faire application de l'autre (Cass. 19 mai 1827).

De même, un arrêt ne peut être cassé en ce qu'il a invoqué dans ses motifs une loi abrogée, lorsqu'il existe une loi actuellement en vigueur, qui justifie la décision (Cass. 20 juin 1828);

2° Pour omission d'une partie essentielle du jugement, savoir: des motifs, du point de fait ou du point de droit, des conclusions, du nom des juges, etc.

Il y a encore lieu à cassation, lorsqu'un juge, qui a assisté à l'audience à laquelle a été prononcé le jugement, n'avait pas assisté à une audience précédente de la même cause (Cass. 20 avril 1839);

3° Pour incompétence, excès de pouvoir, contrariété des jugements, ou omission de prononcer sur quelque demande autorisée par la loi, lors même que le tribunal s'en serait occupé dans les motifs de son jugement (C. inst. 408 et 413. — Cass. 16 août 1811 et 31 janv. 1812).

3390. En matière correctionnelle, on ne peut employer, pour moyens de cassation, des nullités qui n'auraient pas été relevées en appel, à l'exception pourtant de celle qui résulte de l'incompétence des juges qui ont prononcé (Loi 29 avril 1806, art. 2.—Cass. 2 sept. 1813) (1).

Il est donc interdit de faire usage de moyens nouveaux, aussi bien en matière criminelle qu'en matière civile. Ainsi, la Cour de cassation n'a pas à s'occuper d'une question d'interruption de prescription, qui n'a pas été agitée devant le tribunal dont le jugement lui est déféré, et sur laquelle ce tribunal n'a rien statué (Cass. 3 fév. 1827);

Ni d'un moyen de nullité qui n'a pas été présenté en appel (Cass. 24 août 1832).

SECTION II. — POURVOI.

SOMMAIRE.

---

(1) Cet arrêt décide, contre les conclusions du procureur général, que la loi du 29 avril 1806 n'est pas abrogée (Merlin, *Répert.*, XIII, 448, v° *Tém. jud.*, § 3, n° 10).

§ 1er. — *Pourvoi du ministère public.*

3391. On nomme *pourvoi* le recours qui est formé devant la Cour de cassation contre un arrêt ou un jugement en dernier ressort.

Le pourvoi contre tous jugements correctionnels définitifs, sans distinction entre ceux qui ont prononcé l'acquittement du prévenu ou sa condamnation, peut être formé par toutes ou chacune des parties en cause, savoir : le ministère public, le prévenu, les personnes civilement reponsables, ou la partie civile (C. inst. 216 et 413).

Car, en matière criminelle, comme en matière civile, on ne peut se pourvoir en cassation contre des arrêts ou jugements auxquels on n'a pas été partie (Cass. 8 fév. 1811).

Toutefois, une administration publique peut se pourvoir par l'organe du fonctionnaire que la loi désigne pour la représenter dans les affaires judiciaires. Ainsi, en cas de délit forestier, l'inspecteur des forêts a qualité pour faire, au nom de l'administration forestière, une déclaration de pourvoi, quoiqu'il n'ait pas assisté personnellement à l'audience (Cass. 4 août 1827).

3392. Comme on ne peut se pourvoir que contre les jugements en dernier ressort, et seulement quand on a épuisé tous les autres degrés de juridiction, comme nous l'avons dit au n° 3384, il s'ensuit que, parmi les magistrats du ministère public près les tribunaux correctionnels, il n'y a que les procureurs généraux qui puissent recourir à cette voie.

D'un autre côté, comme tous les tribunaux de première instance sont tribunaux d'appel à l'égard des tribunaux de simple police, il s'ensuit aussi que les procureurs ordinaires peuvent se pourvoir en cassation contre les jugements correctionnels rendus sur l'appel des jugements prononcés en simple police ; mais ils ne pourraient pas attaquer, par cette voie, ces derniers jugements (Cass. 16 déc. 1826 et 18 sept. 1828).

Un pourvoi en cassation est un acte si grave, qu'il doit toujours être formé, à moins d'empêchement, par le chef du parquet lui-même ; et, s'il l'est par un de ses substituts, ce ne peut être qu'en son nom. Toutefois, un pourvoi formé par un substitut en son nom personnel n'est pas nul, mais le substitut qui se permettrait de le faire sans consulter son supérieur, ou contre son avis, blesserait toutes les règles de la hiérarchie judiciaire et manquerait à son premier devoir (Décis. min. 23 mars 1825).

3393. Quoiqu'un jugement ait été rendu conformément à ses conclusions, le ministère public n'en est pas moins recevable à se pourvoir en cassation, comme nous l'avons dit pour l'appel, au n° 3090 ci-dessus (Cass. 25 fév. 1813);

Même après avoir fait sommation au condamné d'exécuter le jugement (Cass. 26 mai 1827).

3394. Toutefois, le ministère public n'agissant que pour la défense de la loi, ne peut se pourvoir eu cassation que contre les décisions qui nuisent à l'action publique, et non pas contre celles qui blessent seulement les intérêts privés des parties, même sous prétexte qu'elles sont sans moyens de se pourvoir, car il ne peut agir qu'en son nom seul et dans un intérêt public (Cass. 26 brum. an ix et 13 juill. 1827).

Il ne peut donc se pourvoir dans un intérêt purement civil (Cass. 12 fév. 1846).

Et il est non recevable dans son pourvoi contre les personnes civilement responsables d'un délit, s'il ne l'a pas formé également contre les auteurs de ce délit (Cass. 6 déc. 1851).

3395. Mais, en matière d'adultère, à défaut de rétractation formelle de la plainte du mari, il peut se pourvoir seul contre le jugement qui a relaxé la femme de la poursuite dirigée contre elle (Cass. 31 août 1855).

Il peut se pourvoir contre les jugements de condamnation ou d'absolution; mais en général il ne peut attaquer les acquittements que dans l'intérêt de la loi (C. inst. 409.

3396. En matière de contrefaçon de livres d'églises, le ministère public n'a pas le droit de se pourvoir contre les décisions rendues par les Cours et les tribunaux (Cass. 5 juin 1847).

Il serait encore sans qualité pour se pourvoir contre le jugement d'un tribunal de répression qui, après le décès du prévenu, aurait prononcé une condamnation civile contre ses héritiers (Cass. 23 mars 1839).

3397. Quand le ministère public a formé un pourvoi, il ne peut plus s'en départir (Ortolan, ii, 318).

En effet, l'action publique résultant du pourvoi en cassation appartient à la société, et non pas au magistrat du ministère public qui a formé ce pourvoi, et dès lors son désistement ne dépouillerait pas la Cour de cassation du droit de statuer sur ce pourvoi (Cass. 9 juill. 1840).

3398. Ce que nous avons dit au tome 1er, n°s 842 et suivants, du droit qu'a le procureur général près la Cour de cassation de se pourvoir d'office, ou sur l'ordre du garde des sceaux, contre tous jugements contraires à la loi, ou portant excès ou abus de pouvoir, s'applique surtout aux matières criminelles (Loi 27 vent. an VIII, art. 88. — C. inst. 441 et 442).

L'exercice de ce pouvoir n'est limité par aucune loi; mais il ne peut avoir lieu que contre des jugements en dernier ressort, par suite de la règle générale posée au n° 3384 (Arg. Cass. 24 juin 1829).

Et ce pourvoi peut être exercé, non-seulement dans l'intérêt de la loi, mais encore dans celui des parties. En d'autres termes, la cassation prononcée dans l'intérêt de la loi peut profiter aux condamnés (Cass. 19 avril. 1839).

3399. Ni le ministère public près les tribunaux correctionnels, d'appel ou de première instance, ni les parties civiles ou condamnées, ne peuvent se pourvoir en cassation, dans l'intérêt de la loi, contre les jugements rendus par ces tribunaux (Cass. 27 mars 1817 et 13 juill. 1827).

Il en est de même en matière civile, particulièrement quand on veut faire réformer un excès de pouvoir (Cass. 29 janv. 1824).

3400. Cependant, le ministère public près les tribunaux inférieurs aurait déclaré, par méprise ou inadvertance, se pourvoir dans l'intérêt de la loi, que son pourvoi n'en serait pas moins recevable, s'il était formé en temps utile (Cass. 19 avril 1832).

D'ailleurs, ce sont les termes de la déclaration du pourvoi faite au greffe qui font connaître son véritable motif. Peu importe que, dans une autre pièce à l'appui, il ait demandé l'annulation du jugement dans l'intérêt de la loi. (Arg. Cass. 30 mars 1827).

3401. Si donc le ministère public juge utile de provoquer la cassation, dans l'intérêt de la loi, d'une décision judiciaire rendue dans son ressort, il peut seulement en donner avis au ministre de la justice, et lui faire connaître les motifs de son opinion (Ortolan, II, 319).

Les pièces sont ensuite transmises, s'il les demande, au ministre de la justice, chargé d'y joindre les éclaircissements et les observations nécessaires avant de les faire parvenir au procureur général près la Cour de cassation (Circ. min. 28 sept. 1791).

3402. Les officiers du ministère public près les tribunaux militaires et maritimes ne peuvent se pourvoir en cassation contre les jugements de ces tribunaux, dont l'annulation ne peut être requise que par le procureur général à la Cour suprême, et sur l'ordre formel du ministre de la justice (Cass. 1er juin 1849, 4 janv. 1851 et 19 mars 1852).

Il en est de même des individus non militaires jugés par des conseils de guerre ou des tribunaux maritimes (Cass. 8 nov. 1849 et 17 nov. 1851).

§ 2. — *Pourvoi des parties.*

3403. Pour que le pourvoi d'un condamné soit recevable, il faut que celui qui le forme y ait véritablement intérêt; et un condamné est sans intérêt à se pourvoir contre un jugement qui contient, en sa faveur, une diminution de peine, ou qui le condamne à une peine moindre que celle qui est portée par la loi (Cass. 30 déc. 1824 et 27 fév. 1832).

Or, la peine du condamné ne peut être aggravée sur son propre pourvoi seul, non plus que sur son seul appel, comme nous l'avons dit au n° 3139 (Cass. 9 janv. 1840).

D'un autre côté, en cas d'acquittement, si les formes omises ou violées n'étaient prescrites que pour assurer la défense, nul ne peut se prévaloir de cette omission ou de cette violation contre le prévenu qui a été renvoyé de la plainte (C. inst. 413).

3404. Dans les affaires correctionnelles ou de simple police, la partie civile peut se pourvoir contre tout jugement qui lèse ses intérêts, ou intervenir devant la Cour pour défendre le jugement qu'elle a obtenu (C. inst. 177, 216 et 411.—Cass. 5 brum. an xiii).

Elle est même recevable à se pourvoir, pour violation de la loi pénale, quant à ses intérêts civils, contre un jugement correctionnel qui renvoie le prévenu de toute action, tant civile que publique, et cela, encore bien que le ministère public ne se soit pas pourvu (Cass. 1er fév. 1834).

A moins que le jugement ne déclare que le fait imputé ne constitue ni crime ni délit, et ne donne pas lieu à restitution. Dans ce cas, elle est non recevable, comme étant sans intérêt (Cass. 26 juin 1812).

Et encore cette décision est-elle justement critiquée (*Pal.*, 3e édit., xxiii, 1198, note 1).

3405. Quand elle a intérêt, elle peut se pourvoir seule, et sans l'adjonction du ministère public, contre les jugements ou arrêts correctionnels où elle a été partie (Cass. 3 juill. 1829).

Mais non pas contre les arrêts de la chambre d'accusation. Elle n'a le droit que de s'opposer aux ordonnances de la chambre d'instruction, et cela par exception au droit commun (Cass. 22 juill. 1831).

L'avoué qui a représenté une partie civile devant le tribunal correctionnel a, par cela même, qualité pour former un pourvoi en cassation au nom de cette partie (Cass. 23 août 1851).

3406. Dans tous les cas, le pourvoi de la partie civile n'a d'effet que pour la conservation de ses intérêts privés; il ne peut donc plus être admis quand le prévenu a été renvoyé de la plainte, parce qu'il n'y a point de fait punissable à lui reprocher (C. inst. 412. — Cass. 22 juill. 1837).

Enfin, une partie ne peut se pourvoir contre les motifs d'un jugement ou d'un arrêt, quand elle n'en attaque pas le dispositif (Cass. 29 janv. 1824).

§ 3. — *Procédure.*

3407. En matière criminelle, correctionnelle et de simple police, le délai du pourvoi est de trois jours francs, tant pour le ministère public que pour les parties (C. inst. 373. — Cass. 9 juill. 1829. — Legraverend, I, 439 et 440).

Le délai de trois jours francs ne comprend ni celui du prononcé, ni le dernier des trois jours. Le pourvoi est donc recevable pendant toute la journée du quatrième jour. Mais il ne saurait être étendu au delà (Décis. min. 17 juin 1812. — Cass. 7 déc. 1832 et 8 nov. 1834).

Le délai accordé au ministère public, dans l'intérêt de la loi, en cas d'acquittement par la Cour d'assises, et à la partie civile, en cas d'acquittement ou d'absolution, n'est que de vingt-quatre heures (C. inst. 374).

3408. Le délai court à partir de la date du jugement. Toutefois, il ne court, à l'égard d'une partie défaillante, qu'à compter du jour de la signification (Cass. 21 therm. an XIII, 8 mars 1851, 12 avril 1852 et 18 nov. 1854);

Ou plutôt du jour où le délai de l'opposition est expiré, et où il n'existe plus aucune autre voie légale de réformation (Cass. 29 nov. 1845 et 26 janv. 1854).

Ainsi, le pourvoi formé par le ministère public, avant la notification du jugement, est non recevable (Cass. 23 oct. 1840 et 23 juill. 1842).

3409. Du reste, lorsqu'un condamné a déclaré sa volonté de se pourvoir en cassation dans le délai légal, l'erreur commise dans l'expédition du pourvoi, sur la date de la déclaration, ne peut lui préjudicier (Cass. 26 mai 1838).

Il ne peut souffrir, non plus, de ce que, par une cause indépendante de sa volonté, il n'a pas été immédiatement dressé acte de sa déclaration (Cass. 23 janv. 1840).

Et un greffier ne pourrait se refuser à recevoir le pourvoi d'un condamné, par le motif que le délai de trois jours serait expiré. Il n'est point juge de savoir si le pourvoi formé après l'expiration du délai légal doit ou non être admis; c'est à la Cour de cassation seule à prononcer sur cette admission (Décis. min. 17 janv. 1826).

3410. Quand le pourvoi est formé par le ministère public ou par la partie civile, il faut qu'il soit notifié dans les trois jours de sa date, à la partie contre laquelle il est dirigé; cependant, il n'y a pas nullité de pourvoi, si cette notification n'a pas été faite dans le délai prescrit (C. inst. 418.— Cass. 15 oct. 1819 et 26 mai 1838).

Toutefois, le pourvoi n'est plus recevable en matière correctionnelle, s'il n'a été notifié que plus de trois ans après la déclaration faite au greffe, parce qu'alors l'action publique est prescrite, comme nous l'avons vu au tome I, n° 2045 (Arg. Cass. 19 juill. 1838).

Nous verrons ci-après quelles sont les formes et quels sont les effets de la notification du pourvoi.

3411. Le pourvoi contre un jugement criminel, quel qu'il soit, se fait par une déclaration, signée du déclarant et du greffier, et passée au greffe du tribunal ou de la Cour qui a rendu le jugement (C. inst. 417.— Cass. 9 juin 1832).

Cette forme est de rigueur, et doit être observée sous peine de déchéance (Legraverend, II, 441).

Une déclaration verbale à l'audience ne suffirait donc pas, outre qu'elle serait contraire au respect dû à la justice (Cass. 14 juill. 1838).

3412. Néanmoins, il a été jugé, depuis, que la déclaration de se pourvoir pouvait être valablement faite ailleurs qu'au greffe, pourvu qu'elle fût reçue par le greffier, et accompagnée des autres conditions requises (Cass. 16 août 1839).

Et même, si le greffier et ses commis étaient absents, ou sur leur refus de recevoir la déclaration, elle pourrait être reçue par un notaire dans la forme ordinaire des actes authentiques. (Cass. 3 janv. 1842).

Remarquez que les greffiers ne peuvent recevoir de déclaration de pourvoi en cassation que contre les jugements et arrêts rendus par les tribunaux ou les Cours auxquels ils sont attachés (Décis. min. 9 août 1824).

3413. C'est le condamné lui-même qui doit faire sa déclaration de pourvoi. Elle peut néanmoins être faite aussi en son nom par un avoué, lors même que cet avoué n'aurait pas occupé pour lui, ou par toute autre personne munie d'un pouvoir spécial (C. inst. 417, § 2.— Cass. 6 mai 1830).

S'il est malade ou détenu, le ministère public doit veiller à ce que le greffier se transporte auprès de lui pour recevoir sa déclaration, ou bien il le fait conduire au greffe de la manière indiquée au n° 3112. (Ortolan, II, 314).

La déclaration est inscrite, par le greffier, sur un registre spécial et public, dont toute personne a le droit de se faire délivrer des extraits (C. inst. 417).

La partie publique ou civile, qui a déclaré se pourvoir, est tenue de joindre à sa déclaration une expédition authentique du jugement ou de l'arrêt (*Ibid.*, 419).

3414. Celui qui se pourvoit peut, soit en faisant sa déclaration, soit dans les dix jours suivants, déposer, au greffe du tribunal ou de la Cour qui a rendu le jugement attaqué, une requête contenant ses moyens de cassation. Le greffier lui en donne une reconnaissance, et remet sur-le-champ cette requête au ministère public (C. inst. 422).

La requête peut aussi être adressée directement à la Cour de cassation (*Ibid.*, 424, § 2).

Elle est, du reste, facultative, car la déclaration de la partie suffit; mais, s'il en est présenté une, elle doit être transmise, avec les pièces, au ministre de la justice (Circ. min. 10 messid. an II, 30 therm. an III et 3 pluv. an IV).

La partie civile qui fait sa déclaration de pourvoi au greffe, et y dépose sa requête, n'est pas tenue de constituer, en même temps, un avocat à la Cour de cassation pour en suivre l'effet (Cass. 11 déc. 1847).

3415. En matière correctionnelle ou de police, le condamné et la partie civile sont tenus de consigner une amende de 150 fr., quand ils se pourvoient en cassation contre un jugement ou un arrêt contradictoire, et de 75 fr. contre un arrêt ou un jugement rendu par défaut à leur égard, et d'en joindre la quittance à leur pourvoi, sans quoi leur demande serait rejetée (C. inst. 419.— Règlem. 28 juin 1738, 1re part., tit. IV, art. 5. — Loi 14 brum. an V.— Circ. 28 brum. et 16 niv. an V).

Le certificat du maire doit contenir son attestation personnelle de l'indigence de l'impétrant (Cass. 19 mai 1853).

3416. En matière criminelle, les condamnés sont dispensés de cette consignation (C. inst. 420, 1°).

Même quand ils se pourvoient contre un arrêt distinct, qui les a condamnés à des dommages-intérêts envers la partie civile (Cass. 25 mai et 13 sept. 1849).

A moins que la Cour d'assises ne les ait acquittés, ou ne leur ait appliqué qu'une peine correctionnelle (Cass. 26 juill. 1849).

Toutefois, le mineur acquitté comme ayant agi sans discernement, et renvoyé dans une maison de correction, n'en est pas dispensé (Cass. 10 mars 1853).

3417. Le ministère public l'est également dans tous les cas, ainsi que les parties qui justifient régulièrement de leur indigence, comme nous l'avons dit au tome 1er, n° 856, 2° (Circ. min. 27 vent. an VI).

Le certificat d'indigence doit être délivré par le maire du domicile du plaignant, apostillé par le percepteur des contributions, visé par le sous-préfet et approuvé par le préfet, conformément à l'art. 20 du Code d'instruction criminelle, et à ce que nous avons dit au tome I, n° 2206, § 2 (Cass. 11 oct. 1827).

Le certificat doit émaner du maire du domicile réel et non pas de la résidence du condamné (Cass. 10 sept. 1847).

3418. Il y a aussi dispense pour les agents publics, dans les affaires qui concernent directement l'administration, les domaines ou les revenus de l'Etat (C. inst. 420, 2°).

Toutefois, cette dispense ne s'étend pas aux maires des communes, ni aux fermiers de l'octroi, agissant en cette qualité (Cass. 9 et 30 mars 1838).

Ainsi, et hors les cas de dispense, toute requête en cassation d'un jugement correctionnel ou de police doit être rejetée, si elle n'est accompagnée d'une quittance de consignation d'amende, ou d'un certificat d'indigence accompagné d'un extrait du rôle des contributions payées par le demandeur (Circ. min. 28 brum. an V).

Du reste, le prévenu n'est dispensé de consigner l'amende qu'en justifiant, non-seulement qu'il a obtenu sa mise en liberté provisoire sous caution, mais encore que la caution exigée a été fournie. (Cass. 3 avril 1846).

3419. Les condamnés à une peine emportant privation de la liberté ne sont pas admis à se pourvoir, lorsqu'ils ne sont pas actuellement en état de détention, ou lorsqu'ils n'ont pas été mis en liberté sous caution. L'acte d'écrou, où de mise en liberté provisoire doit être annexé à leur pourvoi (C. inst. 421, §§ 1 et 2. — Cass. 20 août 1818 et 4 mai 1839).

De même, un accusé contumax ne peut se pourvoir contre un arrêt de mise en accusation, qu'il ne soit préalablement constitué prisonnier (Cass. 23 avril et 23 mai 1846).

Les procureurs généraux sont chargés de veiller à ce que ces prescriptions soient ponctuellement exécutées, tant à l'égard des recours en cassation formés contre les arrêts correctionnels, qu'à l'égard de ceux qui sont formés contre les arrêts des Cours d'assises, et contre les jugements définitifs des tribunaux correctionnels et de police (Circ. Cass. 12 juill. 1811).

Néanmoins, si le pourvoi est fondé sur l'incompétence des juges qui ont prononcé, il suffit au demandeur de justifier qu'il s'est constitué prisonnier dans la maison de justice du lieu où siège la Cour de cassation. Le gardien peut l'y recevoir, sur la représentation de sa demande adressée au procureur général près cette Cour, et visée par ce magistrat (C. inst. 421, § 3).

3420. Dans les autres cas, la demande de mise en liberté sous caution est valablement formée devant le tribunal ou la Cour qui a rendu le jugement attaqué, et il suffit aussi que le condamné ait formé cette demande, lors même qu'il ne l'aurait pas obtenue par un événement de force majeure ou indépendant de sa volonté (Cass. 12 fév. et 27 mars 1830).

Les condamnés par arrêt d'une Cour d'assises doivent s'adresser à cette Cour. Dans l'intervalle des sessions, la chambre d'accusation et la chambre des vacations sont incompétentes (Rennes, 12 sept. et 9 oct. 1846).

3421. Si le condamné qui était détenu quand il s'est pourvu en cassation vient à s'évader, il perd le bénéfice de son pourvoi (Cass. 7 mars 1867. — Dutruc, v° *Pourvoi*, n° 44).

Du reste, c'est à la Cour de cassation seule qu'il appartient de déclarer le pourvoi non recevable, faute par le condamné de s'être constitué (Cass. 14 juill. 1827).

Après la cassation, quand elle est prononcée, le condamné qui s'était ainsi constitué prisonnier doit être remis immédiatement en liberté (Cass. 2 juin 1832).

3422. Au grand criminel, les pourvois sont exempts de timbre et d'enregistrement (Cass. 3 nov. 1848).

Si c'est le ministère public qui s'est pourvu, il doit, dans les trois jours de sa déclaration, la faire notifier au prévenu. Quand celui-ci est détenu, cette notification lui est faite par la lecture que le greffier lui donné de la déclaration, après quoi il la signe; sinón le greffier fait mention qu'il n'a pas pu ou qu'il n'a pas voulu la signer (C. inst. 418, § 1 et 2).

Toutefois, le délai fixé dans cet article n'est pas prescrit à peine de nullité (Cass. 13 mars 1850).

3423. Quand le prévenu est en liberté, la notification du pourvoi lui est faite à la requête du ministère public, en la forme ordinaire, soit à sa personne, soit à son domicile réel ou élu. Le délai de trois jours est augmenté, dans ce cas, d'un jour par chaque distance de trois myriamètres entre le lieu où la déclaration a été faite et celui de la notification (C. inst. 418, § 3).

Ces règles, concernant la notification du pourvoi s'appliquent aussi au pourvoi de la partie civile (*Ibid.*).

3424. Toutefois, le retard ou même le défaut absolu de notification de la part du ministère public n'emporte pas déchéance du pourvoi, puisque cette déchéance n'est pas prononcée par l'article précité du Code d'instruction criminelle, et que le pourvoi de la partie publique, ayant essentiellement pour objet le maintien de la loi et de l'ordre public, ne peut demeurer sans effet (Cass. 2 mars 1838).

Mais il vaut mieux ne pas omettre cette notification, parce que, comme la Cour de cassation exige qu'elle soit faite, il faut éviter un arrêt d'avant faire droit qui pourrait l'ordonner.

3425. Dix jours après la déclaration du pourvoi, par quelque partie qu'elle soit faite, le ministère public fait passer au ministère de la justice, soit directement, soit par l'intermédiaire du procureur général du ressort, comme nous l'avons dit au tome I, nos 856 et 857, toutes les pièces du procès, auxquelles le greffier joint un inventaire du dossier, par lui rédigé sans frais, sous peine de 100 francs d'amende à prononcer par la Cour de cassation (C. inst. 423).

Le ministère public doit veiller à ce que cet inventaire ne soit pas omis, et à ce que les pièces soient enliassées. Ces mesures sont indispensables pour empêcher qu'aucune pièce ne puisse être dissimulée ou soustraite (Ortolan, II, 315. — Circ. min. 20 brum. an V).

3426. Les pourvois contre les arrêts de la chambre d'accusation doivent être transmis au ministre de la justice, comme tous les autres pourvois en matière criminelle. Rien n'autorise à les adresser directement au procureur général de la Cour de cassation (Circ. min. 26 juin 1817).

Lorsqu'un condamné à la peine de mort se pourvoit en cassation, la procédure ne peut être transmise au ministère de la justice que par l'intermédiaire du procureur général, qui doit donner son avis sur le recours en grâce (Circ. min. 26 juill. 1834).

3427. Le délai de dix jours fixé pour cet envoi ne doit être ni devancé, pour ne pas exposer le demandeur à être jugé sans défense, ni être dépassé, surtout lorsque le condamné est détenu, parce que ce serait prolonger sa captivité (Ortolan, II, 315).

L'envoi du dossier doit être fait immédiatement après l'expiration du délai de dix jours, même quand il y a désistement du pourvoi, parce que c'est à la Cour de cassation seule qu'il appartient d'en décerner acte (Décis. min. 9 avril 1827, 10 fév. 1829 et 7 juill. 1831).

3428. Le décès du condamné, survenu depuis son pourvoi, ne fait même pas obstacle à l'envoi de la procédure à la Cour de cassation, qui également a seule le droit de déclarer, sur la représentation de l'acte de décès, que la poursuite est éteinte et qu'il n'y a lieu de statuer (Cass. 15 avril 1830).

Dans les vingt-quatre heures de la réception de ces pièces, le ministre de la justice les adresse à la Cour de cassation, et en donne avis au magistrat qui les lui a transmises (C. inst. 424).

3429. Il faut toujours joindre au dossier une expédition de l'arrêt ou du jugement et de la déclaration du pourvoi, et, pour les affaires d'assises, l'original de l'exploit de notification de la liste du jury faite à l'accusé, et portant en tête la copie entière de cette liste, et une expédition du procès-verbal du tirage au sort des jurés appelés à compléter le nombre de trente, quand il a été nécessaire de recourir à cette opération (Circ. min. 3 pluv. an IV. — Circ. Cass. 16 avril 1831).

Les expéditions des jugements et arrêts doivent être écrites sur une feuille double de grande dimension, et contenir, pour les affaires d'assises, les questions et les réponses du jury (Circ. min. 4 oct. 1843).

3430. Toutes les autres pièces de la procédure doivent être transmises en minute, notamment le procès-verbal des débats et les notes sommaires retenues par les greffiers à l'audience. Tous frais d'expédition seraient regardés comme frustratoires, et demeureraient à la charge du ministère public (Circ. min. 14 pluv. an III et 24 nov. 1813).

SECTION III. — SUITES DU POURVOI.

SOMMAIRE.

§ 1er. — *Effets du pourvoi.*

3431. Le pourvoi en cassation, tant en matière correctionnelle que criminelle, suspend toujours l'exécution du jugement ou de l'arrêt, même en matière de douanes (C. inst. 373. — Circ. min. 29 flor. an VI. — Cass. 6 mai 1825).

Cependant, l'officier du ministère public qui, sans intention répréhensible, ferait arrêter, nonobstant son pourvoi, un individu condamné, ne donnerait pas lieu à des poursuites criminelles contre lui (Cass. 14 janv. 1827).

L'effet suspensif s'applique au pourvoi du ministère public comme à celui du condamné. Quelque irrégulier que puisse paraître le pourvoi, il doit être respecté (Cass. 20 juill. 1827).

Mais il ne suffit pas d'avoir manifesté l'intention de se pourvoir, si elle n'a pas été suivie d'un pourvoi en forme (Cass. 24 avril 1846).

3432. Le pourvoi n'est pas suspensif à l'égard d'un jugement préparatoire; mais il suspend l'exécution d'un jugement interlocutoire, particulièrement quand le pourvoi est formé sur une question de compétence, ou sur la recevabilité d'une preuve (Cass. 6 oct. 1826 et 14 déc. 1833).

Il ne suspend pas l'exécution des arrêts de la chambre d'accusation, quand il est postérieur à l'expiration du délai, ni celle des arrêts de la Cour d'assises rendus dans le cours des débats (Loi 10 juin 1853, art. 2. — Cass. 16 sept. 1841 et 31 juill. 1845).

Dans tous les cas l'effet suspensif cesse si le condamné ne donne aucune suite à son pourvoi (Cass. 3 août 1820).

3433. A la différence du ministère public, les autres parties peuvent se désister de leur pourvoi, et l'arrêt qui leur en décerne acte ordonne virtuellement, par cela même, la restitution de l'amende consignée, sans qu'il soit besoin de la prononcer (Cass. 29 avril 1852).

Lorsque le désistement d'un pourvoi a été donné antérieurement à l'arrêt qui, dans l'ignorance du désistement, avait statué sur le pourvoi en le rejetant, il y a lieu, pour la Cour de cassation, de rapporter l'arrêt de rejet (Cass. 5 avril 1855).

La partie civile qui se désiste de son pourvoi n'est pas tenue de l'indemnité de 150 francs envers le prévenu; elle est seulement passible des frais que son pourvoi a occasionnés (Cass. 18 sept. 1856).

3434. Le président des assises est sans qualité pour recevoir la déclaration du condamné qu'il se désiste de son pourvoi (Cass. 24 déc. 1847).

Et il n'appartient qu'à la Cour de cassation d'apprécier l'étendue et le portée du désistement du condamné (Cass. 26 mai 1853).

§ 2. — *Effets de l'arrêt.*

3435. Lorsque la Cour suprême annule un arrêt ou un jugement, elle remet les parties au même état où elles étaient auparavant, et renvoie la décision de l'affaire à une autre Cour d'assises ou à un autre tribunal (C. inst. 429).

Mais la cassation ne profite qu'à ceux qui l'ont demandée par un pourvoi légal et régulier (Cass. 9 therm. an IX. — Merlin, *Répert.*, v° *Cass.* § 7).

3436. Quand elle est prononcée sur la demande des parties, l'arrêt ou le jugement annulé est, à leur égard, comme s'il n'avait jamais été rendu (Cass. 30 déc. 1853).

Au contraire, quand elle est prononcée seulement dans l'intérêt de la loi, elle ne préjudicie en rien aux droits des parties, à l'égard desquelles le jugement cassé doit recevoir sa pleine et entière exécution (Cass. 4 et 17 janv. 1812, 2 avril 1831 et 19 avril 1839).

3437. Cependant il y a des cas où la cassation, prononcée dans l'intérêt de la loi, profite aussi aux condamnés (Cass. 25 mars 1836 et 7 déc. 1837. — Legraverend, II, 467. — Sirey, *Dissert.*, XXXII, 1, 716).

Par exemple, quand la demande du procureur général n'a pas été restreinte au seul intérêt de la loi, et que le condamné demande à intervenir, ou que la condamnation a été prononcée sans que le prévenu ait été, ni entendu ni appelé (Cass. 15 juill. 1819 et 7 déc. 1837).

3438. La cassation d'une disposition principale entraîne celle d'une disposition secondaire, et celle d'un arrêt entraîne l'annulation de tout ce qui en a été la suite.

Toutefois, si le pourvoi n'a eu pour objet qu'une partie des dispositions de l'arrêt ou du jugement, la cassation ne frappe que sur ces dispositions et laisse subsister les autres (Cass. 20 juill. 1832).

3439. Lorsque, après cassation, il y a renvoi du procès devant une Cour d'assises, et qu'il y a des complices qui ne sont pas mis encore en état d'accusation, cette Cour doit commettre un juge d'instruction, et le procureur général un de ses substituts, pour faire l'instruction, chacun en ce qui le concerne, et les pièces sont ensuite transmises à la Cour d'appel, qui prononce sur la mise en accusation (C. inst. 433).

Si, après cassation et renvoi devant une autre Cour d'assises, une partie du dossier se trouve adirée, le ministère public doit s'entendre, pour compléter la procédure, avec le président de la Cour d'assises, qui ne peut que se conformer à l'art. 303 du Code d'instruction criminelle (Décis. min. 23 juill. 1844).

L'accusé qui, après cassation d'un premier arrêt, est de nouveau condamné devant la Cour de renvoi, ne doit point supporter les frais de débats et de l'arrêt annulé (Cass. 27 avril 1850).

3440. L'arrêt qui prononce une cassation en matière correctionnelle, renvoie en même temps l'affaire devant l'un des trois tribunaux de même ordre, les plus voisins de celui dont la décision a été annulée, pour être procédé sur les derniers errements qui n'ont pas été atteints par la cassation. L'indication de ce tribunal a lieu en la chambre du conseil, après le prononcé de l'arrêt en audience publique (Loi 27 vent. an VIII, art. 87. — C. inst. 430).

Le renvoi doit être fait à un autre tribunal que celui qui a rendu le jugement annulé, mais à un tribunal de même ordre (C. inst. 427).

Cependant, quand la Cour de cassation annule, pour incompétence, le jugement d'un tribunal de simple police, parce que l'affaire était de la compétence de la police correctionnelle, elle peut renvoyer directement devant le tribunal correctionnel compétent (C. inst. 429, § 4. — Cass. 3 janv. 1828).

3441. Le renvoi devant un nouveau tribunal a pour objet de faire recommencer la procédure, ou seulement de faire rendre une nouvelle décision. Dans le premier cas, la procédure est reprise à partir du premier acte cassé; dans le second, on procède au juge ment de l'affaire sans nouvelle instruction (Arg. Loi 2 brum. an IV, art. 24).

Le tribunal à qui l'affaire est ainsi renvoyée reçoit, par l'effet du renvoi, et pour le jugement du procès, les mêmes attributions et la même juridiction territoriale que celui dont le jugement a été cassé (Cass. 25 janv. 1821).

Il ne peut refuser d'en connaître, sans commettre un déni de justice, et sans méconnaître le droit qu'avait la Cour de le saisir (Cass. 16 vend. an VIII).

Mais il peut toujours examiner sa propre compétence (*Pal.*, 3e édit., I, 494, not.).

3442. Remarquez qu'alors même que la cassation d'un arrêt aurait été prononcée par suite d'une erreur matérielle, la décision de la Cour suprême n'en devrait pas moins être exécutée (Cass. 9 juin 1826. — Décis. min. 30 sept. 1840).

Dans tous les cas, la Cour de cassation a seule le droit d'interpréter ses arrêts (Cass. 2 juill. 1852).

Enfin, la cassation, prononcée sur le seul pourvoi de la partie civile, et la disposition d'un arrêt qui condamne l'accusé acquitté à des réparations civiles, n'entraîne pas l'annulation de la disposition qui a prononcé l'acquittement (Cass. 2 mai 1851).

3443. Les arrêts de cassation doivent être transcrits sur les registres du tribunal qui a rendu le jugement annulé, comme nous l'avons dit au tome Ier, no 865.

Le ministère public transmet ensuite, au procureur général près la Cour régulatrice, un certificat du greffier attestant que cette transcription a eu lieu (Ortolan, II, 317).

3444. De plus, il est convenable de notifier au prévenu les arrêts de cassation prononçant son renvoi devant un autre tribunal, en même temps qu'on l'assigne devant cette nouvelle juridiction.

Mais l'accusé ne peut se faire un grief de ce qu'on ne lui a pas notifié l'arrêt de la Cour de cassation qui a rejeté son pourvoi contre l'arrêt de mise en accusation (Cass. 27 août 1847).

3445. Quand la Cour de cassation rejette un pourvoi, la décision attaquée acquiert la force de chose irrévocablement jugée, et il n'y a plus lieu à aucun pourvoi (C. inst. 438).

En matière criminelle comme en matière civile, l'opposition aux arrêts par défaut de la Cour de cassation n'est pas admise, sauf les cas expressément réservés par la loi, ou à moins que la notification du pourvoi n'ait pas été faite à la partie contre laquelle il a été dirigé (Cass. 4 juin 1836).

Ainsi, une nouvelle demande en cassation devrait être rejetée, bien qu'elle fût qualifiée d'opposition à l'arrêt de rejet (Cass. 16 mars 1832).

Car l'arrêt par lequel la Cour de cassation statue sur un pourvoi n'est pas susceptible d'opposition, lors même qu'il est rendu par défaut contre un demandeur qui ne s'est pas présenté (Cass. 4 août 1832).

3446. L'arrêt de rejet est délivré au procureur général, lequel l'adressse par extrait au ministre de la justice, et celui-ci l'envoie au ministère public près la Cour ou le tribunal qui a rendu l'arrêt ou le jugement attaqué.

Dans ce cas, l'arrêt de la Cour de cassation n'est pas transcrit sur les registres du tribunal; il est seulement déposé au greffe par le magistrat du parquet, qui en donne avis, s'il y a lieu, à la partie civile et au prévenu.

TITRE SEPTIEME.

Peines et exécution.

CHAPITRE PREMIER. — PEINES INFAMANTES.

SECTION PREMIÈRE. — PEINE CAPITALE.

SOMMAIRE.

3447. Les peines édictées par nos lois pénales comprennent, dans l'ordre de leur gravité, comme nous l'avons déjà rappelé au tome I, n° 1855 :

1° Les peines afflictives et infamantes ;

2° Les peines purement infamantes ;

3° Les peines correctionnelles ;

4° Les peines de simple police.

Les peines disciplinaires ne font pas partie de cette nomenclature, parce qu'elles constituent plutôt un châtiment, en quelque sorte domestique, *castigatio domestica*, qu'une pénalité proprement dite.

3448. Nous réunirons, dans le présent chapitre, tout ce que nous avons à dire des peines, soit afflictives, soit infamantes, et nous nous occuperons d'abord de la peine capitale.

Sans reproduire tous les arguments pour ou contre la peine de mort, ce qui nous écarterait du but purement pratique de cet ouvrage, nous rappellerons seulement qu'elle est demeurée écrite au sommet de l'échelle de notre pénalité, comme une triste nécessité sociale, et que les magistrats du ministère public ont spécialement la pénible mission d'en requérir l'application, et de pourvoir à son exécution quand elle a été prononcée.

3449. Tout condamné à mort doit avoir la tête tranchée au moyen d'un instrument de supplice appelé guillotine, du nom de son inventeur, et adopté pour sa promptitude et dans une pensée d'humanité (Loi 20-25 mars 1792. — C. pén. 12, — Décr. 25 nov. 1870, art. 3).

Les individus condamnés à la peine capitale peuvent être conduits en voiture au lieu du supplice, et le prix du transport est réglé par un abonnement annuel, ou de gré à gré, ou aux prix courants, par les soins de l'autorité administrative (Arrêté min. 3 oct. 1811, art. 14 et 15).

3450. Les parricides sont conduits au supplice en chemise, nu-pieds, et la tête couverte d'un voile noir. Ils demeurent exposés sur l'échafaud, pendant qu'un huissier donne au peuple lecture de l'arrêt de condamnation; après quoi ils sont immédiatement exécutés (C. pén. 13).

Pour abréger cette cruelle agonie, l'huissier se borne à lire le dispositif de l'arrêt.

3451. Les corps des suppliciés sont remis à leurs familles, si elles les réclament, à la charge par elles de les faire inhumer sans aucun appareil, ce qui n'exclut pas les prières de l'Église, pourvu qu'elles aient lieu sans aucune solennité (*Ibid.*, 14).

Sinon, ils sont inhumés aux frais de la commune, ou livrés aux amphithéâtres de dissection (Décr. 23 prair. an XII, art. 26, et 18 juin 1811, art. 3, 4°).

Dans quelques contrées du midi de la France, des confréries religieuses viennent, en exécution de leurs statuts, prendre à l'échafaud les corps des suppliciés, et les portent au cimetière en psalmodiant les prières pour les morts.

3452. L'exécution doit, autant que possible, avoir lieu dans les vingt-quatre heures de la réception de l'arrêt de la Cour de cassation qui a rejeté le pourvoi (Arg. 375, C. inst.).

Néanmoins, il doit être sursis à l'exécution, dans les cas des art. 27 du Code pénal, 379, 443, 444 et 445 du Code d'instruction criminelle.

3453. Autrefois, un recours en grâce n'était jamais un motif de retarder l'exécution, à moins que le ministre de la justice n'eût envoyé l'ordre de surseoir (Circ. min. 10 vend. an XI et 13 messid. an XII. — Dalloz, aîné, v° *Droits civils*, VI, 535, n° 11. — Ortolan, II, 244 et 263).

Aujourd'hui, il faut surseoir à l'exécution de toute condamnation capitale, quand même il n'existerait aucun recours du condamné, et attendre les ordres du ministre de la justice (Circ. min. 27 sept. 1830).

Mais, quand ces ordres sont arrivés, il n'y a plus lieu de surseoir, même par suite des révélations du condamné, à moins qu'il ne s'élève des doutes sérieux sur sa culpabilité (Décis. min. 30 nov. 1830).

3454. L'exécution ne peut pas toujours avoir lieu dans les vingt-quatre heures, mais le condamné n'en doit jamais être informé que la veille au plus tôt, ou même le matin du jour désigné (Décis. min. 18 fév. 1833).

Il n'y a jamais lieu de fixer une exécution capitale à un dimanche ou jour férié, ou à des jours de foire ou de marché; c'est, au contraire, ce qu'il faut avoir soin d'éviter, à raison des graves inconvénients qui pourraient en résulter (Décis. min. 30 sept. 1828, 11 mars 1839 et 6 mai 1847).

3455. Quant au lieu de l'exécution, c'est toujours une place publique de la localité désignée par l'arrêt de condamnation, et aucun changement ne peut être apporté dans le choix de l'emplacement accoutumé, que par une décision concertée entre les ministres de la justice et de l'intérieur, sur l'avis du procureur général du ressort, et sur la proposition du maire et du préfet (Décis. min. 18 sept. 1821 et 27 juin 1822).

Lorsque l'arrêt de condamnation à la peine capitale n'indique pas le lieu où doit se faire l'exécution, cette omission n'entraîne aucune nullité, et l'exécution doit avoir lieu sur l'une des places publiques de la commune où a siégé la Cour d'assises (Cass. 3 août 1843 et 21 janv. 1847).

Du reste, la Cour n'a pas le pouvoir de désigner l'emplacement de l'échafaud; ce soin appartient à l'autorité administrative et au ministère public, qui ne peuvent en désigner d'autre qu'une place publique (Hélie et Chauveau, C. pén., 1, 221).

3456. Dans les siéges des Cours d'assises, le ministère public donne les ordres nécessaires pour que l'exécution ait lieu dans les vingt-quatre heures qui suivent la réception des ordres de la Chancellerie.

Il transmet, à cet effet, un réquisitoire à la force publique, au greffier, et, s'il y a lieu, à l'huissier, qui doivent y assister, et à l'entrepreneur des convois judiciaires.

L'huissier est pris, à tour de rôle, parmi ceux de la résidence, et en commençant par le dernier nommé. Toutefois, l'huissier désigné peut se faire suppléer par un de ses confrères.

3457. Quand l'exécution doit avoir lieu hors du siége de la Cour d'assises, un extrait de l'arrêt de condamnation est transmis, par le ministère public près cette Cour, au procureur de l'arrondissement où se trouve le lieu de l'exécution, et qui, dès lors, demeure chargé d'y pourvoir.

Toutefois, le magistrat du parquet de la Cour d'assises lui indique les mesures qu'il a prises et celles qu'il convient encore de prendre.

Le procureur de l'arrondissement dans lequel les exécuteurs se transportent n'a donc à remplir, à leur égard, qu'un devoir de surveillance sur la manière dont ils remplissent leurs fonctions; il constate leurs opérations, et il transmet, au ministère public près la Cour qui a rendu l'arrêt, les plaintes ou observations auxquelles leur service aurait pu donner lieu (*Circ. min.* 7 juill. 1836).

3458. Le ministère public donne aussi à la force publique, dont nous avons parlé au n° 2235, toutes les réquisitions nécessaires pour assurer le maintien de l'ordre. — Appendice, n° 47.

La force ainsi requise ne doit être employée que pour assurer l'effet de la réquisition, et faire cesser, au besoin, les obstacles ou empêchements; en un mot, elle ne doit servir que comme garde de police appelée pour prêter main-forte à la justice, et uniquement préposée au maintien de l'ordre. Sa mission est donc de prévenir ou de réprimer les agitations ou les émeutes, et d'empêcher que les officiers de justice chargés de l'exécution de l'arrêt ne soient troublés dans leurs fonctions (Décr. 1er mars 1854, art. 98 et 109).

3459. Quand le ministère public a fait les diligences nécessaires, et fixé l'heure et le lieu de l'exécution, il dépose l'arrêt de condamnation entre les mains du greffier du tribunal, qui est en même temps requis par écrit, dans la forme indiquée à l'Appendice, n° 48, d'assister à l'exécution (C. civ. 83. — C. inst. 378. — Décr. 18 juin 1811, art. 52).

Si elle doit avoir lieu dans un autre canton que celui où siége le tribunal, il adresse l'arrêt et le réquisitoire au greffier de la justice de paix (*Ibid.*).

Car le greffier du tribunal, et, dans les cantons où il n'y a pas de tribunal, le greffier de la justice de paix, est tenu d'assister à l'exécution et d'en rapporter procès-verbal (C. inst. 378).

Il se rend, à cet effet, soit à l'hôtel de ville, soit dans une maison située sur la place publique où se fait l'exécution, et qui lui est désignée par l'autorité municipale (Décr. 18 juin 1811, art. 52, § 2).

3460. Au contraire, les huissiers qui assistent à l'exécution des arrêts criminels, notamment dans le cas de l'article 13 du Code pénal, ne doivent pas se placer dans une maison, mais rester près du lieu de l'exécution (Circ. min. 10 janv. 1812).

Leur salaire est réglé par l'article 74, n° 9, et celui des greffiers, par l'article 53 du décret du 18 juin 1811.

3461. Après l'exécution, le greffier renvoie au parquet l'arrêt accompagné de son procès-verbal; et, dans le cas d'exécution à mort, le ministère public veille à ce que tous les renseignements nécessaires pour la rédaction de l'acte de décès soient adressés, par le greffier, à l'officier de l'état civil du lieu où le condamné a été exécuté (C. civ. 83).

Du reste, il ne doit être fait aucune mention de l'exécution dans l'acte de décès, comme on l'a vu au tome I, n° 1186, § 3 (*Ibid.*, 85).

3462. Il n'y a plus pour toute la France qu'un seul exécuteur en chef, et cinq exécuteurs adjoints, résidant tous à Paris.—Décr. 25 nov. 1870, art. 2.

C'est l'exécuteur en chef qui est chargé de l'entretien des machines et de pourvoir aux fournitures des objets nécessaires à l'exécution (*Ibid.*, art. 3 et 4).

En cas de négligence ou de mauvais vouloir de l'exécuteur en chef pour remplir les exécutions résultant des marchés ou abonnements passés avec lui, le ministère public aurait à proposer au garde des sceaux des mesures de rigueur proportionnées à la faute commise (Circ. min. 27 juin 1853).

3463. Le transport des exécuteurs et des instruments de justice a lieu en chemin de fer, par des trains exprès ou rapides, dont les frais, qui seraient en dehors du cahier des charges, sont comptés et mandatés dans des mémoires périodiquement présentés au ministère de la justice par chaque compagnie (*Ibid.*, art. 4).

3464. Les magistrats des parquets, les juges de paix, les maires et autres officiers de police judiciaire, chacun dans sa localité, sont tenus de pourvoir sur les lieux, par des ordres ou réquisitions, aux transports, fournitures et travaux de toute espèce nécessaires à l'exécution des arrêts criminels, et au logement des exécuteurs et des instruments de justice, sur la production de l'ordre reçu par l'exécuteur en chef, et émané de la direction des affaires criminelles à la chancellerie (*Ibid.*, art. 5).

3465. On trouve dans les motifs qui ont dicté la loi du 22 germinal an IV, quoiqu'elle ne contienne pas de disposition formelle à cet égard, le droit, pour le ministère public, de faire fournir un logement aux exécuteurs (Décr. 18 juin 1811, art. 114, § 2).

Il devrait, dans ce cas, adresser une réquisition par écrit à l'autorité municipale. — Appendice, nᵒ 49.

Mais il n'a pas le droit de contraindre un citoyen à louer tout ou partie de ses bâtiments, ou de sa maison, aux exécuteurs; et surtout, il est sans qualité pour porter une pareille demande devant les tribunaux civils (Cass. 28 déc. 1829).

3466. Quand il s'agit d'exécution par effigie, c'est-à-dire quand le condamné est contumax ou évadé, il faut que l'arrêt soit affiché à un poteau planté au milieu d'une place publique du lieu de l'exécution, ordinairement celle du marché, comme il sera dit au tome III, chapitre *des Contumaces.*

Si ce poteau n'existe pas, ou s'il a besoin de réparations, c'est au procureur de l'arrondissement à provoquer les mesures nécessaires auprès du préfet, ou, en cas d'urgence, à requérir les ouvriers, de le confectionner ou réparer, et de le mettre en place (Arrêté 3 oct. 1811).

3467. Ces réquisitions sont données par écrit aux ouvriers de la localité, et à tour de rôle. Elles doivent être adressées, de préférence, à ceux dont la profession a pour objet des travaux analogues à ceux qu'il s'agit d'exécuter, et elles peuvent être conformes au nᵒ 50 de l'Appendice.

En cas de refus d'obéir, les ouvriers requis sont traduits devant le tribunal de simple police, et condamnés à trois jours d'emprisonnement. Si ce refus se renouvelle, ils sont assignés devant le tribunal de police correctionnelle, et la peine d'emprisonnement est alors de dix à trente jours (Loi 22 germ. an IV, art. 1 et 2).

Car cette loi est encore en pleine vigueur : elle permet de requérir les ouvriers, même pour des travaux qui ne rentrent pas dans l'exercice de leur profession habituelle, et sans qu'il soit besoin de justifier que les travaux n'ont pas pu être faits de gré à gré (Cass. 13 mars 1835).

L'exécuteur demeure seul responsable, sauf les cas de force majeure, de tout ce qui, par quelque faute ou négligence de sa part, aurait empêché ou retardé l'exécution, ou l'aurait rendue plus douloureuse pour le condamné; et il est passible, à cette occasion, des mesures de répression ou de discipline que le ministre pourrait ordonner, sur le rapport du ministère public.

Les exécuteurs doivent, dans leur service, s'assister mutuellement entre eux pour l'exécution des réquisitions qui leur sont adressées (Circ. min. 22 nov. 1822).

3468. Disons en terminant qu'il serait bien temps d'épargner au peuple ce hideux spectacle de nos exécutions capitales, qui ne remédie à rien, et qui n'a d'autre résultat que d'accoutumer les hommes à voir couler le sang humain.

Sans examiner si la décapitation n'est pas, quoi qu'on en dise, un douloureux supplice, remarquons que la France est du petit nombre des pays en Europe où la justice ensanglante l'échafaud.

Tant que la peine de mort demeurera une cruelle nécessité, ne pourrait-on pas en adoucir le mode et l'éloigner des regards de la foule? Les exécutions ne devraient-elles pas, comme dans d'autres contrées voisines, avoir lieu dans l'intérieur des prisons et seulement sous les yeux des détenus? Au glaive de la loi on pourrait substituer un agent électrique sous lequel le patient tomberait foudroyé sans avoir presque vu l'appareil de son supplice. A la porte de la prison, une tenture funèbre à laquelle serait attachée une copie de l'arrêt de condamnation annoncerait aux passants qu'il s'accomplit là un acte suprême de la justice humaine; le corps du supplicié pourrait même, si on le croyait nécessaire, être exposé à la vue du public pendant une heure, et, quand il ne serait pas réclamé par sa famille, livré ensuite dans un amphithéâtre de dissection aux investigations de la science.

Nous faisons des vœux bien sincères pour que quelque adoucissement, ou plutôt quelque respect des mœurs publiques, soit apporté dans l'exécution d'une peine qui, nous aimons à l'espérer, devra disparaître un jour du Code des nations civilisées.

SECTION II. — TRAVAUX FORCÉS.

SOMMAIRE.

3469. La peine des travaux forcés consiste, pour les hommes, à être employés aux travaux les plus pénibles et à tous autres travaux d'utilité publique (Loi 30 mai 1854, art. 2).

Ils peuvent être enchaînés deux à deux, ou assujettis à traîner le boulet, mais seulement à titre de punition disciplinaire, ou par mesure de sûreté (*Ibid.*, art. 3).

Cette peine était autrefois subie dans les bagnes de Brest, Toulon, Lorient et Rochefort, où s'exécutent habituellement de grands travaux maritimes. Celui de Lorient a été depuis longtemps supprimé, celui de Rochefort est évacué, et aujourd'hui les forçats des deux autres bagnes sont transportés à la Guyane, une de nos colonies dans l'Amérique méridionale (Décr. 27 mars 1852.—Loi 30 mai 1854, art. 1er).

3470. Pour les femmes, la peine des travaux forcés consiste à être employées, dans une maison de force, à des travaux de leur sexe, mais continuels. Elle est subie dans des maisons centrales (C. pén. 16).

Toutefois, les femmes condamnées aux travaux forcés peuvent aussi être conduites à la Guyane, et placées sur un établissement créé dans la colonie. Elles y sont employées à des travaux en rapport avec leur âge et avec leur sexe (Décr. 27 mars 1852, art. 3. — Loi 30 mai 1854, art. 4).

3471. Cette peine peut être prononcée à temps ou à perpétuité (C. pén. 7, §§ 2 et 4).

Quand elle est prononcée à temps, sa durée est de cinq ans au moins et de vingt ans au plus, sauf les cas de récidive, où elle peut être élevée jusqu'au double.(*Ibid.*, 19 et 56, § 5).

La durée de cette peine compte du jour où elle est devenue irrévocable, soit par l'expiration du délai suspensif, soit par le rejet du pourvoi (*Ibid.*, 23).

3472. Elle ne peut jamais être prononcée contre un individu âgé de soixante ans accomplis au moment de la condamnation; elle est alors remplacée par la peine de la reclusion à temps ou à perpétuité, selon les dispositions de la loi qui devait être appliquée à tout autre condamné (*Ibid.*, 70 et 71).

3473. Pour en assurer l'exécution, le ministère public, quand la condamnation est devenue définitive, veille à ce qu'un extrait de l'arrêt soit exactement rédigé, par le greffier, sur un des imprimés qui sont fournis, à cet effet, par le ministère de la marine.

Il vise et certifie cet extrait, où il a soin d'indiquer les autres condamnations que le forçat aurait encore à subir à l'expiration de sa peine, et l'envoie ensuite au préfet du département, qui donne les ordres nécessaires pour la translation du condamné au bagne ou dans une colonie pénitentiaire.

3474. Les extraits des arrêts de condamnation qui sont destinés à accompagner les condamnés au bagne doivent indiquer :

1º Les nom, prénoms, âge, profession, domicile, lieu de naissance et signalement des condamnés;

2º La nature du crime commis;

3º La nature et la durée de la peine, ainsi que les articles de la loi appliquée;

4º La Cour d'assises qui a prononcé la condamnation;

5° La date de l'arrêt;

6° Celle du jour où il est devenu définitif.

Ces extraits doivent, en outre, être revêtus de la signature du greffier et du sceau de la Cour qui a prononcé, et faire mention, sur une note particulière, des preuves de violence ou de perversité qu'aurait données le condamné (Circ. min. 22 mars 1826).

Chaque condamné conduit au bagne doit être accompagné d'un extrait individuel de l'arrêt qui le concerne, lors même que cet arrêt serait commun à plusieurs condamnés (Circ. min. 7 juin 1828).

3475. Ces extraits, dressés d'après un modèle arrêté par le ministre de la marine, sont imprimés aux frais de son département et adressés aux parquets des Cours d'assises avec une instruction sur la manière de les remplir. Lorsque ces imprimés sont épuisés, les magistrats du parquet n'ont qu'à écrire directement au ministre de la marine pour en obtenir de nouveaux. Les greffiers seraient sans excuse, si ces extraits contenaient des omissions ou des lacunes. D'ailleurs, le ministère public est chargé de surveiller ce travail, pour qu'il soit aussi exact et aussi complet qu'il doit l'être (Circ. min. 17 juin 1834).

3476. Les magistrats du parquet doivent donc veiller avec le plus grand soin à ce que les extraits renferment exactement tous les renseignements que l'administration de la marine réclame, et dont elle a besoin pour fixer avec précision la position des condamnés et la durée des peines qu'ils ont à subir. Ils ne doivent apposer leur visa sur ces extraits qu'après s'être assurés que les notes, placées au bas du modèle, sont soigneusement remplies, et qu'ils indiquent exactement les autres peines que le condamné doit subir encore, soit au bagne, soit après sa libération des travaux forcés. En effet, lorsque plusieurs peines pèsent sur le même condamné, le ministère public est obligé d'indiquer, en marge de l'extrait, celles de ces peines que le condamné doit subir. Il ne peut, en effet, appartenir qu'au magistrat chargé par la loi de l'exécution des peines, de faire connaître celles qui doivent se confondre et celles qui doivent être subies successivement. La plus grande attention doit être apportée à cette appréciation, qui sert de règle à l'administration de la marine pour déterminer la durée de la détention de chaque condamné au bagne, ainsi que les mesures à prendre lors de sa libération (Circ. min. 23 mars 1838 et 6 déc. 1840, § 8).

3477. Les condamnés aux travaux forcés qui, pour maladie ou autre cause, sont hors d'état d'être transférés au bagne ou au port d'embarquement pour une colonie pénitentiaire, peuvent être renfermés provisoirement dans une maison de reclusion (Décis. min. 12 fév. 1812).

Il en est de même, toutes les fois qu'il y a un empêchement quelconque à la translation des condamnés ; et alors, la peine est subie provisoirement en France, jusqu'à ce que l'empêchement ait cessé (Loi 30 mai 1854, art. 1, § 2).

Si l'obstacle qui s'oppose à la translation n'est que passager, l'autorité administrative peut la suspendre momentanément, et se contenter d'en avertir l'autorité judiciaire. Mais, si l'obstacle est permanent, et nécessite des mesures définitives dont l'effet serait de changer la nature de la peine, ces mesures ne peuvent être prises sans le concours du ministère public chargé, par la loi, de veiller à l'exécution des arrêts. Il doit donc en être spécialement informé, afin qu'il puisse, de son côté, faire constater l'état du condamné malade ou retenu. Si, après cette opération, il y a divergence d'opinion entre lui et le préfet, il faut en référer aux ministres de la justice et de l'intérieur, pour qu'ils se concertent sur les mesures à prendre (Circ. min. 10 mai 1825 et 6 déc. 1840, § 11).

3478. Tout condamné dont la peine est inférieure à huit ans de travaux forcés est tenu, à l'expiration de ce terme, de résider dans la colonie pendant un temps égal à la durée de sa condamnation. Si la peine est de huit années et au delà, il est tenu de résider à la Guyane pendant toute sa vie (Décr. 27 mars 1852, art. 6, §§ 1 et 2.— Loi 30 mai 1854, art. 6, §§ 1, 2 et 3).

En cas de grâce, le libéré ne peut être dispensé de l'obligation de la résidence que par une disposition spéciale des lettres de grâce. Toutefois, il peut quitter momentanément la colonie en vertu d'une autorisation expresse du gouverneur, mais sans pouvoir jamais être autorisé à se rendre en France (Loi 30 mai 1854, art. 6, §§ 3 et 4).

Les condamnés libérés en France peuvent obtenir d'être transportés à la Guyane, mais à la condition d'être soumis, en tout, au régime des autres forçats libérés dans la colonie, et sans préjudice de la surveillance de la haute police (Décr. 27 mars 1852, art. 8).

SECT. III. — DÉPORTATION.

3479. Il y a aujourd'hui, dans la loi française, deux sortes de déportations : la déportation simple et la déportation dans une enceinte fortifiée, entraînant une sorte d'emprisonnement.

D'une manière générale, la déportation consiste à être transporté, et à demeurer à perpétuité dans un lieu déterminé hors du territoire continental de la France (C. pén. 17, § 1).

3480. Après de longues hésitations, ce lieu a été fixé à la presqu'île Ducos de la Nouvelle-Calédonie pour la déportation dans une enceinte fortifiée, et pour la déportation simple dans l'île des Pins, ou, en cas d'insuffisance, dans l'île Maré, dépendance de la Nouvelle-Calédonie (C. pén. 17. — Loi 23 mars 1872, art. 2).

3481. Les condamnés politiques de cette dernière catégorie subissent leur peine dans une enceinte fortifiée, déterminée par la loi, hors du territoire continental (*Ibid.*, art. 1, § 1); ·

Car, dans tous les cas où la peine de mort est abolie en matière politique, elle est remplacée par la déportation dans une enceinte fortifiée (Loi 8 juin 1850, art. 1).

En cas de déclaration de circonstances atténuantes, si la peine prononcée par la loi est celle de la déportation dans une enceinte fortifiée, les juges doivent appliquer celle de la déportation simple ou de la détention en France; mais, dans les cas des art. 86, 96 et 97 du Code pénal, la déportation simple est seule applicable (*Ibid.*, art. 2).

On ne doit pas entendre par ces mots : *enceinte fortifiée*, une forteresse servant de prison, mais bien une enceinte de quelque étendue (*Pal.*, Lois, III, 83, note 2).

3482. Les déportés y jouissent de toute la liberté compatible avec la nécessité d'assurer la garde de leurs personnes et le maintien de l'ordre : ils sont seulement soumis à un régime de police et de surveillance déterminé par un règlement d'administration publique (Loi 8 juin 1850, art. 1, §§ 2 et 3. — Loi 23 mars 1872, art. 4).

Ce règlement a été publié le 23 mai 1872; ainsi les condamnés à la déportation simple jouissent, dans l'île des Pins et dans l'île

Maré, d'une liberté qui n'a pour limites que les précautions indispensables pour empêcher les évasions et assurer la sécurité et le bon ordre.

3483. Le Gouvernement détermine les moyens de travail qui sont donnés aux condamnés, s'ils le demandent; et il pourvoit à l'entretien des déportés qui ne subviendraient pas à cette dépense par leurs propres ressources (Loi 8 juin 1850, art. 6).

Du reste, la déportation n'impose à celui qu'elle frappe, ni la nécessité d'un travail physique, ni le régime spécial auquel les règlements des maisons de force assujettissent ceux qui y sont détenus (Boitard, C. pén., p. 78).

3484. Si le déporté rentre, sans autorisation, sur le territoire français, il doit être condamné aux travaux forcés à perpétuité, sur la seule preuve faite de son identité (C. pén. 17, § 2).

Le déporté qui rentre sur le territoire est mis, à cet effet, à la disposition du ministère public près la Cour qui a prononcé la condamnation, pour qu'il soit procédé conformément aux art. 518 et suivants du Code d'instruction criminelle (Ch. Berriat-St-Prix, *de l'Exécut. des jug.*, n° 75).

Si, sans être rentré en France, le déporté est saisi dans des pays occupés par une armée française, on doit se borner à le reconduire au lieu de la déportation (C. pén. 17, § 3).

3485. Lorsque les communications se trouvent interrompues entre la métropole et le lieu de déportation, l'exécution de cette peine a lieu provisoirement en France par une détention perpétuelle, soit dans une prison de l'intérieur, soit dans une des possessions françaises déterminées par la loi, selon que le choix, entre ces deux mesures, aura été expressément indiqué, par les juges, dans l'arrêt même de condamnation. (*Ibid.*, §§ 4 et 5).

3486. Dans le cas où les lieux établis pour la déportation viendraient à être changés par la loi, les déportés seraient transférés des anciens lieux dans les nouveaux, nonobstant toute réclamation de leur part (Loi 8 juin 1850, art. 7).

3487. La déportation entraîne toujours la dégradation civique et l'interdiction légale. Néanmoins, les condamnés à la déportation simple ont l'exercice de leurs droits civils dans le lieu de déportation, et il peut leur être remis, avec l'autorisation du Gouvernement, tout ou partie de leurs biens; sans quoi les actes par eux faits dans le lieu de déportation ne peuvent engager ni affecter les biens qu'ils possédaient au jour de leur condamnation, ni ceux qui leur seraient échus depuis par succession ou donation (*Ibid.*, art. 3).

3488. La déportation ne peut être appliquée qu'en vertu d'une disposition de la loi. On la trouve édictée aux art. 81, 82, 84, 89, 94, 99 et 124 du Code pénal. De plus, elle est substituée à la peine de mort toutes les fois que celle-ci est prononcée par la loi en matière politique (Loi 8 juin 1850, art. 1, § 1).

Car ce ne sont point les travaux forcés à perpétuité qui remplacent la peine de mort dans l'ordre des peines politiques, mais bien la déportation, que l'on doit remplacer elle-même, en cas de circonstances atténuantes, par la détention et le bannissement (Cass. 3 fév. 1849).

Elle ne peut être prononcée contre aucun individu âgé de soixante-dix ans accomplis au moment de l'arrêt de condamnation, et elle est, dans ce cas, remplacée, de droit, par la détention à perpétuité (C. pén. 70 et 71).

SECTION IV. — DÉTENTION.

SOMMAIRE.

3489. La détention consiste à être renfermé dans une forteresse située sur le territoire continental de la France, déterminée par un arrêté du chef du Gouvernement, mais permettant de communiquer avec les personnes de l'intérieur ou du dehors, d'après les règlements de police établis à cet effet (C. pén. 20, §§ 1 et 2).

3490. C'est une simple privation de la liberté, sans obligation au travail, ni autre gêne personnelle (F. Hélie et Chauveau, C. pén., 1, 150).

Elle ne peut être prononcée pour moins de cinq ans, ni pour plus de vingt ans, sauf en cas de rupture de ban par un banni, ou en cas de récidive légale (C. pén., § 3, art. 33 et 56, § 4).

3491. Cette peine a pour principal objet la répression des crimes et délits politiques qu'on n'a pas voulu punir de la reclusion, pour ne pas confondre les condamnés de cette catégorie avec les malfaiteurs coupables de délits communs (Ch. Berriat-Saint-Prix, de l'Exécut. des arrêts crim., n° 78).

3492. Du reste, elle diffère encore de la reclusion par sa durée et par le mode d'exécution. Les autres différences qui existent entre elles, sont :

1° Que la détention est subie dans une forteresse, et la reclusion dans une maison centrale de correction ;

2° Que le détenu peut communiquer avec les personnes du dehors, ce qui est interdit aux reclusionnaires (1) ;

3° Que ces derniers sont obligés au travail, tandis que les condamnés à la détention ne peuvent pas y être astreints (*Pal.*, C. pén., sur l'art. 20, not. 2).

3493. Elle a été subie successivement dans la prison du Mont-Saint-Michel, dans la citadelle de Doullens et dans le fort de Ham (Somme) (Ord. 5 mai 1833 et 22 janv. 1835).

On y a ajouté depuis la citadelle de Corte en Corse, et le fort de l'île Sainte-Marguerite, dans le département des Alpes-Maritimes (Décr. 17 mars 1858 et 16 janv. 1874).

Elle entraîne toujours l'interdiction légale du condamné, à qui il est nommé un tuteur et un subrogé tuteur pour gérer et administrer ses biens, et qui demeure, pendant toute sa vie, sous la surveillance de la haute police (C. pén. 29 et 47).

SECTION V. — RECLUSION.

SOMMAIRE.

3494. La reclusion consiste à être renfermé dans une maison de force, et employé à des travaux dont le produit peut être, en partie, appliqué au profit du condamné, d'après un règlement arrêté par le Gouvernement (C. pén. 21, § 1).

La durée de cette peine est de cinq ans au moins et de dix ans au plus (*Ibid.*, § 2).

3495. Elle est subie dans les maisons centrales de détention. où les condamnés peuvent choisir un atelier parmi ceux qui y sont établis, autant que la police de la maison peut le permettre (Ord. 2 avril 1817, art. 10. — Décis. min. 21 août 1818).

3496. Pour l'exécution de cette peine, le ministère public est tenu d'envoyer, à l'autorité administrative, un extrait de l'arrêt de condamnation, aussitôt qu'il est devenu définitif, parce que c'est

---

(1) C'est sans doute par erreur que le *Journal du Palais* dit le contraire à l'endroit cité n° 3.

elle qui est chargée de faire conduire les condamnés dans les maisons centrales, dont le régime sera indiqué au tome III, chapitre *des Prisons*.

3497. Quoique privés de leurs droits civils, les reclusionnaires peuvent se marier. Ils sont conduits, à cet effet, devant l'officier de l'état civil, à moins que celui-ci ne consente à se transporter, avec le conjoint demeuré libre et les témoins, dans la maison centrale où il est détenu (Ch. Berriat-Saint-Prix, *de l'Exécution des jugements*, n° 97).

SECTION VI. — BANNISSEMENT.

SOMMAIRE.

3498. La peine du bannissement consiste à être transporté, par ordre du Gouvernement, hors du territoire de la France (C. pén. 32, § 1).

La durée de cette peine est de cinq ans au moins et de dix ans au plus (*Ibid.*, § 2).

Elle diffère de la déportation, en ce que celle-ci est perpétuelle et afflictive, tandis que le bannissement n'est que temporaire et infamant.

Pour qu'un condamné puisse être ainsi transporté hors du territoire, il faut qu'une nation étrangère consente à le recevoir. Jusque-là, il peut être détenu dans une prison, régulièrement établie, quelle qu'elle soit. Mais, s'il est transporté une fois hors du territoire, il n'est pas tenu de résider dans le pays où il a été conduit, et il peut se retirer où bon lui semble, pourvu qu'il ne rentre pas en France.

3499. S'il y rentrait avant l'expiration de sa peine, il serait, sur la seule preuve de son identité, condamné à la détention pour un temps au moins égal à celui qui resterait à courir de la peine du bannissement, et au plus double de ce reste de peine (C. pén. 33).

La reconnaissance de l'identité du banni est faite comme pour les condamnés évadés et repris, dont il sera parlé au tome III, chapitre *des Prisons* (C. inst. 518);

Mais seulement s'il la conteste. On ne peut donc procéder contre lui par contumace; il faut qu'il ait été repris, et qu'il soit présent aux débats (Cass. 6 mars 1817).

Cette infraction ne constituant qu'une simple contravention, il n'y a pas lieu de s'enquérir de l'intention. Toutefois, la rentrée du banni en France, si elle a lieu par contrainte ou par des événements de force majeure, ne constitue pas une contravention punissable, puisqu'il n'a pas dépendu de lui de ne pas la commettre (Rauter, *Droit crim.*, I, n° 166).

3500. Les condamnés au bannissement peuvent, en attendant leur transfèrement hors du territoire, être détenus dans une prison, sauf à eux à presser leur admission dans un pays étranger, ou à demander la faculté de s'embarquer.

Si, pendant cette détention, le banni parvient à s'évader, il est seulement punissable des peines de l'évasion, et ne peut être considéré comme ayant rompu son ban (Carnot, *Cod. pén.*, art. 33, *Observ. addit.*, n° 3).

3501. La peine du bannissement est édictée notamment par les art. 124, 156, 158, 202, 204 et 208 du Code pénal.

Les procureurs généraux doivent adresser, au ministre de la justice, un extrait de tous les arrêts qui prononcent la peine du bannissement, avec les noms et le signalement des condamnés (Circ. min. 20 nov. 1815).

SECTION VII. — DÉGRADATION CIVIQUE.

SOMMAIRE.

3502. La peine de la dégradation consiste :

1° Dans la destitution et l'exclusion du condamné de toutes fonctions, emplois ou offices publics ;

2° Dans la privation du droit de vote, d'élection, d'éligibilité, et, en général, de tous les droits civiques et politiques, même de celui de porter aucune décoration ;

3° Dans l'incapacité d'être juré ou expert, de servir de témoin dans les actes publics, et de déposer en justice, autrement que pour y donner de simples renseignements ;

4° Dans l'incapacité de faire partie d'aucun conseil de famille, et d'être tuteur ou curateur, si ce n'est de ses propres enfants et sur l'avis favorable du conseil de famille ;

5° Dans la privation du droit de port d'armes, du droit de faire partie de la garde nationale, de servir dans les armées françaises, de tenir école ou d'enseigner, et d'être employé dans aucun établissement d'instruction, même privé, à titre de professeur, maître ou surveillant (C. pén. 34).

3503. La condamnation à la peine des travaux forcés à temps, de la détention, de la reclusion, ou du bannissement, entraîne, de plein droit, la dégradation civique, comme peine accessoire (*Ibid.*, 28).

Comme peine principale, elle est édictée par les art. 111, 114, 119, 121, 126, 127, 130, 143, 167, 177, 183, 228, 263, 362, 365 et 366 du Code pénal.

3504. Toutes les fois que la dégradation civique est prononcée comme peine principale, elle peut être accompagnée d'un emprisonnement dont la durée, fixée par l'arrêt de condamnation, ne peut pas excéder cinq ans, et qui a pour objet d'atteindre plus efficacement les coupables pour qui les incapacités légales ne seraient qu'une peine insuffisante ou illusoire (C. pén. 35, § 1).

Si le coupable est un étranger, ou un Français ayant perdu la qualité de citoyen, cette peine d'emprisonnement doit *toujours* être prononcée (*Ibid.*, § 2).

Dans tout autre cas, elle est purement facultative, et peut s'abaisser jusqu'à la durée d'une peine de simple police (Hélie et Chauveau, *Cod. pén.*, I, 175).

3505. Un condamné, frappé de la dégradation civique, ne peut être appelé, ni comme expert, ni comme témoin, à l'audience d'une Cour d'assises, qu'en vertu du pouvoir discrétionnaire du président (Décis. min. 10 déc. 1851).

3506. Enfin, la dégradation civique, qu'elle soit principale ou accessoire, est une peine perpétuelle de sa nature, dont les effets ne peuvent être limités à la durée de la peine d'emprisonnement à laquelle elle est jointe (Cass. 31 mars et 9 avril 1842).

Mais toutes les incapacités qu'elle entraîne cessent, de plein droit, à partir de la grâce ou de la réhabilitation du condamné (C. inst. 633. — Ch. Berriat-Saint-Prix, *de l'Exécution des jugements*, n° 81).

3507. Cette peine court du jour où la condamnation est devenue définitive, et ce n'est qu'en cas de condamnation par contumace qu'elle n'a d'effet qu'à partir de l'exécution par effigie (Cass. 13 oct. 1842).

3508. Le ministère public n'a point à s'occuper de son exécution, si ce n'est par l'envoi, à qui de droit, d'un extrait de la condamnation, pour faire cesser l'exercice des fonctions dont le condamné pourrait être investi (Ch. Berriat-Saint-Prix, *De l'exécution des jugements*, nº 81).

3509. Disons ici qu'une condamnation à une peine infamante entraîne la perte de la qualité de légionnaire, et l'arrêt ne peut être exécuté que le condamné n'ait été dégradé. En conséquence, le président, sur le réquisitoire du ministère public, prononce immédiatement après la lecture du jugement la formule suivante : « Vous avez manqué à l'honneur ; je déclare, au nom de la légion, que vous avez cessé d'en faire partie. » (Décr. 16 mars 1852, art. 43).

Le légionnaire qui n'a été condamné qu'à une peine correctionnelle n'encourt pas la dégradation, mais le grand chancelier de l'ordre doit examiner s'il n'y a pas lieu de provoquer contre lui l'exercice des mesures disciplinaires qui appartiennent au chef de l'État (*Ibid.*, art. 46).

CHAPITRE II. — PEINES CORRECTIONNELLES.

SECTION PREMIÈRE. — AMENDE.

SOMMAIRE.

3510. Les peines que peuvent prononcer les tribunaux correctionnels sont :

L'amende,

La confiscation,

L'emprisonnement,

L'interdiction des droits civils,

Et la surveillance de la haute police (C. inst. 179. — C. pén. 9 et 11).

3511. L'amende est, en général, une peine pécuniaire imposée par la justice pour quelque infraction aux lois, ou pour

satisfaction ou réparation de quelque faute. Elle s'ajoute quelquefois à une peine afflictive ou infamante (Merlin, *Répert.*, i, 216,
v° *Amende*).

En matière criminelle et correctionnelle, l'amende est tantôt une
peine, tantôt une réparation du préjudice causé à l'État. (Dalloz
aîné, v° *Amende*, i, 388).

Elle est une peine en matière de délits ordinaires, et encore en
matière de pêche, de contributions indirectes, etc. Elle n'est pas
toujours une peine en matière de douanes, de délits forestiers, etc.,
comme nous le verrons ailleurs.

Elle est quelquefois mixte : par exemple, celle qui est prononcée par la loi du 15 vent. an xiii, contre les entrepreneurs de
voitures publiques, qui ne paient pas l'indemnité due aux maîtres
de poste, est mixte, c'est-à-dire qu'elle est prononcée, moitié à
titre de peine, moitié à titre de réparation, d'où il suit que le ministère public a le droit d'en poursuivre la condamnation (Cass.
13 avril 1839).

3512. Quand l'amende est une peine, elle ne peut être prononcée que contre les auteurs ou complices du délit, et non pas
contre les personnes civilement responsables (Merlin, *Répert.*, xv,
652, v° *Responsabilité*).

De là vient qu'on ne la considère pas comme une peine, quand la
loi l'a prononcée contre cette dernière classe de personnes. Dans
tous les cas, c'est une peine distincte de la condamnation aux dépens, qui ne peut jamais tenir lieu de la condamnation à l'amende
(Cass. 24 oct. 1825).

3513. D'un autre côté, quand l'amende est une peine, les héritiers du prévenu, décédé avant le jugement, ne peuvent être
actionnés devant les tribunaux correctionnels, pour être condamnés à l'amende qu'il aurait pu encourir, par le motif que les peines
sont personnelles comme les délits, ainsi qu'il a été dit au tome, i,
n°s 2002 et suivants (Cass. 28 mess. an viii).

Elle ne pourrait même être rendue exécutoire contre eux que si
le prévenu s'était soumis et obligé à la payer, ou s'il y avait été
condamné par un jugement passé en force de chose jugée, ou
s'il était mort depuis la condamnation (Merlin, *Répert.*, i, 228,
v° *Amende*, § 5, et iii, 437, v° *Délits*, § 9).

Car, si elle avait été prononcée par un jugement devenu définitif
avant la mort du prévenu, le recouvrement devrait en être poursuivi sur sa succession (Décis. min. 21 août 1833).

3514. Du reste, l'action en condamnation à l'amende, quand
elle doit être appliquée comme peine, n'appartient qu'au ministère

public, et elle ne peut être prononcée sur l'appel seul de la partie civile (Cass. 18 avril 1811).

Quand l'amende est mixte, elle peut être réclamée par la partie lésée, même sans le concours du ministère public (Cass. 28 déc. 1838).

3515. Lorsque la quotité de l'amende n'est pas fixée par la loi pénale, on ne peut appliquer qu'une amende de simple police (Cass. 5 nov. 1831, 7 juin 1833 et 24 janv. 1834).

Mais il suffit qu'elle soit indéterminée, pour que l'affaire doive être portée devant le tribunal correctionnel (Cass. 20 janv. 1826).

Enfin, l'amende encourue ne peut être modérée par le juge qu'en vertu d'une disposition expresse de la loi; il doit se borner à la graduer entre le *minimum* et le *maximum* que le législateur a fixés.

Ainsi, quand la loi ne fixe pas de maximum, les juges ne peuvent prononcer que le minimum de l'amende correctionnelle, particulièrement quand ils substituent l'amende à l'emprisonnement, par l'admission de circonstances atténuantes (Cass. 10 janv. 1846).

3516. En cas de conviction de plusieurs délits ou contraventions, l'amende, qui est édictée pour des matières spéciales, doit toujours être prononcée conjointement avec la peine appliquée pour un autre délit, sans qu'il y ait violation de la règle qui défend le cumul des peines (Cass. 22 et 29 mai 1847).

3517. Les amendes doivent être prononcées *solidairement* contre tous les individus convaincus d'un même délit, qu'ils ont commis ensemble, dans le même temps et envers les mêmes personnes, encore que, par l'effet de la solidarité, l'amende s'élève, pour chacun d'eux, au-dessus du *maximum* fixé par la loi, et encore que l'un des délinquants ait été condamné à une amende plus forte que les autres (Cass. 3 nov. 1827 et 28 août 1846);

Car la solidarité prononcée contre plusieurs individus convaincus du même délit ne doit pas se borner aux frais, elle doit s'étendre à l'amende à laquelle ils ont été condamnés (Cass. 6 mars 1812 et 5 mai 1838).

Et il ne suffit pas de les déclarer tous solidaires de la même amende. Autrement, de deux choses l'une : ou l'amende se diviserait entre eux, ou quelques-uns l'acquitteraient tout entière pour les autres; et, dans les deux cas, la peine ne serait pas subie par tous, et serait éludée en tout ou en partie (Cass. 21 oct. 1824).

3518. Mais la solidarité ne peut être prononcée que contre des individus qui ont concouru au même fait, soit comme auteurs, soit comme complices. Elle ne peut l'être contre des individus qui auraient commis isolément des délits ou contraventions de même nature; chacun d'eux doit alors être personnellement condamné à une amende individuelle (Cass. 22 avril 1813).

En matière de faux en écriture, l'amende doit être prononcée contre ceux qui ont fait usage de la pièce fausse, aussi bien que contre l'auteur du faux (Cass. 8 nov. 1840).

Et, lorsqu'il s'agit de contraventions spéciales, il doit être prononcé autant d'amendes qu'il y a de contraventions (Cass. 28 fév. 1845).

3519. Le recouvrement des amendes, prononcées au profit du domaine, est poursuivi au moyen d'un extrait du jugement ou de l'arrêt de condamnation contenant, d'une manière exacte, l'indication du domicile des condamnés. Cette mention fait nécessairement partie des qualités, et les greffiers ne doivent pas l'omettre. La loi entend, du reste, par un extrait du jugement, la transcription de tout ce qui est indispensable pour assurer ce recouvrement (Arrêté 25 fl. an VIII. — Circ. min. 11 brum. an IX).

L'exécution des condamnations à l'amende peut être poursuivie par la voie de la contrainte par corps, dont il sera parlé plus loin (C. inst. 52).

Et les contestations auxquelles ce recouvrement peut donner lieu sont du ressort des tribunaux civils ordinaires (Merlin, *Répert.*, t. 231, v° *Amende*, § 8).

3520. Le produit des amendes correctionnelles, distraction faite des frais de poursuite tombés en non-valeurs, appartient, pour les deux tiers, aux communes, et, pour l'autre tiers, aux hospices des enfants trouvés. (Décr. 17 mai 1809. — Ord. 19 fév. 1820 et 30 déc. 1823, art. 6).

Quand elles sont prononcées au profit d'une administration publique, le produit en est versé dans la caisse de cette administration, qui en tient compte au Trésor public (Dalloz aîné, v° *Amende*, t. 389):

Alors c'est à l'administration qui a fait les poursuites, ou dans l'intérêt de qui elles ont été faites, qu'il appartient de poursuivre le recouvrement des amendes prononcées.

3521. Dans les poursuites pour contraventions à la police du roulage prévues par les dispositions spéciales de la loi du 30 mai 1851, le tiers des amendes appartenant aux agents qui ont constaté les infractions, les juges de paix doivent avoir soin de viser, dans leurs jugements, les articles de cette loi plutôt que les art. 471 et 475 du Code pénal, qui doivent cesser d'être appliqués toutes les fois que la loi spéciale est applicable (Circ. min. 1er mai 1854).

3522. C'est aux trésoriers payeurs généraux et non plus aux préfets que les greffiers des tribunaux correctionnels doivent envoyer tous les six mois, en janvier et juillet, les jugements portant condamnation à l'amende, et les autres documents nécessaires pour en assurer le recouvrement, notamment le relevé semestriel, desdits jugements qu'ils devront dresser désormais par circonscriptions de la perception dans laquelle se trouve le domicile du condamné (Circ. min. 17 mai 1874).

3523. Il leur est dû 10 centimes pour chaque article de ce relevé, qui doit être soumis au visa du ministère public, et inscrit par lui sur le registre des salaires du greffier, dont il sera parlé au tome III, chapitre *des Frais de justice criminelle* (Circ. min. 29 mars 1824).

Ce relevé, après avoir été visé par le ministère public, est transmis par lui au trésorier général, qui délivre au greffier de simples mandats de paiement (*Ibid.*).

3524. Le ministère public doit tenir la main à ce que ces prescriptions soient ponctuellement exécutées (Circ. min. 6 déc. 1840, § 16).

3525. En cas de recours en grâce, les procureurs généraux s'adressent à ce même trésorier général pour connaître la situation des condamnés envers le Trésor (Circ. min. 17 mai 1874).

SECTION II. — CONFISCATION.

SOMMAIRE.

3526. La peine de la confiscation générale des biens est abolie (Charte 1814, art. 66, et 1830, art. 57.—Cass. 3 mars 1826).

Mais la confiscation spéciale de certains objets saisis par suite d'un délit ou d'une contravention continue de subsister. Ainsi, la confiscation, soit du corps du délit, quand la propriété en appartient au condamné, soit des choses produites par le délit, soit de celles qui y ont servi ou qui ont été destinées à le commettre, est une peine commune aux matières criminelles et correctionnelles (C. pén. 11).

Toutefois, on ne peut prononcer la confiscation des objets volés ou achetés avec le produit d'un vol (Cass. 12 juin 1856).

3527. Elle est prononcée, par exemple :

1° Pour les subsistances qui ont fait l'objet d'un commerce illicite (C. pén. 176);

2° Pour les choses données ou offertes dans le but de corrompre un fonctionnaire public (*Ibid.*, 180);

N'eussent-elles été données qu'à un complice du corrupteur (Cass. 29 mai 1845);

3° Pour les exemplaires d'écrits provocateurs qui ont reçu une publicité quelconque (C. pén. 286);

4° Pour les écrits ou images obscènes exposés en vente ou distribués (*Ibid.*, 287);

5° Pour les armes prohibées (*Ibid.*, 314, § 3.—Loi 24 mai 1834, art. 4);

6° Pour les boissons falsifiées qui ont été mises en vente ou débitées (C. pén. 318);

7° Pour le prix de la subornation des témoins (*Ibid.*, 364);

8° Pour les fonds, effets, instruments ou mobilier des maisons de jeu ou de loteries clandestines (*Ibid.*, 410);

Et alors elle s'étend aux valeurs saisies sur les agents de ces maisons, dans le lieu et à l'instant même où l'on donnait à jouer, lorsqu'il est reconnu qu'elles étaient destinées à répondre aux enjeux ultérieurs des joueurs (Cass. 25 mai 1838);

9° Pour les marchandises exportées à l'étranger, dans le but de nuire à la fabrication (C. pén., 413);

10° Pour les marchandises sur lesquelles on a trompé autrui, et pour les faux poids et les fausses mesures, où les poids et mesures autres que ceux établis par la loi, et dont il a été fait usage (C. pén. 423. — Cass. 10 janv. 1846);

Même quand on admettrait, dans ces deux cas, des circonstances atténuantes (Cass. 4 oct. 1839, 12 sept. 1846 et 7 juill. 1854);

11° Pour les ouvrages contrefaits et les exemplaires des éditions contrefaites (C. pén. 427. — Loi 7 janv. 1791, art. 12);

12° Pour les recettes des représentations dramatiques données au mépris du droit des auteurs (C. pén. 428);

13° Pour les armes saisies sur les individus surpris dans des attroupements (Loi 10 avril 1831, art. 7);

14° Pour les armes de chasse et les engins prohibés qui ont servi à commettre des délits de chasse (Loi 3 mai 1844, art. 16.— Cass. 10 fév. 1809, 23 fév. 1811 et 28 janv. 1847);

15° Pour les armes de guerre dont la détention est prohibée (Loi 24 mai 1834, art. 4);

16° Pour les bois de délit et les instruments qui ont servi à les couper (C. forest. 198);

Alors même que la saisie n'en a été ni opérée, ni requise (Cass. 13 fév. 1847);

17° Pour les filets et engins de pêche prohibés, et pour le poisson pêché en contravention (Loi 15 avril 1829, art. 5, 41 et 42);

18° Pour les marchandises prohibées, et pour les moyens qui ont servi à leur transport (Loi 28 avril 1816, art. 41.—Cass. 25 oct. 1827 et 26 nov. 1829);

19° Pour les ouvrages d'or et d'argent non marqués ou portant une fause marque (Loi 19 brum. an VI, art. 107 et 109);

Mais la confiscation ne s'étend pas aux accessoires de ces ouvrages (Cass. 15 fév. 1817 et 21 fév. 1822).

Et même, la confiscation des objets marqués d'un faux poinçon ne doit pas être prononcée, tant qu'il n'y a pas chose définitivement jugée quant à la fausseté des marques (Cass. 19 mai 1838);

20° Pour les objets saisis en contravention aux lois sur les contributions indirectes et les octrois (Loi 18 avril 1816, *passim.* — Cass. 21 août 1845);

Notamment pour les boissons saisies en fraude, et pour les futailles qui les contiennent, lors même que le procès-verbal serait nul ou la saisie irrégulière (Cass. 5 août 1808 et 2 déc. 1824);

Cependant il a été jugé depuis, mais implicitement seulement, qu'il fallait que le procès-verbal fût valable, et plus particulièrement qu'il fût rapporté par des agents ayant qualité pour verbaliser (Cass. 18 août 1827);

Quoi qu'il en soit, il n'appartient qu'aux tribunaux correctionnels de prononcer la confiscation d'objets saisis en fraude des droits de douanes ou de contributions indirectes, même dans le cas où l'auteur du délit est resté inconnu, et ces tribunaux sont alors légalement saisis par voie de requête (Cass. 8 juill. 1841).

21° Pour les bâtiments de mer et leur cargaison, en matière de traite des noirs ou de baraterie (Lois 15 avr. 1818, 10 avr. 1825, art. 13, et 4 mars 1831, art. 5);

22° Pour les moyens de transport des marchandises prohibées (Loi 17 déc. 1814, art. 15. — Loi 27 mars 1817, art. 12. — Cass. 18 déc. 1854);

23° Enfin, pour les marchandises neuves mises en vente à cri public, soit aux enchères, soit au rabais, soit à prix fixe (Loi 25 juin 1841, art. 1 et 7).

3528. Que doit-on entendre par ces mots : *Marchandises mises en vente?* Est-ce l'objet unique proposé aux acheteurs au moment de la constatation du délit, ou la caisse ou le ballot d'où il vient d'être tiré, ou bien le contenu entier de la voiture ou du magasin qui a la même destination ? A défaut d'une désignation plus précise dans la loi, dont les dispositions doivent toujours être restreintes en matière pénale, il a été jugé que la confiscation ne doit porter que sur l'objet proposé au choix des acheteurs au moment de l'intervention de l'officier public qui a verbalisé, puisque la loi n'a exigé ni une saisie préalable, ni la description ou l'estimation des objets à confisquer, précaution indispensable pour donner au juge une base précise à sa décision, si la confiscation devait embrasser une aussi grande quantité de valeurs (Rennes, 22 oct. 1841).

Persuadés que la confiscation est ordonnée surtout pour empêcher la répétition du même délit, nous serions disposés à croire, au contraire, qu'elle doit comprendre toutes les marchandises exposées sous les yeux du public, et destinées à être vendues successivement contre les prohibitions de la loi (Rouen, 4 juill. 1853).

3529. Lors même que les objets confiscables n'ont pas été saisis, les tribunaux peuvent ordonner la confiscation, et fixer la somme que le délinquant devra payer pour en représenter la valeur (Cass. 22 fév. 1822).

Ceci s'applique surtout aux délits de chasse sans permis de port d'armes, et aux délits de pêche fluviale (Lois 3 mai 1844, art. 16, et 15 avr. 1829, art. 41, § 2) ;

Car, dans d'autres cas, il a été jugé que la confiscation est réelle et non personnelle, c'est-à-dire qu'elle doit s'appliquer uniquement aux objets qui en sont frappés, de telle sorte que si l'objet qui a servi à un délit n'a pas été saisi, on ne peut condamner le propriétaire à payer cet objet ou à fournir caution (Cass. 23 mai 1823, 29 juin 1826 et 9 janv. 1852).

3530. La confiscation n'a jamais lieu de plein droit; elle doit être prononcée par le jugement, et immédiatement, mais seulement quand il y a eu condamnation (Cass. 28 sept. 1850).

Mais elle peut être demandée et poursuivie contre les héritiers du contrevenant, si celui-ci est décédé (Cass. 9 prair. an IX et 9 déc. 1813).

Remarquez que la confiscation des appareils de jeux et loteries non autorisées doit avoir lieu nonobstant l'admission des circonstances atténuantes (Cass. 7 juill. 1854).

3531. La confiscation spéciale est ordinairement prononcée au profit de l'Etat. Elle l'est aussi quelquefois dans l'intérêt des particuliers (Loi 7 janv. 1791, art. 2. — C. comm., 240).

Le recouvrement de celle qui est prononcée au profit de l'Etat est poursuivi au nom du ministère public, soit par les administrations publiques, lorsque les contraventions ont été poursuivies par ces administrations, ou dans leur intérêt, soit par la régie de l'enregistrement, lorsqu'il s'agit de contraventions aux lois générales (C. inst. 197. — Bourguignon, *Jurisp. des Cod. crim.*, I, 380).

SECTION III. — EMPRISONNEMENT.

SOMMAIRE.

§ 1er. — *Exécution.*

3532. Quiconque est condamné à la peine de l'emprisonnement est enfermé dans une maison de correction ; il y est employé à des travaux établis dans cette maison, selon son choix (C. pén. 40).

Cependant il est passé en usage, à défaut d'un assez grand nombre de maisons de correction, que les condamnés à un emprisonnement de moins d'une année subissent leur peine dans la maison d'arrêt du lieu où ils ont été jugés, maisons dans la plupart desquelles, à cause du trop court séjour qu'y font les condamnés, il n'existe aucun atelier de travail ; de sorte que, dans ce cas, la peine de l'emprisonnement se borne à la simple privation de la liberté.

3533. La durée de cette peine est d'un jour au moins et de cinq ans au plus, sauf les cas de récidive, où elle peut être élevée jusqu'au double, c'est-à-dire jusqu'à dix ans, et sauf les cas où la loi a déterminé d'autres limites (C. pén. 40, 57 et 58).

En matière correctionnelle, elle est de six jours au moins (C. pén. 40, § 2).

La peine d'un jour d'emprisonnement est de vingt-quatre heures, et celle d'un mois est de trente jours (*Ibid.*, 40).

Ainsi, le condamné à un jour d'emprisonnement, écroué à neuf heures du matin, doit être élargi le lendemain à la même heure. L'heure doit donc être énoncée dans la date de l'écrou.

Les dispositions de l'art. 40 du Code pénal sur la durée et le mode d'exécution de la peine d'emprisonnement, en matière correctionnelle, sont générales et s'appliquent même aux lois spéciales qui n'ont pas limité le *minimum* de cette peine, lequel reste toujours fixé à six jours et ne peut descendre au-dessous (Cass. 11 oct. 1855).

En matière de simple police, la peine de l'emprisonnement ne peut pas être au-dessous de vingt-quatre heures (Cass. 2 mars 1855).

3534. La durée des peines temporaires compte du jour où la condamnation est devenue irrévocable (C. pén. 23).

Néanmoins, à l'égard des condamnations à l'emprisonnement prononcées contre les individus en état de détention préalable, la durée de la peine, si le condamné ne s'est pas pourvu en appel ou en cassation, compte du jour du jugement ou de l'arrêt, nonobstant l'appel ou le pourvoi du ministère public, et quel que soit le résultat de cet appel ou de ce pourvoi. Il en est de même dans le cas où la peine a été réduite sur l'appel ou le pourvoi du condamné (*Ibid.*, 24).

3535. Si le condamné s'est désisté de son appel, sa peine ne court que du jour où son désistement a été admis par le tribunal supérieur, parce qu'alors il est réputé avoir succombé dans son appel (Cass. 11 juin 1829. — Décis. min. 24 mars 1851).

Mais lorsqu'un individu, détenu préventivement et condamné à l'emprisonnement par le tribunal correctionnel, a obtenu en appel une réduction de peine, la durée de cette peine court du jour du jugement de première instance, encore bien que le condamné ait succombé dans le pourvoi en cassation ultérieurement formé par lui contre la décision du juge d'appel. Dans ce cas, la durée de la peine, qui doit être comptée à partir du jour du jugement, est suspendue au moment du pourvoi pour reprendre son cours le jour de l'arrêt rendu par la Cour de cassation (Cass. 3 juill. 1847).

Ainsi, la détention préalable compte dans la durée de cette

peine à partir du premier jugement, nonobstant l'appel ou le pourvoi du ministère public, lors même que cette détention préalable a pour cause, non pas le fait qui a motivé la condamnation, mais un fait différent qui a donné lieu à une ordonnance de prise de corps (Cass. 26 sept. 1839).

3536. Le temps qui s'écoule, entre l'arrestation et l'entrée dans la prison où la peine doit être subie, ne compte pas dans la durée de la peine (Cass. 17 déc. 1850).

Toutefois, si un individu condamné à une peine correctionnelle tombe malade pendant qu'on le transfère dans la prison où il doit la subir, le temps de sa maladie doit être imputé sur la durée de l'emprisonnement (Décis. min. 6 janv. 1825).

De même, si un militaire condamné à l'emprisonnement par les tribunaux ordinaires, pour un délit commis pendant qu'il était en congé, est arrêté à son régiment, en exécution du jugement rendu contre lui, déposé dans la maison d'arrêt du lieu de sa garnison, et transféré ensuite dans celle du lieu où il a été jugé, sa peine doit compter du jour de son arrestation et non pas du jour de son écrou dans cette dernière prison (Décis. min. 6 juill. 1838).

3537. Le condamné à un ou plusieurs mois d'emprisonnement devrait subir sa peine pendant autant de périodes de trente jours qu'il y a de mois portés dans sa condamnation ; par conséquent, celui qui est condamné à trois mois qui ont pris cours le 30 juin devrait être élargi le 27 septembre, et non pas le 30, car c'est le 27 qu'expire la troisième période de trente jours.

En effet, puisque l'article 40 du Code pénal a fixé à trente jours la durée de chaque mois d'emprisonnement, toutes les fois que la condamnation est prononcée dans le jugement *par mois*, le condamné ne doit subir qu'une détention de trente jours pour chaque mois, c'est-à-dire d'autant de fois trente jours qu'il y a de mois compris dans la condamnation, lors même que le nombre de mois excéderait une année.

Mais si elle est établie *par année*, il faudra que le condamné demeure détenu pendant autant de périodes annuelles qu'il y a d'années dans la condamnation. Enfin, si le jugement comprend et énonce des années et des mois, chaque année sera de trois cent soixante-cinq ou trois cent soixante-six jours pour les années bissextiles, et chaque mois d'excédant sera de trente jours, conformément à la loi.

C'est aussi l'opinion des rédacteurs du *Journal du Palais* (*Rép.*, vis *Emprisonnement* et *Peine*, nos 94 et suivants).

3538. Cependant, le contraire a été décidé par les instructions de la chancellerie, qu'on est obligé de suivre dans la pratique, et qui veulent que la condamnation à plusieurs mois d'emprisonnement et la durée de l'emprisonnement soient toujours calculées date par date, d'après le calendrier grégorien, la fixation de l'article 40 n'ayant pour objet qu'une peine d'un seul mois, et non pas de plusieurs (Décis min. 12 déc. 1835, 16 mai 1840, 23 oct. 1841 et 17 fév. 1847).

Du reste, c'est là une question qui, en cas de réclamation de la part des condamnés, est de la compétence du tribunal correctionnel du lieu de la détention (Cass. 27 juin 1845).

3539. Il n'est pas nécessaire, pour l'exécution d'une condamnation à l'emprisonnement envers un individu qui n'est pas en état de détention préalable, que le ministère public se fasse délivrer une expédition du jugement en forme exécutoire; il suffit d'un extrait au bas duquel ce magistrat donne l'ordre d'emprisonner le condamné (Circ. min. 30 déc. 1812, 1°. — Cass. 26 déc. 1839).

Il est peut-être mieux encore de donner un ordre séparé au concierge de la maison d'arrêt de recevoir le condamné, et un ordre à l'huissier d'assister l'inscription de l'écrou. En effet, le premier peut avoir besoin de représenter l'ordre d'écrou, ce qu'il ne pourrait pas faire si cet ordre se trouvait au pied du jugement, qui doit revenir immédiatement au parquet pour recevoir une autre destination; et le second a également besoin de produire, à l'appui de son mémoire, l'ordre qu'il a reçu, pour réclamer le salaire qui lui est dû en pareil cas, et dont il va être parlé au n° 3543, § 2 (Décr. 18 juin 1811, art. 71, n° 11).

L'extrait du jugement dont il s'agit doit être remis, après la formalité de l'écrou, au receveur de l'enregistrement, comme nous l'avons dit ci-dessus, au n° 3149, § 3 (Décr. 18 juin 1811, art. 62. — Instr. min. 7 juin 1814, 5°).

Si cependant l'arrestation du condamné n'a pu avoir lieu immédiatement, il ne faut pas négliger de communiquer l'extrait audit receveur, pour le mettre en état de poursuivre le recouvrement de l'amende et des frais (Circ. min. 30 déc. 1812, 1°).

Dans ce cas, un second extrait devient nécessaire au ministère public pour faire opérer l'arrestation, le premier devant demeurer entre les mains du receveur à qui il a été transmis.

3540. Il n'est pas toujours nécessaire de recourir à l'arrestation du condamné, qui peut se présenter volontairement pour subir sa peine; et même il suffit souvent que le ministère public le fasse prévenir sans frais, soit directement, soit par le maire de sa commune, de se présenter à cet effet. — Appendice, n° 50 (Circ. min. 1er avril 1854).

S'il se présente volontairement au parquet, un huissier porteur d'un extrait du jugement est chargé de le conduire à la maison d'arrêt, où il est immédiatement écroué.

Et même il peut se constituer spontanément, sans l'intervention d'un huissier ou d'un gendarme. Dans ce cas, le ministère public adresse directement au concierge l'extrait du jugement avec son réquisitoire au pied, ou le remet au condamné lui-même (Circ. min. 30 nov. 1836).

3541. S'il ne se présente pas volontairement, le ministère public le fait avertir comme il vient d'être dit ; et, s'il ne se présente pas, quoique averti, ce magistrat donne aux huissiers ou aux agents de la force publique un réquisitoire pour le faire arrêter et écrouer. Un extrait du jugement doit toujours accompagner ce réquisitoire, qui peut être conforme au modèle n° 51 de l'Appendice.

3542. Il est dû aux agents qui opèrent la capture d'un condamné, en exécution d'un jugement correctionnel, un salaire fixé à 18 francs à Paris, à 15 francs dans les villes de 40,000 âmes et au-dessus, et à 12 francs partout ailleurs (Décr. 7 avril 1813, art. 6, 2°).

Il est dû, en outre, à l'huissier qui assiste à l'écrou d'un condamné, savoir : à Paris, 1 franc ; dans les villes de 40,000 habitants et au-dessus, 75 centimes, et partout ailleurs, 50 centimes (Décr. 18 juin 1811, art. 71, n° 11).

En règle générale, il ne faut pas faire écrouer de nouveau, en exécution du jugement, les condamnés qui doivent subir leur peine dans la prison où ils sont déjà détenus. Cette formalité ne doit être remplie que lorsque le prisonnier est transféré dans un autre lieu de détention ; et, si cette translation est opérée pour faire comparaître le détenu devant la Cour d'appel, le nouvel écrou doit être fait, non en vertu du jugement qui n'est pas encore exécutoire, mais en vertu du mandat qui ordonne la détention (Circ. min. 26 déc. 1845, § 5).

§ 2. — Lieu de détention.

3543. En général, les jugements et arrêts qui prononcent des condamnations à l'emprisonnement pour une année et au-dessous doivent être exécutés dans les lieux mêmes où ils ont été rendus, et la peine subie dans la maison d'arrêt établie près le tribunal ou la Cour qui a prononcé, afin que le magistrat du parquet qui a dirigé les poursuites puisse surveiller cette exécution, conformément à l'art. 197 du Code d'instruction criminelle, et que la peine ne manque pas son but d'exemplarité, ce qui serait à craindre, si le délit n'était pas expié dans le lieu même où il a été commis, et sous les yeux de ceux qui l'ont vu commettre (Circ. min. 17 mai 1806 et 17 juill. 1822).

Si, sur l'appel, la condamnation a été purement et simplement confirmée, comme c'est alors le jugement du tribunal de première instance qu'il s'agit d'exécuter, le condamné doit être écroué dans la maison d'arrêt du lieu où il a été prononcé; si, au contraire, la peine a été modifiée en appel, elle doit être subie au lieu où siégent les juges qui ont statué en dernier ressort (Hélie et Chauv., C. pén., 2ᵉ édit., ɪ, 279 et 281.— Morin, vᵒ *Peines*, 582.— Faure, ɪɪ, 149.— Dalloz jeune, vᵒ *Peines*, nᵒ 394).

Nous n'avons rencontré qu'un seul auteur d'un avis opposé (De Molènes, ɪɪ, 26).

3544. Néanmoins, si pour quelque motif que ce soit, un condamné demande à subir sa peine dans une autre prison de même ordre, située dans le même département, le ministère public peut lui accorder cette faveur, s'il n'y voit pas d'inconvénient, pourvu que l'autorité administrative y consente, et que le magistrat du ministère public du lieu choisi veuille bien se charger de veiller à l'exécution du jugement.

Cette faculté, quand il s'agit pour un condamné de passer d'un département dans un autre pour y subir sa peine, ne peut être accordée par le ministère public que sur le consentement formel des préfets respectifs. En effet, il n'appartient qu'à l'autorité administrative de prononcer sur une pareille demande, parce que les frais de nourriture et de détention des condamnés correctionnels sont au nombre des dépenses départementales (Décr. 18 juin 1811, art. 3, nᵒ 9.— Circ. min. 10 sept. 1822).

3545. On voit par là qu'une peine peut être valablement subie dans une prison autre que celle du lieu de la condamnation (Cass. 23 fév. 1833).

Les condamnés qui ont obtenu une commutation de peine, peuvent donc la subir au lieu de l'entérinement des lettres de commutation (Décis. min. 25 juin 1822).

3546. Si encore la peine d'emprisonnement n'excède pas un mois, et si le condamné a été arrêté dans un lieu éloigné de celui où il a été jugé, le magistrat du ministère public du lieu de l'arrestation peut, dans le cas où il apercevrait des inconvénients graves à ordonner le transfèrement, le suspendre et adresser au ministre de la justice un extrait du jugement avec des observations sur ce qu'il juge convenable de faire, et alors c'est au ministre à décider (Ortolan II, 243.— Circ. min. 17 juill. 1822).

Dans la pratique, quand la durée de la peine est si courte, comme la réponse du ministre pourrait se faire attendre longtemps, le magistrat du ministère public du lieu de l'arrestation en donne avis à celui du lieu de la condamnation, lequel lui transmet un extrait du jugement, en le priant d'en assurer l'exécution, et de le lui renvoyer ensuite, avec mention, au pied, du lieu où aura été subie la peine, et de l'époque précise de la libération.

3547. Car c'est au ministère public seul qu'appartient l'exécution de la peine d'emprisonnement, tant pour le lieu que pour l'époque où elle doit être subie, et ses décisions en cette matière ne peuvent être déférées aux tribunaux, quand elles ne contiennent pas une violation de la loi (Arg. Cass. 6 avril 1827 et 23 fév. 1833).

Ainsi, l'indication de la maison d'arrêt où cette peine sera subie est une mesure administrative dont les tribunaux ne peuvent connaître. Toutefois, si un condamné à moins d'un an d'emprisonnement était, par impossible, écroué dans une maison centrale, il pourrait porter, au besoin, sa réclamation devant eux.

3548. Dans tous les cas, la peine d'emprisonnement doit toujours être subie dans une prison établie pour peines, ou tout au moins dans une maison d'arrêt. Elle ne peut jamais l'être dans une chambre ou maison de dépôt uniquement destinée à recevoir provisoirement les détenus de passage et transférés ailleurs, ou les individus arrêtés par simple mesure de police municipale, lors même que le condamné offrirait de s'y nourrir à ses frais (Décis. min. 25 sept. 1827 et 28 oct. 1839).

§ 3. — *Translations.*

ART. 1er. — Dans une autre prison.

3549. Quand la peine de l'emprisonnement est prononcée pour plus d'une année, elle ne peut être subie que dans une maison centrale de détention, dont les dépenses sont à la charge du budget du ministère de l'intérieur (Décr. 16 juin 1808, art. 2.— Ord. 2 avril 1817 et 6 juin 1830).

Toutefois, les condamnés à plus d'une année d'emprisonnement peuvent, quand les circonstances paraissent l'exiger, obtenir de subir leur peine dans la maison d'arrêt où ils se trouvent détenus; mais cette permission, qui doit être fort rare et de pure exception, ne peut être accordée que par le ministre de l'intérieur, sur la proposition du préfet et l'avis conforme du ministère public, et à la charge, par le condamné, de pourvoir aux frais de sa nourriture et de son entretien (Décis. min. 5 avril 1817, 15 avril 1833 et 10 fév. 1841.— Circ. min. int. 25 août 1849).

3550. Quant aux militaires condamnés par les tribunaux ordinaires à un emprisonnement correctionnel, ils doivent être transférés dans un pénitencier militaire (Circ. min. 27 juill. 1838).

Mais les individus condamnés comme militaires ne peuvent être transférés d'une prison dans une autre que sur l'ordre de l'autorité militaire (Décis. min. 25 juin 1822).

On a, du reste, fait connaître les prisons où doivent être conduits les militaires condamnés à plus de trois mois d'emprisonnement (Circ. min. 4 sept. 1845).

Si un condamné militaire n'a plus que deux ans de service à faire, il peut subir sa peine dans les prisons civiles (Circ. min. 28 nov. 1845).

Après la révolution de 1848, il avait été décidé que, jusqu'à nouvel ordre, les militaires condamnés à l'emprisonnement par les tribunaux ordinaires devaient subir leur peine soit dans les maisons centrales, soit dans les maisons d'arrêt (Circ. min. 14 juin 1848).

Mais il n'en est plus de même aujourd'hui, et tous les militaires qui ont été incorporés et qui appartiennent encore à un corps de l'armée doivent, quand ils ont été définitivement condamnés, par les tribunaux ordinaires, à un emprisonnement correctionnel, être mis à la disposition de l'autorité militaire, qui les fait diriger sur un pénitencier ou une prison militaire, pour y subir leur peine (Circ. min. guerre, 26 août 1856. — Circ. Rennes. 17 sept. 1856).

3551. Aussitôt que la condamnation à l'emprisonnement est devenue définitive après l'expiration du délai d'appel; ou quand il s'agit d'un déplacement de faveur, aussitôt que la demande de translation a été accordée, comme il vient d'être dit au n° 3545, le ministère public requiert, par écrit, qu'il lui soit délivré par le greffier un extrait du jugement, pour être transmis à l'autorité administrative, ou militaire quand c'est un militaire en activité de service qui a été condamné, laquelle donne à la gendarmerie les ordres nécessaires pour le transfèrement du détenu (Ord. 2 avril 1817, art. 1 et 9.—Circ. min. 26 juill. 1817 et 27 juill. 1838).

3552. Il importe d'abréger le plus possible le séjour des condamnés dans les maisons d'arrêt ou de justice, et de les faire conduire sans aucun retard au lieu où ils doivent subir leur peine (Circ. min. 23 décembre 1850).

Si quelque motif s'oppose à la translation immédiate du condamné, le préfet en fait part au ministère public, sauf à se concerter ensemble sur l'époque ultérieure où il sera possible de l'effectuer ; au moment où elle a lieu, le préfet en donne avis au parquet (Circ. min. 6 déc. 1840, § 9).

3553. Du reste, les arrêtés et règlements administratifs sur le mode et l'époque des translations et de la remise des jugements aux préfets et sous-préfets sont obligatoires pour le ministère public, qui doit s'empresser d'en faciliter l'exécution (Circ. min. 30 mars 1806).

Comme ces arrêtés diffèrent dans chaque département, nous n'en parlerons pas davantage ici ; mais il faut observer que, dans tous les cas où il y a lieu à la translation d'un détenu d'une prison dans une autre, le ministère public est tenu de transmettre à l'autorité administrative, sur sa demande, un extrait du jugement dont les gendarmes de l'escorte doivent être porteurs (Ord. 2 avril 1817, art. 9).

Il ne faut, du reste, qu'un seul extrait pour accompagner chaque condamné (Déc. min. 2 août 1814, § 2).

3554. Cet extrait doit être conforme au modèle arrêté par le ministre de la justice, envoyé de la chancellerie dans tous les parquets.

Il doit énoncer :

1° Les noms et prénoms, l'âge, la profession, le département, l'arrondissement, le canton et la commune du domicile et du lieu de naissance du condamné, et son signalement ;

2° La nature du crime ou du délit qui a entraîné la condamnation ;

3° L'espèce et la durée de la peine ;

4° La Cour ou le tribunal qui a prononcé la condamnation ;

5° La date du jugement ou de l'arrêt ;

6° La date du jour où il est devenu définitif ;

7° La bonne ou mauvaise conduite du condamné, et les marques de violence ou de perversité qu'il aurait pu donner pendant le procès (Circ. min. 26 juill. 1817, et 6 déc. 1840, § 10).

3555. Il est nécessaire d'indiquer avec soin le jour où les condamnations ont commencé à courir. La peine doit se compter du jour du prononcé du jugement, si le condamné est détenu et s'il n'y a point eu d'appel de sa part ou de la part du ministère public ; et, s'il n'était pas détenu, du jour de l'écrou. En cas d'appel, la peine court du jour du prononcé de l'arrêt, si la condamnation est maintenue, et s'il n'y a pas de pourvei en cassation (Circ. min. 6 mars 1829).

Cet extrait doit, en outre, porter la signature du greffier et le sceau de la Cour ou du tribunal; il est ensuite visé par le ministère public et annoté sur le registre des salaires du greffier, conformément à l'art. 57 du décret du 18 juin 1811.

Et les gardiens des maisons de détention ne peuvent recevoir ces derniers qu'autant qu'ils sont accompagnés de cette pièce, sous peine d'être poursuivis comme coupables de détention arbitraire (Circ. min. 16 flor. an IV).

3556. Si plusieurs peines pèsent sur le même condamné, le ministère public doit indiquer, en marge de l'extrait, celle de ces peines que ce condamné doit subir d'abord, et faire connaître celles qui doivent se confondre et celles qui doivent être subies successivement. Toutes les fois que l'exécution des jugements fait naître quelques doutes sur la durée de la détention, il faut en référer au ministre de la justice (Circ. min. 6 déc. 1840, §§ 9 et 10).

Ces extraits sont indispensables, car les gendarmes doivent en être porteurs, quand ils opèrent la translation des condamnés (Ord. 2 avril 1817, art. 9).

3557. Des auteurs enseignent, 1° qu'un second extrait doit être adressé en même temps au procureur général ou au procureur dans l'arrondissement duquel est située la maison centrale qui doit recevoir le condamné, pour que ce magistrat veille à ce que le condamné soit écroué sur les registres de cette maison, à ce qu'il subisse réellement la peine qu'il a encourue, et à ce qu'il la subisse en totalité et sans interruption, conformément à la loi; 2° qu'un troisième extrait doit être donné aux gendarmes, pour être remis au directeur de la maison centrale; le tout cumulativement avec celui qui est transmis à l'autorité administrative (Ortolan, II, 243).

C'est là, croyons-nous, une complication et une dépense inutiles. Deux extraits peuvent suffire : celui qui est remis au préfet, et celui qui est transmis au ministère public du lieu de la détention. Ce dernier est envoyé par la poste au ministère public compétent. Ce magistrat peut se transporter à la prison, se faire représenter la personne du condamné et vérifier s'il subit sa peine (Circ. min. 6 déc. 1840, § 9).

S'il s'agit d'un condamné militaire transféré dans un pénitencier, cet extrait doit être transmis au procureur général, dans le ressort duquel ce pénitencier est situé (Circ. min. 27 juill. 1838. — Décis. min. 7 déc. 1840).

3558. Quant à l'extrait qui doit être remis à l'autorité administrative pour accompagner les condamnés, le concierge de la maison d'arrêt le prend au parquet à l'expiration du délai d'appel, c'est-à-dire dix jours après le prononcé du jugement, s'il est contradictoire, ou après la signification, s'il est par défaut, le donne au préfet ou au sous-préfet, qui le transmet à la gendarmerie, laquelle le dépose entre les mains du directeur de la maison centrale (Circ. Rennes, 12 mars 1841).

Mais ce mode de transmission offrant l'inconvénient grave d'obliger les concierges à se déplacer, il est mieux que l'envoi de ces extraits se fasse, par correspondance, au préfet ou au sous-préfet, qui est tenu d'en accuser réception au ministère public. Il est convenable aussi que ce magistrat tienne, au parquet, un registre destiné à l'inscription de ces envois (Circ. min. 24 nov. 1841).

3559. N'oublions pas que, dans tous les cas, le ministère public pouvant seul ordonner la radiation de l'écrou par un huissier, l'autorité administrative ou la gendarmerie doit lui donner avis du jour de la translation, pour qu'il transmette les ordres nécessaires à l'huissier de service.

Ainsi encore, lorsque, par l'effet de l'encombrement d'une maison centrale, ou pour tout autre motif de salubrité, de sûreté ou d'ordre public, le ministre de l'intérieur donne l'ordre de transférer, dans un autre lieu, un condamné, celui-ci n'est déplacé qu'après avis donné au ministère public du lieu de la détention, qu'on instruit également du lieu où le condamné doit être transféré. Ce magistrat transmet aussitôt l'extrait du jugement au magistrat du parquet dans l'arrondissement duquel le condamné va être conduit, et il l'invite à surveiller l'exécution de la condamnation. Il doit aussi rendre compte immédiatement au ministre de la justice des motifs qui ont déterminé le déplacement (Circ. min. 26 juill. 1817 et 6 déc. 1840, § 9).

Il faut reconnaître que ces diverses prescriptions ne sont pas toujours obéies. Le plus souvent, quand il y a lieu de transférer un condamné dans une maison centrale ou ailleurs, le ministère public se borne à prendre au greffe un extrait de la condamnation aussitôt qu'elle est devenue définitive, et à la remettre à l'autorité administrative ou aux agents qu'elle désigne (Circ. min. 26 juill. 1817).

3560. Nous indiquerons quels sont les salaires des huissiers dans ces circonstances au tome III, chapitre des *Frais de justice criminelle*.

Quant au mode de translation, nous n'en parlerons pas, puisque le ministère public n'a pas à s'en occuper, et que ce soin regarde exclusivement l'autorité administrative; nous ne pourrions d'ailleurs que répéter ce que nous avons déjà dit aux nos 2378 et suivants.

Il faut consulter aussi l'ordonnance du 2 mars 1845 et la circulaire ministérielle du 20 août de la même année.

Art. 2. — Dans un hospice.

3561. Les maires ne peuvent faire transférer les détenus malades, dans les hospices, qu'avec le consentement du juge d'instruction ou du président de la Cour d'assises, quand il s'agit de prévenus, d'accusés ou de condamnés dont la condamnation n'est pas encore devenue définitive. Pour les autres, il suffit du consentement du préfet ou du sous-préfet (Loi 4 vend. an VI, art. 15. — Circ. min. 10 sept. 1822).

3562. Quand un détenu malade a été ainsi transféré dans un hospice, c'est à ceux qui ont autorisé sa translation à faire pourvoir à sa garde, et ils sont responsables des suites de leur négligence sur ce point (Loi 4 vend. an VI, art. 16. — Décr. 8 janv. 1810, art. 11).

3563. Quoique le concours du ministère public ne soit pas, dans ce cas, nécessaire, cependant, comme il est spécialement chargé de l'exécution des jugements par les articles 165 et 197 du Code d'instruction criminelle, et de veiller à ce que les détenus subissent exactement les peines prononcées contre eux, il importe qu'il soit informé de chaque translation, des circonstances qui l'ont motivée, et de toutes les mesures dont l'effet est de changer la situation des condamnés. S'il apprenait que ces mesures fussent inopportunes, que les translations fussent accordées sans motifs suffisants et avec trop de légèreté, qu'on ne pourvût pas à la garde des prisonniers dans les hospices, malgré ce qui est prescrit par l'article 16 de la loi du 4 vendémiaire an VI et par le décret du 8 janvier 1810, ou qu'il leur fût permis de s'en absenter, ou qu'ils ne subissent pas leur peine conformément à la loi, enfin, qu'on négligeât de les faire réintégrer dans les prisons aussitôt que les motifs qui les en avaient fait extraire auraient cessé, comme son action n'est alors qu'indirecte, et qu'il ne peut jamais entraver la marche de l'administration, il ne pourrait ni s'opposer à ses actes, ni la contraindre à agir, il devrait se borner à lui adresser les observations convenables, et s'empresser ensuite de donner avis de tout ce qui se serait passé au ministre de la justice (Circ. min. 10 sept. 1822. — Ortolan II, 337).

3564. Malgré ces prescriptions, si un détenu, condamné pour un délit correctionnel, se trouve dangereusement malade, le ministère public peut, à défaut d'infirmerie dans la maison d'arrêt, ou de place à l'hospice du lieu, quand ces circonstances sont dûment constatées par les médecins ou administrateurs de ces établissements, lui permettre, par humanité, de se retirer dans une maison de santé ou dans sa famille, pour s'y faire traiter, sauf à lui à revenir subir ensuite le reste de sa peine; mais cette mesure, qui ne peut être admise que dans des cas tout à fait exceptionnels et dans des circonstances urgentes, ne pourrait être appliquée à des détenus poursuivis ou condamnés pour crime, ou à des condamnés correctionnels sans domicile, qui pourraient se soustraire à l'entier accomplissement de leur peine : alors il faut que le ministère public se concerte avec l'autorité municipale pour faire donner, sur les lieux, à ces détenus malades, les secours dont ils ont besoin (Décis. Rennes, 8 janv. 1842).

§ 4. — *Surveillance des condamnés.*

3565. Les magistrats du parquet doivent veiller, avec le plus grand soin, à ce que, partout où les condamnés sont placés, ils subissent la peine qu'ils ont encourue, et à ce qu'ils la subissent sans interruption, pendant tout le temps fixé pour le jugement, et de la manière que la loi a déterminée; leur devoir est de prévenir tous les abus qui pourraient se glisser dans l'exécution des décisions judiciaires (Circ. min. 17 mai 1806).

3566. Ainsi, le ministère public doit pouvoir pénétrer, à chaque instant, dans les lieux de détention, pour exercer cette partie de sa surveillance; et pourtant, à défaut d'une concession formelle de ce droit, qu'on chercherait vainement dans la loi, nous avons vu lui contester ce privilége.

Nous renvoyons au tome suivant, chapitre *des Prisons,* ce que nous aurons à dire sur le mode et l'objet des visites des magistrats du ministère public dans les lieux de détention.

3567. Le ministère public ne peut jamais, par son fait, modifier, suspendre ou empêcher l'exécution des jugements, lui qui est chargé de l'assurer. Ainsi, il ne peut permettre qu'un détenu sorte habituellement de prison pour vaquer à ses affaires personnelles ou à celles d'autrui, ni qu'il soit attaché au concierge, comme guichetier, pendant sa détention, ou chargé par lui de faire des commissions en ville pour les autres détenus, ni qu'il soit momentanément élargi pour reprendre plus tard l'exécution de sa peine (Décis. Rennes, 3 juin 1824).

Nous avons vu un condamné, abusant de la condescendance qu'on avait eue, à sa prière, de le laisser libre pendant un mois, profiter de cet intervalle de liberté pour commettre un délit plus grave que celui à raison duquel il était détenu.

3568. Ce serait donc un abus de pouvoir que d'accorder la permission, aux condamnés, de sortir de prison pour vaquer à leurs affaires, même temporairement, avant l'expiration de leur peine (Décis. min. 9 avril 1812 et 2 nov. 1815).

Néanmoins, dans les circonstances dont il est fait mention au n° 3564, le ministère public peut, s'il n'y voit pas d'inconvénient, autoriser la sortie momentanée d'un détenu prévenu ou condamné à moins d'un an d'emprisonnement, sous la garde et la responsabilité d'un huissier ou d'un agent de la force publique, qui doit rapporter au parquet la preuve de sa réintégration dans la maison d'arrêt.

§ 5. — *Élargissement.*

3569. Quand l'expiration de la peine est arrivée, le ministère public, qui est demeuré chargé d'assurer et de surveiller l'exécution du jugement, donne par écrit, au concierge de la prison, l'ordre d'élargir le condamné. Autrefois, il était nécessaire de commettre un huissier pour assister à la radiation de l'écrou, et il était dû à l'huissier, pour cette assistance, un salaire réglé par l'art. 71, n° 11, du décret du 18 juin 1811 (Instr. gén. 30 sept. 1826, n° LXV).

Aujourd'hui, cette assistance n'est plus nécessaire; l'ordre du ministère public au concierge suffit pour couvrir la responsabilité de ce dernier (Circ. min. 18 avril 1843).

Ainsi, le jour de l'élargissement arrivé, le ministère public envoie au concierge de la maison d'arrêt l'ordre écrit de mettre en liberté le détenu : cet ordre est immédiatement transcrit sur les registres, et les portes de la prison sont ouvertes au condamné, à moins qu'il ne soit retenu pour autre cause (Circ. min. 30 déc. 1812, § 6).

Les condamnés à l'emprisonnement doivent toujours être libérés la veille de l'expiration de leur peine, parce que le jour de l'incarcération est compté comme passé tout entier en prison (Décis. min. 23 oct. 1841).

3570. Pour ne pas compromettre sa responsabilité par des détentions illégalement prolongées, le ministère public doit toujours avoir sous les yeux, au parquet, le tableau des condamnés détenus en chaque prison de l'arrondissement, avec la date précise de l'expiration de leur peine, ou se faire avertir quelques jours à l'avance, par les concierges desdites maisons, du moment de cette expiration.

Si les condamnés dont l'élargissement approche se trouvent placés, par le jugement ou par des jugements antérieurs, sous la surveillance de la haute police, le ministère public doit donner avis du jour de leur prochaine libération au préfet ou au sous-préfet, pour qu'il soit pris à leur égard les mesures nécessaires, comme nous le dirons à la section suivante, et il doit enjoindre au concierge de la prison de prendre les ordres de l'autorité administrative avant de les mettre en liberté.

Nous ne répéterons pas ici ce que nous avons dit aux numéros 3532 et suivants, sur la manière de compter la durée de l'emprisonnement, nous nous contenterons d'y renvoyer le lecteur.

SECTION IV. — INTERDICTION CIVIQUE.

SOMMAIRE.

3571. Les tribunaux correctionnels peuvent, dans certains cas, interdire en tout ou en partie l'exercice des droits civiques, civils et de famille suivants :

1º De vote et d'élection ;

2º D'éligibilité ;

3º D'être appelé ou nommé aux fonctions de juré ou autres fonctions publiques, ou aux emplois de l'administration, ou d'exercer ces fonctions ou emplois;

4º De port d'armes ;

5º De vote et de suffrage dans les délibérations de famille ;

6º D'être tuteur ou curateur, si ce n'est de ses enfants, et sur l'avis seulement de la famille ;

7º D'être expert, ou d'être employé comme témoin dans les actes authentiques ;

8º De témoignage en justice, autrement que pour y faire de simples déclarations (C. pén. 9, § 2 et 42).

3572. Cette interdiction ne peut être prononcée que lorsqu'elle est autorisée ou ordonnée par une disposition expresse de la loi, qui a soin d'en fixer la durée pour chaque nature de délits, comme on peut le voir aux art. 86, 109, 112, 113, 123, 171, 175, 185, 197, 335, 388, 405 à 418 du Code pénal (*Ibid.*, 43).

Elle constitue une peine, soit principale, soit accessoire. Quand elle est accessoire à une autre peine, elle ne commence qu'à partir de l'exécution du jugement (C. civ. 26).

3573. Il faut bien distinguer l'interdiction des droits civils de la dégradation civique dont il a été parlé aux nᵒˢ 3502 et suivants.

Celle-ci est une peine infamante et permanente, dont l'effet ou la durée ne peut être limitée par le juge (Cass. 24 mars et 21 avril 1836).

Tandis que l'interdiction des droits civils est une peine correctionnelle, temporaire, entraînant un moindre nombre d'incapacités, qui même peuvent ne pas être cumulées.

De plus, quand les tribunaux font au condamné l'application de l'art. 463 du Code pénal, en admettant en sa faveur des circonstances atténuantes, ils peuvent s'abstenir de le priver des droits civils et politiques (Cass. 12 sept. 1846).

3574. Cette peine est encourue du jour où le jugement qui la prononce est devenu irrévocable, et le ministère public n'a pas à s'occuper de son exécution. Seulement, il doit en informer l'autorité administrative en la personne du préfet du département du domicile du condamné, afin que celui-ci ne soit pas appelé à l'exercice des droits qui lui sont interdits (Ch. Berriat-Saint-Prix, *de l'Exécution des jugements*).

3575. Ceux qui en sont frappés ne peuvent remplir les fonctions d'arbitre, surtout d'arbitre juge, quand même les arbitres auraient reçu le pouvoir de statuer comme amiables compositeurs (Paris, 18 fév. 1853).

Lors même que cette interdiction ne serait pas prononcée, les condamnés correctionnellement pour vol peuvent être reprochés comme témoins, et récusés comme experts en matière civile (Proc. civ. 283 et 310).

3576. Ceux qui sont condamnés pour vol, escroquerie, banqueroute simple, abus de confiance, soustraction, attentats aux mœurs et vagabondage, et ceux qui sont privés de l'exercice des droits civils, sont exclus de la garde nationale (Loi 22 mars 1831, art. 13).

Ceux qui sont condamnés à deux années d'emprisonnement et au-dessus, avec mise en surveillance et interdiction des droits civiques, civils et de famille, sont également exclus du service militaire et ne peuvent faire partie de l'armée (Loi 21 mars 1832, art. 2).

SECTION V. — SURVEILLANCE.

SOMMAIRE.

§ 1er. — *Condamnation.*

3577. La mise des condamnés sous la surveillance de la haute police de l'Etat est regardée, par quelques auteurs, plutôt comme une mesure de police que comme une peine. Nous la considérons, au contraire, comme une peine accessoire très-grave, plus grave et plus onéreuse quelquefois que la peine principale, puisqu'elle empêche le condamné, en quelque endroit qu'il aille, de dérober la connaissance de sa faute à ses concitoyens, et que, dans l'impuissance de pourvoir à sa subsistance par son travail, que personne n'accepte, il est poussé à des résolutions désespérées et criminelles.

3578. Pour remédier à ces inconvénients, l'application de cette peine est désormais facultative, et sa durée légale peut être réduite par le jugement de condamnation (Loi 23 janv. 1874).

Si elle est maintenue dans les termes de la loi, le jugement doit en faire mention sur la réquisition formelle du ministère public (Circ. min. 21 fév. 1874).

3579. En aucun cas, elle ne peut excéder vingt ans, ni être moindre de deux ans (*Ibid.*).

Tout condamné à des peines perpétuelles y reste soumis pendant vingt ans, même en cas de grâce ou de commutation de peine, s'il n'en a été disposé autrement par la décision gracieuse, qui peut toujours la remettre ou la réduire (Circ. min. 21 févr. 1874).

3580. Les condamnés au bannissement, s'ils viennent à être graciés, sont placés sous la surveillance pendant un temps égal à la peine qu'ils auront subie, sans qu'elle puisse la dépasser (*Ibid.*).

3581. La surveillance peut donc être remise ou réduite par voie de grâce, et elle peut également être suspendue par l'autorité administrative, pour un temps déterminé, envers les condamnés qui lui paraissent dignes de cette faveur (*Ibid.*).

3582. La prescription de la peine principale ne relève pas les condamnés de celle de la surveillance (Loi 23 janv. 1874).

En cas de prescription d'une peine perpétuelle, le condamné reste de plein droit sous la surveillance pendant vingt ans à partir du jour où la prescription est accomplie (*Ibid.*).

3583. Cette peine est en quelque sorte prodiguée dans nos Codes. Ainsi :

1° Les coupables condamnés aux travaux forcés à temps, à la détention ou à la reclusion, sont de plein droit, après avoir subi leur peine, et pendant toute la vie, sous la surveillance de la haute police (C. pén., 47);

Et cela, sans qu'il soit besoin que l'arrêt de condamnation contienne une disposition expresse à cet égard (Cass. 21 nov. 1839).

2° Les coupables condamnés au bannissement sont aussi, de plein droit, sous la même surveillance, pendant un temps égal à la durée de la peine qu'ils ont subie (C. pén. 48).

3° Ceux qui ont été condamnés pour crimes ou délits intéressant la sûreté de l'État doivent également être renvoyés sous la même surveillance (*Ibid.*, 49).

4° Enfin, les vagabonds âgés de moins de seize ans sont renvoyés sous la surveillance de la haute police jusqu'à l'âge de vingt ans accomplis, à moins qu'avant cet âge ils n'aient contracté un engagement régulier dans les armées de terre ou de mer (C. pén. 271, § 2).

3584. Quant aux mendiants et aux vagabonds, ils doivent toujours être renvoyés sous la surveillance de la haute police, à moins que des circonstances atténuantes ne soient admises en leur faveur (Cass. 26 juin 1838, 21 sept. 1849 et 13 sept. 1851).

Cette jurisprudence, en ce qui concerne les mendiants condamnés en vertu des art. 274 à 276 du Code pénal, est encore vivement combattue; et nous faisons des vœux, avec tous les criminalistes, pour qu'elle soit abandonnée (Hélie et Chauveau, *Théorie du Cod. pén.*, 2º édit., III, 356).

3585. Hors ces cas, les condamnés ne peuvent être placés sous la surveillance de la haute police de l'État que lorsqu'une disposition particulière de la loi l'a permis (*Ibid.*).

Mais cette disposition est fréquente : on la trouve notamment dans les art. 58, 67, 100, 138, 144, 221, 246, 271, 282, 308, 315, 317, 326, 335, 343, 388, 400, § 3, 401, 415, 416, 419, 420, 421, 444 et 452 du Code pénal.

Toutefois, et après avoir longtemps professé une doctrine contraire, la Cour de cassation décide aujourd'hui que les tribunaux peuvent se dispenser de prononcer la mise en surveillance contre les condamnés, même en état de récidive, auxquels il est fait application de l'art. 463 du Code pénal (Cass. 2 janv. 1836).

3586. La peine de la surveillance ne peut pas être ajoutée à une peine perpétuelle ou capitale, et ne peut l'être que contre des condamnés à des peines temporaires (Cass. 13 sept. 1834).

Mais la commutation de cette peine en une peine temporaire place le gracié sous la surveillance de la haute police, à moins que les lettres de grâce ne l'en aient positivement affranchi (Paris, 9 fév. 1855).

3587. Ainsi, les condamnés aux travaux forcés à temps, à la la détention et à la reclusion restent de plein droit, à l'expiration de leur peine, sous la surveillance de la haute police pendant vingt ans, à moins que le jugement ou l'arrêt de condamnation n'ait réduit cette durée, ou même n'en ait totalement affranchi les condamnés (Loi 23 janv. 1874).

3588. Cette peine est, de sa nature, continue et imprescriptible (Cass. 31 janv. 1834).

Et elle est suspendue pendant la durée d'une détention encourue pour un autre délit (Cass. 5 sept. 1840 et 19 mai 1841).

En sorte que, pour connaître au juste le moment où expire l'état de surveillance, il faut déduire du temps pour lequel a été prononcée cette peine, tous les intervalles pendant lesquels le condamné a subi une ou plusieurs peines d'emprisonnement pour d'autres délits, ou même pour rupture de ban (*Pal., Répert.*, vº *Surveill.*, nº 66).

3589. Un extrait de toute condamnation à la surveillance devait être envoyé autrefois au ministre de la justice. Ces extraits sont remplacés aujourd'hui par un état mensuel dont il sera parlé au chapitre *des États périodiques*. Mais il faut toujours en donner avis au préfet sous la surveillance duquel le condamné demeure placé (Circ. min. 31 août 1811).

3590. Les préfets transmettaient autrefois, aux procureurs généraux, une liste contenant les noms, les prénoms et le signalement de tous les individus soumis à la surveillance de la haute police qui résidaient dans chacun des départements de leur ressort. Cette liste indiquait, en outre, l'arrondissement et la commune qui leur étaient assignés pour résidence, les condamnations qu'ils avaient subies, l'époque de leur libération et la durée de la surveillance à laquelle ils étaient soumis, et, tous les trois mois, les préfets instruisaient ces magistrats des changements survenus pendant le trimestre. L'objet de cette mesure, qui est depuis longtemps abandonnée, était de signaler aux magistrats chargés de la police judiciaire les individus qu'ils devaient particulièrement surveiller, et de leur fournir les moyens de les atteindre plus sûrement dans le cas où ils commettraient de nouveaux délits. De leur côté, les procureurs généraux devaient faire connaître au ministre, avant la fin de l'année, le nombre des condamnés libérés dont les listes leur avaient été transmises, en distinguant, dans trois colonnes, les forçats, les reclusionnaires et les condamnés correctionnels (Circ. min. 17 sept. 1827):

Ces dispositions, dont l'utilité paraît pourtant évidente pour assurer la répression des crimes commis en récidive, ne reçoivent plus d'exécution.

§ 2. — *Rupture de ban.*

3591. L'effet du renvoi sous la surveillance est de donner au Gouvernement le droit d'interdire au condamné de paraître dans certains lieux à l'expiration de sa peine, et de fixer sa résidence pour le cas où il ne l'aurait pas choisie lui-même dans les quinze jours qui précèdent sa libération, et pour le condamné de ne pouvoir la quitter avant l'expiration de six mois de séjour dans cette même localité sans une permission de l'autorité administrative (Loi 23 janv. 1874).

3592. Les préfets peuvent donner cette autorisation : 1° dans le cas d'un simple déplacement dans la limite même de leur département; 2° dans le cas d'urgence, mais à titre provisoire seulement (*Ibid.*).

3593. Néanmoins, une excursion de quelques jours dans une commune voisine ne doit pas être considérée comme un changement de résidence. Il en serait autrement, si l'absence se prolongeait, ou si le condamné se transportait hors des communes limitrophes. Dans le doute, c'est à l'administration à apprécier les circonstances : c'est donc elle que le ministère public devra consulter (Duvergier, *sur l'art. 44 du Cod. pén.*).

On ne peut pas considérer, comme rupture de ban, un retard de plusieurs mois apporté par le condamné à se rendre au lieu de sa résidence, quand il a été trouvé dans l'itinéraire qui lui a été tracé (Rennes, 27 juin 1855).

3594. Tout condamné qui se rend à sa résidence, choisie ou désignée, reçoit une feuille de route réglant l'itinéraire dont il ne peut s'écarter, et la durée de son séjour dans chaque lieu de passage (Loi 23 janv. 1874).

Le séjour de Paris et de la banlieue est interdit à tous les individus placés sous la surveillance de la haute police (Décr. 8 déc. 1851, art. 4).

3595. En cas de désobéissance aux prescriptions de l'art. 44 du Code pénal, l'individu mis sous la surveillance de la haute police est condamné, par les tribunaux correctionnels, à un emprisonnement qui ne peut excéder cinq ans et dont la durée peut se prolonger au delà de l'époque à laquelle l'état de mise en surveillance aurait cessé (C. pén. 45. — Cass. 23 janv. 1840).

3596. Du reste, la rupture de ban n'est pas un délit qui puisse donner lieu à l'application des peines de la récidive (Cass. 15 juin 1837).

Mais, après une première condamnation à plus d'une année d'emprisonnement pour rupture de ban, si le condamné vient à commettre une nouvelle infraction à la peine de la surveillance, il encourt pour celle-ci les peines de la récidive légale (Cass. 20 juill. 1854).

De plus, l'individu poursuivi pour rupture de ban peut, en même temps, être condamné pour vagabondage, s'il n'a ni moyens d'existence, ni profession, ni domicile ; et l'on ne peut considérer, comme son domicile réel, la résidence qu'il avait choisie puisqu'il l'a abandonnée (Cass. 7 sept. 1855).

3597. Le condamné autorisé à se rendre en pays étranger avant l'expiration de sa surveillance commet le délit de rupture de ban si, à son retour, il réside dans une autre commune que celle qu'il avait choisie, ou qui lui avait été assignée pour résidence avant son départ (Cass. 25 janv. 1868).

Il en est de même de l'étranger qui, après avoir été expulsé du territoire français, revient en France, et y réside sans autorisation (Circ. min. 18 mai 1868. — Dutruc, *Mém.*, v° *Surveill.*, n° 5).

3598. Les tribunaux qui ont prononcé la condamnation sont compétents pour connaître d'une infraction au ban de surveillance commise dans un autre arrondissement (Cass. 17 sept. 1834).

Cependant, le condamné à la surveillance qui a enfreint son ban ne doit être renvoyé devant le tribunal qui a prononcé sa condamnation que lorsqu'il nie son identité (Cass. 23 juill., 8 oct. 1835 et 14 avril 1836).

3599. Quand un tribunal correctionnel est appelé à connaître d'une infraction au ban de surveillance, il importe qu'il connaisse bien la position et les antécédents des inculpés, afin de leur appliquer la peine qu'ils méritent. A cet effet, le ministère public ne doit jamais négliger de réclamer, auprès des administrateurs sous la surveillance desquels les prévenus se sont trouvés placés, toutes les informations propres à éclairer la justice, notamment sur leur degré de perversité et sur les circonstances qui les ont portés à rompre leur ban (Circ. min. 31 juill. 1833).

3600. De même, quand un condamné à une détention temporaire, et renvoyé sous la surveillance de la haute police, est sur le point d'être élargi, le ministère public doit en donner avis par écrit au préfet ou au sous-préfet, au moins quinze jours avant sa mise en liberté, pour qu'il soit pris d'avance, à son égard, les mesures convenables. Cet avis doit indiquer la date du jugement, le motif de la condamnation, les condamnations antérieures et l'époque précise de la libération.

Cette précaution est surtout prescrite pour les vagabonds et les mendiants. A l'égard des autres condamnés, il faut seulement que le ministère public se concerte avec l'autorité administrative avant d'ordonner leur mise en liberté (Circ. min. 20 avril 1813).

Du reste, ce n'est point par un extrait du jugement, mais bien par une simple lettre, que l'avis dont il vient d'être parlé est donné aux fonctionnaires administratifs (Instr. min. 7 juin 1814, I, 6º).

3601. C'est dès lors à ces derniers magistrats à prescrire, à l'égard des condamnés, les mesures convenables avant l'expiration de leur peine. Si, à cette époque, ils n'ont rien statué, la mise en liberté ne peut être différée.

Il arrive quelquefois que ces fonctionnaires ont à prendre les ordres de l'autorité supérieure, relativement aux condamnés qui vont être élargis, et que ces ordres ne sont pas encore parvenus au moment de l'expiration de la peine. L'écrou judiciaire n'en doit pas moins être levé, sauf aux préfets à prolonger, s'il y a lieu, la détention par mesure administrative et sous leur propre responsabilité.

3602. Pour entrer dans l'esprit de la loi nouvelle, il convient que les magistrats s'attachent à concilier les adoucissements qu'elle apporte à la situation des condamnés et la nécessité du maintien de l'ordre public trop souvent menacé par eux.

CHAPITRE III. — CUMUL DES PEINES.

SOMMAIRE.

3603. En cas de conviction de plusieurs crimes ou délits, la peine la plus forte est seule prononcée (C. inst. 365, § 2).

C'est là un principe général applicable à toutes les matières criminelles ou correctionnelles (Cass. 6 mars et 3 oct. 1835, 8 mai 1852);

Aux contraventions aussi bien qu'aux délits (Cass. 19 mars et 12 juin 1841);

Mais une jurisprudence postérieure a décidé qu'il ne s'étendait pas aux contraventions de simple police (Cass. 7 juin 1842, 15 mars 1845, 2 déc. 1848 et 22 juill. 1852).

3604. Il en est de même des amendes encourues pour infractions à des lois spéciales, par exemple, en matière de délits forestiers, de douanes et de contributions indirectes. Alors, l'amende doit être cumulée autant de fois qu'il y a de contraventions différentes, et il doit être prononcé autant d'amendes qu'il y a de délinquants (Cass. 22 avril 1813, 7 janv. 1814, 21 déc. 1821, 18 oct. 1822, 26 mars 1825, 28 fév. et 26 déc. 1845).

3605. De même, lorsqu'un accusé ou un prévenu est reconnu coupable de plusieurs crimes ou délits, dont le moins grave emporte une peine accessoire, l'art. 365 ne fait pas obstacle à ce que cette peine soit prononcée contre lui, cumulativement avec la peine principale la plus forte. En un mot, la prohibition du cumul des peines ne s'applique qu'au cumul des peines principales (Cass. 23 sept. 1837).

Mais elle s'applique aux amendes, à moins qu'elles ne soient prononcées à titre de restitution (Cass. 17 mai et 2 juin 1838).

Et même aux amendes mixtes dont nous avons parlé ci-dessus, nº 3511 (Cass. 28 déc. 1838).

3606. D'un autre côté, en cas de conviction de deux délits punis, l'un de l'emprisonnement et de l'amende, l'autre de l'amende seulement, il doit être fait application de la plus forte des deux amendes, si la peine de l'emprisonnement n'est pas prononcée (Cass. 10 avril 1841).

Toutefois, il ne faut pas que le principe de la non-cumulation des peines fasse placer sur la même ligne l'individu qui n'a commis qu'un seul délit et celui qui en a commis plusieurs (Mangin, *de l'Act. publ.*, II, 496, nº 460).

3607. On doit entendre par *la peine la plus forte* celle qui est la plus élevée dans l'échelle des peines, et, quand elles sont de même nature, celle dont la durée est la plus longue, ou qui est accompagnée d'une peine accessoire, même facultative.

D'un autre côté, la peine la plus forte n'est pas celle qu'il est loisible d'appliquer, mais celle qui est méritée pour le fait le plus grave dont le coupable est convaincu (Hélie et Chauveau, *Théorie du Code pénal*, I, 339).

Car c'est réellement appliquer la peine la plus forte à un individu déclaré coupable de plusieurs délits punis d'un emprisonnement d'inégale durée, que de lui appliquer même le *minimum* de l'article qui prononce l'emprisonnement le plus long.

Et si ce *minimum* est inférieur au *minimum* de l'un des autres délits, il suffit que la peine prononcée ne soit pas au-dessous de ce dernier *minimum*, pour qu'elle soit encore la peine la plus forte.

3608. Le cumul des peines est autorisé en matière correctionnelle, surtout quand, de deux peines encourues, l'une est pécuniaire et l'autre corporelle (Cass. 15 juin 1821);

Par exemple, en cas d'escroquerie et d'usure, et généralement toutes les fois qu'il s'agit de délits qui consistent dans des fraudes pratiquées envers des emprunteurs (Cass. 13 nov. 1840).

Il est particulièrement autorisé en matière d'évasion ou de tentative d'évasion, ou de rébellion par des prisonniers (C. pén. 220 et 245. — Cass. 14 juill. 1837).

3609. Quand, d'après l'admission des circonstances atténuantes, la peine ne peut pas être abaissée au-dessous de deux années d'emprisonnement, elle ne doit pas se confondre avec une condamnation antérieure de même nature qui réduirait l'emprisonnement à moins de deux ans (Cass. 12 oct. 1849).

Il y a plus, le cumul des peines prononcées contre le même individu, à raison de plusieurs délits qui ont été l'objet de poursuites successives, n'est pas prohibé, quand ces peines sont de même nature. En ce cas, elles doivent toutes être subies successivement, tant que, par leur réunion, elles n'excèdent pas le *maximum* de la peine la plus forte qui pouvait être prononcée (Cass. 2 août 1833 et 26 nov. 1841).

3610. Ainsi, un individu est condamné deux fois correctionnellement pour deux délits différents, et par divers tribunaux, à une année d'emprisonnement chaque fois : ces deux peines seront successivement subies, non pas dans une maison centrale, mais dans la maison d'arrêt de chacun des lieux de condamnation, et, après l'expiration de ces deux peines, il ne sera pas en état de récidive s'il commet un *nouveau* délit, car, quoique ayant subi deux années consécutives de détention, il n'a jamais été condamné à plus d'une année d'emprisonnement à la fois (C. pén. 58).

L'individu déclaré coupable d'escroquerie et de vagabondage ou de rupture de ban et de vagabondage doit être condamné cumulativement à la peine d'emprisonnement édictée pour le premier délit, comme étant la plus forte, et à la peine accessoire de la surveillance édictée pour le second, à moins qu'il ne se trouve, dans la cause, des circonstances atténuantes (Cass. 24 avril 1847 et 13 mai 1853).

3611. Il en serait encore de même si les condamnations successives avaient été prononcées par le même tribunal. Le fait suivant s'est présenté : Une femme, traduite quatre fois dans le cours de la même année devant le même tribunal correctionnel, a été condamnée la première fois à un an de prison, et chacune des autres fois à un mois de la même peine, avec cette réserve expresse que ces diverses condamnations ne se confondraient pas entre elles et qu'elles seraient subies l'une après l'autre. Il en est résulté que cette femme n'a pas dû être conduite dans une maison centrale comme condamnée à quinze mois d'emprisonnement, mais qu'elle a dû subir successivement dans la maison d'arrêt, un an et puis trois mois de prison, sans être pour cela, et pour l'avenir, en état de récidive légale.

3612. Remarquez que la condamnation à une peine afflictive et infamante absorbe la peine correctionnelle prononcée postérieurement, mais pour un délit antérieur à cette condamnation (Cass. 18 juin 1829 et 16 janv. 1835).

Aussi, est-il inutile de poursuivre de nouveau un condamné à raison d'un crime antérieur à sa condamnation, s'il n'a pas de complice en état d'arrestation, et lorsque ce crime ne doit entraîner qu'une peine moindre que la première, puisqu'il n'y a lieu de prononcer alors aucune peine (Cass. 15 oct. 1825 et 31 janv. 1840).

3613. Du reste, la règle qui défend la cumulation des peines n'est applicable qu'autant que, parmi les faits punissables, aucun n'a été l'objet d'une condamnation *devenue définitive*, avant la perpétration des autres ; mais on ne saurait en étendre le bienfait à l'accusé qui, après avoir été l'objet des rigueurs de la justice, les a de nouveau encourues (Cass. 1ᵉʳ juin 1837).

Et, par conséquent, l'art. 365 s'applique, c'est-à-dire que de deux peines prononcées la plus forte seule est subie, toutes les fois que l'un des faits punissables a été commis antérieurement à une condamnation intervenue pour un fait différent, soit que la première condamnation émane des mêmes juges, soit qu'elle émane d'un autre tribunal (Cass. 24 juin 1837).

Car un coupable expie, par sa condamnation à la peine la plus grave qu'il ait encourue, tous les crimes qu'il a précédemment commis (Cass. 23 janv. 1840).

3614. Enfin, le principe qui prohibe le cumul des peines s'applique également aux mineurs de seize ans condamnés à la détention dans une maison de correction, comme ayant agi avec discernement (Cass. 5 mars 1852).

CHAPITRE IV. — PRESCRIPTION.

SOMMAIRE.

3615. A ce que nous avons dit au tome I, nᵒˢ 2043 et suivants de la prescription des peines correctionnelles, il convient d'ajouter ce qui suit sur la prescription des peines en général.

La prescription d'une peine afflictive ou infamante est acquise au bout de vingt ans révolus, à partir du jour de la condamnation, eût-elle été prononcée par contumace (C. inst. 635).

Mais si le condamné s'est évadé pendant qu'il subissait sa peine, la prescription ne court plus en sa faveur que du jour de son évasion (Cass. 20 juill. 1827 et 5 fév. 1835.—Legraverend, ii, 276).

3616. La prescription de la peine ne couvre pas les condamnations civiles qui en ont été la conséquence; celles-ci sont soumises aux règles du droit civil (C. inst. 642).

3617. Le condamné dont la peine est prescrite ne peut pas demeurer dans le département qu'habitent soit la victime de son crime, soit ses héritiers naturels, en ligne directe ou collatérale, mais non pas ceux qui auraient hérité de sa succession par donation ou testament (C. inst. 635).

Le Gouvernement peut lui assigner un autre domicile, et s'il s'en écarte pour habiter un lieu qui lui est interdit, il peut être poursuivi par le ministère public pour rupture de ban.

3618. Pour la prescription de la peine, il faut considérer la nature du fait délictueux en lui-même, et de la qualification légale qu'il a reçue dans l'arrêt de condamnation, sans s'occuper des atténuations admises en faveur du coupable.

Ainsi, le criminel condamné à de simples peines correctionnelles par suites d'excuses ou de circonstances atténuantes, qui ne font pas perdre à son action le caractère de crime, ne les prescrit que par un laps de vingt ans (Cass. 1er mars 1855. — Dutruc, *Mém.*, v° *Prescript.*, n° 37).

3619. Toutefois, lorsqu'une peine a été commuée, la durée de la prescription se règle selon la nature de la peine substituée à celle qui avait été prononcée par le jugement ou par l'arrêt. Ainsi, lorsqu'une peine afflictive ou infamante a été commuée en un emprisonnement correctionnel, cette dernière peine se prescrit par cinq ans (Décis. min. 27 fév. 1827).

3620. Nous réunissons, dans les chapitres suivants, sous le titre de *Condamnations accessoires*, les conséquences légales, nécessaires ou possibles, de toute condamnation criminelle, savoir : la condamnation aux frais, la responsabilité civile et l'exercice de la contrainte par corps.

TITRE HUITIÈME.

Condamnations accessoires.

CHAPITRE PREMIER. — FRAIS ET DÉPENS.

SECTION PREMIÈRE. — APPLICATION.

SOMMAIRE.

3621. Tout condamné doit supporter tous les frais de la procédure à laquelle il a donné lieu (C. inst. 169, 194 et 368);

Lors même que poursuivi simultanément pour un crime et pour un délit, il n'aurait été condamné que pour le délit (Cass. 3 févr. 1855);

Ou que, poursuivi tout à la fois pour plusieurs crimes ou délits, il n'aura été condamné que pour un seul (Cass. 27 janv. 1838);

Ou que, prévenu d'un délit correctionnel ou même d'un crime, au commencement des poursuites, il n'aura été condamné, en définitive, que pour une contravention de police (Cass. 25 avril 1833);

Ou que la peine aurait été diminuée sur son appel (Cass. 15 oct. 1830).

3622. Le jugement de condamnation ne peut l'en dispenser, sous quelque prétexte que ce soit, à peine de nullité (Cass. 31 juill. 1830 et 28 juin 1839);

Ni se borner à le condamner à une quote-part des dépens (Cass. 15 juin 1821 et 3 nov. 1826).

La condamnation doit porter sur tous les dépens, même sur ceux qui ont été faits pour l'instruction écrite et antérieurement à la citation (Cass. 15 déc. 1827).

3623. Ainsi, lorsqu'un individu, accusé de plusieurs crimes se rattachant à une cause commune, est acquitté sur les uns et condamné sur les autres, il est passible de tous les frais (Cass. 27 janv. 1838).

Ainsi encore, dans une poursuite pour un même fait comprenant plusieurs accusés, celui ou ceux qui sont condamnés doivent supporter les frais de leurs coaccusés acquittés (Cass. 18 avril 1850).

3624. Mais le ministère public, qui n'est jamais condamné, même quand il succombe, ne peut y être tenu (Cass. 26 oct. 1821, 11 nov. 1824 et 12 juin 1828) ;

A moins qu'il n'ait été régulièrement pris à partie dans un des cas réservés, et de la manière prévue par la loi, et déclaré passible de dommages-intérêts (Cass. 4 oct. 1813 et 28 avr. 1827) ;

Non plus que les officiers de police judiciaire qui ont dirigé les poursuites, ou qui y ont concouru (Cass. 9 fév. 1809, 26 juin et 20 août 1812, 17 et 24 sept. 1819).

Cette règle, qui a été admise par ces arrêts, pour les tribunaux de simple police, s'applique à toutes les juridictions.

3625. De même, quoique le Trésor public supporte, en définitive, tous les frais des poursuites d'office non suivies de condamnation, il ne peut pas, néanmoins, être condamné aux frais. Les tribunaux se bornent alors à renvoyer le prévenu hors de poursuite, sans dépens (Cass. 19 fév. 1829).

3626. Toutefois, les administrations publiques peuvent, lorsqu'elles succombent, être condamnées aux dépens, si elles agissent dans leur intérêt purement pécuniaire, mais non, si l'instance est poursuivie dans l'intérêt de la vindicte publique (Cass. 19 mars 1830).

Il en est de même lorsque le procès, quoique dans leur intérêt, est poursuivi à la requête du ministère public seul : car n'étant pas alors parties dans l'instance, elles ne peuvent être condamnées aux dépens (Cass. 28 juill. 1827).

Le même principe s'applique aux communes et aux établissements publics (Cass. 20 juin 1828 et 14 août 1830).

3627. Mais toute partie civile, aussi bien une administration publique que toute autre personne, est toujours condamnée aux frais, même quand elle gagne son procès, sauf son recours envers le condamné (Décr. 18 juin 1811, art. 157. — Cass. 7 déc. 1837).

Si elle succombe en partie, les dépens peuvent être compensés entre le prévenu et la partie civile, par application des règles de la compensation que nous avons exposées au tome 1, n⁰ˢ 766 et 767 (Circ. min. 10 avr. 1813. — Cass. 14 août 1829. — Legraverend, 1, 692).

3628. Du reste, la partie civile qui ne se désiste qu'après le délai de vingt-quatre heures fixé par l'art. 66 du Code d'instruction criminelle, demeure responsable de tous les frais de la procédure, même de ceux qui ont été faits depuis son désistement (Cass. 1ᵉʳ juill. 1853).

Remarquez, toutefois, que les administrations publiques et les parties civiles sont bien tenues des frais d'instruction et de signification, mais non pas des frais d'exécution (Décis. min. 11 sept. 1819).

3629. Les frais ne peuvent donc peser que sur celui qui a été partie au procès, et *qui a succombé* (Cass. 14 août 1830).

D'où il suit qu'un prévenu acquitté ne peut, sous quelque prétexte que ce soit, être condamné à supporter aucune partie des frais, à l'exception de ceux qui résulteraient du défaut qu'il aurait laissé (Cass. 16 nov. 1832, 12 fév. 1846 et 21 août 1852).

En effet, un prévenu qui n'encourt pas de condamnation ne peut être tenu des dépens (Cass. 24 sept. 1847).

3630. Ainsi, un tribunal qui se reconnaît incompétent ne peut condamner le prévenu aux frais (Cass. 13 fév. 1845).

De même, un prévenu traduit d'abord devant un tribunal incompétent, qui a déclaré son incompétence, ne peut pas, s'il est traduit ensuite devant les juges compétents, et reconnu coupable, être condamné par eux aux frais de la première poursuite, car il ne saurait souffrir, ni être responsable, de ce que cette poursuite a été mal dirigée.

3631. Le prévenu majeur, non pas acquitté, mais absous pour quelque cause que ce soit, *peut* néanmoins être condamné aux dépens, si le fait incriminé est constant, et s'il a occasionné des frais ou dommages à autrui (Cass. 9 déc. 1830 et 30 juill. 1831);

A moins qu'il ne soit reconnu que le prévenu était en démence au temps de l'action incriminée, ou que l'action était prescrite, car alors il ne doit subir aucune condamnation, puisqu'il n'a pu être déclaré coupable (Cass. 24 fév. 1832 et 29 avril 1837).

Toutefois, il a été jugé, dans d'autres circonstances, que l'accusé absous, par suite de prescription, n'en doit pas moins être condamné aux frais (Cass. 21 août 1845 et 17 déc. 1846).

3632. Dans tous les cas, les tribunaux ne sont pas *obligés* de prononcer une pareille condamnation, bien qu'elle soit requise par le ministère public.

Cependant, il y a eu des circonstances où l'on a jugé que la condamnation aux frais *devait*, même dans le cas de démence, être prononcée, lorsque la démence n'était pas établie au temps des poursuites (Cass. 2 juin 1831).

3633. Il a été décidé encore que l'accusé contumax, repris et absous contradictoirement, parce que le délit correctionnel dont il avait été déclaré coupable était atteint par la prescription, devait supporter même les frais postérieurs à sa condamnation par contumace (Cass. 22 avril 1830).

Ceux qui blâment cette décision soutiennent que le ministère public avait eu tort d'engager des poursuites, alors qu'il était déchu de toute action, et que, par conséquent, on ne saurait prétendre que l'accusé a succombé (*Pal.*, 3e édit., xxiv, 398, note 2).

Mais il faut remarquer que, dans l'espèce, l'accusé était poursuivi pour crime, que l'action publique résultant de ce crime n'était pas prescrite, et que, la déclaration du jury ayant réduit l'accusation à un simple délit dont la prescription beaucoup plus courte s'est trouvée acquise, il n'y avait aucune faute à reprocher au ministère public, et la déclaration de culpabilité, quoique affranchie de toute peine, devait entraîner la condamnation aux frais.

Toutefois, cette jurisprudence est vivement critiquée, et l'on soutient même qu'absous ou acquitté, le prévenu n'ayant pas succombé, ne peut jamais être condamné aux dépens (Hélie et Chauveau, C. pén., 1297; Dutruc, *Mémorial du Ministère public*, v° *Frais*, n. 40 et 41.—*Pal.*, 3e édit., xvi, 174, et xxiii, 933, note).

3634. Le prévenu mineur de seize ans, déclaré coupable, mais acquitté comme ayant agi sans discernement, soit qu'on l'ait renvoyé dans une maison de correction, soit qu'on l'ait remis à ses parents, doit aussi être condamné aux frais (Cass. 18 fév. 1841).

Ou personnellement, s'il est seul poursuivi, ou solidairement avec son complice majeur (Cass. 8 avr. 1841).

Ces décisions ne sont pas adoptées par tous les auteurs, comme le font remarquer les rédacteurs du *Journal du Palais* (*Pal.*, 3e édit., xxiv, 962, note 1).

3635. Les frais dus pour les témoins, lors même qu'ils n'ont rien déposé au sujet de la prévention, ou que les juges ont renoncé à les entendre, comme nous l'avons dit ci-dessus, n° 2979, § 2, sont toujours à la charge du condamné (Cass. 3 sept. 1831 et 30 mai 1833).

Il en est de même des frais d'un procès-verbal déclaré nul, lorsque le délit est d'ailleurs suffisamment constaté par l'instruction (Cass. 2 déc. 1824).

3636. Quant aux honoraires des avoués et défenseurs, ils ne sont pas compris parmi les frais de justice criminelle, et ne peuvent être mis à la charge de la partie qui succombe (Circ. min. 26 nov. 1808 et 27 nov. 1850.—Décr. 18 juin 1811, art. 3).

En conséquence, ni le Trésor, ni les administrations publiques, ne peuvent en être tenus envers le prévenu acquitté, non plus que celui-ci envers eux, aussi bien dans les affaires portées devant la Cour d'assises que dans les affaires correctionnelles, et soit que les poursuites aient eu lieu dans l'intérêt d'une administration ou dans l'intérêt général de l'Etat (Cass. 12 avr. 1821 et 29 oct. 1824).

Mais dans les demandes à fin de réparations civiles, qui sont formées par la partie plaignante ou intervenante, et par le prévenu, les tribunaux correctionnels peuvent, comme en matière civile, compenser les dépens, ou les adjuger en tout ou en partie, et même y comprendre les honoraires des avoués, sauf à en faire la distraction dans l'état de liquidation des frais de justice proprement dits (Cass. 12 mars 1852 et 15 avril 1853.—Dutruc, *Mémor. du Minist. publ.*, v° *Frais*, n° 42).

3637. Ces honoraires doivent être taxés vis-à-vis de la partie qui a eu recours à leur ministère, conformément au tarif du 16 février 1807, et suivant les règles établies par le Code de procédure civile, pour les matières sommaires, comme nous l'avons vu au n° 2212, § 2 (Circ. min. 10 avr. 1813 et 27 nov. 1850. — Favard, *Répert.*, II, 56, v° *Dépens*, n° 10; Dutruc, *loc. cit.*, n. 36 et 37).

Il y aurait, du reste, excès de pouvoir de la part d'un tribunal qui déciderait d'une manière réglementaire que, dans les affaires correctionnelles portées devant lui, les honoraires des avoués seraient toujours mis à la charge de la partie condamnée (Cass. 29 juill. 1851).

3638. La condamnation aux dépens n'est pas de droit, et doit être prononcée (Cass. 31 juill. et 15 oct. 1830).

Mais elle n'a pas besoin d'être motivée (Cass. 26 janv. 1826).

Si le tribunal a omis de prononcer cette condamnation sur les conclusions du ministère public, il y a contravention à la loi et ouverture à cassation; et, si le jugement n'est pas réformé sur ce point, le prévenu n'est pas obligé de payer les frais (Legraverend, 1, 609.—Cass. 26 nov. 1829).

Les frais doivent aussi être liquidés dans le jugement de condamnation (C. inst. 194. — Circ. min. 27 nov. 1850).

Nous renvoyons au tome suivant, chapitre des *Frais de justice criminelle*, tout ce qui concerne cette liquidation.

3639. Il n'y pas de compensation possible des dépens entre l'Etat et les prévenus ou les parties civiles : un jugement qui la prononcerait serait nul (Cass. 21 oct. 1825 et 26 août 1826).

Mais il en est autrement quand les tribunaux statuent sur les réparations civiles entre les parties, comme on l'a vu ci-dessus, n° 2636, § 3.

3640. Et il n'est pas permis de se pourvoir par opposition à la taxe, comme en matière civile, contre cette partie du jugement, qui ne peut être attaquée que par la voie de l'appel ou de la cassation (Rennes, 29 nov. 1843).

SECTION II. — SOLIDARITÉ.

SOMMAIRE.

3641. Tout jugement de condamnation rendu en matière correctionnelle, contre le prévenu et contre les personnes civilement responsables du délit, ou contre la partie civile, doit les condamner *solidairement* à tous les frais, même envers la partie publique (C. inst. 194, § 1).

Tous les condamnés pour un même délit sont donc tenus solidairement au paiement des frais (C. pén. 55. — Décr. 18 juin 1811, art. 156. — Cass. 23 avr. 1841. — Duranton, XI, 194).

3642. Mais non pas quand des crimes ou délits imputés à diverses personnes ont été compris dans une même poursuite (Cass. 27 juill. 1850. — Dutruc, *Mémor. du Minist. publ.*, v° *Frais*, n° 42).

La connexité du délit n'entraîne même pas la solidarité des dépens, qui ne peut être prononcée qu'à l'égard des chefs communs à plusieurs condamnés (Cass. 15 et 30 janv., 2 avril et 16 juill. 1846. — V. toutefois, Dutruc, *loc. cit.*, et les autorités citées).

Mais le complice, qui a succombé sur un chef, est tenu des frais, solidairement avec l'auteur du crime ou du délit, à l'égard de ce chef seulement (Cass. 5 nov. 1846 et 13 janv. 1848).

3643. En cas de condamnation simultanée pour le même délit, le jugement serait nul, s'il condamnait les coupables aux frais par égales portions entre eux (Cass. 7 juill. 1827).

Mais, lorsqu'il n'y a pas lieu de prononcer la solidarité, les juges ont un pouvoir discrétionnaire pour déterminer, d'après les circonstances, dans quelle proportion doit être fait ce partage (Cass. 13 juin 1845).

3644. Ainsi, lorsque plusieurs individus sont convaincus d'avoir commis ensemble un même délit, le tribunal correctionnel ne peut les décharger de la solidarité, par cela seul que les uns sont moins coupables que les autres, que les peines prononcées contre tous ne sont pas les mêmes, et que le délit n'a point été concerté (Cass. 8 oct. 1813 et 2 mars 1814).

Lors même que quelqu'un des prévenus serait exempt de toute peine pour avoir révélé ses complices, il n'en doit pas moins être condamné aux frais avec les autres, dès lors qu'il a été reconnu coupable (Cass. 24 juill. 1840).

3645. Lorsque des poursuites ont été exercées contre plusieurs individus à raison des mêmes faits, si un seul des prévenus succombe, il paie seul tous les frais de la procédure (Cass. 26 janv. 1826).

Et le prévenu acquitté ne peut être passible solidairement des frais prononcés contre ses coprévenus condamnés (Cass. 29 déc. 1836).

Du reste, quand il y a lieu à la solidarité, elle n'a pas besoin d'être prononcée; il suffit que la condamnation ait lieu pour un même délit (Bourguignon, *Jurispr. des Cod. crim.*, III, 44.—Dalloz, v° *Forêts*, VIII, 804, n° 17).

3646. Enfin, un condamné n'a pas qualité pour se pourvoir à raison de ce que l'un de ses complices, âgé de moins de seize ans et acquitté pour défaut de discernement, n'aurait pas été condamné, solidairement avec lui, au paiement des frais à titre de réparation civile. Ce droit n'appartient qu'au ministère public (Cass. 16 janv. 1846).

Quant à la solidarité de l'amende, voyez ci-dessus, n°s 3517 et 3518.

CHAPITRE II. — RESPONSABILITÉ CIVILE.

3647. Tout fait quelconque de l'homme qui cause à autrui un dommage oblige celui par le fait duquel il est arrivé à le réparer (C. civ. 1382. — C. pén. 74).

On répond non-seulement de son fait, mais encore de celui des personnes sur lesquelles on a autorité, ou qu'on a sous sa garde (C. civ. 1384).

Par exemple :

1° Le père, et la mère après le décès du mari, sont responsables du dommage causé par leurs enfants (*Ibid.*).

2° Les instituteurs et les artisans, du dommage causé par leurs élèves et apprentis, pendant le temps qu'il sont sous leur surveillance, etc. (*Ibid.*).

3° Les maîtres et les commettants, du fait de leurs domestiques ou préposés, mais seulement dans les fonctions auxquelles ils les ont employés (*Ibid.* — Cass. 9 juill. 1807 et 2 sept. 1837).

A moins qu'il ne s'agisse de contraventions prévues par des lois spéciales, comme en matière forestière (Cass. 13 janv. 1814 et 22 mars 1828).

4° Les propriétaires ou fermiers, du dommage causé par les animaux qui leur appartiennent, ou par la ruine de leurs bâtiments, à moins qu'il n'y ait eu ni imprudence, ni négligence à leur imputer (C. civ. 1385 et 1386. — Toullier, xi, n°s 297 et 317).

3648. Pour que les pères ou les mères veuves soient responsables du dommage causé par leurs enfants légitimes ou naturels, il faut que ceux-ci soient mineurs et qu'ils demeurent avec eux (Duranton, xiii, n° 715).

Cette responsabilité cesse, quand le père ou la mère prouve qu'il lui a été impossible d'empêcher le fait qui y donne lieu ; mais elle est encourue, s'il y a eu faute ou négligence de leur part (Toullier, xi, n° 264).

Elle cesse encore, si l'enfant mineur est émancipé, ou s'il a agi sans discernement (Toullier, xi, n° 277.—Pothier, *Obligat.*, n° 118).

3649. Le mari n'est pas responsable de sa femme, si ce n'est en matière de douanes, de délits forestiers ou ruraux, et de contributions indirectes. Mais alors il y a plus qu'une responsabilité civile, car le mari doit être personnellement tenu de toutes les condamnations, parce que sa femme est considérée comme son agent ou son préposé (L. 28 sept.-6 oct. 1791, tit. ii, art. 7. — Décr. 1er germ. an xiii, art. 35. — Cass. 15 janv. 1820).

Les aubergistes et hôteliers convaincus d'avoir logé pendant plus de vingt-quatre heures quelqu'un qui, pendant son séjour chez eux, a commis un crime ou un délit, sont civilement responsables des restitutions, indemnités et frais, résultant de ce délit, s'ils n'ont pas inscrit, sur leur registre, le nom, la profession et le domicile du coupable (C. pén. 73).

L'administration des postes est civilement responsable, jusqu'à concurrence du dommage causé, des détournements et vols commis par ses employés, dans leurs fonctions (Cass. 12 mai 1851).

3650. La partie publique ou la partie civile qui poursuit la la réparation d'un délit peut, en même temps qu'elle assigne l'inculpé, faire assigner aussi les personnes civilement responsables, auxquelles il doit être donné une copie séparée de la citation (Carnot, *Instr. crim.*, i, 530.)

On peut aussi assigner seul celui qui est civilement responsable, sans mettre en cause l'auteur du délit (Grenoble, 13 mars 1834. — *Contrà,* Cass. 24 avril 1834; Dutruc, *Mémor. du Minist. publ.*, v° *Action publique*, n° 20).

Tant que la prescription n'est pas acquise, ou que l'action n'est pas éteinte contre l'auteur du délit, on peut réclamer la réparation du dommage causé, même contre les héritiers de la personne responsable (Cass. 19 juill. 1826. — Toullier, xi, n° 291).

3651. Lorsqu'un individu a été cité devant le tribunal correctionnel comme auteur d'un délit, les juges ne peuvent le condamner comme civilement responsable; ce serait changer la nature et l'objet de la prévention (Bourges, 5 juin 1828).

Au contraire, l'individu cité comme civilement responsable peut, s'il se reconnaît auteur du délit, être condamné à ce titre, sans qu'il soit besoin d'une nouvelle citation (Cass. 4 août 1836).

3652. La responsabilité civile ne comprend que les dédommagements pécuniaires et ne s'étend pas aux peines, par exemple, aux amendes, qui sont exclusivement personnelles (Cass. 29 fév. 1828 et 9 juin 1832. — Toullier, xi, n°s 289 et 290).

Mais, en matière de douanes, la responsabilité s'étend même aux amendes, qui sont alors considérées plutôt comme une indemnité due à l'État que comme une peine (Loi 22 août 1791, tit. II, art. 29, et tit. XIII, art. 20. — Cass. 30 mai et 5 sept. 1828). .

Nous avons déjà admis cette distinction, en parlant des amendes, aux n°ˢ 3511 et 3512.

En matière forestière, la responsabilité ne s'étend pas aux amendes (C. forest. 206, § 2).

En matière de chasse, elle ne s'étend pas non plus à la confiscation des armes, ou au paiement de leur valeur (Cass. 6 juin 1850).

3653. Il n'en est pas des frais comme des amendes : la responsabilité civile s'étend jusqu'à eux, parce qu'ils sont regardés comme une conséquence de la réparation du dommage causé (Cass. 14 juill. 1814, 28 nov. 1828 et 4 fév. 1830).

Et la personne civilement responsable doit être condamnée à les supporter, si cette condamnation a été requise contre elle par le ministère public, lors même qu'il n'y aurait pas de partie civile en cause (Cass. 8 mars 1821).

Eu d'autres termes, la responsabilité civile ne s'étend aux amendes encourues que lorsqu'il en a été ainsi statué par une loi spéciale; mais elle s'étend, dans tous les cas, aux dommages-intérêts et aux frais (Cass. 19 mars 1836).

3654. Le ministère public ne peut jamais être civilement responsable, ni condamné à des dommages-intérêts, à raison de ses poursuites, comme nous l'avons dit ci-dessus, n° 3624, en parlant de la condamnation aux frais, à moins qu'il ne soit poursuivi par la voie de la prise à partie.

Nous avons parlé de la responsabilité civile des communes, au tome I, n°ˢ 1007 et suivants : il est donc inutile de nous en occuper ici.

CHAPITRE III. — CONTRAINTE PAR CORPS.

SECTION PREMIÈRE. — APPLICATION.

SOMMAIRE.

3655. La contrainte par corps, supprimée en matière civile et commerciale, a été maintenue pour les affaires criminelles, correctionnelles et de simple police, tant au profit de l'État qu'au profit des particuliers lésés par un crime, un délit ou une contravention (Loi 22 juill. 1867).

Même pour le recouvrement des frais dus à l'État par suite des condamnations prévues par l'art. 2 de la loi précitée (Loi 19 déc. 1871).

3656. De plus, la contrainte par corps n'a jamais cessé d'être de droit commun en matière criminelle, même lorsqu'elle avait été supprimée pour les dettes civiles (Décr. 30 mars 1793. — Circ. min. 8 prair. an v. — Avis Cons. d'État, 17 pluv. an ix).

Et, sous ce rapport, sont réputées rendues en matière criminelle toutes les condamnations prononcées par des tribunaux de répression, bien qu'il ne s'agisse que de délits ou de contraventions (*Pal.*, *Rép.*, v° *Contr. par corps*, n° 543).

3657. L'art. 52 du Code pénal porte que l'exécution des condamnations pécuniaires *peut* être poursuivie par la voie de la contrainte par corps, et l'art. 53 n'a fait que limiter la durée de cette contrainte à l'égard du condamné insolvable, lorsque ces condamnations ont été prononcées au profit de l'État (Circ. min. 1er août 1812).

L'exécution des condamnations à l'amende, aux restitutions, aux dommages-intérêts et aux frais, en un mot, à toutes les obligations pécuniaires en matière criminelle, correctionnelle et de police, peut donc être poursuivie, contre les condamnés, par la voie de la contrainte par corps (Loi 19 juill. 1791, tit. ii, art. 41. — C. pén. 52, 467 et 469. — Décr. 20 sept. 1809. — Lois 22 juill. 1867 et 19 déc. 1871).

3658. Il résulte de ces dispositions que l'exercice de la contrainte par corps n'est que *facultatif*, et doit être considéré, non comme une prolongatiou ou commutation de peine, mais seulement comme un moyen d'exécution autorisé par la loi, pour parvenir au recouvrement des amendes et autres condamnations pécuniaires prononcées par jugement (Dalloz aîné, v° *Forêts*, VIII, 859. — Circ. min. 1er août 1812).

La détention, employée comme moyen de contrainte, est donc indépendante de l'emprisonnement prononcé à titre de peine (C. forest. 214. — Loi du 17 avril 1832, art 57).

Mais elle ne peut être étendue aux condamnations aux frais prononcées contre la partie civile qui succombe (Cass. 21 nov. 1851).

3659. Autrefois le jugement de condamnation devait prononcer cette contrainte (Loi 18 germ. an VII, art. 1).

Aujourd'hui elle a lieu de plein droit, lors même que le jugement de condamnation n'en ferait pas mention, surtout pour le remboursement au Trésor des amendes et des frais de poursuite en matière de contributions indirectes (Cass. 14 fév. 1832).

Quelques auteurs pensent qu'elle a besoin d'être prononcée pour les délits forestiers et de pêche fluviale (Dalloz jeune, v° *Pêche*, n° 195. — Rogron, sur l'art. 212 du C. forest.).

Cette opinion, qui n'est pas suivie dans la pratique, s'appuie sur les termes des art. 212 du Code forestier et 78 de la loi du 15 avril 1829, textes postérieurs à l'art. 52 du Code pénal, qui n'a pas été revisé en 1832, et confirmés par l'art. 18 de la loi actuelle sur la contrainte par corps, qui les a formellement et expressément maintenus.

3660. Elle peut être prononcée en appel, même sur l'appel du prévenu, quoiqu'elle ne l'ait pas été en première instance, lorsque, du reste, elle doit avoir lieu de plein droit (Cass. 14 juill. 1827).

Mais lorsque, après acquittement, la Cour d'assises condamne l'accusé à des dommages-intérêts, la contrainte par corps n'a plus lieu de plein droit, et doit être prononcée comme dans une affaire civile (Cass. 14 déc. 1839).

3661. Du reste, cette mesure n'atteint que les coupables, condamnés comme tels, et jamais les personnes civilement responsables (Cass. 18 mai et 3 juin 1843).

Ainsi, il a été décidé que les femmes et les mineurs condamnés personnellement en matière forestière sont soumis à l'exercice de la contrainte par corps, mais qu'il n'en est pas ainsi des personnes condamnées avec eux comme civilement responsables (Décis. min. 26 août 1819).

Ni de la partie civile, si ce n'est pour la condamnation aux frais envers l'État (Cass. 18 juill. 1845 et 21 nov. 1851).

3662. La contrainte par corps, en matière criminelle, peut être exercée contre les personnes ci-après, savoir :

1º Les témoins défaillants (C. inst. 89, 157 et 355).

Mais ce n'est qu'une faculté et non pas une obligation pour les tribunaux (Cass. 11 août 1827).

2º La caution du prévenu mis en liberté provisoire (C. inst. 120).

3º Tout dépositaire des pièces arguées de faux (*Ibid.*, 452).

4º Tous les détenteurs de pièces de comparaison (*Ibid.*, 456).

5º Les délinquants forestiers (C. forest. 211).

6º Ceux qui ont été condamnés pour contravention aux lois sur la pêche fluviale (Loi 15 avril 1829).

7º Les contrebandiers et les fraudeurs (Loi 22 août 1791, tit. XIII, art. 32. — Loi 28 avril 1816, art. 225).

8º Et, en général, contre les condamnés à des peines pécuniaires ou au remboursement des frais de justice criminelle (Décr. 18 juin 1811, art. 174).

3663. Il y a obstacle à l'exercice de la contrainte par corps, et elle ne peut être prononcée :

1º Entre parents ou alliés (Loi 17 avril 1832, art. 19) ;

2º Contre le mari et la femme simultanément, et à raison de la même condamnation, même pour des faits différents (Loi 22 juill. 1867, art. 16) ;

3º Contre les condamnés à une peine perpétuelle (Cass. 19 avril 1838) ;

4º Contre les enfants âgés de moins de 16 ans accomplis à l'époque des faits qui ont motivé la poursuite (Loi 22 juill. 1867, art. 13).

Ainsi, elle ne peut être prononcée ou exercée contre le débiteur au profit de son conjoint, de ses parents ou alliés en ligne directe ou collatérale, jusqu'au quatrième degré (Loi 22 juill. 1867, art. 15).

3664. Les autres exceptions qui existaient en matière civile, n'ont pas lieu en matière criminelle. Ainsi :

1º Les femmes et les filles sont contraignables pour les condamnations prononcées contre elles, au profit de l'État ou des administrations publiques (Cass. 31 mai 1816).

Mais, dans le cas seulement où la condamnation pécuniaire es l'accessoire d'une condamnation pénale, ou constitue à elle seule une peine (Cass. 14 déc. 1839).

2° Les septuagénaires sont également contraignables en pareille matière, sauf les modifications dont il sera parlé plus loin (Cass. 16 juill. 1817).

Les adoucissements apportés à la loi de 1832, par la loi du 16 décembre 1848, doivent être soigneusement respectés dans les jugements et arrêts des tribunaux de répression (Circ. proc. gén. C. cass. 1er juill. 1852, § 1er).

SECTION II. — EXÉCUTION.

SOMMAIRE.

3665. Conditions.	3672. Recommandation.	3677. Extension.
3666. Réquisitoire.	3673. Administrations pu-	3678. Devoirs du ministère
3667. Requête.	bliques.	public.
3668. Aliments.	3674. Intérêt de l'État.	3679. Agents.
3669. Dommages.	3675. Initiative.	3680. Délits forestiers.
3670. Consignation.	3676. Relevé.	3681. Droit de capture.
3671. Élargissement.		

3665. Pour que la contrainte par corps puisse être exercée envers les condamnés, il faut : 1° que la condamnation soit irrévocable ; 2° qu'elle ait été signifiée ; 3° qu'il ait été fait commandement à la requête du receveur de l'enregistrement et des domaines, et 4° qu'il se soit écoulé cinq jours depuis ce commandement (Lois 19-22 juill. 1791, 17 avril 1832, art. 33, et 22 juill. 1867, art. 3).

Si le jugement n'a pas été précédemment signifié au condamné, le commandement doit porter en tête un extrait de ce jugement contenant mention exacte du domicile du condamné, le nom des parties, le dispositif du jugement et les énonciations indispensables pour assurer le recouvrement des sommes dues (Circ. min. 11 brum. an XI. — Loi 22 juill. 1867, art. 3).

Sur le vu du commandement, et sur la demande par écrit du receveur de l'enregistrement et des domaines du domicile du contraignable, le ministère public, après l'expiration des cinq jours qui suivent le commandement, adresse les réquisitions nécessaires aux dépositaires de la force publique et autres agents chargés de l'exécution des mandements judiciaires (C. Forest. 211. — Ord. 1er août 1828, art. 188. — Loi 22 juill. 1867, art. 3)

Car il n'est pas besoin d'un mandat judiciaire pour opérer l'arrestation ; un réquisitoire suffit. — V. Appendice.

3666. Il en est de même pour les condamnations prononcées au profit des particuliers, avec cette différence toutefois que c'est alors à ceux-ci à présenter requête au ministère public, et à pourvoir à la consignation des aliments du condamné, au moment de l'incarcération, ou, s'il est déjà détenu, au moment de la recommandation (Loi 17 avril 1832, art. 38).

Car, si le condamné contraignable est détenu, il peut être recommandé immédiatement après la notification du commandement, et sans qu'il soit besoin du concours du ministère public (*Ibid.*, art. 33. — Loi 22 juill. 1867, art. 3).

Il n'appartient même pas au ministère public de recommander lui-même les individus condamnés à la requête d'une administration publique, pour prolonger la durée de leur détention (Décis. min. 26 janv. 1833).

3667. Quand il s'agit, au contraire, d'opérer l'arrestation, ce magistrat ne doit l'ordonner qu'après s'être assuré que les aliments ont été consignés au moins pour un mois.

Toutefois, les administrations publiques, qui exercent la contrainte par corps envers des condamnés, sont dispensées de toute consignation d'aliments (Décr. 4 mars 1808. — Circ. min. 8 juill., 25 déc. 1812 et 24 fév. 1829).

3668. La contrainte par corps peut encore être exercée de la même manière au profit des particuliers lésés par un fait délictueux, et exécutée à leur diligence pour réparation du dommage résultant d'un crime, d'un délit ou d'une contravention commis à leur préjudice et reconnu par les tribunaux de répression, dont le jugement doit être signifié dans la même forme que ci-dessus, n° 2665 (Loi 22 juill. 1867, art. 4).

Elle peut l'être également en vertu d'un jugement civil leur accordant des dommages-intérêts, mais seulement après que la juridiction criminelle a statué, en l'absence de la partie civile, sur la culpabilité du délinquant (*Ibid.*, art. 5. — Cass. 16 juill. 1817 et 18 nov. 1834).

3669. Lorsque la contrainte est exercée dans l'intérêt des particuliers, ceux-ci sont tenus de consigner au préalable, entre les mains du gardien, la somme nécessaire pour les aliments du détenu pendant trente jours au moins, ou plusieurs périodes entières et successives de trente jours (Loi 22 juill. 1867, art. 6).

Cette somme est pour chaque période de 45 francs à Paris, de 40 francs dans les villes de cent mille âmes et de 35 francs dans les autres (*Ibid.*).

3670. Faute de cette consignation, le détenu est mis en liberté par ordonnance du président du tribunal civil sur le vu d'une requête signée par le requérant et par le gardien, ou, si le débiteur ne sait pas signer, certifiée véritable par le gardien seul. Ainsi élargi, le débiteur ne peut plus être incarcéré pour la même dette (Loi 22 juill. 1867, art. 7 et 8).

3671. Si le débiteur est déjà détenu, il peut être recommandé par ceux qui avaient le droit de le faire incarcérer. L'effet de la recommandation est de faire retenir en prison le débiteur qui devait être élargi par suite de sa libération ou de son acquittement (C. pr., 792. — Loi 22 juill. 1867, art. 3).

3672. Les administrations publiques peuvent exercer la contrainte par corps, quand elles le jugent convenable, pour parvenir au recouvrement des condamnations pécuniaires prononcées à leur profit; et le ministère public ne doit, dans aucun cas, s'immiscer dans les mesures prises à cet égard, si ce n'est pour prêter son assistance à leur exécution quand il en est requis, et pour veiller à ce que l'emprisonnement n'excède pas la durée fixée par la loi (Décis. min. 14 janv. 1815, 17 sept. 1816 et 21 mai 1819).

3673. Quand la contrainte par corps est exercée dans l'intérêt de l'État, l'art. 197 du Code d'instruction criminelle charge spécialement le directeur de l'enregistrement et des domaines de faire les poursuites et diligences relatives à cet objet. C'est donc aux agents de cette régie, soit d'office, soit sur la provocation de toute autre administration publique intéressée au recouvrement des restitutions et amendes, à exercer ou à suspendre les effets de la contrainte par corps, selon qu'ils le jugent utile ou convenable. Faute par eux d'avoir fait écrouer ou recommander le débiteur, solvable ou non, on ne peut, sous le prétexte de la vindicte publique, le retenir en prison après qu'il a subi sa peine; et, s'il n'a été condamné à aucune peine corporelle, le ministère public doit s'abstenir de le faire arrêter d'office ou recommander, à moins qu'il n'en soit expressément requis au nom de l'administration poursuivante (Circ. min. 1er août 1812 et 24 fév. 1829).

3674. Ainsi, la contrainte par corps résultant de plein droit du jugement de condamnation, le directeur de l'enregistrement peut requérir l'intervention du ministère public pour l'exercice de cette mesure, à fin de paiement de l'amende et des frais prononcés au profit de l'État, et le magistrat requis doit déférer à cette invitation en donnant, au bas de la réquisition ou de l'extrait du jugement, l'ordre d'emprisonner le condamné (Décis. min. 11 sept. 1819).

Toutefois, il a été recommandé aux receveurs de l'enregistrement de n'employer la contrainte par corps que contre les condamnés dont la solvabilité est notoire, et de se borner à faire rapporter des procès-verbaux de carence contre les insolvables (Circ. min. 17 frim. an XII).

3675. L'initiative de la contrainte par corps contre les délinquants de toute nature, présumés solvables, appartient donc aux receveurs de l'enregistrement. Toutefois, ces préposés ne peuvent prendre aucune mesure tendant à l'incarcération des débiteurs, ni même faire signifier le commandement préalable, sans avoir obtenu de leur directeur une autorisation dont il est fait mention dans la demande d'incarcération adressée au procureur de l'arrondissement (Circ. min. 6 juin 1853).

Quant aux délinquants en matière de forêts et de pêche, ce sont les agents forestiers seuls qui les désignent (*Ibid.*).

3676. En ce qui concerne les individus condamnés pour d'autres causes, et dont l'emprisonnement doit être requis pour assurer la répression des délits et contraventions, la désignation en est faite par le procureur de l'arrondissement d'après les relevés que les directeurs du département lui fournissent tous les trois mois. Ces relevés, dressés par les receveurs en janvier, avril, juillet et octobre de chaque année, comprennent les condamnés dont l'insolvabilité a été constatée pendant le trimestre précédent. On doit avoir soin de ne pas y porter :

1° La femme en même temps que le mari, le père ou la mère en même temps que les enfants ;

2° Les condamnés dont le domicile n'est pas connu, ni les condamnés à une peine corporelle pendant qu'ils la subissent ;

3° Les mineurs âgés de moins de seize ans accomplis à l'époque du fait qui a motivé la poursuite, sauf le cas où ils ont été formellement assujettis à la contrainte par corps par le jugement ou l'arrêt de condamnation ;

4° Les débiteurs de condamnations ne s'élevant pas en totalité à 10 fr., excepté dans les cas de récidive ;

5° Les condamnés qui ont obtenu un sursis, tant qu'il n'est pas expiré (*Ibid.*).

3677. Les autres administrations publiques, notamment l'administration des contributions indirectes, doivent être admises, comme celle de l'enregistrement, à demander au ministère public les réquisitions nécessaires pour l'emprisonnement des condamnés par la voie de la contrainte par corps. Ainsi, alors même que l'administration des contributions indirectes n'est pas partie civile dans les instances qui ont pour objet la répression des fraudes et contraventions aux lois qu'elle est chargée de faire exécuter, et qu'elle ait seule le droit de les poursuivre à l'exclusion du ministère public, qui n'est alors que partie jointe, quoique, d'un autre côté, elle fasse elle-même le recouvrement des condamnations qu'elle a obtenues contre les délinquants, et qu'elle en puisse faire la remise en tout ou en partie, le ministère public n'en est pas moins tenu de déférer à ses réquisitions, tendant à faire arrêter et détenir, par voie de contrainte par corps, les délinquants condamnés sur ses poursuites (Décis. min. 20 juill. 1836).

3678. Dans les cas où la contrainte par corps aurait été régulièrement exercée à la requête d'une administration publique, contre un condamné insolvable, le ministère public doit seulement ordonner sa mise en liberté, et veiller à ce que l'emprisonnement n'excède pas le terme fixé par les art. 53 du Code pénal et 213 du Code forestier; ce qui n'exclut pas la faculté qu'aurait le directeur de l'administration poursuivante d'abréger ce délai, s'il le jugeait convenable, pour l'intérêt de l'État (Circ. min. 1er août 1812 et 24 fév. 1829).

De plus, avant la loi du 17 avril 1832, le ministère public ne pouvait intervenir dans l'exercice de la contrainte par corps prononcée au profit des particuliers, ni même des administrations publiques autres que celle des eaux et forêts (Circ. min. 24 fév. 1829).

3679. La contrainte par corps en matière correctionnelle ou criminelle, pour les dommages-intérêts alloués à la partie civile, peut être mise à exécution, par les agents de la force publique, sans l'intervention d'un huissier ou d'un garde du commerce (Cass. 5 août 1846).

Quant aux autres formalités qui doivent accompagner la contrainte par corps exercée contre les débiteurs de frais judiciaires, il faut consulter les articles 175 et suivants du décret du 18 juin 1811.

3680. Voici les règles particulières pour les délits forestiers :

L'agent forestier chargé de la poursuite des délits dans l'arrondissement dresse, tous les trois mois, un état des individus insolvables contre lesquels il existe des condamnations susceptibles d'exécution. Il communique cet état au ministère public, et, après avoir recueilli son avis, qu'il consigne par écrit dans la colonne d'observations, il signale au conservateur les condamnés les plus audacieux et les plus incorrigibles, en indiquant le nombre de procès-verbaux rédigés contre eux pendant les six mois précédents. Le conservateur adresse au directeur des domaines de leur département l'état des insolvables dont le ministère public a reconnu l'incarcération possible, et le directeur des domaines donne immédiatement aux receveurs les ordres nécessaires pour provoquer leur incarcération (Décis. min. 12 avril 1834, art. 7. — Circ. min. 6 juin 1853).

L'objet de la communication faite par l'agent forestier au ministère public est de connaître la possibilité de la prison, c'est-à-dire le nombre de condamnés forestiers dont on pourrait demander l'incarcération avec certitude de la voir effectuée : car trop souvent le nombre des contraignables excéderait de beaucoup les limites que la population habituelle des maisons d'arrêt et leur insuffisance ne permettent pas de dépasser (Circ. de l'adm. forest. 16 mai 1834).

Ces rapports officieux entre les agents supérieurs de l'administration forestière et les chefs de parquet ne pouvant avoir que des résultats propres à concilier les intérêts de la justice avec ceux de l'État, et à ne faire arrêter que les condamnés dont l'incarcération est tout à la fois nécessaire et possible, les magistrats du ministère public doivent s'empresser de concourir à l'exécution des mesures prescrites (Circ. min. 17 juill. 1834).

3681. Le droit de capture des contraignables est réglé par le décret du 7 avril 1813, et il est dû aux huissiers, gardes champêtres et autres capteurs, comme on le verra au tome III, chapitre des *Frais de justice criminelle*.

En matière forestière, il n'y a que les gendarmes qui aient droit à la taxe fixée par le no 1er de l'art. 6 du même décret.

Du reste, les mémoires des agents qui ont opéré la capture doivent être conformes aux modèles annexés à l'instruction générale du 30 sept. 1826, et ils sont toujours payés par l'administration de l'enregistrement, sauf son recours contre qui de droit (Ord. 3 nov. et circ. min. 7 déc. 1819).

SECTION III. — DURÉE.

SOMMAIRE.

3682. Fixation.	3684. Insolvables.
3683. Sexagénaires.	3685. Décisions diverses.

3682. La durée de cette contrainte dépend du montant total des condamnations pécuniaires, quelle que soit la juridiction qui les ait prononcées (Loi 17 avril 1832, art. 33, 35, 39 et 40).

Elle est réglée selon l'importance de la somme due. En matière de simple police, elle ne peut excéder cinq jours, et doit, dans tous les cas, être fixée par l'arrêt ou le jugement de condamnation (Loi 17 avril 1832, art. 7 et 40. — Loi 22 juill. 1867, art. 9).

Les magistrats, rédacteurs des jugements, doivent donc apporter le plus grand soin à insérer la liquidation des frais dans tout jugement portant condamnation au profit de l'État, et comprendre, dans les frais qui doivent servir de base à la durée de la contrainte, ceux de signification du jugement et ceux de capture, soit pour l'exécution de la peine, soit pour l'exécution de la contrainte elle-même (Décis. min. 2 nov. 1829. — Circ. de l'Admin. de l'Enregist., n° 1299).

3683. Quand le condamné détenu a commencé sa 60ᵉ année, la durée de la contrainte est réduite à la moitié de celle qui a été fixée par le jugement. — Loi 22 juill. 1867, art. 14.

3684. Les condamnés qui justifient de leur insolvabilité dans la forme légale sont mis en liberté après avoir subi la moitié de la durée de la contrainte fixée par le jugement (C. instr., 420. — Loi 22 juill. 1867, art. 10).

Pour le cas où cette division par moitié n'est pas possible, Voy. Dutruc, *Mémorial*, v° *Contrainte par corps*, n° 5.

Le condamné solvable peut prévenir ou faire cesser la contrainte en se conformant aux formalités de l'art. 11 de la loi du 22 fév. 1867.

En matière forestière et de pêche fluviale, si le condamné ne justifie pas de son insolvabilité, la durée de la contrainte doit être fixée par le jugement dans les limites de huit jours à six mois (Loi 22 juill. 1867, art. 18).

3685. En matière criminelle, la durée de la contrainte est indépendante des peines prononcées contre les condamnés : ainsi, on ne peut imputer sur la durée légale de l'emprisonnement, pour le paiement des condamnations pécuniaires, celle de la détention subie à titre de peine (Loi 17 avril 1832, art. 37).

En matière forestière, la durée de la contrainte, quand il y a récidive, est double de ce qu'elle eût été sans cette circonstance, (C. for. 213).

Et les délinquants sont en récidive, quand il a été prononcé contre eux une condamnation forestière dans les douze mois précédents, lors même qu'ils n'auraient pas déjà été soumis à la contrainte par corps, ou qu'elle n'aurait pas été exercée contre eux (*Ibid.*, 200).

En matière de contributions indirectes, la durée de la contrainte doit être réglée d'après l'art. 40 de la loi du 17 avril 1832 (Loi 12 fév. 1835, art. 5. — Cass. 15 mai 1835).

Enfin, en matière répressive, plusieurs condamnations à la contrainte par corps ne peuvent pas être simultanément subies, et le débiteur ne peut être élargi qu'après l'expiration du délai fixé par chaque jugement (Cass. 30 juin 1851).

Du reste, les lois spéciales sur ces matières doivent continuer à être observées en tout ce qui n'est pas contraire à la loi actuelle sur la contrainte par corps (L. 22 juill. 1867, art. 18).

SECTION. IV. — ÉLARGISSEMENT.

SOMMAIRE.

3686. Quand la durée de la contrainte n'est déterminée ni par le jugement, ni par la loi, le condamné peut demander son élargissement au tribunal civil du lieu où il est détenu (Paris, 14 janv. 1834).

Il présente, à cet effet, au tribunal une requête, qui est communiquée au ministère public ; et la demande est jugée à l'audience, sur les conclusions du magistrat du parquet, sans instruction et par préférence à toutes autres causes (Cod. pr., 805).

Dans tout autre cas, la demande d'élargissement est adressée au ministère public lui-même.

3687. Ainsi, quand la durée de la détention a été fixée par le jugement, la mise en liberté du condamné a lieu de plein droit, après l'expiration du délai fixé, et sans qu'il soit tenu de justifier de son insolvabilité.

Dans ce cas, le ministère public, soit d'office, soit sur la réclamation verbale ou écrite du détenu, donne au geôlier un ordre d'élargissement, sans autre procédure ni formalité (Ortolan, II, 240). — Voyez à l'Appendice.

3688. Si le condamné est insolvable, il présente au ministère public une requête, qui n'est soumise à aucune forme spéciale, mais qui doit être accompagnée des pièces justificatives de l'indigence du réclamant (Ord. 1er août 1827, art. 191).

Sur le vu de ces pièces, quand elles sont en bonne forme, le ministère public ordonne, d'office, l'élargissement des condamnés

insolvables, aussitôt que la contrainte a eu la durée fixée. —
Voyez à l'Appendice.

3689. La contrainte par corps, qui a cessé par suite d'insolvabilité dûment constatée, peut être reprise, mais une seule fois
et uniquement pour les restitutions, dommages-intérêts et frais,
s'il est jugé par les tribunaux civils, contradictoirement avec le
condamné, qu'il lui est survenu des moyens de payer (Loi 17 avril
1832, art. 36).

En d'autres termes, la première détention du condamné élargi
pour insolvabilité ne l'affranchit que de l'amende; et la seconde,
quand elle a eu la durée légale, l'affranchit aussi de la contrainte
par corps, mais non pas des frais, s'il est devenu solvable (Cass.
11 mars 1812).

3690. Le ministère public pourvoit de même à l'élargissement
des condamnés qui ont acquitté le montant de leur condamnation,
aussitôt qu'ils en justifient par une quittance valable (C. for. 212.
— Loi 17 avril 1832, art. 34). — Appendice.

En cas d'amnistie survenue depuis l'incarcération, c'est encore
au ministère public à faire mettre immédiatement en liberté les
délinquants amnistiés.

3691. Quand la détention a eu lieu en matière forestière, ou
à la requête et dans l'intérêt d'une administration publique, le ministère public est tenu de donner avis de l'élargissement, dans
tous les cas, au directeur ou au receveur des domaines qui a provoqué la contrainte (Ord. 1er août 1827, art. 191.).

Si, dans ce dernier cas, il survient une transaction entre l'administration poursuivante et le condamné, celui-ci est mis immédiatement en liberté, par ordre du ministère public, sur l'avis officiel
qui lui est donné de l'existence de la transaction. — Voyez à l'Appendice.

3692. Les procureurs d'arrondissement ont été souvent invités, notamment par une circulaire du 8 mai 1829, à faire connaître
au ministre de la justice le nombre des délinquants forestiers contre
lesquels la contrainte par corps a été décernée chaque année dans
leur arrondissement. Aujourd'hui, ils doivent indiquer ce nombre
dans les renseignements divers du compte annuel de l'administration de la justice criminelle, dont il sera parlé au chapitre des
Travaux statistiques.

3693. Quand une épidémie ou une maladie contagieuse éclate
dans une contrée ou dans une prison, les délinquants détenus en
vertu de contrainte par corps, pour condamnations pécuniaires
prononcées notamment au profit du Trésor ou d'une administra-

tion publique, peuvent être provisoirement élargis pendant la durée du fléau, sauf à reprendre ultérieurement l'exercice de cette contrainte, s'il y a lieu.

En pareil cas, le ministère public a à se concerter avec l'autorité administrative pour les faire sortir immédiatement de prison, si la nécessité en est reconnue dans l'intérêt de la santé publique, et à prévenir les chefs des administrations financières qui sont sur les lieux, des mesures de ce genre qu'on a été dans la nécessité d'adopter (Circ. min. 3 mai 1832).

CHAPITRE IV. — IMPRESSION DES JUGEMENTS.

3694. Les tribunaux peuvent, suivant les circonstances, ordonner l'impression et l'affiche de leurs jugements à tel nombre d'exemplaires qu'ils jugent convenable (Pr. civ. 1036).

Ce principe, écrit dans la loi civile, est également applicable en matière criminelle; seulement, au lieu d'être subordonnée aux circonstances et laissée à l'appréciation du juge, il faut que cette mesure soit formellement prescrite par la loi.

3695. Toutefois, si les tribunaux de répression sont requis, par la partie lésée, d'ordonner cette publication comme réparation civile, ils peuvent la prononcer (Cass. 7 prair. an VIII, 26 pluv., 8 prair. an XII, et 26 vend. an XIII). — V. Dutruc, *Mémor. du minist. publ.*, v° *Trib. correct.*, n. 15 et 16.

Cette disposition constitue une peine qu'on ne peut ni modifier, ni étendre, et on ne peut publier que le nombre d'exemplaires déterminé par l'arrêt ou le jugement.

3696. Les frais de cette condamnation sont à la charge de la partie qui succombe, et elle est exécutée à la diligence du ministère public, quand il est partie principale.

Il donne, à cet effet, un réquisitoire écrit à l'imprimeur, qui le joint à son mémoire, comme pièce justificative, aussi bien qu'un exemplaire imprimé dont il doit remettre une épreuve au parquet.

Quant à l'affiche, lorsqu'elle incombe à la partie publique, elle a lieu par les soins de l'autorité municipale, à qui le ministère public adresse les exemplaires en placard.

3697. On a décidé autrefois que le ministre de la justice avait le droit d'ordonner l'impression et l'affiche des jugements en matière criminelle, et l'on se fondait sur l'art. 104, n° 5, du décret du 18 juin 1811 (Décis. min. 2 fév. 1820).

Nous croyons que c'est là une erreur, d'abord parce qu'il ne saurait appartenir au ministre d'aggraver une décision judiciaire, si ce n'est en matière de discipline; et ensuite, parce que l'article précité du décret de 1811 ne parle pas de jugements, mais d'actes, c'est-à-dire de procès-verbaux, rapports et autres documents, dont la publication serait jugée nécessaire.

3698. Les arrêts criminels qui condamnent à des peines afflictives ou infamantes sont imprimés par extrait, et affichés dans la ville centrale ou chef-lieu du département, dans celle où l'arrêt a été rendu, dans la commune où le crime a été commis, dans celle où se fait l'exécution, et dans celle du domicile du condamné (C. pén. 36).

A cet effet, le ministère public près la Cour qui a rendu l'arrêt en envoie un extrait imprimé en forme de placard au procureur de l'arrondissement où il doit être affiché, et celui-ci le transmet au maire de chacune des communes désignées; lequel donne les ordres convenables pour que cet extrait soit affiché conformément à la loi. Les frais de ces affiches sont à la charge des communes (Arrêté 27 brum. an VI, art. 9 et 10. — Décr. 18 juin 1811, art. 3, n° 3, et art. 104 et suiv. — Instr. gén. 30 sept. 1826, n° XCVIII. — Loi 18 juill. 1837, art. 30, in fine).

3699. Après avoir ainsi exposé les attributions générales du ministère public en matière criminelle, nous allons rappeler, dans le titre suivant, les obligations spéciales qu'il a à remplir dans diverses affaires que nous rangerons par ordre alphabétique, et nous compléterons ainsi ce que nous avions à dire de son action incessante devant les tribunaux de répression. Nous terminerons enfin par les règles de l'administration des parquets, que nous exposerons avec tous les détails que cette matière nous paraît exiger.

TITRE NEUVIÈME.

Affaires diverses.

CHAPITRE PREMIER. — ADULTÈRE.

SOMMAIRE.

3700. L'adultère est la violation de la fidélité conjugale par l'un ou l'autre des époux, et s'entend des relations criminelles de l'un d'eux avec une personne d'un sexe différent.

C'est un délit privé plus encore qu'un délit public, quoiqu'il porte gravement atteinte aux bonnes mœurs; aussi, comme nous l'avons dit au tome 1ᵉʳ, nᵒ 2067, le ministère public n'a pas l'initiative des poursuites en cette matière, encore bien que la connivence de l'époux outragé puisse quelquefois ajouter au scandale.

Car la loi n'a pas voulu que, lorsque celui-ci ne se plaignait pas, la partie publique pût venir jeter un regard indiscret jusque dans le lit conjugal, pour traîner ensuite au grand jour de l'audience les désordres cachés de la vie intime, et porter l'irritation et la honte au sein des familles, quand les parties intéressées pouvaient ignorer la faute, ou préféraient garder un douloureux silence. C'est la paix du ménage, c'est l'inviolabilité du foyer domestique qu'elle a voulu surtout protéger. Mais si l'époux, blessé dans son honneur et dans ses affections les plus chères, s'émeut d'une juste susceptibilité et demande justice contre les coupables, la partie publique accourt pour lui donner son appui, prête qu'elle est à se retirer et à se taire, si le repentir d'un côté et le pardon de l'autre jettent un voile sur le passé.

3701. Ainsi, les procès-verbaux de plainte, de dénonciation ou de flagrant délit, ne peuvent être rédigés par les officiers de police judiciaire que sur la réquisition de l'époux offensé, et l'action du ministère public demeure subordonnée à la plainte du mari ou de la femme (C. pén. 336 et 339).

Tant que cette plainte ne lui est point parvenue, il reste dans l'impossibilité d'agir, même en présence de la clameur publique ou de procès-verbaux constatant ou faisant présumer le délit. Mais dès que l'un des conjoints lui a dénoncé l'adultère de l'autre, le ministère public est autorisé à poursuivre la répression du délit, sans le concours personnel du plaignant dans l'instance (Cass. 22 août 1816 et 30 mars 1832).

Et, tant qu'il n'y a pas eu réconciliation ou désistement de la plainte, il peut interjeter appel et se pourvoir en cassation contre le jugement, sans l'intervention du plaignant, car il demeure seul maître de l'action publique (Cass. 26 juill. 1828 et 31 août 1855. — Dutruc, *Mémor. du Minist. publ.*, vo *Adultère*, n. 3 et 4).

3702. L'adultère de la femme ne peut donc être dénoncé que par le mari, qui est même privé de ce droit quand il a été convaincu d'adultère sur la plainte de sa femme (C. pén. 336).

De même qu'il a seul le droit de provoquer les poursuites, de même il a seul le droit de les arrêter et de les anéantir (Cass. 7 août 1823).

Il peut aussi suivre l'instance jusqu'au jugement définitif, et appeler *à minimâ*, lors même que le ministère public n'appelle pas (Cass. 3 sept. 1831. — V. toutefois en sens contraire, Dutruc, *loc. cit.*, n. 4 et suiv., ainsi que les autorités citées).

3703. Il n'est pas nécessaire, du reste, que le mari se porte partie civile, il suffit qu'il ait porté plainte pour que la partie publique agisse. Il suffit aussi que l'action publique soit exercée de son consentement, pour qu'il soit en quelque sorte partie au procès, sans qu'il soit besoin de son assistance dans la poursuite; et même, cette action, une fois introduite, ne peut plus être suspendue par une instance au civil, soit en séparation de corps, soit en désaveu de paternité (Cass. 22 août 1816.—Merlin, *Rép.*, vo *Adultère*, 1, 158).

Mais, lorsque le mari retire sa plainte, l'action du ministère public cesse d'avoir un caractère légal, et doit s'arrêter paralysée (Cass. 7 août 1823).

Au surplus, la femme poursuivie pour adultère est valablement assignée par le ministère public au domicile de son mari, quoiqu'elle l'ait quitté, si elle l'a fait sans autorisation (Cass. 13 mai 1813).

3704. Le mari qui a entretenu une concubine dans la maison conjugale, et qui a été convaincu d'adultère sur la plainte de sa femme, n'est frappé que d'une amende correctionnelle, tandis que la femme et son complice sont punis de l'emprisonnement (C. pén. 339).

Le législateur s'est montré, avec raison, plus sévère pour l'adultère de la femme que pour celui du mari, par la double considération que la femme est plus coupable d'avoir oublié les lois de la pudeur, si particulièrement commandées à son sexe, et que sa faute peut imposer au mari des enfants qui ne seraient pas les siens.

3705. La maison conjugale est celle du mari, même lorsque la femme n'y réside pas. Ainsi, l'habitation de la femme hors du domicile du mari, pendant l'instance en séparation de corps, n'enlève pas à ce domicile le caractère de domicile conjugal; et le mari qui y a entretenu une concubine, pendant ce temps, ne peut opposer comme excuse l'adultère de sa femme, ni obtenir un sursis à l'exercice de l'action publique, sous prétexte de la litispendance en séparation de corps (Rennes, 20 janv. 1851.— Dutruc, n. 32, et autres autorités citées).

Mais il faut que la concubine habite réellement la maison conjugale. Sans cette condition essentielle, l'adultère du mari ne pourrait donner lieu à aucune poursuite; autrement les recherches de la justice dégénéreraient souvent en inquisition (*Disc. de l'orat. du Gouv.*, 7 fév. 1810).

Quand cette preuve est faite contre lui, la concubine doit être punie comme complice de l'adultère (Cass. 16 nov. 1855; Dutruc, n. 73 et suiv.).

3706. Il doit en être de même de tous ceux qui ont favorisé l'adultère, soit de la femme, soit du mari, ou qui en sont devenus complices par un des moyens généraux énoncés en l'art. 60 du Code pénal (*Ibid.*).

Du reste, la plainte du conjoint outragé est également nécessaire pour que le ministère public puisse poursuivre le complice de l'adultère; mais celui-ci ne peut pas être poursuivi seul. Le pardon accordé à l'auteur principal le couvre aussi lui-même, et le dérobe à toute poursuite et à toute peine (Cass. 28 juin et 1839).

Le complice de la femme ne serait pas désigné dans la plainte du mari, que le ministère n'en aurait pas moins le droit de le comprendre dans les poursuites (Cass. 17 janv. 1829).

3707. Mais il faut que la plainte en adultère soit formelle et directe contre la femme. Elle ne pourrait, en ce qui regarde le complice, s'induire indirectement d'un autre acte prétendu équivalent, par exemple, d'une action civile en séparation de corps pour cause d'adultère, quoique cette opinion soit controversée (Cass. 16 juin 1842; Dutruc, n. 2).

Il en est autrement quant à la femme : une pareille demande, quoiqu'elle ne contienne qu'implicitement une plainte en adultère, suffit pour mettre en mouvement l'action du ministère public.

Il suffit aussi de l'appel du mari seul, pour mettre le ministère public et la Cour en état de requérir et de prononcer les peines de l'adultère contre la femme et son complice (Cass. 3 mai 1850).

3708. Le mari peut encore dénoncer l'adultère de sa femme, même quand il est commis après que la séparation de corps a été prononcée entre eux (Cass. 27 avril 1838 et 13 janv. 1842.—Dutruc, n. 30).

Et, en cas d'absence, il peut donner, à cet effet, un mandat valable à un tiers, sans qu'il soit besoin que les faits d'adultère soient préalablement constatés et spécifiés dans la procuration (Cass. 23 nov. 1855.—Dutruc, n. 2).

La demande en séparation de corps formée par le mari contre sa femme, pour cause d'adultère, ne le rend pas non recevable à porter plainte contre sa femme et son complice devant la juridiction correctionnelle (Cass. 22 juin 1850).

Mais le mari qui a entretenu une concubine dans le domicile conjugal est non recevable à dénoncer l'adultère de sa femme (C. pén. 339).

Du reste, il ne peut puiser dans l'adultère de celle-ci une fin de non-recevoir contre l'action dont il serait lui-même l'objet (Cass. 9 mai 1821 et 28 fév. 1850. — Dutruc, n. 71 et 72).

De son côté, la femme poursuivie pour adultère ne peut pas opposer, comme exception à l'action du mari, le jugement qui prononce la séparation de corps, sur sa demande, pour des causes autres que l'entretien par le mari d'une concubine dans le domicile conjugal (Cass. 7 avril 1849).

3709. Ce sont les tribunaux correctionnels qui sont compétents pour juger le délit d'adultère. Toutefois, les tribunaux civils qui prononcent une séparation de corps contre une femme, pour cause d'adultère, doivent la condamner, sur la réquisition du ministère public, à la reclusion dans une maison de correction pendant trois mois au moins et deux ans au plus, comme il a été dit au tome 1ᵉʳ, n. 1639 (C. civ. 308).

Malgré la nature de cette peine et la juridiction qui la prononce, elle n'en reste pas moins une peine correctionnelle, dont l'application ne permet plus de poursuivre la femme devant les tribunaux de répression, et qui, en cas d'un nouveau délit d'adultère, la rend passible des peines de la récidive légale (Caen, 13 janv. 1842. —Dutruc, *Mémor.*, vᵒ *Séparat. de corps*, n. 11).

3710. Le mari peut aussi diriger contre le complice une action en dommages-intérêts, soit devant les tribunaux civils, soit devant les tribunaux correctionnels ; et l'appréciation du dommage est entièrement abandonnée au pouvoir discrétionnaire des juges, qui doivent veiller à ce que l'exercice d'un pareil droit ne devienne pas la source d'une spéculation scandaleuse (Cass. 5 juin 1829 et 22 sept. 1837).

3711. A l'égard des époux, le délit d'adultère se prouve judiciairement comme tous les autres délits, par la preuve testimoniale ou par procès-verbal (Cass. 13 mai 1813, 12 janv. 1843 et 27 avril 1849).

A l'égard du complice de la femme, la loi n'admet d'autre preuve que le flagrant délit, ou des lettres ou autres pièces écrites de sa main (C. pén. 338).

Il suffirait même d'un aveu consigné dans un interrogatoire revêtu de sa signature (Cass. 13 déc. 1851).

3712. Il n'est pas, non plus, nécessaire que le délit soit flagrant dans le sens de l'art. 41 du Code d'instruction criminelle, c'est-à-dire qu'il soit constaté au moment où il se commet ou vient de se commettre ; la preuve peut en être faite par témoins, même à une époque éloignée du moment où il a été commis (Cass. 22 sept. 1837 et 6 mai 1853).

Et la preuve du flagrant délit dépend elle-même des circonstances au milieu desquelles les coupables ont été surpris (Cass. 25 sept. 1847).

Du reste, un jugement de condamnation qui énonce qu'un individu s'est rendu coupable ou complice du délit d'adultère, et que le flagrant délit s'est répété plusieurs fois, contient une énonciation suffisante des faits reconnus à la charge du prévenu (Cass. 5 juin 1829).

Car la constatation des faits caractéristiques du flagrant délit d'adultère est souveraine de la part des juges, et échappe à la censure de la Cour de cassation (Cass. 27 avril 1856.—Dutruc, *Mém.*, v° *Adultère*, n° 51.

3713. L'action publique engagée sur la plainte du conjoint offensé s'éteint, même à l'égard du complice, par le décès ou l'interdiction du plaignant (Cass. 27 sept. 1839, 29 août 1840 et 8 mars 1850) ;

Ou par son désistement formel (Cass. 7 août 1823) ;

Ou par une réconciliation survenue entre les époux (Cass. 17 août 1827 et 9 août 1839) ;

Ou par une transaction à prix d'argent, même avec le complice (De Vatimesnil, *Encycl. du Droit*, v° *Adultère*, n° 17).

3714. Cependant le désistement ou la réconciliation ne produisent plus d'effet à l'égard du complice, s'ils ne surviennent qu'après la condamnation prononcée (Cass. 17 janv. 1829);

Et ils ne profitent plus ni à la femme, ni à son complice, si, depuis l'époque de la réconciliation, le commerce adultérin a continué entre eux (Cass. 19 juill. 1850).

Mais le décès de la femme avant tout jugement définitif sur la plainte de son mari éteint l'action même à l'égard du complice (Cass. 8 juin 1872. — Dutruc, *loc. cit.*, n. 22).

D'un autre côté, la rétractation ultérieure du désistement ne peut faire revivre l'action du ministère public une fois éteinte (Bordeaux, 2 août 1850).—Sur les effets du désistement, V. Dutruc, n. 13 et suiv.

3715. Le mari peut néanmoins arrêter l'effet de la condamnation civile ou correctionnelle prononcée contre sa femme, en consentant à la reprendre (C. pén. 337, § 2).

Et le ministère public du lieu où elle est détenue doit, sur la demande du mari, ordonner la mise en liberté de la condamnée, et faire radier son écrou, sans autre procédure ni formalité; après quoi, l'exécution du jugement ne peut plus être reprise. Ce bénéfice ne profite pas, du reste, au complice de la femme adultère, qui doit subir sa peine, sans que le mari puisse, ni directement, ni indirectement, en paralyser l'exécution (Cass. 17 août 1827 et 17 janv. 1829).

Le pardon du mari envers sa femme n'éteint même pas l'action publique à l'égard du complice qui a interjeté appel (Cass. 29 avril 1854).

3716. La mort du mari, survenue pendant les poursuites, empêche toute condamnation, mais elle n'en paralyse pas les effets, si elle a déjà été prononcée (Cass. 17 juin 1813). — V. Dutruc, n. 23 et suiv.

Enfin, le décès du mari, survenu après la déclaration du pourvoi fait par la femme contre l'arrêt qui la condamne comme adultère, n'a pas non plus pour résultat d'arrêter l'effet de cette condamnation (Cass. 25 août 1848).

3717. L'action pour adultère se prescrit par trois ans, comme toutes les actions correctionnelles; et, comme ce n'est pas là un délit successif et qu'il se compose d'actes isolés et distincts, chacun de ces actes est susceptible d'être couvert par une prescription particulière et indépendante de celle des autres (Cass. 31 août 1855).

Remarquons, en terminant, que la séparation de corps ou de biens, qui peut être une suite de la condamnation pour adultère, n'en est pas un effet immédiat, et que, pour la faire prononcer, il faut en porter la demande devant les tribunaux civils compétents, comme il a été dit au tome 1er, nos 1630 et suivants.

CHAPITRE II. — AFFICHES.

SOMMAIRE.

3718. Un droit de timbre sur les affiches manuscrites ou imprimées a été établi par la loi du 9 vendémiaire an VI, art. 56, et maintenu par celle du 28 avril 1816, qui a édicté contre les contrevenants une amende réduite à vingt francs par la loi du 16 juin 1824.

Ce droit a été fixé par l'article 4 de la loi des finances du 18 juillet 1866. Et il a été créé à cet effet des timbres mobiles par le décret du 21 décembre 1872.

3719. Les affiches peintes ou inscrites sur les murs sont soumises à un droit d'affichage, avec amende et emprisonnement contre les contrevenants (Loi fin. 8 juill. 1852, art. 30).

Les infractions à ces dispositions peuvent être constatées tant par les préposés des domaines que par les officiers de police judiciaire et par les agents de la force publique, et la répression doit en être poursuivie d'office par le ministère public (Décr. 25 août 1852, art. 5. — Circ. min. 6 avril 1859).

3720. Ces précautions s'expliquent par la nécessité de préserver les mœurs publiques d'exhibitions scandaleuses ou préjudiciables à l'honneur ou à la délicatesse des individus ou d'une classe de citoyens.

3721. Les devoirs du ministère public en cette matière consistent à faire compléter les renseignements contenus dans les procès-verbaux, s'ils lui paraissaient insuffisants, et à traduire les délinquants en police correctionnelle pour leur faire appliquer les peines de la loi.

CHAPITRE III. — AGENTS DE CHANGE ET COURTIERS DE COMMERCE.

SOMMAIRE.

3722. Les fonctions d'agent de change et de courtier de commerce consistent principalement à servir d'intermédiaire entre les négociants, pour faciliter leurs opérations de change ou de commerce (Loi 28 vent. an IX, art. 7).

Ils diffèrent entre eux en ce que les agents de change agissent toujours en leur nom personnel dans les opérations commerciales auxquelles ils prennent part, tandis que les courtiers n'agissent qu'au nom des commerçants qui les emploient.

3723. Mais les uns et les autres sont officiers publics et réputés commerçants, quoiqu'ils ne puissent faire aucun acte de commerce pour leur compte personnel, sous peine de destitution (C. comm. 85 et 87).

Ils donnent donc, d'une part, l'authenticité à leurs actes, et, de l'autre, ils peuvent être déclarés en faillite, et sont justiciables du tribunal de commerce (Arrêté 29 germ. an IX, art. 16.—C. comm., 74, 79 et 84).

Loin d'être incompatibles, leurs fonctions peuvent s'exercer simultanément, quand l'acte qui les nomme ou un acte postérieur autorise ce cumul, ou dans les lieux où il ne se trouve qu'une espèce de ces agents intermédiaires (C. comm., 81).

3724. Il leur est interdit d'avoir, soit en France, dans une autre place, soit à l'étranger, des délégués pour les représenter et leur transmettre directement des ordres (Loi 1er oct. 1862, art. 7).

Quand ils en sont requis par les parties, ils sont tenus de délivrer un récépissé des sommes déposées entre leurs mains (*Ibid.*, art. 6).

3725. En principe, ces deux classes d'officiers publics sont instituées dans toutes les villes qui ont une bourse de commerce;

mais il peut en être également établi dans celles qui n'en ont pas (C. comm., 75).

Ils sont nommés par le chef de l'Etat, et placés dans les attributions du ministre du commerce (*Ibid.*).

A Paris, la compagnie des agents de change est sous la surveillance du ministre des finances (Ord. 29 mai 1826, art. 1).

3726. Leurs charges sont vénales, c'est-à-dire qu'ils ont le droit de présenter, moyennant finance, un successeur à l'agrément du Gouvernement ; mais le ministère public n'a pas à intervenir dans la transmission de ces offices (Loi 28 avril 1816, art. 91).

Pour le mode de transmission et les conditions de la nomination de leurs successeurs, il faut consulter la loi du 1er octobre 1862.

Les tribunaux de commerce sont appelés à donner leur avis motivé sur le choix des candidats, qui prêtent serment devant eux après leur nomination (Ord. 3 juill. 1816).

Ils sont obligés de fournir un cautionnement et de prendre patente (Loi 28 avril 1816, art. 30. — Ord. 9 janv. 1818. — Loi 7 mai 1844, état B).

3727. Leur nombre est fixé, dans chaque ville, par le Gouvernement, qui peut l'accroître ou le diminuer, selon les besoins du commerce (Arg. Loi 28 vent. an ix, art. 1).

Les noms et demeures des courtiers de commerce doivent être inscrits sur un tableau placé dans un lieu apparent, au tribunal de commerce ou à la bourse (Arr. 29 germ. an ix, art. 10).

On trouvera au *Répertoire du Journal du Palais*, vis *Agents de change*, no 33, et *Courtiers*, no 23, la date de leur institution, dans chaque ville, par ordre alphabétique.

3728. Voici, au surplus, en quoi consistent, à leur égard, les devoirs du ministère public, qui est tenu de veiller à l'exécution des prescriptions suivantes :

Tout agent de change ou courtier de commerce démissionnaire est tenu de donner avis, par écrit, de sa démission au président du tribunal de commerce de sa résidence, ou du tribunal civil qui en remplit les fonctions. Cette déclaration est publiée dans la salle d'audience, où elle demeure affichée pendant dix jours, après lesquels, s'il n'est survenu aucune opposition ou réclamation, il lui en est délivré, par le greffier, un certificat, pour être produit à la caisse d'amortissement à l'appui de sa demande en remboursement de son cautionnement (Cir. min. 28 prair. an x).

3729. D'un autre côté, les greffiers ne doivent recevoir leur déclaration de cessation de fonctions que sur la production d'un certificat constatant que leur successeur a prêté serment, ou qu'ils ont donné leur démission pure et simple (Circ. min. 5 déc. 1845).

Et ils ne doivent enregistrer la commission de leur successeur que sur le vu du récépissé de leur cautionnement (Circ. min. 17 août 1848).

3730. En cas de faillite d'un agent de change ou d'un courtier de commerce, le ministère public, sans attendre la plainte ou la dénonciation des parties intéressées, doit agir d'office suivant toute la rigueur des lois, et poursuivre le failli comme banqueroutier, car ces sortes de faillites présentent toujours un caractère frauduleux (Circ. min. 7 fruct. an xiii).

Les agents de change et les courtiers qui ont fait faillite, même sans qu'ils soient en état de banqueroute simple, sont punis des travaux forcés à temps, et ceux qui sont convaincus de banqueroute frauduleuse sont condamnés aux travaux forcés à perpétuité (C. pén. 404).

Et ils sont punissables, non pas seulement comme coupables d'abus de confiance, mais comme banqueroutiers frauduleux, quand ils ont détourné des sommes qui leur avaient été confiées à raison de leur qualité et pour en faire un emploi déterminé (Cass. 9 juin 1832).

3731. Tous ceux qui s'immiscent, sans autorisation, dans les fonctions d'agent de change ou de courtier de commerce doivent être poursuivis d'office par le ministère public, même en l'absence de tout procès-verbal ou dénonciation préalable des syndics et adjoints de ces compagnies, ou des maires et officiers de police judiciaire. Quand il n'y a pas de procès-verbal constatant les contraventions, les tribunaux ne doivent pas, pour cela, rejeter sans examen les déclarations des témoins, et ils ne peuvent se dispenser d'appliquer aux contrevenants les peines de la loi (Arr. 27 prair. an x. — Avis Cons. d'Etat, 17 mai 1809. — Circ. min. 14 juill. 1809. — Dutruc, *Mémor. du minist. publ.*, vᵒ *Agent de change*) (1).

3732. Tout agent de change qui se prête à une négociation d'actions, interdite par le décret de concession d'un chemin de fer, est passible d'une amende de 500 à 3,000 fr. (Loi 15 juill. 1845, art. 13, § 2. — Loi 10 juin 1853).

3733. Un agent de change ou courtier ne peut, dans aucun cas et sous aucun prétexte, faire des opérations de commerce ou de banque pour son propre compte; ni s'intéresser, soit directe-

---

(1) Pour la distinction de l'immixtion licite et de celle qui ne l'est pas, on peut consulter un arrêt de la Cour de cassation du 13 janvier 1855. — V. aussi Dutruc, *Dictionnaire du contentieux commerc. et industr.*, vᵒ *Agent de change*, n. 22 et suiv.

ment, soit indirectement, sous son nom ou sous un nom interposé, dans aucune action commerciale; ni recevoir ou payer pour le compte de son commettant; ni se rendre garant de l'exécution des marchés dans lesquels il s'entremet (C. comm. 85 et 86).

Toute contravention à ces défenses entraîne la destitution et une amende qui ne peut être au-dessous de 3,000 fr., sans préjudice des dommages-intérêts envers la partie lésée (C. comm. 87).

C'est au tribunal correctionnel qu'il appartient d'appliquer l'une et l'autre de ces peines (Cass. 27 juin 1851 et 26 janv. 1853).

3734. Il est défendu, sous peine d'amende, à tous individus autres que ceux qui sont nommés, à cet effet, par le Gouvernement, d'exercer les fonctions d'agent de change ou de courtier. Cette amende, qui est du sixième au douzième du cautionnement de la place, est prononcée correctionnellement par le tribunal de première instance, payable par corps, et applicable aux enfants trouvés (Loi 28 vent. an IX, art. 8).

Il est aussi défendu à tout banquier, négociant ou marchand, de confier des négociations, ventes ou achats, et de payer des droits de commission ou de courtage, à d'autres qu'aux agents de change et aux courtiers (Arrêté 27 prair. an x, art. 6).

Dans ces circonstances, l'action du ministère public doit être portée devant les tribunaux civils, et non pas devant les tribunaux de police correctionnelle.

3735. Il y a courtage illicite dans toute entremise, entre marchands, ayant pour but la négociation ou la consommation d'un marché, soit entre marchands du lieu de la résidence du courtier, soit entre ceux-ci et des marchands ou producteurs du dehors (Cass. 30 avril 1853).

De plus, un courtier de commerce, commissionné pour une localité, se rend coupable de courtage illicite, quand il exerce dans un autre lieu pour lequel des courtiers de commerce sont spécialement établis (Cass. 31 juill. 1847 et 12 fév. 1848).

3736. Les syndics des agents de change et des courtiers et leurs adjoints, ainsi que les maires et les officiers de police, sont spécialement chargés de veiller à l'exécution des lois et règlements en cette matière, et de dénoncer les contrevenants aux tribunaux; mais cela n'empêche pas que les poursuites ne puissent aussi être exercées d'office par le ministère public, même sans procès-verbaux ni dénonciation préalable de la part des syndics et adjoints, comme nous venons de le dire ci-dessus au n° 3731.

3737. La difficulté de surprendre les contrevenants en flagrant délit, ou d'administrer des preuves matérielles de leurs opérations illicites, ne doit pas être pour eux un motif d'impunité. A défaut de procès-verbaux ou autres pièces qui peuvent servir à constater les contraventions de ce genre, les tribunaux ne doivent pas rejeter, sans examen, les autres preuves qui peuvent résulter, tant des déclarations des témoins que des aveux des préve-nus ; et, lorsque la contravention est évidente et suffisamment éta-blie par l'instruction, ils ne peuvent pas, sous de vains pré-textes, se dispenser de faire une juste application des peines encourues. L'intérêt général du commerce doit l'emporter sur l'intérêt particulier. Il faut que les tribunaux assurent aux agents de change et aux courtiers l'exercice exclusif de leurs fonctions ; et le ministère public doit veiller à ce qu'il ne soit porté impuné-ment aucune atteinte à leurs droits, et poursuivre selon toute la rigueur des lois, même d'office, toutes les contraventions de ce genre qui parviennent à sa connaissance (Circ. min. 14 juill. 1809).

CHAPITRE IV. — ANIMAUX DOMESTIQUES.

SOMMAIRE.

3738. On appelle ainsi les animaux qui vivent, s'élèvent, sont nourris et se reproduisent sous le toit de l'homme (Cass. 14 mars 1861. — Dutruc, *Mémor. du Minist. publ.*, v° *Animaux*, n. 2 et suiv.).

3739. Celui qui tue, sans nécessité, un de ces animaux sur le terrain de son maître, propriétaire ou fermier, est passible d'em-prisonnement et d'amende (C. pén. 454, 455).

Et du maximum des peines édictées, s'il y a eu bris de clôtures (*Ibid.*).

Quel que soit le moyen de destruction employé, le délit est le même, s'il a été accompagné des trois circonstances prévues par la loi (Cass. 17 août 1822).

Cependant la destruction des pigeons et des volailles est permise sur les terrains ensemencés, et pendant le temps où les règlements municipaux obligent à les tenir enfermés.

3740. Celui qui exerce publiquement et abusivement des

mauvais traitements sur des animaux domestiques, même lui appartenant, et dans quelque lieu que ce soit, est puni d'une amende et d'un emprisonnement qui cesse d'être facultatif en cas de récidive (Loi 2 juillet 1850).

3741. Le ministère public est tenu de poursuivre, d'office, en police correctionnelle, les agents de ces divers délits sur le vu des plaintes et des procès-verbaux réguliers qui lui sont remis, et doit prêter son concours le plus énergique à l'autorité administrative pour leur répression (Circ. min. 13 déc. 1859).

CHAPITRE V. — ARMES.

3742. Des lois de police réglementent la fabrication, la distribution et la détention des armes de guerre et des armes prohibées. D'une manière générale, les armes de guerre sont celles qui servent ou qui ont servi à armer les troupes françaises ou étrangères (Loi 14 juill. 1860, art. 2).

Parmi les armes de guerre, il faut comprendre notamment les fusils de calibre, les pistolets d'arçon et les baïonnettes, les sabres et les épées de combat. La fabrication et les conditions de la fabrication et de la vente des armes de guerre sont déterminées par la loi du 14 juillet 1860, qui édicte, dans ses articles 12 à 17, des peines correctionnelles contre les contrevenants.

3743. Parmi les armes prohibées se rangent les pistolets de poche et les revolvers, à moins qu'ils ne soient destinés pour l'exportation, les fusils et pistolets à vent, les cannes à épée, les poignards ou stylets, et, en général, toutes les armes cachées ou non apparentes (Ordonn. 21 mai 1784 et 23 févr. 1837. — Décr. 2 niv. an xiv. — Décr. 26 août 1865). — V. Dutruc, *Mémor.*, v° *Arme prohibée*, n. 1.

3744. Tout fabricant, débitant, distributeur ou porteur d'armes est punissable de peines correctionnelles (Loi 24 mai 1834, art. 1).

Il en est de même de ceux qui, sans autorisation légale, fabriquent, débitent ou distribuent de la poudre de guerre ou de chasse, ou qui sont trouvés détenteurs d'une quantité quelconque de poudre de guerre, ou de plus de deux kilogrammes de toute autre poudre (*Ibid.*, art. 2).

Cela s'étend aux cartouches et autres munitions de guerre, et au dépôt d'armes quelconque, à moins que ce ne soit chez un armurier ou fabricant légalement autorisés (*Ibid.*, art. 3).

Et à toutes les poudres explosibles (Cass. 1er mai 1874).

Le droit de poursuite en matière de contravention aux lois sur les poudres appartient concurremment aux agents des contributions et au ministère public. Mais celui-ci a seul le droit de requérir la peine de l'emprisonnement (Paris, 23 mai 1874).

3745. L'introduction en France des armes à feu est punie des peines établies pour l'importation des marchandises prohibées par la loi de douane (Décr. 1er mars 1852).

CHAPITRE VI. — ATTROUPEMENTS.

SECTION PREMIÈRE. — RÈGLES GÉNÉRALES.

SOMMAIRE.

3746. Dans le sens le plus large, on entend par *attroupement* une réunion accidentelle de plusieurs personnes dans un lieu public, et plus particulièrement sur la voie publique.

Si la réunion n'était pas fortuite ou accidentelle, mais concertée d'avance, elle prendrait un caractère plus grave aux yeux de la loi pénale, et pourrait constituer une association criminelle, ou un commencement d'exécution d'un complot ou d'un attentat prémédité.

Pour qu'il y ait attroupement, la loi n'a pas déterminé le nombre de personnes dont la réunion a besoin d'être composée. Il suffit que ce nombre soit inquiétant pour la paix publique.

3747. L'attroupement, quand il est inoffensif, ne prend le caractère d'un délit que lorsque les individus qui en font partie refusent de se disperser à la première sommation qui leur en est faite.

En effet, un attroupement n'est pas toujours coupable, et, surtout, il ne l'est pas toujours au même degré. Tantôt, il peut constituer un crime, tantôt il ne constitue qu'un délit ou même une simple contravention, tantôt il ne constitue ni l'un ni l'autre (Motifs du décret du 7 juin 1848, § 10, *Monit.* du 6).

Ainsi, des réunions calmes et pacifiques, qui n'ont rien de menaçant, peuvent gêner la circulation et devenir, pour cela, l'objet de mesures de police ; mais elles ne sauraient appeler les sévérités de la loi. Au contraire, si elles prennent un caractère tumultueux et passionné, si elles sont animées d'un esprit d'insubordination et de résistance, elles deviennent essentiellement punissables (*Ibid.*).

Ainsi encore, l'attroupement non armé, qui trouble la tranquillité publique, est sans doute un acte mauvais qui mérite répression, parce qu'il porte atteinte à l'ordre et qu'il menace la société ; mais l'attroupement armé est plus qu'une menace ; c'est une attaque formelle contre la société, qui est, dès lors, placée dans la nécessité de se défendre (*Ibid.*).

3748. Cette matière a été successivement régie par les lois du 3 août 1791 et du 10 avril 1831, dont la plupart des dispositions sont abrogées.

Aujourd'hui, tout attroupement armé, formé sur la voie publique, est interdit. Il en est de même de tout attroupement sans armes, qui troublerait ou pourrait troubler la tranquillité publique (Décr. 7 juin 1848, art. 1).

Un attroupement est armé, quand deux ou plusieurs des individus qui le composent sont porteurs d'armes apparentes ou cachées, ou lorsqu'un seul de ces individus est porteur d'armes apparentes, et qu'il n'est pas immédiatement expulsé de l'attroupement par ceux-là même qui en font partie (*Ibid.*, art. 2.—Décr. 1er mars 1854, art. 296, § 2).

3749. Lorsqu'un attroupement armé, ou non armé, s'est formé sur la voie publique, le maire ou l'un de ses adjoints, ou, à leur défaut, le commissaire de police ou tout autre agent ou dépositaire de l'autorité publique, portant une écharpe tricolore, ou l'écharpe distinctive de ses fonctions, doit se rendre sur le lieu de l'attroupement, où un roulement de tambour annonce son arrivée (Décr. 7 juin 1848, art. 3, §§ 1 et 2).

L'obligation de se présenter au lieu de l'attroupement incombe, d'après les termes généraux de la loi, à tout agent ou dépositaire de l'autorité ou de la force publique, qu'il soit militaire ou civil, et n'en exclut aucun ; mais plus particulièrement au maire, aux adjoints, aux commissaires de police, aux juges de paix et suppléants, aux officiers du ministère public, et aux préfets et sous-préfets.

Il n'y a point à consulter, ni le degré hiérarchique, ni l'ordre de nomination, ni le rang d'âge. C'est au magistrat le plus voisin ou le plus diligent à se présenter le premier, et il ne peut y avoir lieu à conflit en cas de concurrence, puisqu'ils doivent tous concourir au même but.

3750. Quand un attroupement, menaçant pour le bon ordre, se forme sur la voie publique, les magistrats du ministère public sont tenus de s'y transporter pour le dissiper ; car, quoique la loi nouvelle n'impose nominativement cette obligation qu'aux maires, adjoints et commissaires de police, et autres agents ou dépositaires de la force et de l'autorité publique, les membres du parquet nous paraissent compris dans ces dernières expressions. Ils ne sauraient d'ailleurs demeurer étrangers à des délits qui troublent, à un si haut point, la paix publique (Décr. 7 juin 1848, art. 3).

Néanmoins, ce n'est pas à eux qu'il appartient de faire les sommations légales, à moins qu'il n'y ait, sur les lieux, aucun fonctionnaire de l'ordre administratif ; mais ils doivent prêter à ceux-ci le concours de leur influence et de leur autorité morale, et prendre immédiatement les mesures nécessaires pour la répression judiciaire des faits punissables qui pourraient être commis.

3751. Si l'attroupement est armé, le magistrat lui fait sommation à haute voix de se dissoudre et de se retirer. Dans le cas où cette première sommation reste sans effet, il en est fait une seconde, précédée d'un roulement de tambour, et, en cas de résistance, c'est-à-dire si l'attroupement ne se disperse pas, il est dissipé par la force (Décr. 7 juin 1848, art. 3, §§ 3, 4 et 5).

Si l'attroupement est sans armes, le magistrat, après le premier roulement de tambour, exhorte les citoyens à se disperser. S'ils ne se retirent pas, trois sommations sont successivement faites de la même manière ; et, après la troisième, l'attroupement est dissipé par la force (*Ibid.*, §§ 6 et 7).

Alors le magistrat se retire, après avoir averti le commandant de la force publique qu'il peut faire emploi des armes pour le dissiper (Loi 3 août 1791, art. 26).

Du reste, ce moyen de rigueur ne doit être employé qu'avec prudence et réserve, et seulement à la dernière extrémité, quand il devient absolument nécessaire. D'abord, on doit prendre la voie de la persuasion, puis celle du commandement verbal, et enfin celle de la force (Arrêté 13 flor. an VII, chap. IV, § 5).

3752. En résumé, on peut recourir à la force après la seconde sommation, quand l'attroupement est armé, et seulement après la troisième, quand il ne l'est pas (Décr. 7 juin 1848, art. 3).

On peut faire les dernières sommations en ces termes : « Obéis- « sance à la loi : On va faire usage de la force ; que les bons « citoyens se retirent ! » (Loi 3 août 1791, art. 26).

Au surplus, les sommations préalables cessent d'être nécessaires si des violences ou voies de fait sont exercées contre les dépositaires de la force publique, ou s'ils ne peuvent défendre que par la force le terrain qu'ils occupent ou les postes dont ils sont chargés, parce qu'ils sont alors dans le cas de légitime défense (Loi 3 août 1791, art. 25).

Mais le fait seul d'avoir été arrêté dans un attroupement, qui ne s'est pas dissipé sur les sommations de l'autorité, ne donne lieu à aucune peine, si ces sommations n'ont pas été faites par un fonctionnaire public décoré de son écharpe, ou si elles n'ont pas été précédées d'un roulement de tambour ou d'un son de trompe (Cass. 3 mai 1834.—V. aussi Pau, 28 juill. 1869 ; Dutruc, *Mémor. du Minist. publ.*, v° *Attroupement*, n. 1 et suiv.).

3753. C'est la gendarmerie qui est spécialement chargée de disperser tout attroupement armé, ou non armé, formé pour la délivrance des prisonniers ou condamnés, pour l'invasion des propriétés publiques, pour le pillage et la dévastation des propriétés particulières, etc. (Décr. 1er mars 1854, art 296, § 2).

3754. Les individus arrêtés ou désignés comme ayant fait partie d'un attroupement, qui a résisté aux invitations de l'autorité publique, sont punis de différentes peines, selon que l'attroupement était armé ou non armé, formé pendant le jour ou pendant la nuit, et qu'il s'est retiré après la première ou seulement après la seconde sommation, avant ou après que la force publique a fait usage de ses armes (Décr. 7 juill. 1848, art. 4 et 5).

Nous croyons inutile de reproduire ici les diverses dispositions pénales de ce décret que le lecteur pourra consulter. Nous remarquerons seulement que tous les délits qu'il prévoit, alors même qu'ils auraient un caractère politique, sont aujourd'hui de la compétence des tribunaux correctionnels (Décr. 25 févr. 1852, art. 4).

3755. La loi du 10 avril 1831 n'ayant pas été formellement abrogée par le décret du 7 juin 1848, c'est une question de savoir si les articles 5, 6, 7 et 8 de cette loi sont demeurés en vigueur, et s'ils sont encore applicables aux condamnés.

Quoi qu'il en soit, les poursuites pour crime ou délit d'attroupement ne font aucun obstacle à celles des crimes et délits particuliers qui auraient été commis au milieu de ces réunions; et l'art. 463 du Code pénal est toujours applicable aux crimes et délits d'attroupement (Décr. 7 juin 1848, art. 7 et 8).

Dans les émeutes que peut occasionner quelquefois la cherté des subsistances, il est convenable de ne poursuivre que les principaux coupables, et ceux-là surtout que leur état d'aisance ou de fortune mettait au-dessus du besoin (Décis. min. 31 déc. 1816).

SECTION II. — MOUVEMENTS INSURRECTIONNELS.

SOMMAIRE.

3756. Insurgés armés.	3758. Envahissement.
3757. Enlèvement d'armes.	3759. Barricades et destructions.

3756. Le port d'armes apparentes ou cachées, de munitions de combat, d'un uniforme ou costume militaire ou civil, dans un mouvement insurrectionnel, est puni de la détention (Loi 24 mai 1834, art. 5).

Le port d'un uniforme joint au port d'armes et de munitions est puni de la déportation (*Ibid.*).

Enfin, l'usage des armes dans les mêmes circonstances est puni de mort (*Ibid.*).

3757. Ceux qui, dans un mouvement insurrectionnel, s'emparent d'armes ou de munitions de toute espèce, à l'aide de violences, de menaces, de pillage ou du désarmement de la force publique ou qui envahissent à l'aide de menaces ou de violences une maison habitée ou servant actuellement à l'habitation, sont punis des travaux forcés à temps, et d'une amende de 200 fr. à 500 fr. (*Ibid.*, art. 6 et 7).

3758. La peine de la détention est édictée contre ceux qui, pour attaquer la force publique ou bien résister, envahissent ou occupent des édifices, postes ou établissements publics, ou une maison habitée ou non habitée, avec le consentement des propriétaires ou locataires qui, en connaissance de cause, leur ont, sans contrainte, procuré l'entrée de leur maison (*Ibid.*, art. 8).

3759. La même peine est applicable à ceux qui ont fait ou aidé à faire des barricades, des retranchements ou autres travaux pour entraver ou paralyser l'action de la force publique, et à ceux qui, dans le même but, ont empêché la réunion de la force publique, provoqué ou facilité le rassemblement des insurgés, ou qui ont brisé ou détruit les télégraphes, envahi des postes télégraphiques, ou intercepté, par tout autre moyen, les commu-- nications ou la correspondance entre les divers dépositaires de l'autorité; le tout sans préjudice de peines plus graves, s'il y échet, pour d'autres crimes commis par les insurgés et pendant l'insur- rection (Loi 24 mai 1834, art. 9 et 10).

CHAPITRE VII. — ASSOCIATIONS INTERNATIONALES.

SOMMAIRE.

3760. Les dangers que peuvent faire courir à l'ordre public et à la sécurité des citoyens les associations politiques et autres qui proclament des principes subversifs de toute économie sociale, ont déterminé le législateur à proscrire d'une manière absolue celle qui prend le titre d'association internationale des travailleurs (Loi 14 mars 1872);

Et à regarder sa seule existence sur le territoire français comme un attentat à la paix publique (*Ibid.*, art. 1).

3761. Tout affilié à cette association ou à toute autre de même nature est puni de trois mois à deux ans d'emprisonnement, et de 50 à 1,000 fr. d'amende, sans préjudice, s'il y échet, de la privation des droits civiques et civils pendant cinq ans au moins et dix ans au plus, sauf l'admission de circonstances atténuantes, s'il y a lieu (*Ibid.*, art. 2 et 5).

3762. A l'égard de ceux qui ont rempli une fonction dans une de ces associations ou qui ont sciemment concouru à son dé- veloppement, soit en recevant ou en provoquant des souscriptions à son profit, soit en lui procurant des adhésions, soit en propa- geant sa doctrine, la peine de l'emprisonnement peut être élevée à cinq ans et celle de l'amende à 2,000 fr.; et ils peuvent de plus être placés sous la surveillance de la haute police de cinq à dix ans, et même, pendant le même temps, sous les mesures préventives édic- tées contre les étrangers par les art. 7 et 8 de la loi du 3 déc. 1849 (*Ibid.*, art. 3).

3763. Enfin, ceux qui ont prêté sciemment un local pour une ou plusieurs réunions de tout ou partie de l'association prohibée, sont frappés d'un à six mois de prison et d'une amende de 50 à

500 fr., sans préjudice de plus fortes peines pour les crimes et délits prévus par le Code pénal et commis par les affiliés, soit comme auteurs, soit comme complices (*Ibid.*, art. 4).

Toutes les dispositions de cette loi sont applicables aux étrangers qui la violeraient en France (*Ibid.*, art. 2).

3764. Il faut, pour qu'il y ait lieu à répression, qu'en prêtant leur concours à une association prohibée les prévenus aient agi avec une intention coupable; mais les juges ont un pouvoir discrétionnaire pour apprécier souverainement cette intention d'après les circonstances (Cass. 16 mai et 21 juin 1873).

3765. Le fait de propagation par la voie d'un journal d'une séance d'une association prohibée n'est pas un délit de presse, mais le délit spécial prévu par la loi du 14 mars 1872 et de la compétence du tribunal correctionnel (Cass. 22 août et 6 déc. 1872).

CHAPITRE VIII. — BANQUEROUTE.

SECTION PREMIÈRE. — RÈGLES GÉNÉRALES.

SOMMAIRE.

3766. La banqueroute est le crime ou le délit d'un négociant failli qui a fait fraude à ses créanciers ou à la loi.

Elle se distingue en banqueroute frauduleuse et en banqueroute simple.

La banqueroute simple est le délit du failli à qui l'on peut reprocher quelque négligence ou quelque imprudence, mais qui n'a pas eu l'intention de nuire à ses créanciers, au lieu que la banqueroute frauduleuse résulte de manœuvres préméditées et exécutées dans le but de s'enrichir aux dépens d'autrui.

Dans tous les cas, il faut que la preuve de l'exercice d'une profession commerciale, par le prévenu, soit parfaitement établie (Cass. 21 nov. 1812 et 23 juin 1832).

3767. La banqueroute suppose toujours une faillite, et l'état de faillite est réputé exister dès qu'il y a cessation de paiements, sans qu'il soit nécessaire qu'un jugement de déclaration de faillite soit intervenu (Cass. 22 janv. 1831, 21 nov. 1833 et 11 août 1837).

Car c'est une opinion généralement suivie que les poursuites criminelles pour banqueroute sont indépendantes des suites judiciaires de la faillite, et que les tribunaux de répression, saisis d'une poursuite en banqueroute, sont compétents pour décider si le prévenu est ou non commerçant failli (Cass. 1er sept. 1827 et 9 août 1851.—Dutruc, *Mémor. du minist. publ.*, vis *Action publique*, n. 62, et *Quest. préjudic.*, n. 22 et suiv., ainsi que les autres autorités citées, *ibid.*).

Mais elle est victorieusement combattue, ce nous semble, par deux auteurs qui ont toutes nos sympathies et qui refusent au ministère public le droit de poursuivre, comme banqueroutier, un individu contre lequel il n'a pas été préalablement rendu un jugement déclaratif de faillite (Delamarre et Lepoitevin, *Traité du contr. de commiss.* V. 198, nos 68 et suivants).

Quoi qu'il en soit, si un pareil jugement a été rendu, toute contestation devient impossible, et il suffit d'en produire une expédition.

D'après la jurisprudence, les tribunaux de répression ne sont pas liés par la date de l'ouverture de la faillite fixée par le tribunal de commerce (Cass. 10 mars 1870); ils ont à cet égard un pouvoir discrétionnaire (Cass. 22 avril 1872).

3768. Ce qui est certain, c'est qu'un individu qui n'est pas commerçant ne peut jamais être déclaré coupable de banqueroute, puisqu'il ne peut pas être en état de faillite (Cass. 23 juin 1832, 20 sept. 1838 et 30 oct. 1839).

Ainsi, le mineur qui exerce le commerce, sans que les formalités prescrites par la loi aient été observées, ne peut être poursuivi comme banqueroutier (Cass. 17 mars 1853).

3769. La banqueroute peut résulter de faits antérieurs aussi bien que de faits postérieurs à la cessation de paiements (Cass. 5 mars 1813).

Le failli peut encore être poursuivi comme banqueroutier, après que le tribunal de commerce a homologué le concordat par lui obtenu de ses créanciers, et l'a déclaré excusable (Cass. 9 mars 1811).

Par analogie, s'il n'avait été donné aucune suite judiciaire à la cessation de paiements, l'inaction des créanciers ou du tribunal de commerce ne saurait arrêter l'action du ministère public, qui n'est subordonnée à aucune plainte, et s'exerce d'office (Cass. 7 nov.

1841, 3 nov. 1814 et 22 juill. 1819.— Dutruc, *Mémor.*, v° *Banqueroute*, n. 3).

3770. L'action publique pour la poursuite en banqueroute,
particulièrement en cas de banqueroute simple, appartient tout à
la fois au ministère public, au syndic de la faillite et même à chaque créancier qui peut agir, soit par voie de plainte, soit par voie
de citation directe, selon la nature de la banqueroute (Renouard,
II, 452 et 500. — Cass. 3 juill. 1841. — Dutruc, *loc. cit.*, n. 4).

Il en est autrement de la banqueroute frauduleuse dont la poursuite au grand criminel ne peut avoir lieu qu'à la diligence du ministère public (Cass. 13 nov. 1823. — Dutruc, n. 2).

Il ne faut pas induire de ces mots de l'art. 586 du Code de
commerce : *Pourra être déclaré banqueroutier simple*, que, dans les
cas qu'il énumère, la poursuite du ministère public soit facultative ;
ils doivent s'entendre seulement de la condamnation pour laquelle
les juges seuls ont un pouvoir discrétionnaire (Dutruc, n. 5).

3777. Le ministère public doit poursuivre le failli toutes les
fois que l'intérêt général l'exige, et lors même que les poursuites
pourraient faire manquer des arrangements consentis par les
créanciers (Circ. min. 8 juin 1038, § 8).

L'homologation du concordat et de la déclaration que le failli
est excusable n'est point un obstacle à l'exercice de cette action
(Cass. 19 fév. 1813. — Même circ., § IX).

3772. De plus, le négociant acquitté d'une accusation de banqueroute frauduleuse peut, sans violation de la règle *non bis in
idem*, être immédiatement poursuivi pour banqueroute simple
(Cass. 13 août 1825).

Et réciproquement, l'acquittement du délit de banqueroute simple ne fait pas obstacle à la poursuite du crime de banqueroute
frauduleuse fondée sur d'autres faits (Mangin, II, 348, n° 403).

Enfin, le failli acquitté d'une accusation de banqueroute frauduleuse peut encore être poursuivi, à raison des mêmes faits, comme
prévenu d'abus de confiance. Ce sont là deux qualifications distinctes qui n'ont rien d'incompatible (Cass. 7 juin 1845.—Compar.
Dutruc, *Dict. du contentieux commerc. et industr.*, v° *Banqueroute*,
n. 22 et suiv., 57 et suiv.).

3773. Tous arrêts et jugements de condamnation, en matière
de banqueroute simple ou frauduleuse, doivent être affichés et publiés aux frais du condamné, suivant les formes établies par l'article 43 du Code de commerce (C. comm. 600).

Et cette disposition accessoire peut être prononcée d'office, aussi
bien que sur les conclusions du ministère public.

3774. Dans tous les cas de condamnation pour banqueroute simple ou frauduleuse, les actions civiles, autres que celles dérivant des faits mêmes de la banqueroute, restent séparées, et toutes les dispositions relatives aux biens, prescrits par les juges de la faillite, sont exécutées, sans qu'elles puissent être attribuées ni évoquées aux tribunaux de répression (C. comm. 604).

Remarquez aussi que, dans ces matières, les tribunaux de répression ne peuvent accorder de dommages-intérêts aux parties civiles, puisque tous les biens du failli sont devenus le gage commun de ses créanciers qui y ont un droit égal (Cass. 7 nov. 1840).

Si le failli, poursuivi en banqueroute frauduleuse, est contumax, ses biens ne doivent pas être mis sous le séquestre jusqu'à l'expiration du délai de cinq ans donné pour purger la contumace. C'est là une dérogation aux articles 465 et 471 du Code d'instruction criminelle (Décis. min. 7 prair. an XI. — Pardessus, *Droit comm.*, n. 1301 ; Dutruc, *Dict. du contentieux commerc. et industr.*, v° *Banqueroute*, n. 101).

3775. L'instruction au criminel ne suspend pas les opérations de la faillite devant le tribunal de commerce et ne peut pas être suspendue par elles. Ainsi, une chambre d'accusation, appelée à prononcer sur la mise en accusation d'un failli, ne peut pas surseoir et tarder à statuer jusqu'à ce que la faillite ait été déclarée par un jugement définitif du tribunal de commerce (Cass. 30 janv. 1824. — V. aussi Dutruc, *ibid.*, n. 21).

3776. Quant aux pièces, titres, papiers et renseignements, qui seraient réclamés par le ministère public, les syndics sont tenus de les lui remettre. Ils demeurent, pendant l'instruction, en état de communication par la voie du greffe, et à la réquisition des syndics, qui ont le droit d'en prendre des extraits, ou de s'en faire délivrer expédition par le greffier. Ceux de ces papiers dont le dépôt judiciaire n'a pas été ordonné sont, après l'arrêt ou le jugement, remis aux syndics, qui en donnent décharge (C. comm. 602 et 603).

Le ministère public, comprenant combien ce dessaisissement momentané peut être gênant pour l'administration des syndics, doit veiller à ce que ces derniers aient toutes les facilités convenables pour une communication prompte et commode, toutes les fois qu'ils jugent nécessaire de recourir aux papiers du failli (Circ. min. 8 juin 1838).

3777. Il faut remarquer que la procédure commerciale de la faillite, et l'action de la justice répressive pour le crime ou le délit de banqueroute, sont complétement indépendantes l'une de l'autre.

Saisis de l'administration des biens du failli par le jugement déclaratif de la faillite, les syndics ne peuvent en être dessaisis par suite de la circonstance que le failli est poursuivi ou condamné comme banqueroutier ; et réciproquement, la saisine des syndics ne peut apporter aucun obstacle à l'exercice de l'action pénale (Renouard, II, 449).

Seulement, en cas de condamnation du banqueroutier à une peine afflictive et infamante, il doit lui être nommé un tuteur et un subrogé tuteur, conformément à l'article 29 du Code pénal, et à la diligence du ministère public ou des syndics de la faillite.

SECTION II. — BANQUEROUTE FRAUDULEUSE.

SOMMAIRE.

3778. Il y a banqueroute frauduleuse, lorsque le commerçant failli a soustrait ses livres, ou qu'il a détourné ou dissimulé une partie de son actif, ou que, soit dans ses écritures, soit par des actes publics ou des engagements sous signature privée, soit par son bilan, il s'est frauduleusement reconnu débiteur de sommes qu'il ne devait pas (C. comm. 591).

Un étranger et, à plus forte raison, un Français résidant à l'étranger, peut être poursuivi en banqueroute frauduleuse, par le ministère public, pour faits de fraude commis en France envers ses créanciers français (Cass. 1er sept. 1827).

3779. Pour qu'il y ait banqueroute frauduleuse, il faut que le fait incriminé soit frauduleux par lui-même, ou qu'il soit judiciairement déclaré tel (Cass. 26 janv. et 14 avril 1827).

Et, pour qu'il y ait condamnation, il faut que tous les faits caractéristiques de ce genre de crime soient déclarés constants (Cass. 11 juill. 1816).

3780. Les banqueroutiers frauduleux et leurs complices sont punis des travaux forcés à temps (C. pén. 402, §§ 2 et 403).

Néanmoins, cette peine est prononcée à perpétuité contre ceux qui sont agents de change ou courtiers de commerce (C. pén. 404).

3781. Les cas de banqueroute frauduleuse sont poursuivis d'office par le ministère public sur la notoriété publique, ou sur la dénonciation, soit des syndics, soit d'un créancier (C. comm. ancien, art. 595).

Dans tous les cas, l'exercice de l'action publique est indépendant de la volonté des créanciers (Cass. 22 juill. 1819).

Le ministère public doit recueillir tous les renseignements qui lui sont donnés, qu'ils viennent des créanciers du failli ou de tout autre citoyen; mais la dénonciation des créanciers peut, sans examen préalable, motiver une instruction criminelle, et suffit pour mettre en état d'inculpation celui qu'elle atteint, au lieu que le ministère public vérifie les renseignements qui lui viennent d'ailleurs, et ne les produit, comme base de ses poursuites, que lorsque le premier examen lui découvre qu'ils ne sont pas sans consistance (Locré, *Cod. de comm.*, VII, 473).

3782. Sont condamnés comme complices aux peines de la banqueroute frauduleuse :

1° Les individus convaincus d'avoir, dans l'intérêt du failli, soustrait, recélé ou dissimulé, tout ou partie de ses biens meubles ou immeubles, le tout sans préjudice des autres cas de complicité énumérés en l'article 60 du Code pénal ;

2° Les individus convaincus d'avoir frauduleusement présenté, dans la faillite, des créances supposées, et de les avoir affirmées, soit en leur nom, soit par interposition de personnes ;

3° Les individus qui, sans être ostensiblement commerçants, et faisant le commerce sous le nom d'autrui ou sous un nom supposé, se trouvent dans un des cas de banqueroute frauduleuse (C. comm. 593).

Une seule de ces circonstances suffit pour constituer le crime des complices, mais il faut qu'il y ait eu, de leur part, connivence et mauvaise foi (Cass. 17 mars 1831).

3783. Dans la complicité par aide et assistance, il faut que le complice ait assisté l'auteur du crime avec connaissance de sa situation de négociant failli (Cass. 14 oct. 1847).

Car, à défaut de concert criminel avec le failli, il ne peut y avoir de complicité (Cass. 10 fév. 1827).

Il ne peut y avoir, non plus, de complicité quand il n'y a pas de banqueroute; mais quand l'existence de ce crime a été judiciairement déclarée, rien n'empêche de poursuivre le complice, même en l'absence de l'auteur principal (Cass. 5 mars 1813 et 14 janv. 1820.—Pardessus, *Droit comm.*, n° 1312; Dutruc, *Dict. du content. commerc. et industr.*, verb. cit., n. 47).

3784. Le conjoint, les ascendants ou descendants du failli, ou ses alliés aux mêmes degrés, qui ont détourné, diverti ou recélé des effets appartenant à la faillite, sans avoir agi de complicité avec le failli, sont punis des peines du vol (C. comm. 594).

Ainsi, lorsque la femme du failli est déclarée coupable d'avoir recélé des objets détournés par le failli, mais sans être convaincue de complicité dans sa banqueroute, on ne peut lui appliquer que la peine du vol simple (Cass. 19 avril 1849).

Tout syndic d'une faillite qui se rend coupable de malversation dans sa gestion, est puni correctionnellement des peines de l'article 406 du Code pénal (C. comm. 596).

3785. Enfin, le créancier qui a stipulé, soit avec le failli, soit avec toutes autres personnes, des avantages particuliers à raison de son vote dans les délibérations de la faillite, ou qui a fait un traité particulier duquel résulte, en sa faveur, un avantage à la charge de l'actif du failli, est puni correctionnellement d'un emprisonnement qui ne peut excéder une année, et d'une amende qui ne peut être au-dessus de 2,000 francs (C. comm. 597, § 1).

Toutefois, l'emprisonnement peut être porté à deux ans, si ce créancier est syndic de la faillite (Circ. min. 8 juin 1838, § xi).

Dans tous les cas, ces conventions sont déclarées nulles à l'égard de toutes personnes, et même à l'égard du failli, et le créancier est tenu de rapporter à qui de droit les sommes ou valeurs qu'il a reçues en vertu des conventions annulées; et, si celles-ci sont attaquées par la voie civile, l'action est portée devant le tribunal de commerce (C. comm. 597, § 2, 598 et 599).

3786. Ainsi, les complices et les parents du failli coupables de détournement frauduleux, les syndics coupables de malversation, et les créanciers qui auraient stipulé à leur profit des avantages particuliers, doivent être compromis dans les poursuites, savoir : les complices, comme inculpés de banqueroute; les parents, comme inculpés de vol; et les syndics, comme inculpés d'abus de confiance (Circ. min. 8 juin 1838, § xi).

Et même, la déclaration de non-culpabilité à l'égard de l'auteur principal n'empêche pas que le complice soit déclaré coupable (Cass. 9 fév. 1855).

Le complice d'une banqueroute peut encore être condamné, quoique l'auteur principal soit en fuite ou décédé, pourvu qu'il soit décidé que ce dernier était commerçant failli (Cass. 3 juin 1830, 26 mars 1838 et 4 mai 1842).

Il n'est pas nécessaire que le complice ait agi dans l'intérêt du failli, excepté dans le cas de complicité par recélé (Cass. 13 janv. et 21 déc. 1854).

Il suffit qu'il ait été déclaré coupable de participation aux suites de la banqueroute (Cass. 21 nov. 1844).

3787. Les frais de poursuite en banqueroute frauduleuse ne peuvent, en aucun cas, être mis à la charge de la masse. Seulement, si un ou plusieurs créanciers se sont rendus parties civiles en leur nom personnel, les frais, en cas d'acquittement, demeurent à leur charge (C. comm. 592).

Dans tous les autres cas, les frais de poursuite sont toujours supportés par le Trésor, quelle qu'en puisse être l'issue, parce qu'il faut toujours assurer et faciliter l'exercice de la vindicte publique et la répression des crimes et délits (Circ. min. 8 juin 1838, § x; Dutruc, *Mémor.*, v° *Banqueroute*, n. 10, et *Dict. du content. commerc. et industr.*, *eod. verb.*, n° 42 et 43).

SECTION III. — BANQUEROUTE SIMPLE.

SOMMAIRE.

3788. Les cas de banqueroute simple sont énumérés aux art. 585 et 586 du Code de commerce.

Les irrégularités résultent, en pareil cas, de l'omission des formes extrinsèques ou intrinsèques, prescrites par les art. 8, 10 et 11 du Code de commerce, ou de l'omission de l'inventaire annuel dans le livre destiné à le recevoir, ou de l'omission d'une opération de commerce sur le livre-journal, ou de tout autre cas de négligence coupable (Dalloz jeune, v° *Faillite, Banqueroute*, n°° 116 et 124; Dutruc, *Dict. du content. commerc. et industr.*, v° *Banqueroute*, n. 9 et suiv.).

Le défaut de tenue de livres est un de ces cas, et il est punissable lors même qu'il n'en manque qu'un seul, celui d'inventaire, par exemple, bien que tous les autres existent, et que, dans le commerce spécial du failli, on soit dans l'usage de ne pas le tenir (Cass. 8 déc. 1849 et 7 fév. 1874).

Les banqueroutiers simples sont punis d'un emprisonnement d'un mois à deux ans (C. pén. 402, § 3).

3789. Ils sont jugés par les tribunaux de police correctionnelle sur la poursuite de tout créancier, du syndic, ou du ministère public (C. comm. 584).

Toutefois, les syndics ne peuvent intenter cette poursuite, ni se constituer partie civile au nom de la masse, sans y avoir été autorisés par une délibération prise à la majorité individuelle des créanciers présents (*Ibid.*, 589).

S'ils agissaient sans autorisation, ils seraient réputés avoir agi en leur nom personnel, et responsables des suites de leur action;

de sorte que, en cas d'acquittement, le failli pourrait réclamer contre eux des dommages-intérêts (Cass. 14 déc. 1825).

La poursuite des parties intéressées est indépendante de celle du ministère public, qui doit toujours intervenir comme partie jointe, parce qu'il n'appartient qu'à lui de requérir l'application de la peine. Elles peuvent aussi appeler de tout jugement d'acquittement, ou se pourvoir en cassation, nonobstant le silence ou l'acquiescement du ministère public (Cass. 9 mai 1811 et 19 mai 1815).

Les créanciers du failli peuvent se porter partie civile dans la poursuite en banqueroute simple dirigée contre ce dernier, pour élever l'exception d'incompétence (Aix, 10 mai 1865. — Dutruc, *Mémor.*, v° *Banqueroute*, n. 7 et suiv.).

3790. Remarquez qu'en matière de banqueroute simple, il n'y a, ni tentative, ni complicité punissable (Cass. 10 oct. 1844. — Dutruc, *Dict. du content. commerc. et industr.*, v° *Banqueroute*, n. 24, et autres autorités citées *ibid.*).

L'intention criminelle n'aggrave point, aux yeux de la loi, le caractère de ce délit ; mais il est du devoir du juge de la prendre en considération dans l'application de la peine, sans que le seul motif de l'absence de la fraude puisse permettre, toutefois, d'acquitter le commerçant poursuivi. Il faut rechercher, en outre, si la négligence du failli est excusable, ou si elle suppose un tort assez grave pour constituer un délit (Cass. 24 nov. 1836).

3791. Les frais de la poursuite, quand elle est intentée par le ministère public, ne peuvent jamais être mis à la charge de la masse. Si elle est intentée par les syndics au nom des créanciers, ils sont supportés, s'il y a acquittement, par la masse, et, s'il y a condamnation, par le Trésor public, sauf son recours contre le failli. Enfin, si elle est intentée par un créancier, ils sont, en cas de condamnation, supportés par le Trésor public, et, s'il y a acquittement, par le créancier poursuivant (C. comm. 587, 588 et 590).

3792. Cette disposition nouvelle, qui met les frais à la charge du Trésor dans la plupart des cas, a pour objet de rendre à la partie publique toute la liberté de son action, car elle ne peut hésiter à introduire un débat dont l'issue, quoi qu'il arrive, ne doit pas préjudicier aux intérêts privés qui sont engagés dans la faillite. Aussi, le ministère public doit saisir, quand il y a lieu, les tribunaux de répression, en ne considérant que les faits en eux-mêmes, et sans se préoccuper des conséquences de la poursuite relativement aux créanciers (Circ. min. 8 juin 1838).

Il est même tenu d'interjeter appel de tout jugement rendu en cette matière, lorsqu'il a reconnu, dans le cours des débats, que la prévention de banqueroute simple est de nature à se convertir en prévention de banqueroute frauduleuse.

3793. Un négociant failli, prévenu tout à la fois de banqueroute simple et de banqueroute frauduleuse, peut être renvoyé aux assises pour les deux cas, et y être condamné seulement comme banqueroutier simple (Cass. 18 nov. 1813. — Dutruc, *Dict. du content. commerc. et industr.*, v° *Banqueroute*, n. 23).

Mais, si les deux faits n'ont pas été compris dans la même accusation, le ministère public peut, après acquittement au criminel sur la banqueroute frauduleuse, traduire le failli en police correctionnelle pour banqueroute simple, surtout s'il a été fait des réserves, à cet égard, dans le cours du procès (Cass. 13 août 1825).

CHAPITRE IX. — BREVETS D'INVENTION.

SOMMAIRE.

3794. Définition et formalités.	3796. Suite.	3799. Usage d'appareils contrefaits.
3795. Nullités et déchéances.	3797. Contrefaçon.	
	3798. Poursuites.	

3794. C'est le droit conféré à chaque inventeur dans tous les genres d'industrie, d'exploiter exclusivement à son profit sa découverte, à des conditions, pendant un temps et moyennant une taxe annuelle déterminés par le gouvernement (Loi 5 juill. 1844, art. 1 et 4).

Les formalités à observer pour l'obtention de ce brevet et les conditions de son exploitation sont réglées par les art. 5 à 29 de la même loi.

3795. Les nullités et déchéances sont prononcées par les tribunaux civils sur la plainte de toute partie intéressée, dans le cas prévu par les art. 30 à 39.

Toutefois, les conditions de déchéance ont été modifiées par la loi du 31 mai 1856.

3796. Le ministère public, qui peut toujours intervenir au civil comme partie jointe sur la demande en nullité ou déchéance, ne doit agir dans ce but comme partie principale que dans le cas où les intérêts de la société sont sérieusement engagés (Circ. min. 8 avril 1847.—Dutruc, *Mémor. du Minist. publ.*, v° *Brev. d'inv.*, n. 3).

Les jugements définitifs prononçant la nullité ou la déchéance du brevet d'invention doivent être envoyés exactement au ministère de la justice pour être publiés conformément à la loi du 5 juillet 1844, art. 39 (Circ. min. 8 avril 1847 et 20 janv. 1864).

3797. Le délit de contrefaçon, de recel, de vente, d'exposition publique ou d'introduction en France des objets contrefaits, est puni d'une amende de 100 francs à 2,000 francs, et, en cas de récidive, dans l'espace de cinq ans après une première condamnation, d'un emprisonnement de un mois à six mois, le tout réductible par l'admission de circonstances atténuantes (Loi 5 juill. 1844, art. 40, 41, 43 et 44).

3798. L'action en contrefaçon ne peut être exercée par le ministère public que sur la plainte de la partie lésée, qui ne peut l'arrêter par son désistement (Cass. 2 juill. 1853. — Dutruc, *Mémor. verb. cit.*, n. 13 et 14, et *Dict. du content. commerc. et industr.*, *eod. verb.*, n. 113).

Elle doit être portée devant les tribunaux correctionnels, qui sont compétents pour statuer sur les exceptions en revendication qui seraient opposées à la demande (L. 5 juill. 1844, art. 45 et 46).

Et doivent même, en cas d'acquittement, prononcer au profit du propriétaire du brevet la confiscation des objets contrefaits et des instruments qui ont servi à la fabrication (*Ibid.*, art. 49).

A moins qu'ils n'existent plus en nature (Cass. 14 avril 1871).

Est souveraine et à l'abri de la censure de la Cour de cassation, la décision des juges du fond qui, après avoir vérifié les faits, ont constaté et déclaré l'existence de la contrefaçon (Cass. 11 juin 1873).

3799. Le commerçant qui, dans l'intérêt de son industrie, fait usage sciemment d'appareils contrefaits, est passible des peines de la contrefaçon, fût-il de bonne foi (Aix, 18 janv. 1873).

Mais un particulier, qui n'en userait que pour son besoin personnel, serait à l'abri de toute condamnation (Cass. 27 fév. 1858. — Dutruc, *Mémor.*, *verb. cit.*, n. 15 et suiv.).

CHAPITRE X. — CHASSE.

SECTION PREMIÈRE. — CONDITIONS.

SOMMAIRE.

§ 1er. — *Droit de chasse.*

3800. Le droit de chasse n'appartient qu'au propriétaire ou possesseur et non au fermier, à moins de stipulation expresse (Cass. 4 juill. 1845. — Dutruc, *Mémor. du Minist. publ.*, v° *Chasse*, n. 17).

Et encore, le propriétaire ne peut-il user de ce droit en temps prohibé et sans permis de chasse, si ce n'est dans ses possessions attenant à une habitation, et entourées d'une clôture continue faisant obstacle à toute communication avec les héritages voisins, c'est-à-dire sur des terrains parfaitement clos et dépendant d'une maison habitée, tels que jardins, vergers, parcs, etc. (Loi 3 mai 1844, art. 2. — Circ. min. 9 mai 1844).

Il y a également délit de la part du propriétaire qui, étant dans son enclos, tire, en temps prohibé, sur du gibier placé au dehors (Cass. 14 août 1847). — V. aussi Dutruc, *loc. cit.*, n. 36 et 81.

3801. L'exercice du droit de chasse est donc subordonné à trois conditions. Il faut :

1° Être propriétaire du terrain sur lequel on entend chasser, ou avoir obtenu le consentement du propriétaire ;

2° Être porteur d'un permis de chasse, à moins qu'on ne chasse sur un terrain clos ;

3° Se trouver dans le temps pendant lequel la chasse est ouverte.

3802. On peut consulter, sur ce qu'on doit entendre par une propriété close ou en état de clôture, l'art. 6 de la loi du 18 septembre 1791.

Un bois, quoique entouré de fossés, n'est pas réputé clos s'il n'est pas une dépendance d'une maison habitée (Cass. 21 mars 1823).

Il faut même que le terrain clos soit attenant à une maison d'habitation ; des propriétés rurales, closes de haies et de murs, et éparses dans la campagne, ne sont pas des terrains clos dans le sens de la loi (Cass. 13 avril 1833).

Il en est de même d'une île fermée par une rivière navigable, puisque les cours d'eau navigables, loin d'être des clôtures, sont assimilés à des chemins (Cass. 12 fév. 1830).

D'un autre côté, on ne doit pas considérer comme une habitation une construction qui pourrait y servir, mais qui n'est pas destinée par le propriétaire à cet usage (Cass. 3 mai 1845). — V. encore n. 26 et suiv.

§ 2. — *Permis de chasse.*

3803. Quiconque veut se livrer à l'exercice de la chasse doit en obtenir la permission de l'autorité publique. Le *permis de chasse* est substitué au *permis de port d'armes*, parce que la prohibition de la chasse sans permis s'étend à tous les procédés et moyens de chasse, même sans armes. Du reste, la loi entend par *chasse* la recherche et la poursuite de tout animal sauvage et de tout oiseau sans distinction, car, ne définissant pas ce qui constitue le gibier, elle ne permet pas de distinguer (Circ. min. 9 mai 1844. — Cass. 24 sept. 1847).

.On peut donc considérer comme gibier tous les animaux à poil et à plume qui ne sont point, par leur nature ou par le fait de l'homme, dans l'état de domesticité.

3804. La demande du permis de chasse, écrite sur papier timbré, est adressée au maire du domicile ou de la résidence de l'impétrant, et transmise ensuite, avec l'avis de ce fonctionnaire, au sous-préfet de l'arrondissement, et par celui-ci au préfet, également avec son avis. Ces avis doivent faire connaître : 1º si le pétitionnaire se trouve dans une des catégories pour lesquelles les permis ne peuvent être délivrés ; 2º les causes et les circonstances particulières qui pourraient faire obstacle à ce qu'un permis lui fût accordé ; 3º s'il est ou n'est pas propriétaire foncier (Circ. min. intér. 20 mai 1844).

3805. L'autorité administrative n'a pas un droit absolu d'accorder ou de refuser les permis de chasse. L'obtention du permis étant le droit général, et la faculté de refus n'étant qu'un droit exceptionnel, il faut que le refus soit fondé sur un des motifs indiqués dans les art. 6, 7 et 8 de la loi du 3 mai 1844 (*Ibid.*).

Parmi ces motifs se trouvent notamment des condamnations judiciaires antérieurement prononcées ; et, pour que les préfets puissent connaître plus promptement les condamnés auxquels un permis ne peut être accordé, il faut que le ministère public leur adresse la copie trimestrielle du registre des condamnés, destinée au ministre de l'intérieur, et dont il sera parlé plus loin, au chapitre des *États périodiques* (*Ibid.*).

Si un permis avait été accordé par erreur à un condamné, le préfet devrait le lui retirer, et en avertir le maire de la commune et les agents chargés de la police de la chasse (*Ibid.*).

3806. Ceux qui veulent obtenir un permis de chasse doivent, en outre, consigner d'avance, à la caisse du percepteur, les droits dus pour sa délivrance, et aucune demande n'est admise si elle n'est accompagnée de la quittance du percepteur (Circ. min. intér. 30 juill. 1849).

En cas de rejet de la demande, il en est donné avis, par le préfet, au maire de la commune et au receveur général, pour que celui-ci puisse donner l'ordre au percepteur de rembourser immédiatement les droits ainsi consignés (*Ibid.*).

Les quittances du percepteur ne sont valables que pendant un mois à partir de leur date, et il ne peut jamais être permis de chasser sur la seule présentation de cette pièce (*Ibid.*).

3807. Comme nous venons de le voir au n° 3804, les permis de chasse sont délivrés, dans chaque département, par l'autorité compétente, c'est-à-dire par le préfet, sur l'avis du maire et celui du sous-préfet du domicile de l'impétrant, à qui ils sont remis, sur récépissé, par le maire de leur commune (Loi 3 mai 1844, art. 1, § 1. — Circ. min. int. 30 juill. 1849) (1).

En cas d'urgence, les sous-préfets peuvent aussi délivrer ces permis aux habitants de leur arrondissement qui ne sont pas dans le cas d'un refus dont l'appréciation est réservée au préfet (Circ. min. 27 juill. 1860).

Les permis de chasse sont personnels, et valables pour un an dans toute la France (Loi 3 mai 1844, art. 5, § 3).

Ils peuvent donc servir, sans nouvelle formalité, dans d'autres départements que celui où ils ont été délivrés. Autrefois, on exigeait qu'ils fussent visés par le préfet de chaque département où il en était fait usage (Circ. min. 20 sept. 1820).

3808. Enfin, le jour de la délivrance du permis n'est pas compris dans le délai d'une année fixé pour sa durée légale. — V. toutefois Dutruc, n. 52, et autres autorités citées, *ibid.*—On peut donc chasser, en vertu du permis, le dernier jour de cette année (Cass. 22 mars 1850).

Et le point de départ de ce délai est déterminé par la date même du permis, et non par le jour où les droits ont été acquittés (Cass. 4 mars 1848 et 7 juill. 1849);

Ni par le jour où la remise en a été faite à l'impétrant (Cass. 24 sept. 1847).

3809. C'est à celui qui a été trouvé chassant à justifier de la possession d'un permis de chasse, sans qu'il soit besoin de lui

---

(1) Le maire qui, chargé par le préfet, de remettre un permis de chasse au destinataire, le retient pour avoir été délivré sans son avis préalable, ne peut être poursuivi à raison de ce fait, qu'avec l'autorisation du Conseil d'État (Cass. 16 nov. 1852).

faire une sommation, ni de le mettre en demeure. Il doit prouver notamment que le permis lui avait été délivré antérieurement au fait pour lequel il est poursuivi, et il ne peut opposer à l'action du ministère public que la preuve de cette délivrance antérieure (Circ. min. 26 mars 1825).

Le permis ne peut être suppléé par un certificat attestant la demande en délivrance, puisque l'autorité peut refuser de l'accorder ; mais il est encore temps de justifier à l'audience qu'il était obtenu au moment du délit (Cass. 16 mars 1844 et 6 mars 1846).

Un permis même obtenu par surprise, par un individu à qui il aurait dû être refusé, ne peut être assimilé à un défaut absolu de permis (Cass. 30 mai 1873). — V. aussi Dutruc, n. 58.

3810. Du reste, un permis n'est pas nécessaire pour la destruction des animaux malfaisants par l'un des moyens que la loi autorise (Loi 3 mai 1844, art. 9. — Circ. min. 20 mai 1844).

Mais il est nécessaire pour se livrer, même au moyen d'un simple filet, à la chasse des oiseaux de passage, d'ailleurs autorisée par un arrêté du préfet (Cass. 18 avril 1845).

§ 3. — *Temps prohibé.*

3811. Les préfets doivent déterminer l'époque de l'ouverture et de la clôture de la chasse, soit à tir, soit à courre, à cor et à cris, dans chaque département, par des arrêtés publiés en la forme ordinaire, c'est-à-dire par bannies et affiches, au moins dix jours à l'avance (Loi 3 mai 1844, art. 3, et 22 janv. 1874).

Leur insertion au recueil des actes administratifs, ni leur envoi aux maires, ne suffiraient pas pour en donner connaissance au public (Cass. 29 nov. 1845).

Dans le même département, la chasse peut être ouverte à des époques différentes pour chaque arrondissement, ou même pour chaque canton ou commune, selon l'état des récoltes ; mais, en ouvrant la chasse, les préfets n'ont pas le droit d'en restreindre l'exercice aux terres dépouillées (Cass. 18 juill. 1845).

Quoique la chasse soit ouverte, l'autorité municipale peut aussi en défendre l'exercice à moins de cent mètres des vignes jusqu'à la clôture du ban de vendange, sous peine de poursuites en simple police (Cass. 27 nov. 1823 et 4 sept. 1847).

3812. Les préfets déterminent aussi par des arrêtés :

1° L'époque de la chasse des oiseaux de passage, autres que la caille, la liste de ces oiseaux, et les modes de cette chasse pour chaque espèce (Loi 22 janv. 1874);

2º Les moyens de chasse généralement prohibés qu'ils jugent à propos d'autoriser ;

3º Le temps de la chasse du gibier d'eau, dans les marais, étangs, fleuves et rivières (Loi 22 janv. 1874).

4º Les espèces d'animaux malfaisants ou nuisibles que les propriétaires, possesseurs ou fermiers peuvent détruire en tout temps et sans permis, et les conditions de l'exercice de ce droit (*Ibid.*);

Sans préjudice de la faculté qu'ils ont toujours de repousser et détruire, même avec des armes à feu, les bêtes fauves qui porteraient dommage à leurs propriétés (Cass. 14 avril 1848. — Loi 22 janv. 1874).

Les préfets peuvent également prendre des arrêtés :

1º Pour prévenir la destruction des oiseaux ou favoriser leur repeuplement (Loi 22 janv. 74) ;

2º Pour autoriser l'emploi des chiens lévriers pour la destruction des animaux malfaisants ou nuisibles (*Ibid.*).

Une loi du 10 messidor an v, encore en vigueur, s'occupe particulièrement de la destruction des loups ;

3º Pour interdire la chasse pendant les temps de neige (L. 22 janv. 1874).

Tous les arrêtés de l'autorité administrative, en matière de chasse, sont obligatoires pour les tribunaux, tant qu'ils n'ont pas été réformés par l'autorité supérieure, et qu'ils ne sont pas contraires à la loi (Cass. 22 juin 1815).

3813. Lorsque la chasse est interdite dans un département, il est défendu d'y vendre, acheter et transporter du gibier, quelle qu'en soit l'origine, lors même qu'il aurait été tué sur le terrain clos du chasseur ; mais cette prohibition ne s'étend pas au gibier d'eau et aux oiseaux de passage pendant le temps où la chasse en est permise (Circ. min. 9 et 20 mai 1844) ;

Ni aux conserves de gibier dont la préparation remonte à une époque éloignée (Cass. 21 déc. 1844).

3814. Quant à la recherche du gibier, elle ne peut être faite à domicile que chez les aubergistes, chez les marchands de comestibles, et dans les lieux ouverts au public (Loi 3 mai 1844, art. 4, § 3).

Et encore, les employés des douanes, des contributions indirectes et des octrois, chargés de concourir à l'exécution de la loi sur la police de la chasse, et de constater la détention et le colportage du gibier, ne peuvent y pénétrer, ni verbaliser en cette matière, que dans le cas où le domicile leur est ouvert pour l'exercice de leurs fonctions ordinaires, et lorsqu'ils agissent dans les

limites de leurs attributions et dans les lieux où ils sont appelés à
les exercer (Loi 3 mai 1844, art. 23. — Circ. min. 20 mai et
22 juill. 1844).

Mais aucune excuse ne peut être admise pour empêcher la saisie
du gibier vendu ou transporté en contravention à la loi, et la recherche peut en être faite, dans tous les lieux ouverts au public,
par tout agent ayant qualité pour verbaliser (Circ. min. 9 mai
1844).

Toutefois, les perdrix d'Ecosse peuvent librement circuler en
France (Circ. min. 30 nov. 1860).

De même que les gelinottes ou coqs de bruyère, importés de
Russie (Circ. min. 5 mars 1868).

3815. Le gibier, vendu ou transporté en contravention, doit
être saisi et livré immédiatement à l'établissement de bienfaisance
le plus voisin, en vertu, soit d'une ordonnance du juge de paix, si
la saisie a lieu dans la commune du chef-lieu du canton, soit de
l'autorisation du maire, si elle est faite en l'absence du juge de
paix ou dans une autre commune. Cette ordonnance ou cette autorisation est délivrée à la requête des saisissants, et sur le vu d'un
procès-verbal régulier (Loi 3 mai 1844, art. 4, § 2).

Une instruction du ministre de l'intérieur, en date du 8 juillet
1861 peut encore servir à interpréter la loi du 3 mai 1844 dans
celles de ses dispositions qui sont demeurées en vigueur.

3816. Les préfets peuvent encore prendre des arrêtés pour
interdire la chasse en temps de neige, comme il a été dit ci-dessus, n° 3812 (Loi 22 janv. 1874).

Mais ces arrêtés ne sont obligatoires qu'après avoir été publiés
et portés à la connaissance de ceux qui doivent s'y conformer
(Cass. 5 juill. 1845).

La preuve de leur publication peut être régulièrement faite par
un certificat du maire, délivré même après la contravention, et les
tribunaux sont incompétents pour discuter la validité ou la véra-
cité d'un pareil certificat (Cass. 18 sept. 1847).

3817. Du reste, ces arrêtés n'ont pas besoin d'être renouvelés
tous les ans (Cass. 26 juin et 24 juill. 1846);

Et ils emportent la prohibition de chasser au fusil, même les
petits oiseaux (Cass. 24 sept. et 29 nov. 1847).

Toutefois, le transport du gibier, en temps de neige, bien que
la chasse soit alors temporairement suspendue, ne constitue pas
un délit (Cass. 22 mars et 18 avril 1845. — Rennes, 6 mars 1850.
— Décis. min. 18 janv. 1845. — Dutruc, n. 46).

3818. La chasse est toujours défendue pendant la nuit, c'est-à-dire pendant le temps qui s'écoule entre la fin du crépuscule du soir, une heure au plus après le coucher du soleil, et le commencement de celui du matin, environ une heure avant son lever (Arg. Dijon, 11 nov. 1846, et Douai, 9 nov. 1847. — Dutruc, n. 91).

La chasse dans les forêts, avec des torches ou des perches enflammées, est interdite. Il est même défendu d'entrer et de rester, pendant la nuit, dans les bois et forêts avec des armes à feu (Cass. 22 janv. 1829).

§ 4. — *Permission du propriétaire.*

3819. Celui qui veut chasser, ailleurs que sur ses propriétés, a encore besoin du consentement du propriétaire (Loi 3 mai 1844, art. 1, § 2);

Quelque peu considérable que soit l'étendue de ces propriétés (Cass. 25 avril 1828).

Et la permission du fermier ne suffit pas, surtout si le propriétaire ne lui a pas conféré le droit de chasse (Cass. 12 juin 1828).

3820. Le consentement d'une commune à ce que l'on chasse sur ses propriétés ne peut résulter que d'une permission donnée en la forme administrative, c'est-à-dire par délibération du conseil municipal. La permission donnée par le maire ne suffirait pas (Loi 18 juill. 1837, art. 17. — Cass. 5 fév. 1848 et 4 mai 1855).

Les tribunaux sont incompétents pour apprécier la régularité d'une pareille délibération, revêtue de l'approbation du préfet (Cass. 13 sept. 1850).

3821. Mais le consentement d'un simple particulier à ce que l'on chasse sur son terrain n'est soumis à aucune forme spéciale, et la preuve peut en être faite, soit par écrit, soit par témoins : les juges peuvent même la faire résulter d'un certificat délivré postérieurement au fait incriminé (Cass. 3 mars 1854 — Dutruc, n. 130).

Ou de présomptions qui peuvent faire croire que le propriétaire a donné son consentement (Cass. 12 juin 1846).

Le délit de chasse, sur le terrain d'autrui, ne consiste pas essentiellement dans l'introduction ou dans la présence des chasseurs sur ce terrain ; ce délit existe par cela seul qu'on se livre, même du dehors et par un moyen quelconque, à des actes de chasse ayant pour objet la recherche et la poursuite du gibier qui s'y trouve (Cass. 18 mars 1853).

3822. Il est défendu, même aux gardes forestiers, de chasser dans les bois de l'Etat et dans les bois communaux et leurs dépendances, sans la permission du préfet pour les premiers, et du maire pour les seconds (Arrêté 28 vend. an v).

Mais le droit de chasse dans les forêts de l'Etat peut être affermé (Ord. 24 juill. 1832).

Et les maires sont autorisés à affermer le droit de chasser dans les bois communaux, à la charge de faire approuver la mise en ferme par le préfet et par le ministre de l'intérieur (Décr. 25 prair. an XIII, art. I).

Du reste, la surveillance et la police de la chasse, dans les bois de l'Etat et des communes, appartient à l'administration forestière, qui est chargée de poursuivre les délits même indépendamment de toute plainte (Cass. 29 fév. et 27 sept. 1828, 23 mai 1835 et 19 août 1844).

SECTION II. — FAITS ET DÉLITS DE CHASSE.

SOMMAIRE.

3823. Action de chasse.	3825. Faits punissables.	3827. Visites domiciliaires.
3824. Modes prohibés.	3826. Engins prohibés.	3828. Chasses spéciales.

3823. Qu'entend-on par un fait de chasse, et dans quelles circonstances est-on trouvé chassant? Nous pensons qu'il y a fait de chasse de la part de celui qui est trouvé dans les champs, accompagné ou non de chiens, mais porteur d'une arme ou d'un instrument quelconque de chasse, et quêtant ou poursuivant le gibier. Il n'est pas nécessaire qu'on ait tiré, et encore moins qu'on ait tué ou pris quelque pièce. Un chasseur malheureux ou maladroit peut, en effet, chasser une journée entière sans abattre, ni même rencontrer de gibier, et il n'en a pas moins chassé malgré cela.—V. en ce sens, Dutruc, n. 6, et les autres autorités qu'il cite.

3824. La loi n'admet que trois modes de chasse : la chasse à tir ou au fusil, la chasse à courre ou à l'aide de chiens courants, et la chasse aux lapins à l'aide de bourses et de furets. Tout autre mode est formellement prohibé, sauf l'autorisation de leur emploi par les préfets, pour certaines chasses déterminées, comme nous l'avons dit plus haut, n° 3812.

Ainsi, à l'exception de la chasse à tir et à courre, et de la chasse aux lapins à l'aide de furets et de bourses, tout autre genre de chasse est formellement interdit, et cette interdiction comprend tous les instruments de destruction du gibier, sauf toutefois ceux qui sont usités, dans chaque pays, pour la chasse des oiseaux de passage (Circ. min. 9 mai 1844).

3825. La prohibition de la chasse en temps défendu, sans permis et sans le consentement du propriétaire, comprend donc tous les modes de chasse, de quelque nature qu'ils soient, notamment la poursuite du gibier par des chiens, alors même que le chasseur ne serait pas armé (Cass. 6 juill. 1854);

A moins qu'il n'ait pas concouru à ce fait par un acte de sa volonté. Dans ce cas, il est seulement responsable du dommage dont ses chiens ont été la cause (Cass. 20 nov. 1845 et 21 juill. 1855).

L'action, même sans armes, de faire quêter un chien d'arrêt avant l'ouverture de la chasse, constitue un fait de chasse, alors même qu'elle n'aurait pour but que d'exercer les chiens à poursuivre le gibier (Cass. 17 fév. 1853).

3826. Celui qui emploie des engins prohibés pour chasser sur sa propriété, encore bien qu'elle soit close, ou qui en a seulement en sa possession, commet un délit ; car la possession de filets prohibés, même quand il n'en a pas été fait usage, entraîne l'application des peines de la loi (Cass. 26 avril 1845 et 4 avril 1846. — Dutruc, n. 84 et 85).

Mais il n'en est pas ainsi de la possession d'un piége qui paraît destiné à prendre des animaux malfaisants (Cass. 15 oct. 1844).

3827. Les visites domiciliaires, pour la recherche des engins et instruments de chasse prohibés et pour en constater la détention, ne peuvent avoir lieu que sur la réquisition du ministère public, en vertu d'une ordonnance du juge d'instruction et par ce magistrat ou un officier délégué par lui (Circ. min. 9 mai 1844.— Dutruc, n. 96 et suiv.).

Toutefois, la saisie de ces engins est légale et valable quand elle a eu lieu dans le cours d'une visite domiciliaire régulièrement faite par des agents forestiers, pour retrouver des bois de délit (Cass. 18 déc. 1845).

Les délinquants ne peuvent être saisis ou arrêtés, à moins qu'ils ne soient déguisés ou masqués, qu'ils ne refusent de faire connaître leurs noms, ou qu'ils n'aient pas de domicile connu. Dans chacun de ces cas, ils sont conduits immédiatement devant le maire ou le juge de paix du lieu où ils sont trouvés en délit, afin que ce magistrat s'assure de leur individualité (Loi 3 mai 1844, art. 25).

3828. Les lieutenants de louveterie ne peuvent se livrer à la chasse des animaux nuisibles que sous la surveillance et l'inspection des agents forestiers, et le propriétaire sur le terrain duquel ils ont indûment chassé ou fait chasser, peut poursuivre la répression de ce délit (Arrêté 9 pluv. an v, art. 5. — Cass. 12 janv. 1847).

La chasse aux petits oiseaux, à l'aide de gluaux, de filets et autres engins, est interdite, même alors qu'aucun arrêté préfectoral ne la défend (Cass. 27 fév. 1845, 25 mars, 4 avril et 2 oct. 1846, et 23 avril 1847).

La chasse avec appeaux, appelants ou chanterelles, est également interdite (Loi 3 mai 1844, art. 12, n° 6. — Cass. 30 mai 1845).

Toutefois, un arrêté du préfet peut l'autoriser pour la chasse des oiseaux de passage (Cass. 4 mai et 16 juin 1848. — Loi 22 janv. 1874).

SECTION III. — POURSUITES.

SOMMAIRE.

3829. Plainte préalable.	3832. Administration forestière.	3834. Réserve.
3830. Partie lésée.	3833. Action publique.	3835. Désistement.
3831. Double action.		3836. Prescription.

3829. En thèse générale, tous les délits de chasse peuvent être poursuivis d'office par le ministère public (Loi 3 mai 1844, art. 26).

Toutefois, lorsqu'il s'agit d'un fait de chasse sur le terrain d'autrui, sans le consentement du propriétaire, l'exercice de l'action publique est, en général, subordonné à une plainte préalable de la partie lésée (*Ibid.*).

Mais il suffit d'une simple plainte ou dénonciation, ou même de la remise du procès-verbal au parquet, sans que le plaignant soit obligé de se constituer partie civile (V. Dutruc, n. 123 et suiv.).

3830. La partie lésée, dans le sens de cet article, s'entend seulement du propriétaire et de celui à qui la chasse appartient à titre de location ou autrement (Cass. 21 janv. 1837 et 13 déc. 1855).

Ainsi, une plainte du fermier qui exploite les terres ne suffit pas, s'il n'a point le droit de chasse.

Dans l'intérêt de l'agriculture, la chasse sur les terres couvertes de leurs récoltes, ou ensemencées, est assimilée au fait de chasse en temps prohibé, et peut être poursuivie d'office par le ministère public, encore bien qu'il n'y ait pas de partie plaignante (Cass. 23 fév. 1827 et 4 fév. 1830).

3831. Du reste, le droit de poursuite de la partie publique existe concurremment avec celui de citation directe qui appartient toujours aux parties intéressées, et sans préjudice de l'usage qu'elles peuvent en faire (Loi 3 mai 1844, art. 26).

Et quand cette poursuite privée est intentée, le tribunal ne peut

se dispenser d'infliger aux délinquants la peine qu'ils ont encourue, lors même que le ministère public aurait refusé ou se serait
abstenu d'en requérir l'application (Cass. 24 fév. 1839).

Et celui-ci peut appeler du jugement intervenu sur la poursuite
du propriétaire qui n'appelle pas lui-même (Cass. 31 juill. 1830).

A plus forte raison, peut-il intervenir en première instance
comme partie jointe (Cass. 17 mai 1834).

3832. L'administration des forêts a aussi, concurremment
avec le ministère public, le droit de poursuivre, d'office, les délits
de chasse commis dans ces forêts, sans qu'il soit besoin d'une
plainte préalable, lors même que la chasse est louée dans ces bois,
et que l'adjudicataire ne se plaint pas; elle peut même appeler
seule du jugement, sans le concours du parquet (Cass. 5 nov.
1829, 16 août 1844, 9 janv. 1846 et 21 août 1852. — Dutruc,
n. 132 et suiv.).

3833. Enfin, le ministère public peut poursuivre d'office, sans
plainte préalable, celui qui a chassé sur le terrain d'autrui en
temps prohibé, ou avec des engins interdits, ou sur des terres non
encore dépouillées de leur récolte (Loi 3 mai 1844, art. 26, § 2.—
Cass. 3 nov. 1831 et 18 juill. 1834).

Mais ce n'est pas pour lui un devoir, c'est une simple faculté,
dont il est même à propos qu'il ne fasse usage qu'après avoir consulté le propriétaire lésé (Ch. Berriat Saint-Prix, *Procéd. des trib.
correct.*, I, n° 296).

3834. Ainsi, en bonne règle, quand les délits de chasse n'intéressent que les particuliers, le ministère public doit laisser aux
parties intéressées le soin de poursuivre la réparation du dommage
qu'elles ont éprouvé, et il ne doit agir d'office que lorsque le délit
a lieu en temps prohibé, ou sans permis de chasse (Décis. min.
8 fév. 1826.—Cass. 18 juill. 1834 et 16 nov. 1837).

C'est donc un devoir pour lui de n'user qu'avec une sage réserve de la faculté qui lui est accordée de poursuivre d'office, et
sans une plainte formelle du propriétaire, les délits de chasse
commis sur le terrain d'autrui, dans les cas exceptionnels prévus
par la loi (Circ. min. 9 mai 1844).

3835. Quand il y a eu plainte, et que l'action publique ainsi
provoquée a été exercée, la partie lésée ne peut, par son désistement, en paralyser les effets (Avis Cons. d'Etat, 10 mai 1811. —
Décis. min. 15 oct. 1816).

Car l'action publique, une fois mise en mouvement par la poursuite ou par la plainte de la partie lésée, ne peut rester subordonnée au changement de volonté du plaignant; et le ministère public,

qui eût été sans qualité pour agir d'office en première instance, dans le silence de la partie intéressée, peut appeler ou se pourvoir en cassation, quoique la partie civile n'exerce pas de recours, ou acquiesce au jugement (Cass. 13 juill. 1830 et 31 déc. 1855).

Au contraire, lorsqu'un individu est poursuivi pour délit de chasse à la requête d'une partie civile seule, s'il est reconnu que le plaignant n'avait pas le droit de chasse sur le terrain où le délit a été commis, et que, par conséquent, sa demande n'est pas recevable, la citation étant inefficace pour servir à l'action civile, l'est également pour donner ouverture à l'action publique (Cass. 20 août 1847).

3836. Toute action relative aux délits de chasse se prescrit par trois mois, à compter du jour du délit (Loi 3 mai 1844, art. 29).

Le jour du délit n'est pas compris dans ce délai, qui se compte de quantième à quantième, et non par périodes de trente jours (Cass. 10 janv. 1845 et 28 janv. 1846). — V. Dutruc, *Mémor.*, v^{is}, *Chasse*, n. 165 *bis*, et *Prescript. crim.*, n. 34 et 35.

Mais la prescription est interrompue par tout acte de poursuite, même par une citation en justice donnée devant un juge incompétent (Cass. 7 sept. 1848);

Ou par une instance engagée sur des questions préjudicielles après le jugement desquelles elle reprend son cours (Cass. 10 avr. 1835);

Ou par une citation donnée, soit à un prévenu, soit même à un témoin (Cass. 26 juin 1841);

Mais non par la signification du procès-verbal sans citation, ni par la signification irrégulière d'un jugement par défaut (Cass. 30 avril 1830 et 7 avril 1837).

Du reste, le juge doit admettre, d'office, la prescription en tout état de cause, et lors même que cette exception ne serait pas invoquée par le prévenu (Cass. 26 janv. 1843).

SECTION IV. — PROCÉDURE ET JUGEMENT.

SOMMAIRE.

3837. Tous les délits de chasse sont de la compétence des tribunaux correctionnels.

La juridiction de ces tribunaux, en cette matière, s'étend même sur les militaires présents sous les drapeaux (Avis Cons. d'État, 4 janv. 1806).

3838. Les citations peuvent être données par les gardes de l'administration forestière, pour les délits de chasse commis dans les forêts (Cass. 7 sept. 1849) ;

Et pour les autres, par les huissiers, comme en toute autre matière.

3839. Les délits de chasse sont prouvés judiciairement, soit par procès-verbaux ou rapports, soit par témoins, à défaut de procès-verbaux ou de rapports, ou à leur appui (Loi 3 mai 1844, art. 21).

Ils peuvent être constatés par des procès-verbaux de tous officiers de police judiciaire, des gendarmes et autres agents ayant foi en justice, tels que les gardes champêtres, forestiers et autres (Loi 3 mai 1844, art. 22).

3840. En cette matière, les procès-verbaux ne font foi que jusqu'à preuve contraire, et encore faut-il que ceux des gardes soient, à peine de nullité, affirmés par eux, dans les vingt-quatre heures du délit, devant le juge de paix du canton ou l'un de ses suppléants indistinctement, ou devant le maire ou l'adjoint, soit de la commune de leur résidence, soit de celle où le délit a été commis (Loi 3 mai 1844, art. 22 à 24).

Et les procès-verbaux sont nuls, s'ils ne constatent pas l'heure à laquelle l'affirmation a été faite (Cass. 4 sept. 1847).

Cependant un procès-verbal affirmé le lendemain de sa date est réputé affirmé dans les vingt-quatre heures (Cass. 21 avril 1827).

Remarquez qu'un garde forestier ne peut verbaliser que sur le terrain pour lequel il est assermenté (Cass. 9 mai 1828).

Dans tous les cas, on peut entendre comme témoin le rédacteur du procès-verbal, qu'il soit régulier ou irrégulier (Cass. 7 sept. 1833).

Et une condamnation peut être prononcée sur la déposition d'un seul témoin, si elle suffit pour déterminer la conviction du juge (Cass. 7 fév. 1835 et 19 fév. 1836).

Il n'est pas nécessaire que le prévenu ait été appelé à la rédaction du procès-verbal pour y faire insérer ses explications, ni que la citation porte qu'on lui en a donné copie (Cass. 14 août 1829).

3841. Lorsque le ministère public offre de suppléer au procès-verbal par la preuve testimoniale, le tribunal est obligé d'admettre cette preuve, à moins qu'il ne tienne le délit pour certain (Cass. 8 juin 1844 et 12 nov. 1846).

Si le ministère public n'a pas offert de suppléer ainsi au procès-verbal, le tribunal n'est pas obligé d'attendre pour statuer, que la preuve testimoniale ait été produite (Cass. 4 sept. 1847).

Remarquez que lorsque le tribunal, en annulant le procès-verbal, délaisse le ministère public à se pourvoir ainsi qu'il avisera, son jugement n'est pas définitif, et que l'affaire peut revenir à l'audience par citation nouvelle avec audition de témoins (Cass. 11 août 1831).

3842. Du reste, les juges peuvent chercher leurs éléments de conviction dans tous les modes de preuve admis par la loi française, et notamment dans les déclarations du prévenu. Ils peuvent aussi ordonner, d'office, l'audition des témoins, s'ils la jugent utile. Ils sont également les maîtres d'apprécier la force probante de ses aveux ; mais ils ne pourraient refuser d'en faire la base d'une condamnation, par le seul motif qu'aucun procès-verbal n'aurait constaté le fait matériel du délit (Cass. 29 juin 1848).

Comme aussi, ils peuvent acquitter, en se fondant sur les justifications faites par le prévenu ; mais alors ils doivent dire de quelle nature sont les preuves d'après lesquelles ils se déterminent (Cass. 1er juin et 30 août 1844).

L'intention ou la bonne foi ne serait pas une excuse suffisante (Cass. 12 avril 1845, 1er fév. 1850 et 15 déc. 1870).

3843. Les peines encourues pour délits de chasse sont plus graves quand ils ont été commis la nuit, ou sur des terres ensemencées et non dépouillées de leur récolte, ou par un délinquant déguisé ou masqué, ou qui a pris un faux nom, ou qui a usé de menace ou de violence envers les personnes, ou enfin qui se trouvait en état de récidive (Loi 3 mai 1844, art. 11, 13 et 14).

Nous avons dit ci-dessus, n° 3818, quel est le temps de nuit en matière de chasse.

On entend par terres ensemencées celles qui portent encore des fruits auxquels le passage du chasseur pourrait causer du dommage (Cass. 31 janv. 1840).

3844. Il y a récidive, lorsque le délinquant avait déjà été condamné, pour délit de chasse, dans les douze mois qui ont précédé l'infraction (Loi 3 mai 1844, art. 15. — Cass. 24 juill. 1834).

Pour l'application des peines de la récidive, il faut avoir sous les yeux une expédition ou une mention authentique de la précédente condamnation devenue définitive (Cass. 6 mai 1826 et 28 fév. 1846). — V. toutefois Dutruc, n. 108.

L'aveu du prévenu ne suffirait pas (Cass. 11 sept. 1828.—Dutruc, *loc. cit.*).

On ne peut faire résulter l'état de récidive d'une condamnation antérieure à plus d'une année d'emprisonnement pour un délit commun, et condamner, par suite, le prévenu d'un délit de chasse à la peine de la surveillance (Cass. 21 avril 1855).

3845. Le maximum est toujours prononcé contre les gardes champêtres ou forestiers publics ou particuliers, lors même qu'ils auraient commis le délit hors du territoire confié à leur surveillance; car c'est à leur qualité de garde que cette peine est attachée (Loi 3 mai 1844, art. 12 *in fine*. — Cass. 4 oct. 1844).

3846. Les peines encourues pour des contraventions postérieures à la déclaration du procès-verbal peuvent être cumulées, s'il y a lieu, sans préjudice des peines de la récidive; mais le cumul n'a plus lieu, en cas de conviction simultanée d'un délit de chasse et d'un délit commun. La peine de celui-ci, quand elle est plus forte, est seule prononcée, en y ajoutant toutefois les peines accessoires encourues pour le délit de chasse, et qui peuvent toujours se cumuler avec les peines principales (Loi 3 mai 1844, art. 17. — Cass. 24 avril 1847).

D'un autre côté, les délits de chasse étant personnels, il y a, dans le même fait, autant de délits particuliers que de délinquants; et, par conséquent, il y a lieu de prononcer une amende séparée contre chacun d'eux (Cass. 17 juill. 1823).

3847. Lorsqu'un mineur de seize ans est déclaré coupable d'un délit de chasse, commis avec discernement, il y a lieu de modérer l'amende par application de l'art. 69 du Code pénal (Cass. 11 août 1836, 3 janv. 1845, 18 juin 1846 et 3 fév. 1849.—Dutruc, n. 105).

Mais les tribunaux ne peuvent déclarer qu'il a agi sans discernement (Cass. 5 juill. 1839). — *Contrà*, Dutruc, *ibid.*, et autres autorités citées.

Ils ne peuvent, non plus, appliquer au prévenu le bénéfice des circonstances atténuantes (Loi 3 mai 1844, art. 20).

3848. Le père, la mère, le tuteur, les maîtres et commettants, sont civilement responsables des dommages-intérêts et frais prononcés pour des délits de chasse commis par leurs enfants mineurs non mariés, leurs pupilles demeurant avec eux, et leurs domestiques ou préposés, sauf tout recours de droit, et sans pouvoir être soumis, quant à ce, à la contrainte par corps (Loi 3 mai 1844, art. 28).

Du reste, cette responsabilité ne peut être étendue, dans aucun cas, à la confiscation des armes de chasse dont il va être parlé, ou à la condamnation au paiement de leur valeur (Cass. 6 juin 1850).

3849. Les frais ne peuvent d'ailleurs être prononcés que contre ceux qui ont été déclarés coupables et condamnés comme tels. Mais la condamnation aux frais entraîne la contrainte par corps ; et, pour en fixer la durée, on ajoute à la totalité des frais de justice le montant de l'amende et des dommages-intérêts, dont la quotité est laissée à l'appréciation des tribunaux (Loi 3 mai 1844, art. 16, § 5. — Cass. 9 sept. 1842, 24 août et 9 nov. 1843).

3850. Ceux qui ont commis conjointement des délits de chasse, c'est-à-dire qui ont participé à un même fait punissable, constaté ou non par le même procès-verbal, sont condamnés solidairement aux amendes, dommages-intérêts et frais (Loi 3 mai 1844, art. 27).

Et cette solidarité s'étend même aux amendes plus fortes qu'aurait pu faire prononcer l'état de récidive de l'un des condamnés (Cass. 13 août 1853).

SECTION V. — DISPOSITIONS ACCESSOIRES.

SOMMAIRE.

3851. Confiscation.	3854. Vente.	3857. Circonstances délictueuses.
3852. Saisie.	3855. Gratifications.	
3853. Dépôt au greffe.	3856. Résumé.	

3851. Tout jugement de condamnation doit prononcer la confiscation des filets, engins et autres instruments de chasse, qui ont servi au délit, et ordonner la destruction de ceux de ces instruments qui seraient prohibés par la loi (Loi 3 mai 1844, art. 16, § 1).

Quant aux armes, la confiscation doit aussi en être prononcée, même sur l'appel seul de l'administration forestière, excepté dans le cas où le délit aurait été commis par un individu muni d'un permis de chasse et dans un temps où la chasse était autorisée (*Ibid.*, § 2. — Cass. 28 janv. 1847).

Mais il suffit que la chasse ait eu lieu en temps de neige pour que la confiscation soit encourue (Cass. 3 juill. 1845 et 3 janv. 1846).

3852. Les délinquants ne peuvent être désarmés, sauf à leur déclarer saisie de leurs armes, et à la constater dans le procès-verbal où il en est fait une description sommaire (Loi 3 mai 1844, art. 25).

Si les armes ou autres instruments de délit n'ont pas été saisis, le délinquant est condamné à les représenter ou en payer la valeur, suivant la fixation qui en est faite dans le jugement, et qui ne peut être au-dessous de 50 fr. (*Ibid.*, art. 16, § 3).

Les armes, engins et autres instruments de chasse, abandonnés par les délinquants restés inconnus, sont saisis et déposés au greffe du tribunal compétent pour juger le délit. Puis, le ministère public, sur le vu du procès-verbal, en demande à l'audience la confiscation et la destruction, s'il y a lieu, sans autre procédure ni formalité (*Ibid.*, § 4).

Mais il ne faut pas tarder et attendre la découverte des délinquants pour recourir à cette mesure, de peur de laisser acquérir la prescription qui s'opposerait à son exécution (Décis. min. 19 fév. 1834).

3853. Les armes et les instruments déposés au greffe, par suite de confiscation, doivent être conformes à la description qui doit en être faite dans les procès-verbaux de délit (Circ. min. 9 mai 1844 et 16 nov. 1858).

Ainsi, on ne doit pas recevoir, dans les greffes, à la place des armes indiquées au procès-verbal et dont la confiscation est prononcée, d'autres armes qui seraient hors d'usage ou sans valeur, ce qui rendrait illusoires l'efficacité de cette mesure et la répression des contraventions. Pour empêcher cet abus, il faut que les agents qui constatent les délits de chasse soient invités à décrire, avec autant de précision que possible les armes qui ont servi à les commettre et dont étaient porteurs les individus trouvés en contravention (Circ. min. 3 oct. 1835 et 16 nov. 1858).

Le ministère public doit aussi donner aux greffiers des instructions formelles sur ce point, leur défendre de recevoir des armes qui ne seraient pas entièrement conformes aux énonciations des procès-verbaux, ou aux indications fournies par les témoins, veiller à ce que les armes saisies ou confisquées ne séjournent pas trop longtemps dans les greffes, et empêcher toute substitution frauduleuse (Circ. min. 6 mai 1850 et 16 nov. 1858).

3854. Enfin, les armes confisquées et déposées au greffe ne peuvent être vendues par les agents de l'administration des domaines qu'après que les canons en ont été brisés. Quant aux armes de chasse non confisquées, mais simplement saisies et non réclamées par les propriétaires, elles doivent être vendues sans être brisées, si leur valeur n'excède pas six francs (Décis. min. fin. 23 sept. 1835. — Circ. adm. de l'enreg. 1er déc. 1835).

3855. Une gratification pécuniaire est accordée aux gardes et gendarmes rédacteurs des procès-verbaux ayant pour objet de constater les délits de chasse (Loi 3 mai 1844, art. 10).

Cette gratification est prélevée sur le produit des amendes, dont le surplus est attribué aux communes sur le territoire desquelles les infractions ont été commises (*Ibid.*, art. 19. — Décr. 4 août 1852).

La gratification est due pour chaque amende prononcée, soit que plusieurs délits aient été commis par un même individu, soit que plusieurs individus aient concouru à commettre ensemble plusieurs délits en se prêtant une mutuelle assistance; mais il ne peut être alloué qu'une seule gratification pour un délit unique, lors même que plusieurs agents auraient simultanément concouru à la rédaction du procès-verbal (L. 5 mai 1845, art. 2 et 4).

Du reste, les tribunaux qui statuent sur les délits de chasse n'ont rien à prescrire quant à la gratification due à l'agent qui a verbalisé. Le ministère public n'intervient lui-même que par son visa sur le mémoire présenté pour en obtenir paiement (Décis. min. 20 oct. 1819).

Pour la quotité et le mode de paiement de cette gratification, voyez ci-après le chapitre des *Frais de justice criminelle*, sect. VI, § 2.

3856. En résumé, pour pouvoir chasser sans délit, il faut :

1° Être propriétaire du terrain sur lequel on chasse, ou avoir la permission du propriétaire ;

2° Que la chasse soit ouverte et non suspendue, à moins que l'on ne chasse sur un terrain clos et attenant à une maison d'habitation ;

3° Être porteur d'un permis de chasse délivré dans les douze mois précédents, et n'employer aucun instrument ou engin prohibé.

Toutes ces conditions sont de rigueur, et l'inobservation de l'une d'elles constitue un délit de chasse.

3857. Il y a donc délit :

1° Si l'on chasse sur le terrain d'autrui sans sa permission ;

2° Si l'on chasse sur un terrain même clos, mais ensemencé ou couvert de ses récoltes ;

3° Si l'on chasse sans permis de chasse ou avec un permis suranné, ou si l'on emploie des instruments ou engins défendus ;

4° Enfin, si l'on chasse en temps prohibé.

CHAPITRE XI. — COALITIONS.

3858. C'est le délit des patrons et ouvriers qui se concertent pour obtenir, à l'aide de violence, voies de fait, menaces ou manœuvres frauduleuses, une cessation de travail, la hausse ou la baisse des salaires, et porter atteinte à la liberté de l'industrie ou du travail (C. pén. 414. — Loi 25 mai 1864. — V. Cass. 5 avril 1867. — Dutruc, *Mémor. du Minist. publ.*, v° *Coalition*).

Les ouvriers, patrons et entrepreneurs d'ouvrages qui, au moyen d'amendes, défenses, damnations, proscriptions ou interdictions prononcées par suite d'un plan concerté, portent obstacle au libre exercice de l'industrie ou du travail, encourent également des peines correctionnelles (C. pén. 416).

3859. Ces diverses dispositions s'appliquent aussi aux propriétaires et fermiers, ainsi qu'aux domestiques et ouvriers de la campagne (Loi 25 mai 1864, art. 2).

Des ouvriers qui imposent à leur patron, en le menaçant de quitter son atelier, le renvoi d'un autre ouvrier, commettent le délit de coalition quand ils agissent d'après un plan concerté pour forcer les autres ouvriers à s'affilier à leur société (Cass. 28 août 1873).

3860. Il n'y a guère de délit qui doive davantage éveiller la sollicitude du ministère public et provoquer son action par la conséquence redoutable qu'il peut avoir pour le maintien de l'ordre public.

3861. Assez fréquemment des faits de réunion illicite se trouvent joints au délit de coalition. C'est alors le cas de diriger une double poursuite et d'y comprendre particulièrement les chefs et les instigateurs du complot. Dans le réquisitoire final, il faudra faire la part de la culpabilité de chacun des inculpés dans l'un et l'autre délit, et se montrer moins sévère envers ceux qui n'auraient été que fatalement entraînés.

CHAPITRE XII. — CONTRIBUTIONS INDIRECTES.

SECTION PREMIÈRE. — RÈGLES GÉNÉRALES.

SOMMAIRE.

3862. Lois fiscales.
3863. Modes d'action.
3864. Règles spéciales.
3865. Liberté provisoire.
3866. Exercice.
3867. Ordre formel.
3868. Transaction.
3869. Compétence.
3870. Modes de poursuite.
3871. Assignation.
3872. Excuses.
3873. Preuve supplétive.
3874. Confiscation.
3875. Cumul et solidarité.
3876. Frais de l'instance.
3877. Extraits des jugements.

3862. L'administration des contributions indirectes peut exercer une action correctionnelle contre ceux qui fraudent les droits qu'elle doit percevoir, ou qui contreviennent aux lois fiscales dont elle est chargée d'assurer l'exécution.

Ces lois sont celles qui concernent :

1° Les allumettes chimiques (Loi 4 sept. 1871) ;

2° Les boissons (Loi 28 avril 1816) ;

3° Les cartes à jouer (*Ibid.*, art. 160. — Décr. 16 juin 1808) ;

4° Les matières d'or et d'argent (Loi 19 brum. an VI) ;

5° La navigation intérieure (Loi 30 flor. an x) ;

6° Les octrois (Loi 27 frim. an VIII. — Ord. 9 déc. 1814, art. 88) ;

7° Les poudres et salpêtres (Loi 13 fruct. an v. — Ord. 25 mars 1818) ;

8° Le sel (Loi 28 avril 1816, art. 18) ;

9° Les sucres indigènes (Loi 18 juill. 1837) ;

10° Les tabacs (Loi 28 avril 1816, art. 172) ;

11° Les voitures publiques (Loi 25 mars 1817, art. 112).

3863. Elle exerce même cette action à l'exclusion du ministère public, comme nous l'avons remarqué au n° 1872 (Cass. 12 août 1853. — Dutruc, *Mémor. du Minist. publ.*, v° *Contrib. indir.*, n. 5 et 6).

Toutefois, le ministère public peut, sur la plainte de l'administration, saisir le juge d'instruction toutes les fois qu'une information préalable paraît nécessaire et que l'infraction peut entraîner la peine de l'emprisonnement (Cass. 12 août 1853).

Dans les autres cas, l'administration procède par voie de citation directe portant notification du procès-verbal de contravention.

Alors, le ministère public est seulement appelé à donner des conclusions, comme partie jointe, et à requérir les peines de la loi contre les contrevenants, sans préjudice des réparations pécuniaires dues à l'administration.

Il doit aussi presser le jugement de ces affaires, et dissiper les préventions dont les préposés pourraient être l'objet dans l'esprit des magistrats (Circ. min. 3 août 1818).

Mais il est non recevable à se pourvoir en cassation (Cass. 25 août 1827 et 1er avril 1837).

3864. Les règles qu'il doit respecter en cette matière se résument ainsi :

1º Initiative et direction de la poursuite abandonnée à la régie;

2º Devoir pour ses agents qui ont procédé à une arrestation de conduire immédiatement le contrevenant devant le juge compétent;

3º Faculté pour celui-ci de maintenir ou de faire cesser la détention sur le vu des charges existantes ;

4º Droit pour le détenu de réclamer devant le tribunal civil, en cas d'irrégularité dans son arrestation ;

5º Mode spécial de saisir le tribunal de répression, à l'exclusion de la loi sur les flagrants délits (Loi 28 avril 1816. — Circ. min. 20 mars 1866).

3865. Par exception au droit commun, les délinquants ne peuvent réclamer leur mise en liberté provisoire; mais les agents doivent, avec le concours du ministère public, abréger autant que possible, par leur diligence, la durée de la détention préventive (*Ibid.*).

3866. Les autorités civiles et militaires et la force publique doivent prêter aide et assistance aux employés de la régie pour l'exercice de leurs fonctions, toutes les fois qu'elles en sont requises, et le ministère public doit les entourer de sa protection (Loi 28 avril 1816, art. 245).

En cas de soupçon de fraude à l'égard des particuliers non soumis à l'exercice, les employés peuvent faire des visites dans l'intérieur de leurs habitations, en se faisant assister, soit du juge de paix ou de l'un de ses suppléants, soit du maire ou de son adjoint, soit du commissaire de police, lesquels sont tenus de déférer à la réquisition qui leur en est faite, et qui doit être transcrite en tête du procès-verbal. Ces visites ne peuvent avoir lieu que d'après l'ordre d'un employé supérieur, du grade de contrôleur au moins, qui est obligé de rendre compte des motifs de cette mesure au directeur du département (Loi du 23 avril 1819, art. 237, § 1).

3867. Le procès-verbal doit énoncer, à peine de nullité, que cet ordre a été exhibé au particulier. Néanmoins, à défaut de cet ordre, il suffit de la présence d'un employé qui aurait eu le droit de le donner (Cass. 10 avril 1823 et 24 sept. 1830).

La visite peut même être faite hors la présence de l'officier de police, si le particulier ne s'y oppose point; mais cette présence est indispensable en cas de résistance ou seulement d'absence de celui-ci (Cass. 19 avril 1822).

Les marchandises ou denrées circulant en fraude qui, au moment d'être saisies, seraient transportées dans une habitation pour les soustraire aux employés, peuvent y être suivies par eux sans qu'ils soient tenus, dans ce cas, d'observer les formalités qui viennent d'être indiquées (Loi 28 avril 1816, art. 237, § 2).

3868. Les transactions consenties avant jugement, par l'administration des contributions indirectes, dans les affaires qui la concernent, arrêtent l'action publique, et doivent être suivies d'une ordonnance de non-lieu ou d'un désistement à l'audience; mais la transaction après jugement ne remet que la peine pécuniaire, le chef de l'État ayant seul le droit de remettre ou de modérer les peines corporelles. Il ne peut alors être présenté par l'administration qu'une demande en grâce, sur laquelle le ministère public aurait à donner son avis (Circ. min. 1er janv. 1844).

3869. Si le prévenu, traduit en police correctionnelle, décline la compétence de cette juridiction, en contestant le fond du droit, le tribunal n'est pas tenu de surseoir et peut prononcer, tout à la fois, sur la contestation du fond et sur la contravention (Cass. 3 avril 1830 et 11 mai 1839).

Du reste, la juridiction correctionnelle est toujours compétente pour statuer sur le procès-verbal de contravention, encore que le fond du droit soit contesté (Cass. 2 avril 1813).

Surtout lorsque la disposition de la loi est tellement claire et positive, qu'il ne peut s'élever aucun doute sérieux sur l'existence du droit, et conséquemment sur la contravention (Cass. 14 avril 1809 et 5 juin 1818). — V. aussi *infrà*, n. 3891.

3870. L'administration a le droit d'assigner directement les délinquants devant le tribunal correctionnel, et elle a aussi la faculté de consentir à ce qu'il soit procédé par voie d'intruction sur les poursuites du ministère public (Cass. 10 juin 1830).

Mais quand il a été rendu, à l'insu de la régie, une ordonnance portant qu'il n'y a lieu à suivre, cette ordonnance ne peut préjudicier à l'action de l'administration, ni acquérir à son égard l'autorité de la chose jugée (Cass. 24 fév. 1820).

3871. L'assignation donnée au prévenu peut être notifiée par les commis ou préposés de l'administration (Décr. 1er germ. an XIII, art. 1. — Loi 15 juin 1835, art. 1).

Elle est donnée, au plus tard, dans les trois mois de la date du procès-verbal ; et, si les inculpés sont détenus, dans le délai d'un mois, à partir de l'arrestation, le tout sous peine de déchéance (Loi 15 juin 1835, art. 1).

Toutefois, s'il y a eu information judiciaire, ce délai ne commence à courir que du jour où a été rendue l'ordonnance définitive du juge d'instruction (Paris, 14 janv. 1841).

La citation n'est pas nulle si elle ne porte pas en tête une copie du procès-verbal, ou si elle n'en relate pas la date, lorsque d'ailleurs elle contient des indications suffisantes pour qu'on ne puisse pas se méprendre sur l'objet de la demande (Cass. 19 juill. 1811).

Enfin, la régie qui se rend opposante à un jugement par défaut n'est pas tenue de notifier son opposition au ministère public (Cass. 9 oct. 1835).

3872. Les contraventions sont attachées à l'existence matérielle des faits, abstraction faite de l'intention du prévenu. Les tribunaux ne sont pas juges de cette intention, et ne peuvent excuser les contrevenants sous prétexte de bonne foi ou d'ignorance. L'administration seule a le droit d'avoir égard aux circonstancés qui seraient atténuantes, ou qui les rendraient excusables (Cass. 29 mars 1806 et 17 juill. 1835. — Dutruc, *Dict. du content. commerc. et industr.*, v° *Contrib. indir.*, n. 47).

Il n'y a même pas lieu d'examiner si le contrevenant, mineur de seize ans, a agi avec ou sans discernement (Metz, 5 mars 1821).

3873. Les tribunaux doivent suppléer à l'insuffisance du procès-verbal par tout autre genre de preuves propre à établir la vérité des faits, surtout lorsque cette vérification est demandée par la régie et par le ministère public (Cass. 8 sept. 1808).

Ils doivent aussi suppléer d'office aux moyens omis par la régie (Cass. 6 nov. 1806).

Le ministère des avoués n'est pas interdit en cette matière, à condition qu'ils procèdent par simples mémoires respectivement signifiés, et sans plaidoirie (Cass. 13 août 1873).

3874. Dans le cas où le procès-verbal, portant saisie d'objets prohibés, ou circulant en contravention, est annulé pour vice de forme, la confiscation de ces objets doit être prononcée sans amende, sur les conclusions du poursuivant ou du ministère public, si la contravention se trouve d'ailleurs suffisamment constatée par l'instruction (Décr. 1er germ. an XIII, art. 34).

Une loi du 21 juin 1873 règle la forme et la force probante des procès-verbaux, ainsi que la répression des fraudes. Les contrevenants sont poursuivis par le ministère public devant le tribunal compétent, qui peut admettre des circonstances atténuantes dans tous les cas où la peine d'emprisonnement est encourue (Même loi, art. 15).

3875. Le principe qui prohibe le cumul des peines n'est pas applicable en cette matière où il faut prononcer une peine pour chaque contravention (Cass. 26 mars 1835).

. Les condamnations pécuniaires contre plusieurs personnes, pour pour un même fait de fraude, sont solidaires entre celles-ci, qui peuvent être poursuivies par la voie de la contrainte par corps, lors même que les juges auraient omis de la prononcer (Cass. 14 fév. 1832).

3876. L'administration est tenue d'avancer les frais de justice dans les affaires qui la concernent, sauf son recours contre les condamnés (Circ. min. 15 déc. 1815. — Décis. min. 22 août 1817).

Mais elle n'y est plus obligée, lorsque les faits poursuivis peuvent donner lieu à une peine afflictive ou infamante (Décis. min. 21 janv. 1836).

3877. Les extraits des jugements rendus dans l'intérêt de l'administration des contributions indirectes, et réclamés par elle, lui sont délivrés par le greffier du tribunal sur papier libre et sans enregistrement, pour qu'elle puisse connaître, sans autres frais que ceux de la rétribution due aux greffiers, les motifs et le dispositif de ces jugements, et examiner promptement s'il y a lieu pour elle à se pourvoir, sauf à lever ensuite des expéditions en forme de ces décisions et à en payer les frais. Du reste, ces extraits sommaires doivent faire mention de leur destination, et ne peuvent servir pour requérir une inscription hypothécaire, ni faire aucun autre acte judiciaire ou extrajudiciaire (Circ. min. 12 nov. 1816).

Quant aux extraits fournis au ministère public, ils sont imputables sur les frais généraux de justice criminelle; mais il ne doit prendre expédition des jugements que dans le cas seulement où il a le droit d'en appeler, c'est-à-dire quand la fraude est accompagnée d'un délit commun (Circ. min. 18 mai 1846).

SECTION II. — ALLUMETTES CHIMIQUES.

3878. Le Gouvernement s'étant emparé du monopole des allumettes chimiques, les a frappées d'un· droit de timbre sur chaque boîte ou paquet (Loi 4 sept. 1871). — L'exercice de ce monopole est réglé par la loi du 15 mars 1873.

L'impôt a frappé immédiatement les allumettes qui existaient chez les fabricants et chez les marchands ou débitants au jour de la promulgation de cette loi (Cass. 30 déc. 1873 et 23 mars 1874).

3879. Des timbres mobiles ont été créés pour cette destination, mais il a été accordé un timbrage gratuit en faveur des fabricants qui ont fait la déclaration prescrite par l'art. 5 de ladite loi (Décr. 19 nov. 1871. — Loi 22 janv. 1872.—Décr. 29 fév. 1872).

Quoique ce dernier décret ait respecté les droits précédemment acquis, les marchands et débitants ne peuvent réclamer le timbrage gratuit pour les allumettes qu'ils ont eues depuis·en leur possession (Cass. 30 déc. 1873).

3880. Les contraventions sont constatées· par les procès-verbaux des agents des contributions indirectes et ·des agents des concessionnaires du monopole dûment commissionnés et assermentés (Décr. 29 nov. 1871).

Mais leur existence n'est pas subordonnée à la visite préalable de ces agents (Bourges, 27 mai 1874).

3881. L'application des peines de la loi est de la compétence des tribunaux correctionnels, qui peuvent être· saisis, soit par l'administration des contributions indirectes, soit par le ministère public, lequel doit de préférence laisser aux intéressés l'initiative des poursuites (Loi 4 sept. 1871, art. 5).

SECTION III. — BOISSONS.

3882. L'administration des contributions indirectes est chargée de constater les contraventions aux lois qui règlent la fabrication et la vente des boissons, telles que le vin, la bière, le cidre, le poiré, l'hydromel, etc.

Et les débitants sont soumis aux visites, recensements et inventaires des employés de l'administration, même quand ils ont fait un abonnement avec elle (Cass. 5 sept. 1845 et 27 juin 1846).

3883. Toutes les boissons appartenant à un débitant sont, de droit, présumées devoir servir à l'alimentation de son débit, et sujettes, à ce titre, à une déclaration, lors même qu'elles se trouveraient déposées dans une métairie appartenant à ce débitant, et qu'il alléguerait que les boissons saisies étaient exclusivement affectées au service de cette métairie (Cass. 14 sept. 1838).

Il y a aussi présomption que tout local joignant, avec ouverture de communication, les lieux occupés par un débitant, est une dépendance de son habitation, et que les boissons qui s'y trouvent lui appartiennent, sauf la preuve contraire (Cass. 24 août 1838).

Dans tous les cas, c'est aux Cours d'appel à décider, en fait, si la maison d'un débitant forme une dépendance rurale assujettie aux exercices, ou une annexe aux faubourgs et un accessoire de la ville, qui est soumise à une taxe unique, et affranchie par là de tout droit d'exercice (Cass. 4 déc. 1840).

3884. Le refus, par un débitant, de venir ouvrir sa cave aux préposés de l'administration, et de les y accompagner sur leur demande, constitue un refus d'exercice punissable, lors même que la cave, étant alors ouverte, se trouvait à leur disposition (Cass. 27 fév. 1847).

Mais il n'y a pas refus d'exercice de la part du marchand de boissons en gros qui, rencontré dans la rue par des agents, refuse de les suivre, sur leur réquisition, à son domicile (Cass. 4 avril 1840).

3885. Remarquez que les employés ont le droit de faire leurs visites dans toutes les parties du local occupé par le débitant, et de se faire ouvrir tous les meubles et toutes les armoires. Il y aurait refus d'exercice à en refuser l'ouverture (Cass. 8 nov. 1839).

Il y a plus : le refus ou l'impossibilité, par un voiturier, de produire sur-le-champ les expéditions des boissons qu'il transporte ne peut jamais être justifié par l'intention, alors même que presque aussitôt après et pendant la rédaction du procès-verbal, le propriétaire du chargement serait intervenu et aurait représenté l'expédition réclamée (Cass. 28 mars et 14 déc. 1846).

Le simple particulier qui ne peut justifier du paiement des droits sur les boissons trouvées chez lui, encourt les peines de la loi du

28 avril 1816, si la fraude paraît démontrée par les circonstances de la cause (Cass. 16 juin 1870.— Dutruc, *Dict. du content. commerc. et industr.*, v° *Contrib. indir.*, n. 13 *bis*).—Ceci avertit de conserver avec soin les congés, passavants et acquits-à-caution.

3886. Celui qui, n'étant pas assujetti à l'exercice, prête frauduleusement son nom à un débitant, afin de soustraire des boissons à la surveillance de l'administration, peut être, par cela même, considéré comme débitant, et assujetti personnellement à l'exercice et à toutes ses conséquences (Cass. 17 oct. 1839).

De même, le débitant, qui est en même temps fabricant, n'en demeure pas moins soumis à toutes les obligations imposées au fabricant; et, lorsqu'il a rempli les formalités nécessaires pour s'affranchir de l'exercice pour son débit, il n'y reste pas moins soumis pour sa fabrication (Cass. 15 mars 1840).

3887. Celui qui loge et nourrit d'habitude des ouvriers doit être considéré comme aubergiste et obligé, à ce titre, d'en faire la déclaration et de prendre une licence. Il ne peut en être exempté sous prétexte que c'est là un fait accidentel et passager, et qu'il a eu lieu sans salaire (Cass. 9 déc. 1845).

Mais une communauté religieuse qui fournit à boire et à manger aux personnes qui viennent du dehors, dans un but religieux, y faire une retraite, n'est point assujettie aux exercices (Rennes, 1er déc. 1847).

3888. Nul ne peut ouvrir un débit de boissons à consommer sur place, sans la permission préalable de l'autorité administrative, qui peut aussi en ordonner la fermeture, soit pour contravention aux lois et règlements, soit par mesure de sûreté publique (Décr. 29 déc. 1851, art. 1 et 2).

Ces prohibitions s'appliquent non-seulement aux débits permanents, mais encore aux débits forains et temporaires (Cass. 4 mars 1853).

Un fait unique de débit de boissons sur place suffit pour constituer une contravention punissable, mais pour laquelle il peut être admis aujourd'hui des circonstances atténuantes (Cass. 3 déc. 1864. — Dutruc, *Mémor. du Minist. publ.*, v° *Boissons*, n. 1 et 2. — Loi 11 mars 1872).

3889. Tout contrevenant doit être poursuivi, d'office, par le ministère public devant les tribunaux de police correctionnelle, pour y être condamné à l'emprisonnement et à l'amende (Décr. 29 déc. 1851, art. 3).

Mais les tribunaux ordinaires sont incompétents pour connaître d'une infraction au décret du 29 décembre 1851, quand le contrevenant est un marin au service de l'Etat (Cod. just. marit., art. 372. — Rennes, 25 mai 1864. — Dutruc, *loc. cit.*, n. 4).

C'est là, du reste, une simple loi de police, étrangère aux lois fiscales et qui n'a rien changé aux règles établies par les lois antérieures pour la preuve des contraventions en matière de contributions indirectes, preuve qui ne peut résulter que des procès-verbaux des préposés de la régie (Cass. 28 avril 1853).

3890. Toutefois, la régie peut intervenir à l'audience sur les poursuites du ministère public. Mais, quand elle veut obtenir condamnation à son profit, pour défaut de licence, il faut qu'elle prouve régulièrement l'existence de cette contravention fiscale, indépendamment de la preuve faite de la contravention de police.

Et encore nous répugne-t-il d'admettre que la régie puisse venir à l'audience, sans citation préalable de sa part, demander une condamnation fiscale contre un débitant assigné seulement, par le ministère public, pour une contravention de police, et qui n'a pas été mis en demeure de se défendre contre cette nouvelle inculpation. Néanmoins, cela a été ainsi jugé (Rennes, 23 nov. 1852 et 25 janv. 1853).

Quoi qu'il en soit, le cabaretier établi dans une commune ne peut, sans une autorisation spéciale, faire vendre, même temporairement, dans un hameau peu éloigné, des boissons extraites de son débit ordinaire (Cass. 17 nov. 1853).

3891. Les fraudes dans la circulation des boissons sont punies de peines correctionnelles et peuvent être constatées par tous les employés de l'administration des finances, par la gendarmerie et par tous les agents du service des ponts et chaussées, de la navigation et des chemins vicinaux autorisés par la loi à dresser des procès-verbaux (Loi 28 fév. 1872).

Fussent-elles constatées par des préposés de la douane, le juge de paix serait incompétent pour en connaître, la matière étant exclusivement du ressort des tribunaux correctionnels (Cass. 13 nov. 1871.—Dutruc, *Dict. du content. commerc. et industr.*, v° Contrib. indir., n. 43).

3892. Les dispositions pénales de la loi du 27 mars 1851, tendant à la répression de certaines fraudes dans la vente des marchandises, s'appliquent aussi à la vente des boissons falsifiées (Loi 5 mai 1855).

3893. Enfin, tout enlèvement ou transport de boissons, sans déclaration préalable, constitue une contravention (Cass. 25 mars 1810 et 14 déc. 1821).

Néanmoins, les voyageurs ne sont pas tenus de remplir cette

formalité, pour les boissons destinées à leur consommation pendant le voyage, pourvu qu'ils n'en transportent pas au delà de trois bouteilles par personne (Loi 28 avril 1816, art. 18).

SECTION IV. — CARTES A JOUER.

SOMMAIRE.

3894. Est punissable de peines correctionnelles, tout individu qui fabrique des cartes à jouer, ou qui en introduit en France, qui en vend, distribue ou colporte, sans l'autorisation de la régie (Loi 28 avril 1816, art. 166).

Le colportage illicite existe surtout s'il comprend des cartes de fausse fabrique mêlées à d'autres marchandises, lors même qu'il ne serait pas prouvé que le colporteur en eût vendu, car il est toujours présumé les avoir destinées à la vente (Cass. 28 nov. 1817).

3895. Sont également punissables, les cafetiers, aubergistes, débitants de boissons et, en général, tous ceux qui tiennent des établissements publics, s'ils permettent qu'on se serve chez eux de jeux de cartes prohibés, lors même qu'ils seraient apportés par les joueurs (Loi 28 avril 1816, art. 167).

La fabrication et l'usage des moules, timbres et marques employés par la régie pour distinguer les cartes qu'elle met en *vente*, entraînent la dégradation civique (*Ibid.*, 168. — C. pén. 143).

3896. Les employés des contributions indirectes, des douanes et des octrois, les gendarmes, les préposés forestiers, les gardes champêtres et, généralement, tous les employés publics assermentés, peuvent constater la fraude et la contrebande sur les cartes à jouer, procéder à la saisie des objets de fraude, de fabrication et de transport, et arrêter les fraudeurs et colporteurs, sauf à les conduire devant l'officier de police judiciaire le plus voisin (Loi 28 avril 1816, art. 169, 223 et 224).

Les commissaires de police ont également qualité pour constater les contraventions, mais leurs procès-verbaux ne sont pas soumis aux formes prescrites par le décret du 1er germinal an XIII (Cass. 10 fév. 1826).

3897. Les cartes saisies par les préposés des douanes sont remises aux employés de la régie chargés de poursuivre les contrevenants (Circ. min. 7 therm. an XIII).

Le cumul des peines est prescrit en cette matière, et il doit être prononcé autant d'amendes qu'il y a de contraventions (Cass. 28 fév. 1845).

Disons en passant que les droits de licence des fabricants de cartes à jouer ont été augmentés par l'article 6 de la loi du 1er septembre 1871.

SECTION V. — MATIÈRES D'OR ET D'ARGENT.

SOMMAIRE.

3898. Les anciennes lois relatives au contrôle et à la marque des matières d'or et d'argent doivent être exécutées dans toutes leurs dispositions qui n'ont été abrogées par aucune loi postérieure, et le ministère public doit tenir la main à leur application (Circ. min. 27 niv. an v).

Aujourd'hui, il faut surtout recourir à la loi du 19 brumaire an VI.

D'après cette loi, les contraventions aux règles sur la garantie des matières d'or et d'argent résultent de l'inexécution des obligations imposées aux personnes qui se livrent, sous différents titres, au commerce de ces matières, et donnent lieu à des peines correctionnelles proportionnées à leur importance (*Pal., Rép.,* vo *Matières d'or et d'arg.,* no 111).

Ces peines sont édictées par la loi précitée de l'an VI, qui rend sans application à ces matières la pénalité de la loi des finances du 15 ventôse an XII, sans préjudice des peines plus graves encourues pour fabrication ou usage de faux poinçons (C. pén. 140 et 141).

3899. Par exception au principe rappelé ci-dessus, no 3863, le droit de poursuivre les contrevenants appartient au ministère public, aussi bien qu'à l'administration; et ils peuvent agir, soit isolément, soit concurremment (Cass. 13 fév. 1816).

Mais le ministère public ne peut agir que sur le vu des procès-verbaux constatant les contraventions (Loi 19 brum. an VI, art. 102 et 105. — Cass. 5 nov. 1825 et 28 avril 1855. — Dutruc, *Mémor.,* vo *Or et Argent,* n. 1 et 5);

A moins que les infractions signalées n'aient pris un caractère de crime (Cass. 21 fév. 1856. — Dutruc, *ibid.,* n. 7).

L'appel, quoiqu'il s'agisse de contributions indirectes, où il est relevé par une citation à trois jours, est soumis aux règles de droit commun (Décr. 1er germ. an XIII, art. 32. — Cass. 27 sept. 1828).

3900. Les procès-verbaux peuvent être dressés par deux employés du bureau de garantie, un receveur et un contrôleur, ou par les préposés des contributions indirectes, ou par un officier de police judiciaire (Cass. 17 vent. an XIII, 26 août 1809 et 17 août 1822).

Les procès-verbaux des agents ou préposés font foi jusqu'à inscription de faux, pourvu que ces agents aient été accompagnés, dans leur visite, par un officier municipal ou un commissaire de police (Cass. 25 fév., 27 août 1813 et 12 juill. 1834).

Et cette foi leur est due, non-seulement pour les faits matériels, mais encore pour les déclarations et aveux des prévenus relatifs aux contraventions constatées (Cass. 28 fév. 1856.— Dutruc, *Dict. du content. commerc. et industr.*, v° *Garantie des matières d'or et d'argent*, n. 71).

3901. Il ne peut être transigé sur la contravention avant le jugement; mais, une fois la condamnation prononcée, le ministre des finances peut remettre les amendes et les confiscations encourues par les contrevenants (Décr. 28 flor. an XIII, art. 1).

3902. Il importe à la prospérité du commerce de faire exécuter ponctuellement les lois sur la garantie des ouvrages d'or et d'argent. En conséquence, les magistrats du ministère public, chargés de poursuivre la répression des contraventions, doivent provoquer la réformation des jugements rendus avec trop d'indulgence en faveur des délinquants, aussitôt qu'ils en sont requis par les préposés de l'administration. Il est donc indispensable que celle-ci soit promptement informée des jugements rendus en cette matière; et, à cet effet, les greffiers des tribunaux de première instance doivent délivrer aux contrôleurs des bureaux de garantie des extraits de ces jugements aussitôt qu'ils sont prononcés. Ils reçoivent, pour chacun de ces extraits, un droit fixe de 60 centimes qui est acquitté, sur mémoires, par la caisse de l'administration des contributions indirectes chargée du paiement des frais de justice en cette matière (Circ. min. 29 avril 1815).

Car ces frais ne concernent jamais le ministère de la justice (Décis. min. 17 sept. 1825).

3903. Ajoutons, en terminant, que la commission des monnaies a pris, le 14 février 1828, sur le mode de vérification des lingots, un arrêté qui a été transmis au ministère public pour être communiqué aux présidents des tribunaux de commerce (Circ. min. 9 sept. 1828).

SECTION VI. — NAVIGATION INTÉRIEURE.

SOMMAIRE.

3904. Il est perçu par l'administration des contributions indirectes un droit de navigation sur les fleuves, rivières et canaux de l'intérieur de la France (Loi 30 flor. an x. — Arrêté 11 prair. an xi. — Loi 9 juill. 1836).

Les différents cours d'eau se divisent en bassins de navigation, et chaque bassin en arrondissements de navigation comprenant, chacun, plusieurs bureaux de perception (*Ibid.*).

Le droit de navigation est l'objet d'un tarif réglé suivant la distance parcourue, et le poids de la marchandise d'après le jaugeage de chaque bateau (Loi 9 juill. 1836, art. 2).

Le jaugeage se fait dans des lieux et conformément au mode déterminés par la loi (*Ibid.*, art. 19).

L'amende encourue pour refus d'acquitter les droits de péage sur les canaux est due par chaque infraction, et les juges ne peuvent modifier la peine (Cass. 25 fév. 1853).

3905. Sont exempts de tout droit :

1° Les bateaux entièrement vides ;

2° Les bateaux de la marine de l'Etat affectés directement au service militaire ou maritime ;

3° Les bateaux employés exclusivement au service ou aux travaux de la navigation par les agents de l'Etat ;

4° Les bateaux pêcheurs, lorsqu'ils portent uniquement des objets relatifs à la pêche ;

5° Les bacs et canots servant à traverser d'une rive à l'autre ;

6° Enfin, les bateaux appartenant à des propriétaires ou fermiers riverains et chargés d'engrais, récoltes ou denrées, pour le compte desdits propriétaires ou fermiers, lorsqu'ils ont obtenu l'autorisation de se servir de bateaux particuliers dans l'étendue de leur exploitation (Loi 19 juill. 1836, art. 9).

Il faut y ajouter les alléges et les bateaux dragueurs (Bordeaux, 16 juin 1847).

3906. Les maîtres ou patrons de bateaux doivent justifier du paiement des droits à toute réquisition des employés des contributions indirectes, des douanes, des bureaux de navigation, ainsi qu'aux éclusiers, maîtres de pont et portiers, qui sont tenus de verbaliser en cas de contravention (Loi 19 juill. 1836, art. 16).

Les procès-verbaux doivent être affermés devant le juge de paix du canton, dans les trois jours de leur date, à peine de nullité (Arrêté 11 prair. an XI, art. 27).

Et les contrevenants sont cités devant les tribunaux correctionnels, suivant les formes spéciales aux contributions indirectes (Loi 9 juill. 1836, art. 21).

Les autorités civiles et militaires sont tenues, sur la réquisition écrite des préposés de la navigation, de requérir ou de prêter mainforte pour l'exécution des lois et règlements relatifs à leurs fonctions (Arrêté 8 prair. an XI, art. 25).

3907. C'est à l'administration des contributions indirectes à demander en justice la répression des contraventions fiscales.

Mais le ministère public doit poursuivre, même d'office, devant les tribunaux, tant sur la clameur publique que sur les procès-verbaux des préposés, les auteurs des insultes et violences qui auraient pu être commises contre eux, dans l'exercice ou à l'occasion de l'exercice de leurs fonctions (*Ibid.*, art. 24 et 25).

La police des ports de navigation, particulièrement sur les voies navigables du bassin de la Seine, est réglée par un décret du 21 août 1852, que le lecteur devra consulter (V. aussi Dutruc, *Dict. du content. commerc. et industr.*, v° *Navigation*).

SECTION VII. — OCTROIS.

SOMMAIRE.

3908. L'octroi est un impôt établi par une commune sur les objets de consommation qui y sont apportés. Il est perçu, dans son intérêt, par des agents spéciaux institués à cet effet (Ord. 9 déc. 1814, art. 5. — Loi 28 avril 1816, art. 147).

Aujourd'hui, la loi autorise l'assiette du droit d'octroi sur tous les objets de consommation locale sans distinction (Loi 28 avril 1816, art. 147 et 148. — Cass. 19 juill. 1854).

3909. L'action en poursuite des contraventions en matière d'octroi appartient à la commune ou au fermier, selon que l'octroi est en régie simple ou en ferme ordinaire (Cass. 26 août 1826).

Et, cumulativement, à la commune et au régisseur ou au directeur des contributions indirectes, si l'octroi est en régie intéressée, ou perçu par ladite administration en vertu d'abonnement.

Dans aucun cas, ces contraventions ne peuvent être poursuivies d'office par le ministère public (Cass. 25 août 1827 et 12 avril 1853. — Dutruc, *Mémor. du Minist. publ.*, v° *Octroi*, n. 1).

3910. Quand on a constaté simultanément des contraventions communes aux contributions indirectes et à l'octroi, la régie peut seule les poursuivre au nom des deux administrations, sans préjudice de l'intervention du maire de la commune ou du fermier de l'octroi, tant en première instance qu'en appel (Cass. 18 juill. 1817).

Mais, si la contravention a été accompagnée d'un délit commun, par exemple, d'une opposition, même sans violence, aux exercices des employés de l'octroi, délit prévu par l'art. 15 de la loi du 27 frim. an VIII, le ministère public peut exercer son action, dans l'intérêt de la vindicte publique, sans avoir à s'occuper de l'infraction aux lois fiscales (Cass. 13 nov. 1833 et 26 juill. 1866. — Dutruc, *loc. cit.*, n. 2).

3911. Si l'octroi est en régie simple, le maire est autorisé, sauf l'approbation du préfet, à transiger avec les contrevenants, et à leur faire remise, en tout ou en partie, des condamnations encourues, même après le jugement prononcé (Ord. 9 déc. 1814, art. 83. — Cass. 12 août 1853).

Mais les fermiers de l'octroi, et, en cas de régie intéressée, le régisseur et le directeur des contributions indirectes, ne peuvent transiger qu'avec l'autorisation du maire et l'approbation du préfet (Décis. min. fin. 18 août 1836).

3912. Dans aucun cas, le tribunal correctionnel ne peut prendre en considération la présomption de bonne foi et l'absence de toute intention frauduleuse invoquées par le prévenu (Cass. 31 juill. 1829 et 20 nov. 1845).

Car l'exception de bonne foi n'est jamais admissible en pareille matière (Cass. 23 vend. an XI et 1er mars 1838).

3913. C'est le tribunal de police correctionnelle qui est seul compétent pour connaître des contraventions en matière d'octroi (Loi 24 mai 1834, art. 9).

S'il est incompétent pour modifier le tarif d'un octroi approuvé par l'autorité supérieure, il ne l'est pas pour en apprécier le sens et l'application (Cass. 27 avril 1825 et 13 fév. 1854).

S'il s'élève devant lui une question préjudicielle de la compétence formelle et exclusive du juge civil, il doit surseoir à statuer, et renvoyer les poursuites devant qui de droit, à moins que le prévenu n'ait reconnu implicitement que le droit réclamé était dû (Cass. 22 déc. 1820 et 18 avril 1833).

3914. Pour la forme et les énonciations des procès-verbaux, voyez l'ordonnance du 9 déc. 1814, art. 75 et suivants.

L'omission des formalités qu'elle prescrit n'est pas une cause de nullité, quand elle ne porte pas sur une énonciation substantielle, et qu'elle n'a pas eu pour résultat de porter atteinte aux droits de la défense (Cass. 17 juin 1836 et 7 nov. 1840).

Les procès-verbaux des employés doivent être affirmés devant le juge de paix, dans les vingt-quatre heures de leur date, ou mieux, de leur clôture, à peine de nullité, et enregistrés dans un délai de quatre jours (Lois 22 frim. an VII, art. 20, et 27 frim. an VIII, art. 8. — Cass. 5 janv. 1809 et 29 mai 1818).

3915. Ils sont valables et authentiques, quoique rédigés par un seul préposé, et ne sont soumis à aucune autre formalité que l'affirmation. Enfin, leur nullité n'entraîne pas nécessairement l'acquittement du prévenu (Circ. min. 14 germ. an x).

Car, si un procès-verbal est irrégulier, le tribunal ne peut refuser d'entendre les témoins produits pour établir la contravention; et il peut même se décider sur la culpabilité des prévenus, d'après les aveux et le résultat des débats (Cass. 28 août 1812, 14 mars et 6 juin 1835).

3916. Les procès-verbaux réguliers font foi, jusqu'à inscription de faux, tant des faits matériels de fraude que des dires et déclarations des parties qui peuvent fortifier les faits constatés (Loi 8 déc. 1814, art. 139. — Cass. 18 nov. 1825).

Quoique les préposés des contributions indirectes aient le droit de constater les contraventions en matière d'octroi et réciproquement, les formalités spéciales prescrites, pour les contributions indirectes par le décret du 1er germinal an XIII, ne sont pas exigées en ce qui concerne les octrois (Cass. 27 fév., 1er mai 1806, 29 août 1811 et 14 déc. 1821).

Spécialement, les dispositions relatives aux procès-verbaux en matière de contributions indirectes ne s'appliquent pas aux procès-verbaux des préposés des octrois (Circ. min. 21 août 1806).

Et la procédure, aussi bien que les délais d'appel, se règlent alors d'après les dispositions du Code d'instruction criminelle (Cass. 26 juin 1824).

3917. On doit donc suivre les formes ordinaires de la procédure, quand il s'agit de contraventions qui n'intéressent que l'octroi seul; mais si elles intéressent, en même temps, la régie des contributions indirectes, il faut procéder conformément au décret du 1er germinal an XIII (Cass. 26 juin 1824).

Le maire et le fermier de l'octroi qui se pourvoient en cassation, ne sont pas dispensés de la consignation préalable de l'amende, à moins qu'ils ne soient pourvus concurremment avec l'administration des contributions indirectes (Cass. 26 mars 1819 et 7 oct. 1836).

3918. Doit être saisi tout objet sujet à l'octroi qui, nonobstant l'interpellation faite par les préposés, est introduit sans avoir été déclaré ou sous une déclaration fausse ou inexacte ; et les ustensiles et moyens de transport qui ont servi à la fraude sont également saisis (Ord. 9 déc. 1814, art. 29).

Il y a présomption d'introduction frauduleuse toutes les fois que les propriétaires des objets saisis ne peuvent justifier du paiement des droits d'octroi, et le tribunal ne peut se dispenser de prononcer contre eux la confiscation et l'amende (Cass. 22 mai 1835).

Le défaut de représentation des laissez-passer emporte preuve suffisante de la fraude, lorsque, d'après le règlement de l'octroi, cette pièce est la seule qui puisse prouver l'acquit des droits (Cass. 20 août 1846).

3919. Les objets saisis sont déposés au bureau d'octroi le plus voisin. Si la partie saisie ne se présente pas, dans les dix jours, à l'effet de payer l'amende encourue, ou, si elle ne forme pas, dans le même délai, opposition à ce que ces objets soient vendus, la vente en est faite par le receveur, cinq jours après l'apposition à la porte de la maison commune et autres lieux accoutumés, d'une affiche signée de lui, et sans autre formalité. Dans le cas où les objets saisis seraient sujets à dépérissement, la vente peut en être autorisée, avant lesdits délais, par une ordonnance du juge de paix du canton rendue sur simple requête (Ord. 9 déc. 1814, art. 79 et 82).

Si, au contraire, la vente est retardée, l'opposition est recevable jusqu'au jour où elle doit avoir lieu. L'opposition est toujours motivée et contient assignation à jour fixe devant le tribunal correctionnel, avec élection du domicile dans le lieu où siége le tribunal. Le délai de l'échéance de l'assignation ne peut excéder trois jours (*Ibid.*, art. 80).

Tant que la vente des objets indûment saisis n'a pas été effectuée, le prévenu conserve le droit de les réclamer en nature, si le règlement de l'octroi ne prononce contre lui aucune déchéance (Cass. 22 fév. 1811).

3920. Les contraventions en matière d'octroi sont punies d'amende et de confiscation. Celle-ci s'étend aux futailles, sacs, paniers et enveloppes servant au transport des objets de fraude (Cass. 5 août 1808).

Quant à l'amende, elle n'est pas collective, mais individuelle, et s'applique, par conséquent, à chacune des personnes qui ont pris part à la contravention (Cass. 16 avril 1825).

Et, d'un autre côté, comme elle est moins une peine qu'une réparation civile, il y a toujours lieu de prononcer autant d'amendes qu'il y a eu de contraventions, sans que le principe de la prohibition du cumul des peines soit violé (Cass. 26 août 1826).

Toutefois, elle ne peut être prononcée que par les juges de répression (Cass. 26 nov. 1810).

Elle est applicable à la tentative d'introduction en fraude de toute espèce d'objets sujets aux droits d'octroi (Cass. 17 janv. 1839).

3921. Le prévenu déclaré coupable de contravention doit toujours être condamné aux dépens, qui ne peuvent jamais être compensés entre lui et la partie poursuivante (Cass. 26 août 1826).

Le produit des amendes et consignations en cette matière, déduction faite des frais et prélèvements autorisés, est attribué, moitié aux employés de l'octroi pour être répartie entre eux, et moitié à la commune (Ord. 9 oct. 1814, art. 84).

3922. La contrainte par corps peut être exercée contre les fraudeurs et contrevenants qui n'ont pas acquitté les amendes prononcées contre eux, ou qui n'ont pas fourni caution solvable (Lois 28 avril 1816, art. 225, 29 mars 1832 et 24 mai 1834, art. 9).

Les fraudeurs peuvent aussi être constitués prisonniers, sauf à être conduits sur-le-champ devant un officier de police judiciaire ou devant le juge compétent, qui statue de suite, par une décision motivée, sur leur emprisonnement ou leur mise en liberté. Néanmoins, ils peuvent être mis en liberté provisoire sous caution (Loi 28 avril 1816, art. 223 et 225).

Si la fraude a été commise par escalade, par souterrain, ou à main armée, les coupables encourent une aggravation de peine sans préjudice des réparations dues pour les dégradations qu'ils auraient faites aux murs et clôtures (Lois 28 avril 1816, art. 46, 29 mars 1832, art. 8, et 24 mai 1834, art. 9. — Instr. min. fin. 25 sept. 1809).

Et il peut y avoir escalade en cette matière, sans qu'elle réunisse les éléments constitutifs exigés par l'art. 397 du Code pénal (Cass. 28 août 1851).

3923. L'action et les peines se prescrivent comme en matière ordinaire (V. Dutruc, *Dictionn. du content. commerc. et industr.*, v° *Octroi*, n. 87); mais la condamnation aux dépens ne se prescrit que par trente ans (Cass. 23 janv. 1828).

Et on ne peut interrompre la prescription pour le recouvrement des amendes que par la saisie des biens ou de la personne du condamné (Cass. 17 juin 1835).

Rappelons, en terminant, que les préposés de l'octroi ne peuvent être mis en jugement pour des faits relatifs à leurs fonctions, qu'en vertu d'une autorisation du préfet, ou, à son refus, du Conseil d'Etat (Décis. min. 18 juin 1824).

SECTION VIII. — POUDRES ET SALPÊTRES.

SOMMAIRE.

3924. Monopole.	3928. Distinctions.	3931. Salpêtre.
3925. Prohibitions.	3929. Arrestation et saisie.	3932. Circonstances atté-
3926. Constatation.	3930. Contraventions di-	nuantes.
3927. Action publique.	verses.	3933. Aggravation de peine.

3924. La fabrication et le débit des poudres explosibles de toute nature appartiennent à l'Etat (Loi 13 fruct. an v. — Décr. 23 pluv. an XIII et 13 nov. 1873. — Cass. 1er mai 1874. — Dutruc, *Dict. du content. commerc. et industr.*, v° *Poudre*, n. 4 et 5).

La fabrication et le commerce du salpêtre sont régis par la loi du 10 mars 1819 et l'ordonnance du 11 août de la même année.

L'introduction en France de poudres provenant de l'étranger est punie des mêmes peines que l'importation des marchandises prohibées (Décr. 1er mars 1852).

3925. La fabrication, le débit et la distribution de toute espèce de poudre sont conséquemment interdits aux citoyens, sous peine de poursuites correctionnelles (Loi 24 mai 1834, art. 2).

Il en est de même du confectionnement des cartouches, gargousses et autres munitions de guerre (*Ibid.*, art. 3).

Lorsqu'il ne se trouve, dans une commune, aucun agent légalement commissionné pour le débit des poudres, cette circonstance ne suffit pas pour autoriser tout citoyen à en vendre dans cette commune (Cass. 25 frim. an XI).

3926. Les contraventions aux prescriptions des lois sur la fabrication et le débit des poudres peuvent être constatées, concurrement avec les officiers de police judiciaire, par les préposés de l'administration des contributions indirectes, qui doivent se conformer aux formalités prescrites par le décret du 1er germinal an XIII (Décr. 10 sept. 1808 et 16 mars 1813).

L'administration des contributions indirectes est encore chargée de rechercher et saisir les poudres étrangères ou fabriquées hors des poudrières de l'Etat, et de constater les délits et contraventions qui pourraient être commis en cette matière (Ord. 25 mars 1818).

Les procès-verbaux sont dressés avec les formalités prescrites pour les contraventions en matière de contributions indirectes, et les instances auxquelles ils donnent lieu sont portées devant les tribunaux de police correctionnelle (Décr. 1ᵉʳ germ. an XIII, art. 4, et 16 mars 1813, art. 4).

3927. La fabrication ou la détention illicite de poudre de guerre ne constitue pas seulement une contravention fiscale, mais bien un délit contre l'ordre et la sûreté publique, qui donne essentiellement ouverture aux poursuites du ministère public (Cass. 1ᵉʳ sept. 1831. — Loi 24 mai 1834. — Circ. min. 9 oct. 1835).

L'administration des contributions indirectes n'a même plus que le droit d'intervenir dans ces poursuites pour demander, dans son intérêt, l'application au prévenu des peines pécuniaires, et faire prononcer, à son profit, les amendes et les confiscations déterminées par la loi. De sorte que, si elle a négligé d'intervenir, elle ne peut plus intenter à cet effet une action séparée, sans violer la règle *Non bis in idem* (Cass. 17 mai 1837).

Et une transaction qu'elle aurait consentie au prévenu ne pourrait entraver, ni paralyser l'action du ministère public (Angers, 3 juin 1833).

Aussi le ministère public ne doit-il jamais manquer de lui donner avis de toutes les poursuites qu'il intenterait d'office (Circ. min. 16 juin 1831. — Circ. Rennes, 4 janv. 1856).

Il a même été décidé depuis qu'aucune transaction en pareille matière n'aurait plus lieu (Même circul.).

3928. Ils ont pourtant l'un et l'autre l'initiative des poursuites, l'administration, dans un intérêt de fiscalité, et le ministère public, dans l'intérêt de la vindicte publique. Ainsi, aussitôt que l'administration des contributions indirectes a connaissance d'un fait de fabrication, de détention ou de dépôt clandestin de poudre à tirer, elle doit en informer immédiatement le ministère public, et lui transmettre les procès-verbaux de ses agents, afin qu'il examine s'il y a lieu, de sa part, à intenter l'action publique. Dans le cas où il ne croirait pas devoir prendre ce parti, il en donnerait avis sur-le-champ aux agents supérieurs de l'administration dans l'arrondissement, en leur renvoyant les procès-verbaux, afin qu'ils pussent y donner, dans l'intérêt du Trésor public, la suite qui leur paraîtrait convenable (Circ. min. 9 oct. 1835).

Ainsi, de deux choses l'une, ou le ministère public poursuit d'office, et l'administration intervient, ou, sur le refus du parquet, l'administration poursuit elle-même, et le ministère public requiert à l'audience ce que de droit.

Il doit en être de même quand il s'agit de la fabrication ou détention clandestine de la poudre dite fulmi-coton, et en général de toute matière explosive (Circ. min. 14 déc. 1846 et 30 juill. 1848).

3929. Quand le délit ou la contravention entraîne la peine de l'emprisonnement, ou si le prévenu arrêté ne peut fournir caution ou consigner l'amende encourue, il doit être remis au plus tôt entre les mains de la force armée (Lois 28 avril 1816, art. 224, et 23 juin 1841, art. 25).

Et, dans les vingt-quatre heures de la saisie, les poudres doivent être déposées à l'entrepôt de la régie (Ord. 17 nov. 1819, art. 3).

3930. Sont aussi punis de l'amende et de la confiscation, et autres peines correctionnelles :

1º L'importation de poudre étrangère, soit par voie de terre, soit par voie de mer (Loi 13 fruct. an v, art. 21);

2º La coopération des ouvriers à une fabrication clandestine de poudre (*Ibid.*, art. 27);

3º Le transport illicite de plus de cinq kilogrammes de poudre dans l'intérieur du rayon des douanes (*Ibid.*, art. 30.—Loi 24 mai 1834, art. 2);

4º La possession non autorisée d'une quantité quelconque de poudre de guerre, et de plus de deux kilogrammes de toute autre poudre (*Ibid.*, art. 2).—Cass. 16 mars 1839 et 9 mars 1854).

Et l'amende, constituant alors une réparation civile au profit de l'Etat, n'est pas susceptible d'être réduite à raison des circonstances atténuantes (Cass. 8 nov. 1849);

5º La fabrication de cartouches et autres munitions de guerre (Loi 24 mai 1834, art. 2);

Mais le cumul de ces deux délits ne doit être frappé que de la peine la plus forte, pourvu que l'amende soit au-dessus de cent francs (Cass. 16 mars 1839);

6º Le colportage non autorisé de poudre (Lois 13 fruct. an v, art. 28, et 25 juin 1841, art. 25);

7º La vente ou le dépôt de poudre de contrebande par un débitant commissionné (Loi 13 fruct. an v, art. 36).

8º Les ventes, échanges et cadeaux des poudres qui leur sont confiées, par les gardes des arsenaux, les militaires, les employés et ouvriers des poudrières de l'Etat (*Ibid.*, art. 20).

Les débitants et employés sont en outre destitués (*Ibid.*).

Il faut remarquer qu'il n'y a lieu à l'application d'aucune peine, si ce n'est pas sciemment et volontairement que le prévenu avait dans son habitation de la poudre de chasse, et même des car-touches et des armes de guerre (Cass. 10 mars 1836 et 21 avril 1848).

3931. Dans les départements où l'exploitation du salpêtre n'est pas abandonnée à l'industrie privée, les salpêtriers, qui opèrent sur les matériaux de démolition réservés à l'Etat, sont tenus de porter dans ses magasins tout le salpêtre qu'ils exploitent, et cela de la manière et aux époques prescrites. Tout détournement par vente, échange ou autrement, fait encourir au contrevenant, outre la confiscation des matières détournées et une amende de cent francs, l'abolition de son atelier (Lois 13 fruct. an v et 10 mars 1819, art. 5 et 6).

Ces contraventions sont aussi poursuivies devant les tribunaux de police correctionnelle, à la diligence du ministère public, sur la dénonciation de l'administration des contributions indirectes.

3932. Dans les cas prévus par la loi sur la détention ou la fabrication des poudres, s'il existe des circonstances atténuantes en faveur du prévenu, il peut lui être fait application de l'article 463 du Code pénal (Loi 24 mai 1834, art 11).

Mais les atténuations de peine, en cette matière, ne s'appliquent pas aux peines pécuniaires (Cass. 18 avril 1835).

3933. D'ailleurs, même en cas d'application de l'art. 463, les condamnés peuvent être placés sous la surveillance de la haute police pendant deux ans au plus; et, en cas de récidive, les peines peuvent être élevées jusqu'au double, le tout sans préjudice des peines plus graves qui peuvent être encourues pour d'autres crimes ou délits (Loi 24 mai 1834, art. 4 et 10).

SECTION IX. — SEL.

SOMMAIRE.

3934. L'extraction, la fabrication et la circulation du sel en France sont soumises à des dispositions fiscales et de police, dont l'administration des contributions indirectes est chargée d'assurer l'exécution (Décr. 11 juin 1806, art. 8, § 2. — Lois 24 avril 1806, art. 57, et 17 juin 1840, art. 14).

3935. Les contraventions dont la connaissance appartient aux tribunaux correctionnels sont punissables de confiscation et d'amende (Loi 17 juin 1840, art. 10. — Ord. 26 juin 1841, art. 23. — Décr. 19 mars 1852, art. 12).

Les amendes pour introduction du sel en fraude sont dues pour chaque porteur (Circ. min. 17 sept. 1806).

Le ministère public n'a à intervenir que comme partie jointe dans les poursuites intentées par l'administration des contributions indirectes dans l'intérêt du Trésor.

L'interdiction faite aux préposés des douanes de rechercher les dépôts de sel dans les communes d'une population de 2,000 âmes, ne s'entend que de cette population agglomérée (Circ. min. 9 avril 1816).

SECTION X. — SUCRES.

SOMMAIRE.

3936. La fabrication et la circulation des sucres indigènes sont aussi soumises à des mesures fiscales, dont l'exécution est également confiée à l'administration des contributions indirectes (Lois 28 avril 1816, art. 235, 236, 31 mai 1846, art. 6, et 16 sept. 1871).

3937. Les contraventions, en cette matière, sont punissables d'amende et de confiscation, et de la compétence des tribunaux de police correctionnelle (Loi 31 mai 1846, art. 26.—Décr. 27 mars 1852, art. 7, et 1er sept. 1852, art. 43).

Elles sont constatées et poursuivies dans les formes propres à l'administration des contributions indirectes (Loi 31 mai 1846, art. 27).

Quand la régie ne se plaint d'aucune contravention, les infractions à la loi fiscale restent dans la compétence des tribunaux civils (Cass. 18 mars 1873).

SECTION XI. — TABACS.

SOMMAIRE.

3938. La culture sans permission préalable, la vente non autorisée, le colportage, la circulation illégale, et généralement toutes les fraudes sur les tabacs, constituent des contraventions que l'administration des contributions indirectes est chargée de constater et de faire réprimer (Loi 21 déc. 1872).

L'article 223 de la loi du 28 avril 1816 désigne tous les agents qui sont habiles à constater ces contraventions. Parmi eux se trouvent les gendarmes, qui sont tenus de prêter main-forte aux employés, mais qui ne peuvent verbaliser qu'en cas de flagrant délit (Cass. 28 nov. 1822).

3939. Quant aux visites sur les particuliers soupçonnés de fraude, elles ne peuvent être faites que par des employés de l'administration, non-seulement avec l'assistance obligée du maire ou du juge de paix, mais encore d'après l'ordre spécial d'un employé supérieur du grade de contrôleur au moins.

S'il s'agit de faire une visite chez un débitant, ces formalités ne sont plus nécessaires (Cass. 24 mess. an XIII).

3940. Du reste, les contraventions peuvent être établies, soit par des procès-verbaux ou rapports, soit par la preuve testimoniale, encore bien qu'il n'existe pas de procès-verbal ou qu'il soit irrégulier (Cass. 8 fév. 1839).

Il n'appartient qu'à l'administration de prendre en considération la bonne foi des contrevenants, et les circonstances plus ou moins atténuantes qu'ils invoquent comme excuses, et de remettre ou modifier les amendes encourues pour contravention aux lois sur les tabacs (Cass. 31 mai 1822 et 7 juin 1833).

3941. Les colporteurs de tabac pris en flagrant délit doivent être retenus provisoirement sous la main de la justice, et le ministère public est tenu de requérir, pour cela, un mandat de dépôt, qui doit être décerné contre eux par le juge d'instruction, sans autre procédure ni formalité (Décis. min. 7 août 1818).

Ils sont, en conséquence, conduits devant le juge d'instruction, qui décerne contre eux le mandat requis, à moins qu'ils n'offrent une bonne et suffisante caution de se représenter à justice, ou qu'ils ne consignent le montant de l'amende encourue (Loi 28 avril 1816, art. 222 et 223. — Circ. Rennes, 28 janv. 1819).

Néanmoins, ce magistrat peut refuser de décerner un mandat de dépôt contre un délinquant domicilié et seulement passible d'une amende (Douai, 21 mars 1831. — Caen, 8 sept. 1849).

Au surplus, la loi qui veut que les colporteurs de tabac introduit en fraude soient arrêtés et constitués prisonniers, n'entend parler que d'une détention provisoire, pendant le temps nécessaire pour peser et estimer les objets saisis (Loi 28 avril 1816, art. 222 et 223).

Quant à l'importation du tabac étranger en France, elle donne lieu à des poursuites qui appartiennent exclusivement à l'administration des douanes. Mais aujourd'hui, que ces deux administrations sont réunies en une seule, cette distinction ne présente plus aucun intérêt (Décr. 27 déc. 1851).

3942. Néanmoins, toutes les fois qu'il s'agit d'importation frauduleuse de tabac, les procès-verbaux sont rédigés par les préposés des douanes chargés d'y donner suite devant les tribunaux ordinaires. Pour toutes les autres contraventions relatives aux tabacs, les procès-verbaux sont faits par les préposés des contributions indirectes chargés également d'y donner suite. Enfin, quand les saisies sont faites dans la ligne des douanes, mais non pour un fait d'importation immédiate, l'administration qui doit demeurer chargée des poursuites, les tribunaux compétents et la peine encourue, sont déterminés par le résultat de l'instruction administrative ou judiciaire (Circ. min. 20 avril 1813).

3943. Doit être déclaré coupable de détention illicite de tabac, celui dans le champ duquel un dépôt de tabac est découvert, lorsque ce champ est compris dans la clôture qui entoure sa maison, alors même qu'il ne résulterait pas du procès-verbal qu'il ait participé au dépôt (Cass. 5 janv. 1848).

Il a aussi été jugé que la préparation de cigarettes, même avec du tabac provenant de la régie, quand elle est suivie de leur mise en vente, constitue un délit (Paris, 27 nov. 1847).

Du reste, la simple détention non autorisée du tabac de fraude est punissable (Cass. 6 mai 1837).

Il en est de même de la possession simultanée d'ustensiles, machines ou mécaniques propres à la fabrication ou à la pulvérisation, et de tabacs en feuilles ou en préparation, quelle qu'en soit la quantité (Loi 28 avril 1816, art. 221).

SECTION XII. — VOITURES PUBLIQUES.

SOMMAIRE.

3944. L'administration des contributions indirectes est enfin chargée de faire le recouvrement de l'impôt du dixième sur les voitures publiques, et de poursuivre les délinquants devant les tribunaux correctionnels (Loi 5 vent. an XII).

Ce droit est dû sur le prix des places et du transport des marchandises dans les coches ou voitures publiques de terre et d'eau, messageries, bateaux, bateaux à vapeur et convois des chemins de fer (Lois 9 vendém. an vi, art. 68 et suiv., 25 mars 1817, art. 112 et suiv., et 2 juill. 1838).

Ainsi, lorsqu'une voiture est publique et à service régulier, le droit du dixième est dû, quelle que soit la nature de la route sur laquelle elle est établie (Cass. 1er août 1833);

Et pour les places de banquette comme pour les autres (Cass. 10 janv. 1829);

Mais non pour les voitures partant à volonté que des entrepreneurs de voitures publiques pourraient louer à des particuliers (Cass. 6 août 1846).

Il est dû également pour les bâtiments qui naviguent d'un port de mer à un autre dans l'intérieur du territoire de la France (Cass. 24 juill. 1840 et 14 nov. 1842).

3945. Sont exemptés du droit du dixième les courriers chargés du transport des dépêches, par l'administration des postes, dans les malles affectées à ce service et appartenant à ladite administration (Décr. 14 fruct. an xii, art. 7).

Il en est de même des entrepreneurs des convois civils et militaires, pour les voitures exclusivement employées à ce service (Cass. 23 mai 1828).

3946. L'action de l'administration, en cette matière, est indépendante et même exclusive de celle du ministère public, qui ne peut exercer la sienne que pour la répression des infractions à la police des voitures publiques (Dutruc, *Dict. du content. commerc. et industr.*, vº *Voitures publiques*, n. 25, et autres autorités citées *ibid.*).

Les peines pécuniaires ne peuvent être remises, ni modérées, si ce n'est par voie de transaction (Décr. 14 fruct. an xii, art. 10, § 2).

Les voituriers et entrepreneurs de transports par eau doivent représenter, à toute réquisition des employés de la régie, leurs registres de contrôle et de recette. A défaut de cette représentation, les portatifs des employés font foi jusqu'à inscription de faux, aussi bien que leurs procès-verbaux de contravention (Cass. 14 janv. 1845 et 12 mai 1854).

3947. Les tribunaux de police correctionnelle sont compétents pour statuer sur les exceptions invoquées par le prévenu, lors même qu'elles toucheraient à l'assiette du droit (Cass. 11 mai 1839).

Les contraventions sont punies d'amende et de confiscation (Loi 27 mars 1817, art. 122);

Et la confiscation des moyens de transport doit toujours être prononcée (Cass. 8 déc. 1854).

Même quand il s'agirait d'un navire non saisi voyageant sur des eaux maritimes, pourvu qu'il accomplisse un trajet de navigation intérieure (*Ibid*).

3948. Les voitures publiques et particulières ne peuvent circuler sur la voie publique sans être éclairées (Décr. 10 août 1852, art. 15).

L'appréciation de la circonstance de nuit est laissée à la décision des tribunaux, d'après les faits établis ou reconnus (Cass. 7 juin 1860).—V. toutefois, Dutruc, *Mém. du Minist. publ*, v° *Nuit*, n. 6.

3949. Du reste, la police des voitures et du roulage en général est réglée par le décret du 30 mai 1851).

SECTION XIII. — RÉBELLION.

SOMMAIRE.

3950. Les rébellions ou voies de faits contre les employés des contributions indirectes sont poursuivies d'office, par le ministère public, devant les tribunaux de répression, qui prononcent les peines encourues, sans préjudice des amendes et confiscations à infliger aux contrevenants (Loi 28 avril 1816, art. 238).

Car le jugement qui, sur la poursuite du ministère public, condamne un prévenu à l'emprisonnement pour s'être opposé, avec violences et voies de fait, à l'exercice des fonctions des employés, ne fait pas obstacle à ce que la régie poursuive et obtienne, contre le contrevenant, une condamnation à l'amende (Cass. 15 oct. 1840).

3951. La contrebande, avec attroupement et port d'armes, constitue un crime de rébellion qui doit être puni conformément aux articles 209 et suivants du Code pénal (Circ. min. 7 déc. 1814).

Au surplus, les préposés ne sont pas des officiers ministériels ni des agents ou dépositaires de la force publique, dans le sens de l'art. 224 du Code pénal, et les injures et menaces proférées contre eux publiquement ne peuvent être punies que des peines portées par l'art. 19 de la loi du 17 mai 1819 (Cass. 1er mars 1844).

Alors le procès-verbal des employés, en ce qui touche les faits qui leur sont personnels, ne vaut que comme plainte, et peut être contredit par tous les modes ordinaires de preuves (Cass. 2 mai 1806).

3952. Les amendes prononcées pour rébellion et injures contre les préposés des contributions indirectes, appartiennent à cette administration, qui demeure chargée de l'avance des frais de justice dans ces sortes de procédures, sauf son recours envers les condamnés (Circ. min. 15 janv. 1809).

3953. Dans les affaires poursuivies pour rébellion, violences ou injures contre des préposés des contributions indirectes dans l'exercice de leurs fonctions, les poursuites ne sont pas toujours dirigées avec toute l'activité convenable, et la lenteur de l'instruction donne quelquefois le temps aux coupables, soit de se soustraire à l'action de la justice, soit de circonvenir et de disposer en leur faveur les témoins dont ils redoutent les dépositions. Une pareille impunité, en même temps qu'elle est un scandale public, a pour résultat de compromettre les intérêts du Trésor, en privant de la juste protection qui leur est due des agents chargés de la perception d'une des branches les plus importantes des revenus de l'État. Aussi le ministère public doit-il surveiller avec le plus grand soin les procédures dirigées contre les auteurs de ces violences, et faire en sorte qu'elles soient introduites et jugées avec toute la célérité possible, et que les coupables soient punis avec toute la rigueur des lois (Circ. min. 24 mai 1821. — Décis. min. 19 sept. 1825).

Dans tous les cas, il faut toujours protéger efficacement ces préposés, en faisant arrêter et punir ceux qui chercheraient à paralyser ou à entraver leurs opérations (Circ. min. 2 mai 1829).

CHAPITRE XIII. — CONTUMACES.

SECTION PREMIÈRE. — MISE EN DEMEURE.

SOMMAIRE.

3954. On appelle *contumace* l'état de celui qui, mis en accusation, ne se présente pas dans le délai qui lui est fixé, ou qui, ayant été saisi, s'est évadé avant le jugement.

Ce mot doit être restreint aux affaires criminelles : ce n'est qu'en cette matière que l'accusé ou le prévenu absent est appelé *contumax*.

En police correctionnelle, le prévenu ou l'inculpé absent est appelé *défaillant*, parce qu'il laisse défaut sur l'assignation qui lui a été donnée, comme nous l'avons vu ci-dessus, n° 3016).

3955. Lorsqu'après un arrêt de mise en accusation, l'accusé n'a pu être saisi, ou ne représente pas, dans les dix jours de la notification qui en a été faite à son domicile, comme il a été dit au n° 3210, ou lorsque, après s'être présenté ou avoir été saisi, il s'est évadé, le président de la Cour d'assises, ou, en son absence, le président du tribunal de première instance, ou, à défaut de l'un et de l'autre, le plus ancien juge de ce tribunal, rend une ordonnance portant que l'accusé est tenu de se représenter dans un nouveau délai de dix jours, sinon qu'il sera déclaré rebelle à la loi ; qu'il sera suspendu de l'exercice des droits de citoyen ; que ses biens seront séquestrés pendant l'instruction de sa contumace ; que toute action en justice lui sera interdite pendant le même temps ; qu'il sera procédé contre lui, et que toute personne sera tenue d'indiquer le lieu où il se trouve. Cette ordonnance fait, de plus, mention du crime et de l'ordonnance de prise de corps (C. inst. 465).

Les frais de l'expédition, qui en est délivrée à l'administration des domaines, pour le séquestre des biens du condamné, sont à la charge de cette administration (Décis. min. 21 avril 1821).

3956. Cette ordonnance est publiée par un huissier, à son de trompe ou de caisse, le dimanche suivant, ou, comme cela n'est pas toujours possible à cause des distances, le premier dimanche après celui-là, et affichée à la porte du domicile de l'accusé, à celle de la maison du maire, et à celle de l'auditoire de la Cour d'assises (*Ibid.*, 466).

Quand le domicile de l'accusé est situé hors de l'arrondissement où siége cette Cour, il est transmis, à cet effet, par le ministère public près la Cour d'assises, une expédition de cette ordonnance au ministère public du domicile du contumax. Ce magistrat la remet à un huissier, et veille à l'exacte exécution de la loi ; mais alors, elle ne peut être publiée que le dimanche qui suit sa réception.

Quand la publication doit avoir lieu dans l'arrondissement où siége la Cour d'assises, elle doit être faite sur la minute de l'ordonnance, et, par conséquent, sans retard (Décr. 18 juin 1811, art. 70. — Circ. min. 30 déc. 1812, 6°).

3957. L'huissier doit se transporter dans la commune du domicile de l'accusé, et se rendre successivement aux lieux accoutumés pour les publications, notamment à la porte du maire et de l'église principale, surtout si la publication a lieu à l'issue de l'office divin; et, après avoir fait ouvrir un ban à son de tambour ou de trompe, il donne lecture, à haute voix, de l'ordonnance dont il est porteur; il va l'afficher ensuite à la porte du domicile de l'accusé et de la maison *du maire*, et non pas *de la mairie*, quoique cela pût paraître plus convenable; et il rapporte du tout, au pied de l'ordonnance ou sur une feuille séparée, un procès-verbal, qui est enregistré et remis, avec l'ordonnance, au ministère public. Ce magistrat, après en avoir pris note au parquet, joint ces pièces au dossier de la procédure, ou les renvoie immédiatement au ministère public près la Cour d'assises, qui est tenu d'envoyer aussi une expédition de l'ordonnance au directeur des domaines du domicile du contumax (C. inst. 466).

Les trompes et les tambours dont il est parlé dans cet article peuvent, en cas de nécessité, et pour éviter des frais s'il fallait en faire venir d'ailleurs, être remplacés par tout autre instrument en usage dans le pays pour rassembler le public (Décis. min. 20 oct. 1812).

L'exploit de notification et le procès-verbal de publication et d'affiche peuvent être réunis dans un seul et même acte (Cass. 2 avril 1836. — *Pal.*, xx, 958, not. 2, et xxv, 624, not. 1).

Il y a, à cette réunion purement facultative et qui ne contrarie en rien l'esprit de la loi, une économie évidente et un moyen assuré d'empêcher des abus regrettables (C. inst. 470. — Circ. Rennes, 14 nov. 1845).

3958. La publication et l'affiche à la porte du domicile de l'accusé fugitif constituent une notification légale et suffisante de l'ordonnance. Toute autre notification est inutile et frustratoire (Cass. 19 mai 1826. — Inst. gén. 30 sept. 1826, n° LXIII).

La Cour régulatrice a pourtant jugé depuis le contraire (Cass. 17 janv. 1862 et 27 sept. 1866). — V. aussi Dutruc, *Mémor.*, v° *Contumace*, n. 1, et autres autorités citées *ibid.*

La notification est régulière si elle a été faite au domicile indiqué par les actes de la procédure, et s'il est constaté, par l'exploit, que les copies ont été remises à la famille de l'accusé (Cass. 7 fév. 1839). — V. toutefois Dutruc, *loc. cit.*, n. 2 et 3.

Mais il faut que l'affiche soit revêtue du visa du maire ou du juge de paix (Cass. 24 nov. 1826).

Il n'y a jamais lieu de faire perquisition en vertu d'une ordonnance de contumace, ni par conséquent d'en rapporter procès-verbal (Décis. min. 5 janv. 1842).

3959. Il est dû à l'huissier, pour ces publications et affiches, y compris le procès-verbal, un salaire de 12, 15 ou 18 francs, selon la population de la commune où elles ont lieu; et, quand elles se font dans deux communes différentes et par deux huissiers, chacun d'eux ne reçoit que la moitié de la taxe (Décr. 18 juin 1811, art. 71, 8°, et art. 80).

Dans tous les cas, tous les frais de publication et d'affiche sont à la charge de l'huissier (*Ibid.*, 79).

Cet officier ministériel doit désigner, dans son mémoire, les lieux où il a fait les publications, afin que l'on puisse s'assurer s'il a droit à la totalité ou à la moitié seulement de la taxe accordée pour cet objet (Instr. min. 7 juin 1814, § 24. — Circ. min. 23 avril 1825).

Mais il ne faut passer en taxe qu'un seul original, alors même que la notification ou publication a eu lieu dans deux ou plusieurs communes différentes (Décis. min. 24 nov. 1845).

3960. En résumé, l'ordonnance de se présenter n'est réputée exécutée contre le contumax que : 1° lorsqu'elle lui a été notifiée; 2° qu'elle a été publiée et affichée; 3° que ces publications et affiches ont été faites le dimanche; 4° que les procès-verbaux constatant ces deux dernières conditions ont été visés. La nullité résultant de l'inaccomplissement de quelqu'une de ces formalités est d'ordre public (Cass. 29 juin 1833).

Du reste, l'état de contumace ou d'absence d'un prévenu n'est pas une raison pour qu'on néglige de remplir exactement les formes et de soigner l'instruction. C'est le contraire qui doit avoir lieu, puisque, lors du jugement, les magistrats n'auront pour base de leur décision que l'instruction écrite, et que l'accusé ne sera pas défendu (Circ. Rennes, 21 fév. 1820).

Et quoique l'art. 468 du Code d'instruction criminelle porte qu'aucun conseil, aucun avoué, ne peut se présenter pour défendre un accusé contumax, cela doit s'entendre uniquement de la défense à l'audience, et n'empêche pas qu'on ne puisse produire, à la chambre d'accusation, un mémoire en faveur d'un prévenu fugitif, aussi bien qu'on le peut en faveur d'un prévenu présent, comme nous l'avons vu au tome II, n° 2786 (C. inst. 217, § 2. — Cass. 3 fév. 1826).

3961. En aucun cas, la contumace d'un accusé ne peut suspendre ni retarder l'instruction envers ses coaccusés présents (C. inst. 474).

Mais la suspension pourrait au besoin être prononcée dans l'intérêt de la vindicte publique (*Pal.*, ɪᴠ, 194, col. 2, not. 1).

SECTION II. — PROCÉDURE ET JUGEMENT.

SOMMAIRE.

3962. Après un délai de dix jours à partir de la date du procès-verbal de publication de l'ordonnance de se représenter, sans augmentation à raison des distances, il est procédé au jugement de la contumace (C. inst. 467).

Lorsque l'arrêt de renvoi et l'acte d'accusation ont été régulièrement notifiés à la personne ou au dernier domicile connu du contumax, il n'est pas nécessaire de renouveler cette notification après son arrestation ou sa comparution volontaire (Cass. 18 avril 1850).'

3963. Aucun conseil, aucun avoué ne peut se présenter pour défendre l'accusé contumax; seulement, s'il est hors du territoire européen de la France, ou dans l'impossibilité absolue de comparaître en justice, ses parents ou amis peuvent présenter et plaider ses moyens d'excuse (C. inst. 468).

Et, dans ce dernier cas, la Cour, si elle trouve l'excuse légitime, peut ordonner qu'il sera sursis au jugement de l'accusé et au séquestre de ses biens, pendant un temps déterminé, eu égard à la nature de l'excuse et à la distance des lieux (*Ibid.*, 469).

Aussitôt que le sursis a été accordé, le ministère public doit s'empresser d'en donner avis au directeur des domaines, et même de lui transmettre un extrait de l'arrêt, pour arrêter l'exécution de l'ordonnance du président (Carnot, *Instr. crim.*, ɪɪɪ, 326, n° 2).

3964. S'il n'est pas accordé de sursis, il est procédé de suite à la lecture, par le greffier, de l'arrêt de renvoi à la Cour d'assises, de l'ordonnance de se représenter, et des procès-verbaux constatant sa publication (C. inst. 470, § 1).

Après cette lecture, et le ministère public entendu, la Cour prononce d'abord sur la régularité de la procédure, puis sur l'application de la peine, mais par un seul et même arrêt (*Ibid.*, § 2).

Dans les affaires contumaciales, la Cour d'assises statue sans l'assistance des jurés. Elle examine si la procédure est régulière ; et, dans le cas où elle ne serait pas conforme à la loi, elle la déclare nulle, et ordonne qu'elle soit recommencée à partir du plus ancien acte entaché d'irrégularité (C. inst. 470, § 3.— Cass. 29 juin 1833).

Dans le cas où l'instruction est régulière, elle examine si l'accusation est fondée et si elle rentre dans les termes de la loi pénale ; enfin, elle prononce, s'il y a lieu, la peine encourue, et statue sur les intérêts civils (C. inst. 470, § 4).

3965. Ainsi, elle peut acquitter ou absoudre l'accusé, si son innocence lui est parfaitement démontrée, ou si le fait incriminé n'est pas puni par la loi (Bourguignon, i, 586, n° 1. — Carnot, iii, 328, n° 4. — Dalloz aîné, v° *Contumace*).

Mais elle ne peut déclarer qu'il existe en sa faveur des circonstances atténuantes : ce droit n'appartient qu'aux jurés, après un débat oral et contradictoire (Cass. 4 mars 1842).

Le recours en cassation contre les arrêts par contumace n'est ouvert qu'au ministère public et à la partie civile, en ce qui la regarde (C. inst. 473).

Remarquez que la procédure par contumace n'est pas prescrite à peine de nullité (Cass. 3 fév. 1870).

3966. Si le contumax est condamné, la condamnation est exécutée par effigie dans les trois jours de la prononciation, délai évidemment trop court, et qui est presque toujours dépassé, surtout quand l'exécution doit avoir lieu dans une autre ville que celle où l'arrêt a été prononcé.

Cette exécution a lieu comme suit :

Dans les huit jours de la prononciation de l'arrêt, un extrait de la condamnation est inséré dans l'un des journaux du département du dernier domicile du condamné, à la diligence du procureur général au chef-lieu de la Cour d'appel où l'arrêt a été rendu, ou de son substitut dans les autres chefs-lieux judiciaires (C. inst. 472, § 1. — Loi 2 janv. 1850).

3967. Cet extrait est délivré, par le greffier, aux magistrats du parquet sur leur réquisition.

Il est, en outre, affiché par un huissier spécialement requis à cet effet par le ministère public :

1° A la porte du dernier domicile du condamné, ou de sa dernière résidence connue, s'il n'a pas de domicile ;

2° A la porte de la maison commune du chef-lieu de l'arrondissement où le crime a été commis ;

3° A la porte du prétoire de la Cour d'assises qui a rendu l'arrêt (C. inst. 472, § 2. — Circ. min. 18 janv. 1850).

Pareil extrait est, dans le même délai de huit jours, adressé par le ministère public au directeur de l'administration de l'enregistrement et des domaines du domicile du contumax (*Ibid.*, § 3).

3968. Le plus souvent ces diverses formalités devant être accomplies dans des lieux différents, plusieurs extraits seront nécessaires. Le ministère public devra donc requérir la délivrance de tous ceux que l'exécution de la loi exigera. Néanmoins, il doit apporter dans l'accomplissement de ce devoir une sage pensée d'économie, et faire servir successivement le même extrait, quand cela sera possible, aux diverses formalités prescrites par la loi; car ce n'est pas l'extrait délivré au greffe qui a besoin d'être affiché lui-même, il suffit d'une copie signée de l'huissier.

Il peut y avoir, suivant les cas, plus ou moins d'huissiers à employer, plus ou moins de procès-verbaux à dresser; mais chaque fois que l'affiche doit être apposée dans plusieurs cantons, il faut avoir soin d'en charger les huissiers de chaque localité, afin d'éviter des frais de transport. Ces officiers publics déposent leur procès-verbal, soit au parquet, soit à la justice de paix de leur résidence, d'où il est transmis aux magistrats poursuivant la procédure par contumace (Circ. min. 18 janv. 1850, § 2).

3969. Quand ces formalités ou quelques-unes d'entre elles doivent être accomplies hors de l'arrondissement où l'arrêt a été rendu, elles le sont à la diligence des magistrats du parquet de cet arrondissement, à qui un extrait de la condamnation est transmis, à cet effet, par le ministère public du lieu où elle a été prononcée.

Quant au délai de huit jours imparti pour leur exécution, il est purement comminatoire. Cependant, il faut tâcher de s'y conformer autant que possible, et tenir la main à ce qu'il ne soit pas dépassé (Circ. min. 18 janv. 1850, § 1, 1°).

3970. En ce qui concerne l'insertion de l'arrêt dans les journaux, comme elle ne peut pas être gratuite, parce qu'il ne s'agit pas là de l'un des actes officiels dont parle l'article 19 du décret organique du 17 février 1852, le ministère public chargé de la requérir doit traiter de gré à gré avec les propriétaires des journaux sur le prix et sur les diverses conditions qu'ils auront à remplir, et exiger qu'elle soit faite dans un endroit apparent du journal et avec des caractères assez grands pour qu'elle appelle naturellement l'attention du lecteur (Même circ., § 1, 2° et 3°).

Cette dépense est acquittée, comme frais de justice criminelle, sur les mémoires des journalistes ou de l'imprimeur soumis au visa du parquet, sauf le recours du Trésor contre le condamné (*Ibid.*, § 1, 4°).

Quant au choix du journal, il est laissé au libre arbitre du ministère public, qui devra se décider pour celui qui offrira, soit la plus grande publicité, soit celle qui lui paraîtra plus opportune ou plus efficace. Ainsi, s'il paraît un journal dans le lieu même du domicile du condamné, c'est celui-là qui devra être préféré à tout autre. Il faudrait aussi se préoccuper de l'économie des frais, et donner la préférence à celui des journaux du département qui accepterait les conditions les plus avantageuses (*Ibid.*, § 1, 4°).

3971. Pour constater l'insertion, il suffit qu'un exemplaire du journal qui la contient soit déposé, par l'éditeur, au greffe du tribunal, et qu'après avoir été visé par le ministère public de l'arrondissement, il soit adressé, par ce magistrat, au parquet de la Cour d'assises qui a prononcé, pour être joint à la procédure, sans qu'il soit besoin de soumettre cette feuille à la formalité de l'enregistrement (*Ibid.*).

3972. Les frais de cet exemplaire seront compris dans les frais d'insertion, et payés, comme eux, sur un même mémoire accompagné, comme pièces justificatives, du réquisitoire du magistrat qui a requis l'insertion et de l'ordonnance du président du siége (*Ibid.*).

3973. Comme la loi porte que les effets attachés à l'exécution par effigie seront produits à partir de la date du dernier procès-verbal d'affiche, pour éviter toute difficulté dans le cas où il y aurait plusieurs procès-verbaux successifs ou simultanés, il a été décidé que le greffier de la Cour d'assises serait chargé de réunir tous ces documents, de s'assurer de leur régularité, et qu'il en dresserait un dernier procès-verbal donnant, par sa date, ouverture aux effets de l'exécution par effigie. Ce dernier acte, dressé dans la forme ordinaire des procès-verbaux, est transcrit, par le greffier, à la suite de l'arrêt de condamnation par contumace, comme preuve de sa complète exécution (*Ibid.*; § 4).

SECTION III. — PURGE DE LA CONTUMACE.

SOMMAIRE.

3974. L'accusé acquitté ou absous par un arrêt de contumace, sur un chef quelconque de l'accusation, ne peut plus être repris à raison du même fait (Cass. 18 vent. an XII et 15 nov. 1821).

Celui qui a été condamné a un délai de cinq ans, à partir de l'arrêt, pour purger sa contumace. Pendant ce délai, qui court de l'exécution par effigie, les effets de l'interdiction légale du condamné sont suspendus (Loi 31 mai 1854, art. 3, § 3).

3975. S'il se constitue prisonnier, ou s'il est arrêté, avant que la peine prononcée contre lui soit éteinte par la prescription, l'arrêt rendu par contumace et la procédure faite depuis l'ordonnance de se représenter, et tout ce qui a suivi, sont anéantis de plein droit, et il est procédé dès lors en la forme ordinaire (C. inst. 476, § 1. — Cass. 17 mars 1831 et 14 sept. 1832).

Seulement, il n'est pas nécessaire de lui notifier de nouveau l'arrêt et l'acte d'accusation, s'ils ont été régulièrement signifiés, soit à sa personne, soit à sa dernière résidence connue; et le ministère public se borne à porter l'affaire à l'audience, après que l'accusé a été interrogé par le président de la Cour d'assises.

Car il faut que le contumax soit remis en jugement et soumis à un débat contradictoire, lors même qu'il acquiescerait à sa condamnation, puisque celle-ci est anéantie par le fait seul de sa comparution dans le délai légal (Cass. 29 juill. 1813 et 27 août 1819).

Et le débat doit s'établir, non-seulement sur le fait principal reconnu par l'arrêt de condamnation, mais encore sur toutes les circonstances accessoires (Cass. 1er juill. 1820).

3976. Mais la Cour d'assises saisie d'une accusation contre un individu précédemment condamné par contumace, pour un autre crime, ne peut statuer simultanément sur les deux accusations, si l'identité du contumax est contestée, et si elle n'a d'abord été reconnue, dans les formes des articles 518 et 519 du Code d'instruction criminelle, par la Cour qui a prononcé la condamnation (Cass. 1er et 29 juin 1854).

Cette reconnaissance d'identité doit être faite par ladite Cour d'assises statuant sans assistance de jurés, après l'audition des témoins, en audience publique, et en présence de l'individu arrêté (Cass. 20 juin 1851 et 4 nov. 1865). — V. aussi Dutruc, *loc. cit.*, n. 5 et 6.

3977. Si, pour quelque cause que ce soit, tous ou quelques-uns des témoins entendus dans l'instruction de la contumace ne peuvent être produits aux débats, leurs dépositions écrites et les réponses écrites des autres accusés du même crime sont lues à l'audience; il en est de même de toutes les pièces que le président jugerait de nature à jeter quelque lumière sur le délit et sur les coupables (C. inst. 477.—Cass. 18 avril 1850).

La lecture des déclarations écrites des témoins absents, et de l'interrogatoire des coaccusés précédemment jugés, est une formalité substantielle dont l'omission emporte nullité (Cass. 10 et 24 août 1837, 17 nov. 1840, 18 janv. 1841 et 7 juill. 1849).

Et l'accusé ne peut s'y opposer (Cass. 16 sept. 1841).

Néanmoins, cette omission n'entraîne pas nullité, si l'accusé contumax et le ministère public ont renoncé à la lecture de ces pièces (Cass. 19 mars et 15 sept. 1853).

3978. Remarquez que le magistrat qui a prononcé sur la contumace peut concourir à l'arrêt contradictoire (Cass. 11 oct. 1849).

Et, d'un autre côté, lorsque la condamnation pour crime, prononcée par contumace, se trouve réduite à la répression d'un simple délit, par suite de la déclaration du jury, il n'y a lieu de prononcer aucune peine, si la prescription de ce délit était acquise au moment où l'accusé s'est représenté (Cass. 25 nov. 1830 et 21 août 1845).

3979. Si le condamné par contumace vient ensuite à être acquitté par un jugement contradictoire, il n'en doit pas moins supporter les frais des premières poursuites (C. inst. 478.—Circ. min. 18 flor. an IX, et 15 germ. an X. — Cass. 2 déc. 1830).

Même quand il est renvoyé absous, par suite de la prescription (Cass. 22 avril 1830 et 9 fév. 1855).

Et, vînt-il à décéder avant l'exécution de l'arrêt de condamnation, ses héritiers seraient tenus de les payer (Avis Cons. d'État, 26 fruct. an XIII).

Mais, s'il est acquitté en purgeant sa contumace, il ne doit pas supporter les frais du débat contradictoire (Legraverend, II, 600).

3980. Les biens du contumax condamné sont considérés et régis comme biens d'absent. Ils sont gérés par l'administration de l'enregistrement et des domaines (C. civ. 28. — C. inst. 471).

Mais elle n'est recevable à exercer les droits que le contumax peut avoir dans une succession qui vient à s'ouvrir dans les cinq ans à partir de la condamnation, qu'en prouvant l'existence du condamné à l'époque de l'ouverture de la succession, comme il a été dit, pour les absents, au tome Ier, no 882, § 2 (Cass. 23 mars 1841).

3981. La restitution des pièces de conviction au profit de la partie civile ne peut être ordonnée par la Cour d'assises prononçant une condamnation par contumace, qu'autant que l'identité du condamné a été légalement reconnue (Cass. 1er fév. 1827). — V. aussi Dutruc, n. 9 et 10.

3982. Quand un condamné par contumace à une peine afflictive ou infamante a commis un second crime de même nature que
le premier, et, qu'en raison de ce second crime, il a été condamné
contradictoirement à la peine la plus forte qui lui fût applicable,
il ne peut, après l'expiration de cette peine, être recherché quant
au premier crime, comme on l'a vu ci-dessus, n° 3613 (Cass.
19 mars 1818).

3983. Les préfets sont tenus d'adresser au ministre de l'intérieur, pour être publiés dans la feuille qui s'imprime par ses
soins, les signalements de tous les condamnés contumax ; et les
magistrats du parquet doivent s'empresser de concourir à cette
sage mesure, et de transmettre eux-mêmes aux préfets ceux de
ces signalements qui manquent à l'autorité administrative, quand
ils existent dans les procédures criminelles (Circ. min. 31 mars et
12 mai 1823).

Dans l'usage et pour plus de célérité, ces signalements sont directement transmis par le ministère public, dans la forme qui sera
indiquée au chapitre *des Signalements*.

CHAPITRE XIV. — DÉLITS DES FONCTIONNAIRES.

SECTION PREMIÈRE. — FORFAITURE.

SOMMAIRE.

3984. Dans son acception la plus étendue, le mot *forfaiture*
comprend toutes les fautes, malversations ou prévarications commises par un magistrat ou officier public.

La loi pénale en a restreint le sens aux crimes commis par les
fonctionnaires publics dans l'exercice de leurs fonctions, en disant
que les simples délits ne les constituaient pas en état de forfaiture
(C. pén. 166 et 168).

Les arbitres forcés, ayant un caractère public, qui les assimile
aux juges ordinaires, peuvent, comme eux, se rendre coupables

de forfaiture, et sont punissables à ce titre (Arg. Cass. 15 mai 1838).

La forfaiture n'est donc pas un crime spécial, mais elle désigne un caractère particulier qui s'attache aux crimes des fonctionnaires.

3985. Ces crimes sont, outre les délits communs dont ils peuvent se rendre coupables :

1° La trahison (C. pén. 80 et 81);

2° L'altération de la sincérité des votes dans les élections (*Ibid.*, 111);

3° Les attentats à la liberté (*Ibid.*, 114 à 122);

4° Les coalitions de fonctionnaires (*Ibid.*, 123 à 126);

5° Les empiétements des diverses autorités (*Ibid.*, 127 à 131);

6° Les soustractions commises par les dépositaires publics (*Ibid.*, 169 à 173);

7° Les concussions (*Ibid.*, 174);

8° La corruption (*Ibid.*, 177 à 183);

9° Les abus d'autorité contre la chose publique (*Ibid.*, 188 à 191);

10° La participation aux *crimes* qu'ils étaient chargés de surveiller ou de réprimer (*Ibid.*, 198).

3986. Quant aux délits des fonctionnaires que la loi ne considère pas comme forfaiture, ce sont :

1° Leur immixtion dans des affaires étrangères à leur qualité ou incompatibles avec leurs fonctions (C. pén. 175 et 176);

2° Les abus d'autorité contre les particuliers (*Ibid.*, 184 à 187);

3° Les contraventions en matière d'état civil (*Ibid.*, 192 à 195);

4° Les usurpations d'autorité (*Ibid.*, 196 et 197);

5° Le refus d'un service légalement dû (*Ibid.*, 234 à 236);

6° La connivence ou négligence dans l'évasion des détenus (*Ibid.*, 237 à 248);

7° Les bris de scellés, et les détournements, par les gardiens et dépositaires, des choses confiées à leur garde (*Ibid.*, 249 à 256);

8° La participation aux *délits* qu'ils étaient chargés de surveiller ou de réprimer (*Ibid.*, 198).

3987. Pour qu'il y ait forfaiture, il faut donc que le fait imputé soit un crime, qu'il ait été commis par un fonctionnaire public, dans l'exercice de ses fonctions, et avec une intention coupable.

Ainsi, un magistrat du parquet qui, sans intention répréhensible, a fait arrêter un condamné qui s'était pourvu en cassation, n'est pas coupable de forfaiture (Cass. 14 juill. 1827).

3988. Toute forfaiture, pour laquelle la loi ne prononce pas de peine plus grave, est punie de la dégradation civique, peine infamante qui ne peut être prononcée que par les Cours d'assises, comme on l'a vu au tome 1er, nos 1855 et suivants (C. pén. 8 et 167).

Mais, si le crime qui constitue la forfaiture entraîne, par lui-même, une peine supérieure, c'est cette peine seule qui est appliquée, et il n'y a plus lieu à la dégradation civique.

N'oublions pas de rappeler ici ce que nous avons dit au tome 1er, nos 165 et 166, sur l'aggravation de peine toujours encourue par les fonctionnaires publics reconnus coupables d'un crime ou d'un délit (C. pén. 198).

Ajoutons que les gardes champêtres et forestiers et les officiers de police, à quelque titre que ce soit, qui commettent un délit contre les propriétés, lors même qu'il s'agirait d'un fait qu'ils n'auraient pas été chargés de surveiller ou de réprimer, sont, à raison de leur qualité, punis d'un emprisonnement de plus longue durée que celui qui serait prononcé contre tout autre citoyen (C. pén. 462. — Hélie et Chauveau, *Code pén.*, VI, 273).

Mais les art. 198 et 462 du Code pénal ne reçoivent plus d'application lorsque le fait incriminé est puni d'une peine spéciale par une disposition particulière aux fonctionnaires publics (Hélie et Chauveau, *Code pén.*, III, 59).

3989. Sans entrer dans l'examen de tous les faits punissables que nous venons d'énumérer, nous allons nous borner à rappeler ici, par ordre alphabétique, d'abord les crimes et ensuite les délits, dont les magistrats peuvent se rendre coupables dans l'exercice de leurs fonctions, savoir :

Les abus d'autorité ;

Les attentats à la liberté individuelle ;

Les crimes de coalition, concussion et corruption ;

Les soustractions et autres délits qui seront l'objet des sections suivantes.

Nous commençons par les abus d'autorité.

SECTION II. — ABUS D'AUTORITÉ.

3990. Tout fonctionnaire, officier public, administrateur, agent ou préposé du Gouvernement ou de la police, exécuteur des mandats de justice ou jugements, commandant en chef ou en sous-ordre de la force publique, qui, *sans motif légitime*, use ou fait user de violences ou de rigueurs inutiles envers les personnes, dans l'exercice ou à l'occasion de l'exercice de ses fonctions, doit être puni, selon la nature et la gravité de ses violences, d'après les art. 295, 309, 311 et 198 du Code pénal (C. pén. 186).

3991. Il faut donc cinq conditions pour que l'art. 186 du Code pénal soit applicable, savoir :

1º Qu'il y ait eu des violences ;

2º Qu'elles aient eu lieu contre les personnes ;

3º Qu'elles aient été commises par un fonctionnaire ou par son ordre ;

4º Que ce soit dans l'exercice ou à l'occasion de l'exercice de ses fonctions ;

5º Qu'il n'ait pas eu de motif légitime d'en agir ainsi (Hélie et Chauveau, *C. pén.*, IV, 228).

3992. Les motifs légitimes dont il s'agit ici sont la nécessité de la défense personnelle, ou le besoin de vaincre une résistance opiniâtre pour que force reste à la loi. Ces motifs suffisent pour justifier toutes les violences, quelle qu'en soit la nature, et lors même qu'elles auraient eu pour résultat un homicide volontaire, sans qu'il soit besoin de rechercher s'il y a eu provocation (Cass. 5 déc. 1822).

Dès que ces motifs légitimes existent, le fonctionnaire public est à l'abri de toute peine (Cass. 9 juill. 1825 et 30 janv. 1835).

3993. Toute suppression, toute ouverture de lettres confiées à la poste, commise ou facilitée par un fonctionnaire ou par un agent du Gouvernement ou de l'administration des postes, est punissable d'une amende de 15 fr. à 500 fr., et d'un emprisonnement de trois mois à cinq ans. Le coupable doit, de plus, être interdit de toute fonction publique, pendant cinq ans au moins et dix ans au plus (C. pén. 187).

La suppression des lettres est une atteinte à la propriété, punissable comme le vol, lors même qu'elles ne contiendraient aucune somme ou valeur (Cass. 24 juill. 1829).

Elle peut même entraîner l'application des art. 169 et 173 du Code pénal, selon la qualité du coupable et la nature des choses soustraites avec la lettre (Cass. 23 avril 1813).

L'ouverture illicite des lettres est un abus de confiance punissable des mêmes peines, quand elle est accompagnée d'une intention criminelle (Morin, *Dict. du droit crim.*, v° *Abus d'autorité*, 8).

3994. Car l'ouverture peut être autorisée ou prescrite par la loi : par exemple, le juge d'instruction a le droit d'ouvrir des lettres adressées à l'inculpé, pour y chercher des indications utiles à la découverte de la vérité (Paris, 30 janv. 1836). — Dutruc, *Mémor. du Minist. publ.*, v° *Abus d'autorité*, n. 10, et autres autorités citées *ibid.*

Les préfets ont aussi, comme officiers de police judiciaire, le droit de faire ou de faire faire, tant au domicile du prévenu que partout ailleurs, par conséquent dans les bureaux de la poste, et à l'égard de toutes lettres ou paquets qui y sont déposés, les perquisitions et saisies qu'ils jugent indispensables, et même d'en charger un commissaire de police (Cass. 21 nov. 1853. — Dutruc, *loc. cit.*, n. 12 et suiv., ainsi que les autres autorités mentionnées par cet auteur).

3995. Tout fonctionnaire public, agent ou préposé du Gouvernement, de quelque grade qu'il soit, qui a requis ou ordonné, fait requérir ou ordonner l'action ou l'emploi de la force publique contre l'exécution d'une loi ou contre la perception d'une contribution légale, ou contre l'exécution, soit d'une ordonnance ou mandat de justice, soit de tout autre ordre de l'autorité légitime, est puni de la reclusion, et du *maximum* de cette peine, si la réquisition ou l'ordre ont été suivis de leur effet, c'est-à-dire s'ils ont réellement empêché cette exécution (C. pén. 188 et 189).

Ce crime est commis dès qu'il y a eu réquisition hostile contre la chose publique. Les résultats n'ont d'influence que sur la pénalité.

3996. Si, par suite des ordres ou réquisitions dont il s'agit ici, il survient d'autres crimes punissables de peines plus fortes que la reclusion, ces peines doivent être appliquées aux fonctionnaires, agents ou préposés, coupables d'avoir donné lesdits ordres ou fait lesdites réquisitions, pourvu que ces crimes en soient une conséquence, sinon immédiate, au moins naturelle et facile à prévoir (C. pén. 191).

Il y a aussi abus d'autorité, de la part de tout fonctionnaire ou officier public qui, sous quelque prétexte que ce soit, admet ou autorise, en matière de recrutement, des exceptions ou exclusions autres que celles déterminées par la loi, ou qui donnent arbitrairement une extension quelconque, soit à la durée, soit aux règles ou conditions des appels, des engagements ou rengagements, sans préjudice de peines plus graves, s'il y a lieu (Loi 21 mars 1832, art. 44).

3997. Ces diverses peines ne cessent d'être applicables aux fonctionnaires ou préposés qui ont agi par ordre de leurs supérieurs, que tout autant que cet ordre a été donné par ceux-ci, pour des objets de leur ressort, et sur lesquels il leur était dû obéissance hiérarchique; auquel cas lesdites peines ne sont appliquées qu'aux supérieurs qui ont les premiers donné cet ordre (C. pén. 190).

Ainsi, celui qui justifie de l'ordre qu'il a reçu de ses supérieurs hiérarchiques, dans les limites de leurs fonctions, ne peut être ni poursuivi ni condamné. Cette preuve peut être faite par toutes les voies de droit, à défaut de la représentation d'un ordre par écrit, qu'il est toujours prudent d'exiger (Carnot, *Cod. pén.*, I, 495).

3998. Tout fonctionnaire, en acceptant une fonction qui lui est confiée par l'autorité souveraine, doit lui donner une garantie de sa fidélité par son serment. Il devient suspect lorsqu'il la diffère, et s'il exerce ses fonctions sans avoir prêté serment, il commet une action punissable.

Voilà pourquoi une amende de 16 à 150 fr. *peut* être prononcée contre tout fonctionnaire public qui est entré en exercice de ses fonctions sans avoir prêté le serment qui y est attaché (C. pén. 196).

Quand le fonctionnaire est assujetti à un serment spécial, dont il sera parlé au livre *de l'Administration judiciaire*, cette peine est encourue aussi bien pour défaut de ce serment que pour défaut du serment politique (Chauveau, *Théor. du Cod. pén.*, IV, 259).

Toutefois, les poursuites et la répression de ces contraventions sont toujours facultatives, et peuvent dépendre des circonstances (Dalloz aîné, v° *Sûreté publique*, XII, 548).

3999. Mais un fonctionnaire public est bien plus criminel, et puni d'une peine plus grave, s'il continue l'exercice de son autorité après en avoir été dépouillé, car alors il commet un véritable attentat contre l'autorité souveraine (Disc. de l'orat. du Gouv.; séance du 6 fév. 1810).

Aussi ce délit n'est jamais susceptible d'excuse; et tout fonctionnaire public révoqué, destitué, suspendu ou interdit légalement, qui, après en avoir eu la connaissance officielle, a continué l'exercice de ses fonctions, ou qui, étant électif ou temporaire, les a exercées après avoir été remplacé, doit être puni de six mois à deux ans d'emprisonnement et d'une amende de 100 à 500 fr. Il est, de plus, interdit de l'exercice de toute fonction publique, pour cinq ans au moins et dix ans au plus, à compter du jour où il a fini de subir sa peine; le tout sans préjudice de plus fortes peines portées contre les officiers et commandants militaires (C. pén. 93, 197 et 258).

4000. La révocation, destitution, suspension ou interdiction des fonctionnaires est légale, lorsqu'elle a été prononcée par ceux à qui la loi ou les règlements en ont conféré le droit; et elle leur est officiellement connue, lorsque copie de l'arrêté qui la contient leur a été transmise, et qu'il a été constaté qu'ils l'ont réellement reçue (Dalloz aîné, v° *Sûreté publique*, XII, 549).

Si cette mesure résulte d'un jugement, il faut qu'il leur soit notifié, lors même qu'il aurait été prononcé en leur présence, et qu'il serait devenu irrévocable (*Ibid.*).

4001. L'art. 197 du Code pénal s'applique à l'huissier qui continue à faire des actes de ses fonctions, postérieurement à la connaissance officielle qui lui a été donnée de sa révocation (Cass. 11 avril 1835).

Mais non pas au prêtre qui continue les actes de son ministère malgré l'interdiction dont il a été frappé par son évêque (*Pal., C. pén.,* art. 197, note 11).

4002. Les fonctionnaires électifs ou temporaires ne sont présumés être remplacés que lorsque leurs successeurs ont prêté serment publiquement; jusqu'à ce moment, ils peuvent et doivent même continuer à remplir leurs fonctions, et il faut que la connaissance officielle et légale du serment ait été donnée par les supérieurs hiérarchiques au fonctionnaire remplacé, pour que ce dernier puisse être poursuivi à raison de l'illégale prolongation qu'il aurait faite de l'exercice de ses fonctions (Dalloz aîné, v° *Sûreté publique*, XII, 549).

Le fonctionnaire public qui continue à faire des actes de ses fonctions après sa destitution ou son remplacement officiellement notifié, commet un crime de faux s'il antidate ses actes; dans le cas contraire, les actes qu'il a faits sont seulement nuls, et ne peuvent donner lieu qu'à une action civile en dommages-intérêts, à moins qu'ils n'aient eu pour effet ou pour conséquence la perpétration d'un autre crime ou délit (Rogron, *sur les articles* 146 *et* 197 *du Cod. pén.*).

4003. Mais les magistrats, même remplacés, et jusqu'à l'arrivée de leur successeur, doivent rester à leur poste quand la tranquillité publique est menacée ; et, si c'est à l'occasion de la cherté des subsistances, ils doivent prendre, de concert avec les autres fonctionnaires, toutes les mesures propres à protéger la liberté du commerce et la sécurité des transactions (Circ. min. 20 janv. 1847).

En cas de troubles politiques, ils doivent lutter jusqu'à la dernière extrémité pour que force reste à la loi, et ils ne peuvent quitter leur poste que lorsque, les autres autorités ayant pris la détermination de se retirer, ils demeureraient seuls et abandonnés à eux-mêmes (Décis. min. 10 juin 1815).

Du reste, on a plusieurs fois rappelé aux magistrats le zèle et la vigilance que les circonstances politiques pouvaient exiger de leur part, en les invitant même à s'associer à de certaines manifestations publiques ou à s'en abstenir. On peut, à cet égard, se reporter aux circulaires ministérielles des 9 ventôse an VI, 7 nivôse an VIII, 19 novembre 1813, 13 et 21 mars, 10 et 25 avril, 28 juin, 14 juillet et 2 octobre 1815, 4 avril, 10 juin et 27 octobre 1820, 20 avril et 27 octobre 1822, 20 janv. 1824, 29 mai et 9 septembre 1830, 26 mars 1831, 12 octobre 1832, 6 novembre 1840 et 26 février 1848.

SECTION III. — ATTENTATS A LA LIBERTÉ.

SOMMAIRE.

§ 1er. — *Arrestations illégales.*

4004. La liberté individuelle est garantie, personne ne pouvant être ni poursuivi, ni arrêté, que dans les cas prévus par la loi, et dans la forme qu'elle prescrit (Constit. 4 nov. 1848, art. 2, et 14 janv. 1852, art. 56).

Et le droit d'arrestation est réservé, en général, aux juges d'instruction. Le ministère public et ses auxiliaires ne l'exercent qu'accidentellement, notamment en cas de flagrant délit, comme nous l'avons dit ci-dessus, n. 2373.

L'attentat à la liberté est donc la violation arbitraire ou illégale de la liberté individuelle, par un dépositaire de l'autorité publique ayant agi en cette qualité (Morin, *Dictionn. crim.*, v° *Lib. indiv.*, 484).

4005. Il ne faut pas confondre l'arrestation illégale commise par un fonctionnaire public et celles qui le seront par un simple particulier. La première est punie par l'art. 114 du Code pénal, et la seconde par l'art. 341 du même Code (Cass. 4 déc. 1862. — Dutruc, *Mémor. du Minist. publ.*, v^is *Arrestation illégale*, n. 1, et *Attentat à la liberté*, n. 1 et suiv.).

4006. Lorsqu'un fonctionnaire public, un agent ou un préposé du gouvernement a ordonné ou fait quelque acte arbitraire ou attentatoire, soit à la liberté individuelle, soit aux droits civiques d'un ou de plusieurs citoyens, soit à la loi politique, il encourt la peine de la dégradation civique.

Tous les officiers de police judiciaire, les agents de la force publique, qui ont prêté serment en justice, et particulièrement les huissiers et les gardes champêtres, sont compris dans cette disposition (Cass. 1er frim. an XIII et 16 juill. 1812. — Dutruc, v° *Attentat à la liberté*, n. 8).

Les coupables sont poursuivis criminellement ; car le fait qu'il s'agit de réprimer est toujours de la compétence des Cours d'assises (Cass. 25 mai 1827).

4007. Si, néanmoins, le prévenu justifie qu'il a agi par ordre de ses supérieurs, pour des objets du ressort de ceux-ci, sur lesquels il leur était dû obéissance hiérarchique, il est déclaré exempt de la peine, qui, dans ce cas, est appliquée seulement aux supérieurs qui ont donné l'ordre (C. pén. 114).

Toutefois, trois conditions sont nécessaires pour rendre son excuse admissible. Il faut :

1° Qu'il rapporte l'ordre de ses supérieurs, car c'est à lui à en justifier ;

2° Que cet ordre émane réellement de ses supérieurs hiérarchiques ;

3° Qu'il se rattache aux fonctions légales pour lesquelles il leur devait obéissance (Hélie et Chauveau, *Cod. pén.*, III, 115).

4008. Si c'est un ministre qui a ordonné ou fait un de ces actes, et si, après trois invitations consécutives renouvelées dans l'espace d'un mois, il a refusé ou négligé de le faire réparer, il est puni du bannissement (C. pén. 115).

Il faut convenir que, malgré cette disposition, la législation ne présente aucune garantie réelle contre les attentats à la liberté individuelle qui pourraient être commis par des ministres ; car les tribunaux ne pourraient les poursuivre, à raison de leurs actes administratifs, sans une autorisation préalable que le conseil d'État pourrait ne pas donner (Rogron, *sur l'art.* 115 *du Cod. pén.*).

4009. Si les ministres, prévenus d'avoir ordonné ou autorisé l'acte contraire à la loi politique, prétendent que leur signature leur a été surprise, ils sont tenus, en faisant cesser l'acte, de dénoncer l'auteur de la surprise, sinon ils sont poursuivis personnellement (C. pén. 116).

Cette excuse peut aussi être invoquée par tous les fonctionnaires publics ; mais elle ne dispense pas des dommages-intérêts qui pourraient être dus aux victimes d'un acte arbitraire (Morin, *Dictionn. crim.*, v° *Responsabilité*, 704).

4010. Les dommages-intérêts dus à raison d'une arrestation arbitraire peuvent être réclamés par la voie criminelle ou par la voie civile, et sont réglés eu égard aux personnes, aux circonstances et au préjudice souffert, sans qu'en aucun cas, et quel que soit l'individu lésé, les dommages-intérêts puissent être au-dessous de 25 fr. pour chaque jour de détention illégale et arbitraire, et pour chaque individu détenu (C. pén. 117).

Le ministère public peut même demander la condamnation à des dommages-intérêts, parce qu'ils font ici partie de la peine, par une dérogation spéciale au principe qui, en matière pénale, ne fait des dommages-intérêts qu'une réparation privée (Morin, *Dictionn. cr.*, v° *Liberté indiv.*, 489).

Mais toutes ces dispositions sont encore illusoires à l'égard des ministres ; car, à défaut d'une loi sur la responsabilité ministérielle, l'autorité judiciaire ne peut connaître d'une action, même civile, en dommages-intérêts dirigée contre un ancien ministre, à raison de ses fonctions (Paris, 2 mars 1829).

Au reste, une pareille demande en dommages-intérêts ne pourrait jamais être portée devant les tribunaux correctionnels (Cass. 30 août 1822).

4011. Si l'acte contraire à la loi constitutionnelle a été fait d'après une fausse signature d'un ministre ou d'un fonctionnaire public, les auteurs du faux, et ceux qui en ont sciemment fait usage, sont punis des travaux forcés à temps, dont le *maximum* est toujours appliqué dans ce cas (C. pén. 118).

§ 2. — *Détentions arbitraires.*

ART. 1er, — Hors des prisons.

4012. On appelle ainsi l'exécution irrégulière ou illégale, quant à la forme, d'une détention autorisée par la loi. Elle consiste à détenir un individu hors des lieux déterminés à cet effet par le gouvernement ou par l'administration publique.

Ces lieux sont les maisons centrales, les maisons de correction, d'arrêt et de justice, comprises sous le nom générique de *prisons.* Les chambres de police municipale et la chambre de sûreté des casernes de gendarmerie, pour le dépôt des prisonniers de passage dans les endroits où il n'y a pas de prison, sont aussi des lieux où une détention momentanée peut être régulière et légale (Loi 28 germ. an VI, art. 85).

4013. Quiconque a connaissance qu'un individu est détenu dans un lieu qui n'a pas été destiné à servir de prison est obligé d'en donner avis, soit au juge de paix, soit au ministère public, soit au juge d'instruction, soit au procureur général près la Cour d'appel (C. inst. 615).

Malheureusement cette obligation, toute morale, n'est sanctionnée par aucune peine.

Ces divers magistrats sont tenus, à leur tour, soit d'office ou sur l'avis qu'ils en reçoivent, et sous peine d'être poursuivis comme complices de détention arbitraire, de s'y transporter aussitôt, et de faire mettre en liberté la personne détenue, ou, s'il est allégué quelque cause légale de détention, de la faire conduire sur-le-champ devant le magistrat compétent, et de dresser du tout un procès-verbal (*Ibid.* 616).

4014. Les fonctionnaires publics chargés de la police administrative ou judiciaire, qui refusent ou négligent de déférer à une réclamation, même verbale, mais dont la preuve existe, et tendant à constater une détention illégale ou arbitraire, soit dans les prisons, soit partout ailleurs, et qui ne justifient pas l'avoir dénoncée à l'autorité supérieure, sont également punis de la dégradation civique et de dommages-intérêts réglés comme il a été dit ci-dessus, n° 4010 (C. pén. 119).

4015. S'il n'est point allégué de cause légale de détention, le magistrat qui intervient doit constater le crime de détention arbitraire, en suivant les règles déjà exposées pour le cas de flagrant délit, ci-dessus, nos 2327 et suivants, et il procède contre les coupables, fonctionnaires ou autres, conformément à la loi (Ortolan, II, 251).

Ainsi, il décerne au besoin contre le prévenu, sauf le cas où il est besoin d'une autorisation préalable, comme il a été dit au tome Ier, n. 2082, un mandat de comparution, d'amener ou de dépôt ; en cas de résistance, soit de la part du détenu, soit de la part de ceux qui le retiennent, il peut se faire assister d'une force suffisante pour la vaincre.

Si l'autorité judiciaire a seule qualité pour poursuivre les auteurs de détentions arbitraires ou illégales, l'autorité administrative est compétente pour les constater et pour les dénoncer à qui de droit. Cette dernière obligation est même imposée à tous les citoyens, comme nous l'avons vu au n, 4013.

4016. La dégradation civique doit être prononcée contre les magistrats de l'ordre judiciaire et les officiers publics qui ont retenu ou fait retenir un individu hors des lieux déterminés à cet effet par le gouvernement ou par l'administration publique, ou qui ont traduit un citoyen devant une Cour d'assises, sans qu'au préalable il ait été mis légalement en accusation (C. pén. 122. — C. inst. 271).

Il arrive assez fréquemment que la police fait arrêter et détenir momentanément des filles publiques et des hommes ivres qui troublent l'ordre. L'administration agit en cela fort irrégulièrement sans doute, puisque aucune loi ne l'a formellement investie de ce pouvoir ; mais elle obéit à la nécessité de maintenir l'ordre public et de préserver la société : ses agents ne peuvent donc pas être recherchés pour l'usage à peu près arbitraire qu'ils font de cette faculté (Décis. Rennes, 26 sept. 1826).

4017. Pour nous borner aux délits des fonctionnaires publics, nous ne parlerons pas ici des séquestrations de personnes, commises par de simples particuliers, et punies par les art. 344 et suivants du Code pénal ; nous dirons seulement que ces séquestrations sont punissables, soit que les coupables eussent ou non le droit d'arrestation (Cass. 5 nov. 1812) ;

Et soit qu'ils se fussent bornés à prêter volontairement, ou à faire prêter, un lieu illégal de détention (C. pén. 341) ;

Lors même que l'arrêt n'ajouterait pas que la séquestration a eu lieu sans ordre des autorités constituées, et hors le cas où l'arrestation est légale (Cass. 19 juin 1828 et 15 déc. 1831).

Celui qui, pour échapper à l'exécution de la contrainte par corps, enferme sous clef, ne fût-ce que momentanément, le juge de paix, l'huissier et les recors réunis chez lui pour y procéder, se rend coupable de séquestration de personnes (Cass. 16 janv. 1847).

Quand la séquestration a été commise par un fonctionnaire ou agent de l'autorité publique, elle constitue le crime prévu par les art. 341 et suivants du Code pénal, et non celui de l'art. 114 du même Code (Cass. 25 mai 1832).

Remarquons aussi que les crimes d'arrestation, de détention et de séquestration de personnes, constituent trois crimes distincts, qui, quoique analogues, peuvent exister isolément (Cass. 27 sept. 1838).

ART. 2. — Dans les prisons.

4018. Nul gardien ou geôlier ne peut, sous peine d'être poursuivi et puni comme coupable de détention arbitraire, recevoir ni retenir aucune personne qu'en vertu, soit d'un mandat de dépôt ou d'arrêt, soit d'un arrêt de mise en accusation, soit d'une condamnation à une peine afflictive ou à l'emprisonnement, et sans que la transcription en ait été faite sur ses registres (C. inst. 609. — C. pén. 120).

Mais les concierges et les gardiens ne sont pas responsables des irrégularités des actes qu'ils transcrivent ainsi, ni de l'illégalité de l'arrestation; ils ne peuvent pas même, s'ils s'en aperçoivent, remettre le détenu en liberté : leur devoir est seulement d'en donner avis au ministère public, et de prendre ses ordres (Carnot, *Cod. pén.*, 1, 331 et 332).

4019. Tout gardien qui refuse, sur l'ordre de l'officier civil ayant la police de la prison, et sur la réquisition qui lui en est faite, de montrer la personne d'un détenu ou l'ordre qui le lui défend, ou qui refuse de faire au juge de paix l'exhibition de ses registres, ou de lui en laisser prendre copie, doit être poursuivi comme coupable ou complice de détention arbitraire, et puni des peines de l'art 120 du Code pénal (C. inst. 618).

Quoique la loi ne parle ici que des juges de paix, nous pensons que le refus d'exhiber les registres de la prison aux magistrats du ministère public, ou au juge d'instruction, constituerait le même délit (Arg. 615, C. inst.).

La peine, dans ces deux cas, serait de six mois à deux ans d'emprisonnement, et de 16 francs à 200 francs d'amende (C. pén. 120).

SECTION IV. — COALITION POLITIQUE.

4020. Tout concert de mèsures contraires aux lois, lorsqu'il est pratiqué, soit par la réunion d'individus ou de corps dépositaires de quelque partie de l'autorité publique, soit par députation ou correspondance entre eux, ou par tout autre acte non équivoque, est puni d'un emprisonnement de deux mois au moins et de six mois au plus, et chaque coupable peut être, de plus, condamné à l'interdiction des droits civiques et de tout emploi public pendant dix ans au plus (C. pén. 123).

Il faut entendre par le mot *concert* un accord, une association dans un but commun; car on ne peut pas appeler de ce nom un simple projet où il n'y a rien d'arrêté (Carnot, *Cod. pén.*, ɪ, 343).

4021. S'il a été concerté, de la même manière, des mesures contre l'exécution des lois ou des ordres du Gouvernement, la peine est le bannissement. Si ce concert a eu lieu entre les autorités civiles et les corps militaires ou leurs chefs, les auteurs ou provocateurs sont punis de la déportation, et les autres coupables du bannissement (C. pén. 124).

Par ces mots, *ordres du Gouvernement*, on ne doit entendre que les ordres revêtus de la signature d'un ministre responsable (Dalloz aîné, vᵒ *Sûreté publique*, xɪɪ, 547).

4022. Enfin, si la coalition a eu pour objet ou pour résultat un complot attentatoire à la sûreté intérieure de l'État, les coupables sont punis de mort (C. pén. 125).

Et ici, peu importe que le concert ait lieu entre des autorités civiles et des corps militaires, ou entre d'autres fonctionnaires; mais il faut qu'il y ait complot, c'est-à-dire résolution d'agir (Morin, *Dict. crim.*, vᵒ *Forfaiture*, 348).

4023. Les fonctionnaires publics qui ont, par délibération, arrêté de donner ensemble leur démission, à l'effet d'empêcher ou de suspendre, soit l'administration de la justice, soit un service quelconque, sont coupables de forfaiture et punis de la dégradation civique (C. pén. 126).

Il est même prescrit aux fonctionnaires démissionnaires, nonobstant ce que nous avons dit au nᵒ 3999, de continuer l'exercice de leurs fonctions jusqu'à leur remplacement, afin que le service public n'ait pas à souffrir de leur retraite précipitée.

SECTION V. — CONCUSSION.

4024. On entend, par *concussion*, une perception illicite de deniers, par abus de l'autorité ou des droits attachés à une fonction ou à une charge publique (Morin, *Dict. crim.*, v° *Forfaiture*, 356).

Ainsi, exiger des citoyens, au nom de la loi, ce que la loi ne leur demande pas, c'est *concussion*, tandis que le *péculat* exprime l'injuste et illégale retenue des fonds qui appartiennent au Trésor public (Circ. min. 5 frim. an IV).

La concussion est donc le crime des fonctionnaires publics qui, abusant de leurs fonctions, exigent ou reçoivent ce qui n'est pas dû ou au delà de ce qui est dû.

4025. Tous fonctionnaires, tous officiers publics, leurs commis ou préposés, tous percepteurs des droits, taxes, contributions, deniers, revenus publics ou communaux, et leurs préposés, qui se rendent coupables de ce crime, en exigeant ou en recevant ce qu'ils savaient n'être pas dû, ou excéder ce qui était dû pour droits, taxes, contributions, deniers ou revenus, ou pour salaires ou traitements, sont punis, savoir : les fonctionnaires ou les officiers publics, de la peine de la reclusion ; leurs commis ou préposés, d'un emprisonnement de deux ans au moins et de cinq ans au plus ; et tous, d'une amende du douzième au quart des restitutions et des dommages-intérêts (C. pén. 174).

Quatre conditions essentielles doivent donc concourir pour qu'il y ait lieu à l'application de la peine ; il faut : 1° que l'accusé soit fonctionnaire public, ou commis ou préposé d'un fonctionnaire ; 2° qu'il ait fait abus de son pouvoir ou de ses fonctions ; 3° que la perception soit illégitime ; 4° qu'il ait sciemment exigé cette perception (*Pal., Rép.*, v° *Concussion*, n° 25).

4026. Ce qui constitue surtout le crime ou délit de concussion, c'est le lien qui rattache la perception illicite à l'exercice d'une fonction publique. En d'autres termes, il faut que le fait incriminé ait été une violation des devoirs spécialement attachés à la fonction ou à la charge publique dont le coupable était investi (Morin, *ubi suprà*).

Il ne peut donc y avoir concussion, dans le sens des lois pénales, de la part d'individus qui ne sont, ni fonctionnaires, ni receveurs de deniers publics (Cass. 4 juin 1812 et 2 janv. 1817).

4027. Mais il y a concussion :

1º De la part d'un fermier des halles d'une ville qui perçoit des droits supérieurs à ceux du tarif (Cass. 14 août 1840 et 9 oct. 1845);

2º De la part d'un garde champêtre ou forestier qui, pour une somme d'argent qu'il a exigée, consent à supprimer un procès-verbal rédigé par lui en sa qualité d'officier de police judiciaire, lors même qu'il n'aurait pas eu le droit de verbaliser (Cass. 16 sept. 1820);

3º De la part des officiers de l'état civil, ou de tous dépositaires de leurs registres, qui perçoivent d'autres et de plus forts droits que ceux qui sont fixés par les règlements (Décr. 12 juill. 1807, art. 4);

4º De la part des agents de change et courtiers de commerce, qui exigent ou reçoivent au delà des droits qui leur sont attribués par le tarif (Arrêté 27 prairial an x, art. 20);

5º De la part d'un geôlier ou concierge de prison, qui se fait payer un nombre de journées de garde excédant ce qu'il sait lui être dû (Cass. 26 août 1824 et 26 juin 1852);

6º De la part des officiers ministériels et des greffiers qui exigent ou reçoivent plus qu'il ne leur est dû pour taxe ou salaire, ou qui refusent de donner un reçu de ce qui leur a été payé, ou qui, préposés à une vente, reçoivent des acheteurs des sommes plus fortes que le montant de leurs enchères (Proc. civ. 625. — Cass. 15 mars 1821 et 7 mars 1842. — Loi 18 juin 1843, art. 3, § 2).

Mais il n'en est pas ainsi pour les honoraires qui leur sont volontairement offerts, ni pour les perceptions de salaires au-dessus du tarif, surtout quand ils ont proposé de se soumettre à la taxe; car ce n'est là, en général, qu'une contravention disciplinaire (Carnot, *Cod. pén.*, 1, 454. — Chauveau, *Théor. du Cod. pén.*, IV, 110);

7º De la part d'un secrétaire de mairie, mais seulement pour certaines perceptions fiscales (Cass. 10 oct. 1828, 30 sept. 1836 et 28 mai 1842);

8º De la part d'un receveur municipal, et même d'un porteur de contraintes commissionné et assermenté, qui ont exigé ou reçu ce qu'ils savaient n'être pas dû pour contributions en principal ou accessoires (Cass. 23 mars 1827 et 6 oct. 1837) ;

9º De la part d'un entreposeur de tabacs qui délivre sciemment aux débitants des quantités moindres que celles dont il leur fait payer le prix (Cass. 18 juill. 1873).

4028. Il ne faut pas confondre la concussion avec une soustraction de deniers publics ou une escroquerie : ce sont là des délits différents (Cass. 17 mai 1806 et 16 sept. 1819.)

Aussi a-t-il été jugé, avec raison, qu'il n'y avait pas de concussion dans le fait d'un garde-chasse ou d'un gendarme qui exigeait de l'argent pour s'abstenir de faire un acte qui ne rentrait pas dans ses attributions (Cass. 31 mars 1827. — Limoges, 4 janv. 1836).

Il n'y a pas non plus concussion, quand la perception illégale a été ostensible ou avouée, et faite ou réclamée de bonne foi (Cass. 28 niv. an XIII et 7 sept. 1838.—Ord. cons. d'État, 16 juill. 1817).

Mais si ce n'est pas une concussion, c'est au moins une perception illégale que celle d'un appoint de la part des receveurs des deniers publics, quand on leur verse en billon une somme inférieure à 5 francs (Décr. 18 août 1810, art. 2. — Décis. Rennes, 20 août 1826).

Un fonctionnaire qui reçoit des présents à raison de ses fonctions peut-il être déclaré concussionnaire? Nous ne le pensons pas : il n'y a là que le délit prévu par l'article 177 du Code pénal, et, en matière de recrutement, par l'article 45 de la loi du 21 mars 1832.

4029. Nous avons dit, au n. 4025, que les peines de la concussion étaient différentes, selon qu'elles s'appliquaient à des fonctionnaires publics ou à leurs commis ou préposés.

On entend par *commis* des individus qui, travaillant sous les ordres des fonctionnaires, n'ont pas personnellement de caractère public. Ils seraient excusables si, n'ayant point profité des sommes par eux reçues ou exigées, ils prouvaient n'avoir agi que par ordre de leurs chefs. Dans ce cas, ceux-ci devraient être seuls poursuivis et condamnés, à moins qu'ils ne justifiassent, à leur tour, avoir obéi à des ordres supérieurs, ou à des dispositions obscures ou équivoques de la loi (Carnot, *Cod. pén.*, I, 453).

Il est aujourd'hui reconnu, après une longue controverse, qu'un fermier des droits de pesage, mesurage et jaugeage, peut être considéré comme commis ou préposé de la commune, et punissable, en cas de concussion, des peines du second paragraphe de l'article 174 du Code pénal (Cass. 7 avril 1837).

Mais un préposé des douanes n'est point un commis; c'est un agent qui exerce une autorité personnelle au nom de la loi, et dont les concussions constituent, par conséquent, un crime et non un simple délit (Cass. 21 avril 1821).

SECTION VI. — CORRUPTION.

SOMMAIRE.

4030. La corruption est le crime de tout fonctionnaire administratif ou judiciaire, de tout agent ou préposé d'une administration publique, qui a agréé des offres ou promesses, ou reçu des dons ou présents, pour faire un acte de ses fonctions ou de son emploi, même juste, mais non sujet à salaire (C. pén. 177).

Il faut, pour que la corruption soit punissable, qu'il soit prouvé et déclaré que les promesses faites ont été agréées, et que les dons offerts ont été reçus (Carnot, *Cod. pén.*, 1, 466).

Il suffit pourtant qu'il y ait eu des rétributions exigées et consenties (Cass. 2 janv. 1818.)

4031. Le fonctionnaire coupable de ce fait est puni de la dégradation civique, et condamné à une amende du double de la valeur des promesses agréées ou des sommes reçues, sans que ladite amende puisse être inférieure à 200 fr. (C. pén. 177, § 1).

Si la corruption a pour objet un fait criminel emportant une peine plus forte que la dégradation civique, cette peine plus forte doit être appliquée au coupable, mais non pas à ses complices (*Ibid.*, 178).

4032. Cette disposition est également applicable à tout fonctionnaire, agent ou préposé de la qualité ci-dessus exprimée, qui, par offres ou promesses agréées, dons ou présents reçus, s'est abstenu de faire un acte qui rentrait dans l'ordre de ses devoirs (C. pén. 177, § 2).

Par exemple, un sergent de recrutement chargé de procéder au toisage des jeunes gens, qui se présentent devant un conseil de révision, est un agent ou préposé de ce conseil, dans le sens du présent article (Cass. 14 déc. 1837 et 16 nov. 1844).

Mais l'article 177 n'est plus applicable quand l'acte dont l'agent a promis s'abstenir n'était pas de sa compétence, ou ne lui était pas commandé par ses fonctions, ou ne rentrait pas dans l'ordre de ses devoirs (Cass. 31 mars 1827).

4033. Les choses livrées dans un but de corruption, ni leur valeur, ne sont jamais restituées au corrupteur; elles sont confisquées, soit dans les mains du fonctionnaire corrompu, soit dans celles du tiers, au profit de l'hospice du lieu où la corruption a été commise (C. pén. 180).

Alors même qu'elles auraient été livrées par le corrupteur à son complice seulement, et non pas au fonctionnaire corrompu (Cass. 29 mai 1845).

Cette confiscation a lieu pourvu que la chose promise ait été livrée ou mise en dépôt, ou énoncée dans un acte obligatoire, et elle est prononcée dans tous les cas de corruption prévus par le Code pénal. La chose livrée appartiendrait à un tiers, qu'elle serait également confisquée, à moins qu'elle n'eût été soustraite frauduleusement au propriétaire (Carnot, *Cod. pén.*, 1, 470).

4034. Si c'est un juge ou un juré prononçant en matière criminelle qui s'est laissé corrompre, soit en faveur, soit au préjudice de l'accusé, il est, outre l'amende, condamné à la reclusion (C. pén. 181).

Le juré qui, s'étant laissé corrompre, s'est retiré, sans motif légitime, afin d'obliger de renvoyer l'affaire à une autre session, est passible des mêmes peines (Carnot, *Cod. pén.*, 1, 471).

Si, par l'effet de la corruption, il y a eu condamnation à une peine supérieure à celle de la reclusion, cette peine, quelle qu'elle soit, est appliquée au juge ou au juré qui s'est laissé corrompre, et cela, lors même que la condamnation aurait été annulée depuis par un motif quelconque (C. pén. 182.—Carnot, *ibid.*, 1, 473).

Quant aux corrupteurs des juges ou des jurés, ils encourent la peine écrite dans la disposition générale de l'article 179 du Code pénal, qui est reproduite ci-après, n. 4037, § 2.

4035. Remarquons, toutefois, que les dispositions qui précèdent ne s'appliquent pas au jury en matière d'expropriation pour cause d'utilité publique, institué par la loi du 3 mai 1841.

Elle doit être restreinte aux matières criminelles proprement dites, et ne s'étend pas aux délits jugés correctionnellement, ni au cas où les juges et les jurés ont cédé, non pas à des séductions, à des promesses ou à des présents, mais à une force ou à une contrainte morale irrésistible. En d'autres termes, ce n'est pas la faiblesse de caractère, mais la corruption que la loi a voulu punir (Carnot, *Cod. pén.*, I, 471 et 472).

4036. D'après ce qui vient d'être dit, les peines de la corruption sont applicables, par exemple :

1º A un magistrat ou à un commandant de la force publique qui, moyennant finances, fait cesser l'effet du procès-verbal constatant un délit qu'il était chargé de poursuivre (Cass. 30 avril 1812);

2º Aux secrétaires des mairies qui reçoivent des dons ou de l'argent pour la délivrance des passe-ports (Cass. 17 juill. 1828);

3º Aux employés des bureaux de préfecture et de sous-préfecture, quelle que soit la nature des travaux qui leur sont confiés, et quoiqu'ils ne soient personnellement investis d'aucune portion de l'autorité publique (Cass. 30 sept. 1836 et 6 déc. 1842);

4º Aux huissiers qui reçoivent de l'argent pour s'abstenir d'exécuter une contrainte par corps dont ils étaient chargés (Cass. 8 juill. 1813);

Ou qui exigent ou perçoivent au delà de ce qui leur est dû (Cass. 15 juill. 1808);

5º Aux gardes champêtres ou forestiers qui, moyennant de l'argent donné et reçu, se sont abstenus de dresser procès-verbal d'un délit rural qu'ils avaient découvert, lors même qu'ils auraient été sans qualité pour verbaliser, ou que le don aurait été fait du consentement du propriétaire lésé (Cass. 5 mai 1837);

6º Aux cantonniers des ponts et chaussées dans les mêmes circonstances (Arg. Cass. 5 nov. 1831);

7º Aux officiers de recrutement qui reçoivent des présents pour faire exempter un conscrit du service militaire, ce qui est prévu par la disposition finale de l'article 44 de la loi du 21 mars 1832 (Cass. 5 mai 1808).

Quant aux médecins qui ont reçu des dons ou agréé des promesses dans le même but, ils sont aujourd'hui punis de peines correctionnelles par la loi du 21 mars 1832, art. 45, et l'article 179 du Code pénal ne leur est plus applicable (Cass. 10 nov. 1853).

De plus, la tentative de ce délit n'est punissable d'aucune peine (Cass. 14 juin 1851).

Il faut que la corruption ait été suivie d'effet (Dijon, 27 déc. 1871).

4037. La corruption diffère essentiellement de la concussion : le concussionnaire commet des exactions sur ceux qui dépendent de son autorité, et il est puni par la reclusion; le fonctionnaire corrompu s'est laissé corrompre pour faire ou ne pas faire un acte rentrant dans ses devoirs, et il est puni par la dégradation civique (Cass. 22 oct. 1813).

Du reste, la corruption n'est pas seulement le crime d'un fonctionnaire qui s'est laissé séduire, mais aussi le crime de ceux qui ont provoqué cette séduction. Ainsi, quiconque a contraint ou tenté de contraindre par voies de fait ou menaces, corrompu ou tenté de corrompre par promesses, offres, dons ou présents, un fonctionnaire, un agent ou préposé de la qualité exprimée en l'article 177 du Code pénal, pour obtenir, soit une opinion favorable, soit des procès-verbaux, états, certificats ou estimations contraires à la vérité, soit des places, emplois, adjudications, entreprises, ou autres bénéfices quelconques, soit enfin tout autre acte du fonctionnaire, agent ou préposé, doit être puni des mêmes peines que le fonctionnaire, l'agent ou le préposé corrompu (C. pén. 179, § 1).

4038. Mais cet article ne s'applique qu'au corrupteur et non à ses complices, ni à ceux du fonctionnaire corrompu. Il faut, pour eux, recourir aux dispositions générales des articles 59 et 60 du Code pénal (Cass. 16 nov. 1844).

Est coupable de corruption celui qui engage, par promesses, un fonctionnaire à faire un acte de ses fonctions contraire à la vérité, comme celui qui l'engage, par dons ou offres, à faire un acte irrégulier ou illégitime de ses fonctions (Cass. 31 janv. 1822 et 24 mars 1827).

4039. Toutefois, si les tentatives de contrainte ou de corruption n'ont eu aucun effet, les auteurs de ces tentatives encourent simplement un emprisonnement de trois mois au moins et de six mois au plus, et une amende de 100 fr. à 300 fr. (C. pén. 179, § 2).

Il faut, au surplus, pour que la tentative de corruption soit punissable dans la personne du corrupteur, qu'elle réunisse les caractères légaux de la tentative dont nous avons parlé au tome 1er, n° 1944, et qu'elle ait eu pour objet d'obtenir d'un fonctionnaire ou agent public un acte de son ministère (Cass. 19 mars 1819).

S'il y a eu des menaces de sa part, elles doivent être telles qu'elles aient pu inspirer une crainte fondée à la personne menacée; mais s'il y a eu des voies de fait, elles suffisent, lors même qu'elles ne constitueraient pas une violence caractérisée (Carnot, *Cod. pén.*, I, 468).

Si le préposé d'une administration publique n'a agréé qu'en apparence les offres qui lui ont été faites pour le corrompre, et seulement dans le but de fournir la preuve de la culpabilité du corrupteur, il n'y a là qu'une tentative non suivie d'effet (Aix, 7 mars 1867. — Dutruc, *Mémor.*, v° *Corruption de fonctionnaire*, n. 2).

4040. Au surplus, la tentative de corruption ne serait pas punissable, si elle avait seulement pour but d'obtenir que le fonctionnaire s'abstînt de remplir ses fonctions (Cass. 23 avril 1841 et 20 mai 1853.—Décis. minist. 11 mai 1849).

Mais elle est punissable encore bien que les actes qu'elle avait pour objet d'obtenir ne fussent pas contraires aux devoirs du fonctionnaire qu'on a voulu corrompre (Cass. 24 mars 1827).

Quant au fonctionnaire lui-même, il faut qu'il se soit réellement abstenu de faire ce que ses fonctions exigeaient de lui, pour qu'il soit coupable de corruption; jusque-là il n'y a point de criminalité de sa part (Cass. 2 janv. 1818. — *Pal.*, 3° édit., xiv, 553, note 2).

4041. Les caractères constitutifs du crime de provocation à la corruption sont au nombre de trois. Il faut :

1° Que l'agent se soit servi de voies de fait ou de menaces, de promesses ou de prétextes ;

2° Que ces divers moyens de contrainte ou de séduction aient été employés vis-à-vis d'un fonctionnaire de l'ordre administratif ou judiciaire, ou d'un préposé d'un administration publique;

3° Enfin, que leur but ait été d'obtenir un acte, juste ou injuste, du ministère du fonctionnaire ou du préposé (Cass. 19 mars 1819).

Si la tentative de contrainte ou de corruption n'a été suivie d'aucun effet, elle retombe dans la classe des simples délits, et permet l'application de l'article 463 du Code pénal (Cass. 21 mars 1828).

4042. De plus, tout juge ou administrateur qui s'est décidé par faveur pour une partie, ou par inimitié contre elle, est coupable de forfaiture, et puni de la dégradation civique (C. pén. 183).

Il en est de même des arbitres forcés (Cass. 15 mai 1838).

La prévarication consiste, dans ce cas, à n'avoir pas obéi aux inspirations de sa conscience, en rendant une décision judiciaire (Morin, *Dictionn. crim.*, v° *Forfaiture*, 366).

4043. Les citoyens qui exercent, même momentanément, les fonctions d'administrateur ou de juge, et qui, à ce titre, sont appelés à prendre des décisions, tels que les jurés en matière civile ou criminelle, les prud'hommes, les arbitres, les experts, les avocats et les avoués appelés à siéger comme juges, sont compris dans cette disposition, qui s'étend aussi aux magistrats du ministère public, lorsqu'ils ont à donner des conclusions, ou à prendre une décision quelconque dans l'exercice de leurs fonctions (Carnot, *Cod. pén.*, i. 476).

<h2 style="text-align:center">SECTION VII. — DÉNI DE JUSTICE.</h2>

SOMMAIRE.

4044. Refus de juger.	4046. Refus d'acte.—Autres	4047. Procédure. — Péna-
4045. Sursis.— Causes di- verses.	causes.	lité.

4044. Le juge qui refuserait de juger, sous prétexte du silence, de l'obscurité ou de l'insuffisance de la loi, pourrait être poursuivi comme coupable de déni de justice (C. civ. art. 4).

4045. C'est là une des espèces de ce délit; mais il y a encore déni de justice :

De la part d'un tribunal qui renvoie à statuer après qu'un autre tribunal saisi d'une question analogue ou identique aura rendu son jugement (Cass. 7 juill. 1838) ;

Ou jusqu'à ce que le ministère public ait produit la loi dont il demande l'application (Cass. 16 vendém. an viii) ;

Ou qui, après un premier sursis, en ordonne un second d'un délai indéterminé, ce qui serait en quelque sorte renvoyer le jugement aux calendes grecques (Cass. 31 janv. 1811) ;

Ou qui refuse de statuer sur une plainte dont il est saisi au criminel, sous prétexte qu'il y aurait eu déjà un procès civil entre les parties à raison du même fait (Cass. 22 floréal an xi) ;

Ou qui, saisi d'une action publique ou civile, refuse ou s'abstient de prononcer une décision (Cass. 11 juill. 1823).

Mais les juges peuvent, sans se rendre coupables de déni de justice, disjoindre de la cause qu'ils terminent de certaines questions qu'ils regardent comme indépendantes de ce litige, pour y être fait droit ultérieurement (Cass. 15 juill. 1873).

4046. Il y a également déni de justice de la part d'un fonctionnaire public qui, sans motif légitime, refuse de faire un acte de son ministère qui rentre pleinement dans ses attributions, et pour lequel il a été spécialement institué par la loi ;

Et de la part des juges qui refusent d'ordonnancer les requêtes ou négligent de juger les affaires en état et en tour d'être jugées (C. proc. 506).

Ils ne sont pourtant pas tenus de répondre à tous les chefs de conclusions des parties, surtout quand leur solution résulte implicitement de la décision du litige.

4047. La procédure en cette matière est réglée par l'article 507 du Code de procédure civile, et l'article 185 du Code pénal édicte les peines que ce délit entraîne contre le magistrat ou le fonctionnaire qui, ayant refusé après sommation de rendre justice aux parties, persiste dans son refus après avertissement ou injonction de ses supérieurs.

Si justice était aussi refusée au ministère public, partie principale, il aurait le droit, comme tout autre plaideur, de se plaindre et de provoquer l'intervention de qui de droit.

Pour les autres formes de procédure, *voyez* ci-après n° 4059.

SECTION VIII. — EMPIÉTEMENTS DES AUTORITÉS.

SOMMAIRE.

4048. Il y a un empiétement constituant une forfaiture, et punissable de la dégradation civique, dans les cas suivants :

1° Lorsque des juges, des procureurs généraux ou d'arrondissement, des substituts, des officiers de police, se sont immiscés dans l'exercice du pouvoir législatif, soit par des règlements contenant des dispositions législatives, soit en arrêtant ou en suspendant l'exécution d'une ou de plusieurs lois, soit en délibérant sur le point de savoir si les lois seront publiées ou exécutées ;

2° Lorsque des juges ou des procureurs généraux ou d'arrondissement, des substituts, des officiers de police judiciaire, ont excédé leurs pouvoirs en s'immisçant dans les matières attribuées aux autorités administratives, soit en faisant des règlements sur ces matières, soit en défendant d'exécuter les ordres émanés de l'administration ; ou lorsque, ayant permis ou ordonné de citer des administrateurs pour raison de l'exercice de leurs fonctions, ils ont persisté dans l'exécution de leurs jugements ou ordonnances, nonobstant l'annulation qui en aurait été prononcée, ou le conflit qui leur aurait été notifié (C. pén. 127).

4049. Les motifs de cette disposition se retrouvent dans le principe de la séparation des pouvoirs que nous avons rappelé au tome I, n° 1059, et dont elle forme la sanction pénale.

Car les fonctions judiciaires sont toujours distinctes et séparées des fonctions administratives. Les juges ne peuvent donc, à peine de forfaiture, troubler, de quelque manière que ce soit, les opérations des corps administratifs, ni citer devant eux les administrateurs pour raison de leurs fonctions (Loi 16-24 août 1790, tit. ii, art. 13. — Loi 16 fruct. an iii).

4050. Le conflit ne peut plus être élevé qu'en matière civile (Ord. 1er juin 1828, art. 1).

Mais si, dans un procès criminel, il y a des difficultés qui soient de la compétence administrative, les tribunaux doivent eux-mêmes déclarer leur incompétence, soit d'office, soit sur les réquisitions du ministère public, soit sur la demande des parties (Duvergier, *Collect. des lois*, xxviii, 144, note 1).

En ce cas exceptionnel, la procédure est réglée par les articles 6 à 8 de l'ordonnance du 1er juin 1828 (*Ibid.*, art. 17).

4051. Un conflit peut encore être élevé en matière correctionnelle :

1° Lorsque la répression du délit est attribuée par la loi à l'autorité administrative ; par exemple, en matière de grande voirie et de navigation (Ord. 1er juin 1828, art. 2, § 1.—Loi 29 flor. an x, art. 2) ;

2° Lorsque le jugement à rendre par le tribunal dépend d'une question préjudicielle dont la connaissance appartient à l'autorité administrative, en vertu d'une disposition de la loi ; mais alors, le conflit ne peut être élevé que sur la question préjudicielle (Ord. 1er juin 1828, art. 2, § 2).

Par exemple, lorsque le prévenu excipe d'un droit de propriété fondé sur un titre administratif, ou lorsqu'il est nécessaire de déterminer les limites et la largeur d'un chemin, ou de statuer sur une question de navigabilité des rivières ou de défensabilité des bois (Duvergier, *ubi suprà*, 145, note 1).

Il faut consulter ce que nous avons dit sur les questions préjudicielles, au tome ier, nos 2136 et suivants.

4052. Les magistrats, qui ne respecteraient pas un conflit régulièrement élevé dans ces circonstances, seraient punis chacun d'une amende de 16 fr. au moins et de 150 fr. au plus (C. pén. 128).

Remarquons qu'il ne suffirait plus aujourd'hui d'une revendication formelle de l'affaire par l'autorité administrative, seule formalité exigée par l'article 128 ; il faudrait un conflit régulier pour que les magistrats fussent punissables (Ord. 1er juin 1828, art. 5 et suivants).

4053. Le défaut d'autorisation de poursuivre, de la part du conseil de préfecture, lorsqu'il s'agit d'une contestation judiciaire intéressant des communes ou des établissements publics, c'est-à-dire le défaut d'autorisation de plaider, non plus que le défaut d'accomplissement des formalités à remplir devant l'administration, préalablement aux poursuites judiciaires, c'est-à-dire le défaut de production d'un mémoire dans les affaires domaniales et autres, ne donnent pas lieu au conflit, mais forment seulement une exception de droit commun qui doit obliger les tribunaux à surseoir (*Ibid.*, art. 3).

4054. La mise en jugement d'un fonctionnaire public, sans autorisation préalable du gouvernement, peut avoir lieu pour tout délit administratif comme pour tout autre crime et délit commis dans l'exercice de leurs fonctions (Décret 19 sept. 1870. — Cass. 20 juin 1873 et 22 avril 1874);

Sauf les peines civiles qui pourront être édictées contre les particuliers qui auraient dirigé envers ces fonctionnaires des poursuites téméraires (Décr. 19 sept. 1870, art. 2).

4055. Les préfets, sous-préfets, maires et autres administrateurs qui se sont immiscés dans l'exercice du pouvoir législatif, ou qui se sont ingérés de prendre des arrêtés généraux tendant à intimer des ordres ou des défenses quelconques à des Cours ou tribunaux, sont punis de la dégradation civique (C. pén. 130).

Lorsque ces administrateurs entreprennent sur les fonctions judiciaires, en s'ingérant de connaître de droits et intérêts privés du ressort des tribunaux, et qu'après la réclamation des parties ou de l'une d'elles, ils ont néanmoins décidé l'affaire avant que l'autorité supérieure ait prononcé, ils sont punis d'une amende de 16 fr. au moins et de 150 fr. au plus (C. pén. 131).

L'application de ces dispositions est si rare, qu'elles ne paraissent avoir donné lieu jusqu'ici à aucune décision judiciaire.

SECTION IX. — SOUSTRACTIONS.

SOMMAIRE.

§ 1er. — *Soustractions par les comptables.*

4056. Tout percepteur, tout commis à une perception, tout dépositaire ou comptable public, qui détourne ou soustrait des deniers publics ou privés, ou des effets actifs en tenant lieu, ou des pièces, titres, actes, effets mobiliers, qui étaient entre ses mains en vertu de ses fonctions, est puni des travaux forcés à temps, si les choses détournées ou soustraites sont d'une valeur au-dessus de 3,000 fr. (C. pén. 169);

Ou, quelle que soit la valeur des deniers ou des effets détournés ou soustraits, si cette valeur égale ou excède, soit le tiers de la valeur ou du dépôt, s'il s'agit de deniers ou effets une fois reçus ou déposés; soit le cautionnement, s'il s'agit d'une recette ou d'un dépôt attaché à une place sujette à cautionnement; soit enfin, le tiers du produit commun de la recette pendant un mois, s'il s'agit d'une recette composée de rentrées successives, et non sujette à cautionnement (*Ibid.*, 170).

Si les valeurs détournées ou soustraites sont au-dessous de 3,000 fr., et, en outre, inférieures aux mesures exprimées en l'article 170, la peine est un emprisonnement de deux ans au moins et de cinq ans au plus, et le coupable est, de plus, à jamais déclaré incapable d'exercer aucune fonction publique (C. pén. 171).

4057. Dans les divers cas dont il vient d'être parlé, il est toujours prononcé, contre le condamné, une amende dont le *maximum* est le quart des restitutions ou indemnités qui seraient dues, et le *minimum* le douzième (*Ibid*., 172).

Le coupable ne peut jamais être déchargé de cette amende, lors même qu'il n'y a pas de partie civile en cause qui réclame des restitutions ou indemnités (Cass. 2 mars 1827);

Ou que des circonstances atténuantes auraient été admises en sa faveur (Cass. 12 sept. 1846).

4058. L'élément constitutif de ce crime est un abus de confiance commis envers l'État, par des comptables ou dépositaires publics. Il faut donc que, d'une part, cette qualité soit prouvée; et que, de l'autre, il y ait constatation matérielle, par qui de droit, d'une reddition de compte constituant le comptable reliquataire envers l'État, et du détournement de tout ou partie de ce reliquat (Cass. 15 juill. 1849).

Quand l'abus de confiance résulte d'une violation de dépôt, il faut, si le dépôt est nié, qu'il soit légalement constaté par écrit, ou par un commencement de preuve par écrit, lorsque le dépôt excède 150 fr., et par témoins, dans le cas contraire; et les tribunaux de répression sont compétents pour admettre cette preuve, en se conformant aux articles 1341 et 1347 du Code civil, comme nous l'avons dit au tome 1er, n. 2146 (Cass. 2 déc. 1813 et 25 mai 1816. — V. aussi Dutruc, *Mémor.*, v° *Preuve des délits*, n. 17 et suiv.).

4059. La poursuite ne peut avoir lieu qu'après constatation du déficit par l'autorité compétente, c'est-à-dire des supérieurs du comptable chargés de vérifier sa comptabilité, ou du ministre des finances (Cass. 3 août 1855, 17 avril 1847 et 19 juin 1863).

Mais elle est recevable, lorsque le ministre des finances déclare qu'il ne s'y oppose pas, et que d'ailleurs le déficit qui la motive est reconnu par le comptable lui-même ; peu importe aussi que les sommes détournées l'aient été en une seule fois ou en plusieurs fois successives (Cass. 17 oct. 1840).

4060. Comme la loi a gradué les peines selon la valeur des effets soustraits, cette valeur doit être déterminée par le juge d'instruction et par la chambre d'accusation, pour fixer la compétence (Cass. 10 juin 1813);

Et par la cour d'assises, pour fixer la quotité de l'amende encourue (Cass. 17 avril 1847).

Mais les titres, pièces ou actes soustraits ne sont pas pris en considération pour établir cette valeur (Carnot, *Cod. pén.*, I, 443).

Enfin, la négligence du comptable est une cause suffisante de culpabilité (Cass. 24 avril 1812).

4061. Les peines prononcées par les articles 169 et suivants du Code pénal, pour réprimer les soustractions commises par les comptables et dépositaires publics, s'appliquent :

1º Aux huissiers qui détournent les prix des ventes volontaires ou forcées auxquelles ils ont prêté leur ministère (Cass. 18 déc. 1812);

2º Aux régisseurs, receveurs ou percepteurs des droits d'octroi qui détournent une partie des sommes par eux reçues, pour le compte de l'État, lors même qu'ils ne seraient pas directement nommés par le gouvernement (Cass. 21 janv. 1813);

3º Aux piqueurs des ponts et chaussées qui détournent les sommes qu'ils ont reçues pour en faire la distribution aux ouvriers et fournisseurs de l'État (Cass. 29 avril 1825);

4º Aux surnuméraires dans une administration publique qui, dans l'exercice de leurs fonctions, détournent des valeurs au préjudice de leur administration (Cass. 23 nov. 1849);

5º Aux économes des lycées et des hospices, qui dissipent les deniers déposés entre leurs mains, en vertu de leurs fonctions (Cass. 4 sept. 1835 et 30 juin 1842);

Mais il en est autrement des notaires qui divertissent les deniers à eux volontairement confiés, par suite d'un acte de leur ministère (Cass. 15 avril 1813);

Quoique des auteurs aient élevé des doutes à leur égard, et

même soutenu qu'ils sont alors de véritables dépositaires publics (Legraverend, i, 43.—Carnot, *Cod. pén.*, i, 517).

Enfin, le maire qui détourne des matériaux achetés pour le compte de la commune n'encourt pas les peines de l'article 169, parce qu'il n'est pas dépositaire de ces matériaux à raison de ses fonctions (Cass. 10 juill. 1851).

§ 2. — *Soustractions par les dépositaires.*

4062. Tout juge, administrateur, fonctionnaire ou officier public, tout agent, préposé ou commis, soit du gouvernement, soit des dépositaires publics, qui détruit, supprime, soustrait ou détourne les actes et titres publics ou particuliers dont il est dépositaire, en cette qualité, ou qui lui ont été remis ou communiqués à raison de ses fonctions, est puni des travaux forcés à temps (C. pén. 173).

4063. Cet article, qui ne punit pas, comme on le voit, la simple négligence du dépositaire, et qui ne prononce aucune amende contre le coupable, s'appliquerait à un facteur de la poste convaincu d'avoir soustrait des valeurs renfermées dans une lettre qu'il devait porter à son adresse (Cass. 23 avril 1813 et 14 juin 1850).

Les avoués sont compris dans la classe des officiers publics dont parle cet article; et l'avoué qui déchirerait un procès-verbal d'ordre, à lui confié par le greffier, serait punissable comme dépositaire infidèle (Cass. 10 mai 1833.—Morin, *Dict. crim.*, v° *Forfaiture*, 352).

De même, un officier du ministère public qui se permettrait, contrairement à ce qui a été dit au tome i, n° 688, § 3, et ci-dessus, n° 2793, de soustraire ou de détourner une pièce d'une procédure civile ou criminelle, communiquée ou déposée au parquet, serait passible des mêmes peines.

Mais on a jugé que le notaire, qui supprime un acte sous seing privé, déposé dans son étude, ne commet qu'un abus de confiance, et non pas le crime prévu par l'article 173, parce qu'il n'est pas institué pour la garde de ces sortes d'actes, mais seulement pour la garde des actes authentiques (Cass. 21 juin 1841).

Il en serait autrement, s'il s'agissait du détournement de ses propres minutes (Cass. 27 janv. 1838 et 26 nov. 1853).

4064. La soustraction, la destruction et l'enlèvement de pièces ou de procédures criminelles, ou d'autres papiers, registres, actes et effets, contenus dans des archives, greffes et dépôts publics, ou remis à un dépositaire public en cette qualité, constituent un délit d'abus de confiance de la part du dépositaire négligent, et un crime de vol de la part du dépositaire infidèle ou de tout autre coupable (C. pén. 254 et 255).

La négligence des dépositaires est punie de trois mois à un an d'emprisonnement, et d'une amende de 100 fr. à 300 fr. (C. pén. 254).

4065. S'ils ont commis eux-mêmes l'enlèvement des objets qui leur sont confiés, ils sont punis des travaux forcés à temps : tout autre coupable du même crime est puni de la reclusion (*Ibid.*, 255) ;

A moins que l'enlèvement n'ait été accompagné d'effraction, d'escalade ou de toute autre circonstance aggravante, auquel cas il doit être puni comme vol (Carnot, *Cod. pén.*, 1, 612).

Le clerc qui soustrait un titre dans l'étude du notaire auquel il est attaché, encourt les mêmes peines (Cass. 2 juin 1853).

4066. Un dépôt public est un asile sacré, et tout enlèvement qui y est commis est une violation de la foi publique. On doit considérer comme des dépôts publics, dans le sens de la loi pénale que nous venons de rappeler, tous les lieux publiquement institués pour recevoir en dépôt des pièces ou documents administratifs ou judiciaires, des procédures civiles ou criminelles, des papiers ou registres publics, des actes authentiques, effets de commerce, ou autres, etc.

Tels sont : les archives publiques, les greffes, les études de notaires, les mairies et les bureaux des diverses administrations publiques, notamment ceux des payeurs (Cass. 25 juill. 1812) ;

Les bibliothèques et les musées (Cass. 25 mars 1819 et 10 sept. 1840) ;

Et même les navires placés sous le séquestre (Cass. 22 déc. 1832).

Et l'expression générale *effets*, dont se sert l'article 254 du Code pénal, comprend tous les objets quelconques renfermés dans un dépôt public (Cass. 25 mai 1832).

4067. Remarquez que les gardiens d'effets saisis, établis par le ministère d'un huissier, ne sont pas des dépositaires publics (Cass. 29 oct. 1812).

Au contraire, les agents qui ont le maniement des deniers publics sont dépositaires publics, quoiqu'ils n'aient pas été directement nommés par le gouvernement, comme nous l'avons dit ci-dessus, n. 4061, 2°.

SECTION X. — AUTRES DÉLITS.

§ 1er. — *Adjudications. Commerce.*

4068. Tout fonctionnaire, tout officier public, tout agent du gouvernement qui, soit ouvertement, soit par actes simulés, soit par interposition de personnes, prend ou reçoit quelque intérêt que ce soit dans des actes, adjudications, entreprises ou régies dont il a ou avait, au temps de l'acte, en tout ou en partie, l'administration ou la surveillance, ou qui prend un intérêt quelconque dans une affaire dont il était chargé d'ordonnancer le paiement ou de faire la liquidation, est puni d'un emprisonnement de six mois au moins et de deux ans au plus, et d'une amende qui ne peut excéder le quart des restitutions et des indemnités, ni être au-dessous du douzième. Il est, de plus, déclaré à jamais incapable d'exercer aucune fonction publique (C. pén. 175).

4069. Ces dispositions s'appliquent :

1° Au notaire délégué par un jugement pour procéder à une vente publique, et qui, sous le nom d'une personne interposée, se rend adjudicataire de tout ou partie des objets qu'il est chargé de vendre (Cass. 28 déc. 1816);

Mais non pas au notaire qui prend un intérêt dans un acte qu'il reçoit; qui, par exemple, se rend cessionnaire, sous le nom d'un tiers, de la créance dont il rapporte l'acte de cession (Cass. 18 avril 1817);

Ni au notaire qui, chargé de rapporter un acte d'adjudication de biens communaux, fait en la présence et sous la surveillance de l'autorité municipale, devient adjudicataire de tout ou partie de ces biens à l'aide de personnes interposées (Rennes, 10 janv. 1839) ;

2° Au maire qui, dans la gestion des intérêts de la commune, se procure des bénéfices à l'aide d'actes simulés, ou qui s'attribue un profit dans des travaux communaux, en les faisant exécuter par des personnes interposées (Douai, 17 juin 1836) ;

3° A un conseiller municipal qui, chargé par délibération du conseil de l'approvisionnement de la commune assiégée, détourne à son profit tout ou partie des fonds qui lui sont remis à cet effet (Cass. 29 nov. 1873).

4° A un appréciateur au mont-de-piété, qui estime au-dessus de leur valeur des effets fournis en nantissement, et se fait prêter, sous un nom supposé ou sous le nom d'un tiers, des sommes plus fortes que celles que les nantissements pouvaient garantir (Cass. 4 fév. 1832) ;

5° A un brigadier forestier qui a pris un intérêt, par interposition de personnes, dans une adjudication relative aux bois dont il avait la surveillance (Cass. 10 sept. 1840).

4070. Il faut plusieurs conditions pour que la peine de l'article 175 soit encourue :

1° Que le coupable soit fonctionnaire, officier public ou préposé du Gouvernement : leurs commis ou préposés ne sont pas compris dans cet article (Carnot, *Cod. pén.*, I, 458) ;

2° Qu'il ait pris directement ou indirectement un intérêt quelconque dans des affaires ou entreprises incompatibles avec l'exercice de ses fonctions ;

3° Que ces affaires ou entreprises rentrassent dans les objets confiés à sa surveillance au moment de son immixtion (Cass. 26 nov. 1842. — Morin, *Dict. crim.*, v° *Forfaiture*, 361) ;

4° Qu'il ait agi de mauvaise foi et en abusant de son autorité ou de sa position (Hélie et Chauveau, *Cod. pén.*, II, 626).

Mais s'il invoque sa bonne foi, c'est à lui à la prouver (*Ibid.*).

4071. Tout commandant des divisions militaires, des départements, des places fortes ou autres villes, tout préfet ou sous-préfet qui a, dans l'étendue des lieux où il peut exercer son autorité, fait ouvertement, ou par des actes simulés, ou par interposition de personnes, le commerce de grains, grenailles, farines, substances farineuses, vins ou boissons, autres que ceux provenant de ses propriétés, est puni d'une amende de 500 fr. au moins, de 10,000 fr. au plus, et de la confiscation des denrées appartenant à ce commerce (C. pén., 176).

Ces dispositions ne peuvent être étendues, ni quant aux personnes, ni quant aux choses, et ne s'appliquent qu'aux fonctionnaires qui, de mauvaise foi, abusent de leur autorité ou de leur qualité pour faire un commerce qui leur est interdit (Carnot, *Cod. pén.*, I, 538, n° 1. — Locré, xxx, 89 et 285. — Hélie et Chauveau, *Cod. pén.*, II, 635).

Les personnes interposées ou les tiers qui faciliteraient ce commerce, ne nous paraissent pas pouvoir être considérés comme complices, malgré les dispositions générales de l'article 60 du Code pénal, parce que la prohibition de l'article 176 est une mesure de haute administration, une précaution prise seulement contre le monopole des fonctionnaires publics, dans l'intérêt de la paix publique. Le délit n'existant que vis-à-vis d'eux, il est exclusif de toute complicité (Hélie et Chauveau, *Cod. pén.*, IV, 144.—Morin, *Dict. crim.*, v° *Forfaiture*, 362).

Il y a néanmoins des auteurs d'une opinion contraire (Delamarre et Lepoitevin, *de la Commiss.*, I, 99, n° 60).

§ 2. — *État civil.*

4072. Outre les simples contraventions que peuvent commettre les officiers de l'état civil dans la tenue des registres, et pour lesquelles ils sont traduits devant les tribunaux civils, comme nous l'avons vu au tome I, n°s 1239 et suivants, ils peuvent aussi se rendre coupables, dans l'exercice de leurs fonctions, de crimes ou de délits à raison desquels ils doivent être traduits devant les tribunaux de répression, même sans autorisation préalable.

Ainsi, par exemple, les officiers de l'état civil qui inscrivent leurs actes sur de simples feuilles volantes, sont punis correctionnellement d'un emprisonnement d'un mois au moins et de trois mois au plus, et d'une amende de 16 à 200 fr. (C. civ., 52. — C. pén., 192).

Il ne faut pas confondre cette contravention avec celle qui est prévue par l'article 42 du Code civil, et qui consiste à inscrire les actes autrement que sur le registre à ce destiné, par exemple, à les porter sur un registre autre que celui qui a spécialement pour objet de les recevoir. Celle-ci n'est punie que d'une amende civile, — C. civ., 50. — (*Pal. Rép.*, v° *Actes de l'État civ.*, n°s 58 et 59).

Les jugements rendus par les tribunaux civils, dans ces dernières circonstances, sont toujours susceptibles d'appel (Arg. Cass. 10 déc. 1822).

4073. Lorsque, pour la validité d'un mariage, la loi exige le consentement des père, mère ou autres personnes, et que l'officier de l'état civil ne s'est point *assuré* de l'existence de ce consentement, il est puni, par voie de police correctionnelle, d'un emprisonnement de six mois à un an, et d'une amende de 16 fr. à 300 fr. (C. pén., 193).

S'il avait seulement *omis d'énoncer* ce consentement dans l'acte de mariage, la peine serait une amende de 300 fr. au plus, et un emprisonnement de six mois au moins (C. civ., 156).

4074. Une amende de 16 à 300 fr. est également prononcée contre l'officier de l'état civil qui procède à la célébration du second mariage d'une veuve, avant l'expiration du dixième mois depuis la mort de son premier mari (C. civ., 228. — C. pén., 194.—Cass. 29 oct. 1811).

S'il a prêté sciemment son ministère à la perpétration d'un crime de bigamie, il est puni des travaux forcés à temps (C. pén., 340).

4075. Toutes ces peines sont applicables et doivent être requises, d'office, par le ministère public, lors même que la nullité des actes n'a pas été demandée ou a été couverte ; le tout, sans préjudice de plus fortes peines prononcées en cas de collusion, et des autres dispositions pénales du Code civil (*Ibid.*, 195).

§ 3. — *Refus de service.*

4076. Tout commandant, tout officier ou sous-officier de la force publique qui, après en avoir été légalement requis par l'autorité civile, a refusé de faire agir la force à ses ordres, est puni d'un emprisonnement d'un mois à trois mois, sans préjudice des réparations civiles qui pourraient être dues (C. pén., 234).

Ceci s'applique même à celui qui, n'étant pas officier ou sous-officier, commande fortuitement un poste ou un détachement, soit de la troupe, soit de la garde nationale, à moins qu'elle n'ait refusé de lui obéir (Carnot, *C. pén.*, I, 576).

C'est le refus seul qui est punissable, aux termes de cet article, abstraction faite de toutes les circonstances qui pourraient le rendre plus criminel, et nécessiter une répression plus sévère (Hélie et Chauveau, *C. pén.*, IV, 417).

4077. C'est au commandant requis que remonte la responsabilité du refus ; et si, à son défaut, l'officier immédiatement supérieur en grade est requis, il devient, à son tour, responsable de l'inexécution des ordres de l'autorité civile (Décr. 1er mars 1854, art. 92).

Mais, pour que le délit existe, il faut que l'ordre ait été adressé au commandant d'un poste ou d'un détachement, et non pas à un officier en sous-ordre, qui ne peut être responsable du refus de son supérieur, surtout si celui-ci est présent (Hélie et Chauveau, *Cod. pén.*, IV, 418).

4078. Par *autorité civile*, il faut entendre aussi l'autorité judiciaire; et, pour que la réquisition soit obligatoire pour la force publique, il faut que l'autorité requérante soit du nombre de celles à qui est conféré le droit de réquisition.

Ces autorités sont : les ministres, les préfets, sous-préfets, maires, adjoints et commissaires de police; les procureurs généraux, avocats généraux, procureurs et substituts; les receveurs des deniers publics, les préposés des douanes, des octrois, des contributions directes et indirectes; les agents forestiers, gardes champêtres, huissiers, etc.

4079. Les réquisitions doivent être écrites, mais leur forme est assez indifférente : toutefois, elle a été déterminée à différentes époques. Nous avons indiqué la formule actuelle au tome II, n. 2236, § 2 (Décr. 1er mars 1854, art. 96).

Si le commandant de la force publique a transmis la réquisition au corps placé sous ses ordres, et que celui-ci ait refusé d'y déférer, le commandant n'est plus personnellement passible d'aucune peine, sauf à poursuivre disciplinairement les individus coupables de désobéissance (Carnot, *Cod. pén.*, sur l'art. 234, n. 7).

§ 4. — *Usurpation de titres.*

4080. Quiconque s'est immiscé, sans titre, dans des fonctions publiques, civiles ou militaires, ou a publiquement porté un costume, un uniforme ou une décoration qui ne lui appartenait pas, est puni, dans le premier cas, d'un emprisonnement de deux à cinq ans, sans préjudice de la peine de faux, s'il y a lieu; et, dans le second cas, d'un emprisonnement de six mois à deux ans (C. pén., 258 et 259. — Loi 28 mai 1858).

4081. Ces articles ne reçoivent d'application que lorsque les faits qui y sont prévus n'ont été accompagnés d'aucun autre délit, dont ils seraient alors des circonstances constitutives ou aggravantes, comme dans les cas des articles 93, 344 et autres du Code pénal (Carnot, *Cod. pén.*, I, 617).

Ils ne s'appliquent pas, non plus, au fonctionnaire qui a fait des actes sortant de ses attributions (Dalloz aîné, v° *Sûreté publique*, XII, 562).

De même, l'usurpation des fonctions de garde national ou d'électeur ne tombe pas sous cette application (Amiens, 26 juin 1822 et Cass. 7 mai 1824).

4082. Plusieurs jurisconsultes professent néanmoins une opinion contraire, quant à l'usurpation des droits électoraux et autres droits politiques, qu'ils trouvent rentrer dans la disposition de l'article 258 du Code pénal (Duvergier, *Lois*, 1828, 198, note 1. — *Gaz. des trib.*, 1er avril 1828).

Celui qui, étant officier de santé, prend le titre de docteur en médecine, ou qui exerce, sans autorisation, dans un département autre que celui où il a été reçu, n'encourt aucune peine (Cass. 11 juin 1840 et 9 juill. 1853).

De même, sous l'empire du Code de 1810, ce n'était pas commettre un délit que de prendre fortuitement, et sans intention criminelle, le titre d'un fonctionnaire public (Nîmes, 9 mars 1826).

En ce qui concerne l'usurpation des fonctions notariales, V. Dutruc, *Mémor. du Minist. publ.*, v° *Fonctions publiques* (*usurpation de*), n. 1 et suiv.).

4083. Quiconque, sans droit et en vue de s'attribuer une distinction honorifique, prend publiquement un titre, change, altère ou modifie le nom que lui assignent les actes de son état civil, est punissable d'une amende de 500 fr. à 10,000 fr., et l'insertion du jugement peut être ordonnée dans les journaux désignés par le tribunal (Loi 28 mai 1858).

L'addition de la particule *de* dans des actes publics, constitue une infraction à cette loi (Cass. 5 janv. 1861. — Circ. min., 19 juin 1858).

4084. Le port illégal du ruban de la Légion d'honneur constitue, comme le port illégal de la décoration elle-même, un délit ordinaire de la compétence des tribunaux correctionnels (Cass. 6 janv. 1831 et 27 juin 1834).

Mais, s'il y avait eu bonne foi de la part du prévenu, il serait, dans les deux cas, à l'abri de toute peine (Cass. 29 mars 1833).

Celui qui a été déchu de la qualité de membre de la Légion d'honneur, par suite d'une condamnation à une peine infamante, ne peut, s'il vient à être amnistié, avec réserve de la surveillance de la haute police, en reprendre les insignes, sans encourir les peines de la loi (Cass. 16 août 1845).

4085. Le port d'une décoration étrangère, sans l'autorisation du souverain, est puni comme l'usurpation d'une décoration nationale (Ord. 26 mars 1816, art. 39. — Ord. 10 avril 1824, art. 3.

—(Circ. gr. chanc. Lég. d'honneur, 5 mai 1824.—Circ. min. 4 juin 1824).

Dans ce cas, il est inutile de rechercher si le prévenu a effectivement reçu la décoration d'un souverain étranger ; il suffit qu'il l'ait portée publiquement, et sans autorisation, pour qu'il y ait délit. (Cass. 19 janv. 1839).

4086. Quant à l'usurpation de costume, il faut, pour qu'elle soit punissable : 1° que le costume usurpé soit un costume officiel, reconnu ou décrété par une loi ou par un règlement ; 2° qu'il ait été porté en public ; 3° que le prévenu ait eu l'intention de faire croire qu'il était revêtu des fonctions indiquées par ce costume (Hélie et Chauveau, *Cod. pén.*, IV, 503).

Par les mots *costume, uniforme ou décoration*, il faut entendre ceux qui sont spécialement affectés à l'exercice des fonctions publiques, ou à une certaine classe de personnes : par exemple, le costume ecclésiastique, militaire, judiciaire, etc. ; de sorte que le port de tout autre costume est licite ou permis. Ainsi, l'usurpation du costume des pénitents du Midi, des pèlerins de Saint-Jacques, et même des ordres monastiques supprimés en France, n'est pas un délit.

Mais ce serait contrevenir à la loi que de prendre, quoique fonctionnaire, les insignes d'un fonctionnaire d'un autre ordre, ou même d'un autre degré dans le même ordre. Ainsi, le sous-préfet qui porterait publiquement le costume de préfet, le prêtre qui usurperait les insignes d'évêque, l'avocat qui prendrait la simarre de juge, l'ingénieur ordinaire qui revêtirait l'uniforme de l'ingénieur en chef, l'agent ou le garde forestier qui prendrait celui de garde général, et ainsi des autres, encourraient les peines du Code pénal.

4087. Le costume ecclésiastique s'entend de l'habit de ville aussi bien que des habits sacerdotaux (Cass. 24 juin 1852).

Dans le silence de la loi, et malgré une analogie frappante dans la raison de décider, on ne pourrait pas punir comme illégal le port d'un costume, d'un uniforme ou d'une décoration régulièrement conférés, s'il avait lieu avant la réception ou la prestation de serment, non plus que le port des insignes attribués à des fonctionnaires étrangers, parce qu'il est interdit d'étendre les dispositions pénales d'un cas à un autre.

§ 5. — *Violation de domicile.*

4088. Comme nous l'avons dit ci-dessus, n. 2363, le domicile des citoyens est un asile inviolable et sacré. Les agents de l'autorité ne peuvent y pénétrer, pendant la nuit, que dans les cas d'incendie, d'inondation ou de réclamation faite de l'intérieur. Pendant le jour, ils ne peuvent y entrer que pour un objet spécial, en exécution d'une loi, ou d'un mandat ou ordre régulier de l'autorité publique (Constit. 22 frim. an viii, art. 76).

Remarquez que par ces mots, *domicile des citoyens*, il faut entendre toutes les parties et toutes les dépendances immédiates de leur habitation (C, pén., 190).

4089. Il y a exception :

1º Pour les officiers de police judiciaire, pendant le jour seulement (Dutruc, *Mémor. du Minist. publ.*, vº *Attentat à la liberté*, n. 5), et pour les employés des contributions indirectes (Arg., Cass. 13 fév. 1819 et 23 avril 1823);

2º Pour l'autorité militaire dans les lieux déclarés en état de siége (Loi 9 août 1849, art. 9, 1º);

3º Pour les lieux publics, tels que les cafés et cabarets, les maisons de jeu et de débauche, etc., où les agents de l'autorité peuvent pénétrer en tout temps (Loi 19-22 juill. 1791, tit. i, art. 9 et 10);

C'est-à-dire pendant tout le temps que ces lieux sont ouverts au public (Loi 24-27 sept. 1792. — Cass. 19 nov. 1829).

4090. Tout fonctionnaire de l'ordre administratif ou judiciaire, tout officier de justice ou de police, tout commandant ou agent de la force publique qui, agissant en sadite qualité, s'introduit dans le domicile d'un citoyen contre le gré de celui-ci, hors les cas prévus par la loi, et sans les formalités qu'elle a prescrites, est puni d'un emprisonnement de six jours à un an, et d'une amende de 16 fr. à 500 fr., à moins qu'il ne prouve qu'il a agi par ordre de ses supérieurs, qui, dans ce cas, demeurent seuls responsables (C. pén., 184, § 1, et 114, § 2).

L'article 184 précité comprend les huissiers, les gendarmes, les gardes champêtres et forestiers, les officiers de paix et sergents de ville, les employés des octrois, des contributions indirectes et des douanes (Paris, 2 août 1833).

Tout autre individu, non fonctionnaire, qui s'introduirait, mais à l'aide de menaces, de violences ou d'escalades, dans le domicile d'un citoyen, serait puni d'un emprisonnement de six jours à trois mois, et d'une amende de 16 fr. à 200 fr. (*Ibid.*, 184, § 2. — Rennes, 15 mars 1871).

Les violences dont parle ici la loi doivent s'entendre des violences extérieures aussi bien que des violences intérieures et des violences qui sont pratiquées sur les choses aussi bien que de celles qui sont pratiquées sur les personnes (Dutruc, *Mémor.*, v° *Violation de domicile*, n. 1).

L'article 184, § 2, du Code pénal, serait également applicable, si un particulier, après être entré dans le domicile d'un citoyen, de son consentement, faisait ouvrir de vive force les meubles, en l'absence du propriétaire, pour prendre connaissance de ses papiers et de ses affaires de famille (Paris, 22 juin 1849).

Quant aux fonctionnaires agissant en cette qualité, il suffit qu'ils soient entrés dans le domicile d'autrui contre le gré du propriétaire ou du locataire; s'ils avaient usé de menaces ou de violences, ils seraient punis comme coupables d'abus d'autorité (C. pén., 186 et 198).

4091. Au surplus, l'introduction d'un fonctionnaire dans le domicile d'un citoyen n'est punissable, fût-elle même irrégulière, que lorsqu'elle a eu lieu malgré la volonté du citoyen visité (Rogron, *sur l'art.* 184 *du Cod. pén.*).

Il faut même que cette volonté se manifeste par quelque objection ou opposition, comme on l'a dit au tome II, n° 2363, § 4 (Cass. 19 juill. 1838).

Et c'est au propriétaire à justifier qu'il s'est opposé à l'entrée du fonctionnaire ou de l'agent qui a pénétré chez lui, malgré lui-même. Car, en cette matière, le défaut d'opposition fait présumer le consentement (Cass. 1er fév. 1822, 22 janvier et 12 juin 1829). — V. toutefois Dutruc, *Mémor.*, v° *Abus d'autorité*, n. 4 et 5.

SECTION XI. — PRISE A PARTIE.

SOMMAIRE.

4092. La prise à partie est une voie extraordinaire ouverte au plaideur, contre les magistrats prévaricateurs, pour les faire déclarer responsables du préjudice qu'ils lui ont causé.

Car, outre les actions criminelles ou disciplinaires qui peuvent être dirigées contre les magistrats, pour les fautes par eux commises dans l'exercice de leurs fonctions, ces fautes donnent encore naissance, dans certains cas, à une action particulière ouverte en faveur de la partie lésée.

4093. Cette action, qui a reçu le nom de *prise à partie*, peut être dirigée contre les juges civils, criminels ou de commerce, les magistrats du ministère public, les juges de paix et les officiers de police judiciaire, et même contre leurs héritiers (Carré, *Proc.*, II, 306, quest. 1803; Dutruc, *Mémor.*, vº *Minist. publ.*, n. 64. — Cass., 29 juill. 1812).

C'est la seule voie qui soit ouverte pour faire condamner un magistrat à des dommages-intérêts, pour faits relatifs à ses fonctions (Cass. 25 août 1825 et 13 mars 1850).

Elle est accordée par la loi en matière civile et en matière criminelle, même contre les prud'hommes (Cass. 19 juin 1847).

4094. En toute matière, et spécialement en matière civile, il y a lieu à prise à partie :

1º Pour dol, fraude ou concussion (Proc. civ., 505, 1º);

Par exemple, lorsqu'un juge a statué au mépris des récusations qui lui ont été signifiées (Amiens, 23 mars 1825);

Ou lorsqu'il a fondé sa décision sur des faits calomnieux pour l'une des parties, à moins qu'il ne fût obligé de les révéler (Cass, 22 fév. 1825).

Mais une faute, même grossière, ne suffirait pas (Cass. 17 juill. 1832).

Ainsi, le fait d'avoir ordonné à tort, en référé, un sursis à l'exercice de la contrainte par corps, ne donne pas lieu à une prise à partie (Cass. 31 juill. 1850);

2º Pour les faits à raison desquels la prise à partie est expressément prononcée par la loi (Proc. civ., 505, 2º);

Par exemple, lorsqu'un juge refuse de juger, sous prétexte du silence, de l'obscurité ou de l'insuffisance du texte (C. civ., 4);

3º Pour les faits à raison desquels la loi déclare les magistrats responsables, à peine de dommages-intérêts (Pr. civ., 505, 3º);

Par exemple, lorsqu'un juge de paix laisse périmer une instance par sa faute (*Ibid.*, 15);

Ou lorsqu'il procède à la levée des scellés avant l'expiration du délai légal (*Ibid.*, 928);

Ou lorsqu'un juge prononce la contrainte par corps hors des cas déterminés par la loi (C. civ., 2063);

4º Pour déni de justice (Pr. civ., 505, 4º);

C'est-à-dire quand les juges négligent ou refusent de faire droit entre les parties, comme de répondre aux requêtes, ou de juger les affaires en état et en tour d'être jugées, sous prétexte de l'obscurité et de l'insuffisance de la loi, ou sous tout autre prétexte, et de prêter leur ministère dans tous les cas où ils en sont légalement requis (C. civ., 4.—Pr. civ., 506.—Carré, *Comp.*, I, 54).

4095. En matière criminelle, la prise à partie est admise, par exemple :

1° Pour violation des règles prescrites pour l'audition des témoins devant le juge d'instruction (C. inst., 77);

2° Pour inobservation des formalités exigées dans les mandats judiciaires (*Ibid.*, 112);

3° Pour le retard dans la signature des jugements de simple police (*Ibid.*, 164);

4° Pour l'omission de la signature des arrêts rendus par les Cours d'assises (*Ibid.*, 370).

Il est à remarquer que la même peine n'est pas prononcée par la loi pour l'omission ou le retard de la signature des jugements et arrêts de police correctionnelle, ni des arrêts de la chambre d'accusation (*Ibid.*, 196, 211 et 234).

Dans aucun cas, cette omission ou ce retard, de la part de l'un des magistrats qui ont jugé, n'est une cause de nullité (Cass. 26 août 1837);

5° Pour toute accusation portée devant la Cour d'assises contre un individu qui n'aurait pas été mis en accusation par un arrêt préalable (C. inst., 271);

6° Pour l'exécution d'un jugement ou arrêt criminel frappé d'un pourvoi en cassation (Cass., 14 juill. 1827);

7° Pour le refus de mettre en liberté un prévenu acquitté (Carnot, *Inst. crim.*, I, 595);

8° Pour le blâme et les offenses dirigés contre une partie, dans les motifs d'une décision rendue en sa faveur (Cass. 29 janv. 1824);

9° Pour l'arrestation d'un fonctionnaire public à raison de ses fonctions, sans l'autorisation préalable du Gouvernement, hors le cas de flagrant délit (Carnot, *Inst. crim.*, I, 385);

10° Pour un attentat à la liberté individuelle, et pour tout crime ou délit commis par un magistrat envers ses justiciables (C. pén., 117.—Dalloz aîné, XI, 343, n. 9).

Du reste, les motifs qui donnent lieu à la prise à partie, en matière civile, peuvent aussi y donner lieu en matière criminelle, et, dans les deux cas, les formes de procéder sont les mêmes (Poncet, *des Jugements,* II, 372).

4096. Si la prise à partie est dirigée contre des juges de paix, des tribunaux de commerce ou de première instance, ou quelqu'un de leurs membres, ou contre un ou plusieurs conseillers de Cour d'appel ou de Cour d'assises, elle est portée devant la Cour du ressort; et, si elle est dirigée contre une Cour d'assises tout entière, contre une Cour d'appel ou une de ses chambres, elle est portée à la Cour de cassation (Pr. civ., 509. — Arg. Cass. 22 fév. 1825).

La Cour de cassation est également compétente pour apprécier les faits de prise à partie articulés contre les juges d'un tribunal de première instance et les conseillers d'une Cour d'appel, dans une requête produite à l'appui d'un pourvoi en cassation (Cass. 29 nov. 1836).

4097. La prise à partie donne lieu à deux jugements, l'un préparatoire, l'autre définitif : le premier qui statue sur son admissibilité, et le second sur la question de savoir si elle est fondée ou non.

Ce dernier jugement est rendu par une autre chambre que celle qui a rendu le premier ; et, si la Cour d'appel n'est composée que d'une chambre civile, le jugement de la prise à partie est renvoyé aux conseillers de la chambre correctionnelle et de la chambre d'accusation réunis en nombre suffisant pour rendre un arrêt civil (Pr. civ., 515.—Cass., 27 fév. 1812).

Le ministère public est entendu, comme partie jointe, avant chacune de ces décisions (Pr. civ., 83, n° 5).

4098. Voici comment on procède : celui qui veut exercer cette action présente une requête au tribunal qui doit en connaître, pour en obtenir la permission d'agir (Pr. civ., 510).

Cette requête est signée par le demandeur ou par un mandataire porteur d'une procuration spéciale, qui doit demeurer jointe à la requête, à peine de nullité (*Ibid.*, 511).

Si elle était signée par un avoué, sans pouvoir *ad hoc*, elle serait rejetée (Rogron, *sur l'art.* 515, *Proc. civ.*).

La requête ne doit contenir aucun terme injurieux contre les juges, à peine d'une amende indéterminée contre la partie et de peines disciplinaires contre son avoué. Cette répression est prononcée par le tribunal saisi de la demande (*Ibid.*, 512).

4099. Le demandeur n'a pas le droit de développer oralement à l'audience les moyens à l'appui de sa requête, pour la faire admettre. Les plaidoiries ne sont permises que quand il s'agit de statuer au fond (Paris, 30 janv. 1836).

Le magistrat poursuivi n'est même pas recevable à intervenir, avant qu'il ait été prononcé sur le mérite de la demande (Amiens, 20 juill. 1837).

Le jugement est rendu en la chambre du conseil, car il s'agit là d'une matière qu'il n'est pas convenable de juger en audience publique (Bioche, v° *Prise à partie*, n° 60).

4100. Si la prise à partie est poursuivie pour déni de justice, il faut, au préalable, que ce déni soit constaté par deux réquisitions signifiées aux juges dans la personne du greffier, par tout huissier requis, lequel est tenu de prêter son ministère, à peine d'interdiction (Pr. civ., 507).

Si l'huissier refuse, on peut obtenir une injonction du juge au bas d'une simple requête (Dalloz jeune, v° *Déni de justice*, n° 20).

Ces significations sont faites de trois en trois jours au moins, pour les juges de paix et de commerce, et de huitaine en huitaine au moins, pour les autres juges (Pr. civ., 507).

À défaut de ces sommations, le déni de justice ne donne lieu à aucune responsabilité (Grenoble, 15 fév. 1828).

Si le déni de justice a eu lieu en matière criminelle, il y a nécessité d'une réquisition préalable par la partie poursuivante, et d'injonction au magistrat inculpé, par les juges supérieurs, c'est-à-dire par la Cour de cassation, si le déni est imputé à une Cour d'appel; par la Cour d'appel, s'il est imputé à un tribunal de première instance, et par le président, s'il est imputé à un juge de ces derniers tribunaux (C. pén., 185. — Carré, *Comp.*, 1, 56).

Du reste, le droit de requérir cette injonction n'appartient pas au ministère public, mais à la partie seule (Dalloz aîné, v° *Déni de justice*, v, 6).

4101. Quand la requête est admise, elle est signifiée, dans les trois jours, au juge pris à partie, et non pas au greffier. Le juge est tenu de fournir ses défenses dans la huitaine, et de s'abstenir, jusqu'au jugement, de la connaissance de tous les procès du demandeur, de ses parents en ligne directe, et de son conjoint (Pr. civ., 514).

Si la requête est rejetée, la partie est condamnée d'office, ou sur la demande du ministère public, à une amende qui ne peut être moindre de 300 fr., sans préjudice des dommages-intérêts à allouer aux parties, si elles en demandent et s'il y a lieu (*Ibid.*, 513).

La même peine est prononcée, si le demandeur est débouté par le jugement définitif (*Ibid.*, 516).

CHAPITRE XV. — DÉLITS FORESTIERS.

SECTION PREMIÈRE. — POURSUITES.

SOMMAIRE.

4102. Il faut entendre par délits forestiers, les faits punissables qui sont de nature à nuire au régime ou à la surveillance des forêts, ou bien au produit ou à la jouissance du sol dans les bois soumis au régime forestier.

On entend par régime forestier, un régime d'exception, qui a pour effet de placer en dehors du droit commun les bois qui y sont soumis, et qui sont susceptibles d'aménagement et d'une exploitation régulière (*Pal.*, *Rép.*, v° *Forêts*, n. 66).

Toutefois, les propriétaires de ces bois en ont la libre disposition, quant à leur entretien et à leur exploitation, mais ils sont soumis aux règlements généraux de police (Circ. min., 29 juill. 1792).

4103. Il arrive quelquefois que des communes ou sections de communes, pour soustraire leurs lois au régime forestier, obtiennent un jugement par défaut qui déclare un ou plusieurs habitants propriétaires, à titre privé, des bois soumis à la surveillance de l'administration. Les conservateurs, n'ayant pas qualité pour intervenir dans les procès concernant la propriété des bois communaux, doivent transmettre, par voie officieuse, dans les cas dont il s'agit, des observations au ministère public, qui, chargé de prendre communication des causes intéressant les communes, comme on l'a vu au tome I, n. 578-5°, et 1003, examine attentivement ces observations, et veille, avec le plus grand soin, à ce que les intérêts des communes ne puissent être compromis lorsqu'elles laissent défaut. Les tribunaux doivent s'associer avec empressement à cette pensée, et les conseils de préfecture, de leur côté, doivent prendre garde que leur refus d'autoriser les communes d'ester en justice ne puisse nuire à leurs droits (Circ. min., 18 janv. 1843).

Les ventes des bois communaux faites contrairement aux prescriptions de la loi, sont nulles, et la nullité peut en être prononcée par les tribunaux correctionnels, sur la poursuite du ministère public, sans qu'il soit besoin de l'intervention de l'administration forestière (C. for., 100, § 3.—Meaume, II, n° 747).

4104. L'administration des forêts est chargée des poursuites en réparation des délits et contraventions commis dans les bois soumis au régime forestier, sans préjudice de l'action du ministère public (C. for. 1 et 2, 159, § 1).

Avec cette différence que les agents forestiers agissent plus particulièrement pour la réparation du dommage au profit de leur administration, partie civile; et les magistrats du parquet dans l'intérêt de la vindicte publique (Ortolan, II, 346. — Cass. 29 juill. 1853). — V. aussi Dutruc, *Mémor. du Minist. publ.*, v° *Forêts*, n. 5.

4105. Néanmoins, l'action du ministère public s'étend aux restitutions et dommages-intérêts, aussi bien qu'aux amendes; et réciproquement, celle de l'administration forestière s'applique aux peines aussi bien qu'aux dommages-intérêts (Cass. 20 mars 1830 et 8 mai 1835).

Le ministère public est aussi investi, de préférence et même à l'exclusion de l'administration, du droit de poursuivre les délits commis dans les bois des particuliers soumis au régime forestier. Les transactions que les propriétaires auraient consenties avec les délinquants ne seraient pas même un obstacle à son action, soit que les délits poursuivis blessent ou ne blessent pas l'ordre public (C. for. 182. — Cass. 27 avril 1811).

Il en est de même quand il s'agit d'un délit d'association secrète entre des adjudicataires ou marchands de bois (C. for. 22).

Dans tous les cas, lorsque la poursuite n'est point dirigée par les agents forestiers, le ministère public peut prendre l'initiative et agir, soit sur l'avis qu'il a dû recevoir de l'existence du procès-verbal, par l'officier public qui en a reçu l'affirmation, comme on l'a vu ci-dessus, n. 2521 , soit en vertu du procès-verbal qui lui est transmis par l'agent qui l'a dressé (Ortolan, II, 346).

4106. Les gardes généraux et les sous-inspecteurs ont, comme les inspecteurs et les conservateurs, le droit de poursuivre les délits forestiers (Cass. 9 mai 1806 et 22 nov. 1811).

Mais ils ne peuvent agir, les uns et les autres, qu'au nom de leur administration, qui est sans qualité pour exercer des poursuites à raison des délits commis dans les bois des communes, des établissements publics ou des particuliers, qui ne sont pas soumis au régime forestier à cause de leur peu d'importance (Dalloz, v° *Forêts*, viii, 780).

Ces agents ne peuvent, dans aucun cas, se désister des pour-suites par eux intentées, ni acquiescer aux jugements rendus (Cass. 24 déc. 1824).

Quoique l'administration forestière n'ait aucune action pour la répression des délits communs commis dans les forêts, elle peut néanmoins représenter, en police correctionnelle, les propriétaires des bois soumis au régime forestier, et demander, pour eux, la réparation civile du dommage que ces délits peuvent leur avoir occasionnés (Cass. 4 janv. 1855).

4107. Les propriétaires ou fermiers des bois particuliers ont aussi une action pour obtenir les réparations civiles qui leur sont dues (C. for. 189).

Leurs gardes ont les mêmes droits de saisie et de suite que les agents de l'administration, et ils sont tenus, comme ceux-ci, de se faire assister, dans leurs perquisitions, par le juge de paix ou un de ses suppléants, par le maire ou son adjoint, ou par le commis-saire de police, qui doivent signer leur procès-verbal (*Ibid.*, 161 et 189).

Ces procès-verbaux doivent être, dans le délai d'un mois, à partir de l'affirmation, transmis au procureur de l'arrondissement ou au juge de paix du canton, selon leur compétence respective (C. inst. 139. — C. for. 191).

Et le ministère public doit poursuivre la répression des délits à la requête des parties intéressées, sur les procès-verbaux qui lui sont transmis, ou même d'office, et de quelque manière que le délit lui ait été dénoncé, sans préjudice du droit qu'ont les propriétaires lésés d'intenter les mêmes poursuites (Ortolan, ii, 347).

Car, lors même que le ministère public n'a pas poursuivi, les particuliers peuvent obtenir des dommages-intérêts qui ne peuvent pas être inférieurs à l'amende simple encourue pour le délit (Cass. 5 mai 1837).

4108. Outre les agents et gardes forestiers de l'administra-tion et des particuliers chargés de la surveillance et de la police des bois et forêts, et dont nous avons parlé ci-dessus, n. 2499 et suivants, les adjudicataires des coupes, dans les bois soumis au régime forestier et particulièrement dans les bois de l'Etat, sont autorisés à nommer et instituer, dans leur intérêt, des fac-teurs ou gardes-vente chargés de rapporter procès-verbal de tous les délits commis dans leurs ventes ou à l'ouïe de la cognée, sans quoi lesdits adjudicataires en demeurent responsables (C. for. 45).

Ces facteurs doivent être agréés par l'agent forestier local, et assermentés devant le juge de paix (*Ibid.*, 31).

Leurs procès-verbaux, rédigés dans les formes probantes et dûment affirmés, font foi en justice, comme ceux des gardes forestiers (*Ibid.*).

4109. Nous avons vu ci-dessus, n. 2261, que les maires sont tenus de recevoir l'affirmation des procès-verbaux de certains agents, notamment des gardes forestiers. S'ils refusent ou négligent de s'acquitter de ce devoir, dans le délai fixé par la loi, le garde doit rédiger un procès-verbal de ce refus, et l'adresser sur-le-champ à l'agent forestier supérieur, qui en rend compte au ministère public pour empêcher que la nullité du procès-verbal ne soit prononcée : car, comme il n'a pas dépendu du garde rédacteur de remplir la formalité de l'affirmation, la validité de l'acte ne saurait être subordonnée au refus du maire. D'un autre côté, comme il est essentiel de faire cesser cette difficulté, qui est de nature à se reproduire, le ministère public ne doit pas, lorsqu'un pareil incident se présente, suspendre les poursuites, mais bien se pourvoir, par toutes les voies de droit, contre les jugements qui prononceraient la nullité des procès-verbaux. De plus, les procureurs généraux doivent signaler au garde des sceaux les maires qui, par de semblables refus, auraient méconnu leurs devoirs, afin que l'attention du ministre de l'intérieur soit appelée sur ces fonctionnaires (Décis. min. 19 déc. 1842).

Lorsqu'un procès-verbal constatant un délit forestier est adiré, il peut en être dressé un second par les mêmes agents, pour être utilement suivi d'une nouvelle citation, si l'action de l'administration n'est pas éteinte (Cass. 16 août 1849).

4110. Dans aucun cas, il ne peut être fait de transaction sur les délits constatés par les gardes champêtres et forestiers, et l'amende encourue doit toujours être prononcée par jugement, comme nous l'avons dit, pour les délits communs, au tome 1er, n. 1894. Pour empêcher les transactions ou la perception arbitraire ou illégale de ces amendes, aussi bien que pour assurer la rentrée au Trésor des droits d'enregistrement des procès-verbaux qui sont revêtus de cette formalité en débet, le ministère public doit s'entendre avec les receveurs de l'enregistrement, à l'effet de comparer le nombre de procès-verbaux enregistrés avec celui des jugements rendus sur ces procès-verbaux. Cette vérification, simple et facile, fera connaître ceux de ces actes auxquels on aurait négligé de donner suite, et permettra de poursuivre, comme prévaricateurs, les gardes et autres fonctionnaires publics qui auraient négligé de remettre leurs procès-verbaux à qui de droit, ou qui auraient pris des arrangements avec les délinquants (Circ. min. 15 déc. 1806).

4111. Les actions en réparation des délits forestiers se prescrivent par trois mois à compter du jour où ils ont été constatés d'une manière définitive, lorsque les noms et demeures des prévenus sont désignés dans les procès-verbaux, et par six mois dans le cas contraire (C. for. 185. — Décis. min. 29 mars 1820. — Cass. 20 oct. 1832).

En matière de délits forestiers, la prescription court, non pas du jour de la reconnaissance du délit, mais seulement de la date du procès-verbal qui le constate (Cass. 15 nov. 1850 et 28 août 1851. Dutruc, *Mémor. du Minist publ.*, v° *Forêts*, n. 13).

La durée de la prescription qui est, en général, de trois ans, pour les délits forestiers qui n'ont pas été constatés par procès verbal, n'est que d'un an pour ceux de ces délits qui ne sont passibles que d'une amende de 15 francs (Cass. 24 mai 1850).

Du reste, l'interruption de la prescription des délits forestiers, quand elle résulte d'un acte de la partie civile, profite au ministère public et réciproquement (Cass. 15 avril 1826).

SECTION II. — PROCÉDURE.

SOMMAIRE.

4112. Plus il importe de veiller à la conservation des forêts, plus les tribunaux doivent s'armer d'une juste sévérité envers ceux qui osent y porter atteinte. Aussi, la loi ne leur permet pas de modérer les peines qu'elle prononce, ni de créer des nullités qu'elle n'a point établies (Cass. 21 juin 1851).

Ils doivent ajouter foi aux procès-verbaux des gardes jusqu'à inscription de faux, et n'admettre même cette voie que sur des faits positifs clairement articulés, et non sur des allégations frivoles et insignifiantes. Le ministère public doit aussi relever appel de tous les jugements forestiers rendus en contravention à la loi, ou les transmettre au procureur général du ressort, pour qu'il en interjette lui-même appel, dans le cas où l'on aurait négligé de le faire, en temps utile, au parquet de première instance (Circ. min. 4 flor. an XIII).

Et l'appel interjeté par le ministère public, au nom de l'administration forestière, fût-il irrégulier en ce qui concerne la partie publique, n'en profite pas moins à l'administration, qui a le droit de le soutenir (Cass. 27 janv. 1847). — Compar. Dutruc, *loc. cit.*, n. 157.

4113. Il y a plus, le tribunal saisi de la connaissance d'un délit forestier régulièrement constaté et devant lequel l'agent de l'administration a conclu, par erreur, à l'application d'un texte de loi étranger au fait imputé au prévenu, ne peut, sur ce seul fondement, déclarer l'administration forestière non recevable dans son action. Il doit rectifier d'office ses conclusions, ou l'admettre à les rectifier elle-même (Cass. 6 mai 1847).

4114. Les délits forestiers ne forment pas une classe particulière de délits différents de ceux dont la poursuite est réglée par les lois générales, et ils sont soumis, comme eux, aux tribunaux ordinaires (Circ. min. 9 frim. an IX).

Toutes les actions et poursuites exercées au nom de l'administration des forêts, et à la diligence de ses agents ou du ministère public, pour la réparation des délits forestiers commis dans les bois de l'État, de la Couronne, des communes ou des établissements publics, sont portées devant les tribunaux correctionnels (C. inst. 19. — C. for. 171 et 190).

Quant aux délits commis dans les bois des particuliers, la compétence se règle sur la quotité de l'amende ou des restitutions. Si elles excèdent quinze francs, c'est le tribunal correctionnel qui est compétent; dans le cas contraire, c'est le tribunal de simple police (Cass. 24 mai 1850 et 29 juill. 1853).

4115. La procédure, qui était réglée autrefois par une circulaire ministérielle du 29 ventôse an XII, l'est aujourd'hui par les art. 172 et suivants du Code forestier.

Les gardes forestiers peuvent faire toutes citations et significations d'exploits en matière forestière, et leurs devoirs sont, à cet égard, les mêmes que ceux des huissiers, dont ils ont aussi les émoluments (C. for. 173).

Mais ils sont sans qualité quand c'est le ministère public qui poursuit (Circ. min. 2 avril 1819. — Cass. 26 juill. 1822).

Les agents de l'administration forestière peuvent indifféremment recourir aux huissiers ou aux gardes, pour les significations; mais il leur est recommandé d'employer de préférence les gardes. Du reste, les citations doivent être faites à la requête de l'administration elle-même, et non pas à celle de ses agents (Cass., 29 oct. 1824).

4116. La citation doit, à peine de nullité, et quelle que soit la partie poursuivante, contenir la copie du procès-verbal et de l'acte d'affirmation (C. for. 173. — Cass. 4 déc. 1828).

Il importe peu que cette copie soit en tête ou au pied de la citation, mais, dans ce dernier cas, elle doit être signée par le garde ou par l'huissier qui la délivre (Décis. min. 13 août 1818. — Cass. 6 mars 1834).

Au surplus, il n'est pas nécessaire, à peine de nullité, que la copie du procès-verbal signifié au prévenu contienne la mention de l'enregistrement (Cass. 13 fév. 1847).

Il suffit même que la mention de la remise de cette copie à l'inculpé se trouve dans la citation (Cass. 24 sept. 1835).

4117. Lorsque le prévenu d'un délit forestier excipe d'un droit propriété, il faut se reporter à ce que nous avons dit des questions préjudicielles au tome Ier, n. 2136 et suivants.—V. aussi Dutruc, *Mémor.*, v° *Questions préjudicielles.*

Rappelons seulement que le principe, en cette matière, a été consacré par l'art. 182 du Code forestier, dont les dispositions sont générales et s'appliquent à tous les cas (Cass. 20 mai 1853);

Même quand celui qui excipe qu'un droit de propriété n'est pas le délinquant, mais un tiers qui prend fait et cause pour lui et assume sa responsabilité civile et pénale (Cass. 7 mars 1874).

Cependant, lorsque le prévenu invoque un titre de propriété qui ne lui est pas personnel, il ne peut être sursis à statuer par le tribunal de répression, alors même que le tiers que concerne le titre interviendrait dans la poursuite (Cass. 25 janv. 1855).

4118. Les agents forestiers ont le droit d'exposer l'affaire devant le tribunal et d'être entendus dans leurs conclusions, comme nous l'avons remarqué au tome Ier, n. 272, et ci-dessus, n. 2950 (C. for. 174. — Ord. 1er août 1827, art. 185).

Ce qui n'empêche pas le ministère public de conclure dans l'intérêt de la vindicte publique et pour l'application de la peine (Ortolan, II, 346).

Les délits ou contraventions sont prouvés, soit par procès-verbaux, soit par témoins, à défaut ou en cas d'insuffisance des procès-verbaux (C. for. 175).

4119. Et un tribunal ne peut, en déclarant la nullité d'un procès-verbal, refuser d'admettre la preuve par témoins offerte par l'administration forestière ou par ses agents, pour y suppléer, comme on l'a vu au n. 2924 et 2973 (Cass. 30 nov. 1811).

Mais il peut se dispenser d'entendre les témoins cités, lorsque la preuve du délit ou de la contravention résulte d'un procès-verbal qui n'est point infirmé par une preuve contraire (Cass. 11 sept. 1847).

SECTION III. — RÉPRESSION.

SOMMAIRE.

4120. Les délits commis dans les bois soumis au régime forestier sont punis conformément au Code forestier ; les autres sont punis par application du Code rural du 6 octobre 1791. Quant à l'abatage des arbres épars, à la destruction des plans ou greffes, etc., ils sont punis conformément au Code pénal (Dalloz, v° *Forêts*, VIII, 799 et 904).

Remarquez que le Code forestier punit la coupe et l'enlèvement simultané des arbres. L'enlèvement seul d'arbres déjà abattus constituerait un vol prévu par l'art. 388 du Code pénal (Bourguignon, *Jurisp. crim.*, III, 406).

4121. Les peines en matière forestière sont l'amende, l'emprisonnement, la restitution des objets enlevés ou le paiement de leur valeur, les dommages-intérêts et la confiscation (Dalloz, v° *Forêts*, VIII, 803).

4122. Les restitutions et dommages-intérêts appartiennent aux propriétaires lésés et les amendes à l'Etat (C. for. 204).

Il y a toujours lieu à restitution dans les cas d'enlèvement frauduleux des bois et autres productions des forêts (*Ibid.*, 198).

Elle doit être prononcée, lors même qu'elle n'aurait pas été requise et encore bien que le propriétaire qui doit en profiter ne soit pas en cause (Cass. 28 janv. 1808 et 24 mai 1832).

4123. Quant aux dommages-intérêts, ils ne doivent être prononcés que s'il y a lieu, c'est-à-dire suivant les circonstances ; et, par conséquent, le refus de les accorder ne viole aucune loi (Cass. 20 mars 1830 et 16 avril 1836).

Du reste, ils ne peuvent jamais être inférieurs à l'amende simple prononcée par le jugement (C. for. 202. — Cass. 17 mai 1834).

4124. Les scies, haches, serpes, cognées et autres instruments de même nature, dont les délinquants et leurs complices sont trouvés munis, doivent être confisqués (C. for. 198).

Le prévenu doit toujours être condamné au paiement de la valeur du bois coupé en délit, alors même qu'il ne l'a pas enlevé, et l'on ne peut se dispenser, sous aucun prétexte, de prononcer la confiscation de l'instrument qui a servi à commettre le délit, lors même que la saisie n'en aurait été ni opérée, ni requise (Cass. 13 fév. 1847 et 17 fév. 1849).

4125. L'individu coupable de deux délits forestiers doit être condamné aux peines prononcées contre chacun de ces délits ; et il doit être prononcé autant d'amendes qu'il y a de codélinquants (Cass. 18 oct. 1822 et 14 oct. 1826).

Les peines peuvent donc être cumulées (Cass. 21 ,28 juin et 26 déc. 1846).

Dans les cas de récidive, la peine doit toujours être doublée (C. for. 200).

Il en est de même quand les délinquants ont fait usage de la scie pour couper des arbres sur pied, et quand les délits ont été commis la nuit (*Ibid.*, 201. — Cass. 28 mai 1812, 7 fév. 1824 et 10 déc. 1829).

L'amende pour dépaissance d'animaux, dans un bois âgé de moins de dix ans, quoique double de celle encourue pour le même fait, dans un bois au-dessus de cet âge, n'est pourtant qu'une amende simple, qui doit être doublée en cas de récidive et quand la contravention a été commise la nuit (Cass. 19 avril 1833, 1er fév. et 2 août 1834).

4126. Le bénéfice des circonstances atténuantes ne peut pas être invoqué en matière de délits forestiers, et le prévenu ne peut jamais être excusé à raison de sa bonne foi (C. for. 203. — Cass. 31 mars et 1er avril 1848).

L'erreur, l'ignorance ou le défaut de dommage ne peuvent pas, non plus, être admis comme excuse (Cass. 24 déc. 1829, 2 mai et 10 août 1833).

Toutefois, le mineur âgé de moins de 16 ans ne peut être condamné à aucune peine, s'il est reconnu qu'il a agi sans discernement (Cass. 3 janv. et 21 mars 1846). — Quant à l'application de l'article 69 du Code pénal en cette matière, V. Dutruc, *Mémor.*, v° *Peine*, n. 8.

Du reste, il n'appartient qu'à l'administration forestière de modérer ou de remettre les peines prononcées par les tribunaux dans les affaires qui l'intéressent, et de prendre en considération les motifs d'excuse des délinquants (Cass. 1er mai 1829, 7 sept. 1833 et 8 mars 1834).

4127. Quant aux frais, à la responsabilité civile, à la solida-

rité et à la contrainte par corps, appliquez ce qui a été dit ci-
dessus, n. 3621 et suivants.

Remarquons seulement que les femmes et les mineurs condamnés personnellement, en matière forestière, sont soumis à l'exercice
de la contrainte par corps, mais qu'il n'en est pas ainsi des personnes condamnées avec eux comme civilement responsables (Décis.
min. 27 août 1819).

Les particuliers ont, comme l'administration forestière, la faculté de faire signifier, par extrait, les jugements rendus à leur
requête, et de poursuivre, par la voie de la contrainte par corps,
cinq jours après un simple commandement, le paiement des réparations civiles prononcées à leur profit (C. for. 215).

Mais ils sont tenus de pourvoir à la consignation d'aliments
toutes les fois que cette contrainte a lieu à leur requête et dans leur
intérêt (*Ibid.*, 216).

SECTION IV. — JUGEMENTS.

SOMMAIRE.

4128. C'est aux juges de rédiger les jugements en matière forestière, comme en toute autre matière, et le ministère public doit
prendre des mesures pour que leur rédaction et leur signature
aient lieu dans les vingt-quatre heures du prononcé (Circ. min.
3 oct. 1811. — Décis. min. 2 mars 1824).

Les greffiers doivent fournir le papier employé pour les feuilles
d'audience, dans les affaires correctionnelles poursuivies à la requête de l'administration forestière, sans pouvoir réclamer aucune
indemnité. Ils sont autorisés à avoir dans leurs greffes des feuilles
visées pour timbre en débet, à l'effet d'y inscrire les jugements en
cette matière, de sorte qu'ils n'ont à faire aucune avance de timbre
(Décis. min. 20 mars 1822).

4129. Les jugements rendus à la requête de l'administration
des forêts doivent être communiqués, par les greffiers, aux inspecteurs forestiers sur leur réquisition, et ne peuvent leur être re-
fusés, sous aucun prétexte. Ces communications sont utiles pour
assurer la marche régulière des poursuites, en fournissant à l'administration les moyens de reconnaître, d'une manière certaine, ceux
des jugements dont elle doit former appel (Circ. min. 5 juill. 1842).

D'un autre côté, pour faciliter le recouvrement des amendes prononcées pour délits forestiers, les greffiers sont tenus d'expédier promptement les jugements de condamnation, et d'en remettre des extraits aux préposés de l'enregistrement (Circ. min. 30 frim. an III et 15 nov. 1811).

4130. Les frais de poursuite, pour délits forestiers, sont payés, à la fin de chaque mois ou de chaque trimestre, par les receveurs des domaines, qui sont tenus d'en faire l'avance sur des mémoires directs et séparés fournis par les greffiers et les huissiers, pour les actes respectifs de leur ministère. Ces mémoires sont arrêtés par le conservateur ou l'inspecteur des forêts de l'arrondissement, rendus exécutoires par le président du tribunal, sur le réquisitoire du ministère public, et visés par le préfet (Circ. min. 16 mess. et 10 therm. an XI).

Lorsque l'administration des forêts est condamnée aux dépens, par un jugement qui a acquis force de chose jugée, la partie intéressée n'a d'autre formalité à remplir, pour obtenir le remboursement de ces dépens, que de produire, au directeur des domaines, avec un extrait en bonne forme du jugement, contenant le montant des dépens liquidés, ainsi que le coût de la signification taxé par le président, un certificat du ministère public ou de l'agent forestier local, constatant qu'il n'a pas interjeté appel en temps utile du jugement, ou que l'administration y a donné son acquiescement (Décis. min. 20 sept. 1822).

4131. Les états ou mémoires de frais de justice, en matière de délits forestiers, doivent être rédigés par les greffiers et huissiers sur les imprimés fournis par l'administration des forêts. Ces états doivent être présentés par trimestre, lorsque leur montant s'élève au moins à cent francs, et par semestre seulement, s'il n'atteint pas cette somme. Ils sont dressés en double expédition, l'une sur papier libre, pour l'administration des forêts, et l'autre sur papier visé pour timbre ou timbré à l'extraordinaire, pour être annexée aux mandats de paiement. La formalité du timbre extraordinaire ne doit être appliquée qu'aux états de frais des actes faits dans les arrondissements des chefs-lieux de département. Les frais de timbre des mémoires sont à la charge des greffiers et des huissiers, et acquittés au moment où ces mémoires sont timbrés ou visés pour timbre. Ceux dont le montant total ne s'élève pas à dix francs sont exempts de cette formalité. Les greffiers et les huissiers présentent d'abord leurs mémoires aux agents forestiers chargés des poursuites dans l'arrondissement, pour être, par eux, vérifiés et arrêtés. Ces mémoires sont ensuite remis au ministère public, et rendus exécutoires, sur ses réquisitions, par le président du tribunal. Puis, ils sont soumis, par ces mêmes agents forestiers, au préfet du département, pour être revêtus de son visa. Enfin, des mandats de paiement sont délivrés par lui au profit de la partie prenante. Les frais réputés urgents, tels que les indemnités dues aux témoins, etc., sont acquittés sans mandat, et sur simple taxe, en la forme accoutumée (Circ. min. 24 janv. et 25 avril 1834).

Du reste, les greffiers et autres parties prenantes ne sont pas tenus d'employer du papier au timbre de 1 fr. 25 c. pour la rédaction de leurs mémoires de frais en matière forestière (Décis. min. 18 avril 1835).

Mais le ministère public doit enjoindre aux greffiers et aux huissiers de se conformer aux règles de comptabilité établies pour le paiement de leurs mémoires de frais de justice criminelle (Circ. min. 7 mars 1835).

4132. L'administration forestière a le droit d'appeler de tous les jugements correctionnels où elle est partie, même de ceux qui portent déclaration d'incompétence (Cass. 31 janv. 1817);

Et encore bien que le jugement lui ait adjugé ses conclusions, si elles n'étaient pas conformes à la loi (Cass. 17 mai 1834).

Les agents de l'administration peuvent, en son nom et sans avoir besoin d'autorisation préalable, interjeter appel et se pourvoir contre les arrêts et jugements; mais ils ne peuvent se désister de leurs appels ou pourvois, sans son autorisation formelle et spéciale (C. for. 183. — Cass. 20 mars 1812 et 13 mai 1819).

Toutefois, un simple garde à cheval n'a pas qualité pour appeler, à moins qu'il n'agisse au nom et d'après les ordres de ses supérieurs (Cass. 31 janv. 1824, 11 juin 1829 et 2 sept. 1830).

4133. Si c'est le ministère public qui a poursuivi d'office en première instance, il peut seul relever appel, à l'exclusion des agents de l'administration (Cass. 7 fév. 1806).

Le droit conféré à l'administration forestière ou à ses agents de se pourvoir contre les jugements ou arrêts par appels ou recours en cassation, est indépendant de la même faculté qui est accordée, par la loi, au ministère public, lequel peut toujours en user, même lorsque l'administration ou ses agents auraient acquiescé auxdits jugements et arrêts (C. for. 184. — Cass. 4 avril 1806 et 9 mai 1807. — Dutruc, *Mémor.*, vᶦˢ *Appel correctionnel*, n. 40, et *Forêts*, n. 1 et suiv.).

La seule différence qui existe entre le ministère public et l'administration consiste en ce que le ministère public ne peut jamais se désister de l'action publique, comme nous l'avons vu au tome II, n. 1175, tandis que l'administration forestière a cette faculté (C. for. 183. — Circ. min. 27 sept. 1845).

4134. Le ministère public a donc le droit d'exercer l'action de l'administration et peut, dès lors, appeler seul des jugements rendus en matière forestière, et requérir une augmentation, non pas seulement de la peine, mais même des restitutions et des dommages-intérêts (Cass. 20 mars 1830).

Et il est toujours recevable à prendre des conclusions sur l'appel d'un jugement rendu pour délit forestier, quoiqu'il n'ait pas appelé de ce jugement (Cass. 28 janv. 1808).

La cour d'appel qui ne serait saisie, sur l'appel du ministère public, que de la question de savoir si une restitution devait être prononcée, excéderait ses attributions, si elle se permettait de décharger de l'amende les prévenus non appelants et même défaillants (Cass. 13 déc. 1811).

4135. Pour abréger les lenteurs apportées quelquefois par l'administration forestière à faire juger les appels par elle interjetés dans les affaires qui la concernent, le ministère public doit, à l'expiration du premier mois de l'appel, aviser par écrit le conservateur de ce retard, et l'avertir que, si le deuxième mois s'écoulait encore sans diligences de la part de l'administration, il poursuivrait lui-même, d'office, la décision de l'appel dans la première semaine du troisième mois, aux risques et périls de la partie en faute. Il ne faut donc pas permettre aux agents forestiers de retirer du greffe leurs dossiers de procédure après leur déclaration d'appel, sans quoi il ne serait plus possible de le faire juger (Décis. min. 15 avril 1825).

Ainsi, l'administration des forêts n'a pas le droit de faire retirer du greffe les pièces de procédure dans lesquelles il y a appel. Elle peut seulement, comme tous les autres justiciables, faire prendre à ses frais une copie des pièces qui pourraient lui être nécessaires pour joindre aux rapports que ses agents sont tenus de faire dans certains cas (Décis. min. 2 mars 1830).

Elle peut aussi faire remettre au ministère public une requête à l'appui de son appel (Décis. min. 7 déc. 1825).

4136. Les formes et les délais de la signification des jugements rendus à la requête de l'administration forestière sont réglés par l'art. 209 du Code forestier, et par l'art. 188 de l'ordonnance du 1er août 1827.

C'est l'administration de l'enregistrement qui poursuit l'exécution des condamnations pécuniaires, prononcées pour délits forestiers; le ministère public doit seulement veiller à ce que les extraits des jugements définitifs soient transmis au receveur des domaines, s'ils sont contradictoires, et à l'agent supérieur forestier; s'ils sont par défaut (C. forest. 210. — Ord. 1er août 1827, art. 188 et 189).

S'il s'agit d'une condamnation à l'emprisonnement, le ministère public procède comme il a été dit ci-dessus, n. 3146 et suivants.

4137. Quant aux jugements contenant des condamnations en faveur des particuliers, pour réparation de délits ou de contraventions commis dans leurs bois, ils sont, à leur diligence, signifiés et exécutés suivant les mêmes formes et voies de contrainte que les jugements rendus à la requête de l'administration forestière (C. forest. 215).

Mais il faut remarquer que la signification desdits jugements et les poursuites pour leur exécution n'ont plus lieu à la diligence des préposés des domaines, mais bien à celle des particuliers intéressés (Décis. enreg. 8 janv. 1830).

CHAPITRE XVI. — DÉLITS POLITIQUES.

SOMMAIRE.

4138. Pendant quelque temps, on a demandé aux parquets un rapport périodique et confidentiel, d'abord mensuel, puis de quinzaine, et enfin hebdomadaire, sur la situation politique et l'esprit public de chaque arrondissement (Circ. min. 18 mars 1820, 31 mars 1821, 1er sept. 1829 et 24 nov. 1849).

Le ministère public devait y insérer la relation de tous les événements, quelque peu graves qu'ils fussent, qui se rattachaient de près ou de loin à la politique; et, dans le cas où il n'en avait aucun à faire connaître, il n'était pas, pour cela, dispensé de l'envoi d'un rapport, sauf à annoncer qu'il ne s'était rien passé de remarquable pendant la dernière période écoulée (Déc. min. 9 sept. 1830, 12 fév., 21 avril et 11 mai 1831).

4139. Aujourd'hui, on n'exige plus qu'un rapport semestriel qu'il faut envoyer dans les huit premiers jours de janvier et de juillet, au procureur général du ressort, et qui doit parvenir au ministre de la justice, avant l'expiration de chacun de ces mois (Circ. min. 31 janv. 1853).

On avait également demandé autrefois un état numérique, d'abord annuel, puis mensuel, puis hebdomadaire, des jugements et arrêts rendus en matière de délits politiques (Circ. min. 20 déc. 1815, 12 mars 1816, 16 juill. et 9 sept. 1820).

Il suffit, aujourd'hui, d'adresser un rapport séparé sur chaque affaire (Circ. min. 24 avril 1822 et 12 août 1828).

4140. Il faut donner avis directement et sur-le-champ, au ministre de la justice, de tous les faits qui peuvent troubler l'ordre public, ou qui témoignent de la situation des esprits sous le rapport politique, moral et religieux ; notamment, de tous les attentats aux différents cultes, à la stabilité du trône ou des institutions, à la paix publique, et, en un mot, de tous les délits graves dont le caractère est politique, soit qu'ils se lient à quelque dessein formé par les ennemis du Gouvernement, soit qu'ils résultent simplement d'un esprit public factieux et perturbateur. Il est nécessaire de fournir au ministre le détail de toutes les circonstances qui s'y rattachent, de l'informer de toutes les découvertes que peut amener l'instruction, et de lui en faire connaître le résultat (Circ. min. 24 avril 1822 et 12 août 1828).

De plus, toutes les fois qu'il vient à se produire des inquiétudes ou des mouvements de nature à troubler la tranquillité publique, chaque procureur général doit tenir le ministre de la justice exactement informé de tous les faits de ce genre qui parviennent à sa connaissance, et inviter ses substituts à en donner également avis au ministre directement, et sans le moindre retard (Circ. min. 29 avril 1829).

4141. De quelque manière que le ministère public soit informé des faits qui peuvent porter atteinte à la sûreté de l'Etat, il ne doit pas hésiter à poursuivre d'office, toutes les fois que ces faits peuvent être judiciairement prouvés (Décis. min. 2 fév. 1831).

Il doit faire réprimer sévèrement tous les délits politiques, particulièrement les actes séditieux, et poursuivre énergiquement les auteurs et complices de machinations dont le but serait de compromettre l'existence de l'État. Il doit redoubler, à cet effet, de vigilance et de zèle, et déployer même une juste et nécessaire sévérité. Ceux qui trament une conspiration contre l'État, qui entretiennent des intelligences avec ses ennemis, couvrent leurs démarches avec tant de mystère et d'adresse, que souvent chaque fait particulier de leur conduite, pris isolément, n'offre en apparence rien de bien répréhensible, de sorte que, pour apprécier toute l'étendue de leurs desseins, il est essentiel qu'un examen franc et dégagé de subtilités contemple l'ensemble des faits et des circonstances, et en apprécie de bonne foi les résultats. Dans ces occasions épineuses, c'est à sa sagacité, à sa froide raison, plutôt qu'à son zèle, que le ministère public doit s'en rapporter pour juger si ses poursuites sont nécessaires (Circ. min. 11 mai 1815).

Il doit apporter aussi la plus grande célérité dans l'instruction des affaires politiques, et restreindre, en général, les poursuites aux provocateurs et aux agents les plus actifs (Circ. min. 19 mars 1849).

4142. Tous les actes prévus par la loi pénale, qui auraient pour objet ou pour résultat d'entraver la perception des impôts, notamment les outrages et violences envers les agents et préposés du Trésor ou des administrations financières, à l'occasion de l'exercice de leurs fonctions, doivent être poursuivis d'office avec promptitude et fermeté (Circ. min. 4 août 1848).

En cas d'émeute ou de résistance à l'exécution des décisions judiciaires, il faut recourir à des moyens énergiques pour la vaincre, car l'obéissance à la loi et à la justice est une des premières bases de la société; toutefois, il est sage de ne rien entreprendre avant d'en avoir assuré le succès, et il ne faut avoir recours à la force que lorsque les moyens de persuasion sont restés sans effet; mais alors, cette force doit être assez imposante pour rendre toute résistance impossible, et il vaut mieux en déployer d'abord une trop considérable que de s'exposer à ce qu'elle soit insuffisante et contrainte de reculer (Décis. min. 3 et 10 mai 1849).

4143. En matière de délits politiques, et particulièrement de cris séditieux, le ministère public doit veiller à ce que les juges d'instruction n'abusent pas de la faculté qu'ils ont de ne pas décerner un mandat de dépôt contre le prévenu après son interrogatoire. Cette indulgence doit être maintenue dans de justes bornes.

Voyez, à cet égard, la circulaire ministérielle du 3 avril 1822, que nous avons reproduite ci-dessus, n. 2600.

4144. Enfin, des instructions répétées ont été adressées au ministère public, pour la surveillance et la répression des associations politiques et clandestines connues sous le nom de sociétés secrètes (Circ. min. 5 fév. 1816, 10 nov. 1829, 23 sept. 1841 et 29 juill. 1848).

4145. Tous les délits politiques et de la presse sont aujourd'hui de la compétence des Cours d'assises, sauf les injures et diffamations envers les particuliers, qui demeurent dans les attributions des tribunaux de police correctionnelle (Décret 27 oct. 1870).

La compétence correctionnelle en cette matière est fixée par l'article 2 de la loi du 15 avril 1871, et la forme des poursuites par les articles 16 à 23 de la loi du 27 juillet 1849 (Circ. min. 22 avril 1871).

La loi de sûreté générale du 27 février 1858, contre les délits politiques, a été abrogée par le décret du 24 octobre 1870.

CHAPITRE XVII. — DOUANES.

SECTION PREMIÈRE. — COMPÉTENCE.

SOMMAIRE,

4146. Les contraventions aux lois sur les douanes constituent des contraventions, des délits, ou des crimes, et peuvent être, par conséquent, de la compétence des tribunaux de simple police, ou des tribunaux de police correctionnels, ou des Cours d'assises, suivant les distinctions établies au tome II, n. 1152 et 1154).

Le juge de paix connaît de ces matières, plutôt comme juge civil que comme juge de police, ce qui ne l'empêche pas de prononcer de véritables peines, comme la confiscation et l'amende (Trolley, *Droit admin.*, n. 1044 et 1045; Dutruc, *Dict. du content. commerc. et industr.*, v° *Douanes*, n. 149).

C'est même à lui qu'appartient, en quelque sorte, la plénitude de juridiction (Loi 14 fruct. an III, art. 3).

Ainsi, toute peine pécuniaire, quel qu'en soit le chiffre, lorsqu'elle est prononcée seule, doit être appliquée, sans appel, par le juge de paix (Cass. 19 juill. 1821).

4147. Et les tribunaux correctionnels sont, en cette matière, des tribunaux d'exception qui ne connaissent que des infractions qui leur sont expressément déférées par la loi (Cass. 6 fruct. an viii).

Néanmoins, lorsque deux contraventions sont connexes et indivisibles, si l'une d'elles est de la juridiction correctionnelle, elle y entraîne l'autre (Dalloz aîné, v° *Douanes*, vi, 441).

4148. Lorsqu'une opposition aux exercices des employés a été accompagnée de rébellion, elle rentre, à raison de la connexité, dans la compétence de la Cour d'assises ou du tribunal de police correctionnelle, selon les circonstances, et ne peut pas être séparée du fait de rébellion, pour être portée devant le juge de paix (Cass. 13 août 1836 et 8 déc. 1837. — Dutruc, *loc. cit.*, n. 158).

Dans ce cas, l'action publique et l'action civile se rattachant aux mêmes faits peuvent être poursuivis en même temps et devant les mêmes juges (Cass. 18 oct. 1843).

4149. Sont de la compétence des tribunaux correctionnels toutes les infractions qui, outre l'amende, donnent lieu à des peines corporelles non infamantes (Lois 17 déc. 1814, art. 30 et 31, 28 avril 1816, art. 41, et 21 avril 1818, art. 47).

Et en outre :

1° Toute importation prohibée ou frauduleuse dont les auteurs sont au nombre de trois et plus à cheval, ou de plus de six à pied (Loi 21 avril 1818, art. 37);

2° Le versement de marchandises de contrebande opéré, pendant la nuit, sur la côte, par plus de six individus (*Ibid.*, 34. — Cass. 14 juin 1836);

3° L'introduction frauduleuse de marchandises tarifées à 20 fr. le quintal métrique (Cass. 8 déc. 1838);

4° Toutes les contraventions qui donnent lieu à des saisies à l'intérieur, sans distinction (Lois 26 vent. an v, et 28 avril 1816, art. 65. — Ord. 24 juill. 1816).

L'importation et l'exportation du gibier en temps prohibé constituent tout à la fois un délit de chasse et une contravention aux lois de la douane, entraînant amende et confiscation (Circ. Douanes, 30 juin 1844, n. 2028).

4150. Il y a entreprise de contrebande toutes les fois qu'un ou plusieurs individus ont conçu, dirigé et exécuté, au moyen de plusieurs agents, une importation frauduleuse de marchandises prohibées ou tarifées. Quel que puisse être d'ailleurs l'intérêt que les agents secondaires aient dans les bénéfices, ces agents sont complices et punissables comme les entrepreneurs, à moins de circonstances atténuantes (Circ. min. 11 oct. 1813).

Même quand ces circonstances sont admises en leur faveur, ils doivent cependant être traités plus sévèrement que les simples porteurs de marchandises introduites en fraude, mais sans concert ni relation avec une entreprise ou une assurance (Circ. min. 21 avril 1813).

4151. Lorsqu'une contravention aux lois sur les douanes est de nature à être poursuivie correctionnellement, la connaissance en appartient, non au tribunal correctionnel du lieu où la saisie en a été faite, mais à celui du bureau où les marchandises ont été transportées, et où, par suite, a été rédigé le procès-verbal (Cass. 29 niv. an IX);

A moins que, par des circonstances impérieuses et prévues par la loi, le délit n'ait été constaté et affirmé dans le ressort d'un autre bureau, auquel cas le tribunal de ce ressort est également compétent (Cass. 27 flor. an IX).

4152. Les tribunaux français sont compétents pour connaître, conformément aux traités passés entre les deux nations, des contraventions aux douanes commises par des étrangers (Cass. 2 déc. 1824 et 26 avril 1830).

Lorsqu'un délit unique se compose de plusieurs faits accessoires, dont les uns se sont passés sur le territoire français, et les autres sur le territoire étranger, les tribunaux français sont compétents pour juger tous les prévenus, même ceux qui n'ont pris part qu'à ces derniers faits (Cass. 21 nov. 1806).

4153. Si l'identité des délinquants n'est pas suffisamment établie par les procès-verbaux, le ministère public peut y suppléer par la preuve testimoniale (Cass. 9 juill. 1873).

4154. Enfin, les crimes et délits communs qui accompagnent la fraude appartiennent, selon leur gravité, soit aux tribunaux correctionnels, soit aux Cours d'assises.

De plus, les Cours d'assises continuent à connaître des crimes de rébellion et de contrebande avec attroupement et port d'armes (Loi 28 avril 1816, art. 64).

Et l'on suit, dans ce cas, les règles prescrites par le Code pénal et les lois criminelles (Loi 4 germ. an II, tit. VI, art. 20).

4155. La contrebande est commise avec attroupement et port d'armes, lorsqu'elle est faite par trois personnes au moins, et. que, dans le nombre, une ou plusieurs sont porteurs d'armes apparentes ou cachées, telles que fusils, pistolets et autres armes à feu, sabres, épées, poignards, massues, et généralement de tous instruments tranchants, perçants ou contondants (Loi 13 flor. an XI, art. 3).

Ne sont pas réputés armes, dans le sens de cet article, les cannes ordinaires sans dard ni ferrements, ni les couteaux fermant et servant habituellement aux usages de la vie (Cass. 15 flor. an XII).

4156. Tous contrebandiers avec attroupement et port d'armes, et les assureurs de la contrebande, considérés comme complices, sont punis de mort (Loi 13 flor. an XI, art. 4).

Sont aussi réputés complices et punis de la même peine, ceux qui sciemment ont favorisé ou protégé les coupables dans les faits qui ont préparé ou suivi la contrebande; mais, s'ils ont ignoré qu'elle ait eu lieu avec attroupement et port d'armes, ils ne subissent que de dix à quinze ans de fers, suivant la gravité des circonstances (*Ibid.*).

Lorsque les contrebandiers n'ont pas fait usage de leurs armes, les tribunaux ne peuvent prononcer contre eux que cette dernière peine (*Ibid.*, art. 5).

Du reste, ces peines ne dispensent pas d'appliquer la confiscation et l'amende (*Ibid.*, art. 7).

4157. On a soutenu que la loi de l'an XI était abrogée, en ce qu'elle prononce la peine de mort et des fers contre les contrebandiers à main armée et réunis en troupe :

1° Parce que ces peines ne pouvaient être appliquées que par des Cours spéciales ou prévôtales qui n'existent plus;

2° Parce que le Code pénal actuel ne prononce plus la peine des fers ;

3° Enfin, parce que l'art. 54 de la loi du 28 avril 1816, qui maintenait implicitement ces peines, a été abrogé par l'art. 38 de la loi du 21 avril 1818.

4158. Malgré l'esprit d'adoucissement qui s'est introduit depuis dans notre législation pénale, nous ne pouvons partager, en droit, cette opinion.

1° De ce que les Cours spéciales et prévôtales n'existent plus, il ne s'ensuit pas que les peines qu'elles étaient appelées à prononcer ne puissent être appliquées par les Cours d'assises, surtout puisque ces peines sont au nombre de celles qui sont écrites au Code pénal ;

2° De ce que la peine des fers n'a pas été conservée dans ce Code, on ne peut pas conclure que les faits auxquels elle s'appliquait ne soient plus punissables; il faudra seulement trouver dans la législation actuelle une peine analogue ; ce sera celle des travaux forcés à temps, qui, dans l'économie de nos lois pénales, remplace celle des fers portée aux Codes de 1791 et de l'an IV (Disc. orat. du Gouvern., 1er fév. 1850).

En effet, elle est, comme celle-ci, une peine temporaire, afflictive et infamante, qui occupe le même rang dans l'échelle de la pénalité. Il y a donc une parfaite analogie entre elles, et celui que la loi punissait autrefois des fers doit, en général, être frappé aujourd'hui d'une condamnation aux travaux forcés. La suppression de la peine des fers n'est donc pas un motif suffisant pour admettre l'abrogation de la loi de l'an xɪ.

3° Enfin, l'article 54 de la loi du 18 avril 1816 n'a pas été abrogé par l'article 38 de la loi du 21 avril 1818; c'est ce qui résulte tout à la fois des paroles du garde des sceaux, lors de la discussion de cette dernière loi à la chambre des députés, et d'une circulaire de l'administration des douanes du 11 mai 1818.

Pour la poursuite et la répression de la contrebande avec attroupement et en armes, il faut encore consulter une circulaire ministérielle du 9 décembre 1814.

4159. Remarquons ici que l'introduction frauduleuse en France de marchandises soustraites à toute perception et à toute surveillance ne constitue pas une simple contravention, mais bien le délit de contrebande prévu par l'article 41 de la loi du 28 avril 1816 (Cass. 3 avril 1874).

SECTION II. — Modes d'action.

SOMMAIRE.

4160. L'administration des douanes a, comme les autres administrations publiques chargées de percevoir une partie des deniers publics, le droit de diriger, en son nom, toutes les actions nécessaires pour l'exercice de ses attributions (Loi, 9 flor. an vɪɪ, tit. ɪv, art. 3 et 6).

L'action de la douane est exercée par le receveur principal du bureau dans le ressort duquel la fraude a été commise, et qui n'a pas besoin d'une autorisation spéciale pour un acte qui rentre dans l'accomplissement de ses devoirs (Lois 6 août 1791, tit. xɪɪɪ, art. 31, et 9 flor. an vɪɪ, art. 15).

4161. Cependant, le ministère public est également chargé des poursuites qui la concernent dans plusieurs cas prévus par la loi, notamment dans les cas de contrebande armée ou de rébellion, et toutes les fois que la contravention prend le caractère d'un délit contre l'ordre public (Loi 28 avril 1816, art. 93).

Il est même tenu de faire, d'office, toutes les poursuites nécessaires pour découvrir les entrepreneurs ou assureurs de la contrebande, et généralement tous ceux qui y sont intéressés (*Ibid.*, art. 52. — Cass. 8 fév. 1839 et 9 mars 1843).

4162. Néanmoins, il ne peut procéder à la recherche de la fraude, dans les lignes des douanes, sans la participation des préposés, et il ne doit appeler la gendarmerie à les suppléer qu'autant qu'il n'y aurait pas de préposés sur les lieux. Dans ce dernier cas même, les objets qui seraient saisis devraient être déposés au bureau des douanes le plus voisin. Il ne peut non plus poursuivre les contraventions pour opposition à l'exercice, qui sont de la compétence du juge de paix ; et, si elles ont été accompagnées de voies de fait et de violence, il ne peut agir que pour le délit de rébellion (Cass. 8 déc. 1837).

Mais il a la plénitude d'action pour les fraudes constatées à l'intérieur, hors du rayon des douanes, sans préjudice cependant du droit qu'a l'administration d'intervenir dans les poursuites et d'appeler des jugements rendus (Loi 28 avril 1816, art. 66.— Cass. 29 mars 1828).

Lors même qu'une affaire est poursuivie par la régie, il conserve sa qualité de partie principale, et peut, à ce titre, exercer aussi son droit d'appel (Cass. 21 nov. 1828).

4163. Ainsi, l'administration des douanes a qualité pour poursuivre, devant les tribunaux, les condamnations pour les fraudes constatées par ses agents (Cass. 16 vend. an IX et 25 juill. 1806).

Et le ministère public a qualité, soit pour représenter l'administration quand elle n'agit pas, soit pour agir d'office dans les cas qui lui sont réservés, et notamment pour la répression des délits communs contre les préposés (Cass. 16 messid. an XIII) — V. aussi Dutruc, *Mémor.*, v° *Douanes*, n. 5.

4164. L'administration des douanes est autorisée à transiger avec les délinquants, soit avant, soit après le jugement (Arrêté 14 fruct. an X. — Ord. 27 nov. 1816, art. 9, et 30 janv. 1822, art. 10).

L'arrêté de l'an x et l'ordonnance de 1816 étant de simples actes d'administration qui n'imposent aucune obligation et n'accordent aucun droit aux citoyens, n'ont pas eu besoin d'être insérés au *Bulletin des lois* pour recevoir leur exécution (Cass. 30 juin 1820).

4165. La première condition de toute transaction est le paiement des frais faits par le prévenu (Cass. 1er juin 1818).

Et, si le délit emporte la peine de l'emprisonnement, il est tenu de fournir caution pour assurer qu'au besoin il se constituera prisonnier (Circ. min. 17 sept. 1822).

La transaction avant jugement dessaisit les tribunaux, qui ne peuvent en connaître sous aucun prétexte, parce que c'est là un acte administratif que la régie doit seulement porter à la connaissance du ministère public pour arrêter les poursuites commencées, et qui est immédiatement suivi d'une ordonnance de non-lieu ou d'un désistement à l'audience, soit que l'action ait pour objet des peines pécuniaires ou des peines corporelles (Circ. Douanes, 13 mai 1808.—Cass. 30 juin 1820.—Circ. min. 1er janv. 1844.—Dutruc, *verb. cit.*, n. 9).

4166. Les transactions après jugement doivent aussi recevoir leur effet; mais si le délinquant est détenu, soit en vertu d'un mandat, soit en vertu d'un jugement ou arrêt, prononçant une peine pécuniaire, il ne peut être mis en liberté que par un ordre exprès du ministère public spécialement chargé de l'exécution des décisions judiciaires et de la surveillance des détenus. Cet ordre est donné par lui aussitôt qu'il a reçu communication officielle de l'approbation donnée à la transaction par le directeur général des douanes (Circ. min. 24 déc. 1812).

Toutefois, la transaction après jugement ne remet que les peines pécuniaires, les peines corporelles ne pouvant être remises ou modérées que par le chef de l'Etat. Dans ce dernier cas, le ministère public doit se borner à donner son avis sur la demande en grâce qui serait présentée ou appuyée par l'administration (Circ. min. 1er janv. 1844.—Dutruc, n° 11).

4167. Lorsqu'un procès-verbal constate tout à la fois une fraude et un fait de rébellion, d'outrage ou de violence envers les préposés, ou seulement un de ces derniers faits non accompagné de fraude, la transaction n'éteint que la poursuite de la fraude, et le ministère public demeure libre de poursuivre le délit commun, principal ou connexe. Et même, s'il s'agit de blessures graves ou de meurtre, donnant lieu à une peine afflictive et infamante, toute transaction est interdite à l'administration (Circ. Douanes, 16 avril 1813).

Dans tous les cas, la transaction ne produit son effet que lorsqu'elle a été approuvée par le directeur général, quand la somme n'excède pas 3,000 fr., et par le ministre des finances, au-dessus de cette somme (Ord. 30 janv. 1822, art. 10).

Les transactions pour faits de fraude ou de contrebande n'éteignent pas l'action publique à l'égard des complices, et ne mettent pas obstacle aux poursuites du ministère public envers les autres auteurs du même délit (Cass. 26 août 1820. — Dutruc, *loc. cit.*, n. 12 et *Action publique*, n. 108; *Dictionn. du contentieux commerc. et industr.*, v° *Douanes*, n. 162).

SECTION III. — POURSUITES.

SOMMAIRE.

4168. Quand les fraudeurs sont saisis et mis en état de détention en vertu de l'art. 41 de la loi du 28 avril 1816, ils doivent être mis en liberté cinq jours après leur interrogatoire; mais, comme ils ont été arrêtés en flagrant délit et que leur élargissement pourrait leur permettre d'échapper à toute répression, il convient de leur appliquer la loi du 20 mai 1863 et de les traduire immédiatement en police correctionnelle, sauf au tribunal à renvoyer l'affaire à une audience ultérieure si un délai est jugé nécessaire (Circ. min. 20 mars 1866. — Dutruc, n. 2 et suiv.).

4169. Le prévenu d'un délit de douane, qui n'a pas été mis en état d'arrestation, est cité à comparaître en personne devant le tribunal compétent. S'il ne réside pas dans le ressort du tribunal, la copie de la citation, qui peut être notifiée par tout préposé de la régie, est remise au parquet du ministère public, qui vise l'original (Loi 6-22 août 1791, tit. xiii, art. 18).

Une pareille citation est suffisamment libellée, quand elle remplit le vœu de l'article 183 du Code d'instruction criminelle, et peut être valablement remise au maire de la commune où la saisie a été faite, alors même que le véritable domicile de l'inculpé serait connu (Cass. 18 fruct. an ix et 25 nov. 1831).

4170. Il doit y avoir au moins trois jours francs entre celui de la citation et celui de la comparution, outre un jour par deux myriamètres de distance, entre le domicile réel du prévenu et le siége du tribunal (Lois 9 flor. an vii, tit. iv, art. 14, et 28 avril 1816, art. 45.—Cass. 3 mess. an x et 19 mars 1807).

La citation donnée à un délai plus court serait nulle, et la nullité pourrait en être prononcée d'office (Cass. 15 nov. 1811).

4171. Lorsque les circonstances l'exigent, il peut aussi être procédé, contre les délinquants, par voie d'instruction préparatoire, sur les réquisitions du ministère public et suivant le droit commun (Cass. 3 sept. 1824).

Car aucune considération ne doit arrêter l'action de la justice, quand elle croit avoir à constater un crime ou un délit en matière de douanes; et les documents demandés à l'administration, s'il y a lieu, doivent être donnés sans déplacement des préposés (Décis. min., 13 sept. 1825).

4172. Si toute poursuite ou perquisition, en cette matière, suppose un procès-verbal préalable constatant le délit, cette supposition n'est relative qu'aux actes des employés des douanes, et ne s'applique pas au ministère public quand, agissant de son chef, il requiert des perquisitions qu'il croit propres à amener la découverte des délits d'entreprises ou d'assurances de contrebande; et, s'il s'agit de perquisitions simultanées à faire sur divers points éloignés les uns des autres, le juge d'instruction peut commettre un ou plusieurs juges de paix pour procéder à la recherche des papiers, effets et autres objets; ce droit de délégation n'est pas restreint au seul cas prévu par l'article 83 du Code d'instruction criminelle (Cass. 6 mars 1841).

4173. Les préposés de l'administration peuvent faire, pour raison des droits de douane, tous exploits, notifications et autres actes de justice que les huissiers ont accoutumé de faire, et il ne peut leur être attribué de salaire à cet effet, à moins qu'ils ne se transportent à une assez grande distance de leur domicile, auquel cas ils peuvent être remboursés de leurs frais par leur administration, sans recours envers le ministère de la justice. Toutefois, ils peuvent aussi se servir de tel huissier que bon leur semble, mais toujours au compte de l'administration, et sans que l'huissier puisse rien réclamer sur les frais de justice criminelle (Loi 6-22 août 1791, tit. XIII, art. 18. — (Circ. min. 8 germ. an VII. — Circ. Douanes, 10 juin 1809).

4174. Les exploits des préposés ne sont pas, du reste, entachés de nullité, pour défaut d'observation des formalités prescrites par l'article 61 du Code de procédure civile (Cass. 17 brum. an VIII).

Néanmoins, leurs exploits d'assignation doivent faire mention de la personne à laquelle copie en est laissée (Cass. 1er mess. an VII).

Et leurs significations doivent être enregistrées dans les quatre jours de leur date (Loi 22 frim. an VII, art. 20).

Les citations notifiées par les préposés doivent être envoyées au ministère public compétent, par l'intermédiaire des directeurs (Circ. min. 4 nov. 1812).

De son côté, le ministère public doit donner avis au commandant militaire du département ou de la division où le délit a été commis, de l'arrestation ou de la mise en jugement des militaires prévenus de délits de douanes (Circ. min. 8 déc. 1813).

4175. Si, le prévenu ne comparaissant pas, il y a lieu d'accorder une remise, elle ne peut excéder cinq jours; et, le cinquième jour, le tribunal est tenu de prononcer, partie présente ou absente (Loi 28 avril 1816, art. 47).

Mais, s'il survient un jugement par défaut envers un prévenu qui n'a, dans l'arrondissement, ni domicile réel, ni domicile élu, la signification n'en peut pas être faite, comme la citation introductive d'instance, au parquet du tribunal saisi de la contestation (Cass. 6 janv. 1836).

Les agents de la régie peuvent venir, à l'audience des tribunaux correctionnels, exposer et soutenir les affaires introduites à la requête de leur administration; mais il ne peut jamais être donné défaut contre eux, s'ils ne se présentent pas.

SECTION IV. — RÉPRESSION.

SOMMAIRE.

4176. Tout fait de contrebande ou de fraude, de la compétence des tribunaux correctionnels, entraîne :

1º La confiscation des marchandises et des moyens de transport (Circ. min. 21 germ. an x. — Loi 28 avril 1816, art. 51, 1º);

2º Une amende solidaire de mille francs, si l'objet de la confiscation n'excède pas cette somme, ou du double de la valeur des objets confisqués, si cette valeur excède mille francs (Loi 28 avril 1816, art. 51, 2º);

3º Un emprisonnement qui ne peut être moindre de six mois ni excéder trois ans (*Ibid.*, 3º).

4177. La confiscation ne peut porter que sur des marchandises préalablement saisies. Elle peut être prononcée contre les conducteurs de ces marchandises, lors même qu'ayant pris la fuite, à l'approche des préposés, ils seraient restés nominativement inconnus (Cass. 7 août 1837).

La nullité du procès-verbal, pour vice de forme, peut bien exempter le délinquant des autres peines portées par la loi, mais elle ne dispense pas les tribunaux d'ordonner la confiscation des objets saisis (Cass. 2 déc. 1824).

Lors même qu'ils acquittent le prévenu pour d'autres motifs, ils ne peuvent se dispenser d'ordonner la confiscation des objets de contrebande, quand elle est requise par le ministère public (Cass. 18 nov. 1826).

Dans tous les cas, la confiscation s'étend à tous les moyens de transport, quels qu'ils soient (Cass. 13 déc. 1810, 1er déc. 1826, 25 oct. 1827 et 28 avril 1828).

4178. L'amende encourue est tantôt fixe et tantôt proportionnelle, et doit être prononcée malgré la nullité du procès-verbal (Cass. 8 fév. 1821).

Du reste, elle n'a pas, à proprement parler, un caractère pénal; elle est plutôt infligée à titre de réparation civile, pour le préjudice causé à l'État (Cass. 5 sept. 1828 et 18 mars 1842).

Aussi doit-elle être prononcée contre les délinquants acquittés pour avoir agi sans discernement, comme contre les autres (Cass. 14 mai 1842 et 13 mars 1844).

Elle doit être recouvrée par les préposés de l'administration, à l'exclusion des receveurs de l'enregistrement (Circ. min. 12 therm. an v, 11 vent. an vi et 8 germ. an vii).

Dans le cas de saisie opérée sur des inconnus, les tribunaux doivent se borner à déclarer la validité de la saisie, et s'abstenir de prononcer aucune amende (Circ. min. 13 sept. 1820).

4179. L'emprisonnement, en matière de douanes, est de six mois à trois ans (Loi 28 avril 1816, art. 51).

Cette peine, quand elle est prononcée, ne doit être exécutée que dans de sages et justes limites, surtout envers les femmes et les enfants, à l'égard desquels il peut être souvent utile de faire usage du droit conféré à l'administration de faire remise de tout ou partie de cette peine (Circ. Douanes, 19 déc. 1836).

4180. En conséquence, les directeurs sont tenus de fournir, tous les mois, à leur administration, un état des personnes détenues à leur requête. Cet état, dans lequel les détenus sont divisés en trois catégories, savoir : hommes, femmes, et enfants au-dessous de seize ans, doit rappeler sommairement les motifs de leur détention, l'époque à laquelle l'emprisonnement a commencé et celle où il doit légalement cesser; la date de la sortie des délinquants avant ou après cette dernière époque, soit qu'il y ait eu exécution ou remise de la peine, et l'aperçu général du nombre des détenus au moment où l'état est rédigé (Circ. Douanes, 19 déc. 1836).

Le ministère public doit fournir officieusement aux directeurs, et sur leur demande, les renseignements dont ils pourraient avoir besoin pour dresser cet état (*Ibid.*).

4181. Les peines afflictives et infamantes sont appliquées, par les Cours d'assises, aux crimes de contrebande avec attroupement et port d'armes, et à la rébellion suivie de voies de faits graves envers les employés, comme il a été dit aux n. 4154 et suiv.

4182. Les tribunaux ne peuvent, sous aucun prétexte, ni diviser les peines cumulativement prononcées par la loi, ni les modérer, ni excuser les contrevenants sur l'intention et la bonne foi (Cass. 28 fév. 1839, 13 janv. et 10 mai 1841 et 22 juin 1842).

Toutefois, un mineur de seize ans peut être acquitté comme ayant agi sans discernement (Cass. 14 mai 1842).

Ce n'est qu'à l'administration des douanes qu'il appartient d'apprécier les circonstances qui peuvent rendre une contravention plus ou moins excusable, et de remettre ou de modérer les peines encourues (Cass. 26 mars 1812, 11 juin 1818 et 6 sept. 1821).

4183. Les individus coupables d'avoir participé, comme assureurs ou intéressés d'une manière quelconque, à des faits de contrebande, sont passibles des mêmes peines que leurs auteurs (Cass. 22 oct. 1825).

De même, une tentative de délit de fraude est punissable comme le délit lui-même (Cass. 1er déc. 1826 et 26 avril 1828).

4184. Le détenteur des objets du délit est aussi punissable, comme complice de la fraude, sans qu'on puisse exiger contre lui d'autres preuves de sa culpabilité que le fait même de cette détention, qu'il y ait ou non, de sa part, intention de fraude (Cass. 19 août 1849 et 21 juill. 1827);

Lors même qu'il aurait été possible à un étranger de déposer les objets de contrebande chez lui (Cass. 15 nov. 1833);

A moins qu'il ne prouve qu'ils y ont été introduits à son insu (Cass. 5 vent. an XI et 18 nov. 1826).

Mais une simple allégation ne suffirait pas pour détruire la présomption de culpabilité résultant de leur présence dans sa maison (Cass. 14 sept. 1821).

4185. Les condamnations prononcées simultanément contre plusieurs personnes, pour un même fait de fraude, entraînent solidarité, tant pour la restitution du prix des marchandises confisquées, dont la remise provisoire aurait été faite, que pour l'amende et les dépens : car tous les condamnés sur une même saisie sont solidaires pour la confiscation et l'amende (Lois 6-22 août 1791, tit. xii, art. 3, et 4 germ. an ii, tit. vi, art. 22).

Ainsi, ceux qui sont jugés coupables d'avoir participé, comme assureurs ou intéressés, à un fait de contrebande, deviennent solidaires de l'amende et passibles de l'emprisonnement prononcé (Loi 28 avril 1816, art. 53, § 1).

4186. Ils doivent, en outre, être déclarés incapables de se présenter à la bourse, d'exercer les fonctions d'agent de change ou de courtier, de voter dans les assemblées tenues pour l'élection des juges de commerce et des prud'hommes, et d'être élus pour aucune de ces fonctions, tant et aussi longtemps qu'ils n'ont pas été relevés de cette incapacité par lettres du chef de l'État (*Ibid.*, § 2).

A cet effet, le ministère public est tenu d'envoyer aux procureurs généraux près les Cours d'appel, ainsi qu'à tous les directeurs des douanes, des extraits du jugement, pour être affichés et rendus publics dans tous les auditoires, toutes les bourses et places du commerce, et pour être insérés dans les journaux conformément à l'art. 457 du Code de commerce (*Ibid.*, § 3).

Le coût de ces extraits est à la charge de l'administration des douanes (Circ. Douanes, 20 oct. 1817).

4187. Après l'expiration du délai d'appel, il est procédé, à la requête de l'administration, à l'estimation des marchandises saisies, parties présentes ou dûment appelées, pour en constater la valeur, et il en est ensuite disposé comme d'objets définitivement confisqués (Loi 11 prair. an vii, art. 5).

Cette estimation ayant pour but de fixer la quotité de l'amende proportionnelle à la valeur des marchandises confisquées, il est nécessaire qu'elle se fasse suivant les formes judiciaires. Ainsi, le condamné, qui a encore intérêt à cette fixation, doit nommer un expert, faute de quoi il en est nommé un d'office par le tribunal. L'administration a aussi le droit d'en nommer un ; et, si les deux experts ne sont pas d'accord, le tribunal nomme un tiers pour les départager. La récusation des experts peut aussi avoir lieu, suivant les formes et dans les délais déterminés au tome Ier, n. 1614. Quant au ministère public, il n'a aucun devoir à remplir pendant leurs opérations, mais il doit être entendu toutes les fois que le tribunal est appelé à prononcer (Circ. min. 14 therm. an vii).

Afin qu'il n'y ait pas d'hésitation et de doute sur le tribunal compétent pour ordonner l'estimation, il convient que les Cours et les tribunaux d'appel ordonnent, en prononçant la confiscation et l'amende proportionnelle à la valeur des marchandises, que cette valeur sera réglée par experts convenus de gré à gré ou nommés d'office par tel tribunal ou tel juge de paix, qui demeure commis à cet effet, conformément au Code de procédure civile, dont les dispositions doivent être suivies. Les tribunaux correctionnels doivent prescrire la même marche, et le ministère public est chargé d'y veiller (Circ. min. 19 avril 1813).

SECTION V. — APPEL ET POURVOI EN CASSATION.

SOMMAIRE.

4188. L'administration des douanes a le droit d'appel, même seule et sans l'adjonction du ministère public, de tous les jugements rendus sur sa poursuite ou dans son intérêt, si bien que, quoiqu'elle ait laissé le ministère public agir seul en première instance, comme elle y a été représentée par lui, elle peut être admise à interjeter appel, parce qu'elle a le droit de requérir les mêmes peines de confiscation et d'amende (Cass. 19 déc. 1806).

Mais elle ne peut pas, sans le concours de la partie publique, appeler d'un jugement parce qu'il n'aurait pas prononcé la peine de l'emprisonnement, que le ministère public a seul le droit de requérir (Cass. 28 prair. an xi. — Dutruc, n. 5).

Les agents de l'administration, du grade de receveur principal et au-dessus, et même, en l'absence du receveur, un lieutenant, un commis de recette ou un visiteur, ont le droit d'appeler au nom du directeur général (Cass. 9 prair. an vii, 26 mess. an viii, 25 juill. 1806 et 6 juin 1811).

4189. Le ministère public peut aussi, de son chef, appeler d'un jugement rendu en matières de douanes, quoique l'administration, partie poursuivante, ait laissé passer le délai de la loi sans appeler, car son acquiescement ne peut arrêter l'action publique qu'autant qu'il aurait les caractères d'une transaction revêtue des formes légales (Cass. 21 nov. 1828).

Mais aussi, nonobstant l'appel du ministère public, l'administration peut encore transiger avec le prévenu, et arrêter par là l'action publique (Cass. 5 oct. 1832).

En effet, le droit respectif d'appel du ministère public ou de l'administration est tellement libre et indépendant des deux parts, que le défaut de succès de l'appel de l'un n'empêche pas de recevoir l'appel de l'autre, sans qu'il y ait atteinte à l'autorité de la chose jugée (Cass. 19 mars 1807).

4190. La requête de l'administration des douanes, contenant ses moyens de cassation, doit être jointe à la déclaration du pourvoi, et remise au parquet avant que le ministère public ait fait l'envoi des pièces au ministre de la justice (Circ. Douanes, 5 germ. an VII).

Le pourvoi se régularise au greffe même du tribunal ; les pièces sont transmises directement au ministre de la justice, et le jugement est annulé ou la requête rejetée sans instruction contradictoire (*Idem*, 26 vend. an VIII).

Le ministère public doit, de son côté, se pourvoir en cassation, toutes les fois que les lois sont méconnues. Dans le cas cependant où le ministère public refuserait de se pourvoir, l'administration des douanes pourrait recourir seule à ce moyen (Circ. Douanes, 23 brum. et 1er mess. an VIII).

En cette matière, le pourvoi en cassation est toujours suspensif de l'exécution du jugement, comme en matière criminelle (Circ. min. 29 flor. an VI).

4191. Quant à l'exécution des jugements, le ministère public ne peut poursuivre que l'emprisonnement des condamnés. Pour le surplus, et, en particulier, pour le recouvrement des amendes et des confiscations, l'exécution ne peut être poursuivie que par l'administration des douanes (Circ. min. 11 vent. an VI).

Les préposés peuvent faire, à cet effet, tous exploits et autres actes du ministère des huissiers (Circ. min. 3 germ. an VII).

CHAPITRE XVIII. — DROITS CIVILS ET POLITIQUES.

SECTION PREMIÈRE. — DROITS CIVILS.

4192. Les droits civils consistent dans le droit de port d'armes, de vote et de suffrage dans les délibérations de famille ; dans les droits de la puissance paternelle ou maritale ; dans la capacité d'être tuteur, curateur, expert, arbitre, témoin en justice ; dans la faculté de succéder, de disposer par acte entre-vifs ou par testament, d'ester en justice, de se marier, d'adopter, et, en général, de faire tous les actes de la vie civile.

Ces droits appartiennent à tous les Français et aux étrangers naturalisés ou autorisés à résider en France, conformément à ce qui a été dit au tome 1er, n. 1308 et suivants (C. civ. 8 et suiv.).

4193. Tout Français jouit des droits civils. Il n'y a d'exceptés que les mineurs et les interdits, qui en sont entièrement privés, et les femmes qui, en général, sont déclarées par la loi incapables de les exercer.

Les droits civils sont d'ailleurs inséparables de la qualité de Français ; ils s'acquièrent et se perdent en même temps que cette qualité elle-même (Merlin, *Rép.*, v° *Droits civ. et polit.*, n. 3).

4194. La privation des droits civils peut résulter, soit de la perte de la qualité de Français, soit de certaines condamnations judiciaires.

Ainsi, celui qui a été condamné à une peine afflictive ou infamante est privé, pendant qu'elle dure, de l'exercice de ses droits civils (C. pén. 29).

En matière correctionnelle, l'interdiction des droits civils est une peine facultative qui peut être modifiée par le juge, comme nous l'avons dit ci-dessus, n. 3571.

La mort civile étant abolie, la privation des droits civils ne peut plus être perpétuelle (Loi 31 mai 1854, art. 1).

Elle est remplacée, pour les condamnés à une peine afflictive perpétuelle, par la dégradation civique et l'interdiction légale, dont nous avons parlé ci-dessus, n. 3502 et suivants (*Ibid.*, art. 2 et 3).

4195. Le Gouvernement peut relever le condamné de tout ou partie de ces incapacités, et lui accorder l'exercice, dans le lieu d'exécution de la peine, de tous ou de quelques-uns des droits civils dont il a été privé par son état d'interdiction légale (*Ibid.*, art. 4, §§ 1 et 2).

4196. Quant aux condamnés aux travaux forcés à temps, à la détention ou à la reclusion, ils sont, pendant la durée de leur peine, en état d'interdiction légale : il leur est nommé un tuteur et un subrogé tuteur, dans les formes prescrites pour la nomination des tuteurs et des subrogés tuteurs aux interdits, dont nous avons parlé au tome I, n. 1443 (C. pén. 29).

En conséquence, le ministère public près la Cour d'assises est tenu de donner avis de l'arrêt, aussitôt qu'il est devenu définitif, au juge de paix du domicile du condamné, pour que l'article 29 du Code pénal reçoive son entière exécution.

Remarquez que le failli, déclaré tel, ne tombe pas en état d'interdiction et ne perd pas ses droits civils. Il a donc capacité pour se livrer à de nouvelles affaires commerciales et autres, pourvu que ce soit avec de nouveaux moyens d'industrie (Cass. 6 juin 1831).—V. aussi Dutruc, *Dictionn. du content. commerc. et industr.*, v° *Faillite*, n. 189 et suiv. — Mais V. aussi *ibid.*, n. 164 et suiv.).

4197. Ces condamnés sont privés du droit de témoigner en justice sous la foi du serment ; ils ne peuvent être entendus que pour donner de simples renseignements, lors même que leur peine aurait été commuée en une peine correctionnelle, si les lettres de commutation réservent expressément tous les autres effets de la condamnation (C. pén. 29 et 42. — Cass. 13 janv. 1838).

Cependant, l'audition d'un témoin reclusionnaire, avec prestation de serment et sans opposition, n'emporte pas nullité de la procédure (Cass. 22 janv. 1825).

Du reste, il n'est pas nécessaire de faire la preuve de la condamnation du témoin ; sa seule déclaration qu'il a été condamné suffit (Cass. 23 oct. 1840).

4198. Les mêmes condamnés sont également incapables d'aliéner, mais non pas de tester (Cass. 25 janv. 1825).

Et, à défaut de date certaine, antérieure à la condamnation, toute vente de leurs biens consentie par eux est nulle, et la nullité peut en être demandée, même par le ministère public (Rouen, 7 mai 1806).

4199. Leurs biens leur sont remis à l'expiration de leur peine, et le tuteur leur rend compte de son administration (C. pén. 30).

Pendant toute sa durée, il ne peut leur être remis aucune somme, aucune provision, aucune portion de leurs revenus (C. pén., 31).

Toutefois, il n'est pas défendu de prélever, après jugement rendu, et sur l'avis du conseil de famille, les sommes nécessaires pour élever et doter les enfants d'un condamné, ou pour fournir des aliments à sa femme, à ses enfants, ou à ses père et mère, s'ils sont dans le besoin (C. pén. 1791, 1re part., tit. iv, art. 5. — Toullier, i, n. 295).

SECTION II. — DROITS POLITIQUES.

SOMMAIRE.

4200. Enumération.	4204. Empêchements.	4208. Violences.
4201. Distinctions.	4205. Plan concerté.	4209. Compétence. — Prescription.
4202. Suspension.	4206. Altération des votes.	scription.
4203. Recouvrement.	4207. Trafic des votes.	

4200. Les droits politiques consistent dans le droit d'être électeur, éligible, sénateur, député, juré, fonctionnaire public, témoin instrumentaire, etc. (Toullier, i, n. 254).

Ils confèrent à celui qui en jouit le titre de *citoyen français*, et appartiennent à tout homme né et résidant en France, et âgé de vingt et un ans accomplis (Constit. 22 frim. an viii, art. 2. — Dalloz aîné, vo *Droits civils*, vi, 540).

L'étranger majeur qui a obtenu des lettres de grande naturalisation, dont nous avons parlé au tome ier, n. 1312, est aussi investi des droits politiques (Cass. 27 juin 1831).

4201. Ces droits sont indépendants de ceux qu'on appelle droits civils, en ce sens que l'on peut jouir des droits civils sans jouir des droits politiques, ou être privé de ceux-ci sans l'être des autres. En d'autres termes, on peut être Français sans être citoyen, mais non pas réciproquement (C. civ. 7. — Toullier, i, n. 255).

4202. L'exercice des droits politiques est suspendu dans l'état d'absence déclarée ou présumée, d'interdiction judiciaire, d'accusation ou de contumace, de domesticité à gages, de faillite, et pendant la détention, à titre gratuit et en qualité d'héritier immédiat, de la succession totale ou partielle d'un failli (Const. 22 frim. an viii, art. 5. — Ord. 18 sept. 1831. — Cass. 9 juill. 1832).

4203. Le contumax reprend l'exercice de ses droits, par le seul fait de sa représentation dans le délai de cinq ans (C. inst. 476. — Rennes, 17 juin 1834).

L'absent, par son retour (C. civ. 131 et 132).

Le condamné présent et le failli, par leur réhabilitation (C. comm. 600 et suiv. — C. inst. 633).

Enfin, le domestique, par la cessation de son état de domesticité (Rennes, 25 juin 1827).

Du reste, nul n'est présumé avoir abandonné l'état politique qu'il tient de la loi, ni admis à transiger à cet égard ; il faut une renonciation formelle (Amiens et Rennes, 12 fév. 1824).

4204. Lorsque, par attroupement, voies de fait ou menaces, on empêche un ou plusieurs citoyens d'exercer leurs droits civiques, chacun des coupables est puni d'un emprisonnement de six mois au moins et de deux ans au plus, et de l'interdiction du droit de vote et d'éligibilité pendant cinq ans au moins et dix ans au plus (C. pén. 109).

Pour que ce délit existe, il faut qu'un ou plusieurs citoyens aient été effectivement privés de l'exercice de leurs droits, par attroupement, voies de fait ou menaces. Mais la simple tentative, demeurée sans effet, n'est pas réprimée par la loi, et l'art. 463 du Code pénal est toujours applicable (Morin, *Dict. crim.*, v° *Elections*, 286).

4205. Les coupables sont punis du bannissement, si ces faits ont été commis par suite d'un plan concerté pour être exécuté dans divers lieux, soit dans toute la France, soit dans un ou plusieurs départements, soit dans un ou plusieurs arrondissements, soit dans un ou plusieurs cantons, soit même dans une ou plusieurs communes (C. pén. 110).

Alors, la tentative du crime est punissable comme le crime même (*Ibid.*, 2).

Dans tous les cas, les peines des art. 109 et 110 sont indépendantes de celles qui auraient été encourues par attroupement, voies de fait ou menaces : car, quoique ces circonstances soient constitutives du crime dont nous parlons ici, elles peuvent être considérées comme des délits distincts, surtout si elles doivent entraîner une peine plus grave (Morin, *Dict. crim.*, v° *Élections*, 287).

4206. On peut encore porter d'autres obstacles à l'exercice des droits politiques : ainsi, tout citoyen qui, étant chargé, dans un scrutin, du dépouillement des billets contenant les suffrages des citoyens, est surpris falsifiant ces billets, ou les soustrayant de l'urne, ou les y ajoutant, ou inscrivant, sur les billets des votants non lettrés, des noms autres que ceux qui lui ont été déclarés, est puni de la dégradation civique (C. pén. 111).

Cet article est applicable à un scrutateur qui écrit, sur les bulletins des électeurs non lettrés, des noms autres que ceux qui lui étaient indiqués, lors même que la fraude n'aurait été découverte qu'au dépouillement du scrutin (Rennes, 6 août 1840).

Mais il faut qu'elle ait été découverte avant la clôture de l'assemblée électorale (Cass., 28 fév. 1812).

Il en serait de même d'un président de collége électoral, qui, en donnant lecture des bulletins, prononcerait frauduleusement des noms autres que ceux qui y seraient écrits (Morin, *Dict. crim.*, v° *Élections*, 288).

Toutes autres personnes coupables des mêmes faits sont punies d'un emprisonnement de six mois au moins et de deux ans au plus, et de l'interdiction du droit de vote et d'éligibilité pendant cinq ans au moins et dix ans au plus (C. pén. 112).

La soustraction des billets de la masse des votes est punissable, en quelque lieu que les billets se trouvent, soit dans l'urne, soit même épars sur le bureau (Chauveau, *Théorie du Cod. pén.*, III, 83).

4207. L'achat et la vente d'un suffrage, à prix quelconque, dans les élections, entraînent, pour les coupables, l'interdiction des droits de citoyen et de toute fonction ou emploi public pendant cinq ans au moins et dix ans au plus. Le vendeur et l'acheteur du suffrage sont, en outre, condamnés chacun à une amende double de la valeur des choses reçues ou promises (C. pén. 43).

Peu importe que le prix n'ait pas été convenu en argent; les mots *prix quelconque* embrassent, dans leur généralité, toutes les conventions intéressées par lesquelles on obtient du votant un suffrage favorable (Carnot, *Cod. pén.*, 1, 313.— Dalloz aîné, v° *Sûreté publique*, XII, 547).

4208. Une législation plus récente a ainsi formulé et réprimé ces différents crimes ou délits :

1° Ceux qui, par attroupement, clameurs ou démonstrations menaçantes, troublent les opérations d'un collége électoral, ou portent atteinte à l'exercice du droit des électeurs ou à la liberté du vote, sont punis de peines correctionnelles (Déc. org. 2 fév. 1852, art. 44).

2° Il en est de même de ceux qui se rendent coupables de toute irruption dans un collége électoral, consommée ou tentée avec violences (*Ibid.*, art. 42).

Mais, si les coupables étaient porteurs d'armes, ou si le scrutin avait été violé, ou, ce qui serait plus grave encore, s'ils avaient agi par suite d'un plan concerté pour être exécuté, soit dans toute la France, soit dans un ou plusieurs départements, ils seraient punis d'une peine afflictive et infamante (*Ibid.*, art. 43 et 44).

3º De plus, les électeurs qui, pendant les réunions du collége électoral, se sont rendus coupables d'outrages ou de violences, soit envers le bureau tout entier, soit envers l'un ou quelques-uns de ses membres, ou qui, par voies de fait ou menaces, ont retardé ou empêché les opérations électorales, encourent des peines correctionnelles qui deviennent plus sévères, si le scrutin a été violé (*Ibid.*, art. 45).

4º L'enlèvement de l'urne contenant les suffrages émis, et non encore dépouillés, est puni de peines de même nature (*Ibid.*, art. 46, § 1).

La peine est une peine afflictive et infamante, si cet enlèvement a été effectué en réunion ou avec violence, ou bien encore, si le scrutin a été violé, soit par les membres du bureau, soit par les agents de l'autorité, préposés à la garde des bulletins non encore dépouillés (*Ibid.*, § 2, et art. 47).

4209. Ceux de ces faits qui constituent des crimes sont de la compétence des Cours d'assises, et ceux qui ne constituent que des délits sont de la compétence des tribunaux correctionnels. Dans tous les cas, l'art. 463 du Code pénal peut être appliqué (*Ibid.*, art. 48).

En cas de conviction de plusieurs de ces crimes ou délits commis antérieurement au premier acte de poursuite, la peine la plus forte est seule appliquée, mais l'action publique et l'action civile sont prescrites après trois mois. à partir du jour de la proclamation du résultat de l'élection (*Ibid.*, art. 49 et 50).

Les dispositions du décret du 2 fév. 1852 qui répriment les actes tendant à altérer la sincérité des élections, ne mettent pas obstacle à ce que ceux de ces actes qui auraient en outre le caractère d'un crime ou d'un délit commun soient punies des peines prononcées contre ce crime ou délit (Lyon, 24 janv. 1865. — Dutruc, *Mémor.*, vº *Élections*, n. 6).

APPENDICE

TABLEAUX, FORMULES ET MODÈLES

RENSEIGNEMENTS SUR LES PRÉVENUS AGÉS DE MOINS DE SEIZE ANS.

NOM ET PRÉNOMS du prévenu. ——— Date précise de la naissance.	A-t-il commencé l'apprentissage d'un métier ? ——— Quel est ce métier ?	A-t-il des parents, et à quel degré ?	Quels étaient la conduite et le caractère des parents, et quels sont leurs moyens d'existence ?	Chez qui demeurait le prévenu quand il a commis le délit, et à quel titre ? ——— Quels ont été la conduite et le caractère de ceux chez lesquels il se trouvait ?	Quels étaient, avant la prévention, les antécédents du prévenu, sous le rapport du caractère et de la conduite ?	A-t-il suivi les leçons d'une école et pendant combien de temps ?
1	2	3	4	5	6	7

N° 27. (MANUEL, N° 2354).

RÉQUISITOIRE AUX MÉDECINS.

Nous, procureur de la République près le tribunal de première instance séant à

Sur l'avis qui vient de nous être donné que le cadavre d'un homme, qui paraît avoir été tué d'un coup de feu, a été trouvé au lieu de

en la commune de

Vu les art. 43 et 44 du Code d'instruction criminelle,

Requérons M.   , docteur en médecine à   , de se transporter immédiatement avec nous en ladite commune de

pour procéder, en notre présence et après serment préalable, à l'examen et à l'autopsie dudit cadavre, nous faire un rapport en honneur et conscience sur son état et sur les causes apparentes du décès, et répondre spécialement aux questions suivantes :

1° A quelle époque approximativement remonte le décès ?

2° Quels sont les organes essentiels qui ont été lésés ?

3° La mort a-t-elle été instantanée ?

A-t-elle été donnée sur le lieu même où se trouve le cadavre ?

A-t-elle été précédée d'une lutte qui ait laissé des traces ?

4° D'après la nature et la direction de la blessure, la mort a-t-elle pu être volontaire ?

5° Si des secours convenables avaient été donnés au blessé, aurait-on pu l'arracher à la mort ?

6° .....

Au parquet, à   , le   18 .

Le procureur de la République,

Signé et scellé.

N° 28. (MANUEL, N° 2370).

RÉQUISITOIRE

POUR TRANSPORT DES PIÈCES DE CONVICTION.

Nous, procureur de la République près le Tribunal de première instance séant à

Vu notre procès-verbal en date de ce jour, constatant la saisie au domicile de   , inculpé de meurtre, de divers effets pouvant servir à conviction ou à décharge, et contenus dans un paquet sous toile, par nous clos et cacheté ;

Attendu que ces objets, du poids de   kilogrammes et d'une dimension assez considérable, ne peuvent pas être facilement transportés par la gendarmerie ;

Vu l'art. 19 du décret du 18 juin 1811 ;

Requérons le directeur des messageries au bureau de

Ou l'entrepreneur des convois militaires à la résidence de

Ou M. le maire de la commune de

de faire transporter au greffe du Tribunal de   , où il devra parvenir le   au plus tard, le paquet contenant lesdits effets, dont le port sera payé comme frais urgents de justice criminelle, suivant la taxe qui en sera faite.

A ,   , le   18 .

Le procureur de la République,

Signé et scellé.

N° 29.   (MANUEL, N° 2373).

MANDAT D'AMENER.

Nous, procureur de la République près le Tribunal de première instance, séant à

Vu la plainte portée contre   inculpé de meurtre, et les indices recueillis sur les lieux dans notre procès-verbal de ce jour ;

Vu l'art. 40 du Code d'instruction criminelle ;

Mandons et ordonnons à tous huissiers ou agents de la force publique de conduire immédiatement devant nous ledit   , profession de   , demeurant à   , pour répondre aux inculpations dont il est l'objet.

A   , le   18 .

Le procureur de la République,

Signé et scellé.

N° 30.   (MANUEL, N° 2378).

RÉQUISITOIRE

POUR LA TRANSLATION DES INCULPÉS.

Nous, procureur de la République près le Tribunal de première instance de l'arrondissement de

Vu le mandat d'amener ou d'arrêt décerné contre   , inculpé de meurtre ;

Vu le certificat ci-joint, constatant l'impossibilité physique où se trouve ledit   de se transporter, à   pour obéir audit mandat ;

Vu les art. 4 et 5 du décret du 18 juin 1811 ;

Requérons l'entrepreneur général des transports et convois militaires à la résidence de   , ou, à son défaut, M. le maire de la commune de   , de fournir sur-le-champ audit   un moyen de transport, dont les frais seront payés comme frais urgents de justice criminelle, suivant la taxe qui en sera faite.

A   , le   18   .

Le procureur de la République,

Signé et scellé.

N° 31.   (MANUEL, N° 2529).

RÉQUISITOIRE INTRODUCTIF.

Nous, procureur de la République près le Tribunal de première instance séant à

Vu la plainte *ou* le procès-verbal ci-joint, constatant un vol commis la nuit, à l'aide d'effraction et d'escalade, dans un lieu habité, et imputé à   , profession de   , demeurant à

Vu les art. 47 et 61 du Code d'instruction criminelle, 379 et suivants du Code pénal,

Requérons qu'il plaise à M. le Juge d'instruction d'ordonner qu'il soit informé contre ledit   , au sujet du vol qui lui est imputé, et décerner contre lui un mandat de   , pour être ultérieurement requis et statué à son égard ce qui sera vu appartenir.

Au parquet, à   , le .   18   .

Le procureur de la République,

Signé et scellé.

N° 32.   (MANUEL, N° 2565).

MANDAT DE DÉPOT.

Nous, procureur de la République près le Tribunal de première instance séant à

Vu l'article 100 du Code d'instruction criminelle ;

Mandons et ordonnons à tous huissiers ou agents de la force publique de conduire et déposer en la maison d'arrêt de cette ville le nommé   , profession de   , demeurant à   , inculpé de   , lequel a refusé d'obéir au mandat d'amener décerné contre lui le   , par M. le Juge d'instruction de l'arrondissement de

Enjoignons au concierge *ou* directeur de ladite maison de le recevoir et retenir en dépôt jusqu'à nouvel ordre ;

Et requérons tous dépositaires ou agents de la force publique de prêter main-forte, en cas de nécessité et en se conformant à la loi, pour l'exécution du présent mandat, qui a été par nous revêtu de notre signature et de notre sceau.

Fait et délivré au parquet, à   , le   18   .

Le procureur de la République,

Signé et scellé.

N° 33.   (MANUEL, N° 2613).

GENDARMERIE.
DÉPARTEMENTALE.

PROCÈS-VERBAL
de
PERQUISITION,
en vertu
de mandat d'arrêt.

PROCÈS-VERBAL

DE PERQUISITION.

L'AN mil huit cent cinquante-   le

Nous

gendarmes à la résidence d   , en exécution du
mandat d'arrêt décerné le   , par M. le Juge d'instruction de l'arrondissement d   , contre   ,
inculpé   du crime de   , et à la requête de M. le
Procureur de la République près le Tribunal d   , nous
nous sommes transportés, revêtus de notre uniforme, au village
de   ', commune d   , dans la dernière
habitation d   dit   , pour lui notifier le mandat
d'arrêt dont nous étions porteurs ; où, étant arrivés à   heure
du   , nous n'avons pas trouvé l   dit   inculpé , et
nous avons appelé les sieurs (*noms, prénoms, professions et
domiciles*), ses deux plus proches voisins, que nous avons requis
d'assister à la recherche que nous allions faire de sa personne ; et,
en leur présence, nous avons fait immédiatement une perquisition
minutieuse dans les appartements et dépendances de ladite habitation. Nos recherches ayant été sans résultat, nous avons,
toujours en présence des témoins ci-dessus dénommés, rédigé
le présent procès-verbal, qu'ils ont signé avec nous (*ou qu'ils
ont déclaré ne savoir, ne vouloir ou ne pouvoir signer*), et nous
leur avons remis et notifié une copie du mandat d'arrêt dont
nous étions porteurs, pour tenir lieu de notification à l'inculpé
lui-même.

Après quoi nous nous sommes transportés auprès de M. le Juge
de paix du canton d   , à qui nous avons laissé copie
du présent procès-verbal, qu'il a visé conformément à l'art. 109
du Code d'instruction criminelle.

Clos et arrêté à   , lesdits jour, mois et an que devant.

(Mettre ici les signatures).

Vu et reçu copie du présent procès-verbal, par nous, Juge de
paix du canton d   , le   à   heures du

Le Juge de paix,

N° 34.   (MANUEL, n° 2663).

AVIS D'UNE CITATION

A DES MILITAIRES.

A   , le   18   .

MONSIEUR,

J'ai l'honneur de vous informer que je fais assigner comme témoin le nommé   , (*indiquer sa position militaire*), à la résidence de   *ou* en garnison, *ou* en cantonnement à   , pour qu'il ait à comparaître devant le Tribunal *ou* le Juge d'instruction de   , le
          heures du

Je vous prie de lever tous les obstacles qui pourraient empêcher ce militaire d'obéir à la citation qui lui sera donnée.

Agréez, Monsieur, l'assurance de ma parfaite considération.

Le procureur de la République,

N° 35.   (MANUEL, N° 2780).

CERTIFICAT DE MISE EN LIBERTÉ.

Nous, procureur de la République près le Tribunal de première instance séant à

Certifions que le nommé   , inculpé de   a été mis en liberté et renvoyé hors de poursuite, par ordonnance de la chambre d'instruction, en date du   , et que rien ne s'oppose à ce qu'il lui soit délivré un passe-port pour se rendre à   , lieu de sa naissance *ou* de son domicile.

Au parquet, à   , le   18   .

Le procureur de la République,

Signé et scellé.

N° 36. (MANUEL, N° 2785).

AVIS AUX PRÉVENUS.

Le concierge de la maison d'arrêt donnera avis au détenu
prévenu de   , que, par ordonnance de la chambre d'instruction
en date de ce jour, son affaire a été renvoyée devant la Cour d'appel de
          , chambre des mises en accusation, et qu'il peut adresser à la-
dite Cour tous les mémoires et moyens justificatifs qu'il croira nécessaires
à sa défense.

Au parquet, à   , le   18 .

Le procureur de la République,

Le présent ordre a été exécuté ce
jour   18 .

Le concierge de la maison d'arrêt,

N° 37. (MANUEL, N° 2824).

DÉSIGNATION D'UN OFFICIER DU MINISTÈRE PUBLIC

POUR UN TRIBUNAL DE SIMPLE POLICE.

Nous, procureur général près la Cour d'appel, séant à
Vu l'art. 144 du Code d'instruction criminelle;
Désignons M.   , commissaire de police à   , pour
remplir les fonctions du ministère public près le Tribunal de simple police
séant à   , pendant l'année judiciaire 18   -18   et jusqu'à
ce qu'il en soit par nous autrement ordonné.

M. le Procureur de la République de l'arrondissement de   est
chargé de l'exécution du présent arrêté, qui sera transcrit sur les registres
dudit Tribunal de simple police.

Fait au parquet de la Cour d'appel de   , le   18 ,

Le procureur général,

Signé et scellé,

N° 38.   (MANUEL N° 2826).

DÉSIGNATION D'UN OFFICIER DU MINISTÈRE PUBLIC

EN REMPLACEMENT DU COMMISSAIRE DE POLICE EMPÊCHÉ.

Nous, procureur général près la Cour d'appel, séant à
Vu la loi du 27 juin 1873;
Désignons M.   , commissaire de police à   , *ou sup-*
pléant de M. le Juge de paix du canton de   , *ou* maire *ou* adjoint
de la commune de   , pour remplir les fonctions du ministère
public près le Tribunal de simple police séant à   , pendant l'année
judiciaire 18   –18   et jusqu'à ce qu'il en soit par nous autrement ordonné.

M. le procureur de la République de l'arrondissement de   est
chargé de l'exécution du présent arrêté, qui sera transcrit sur les registres
dudit Tribunal de simple police.

Fait au parquet de la Cour d'appel   , le   18 .

Le procureur général,

Signé et scellé.

N° 39.   (MANUEL, N° 2884).

REQUÊTE

A FIN DE DÉSIGNATION D'UN AUTRE TRIBUNAL CORRECTIONNEL.

Nous, procureur de la République près le Tribunal de première instance
séant à
Vu la plainte portée contre   , inculpé du délit de
Vu la citation donnée audit inculpé de comparaître le   devant
le Tribunal correctionnel de cet arrondissement;
Vu la déclaration du Président, en date dudit jour, portant que le Tribunal n'a pu se composer, par suite de récusation et de déports jugés légitimes;
Attendu que, dans cet état, le cours de la justice se trouve interrompu
et qu'il est urgent de le rétablir ;
Requérons qu'il plaise à la Cour de cassation, chambre criminelle, renvoyer l'affaire à un autre Tribunal correctionnel, et ce sera justice.

Au parquet, à   , le   18 .

Le procureur de la République,

Signé et scellé.

N° 40. (MANUEL N° 2991).

COUR D'APPEL
d

CHAMBRE
DES APPELS
de
police correction-
nelle.

DÉSIGNATION DUN AVOCAT.

, le   18   .

Monsieur,

J'ai l'honneur de vous informer que, en exécution de l'art. 29 de la loi du 22 janvier 1851 et sur la demande du nommé

prévenu d   , et détenu en la maison d'arrêt de   , je vous ai désigné pour présenter d'office sa défense à l'audience du   , où son affaire sera appelée.

Vous pourrez prendre connaissance de la procédure, qui est déposée au greffe de la Cour, et conférer avec le prévenu qui désire   vous entretenir.

Agréez, je vous prie, Monsieur, l'assurance de ma considération distinguée.

Le président,

N° 41. (MANUEL, N° 3112).

EXTRACTION POUR DÉCLARATION D'APPEL.

Il est ordonné à l'huissier de service d'extraire de la maison d'arrêt de cette ville et de conduire au greffe du tribunal aujourd'hui, à heures du   , le détenu   , pour passer, sur sa demande, sa déclaration d'appel du jugement correctionnel du de ce mois, qui le condamne à   , pour délit de

Au parquet, à   , le   18   .

Le procureur de la République,

Signé et scellé.

N° 42.   .   (MANUEL, N° 3213).

AVIS DE MISE EN ACCUSATION.

MONSIEUR LE MAIRE,

Conformément à l'art. 245 dn Code d'instruction criminelle, j'ai l'honneur de vous prévenir que, par arrêt de la
chambre d'accusation de la Cour d'appel d
en date du   , le nommé

domicilié   dans votre commune,   a été renvoyé
devant la Cour d'assises d
pour. crime d

Recevez, Monsieur le Maire, l'assurance de ma considération
distinguée,

Le procureur général,

A M. le Maire d   *Arrondissement d*

N° 43.   (MANUEL, N° 3217).

TRANSLATION DES ACCUSÉS.

DE PAR LE PEUPLE FRANÇAIS.

Conformément au décret du 1er mars 1854 sur le service de la gendarmerie, et en vertu des art. 25 et 243 du Code d'instruction criminelle,
Nous, procureur de la République près le Tribunal de première instance,
séant à
Requérons (*mettre le grade*) de la gendarmerie de la résidence de
, de faire extraire de la maison d'arrêt de cette ville, où il est
détenu, le nommé   , accusé de   , de le faire conduire
sous bonne escorte, dans les vingt-quatre heures, en la maison de justice
à   , et de nous faire part (*si le réquisitoire s'adresse à un
officier*), ou de nous rendre compte (*s'il s'adresse à un sous-officier*) de
l'exécution de ce qui est par nous requis au nom du peuple français.

Fait au parquet, à   , le   18 .

Le procureur de la République, ·

Signé et scellé.

N° 44. (MANUEL, N° 3217).

REMISE DES ACCUSÉS.

Il est ordonné au concierge de la maison d'arrêt de remettre aux gendarmes porteurs du présent le détenu   , accusé de
pour être transféré en la maison de justice à   , en exécution
de l'arrêt de la Cour d'appel de   , chambre des mises en accusation, en date du

    Au parquet, à   , le   18   .

Le procureur de la République,

        Signé et scellé.

N° 45. (MANUEL, N° 3217).

RADIATION D'ÉCROU.

Il est ordonné à l'huissier de service d'assister aujourd'hui à la radiation de l'écrou du détenu   , accusé de   , transféré
en la maison de justice de   , en exécution d'un arrêt de la
Cour d'appel de   , chambre des mises en accusation, en date
du .

    Au parquet, à   , le   18   .

Le procureur de la République,

        Signé et scellé.

N° 46. (MANUEL, N° 3217).

REMISE DES PIÈCES DE CONVICTION.

Il est ordonné au greffier du Tribunal de remettre aux gendarmes, porteurs du présent, les pièces de conviction, s'il en existe au greffe, dans le procès instruit contre   , accusé de   et renvoyé
devant la Cour d'assises de   , par arrêt de la Cour d'appel,
chambre d'accusation, en date du

    Au parquet, à   , le   18   .

Le procureur de la République,

        Signé et scellé.

N° 47.   (MANUEL, N° 3458).

RÉQUISITOIRE A LA FORCE PUBLIQUE

POUR ASSISTER A UNE EXÉCUTION.

DE PAR LÉ PEUPLE FRANÇAIS,

1° *S'il est adressé à la gendarmerie.*

Conformément au décret du 1er mars 1854 sur le service de la gendar-merie, et en vertu de l'art. 25 du Code d'instruction criminelle,
  Nous requérons le (*grade et résidence*), de faire protéger, par une force suffisante, l'exécution d'un arrêt de la Cour d'assises de   , rendu le   , contre   , condamné à la peine de   laquelle exécution aura lieu le   , à   heures du sur la place de   , et de nous faire part (*si c'est un officier*), ou de nous rendre compte (*si c'est un sous-officier*) de l'accomplissement d e ce qui est par nous requis au nom du peuple français.
     Au parquet, à   , le   18 .

Le procureur de la République,

Signé et scellé.

2° *S'il est adressé à tous autres agents de la force publique.*

Nous, procureur général près la Cour d'appel de
Ou Nous, procureur de la République près le Tribunal de première instance, séant à
Vu l'art. 25 du Code d'instruction criminelle ;
  Requérons, à défaut de gendarmerie, le (*désigner le grade et la rési-dence du commandant ou du supérieur*), de faire protéger, par une force suffisante, prise parmi les militaires *ou* agents sous ses ordres, l'exécution qui aura lieu le   , à   heures du   , sur la place publique de   , d'un arrêt rendu le   , par la Cour d'assises de contre   , condamné à la peine de   , d'y maintenir l'ordre, et de faire cesser, au besoin, tous les obstacles ou empêchemen ts qui pourraient y être ap portés.
     Au parquet, à   , le   18 .

Le procureur de la République,

Signé et scellé.

Nº 48. (MANUEL, Nº 3459).

RÉQUISITOIRE AU GREFFIER
POUR ASSISTER AUX EXÉCUTIONS.

Nous, procureur général près la Cour d'appel de
Ou Nous, procureur de la République près le Tribunal de première instance, séant à
Vu l'arrêt rendu par la Cour d'assises de   , le
contre   , condamné à la peine de
Vu l'art. 378 du Code d'instruction criminelle ;
Requérons le greffier du tribunal de   , *ou* de la justice de
paix du canton de   , de se transporter sur la place publique
de   , pour y assister à l'exécution dudit arrêt, qui aura lieu
le   , à   heures du   , et en rapporter un procès-
verbal qui nous sera immédiatement tra nsmis.
Au parquet, à   , le   18 .
Le procureur général ou *de la République,*
Signé et scellé.

Nº 49. (MANUEL, Nº 3465).

RÉQUISITION POUR LE LOGEMENT DES EXÉCUTEURS.

Nous, procureur de la République près le Tribunal de première instance
séant à
Sur le refus des maîtres d'hôtels et aubergistes de cette ville de recevoir
et loger les exécuteurs des arrêts criminels appelés pour procéder à l'exé-
cution d'un arrêt de la Cour d'assises en date du
Vu l'art. 14 du décret du 18 juin 1811 ;
Requérons qu'il plaise à M. le Maire de   faire fournir un lo-
gement auxdits exécuteurs pendant la durée de leur séjour à
Au parquet, à   , le   18 .
Le procureur de la République,
Signé et scellé.

Nº 50. (MANUEL, Nº 3540).

AVIS AUX CONDAMNÉS.

Le nommé   , demeurant à   , condamné par jugement correctionnel en date du   à   d'emprisonnement
pour délit de   , est invité à se présenter au parquet pour subir sa
peine, sans quoi il y sera contraint par les voies de droit.
Au parquet, à   , le   18 .
Le procureur général ou *de la République,*
Signé et scellé.

N° 51.   (MANUEL, N° 3541).

RÉQUISITOIRE POUR ARRESTATION.

Nous, procureur général près la Cour d'appel de
Ou Nous, procureur de la République près le Tribunal de première instance, séant à
Vu l'arrêt *ou* le jugement correctionnel rendu le   , contre
le nommé   , condamné à   d'emprisonnement,
pour délit de
Vu les art. 25 et 197 du Code d'instruction criminelle ;
Requérons tout huissier ou agent de la force publique de saisir et conduire en la maison d'arrêt de   ledit   , pour y subir sa
peine, en exécution du jugement ci-joint, qui sera transcrit sur le registre
d'écrou.

   Au parquet, à .   , le   18 .
    Le procureur général où *de la République,*
            Signé et scellé.

N° 52.   (MANUEL, N° 3665).

RÉQUISITOIRE
POUR L'EXERCICE DE LA CONTRAINTE PAR CORPS EN MATIÈRE
CRIMINELLE.

Nous, procureur de la République près le Tribunal de première instance,
séant à
Vu 1° l'arrêt *ou* le jugement correctionnel du   18   , par
lequel le nommé........ a été condamné pour délit de   à
et aux frais liquidés à
2° L'exploit de la signification qui en a été faite au condamné, le
3° Le commandement fait audit   le 15 de ce mois, à la
requête du receveur de l'enregistrement, au bureau de
4° Vu enfin l'art. 33 de la loi du 17 avril 1832 ;
Requérons tout huissier ou agent de la force publique de saisir ledit
            et de le conduire dans la maison d'arrêt de   , où il
demeurera détenu en vertu du présent, jusqu'à ce qu'il ait justifié du
paiement des condamnations pécuniaires prononcées contre lui au profit
de   , ou de sa complète insolvabilité.

   Au parquet, à   , le   18 .
        Le procureur général,
           Signé et scellé.

N° 53. (MANUEL, N° 3687).

ORDRE D'ÉLARGISSEMENT APRÈS CONTRAINTE.

Nous, procureur de la République près le Tribunal de première instance, séant à

Vu le jugement correctionnel rendu le   , contre condamné pour   à cinq années d'emprisonnement et aux frais liquidés à 450 francs, pour le remboursement desquels la durée de la contrainte par corps a été fixée à trois ans ;

Attendu que cette contrainte ayant été exercée le   , suivant procès-verbal et inscription d'écrou dudit jour, a duré trois années entières, qui expirent aujourd'hui ;

Ordonnons au concierge de la maison d'arrêt de mettre sur-le-champ en liberté ledit   , s'il n'est retenu pour autre cause.

Au parquet, à   , le   18   .

Le procureur de la République,

Signé et scellé.

N° 54. (MANUEL, N° 3688).

ÉLARGISSEMENT POUR INSOLVABILITÉ

APRÈS CONTRAINTE.

Nous, procureur de la République près le Tribunal de première instance, séant à

Vu la demande en élargissement qui nous a été présentée aujourd'hui par   , détenu en vertu de la contrainte par corps prononcée contre lui par jugement correctionnel en date du

Vu le certificat d'indigence et les autres pièces justificatives de son insolvabilité jointes à ladite requête ;

Attendu que les frais mis à la charge du condamné s'élevaient à 45 fr., et que la contrainte exercée contre lui le   a duré un mois ;

Vu les articles 35 de la loi du 17 avril 1832, et 191 de l'ordonnance du 1er août 1827 ;

Ordonnons au concierge de la maison d'arrêt de mettre sur-le-champ en liberté ledit   , s'il n'est retenu pour autre cause.

Au parquet, à   , le   18   .

Le procureur de la République,

Signé et scellé.

N° 55.   (MANUEL, N° 3690).

ÉLARGISSEMENT POUR PAÏEMENT

APRÈS CONTRAINTE.

Nous, procureur de la République près le Tribunal de première instance,
séant à
Vu le jugement correctionnel du   , portant condamnation
contre   à dix-huit mois d'emprisonnement, à une amende
de   et aux frais liquidés à   , pour le remboursement
desquels la contrainte par corps a été prononcée et exercée le
Vu la quittance délivrée ce jour par le receveur de l'enregistrement au
bureau de   et constatant que ledit   a versé ou fait
verser aux mains dudit receveur le montant intégral de la somme dont il
était débiteur ;
Vu l'art. 34 de la loi du 17 avril 1832 ;
Ordonnons au concierge de la maison d'arrêt de mettre sur-le-champ en
liberté ledit   , s'il n'est retenu pour autre cause.

Au parquet, à   , le   18 .

Le procureur de la République,

Signé et scellé.

N° 56.   (MANUEL, N° 3691).

ÉLARGISSEMENT APRÈS TRANSACTION.

Nous, procureur de la République près le Tribunal de première instance,
séant à
Vu le jugement correctionnel du   , portant condamnation
contre   à dix-huit mois d'emprisonnement, à une amende
de   et aux frais liquidés à   , pour le remboursement
desquels la contrainte par corps a été prononcée et exercée le
Vu la lettre de M. le directeur de l'administration de
en date du   , qui nous donne avis de la transaction intervenue le   , entre son administration et le condamné, transaction qui fait cesser l'effet des poursuites et de toute condamnation,
Ordonnons au concierge de la maison d'arrêt de mettre sur-le-champ en
liberté ledit   , s'il n'est retenu pour autre cause.

Au parquet, à   18 .

Le procureur de la République,

Signé et scellé.

TABLE DES CHAPITRES

DU TOME DEUXIÈME.

TABLE DE L'APPENDICE.

FIN DU TOME DEUXIÈME.

Paris.—Imprimer e de J. Dumaine, rue Christine, 2.

CODE PÉNAL (COURS DE), et leçons de législation criminelle. Explication théorique et pratique; par A. BERTAULD, Professeur à la Faculté de droit de Caen, Sénateur. 4ᵉ édition, revue, complétée et mise au courant de la législation et de la jurisprudence jusqu'en 1873. 1 vol. gr. in-8. 1873. 9 fr.

RÉPRESSION PÉNALE (DE LA), de ses formes et de ses effets ; par M. BÉRENGER, Membre de l'Institut, Président honoraire à la Cour de cassation. 2 vol. in-8. 1855. 14 fr.

RÉHABILITATION EN MATIÈRE CRIMINELLE, CORRECTIONNELLE ET DISCIPLINAIRE (Commentaire pratique des Lois des 3 juillet 1852 et 19 mars 1864), par M. Th. BILLECOQ, Juge au Tribunal civil de la Seine. 1 vol. in-8. 1868. 3 fr.

DISPENSES D'ALLIANCE (ÉTUDE PRATIQUE SUR LES); par M. GIRAULT, Substitut du Procureur de la République à Nice (Extrait du *Journal du Ministère public*). In-8. 1874. 1 fr

LOI CRIMINELLE (DE L'AMÉLIORATION DE LA) en vue d'une justice plus prompte, plus efficace, plus généreuse et plus moralisante; par M. BONNEVILLE DE MARSANGY, Conseiller honoraire à la Cour d'appel de Paris. 1864. 2 forts vol. in-8. 20 fr.

LA COUR D'ASSISES Traité pratique, par M. Ch. NOUGUIER, Conseiller à la Cour de cassation. 4 tomes en 5 vol. in-8. 1860-1870. 41 fr.

CASIERS JUDICIAIRES (TRAITÉ THÉORIQUE ET PRATIQUE DES) en France et à l'étranger, suivi du texte des circulaires ministérielles de la Chancellerie, de l'Autorité militaire, maritime, de l'Administration de l'Enregistrement et de tous les documents français et étrangers ayant paru jusqu'en 1870 sur l'institution; par O. DESPATYS, Substitut du Procureur de la République à Paris. 1 vol. in-8. 1870. 7 fr. 50

TRIBUNAUX CRIMINELS (TRAITÉ DE LA PROCÉDURE DES), suite de l'INSTRUCTION CRIMINELLE PRÉJUDICIAIRE; par Ch. BERRIAT-SAINT-PRIX, Docteur en droit, Conseiller à la Cour d'appel de Paris. 1857-1865. 3 vol. in-8. 22 fr. 50

1ʳᵉ PARTIE. **Des Tribunaux de simple police**, de leur procédure et des fonctions des officiers du ministère public qui leur sont attachés. 2ᵉ édition. 1 vol. in-8. 1865. *Rare.*
Le même ouvrage, 1 vol. in-18. 1865. 4 fr. 50

2ᵉ PARTIE. **Des Tribunaux correctionnels** en première instance et en appel, de leur procédure et des fonctions des officiers du ministère public qui leur sont attachés ; précédé d'un Essai sur l'Organisation judiciaire et les Juridictions du petit criminel, en 1789, etc. 2 vol. in-8, avec un Supplément. 1854-1857. 15 fr.
Le Supplément seul : 2 fr.

Paris. — Imprimerie J. DUMAINE, rue Christine, 2.

www.ingramcontent.com/pod-product-compliance
Lightning Source LLC
Chambersburg PA
CBHW031453210326
41599CB00016B/2202